Ellen Krause
Einführung in die politikwissenschaftliche
Geschlechterforschung

Politik und Geschlecht

Herausgegeben vom
Arbeitskreis „Politik und Geschlecht"
der Deutschen Vereinigung
für politische Wissenschaft e.V. (DVPW)

Band 11

Ellen Krause

Einführung in die politikwissenschaftliche Geschlechterforschung

Leske + Budrich, Opladen 2003

Gefördert von Sozialministerium Baden-Württemberg
(Förderprogramm Frauenforschung)

Gedruckt auf säurefreiem und alterungsbeständigem Papier.

Die Deutsche Bibliothek – CIP-Einheitsaufnahme
Ein Titeldatensatz für die Publikation ist bei
Der Deutschen Bibliothek erhältlich

ISBN 3-8100-3541-6

© 2003 Leske + Budrich, Opladen

Satz: Verlag Leske + Budrich, Opladen
Druck: DruckPartner Rübelmann, Hemsbach
Printed in Germany

Inhalt

Einleitung

Bislang lag keine Einführung vor, die in deutscher Sprache mit didaktischem Anspruch in die feministische Politikwissenschaft und die politikwissenschaftliche Geschlechterforschung einwies. Nach über dreißig Jahren wissenschaftlicher Diskussion ist es an der Zeit, diese Lücke im Lehrbuchbereich zu füllen. Das vorliegende Buch liefert dazu einen ersten Beitrag, dem hoffentlich weitere folgen werden.

Wohl sind in den letzten Jahren mehrere deutschsprachige Sammelbände zur feministischen Politikwissenschaft erschienen, die mit dem Begriff „Einführung" untertitelt sind. Allerdings handelt es sich zumeist um Zusammenstellungen spezialisierter Texte, in die bestenfalls im Eingangsaufsatz in knapper Form eingeführt wird. Eine erste Ausnahme stellt der 2000 von Kathrin Braun u.a. herausgegebene Band „Feministische Perspektiven der Politikwissenschaft" dar, erschienen in der Oldenbourg-Reihe „Lehr- und Handbücher der Politikwissenschaft". Auch dieser Band bündelt mehrere selbstständige Texte, die nach vier Themen gruppiert sind. Jedem Themenblock ist ein einleitender Text vorangestellt, welcher die nachfolgenden Beiträge einordnet und ihr Verständnis erleichtert. Der Band folgt damit im Wesentlichen dem Design angloamerikanischer Reader.

Das hier vorliegende Buch setzt den Anspruch einer Einführung insofern noch weiter um, als alle, kapitelweise aufgenommenen Themen einführend dargestellt werden. Es bietet durchgehend didaktische Elemente und weist konsequent auf thematische Querverbindungen zwischen den Kapiteln hin, so dass innerhalb des Buches nachgeschlagen werden kann.

Thematischer Zugriff des Buches

Die Politikwissenschaft ist eine sehr weit ausdifferenzierte Disziplin mit unterschiedlichen Schulen, Fragestellungen, methodischen Instrumentarien und zahlreichen Forschungsfeldern. Die feministische Politikwissenschaft hat

sich mittlerweile mit sehr vielen politikwissenschaftlichen Teilgebieten auseinander gesetzt, jedoch mit deutlichen Unterschieden in Intensität und
Reichweite. Auch die feministische Kritik und Neukonzeption ist in einzelnen Themenbereichen unterschiedlich weit entwickelt.

Mit diesem uneinheitlichen Entwicklungsstand geht die vorliegende Einführung folgendermaßen um: Nur diejenigen politikwissenschaftlichen Teilgebiete sind hier aufgenommen, die von der feministischen Kritik bzw. Geschlechterforschung weitgehend bearbeitet wurden. Das Buch konzentriert
sich auf zentrale Begriffe der feministischen Theorie und auf ausgewählte
Kerngebiete und Teildisziplinen der Politikwissenschaft. Es führt außerdem
in die Gedankenwelt von Autorinnen ein, deren Texte bereits als Klassiker
gelten. Schließlich werden exemplarisch Debatten besprochen, die derzeit in
der Politik und der Politikwissenschaft aktuell sind. Damit nähert sich das
Buch seiner Thematik auf vier unterschiedlichen Wegen:

Thematischer Zugriff des Buches:
- Grundbegriffe, Strömungen, Theorieansätze
- Wichtige Autorinnen / Klassische Texte
- Teilbereiche der Politikwissenschaft
- Aktuelle Debatten

Mit einem solchen Aufbau reagiert das Buch auf die Spannung, in der sich
feministische Wissenschaft zwischen unerlässlicher Fächerzentrierung und
notwendigem „Querdenken" befindet. Die feministische Politikwissenschaft,
wie feministische Theorie allgemein, hat oft betont, dass ihre Überlegungen
quer zu den Einteilungen des Faches und quer zu den Disziplinengrenzen liegen. Und in der Tat tauchen quer liegende Themen, wie „Body Politics"
(Kap. 5.2), in fast allen Teilgebieten der Politikwissenschaft auf; und tatsächlich ist die Mächtigkeit des Geschlechtersystems nur erfassbar, wenn man es
außer in politischen Zusammenhängen auch in juristischen, literarischen, kulturellen, biologischen, medizinischen usw. verfolgt. Politikwissenschaftliche
Geschlechterforschung sollte also die Erkenntnisse anderer Disziplinen einschließlich der Naturwissenschaften wahrnehmen. Nichtsdestotrotz ist die
feministische Politikwissenschaft zunächst in der Auseinandersetzung mit
dem politikwissenschaftlichen Mainstream entstanden, also ganz im Rahmen
der Disziplin. Geschlechterforschung beansprucht „re-aktiv und reflexiv mit
den bestehenden Disziplinen verbunden zu sein und zugleich transformativ
auf diese einwirken zu wollen" (Kahlert 2000: 12). Daher können feministische Kritikerinnen und Kritiker gar nicht umhin, zunächst im herkömmlichen
Sinne gute PolitikwissenschaftlerInnen zu sein mit den üblichen Spezialisierungen auf begrenzte Teilgebiete ihres Faches.

Für wen ist dieses Buch geschrieben?

Das Buch möchte eine Einführung sein in die feministische Politikwissenschaft und in die politikwissenschaftliche Geschlechterforschung. Das bedeutet ausdrücklich nicht, dass das Buch eine Einführung in die Politikwissenschaft allgemein mitliefert. Im Gegenteil – das Buch kann seinen Einführungsanspruch nur erfüllen, wenn Grundkenntnisse der Politikwissenschaft vorliegen. Der Leserin und dem Leser sollte die Einteilung in die Teilgebiete der Disziplin vertraut sein und grundlegende sozialwissenschaftliche Begriffe sollten geläufig sein.

Wer also die ersten Grundseminare in der Politikwissenschaft besucht hat, wird dieses Buch mit Gewinn lesen können. Gewinn meint dabei zu erfahren, was feministische und geschlechtskategoriale Theorie und Forschung in der Politikwissenschaft bedeuten kann. Dabei wird prinzipielle Kritik an der Disziplin wiedergegeben ebenso wie Kritik und Erweiterung in einzelnen Teilgebieten. Nach der Lektüre dieser Einführung sollte es möglich sein, selbstständig in spezialisierte Literatur der feministischen oder geschlechtskategorial arbeitenden Politikwissenschaft einzusteigen. Die Einführung will dazu befähigen, Mainstream-Texten und -Lehrveranstaltungen, aber auch Politikdarstellungen in den Massenmedien mit einem erweiterten und kritischen Blick zu begegnen.

Für junge LeserInnen und thematische EinsteigerInnen wäre es mit größtem Aufwand verbunden, die einschlägige deutschsprachige und anglo-amerikanische Diskussion entlang von Originalbeiträgen nachzuvollziehen. Das Buch möchte eine Abkürzung zum gegenwärtigen Diskussionstand bieten und gleichzeitig den Anreiz liefern, sich das eine oder andere Textstück der vergangenen Jahrzehnte genauer vorzunehmen.

Gleichzeitig kann dieses Buch auch denjenigen eine Hilfestellung bieten, die selbst eine Lehrveranstaltung zu feministischer Politikwissenschaft oder einem geschlechtskategorial bearbeiteten Forschungsgebiet durchführen. Ein in die Thematik einführendes Seminar kann entlang der Gliederung des Buches strukturiert werden; die Texte können jeweils als Einstiegslektüre eingesetzt werden. SeminarleiterInnen finden im Buch zu wichtigen Themen und bedeutenden AutorInnen die wichtigsten Forschungsaussagen, Zusammenfassungen und weiterführende Literatur und auch didaktische Vorschläge. Auch die thematisch breit angelegte Literaturliste kann hier von Nutzen sein.

Am Ende des Buches findet sich außerdem eine von Franziska Müller recherchierte und kommentierte Liste mit Internetadressen zu Einrichtungen der Geschlechterforschung in Deutschland, Österreich und der Schweiz und von einschlägigen Netzwerken und Datenbanken. Da auch zu dieser spezifischen Thematik mittlerweile eine schwer überschaubare Vielfalt von Webseiten angeboten werden, wird hier eine systematische Vorauswahl für die Internetrecherche geliefert. Außerdem bietet dieser Serviceteil einen tabellarischen Überblick über einschlägige Studienmöglichkeiten.

Das Buch kann als Einführung mit Zügen eines Lehrbuches charakterisiert werden. Die Lehrbuch-Anteile umfassen didaktische Arbeitsvorschläge (Lesefragen, vorstrukturierter Vergleich, Übungen, Textaufgaben mit Antwortvorschlägen). Lehrsätze oder zusammenfassende Generalaussagen werden jedoch nicht formuliert, da das Forschungs- und Lehrgebiet zum einen noch stark in Bewegung ist und zum anderen sehr divergierende Positionen umfasst.

Aufbau des Buches

Eine Einführung kämpft stets mit einem fast nicht lösbaren Problem: Da sie naturgemäß auf ein unbekanntes Terrain führen möchte, müssen irgendwann die Fachtermini vorgestellt und erklärt werden. Dies ist im Einzelfall nur möglich, indem mit weiteren (unbekannten) Fachausdrücken gearbeitet wird. In den Kapiteln 1 und 2 wird in diese grundlegenden Begrifflichkeiten eingeführt. Obwohl ich mich bemüht habe, die einzelnen Unterkapitel in sich verständlich zu halten, empfehle ich, die beiden Kapitel zeitnah zu lesen.

Das erste Kapitel führt in die grundlegenden Begriffe von Frauen- und Geschlechterforschung ein; es grenzt diese beiden Forschungsrichtungen erklärend gegeneinander ab und stellt den Bezug zu Frauenbewegung und Feminismus her. Dazu werden unter anderem die drei Strömungen des Feminismus (liberal, marxistisch/sozialistisch, radikal) skizziert. Das Kapitel geht außerdem auf Geschichte und Bedeutung der Begriffe Sex, Gender und Geschlecht ein und gibt in knapper Form die Erklärungsvarianten unterschiedlicher Theorieansätze zu Geschlecht wieder.

In Kapitel 2 wird die Verbindung zwischen Politikwissenschaft und Feministischer Theorie hergestellt, indem die Debatte über Privatheit und Öffentlichkeit aufgenommen wird. Die Trennung eines öffentlichen Raums in Abgrenzung zum Privatraum war stets Anlass für feministische Kritik. Die Politikwissenschaft ist von dieser Debatte in besonderem Maße betroffen, da ihre Gegenstandsdefinition mit der Einteilung in privat und öffentlich zusammenhängt. Das Kapitel wird wichtige feministische Kritikpunkte wiedergeben und Ansätze zu feministischen Neukonzeptionen von Privatheit und Öffentlichkeit skizzieren.

Im dritten Großkapitel des Buches werden Autorinnen vorgestellt, die mittlerweile als Klassikerinnen der feministischen Politikwissenschaft gelten können. In der Auswahl – vier US-amerikanische Autorinnen und eine aus dem deutschsprachigen Raum – spiegelt sich der Vorsprung der nordamerikanischen Feministischen Theorie allgemein und in der Politikwissenschaft im Besonderen wider. Die Auswahl der US-amerikanischen Wissenschaftlerinnen ist sicher weitgehend konsensfähig (aber auch erweiterbar), während es (noch) problematisch wäre, sich auf eine Liste deutschsprachiger Klassikerinnen zu einigen. Da die vorliegende Einführung den Anspruch verfolgt, nicht nur sprachlich, sondern auch inhaltlich den deutschsprachigen Raum zu bedienen, wurde trotz dieser Schwierigkeit Wert darauf gelegt, wenigstens eine deutschsprachige Autorin im Kapitel der klassischen Texte vorzustellen. Die Wahl fiel auf Eva Kreisky, weil ihr Theorem vom männerbündischen Staat breit und nachhaltig diskutiert wurde.

Im vierten Teil des Buches richtet sich der Blick auf Teilgebiete der Politikwissenschaft: Politische Ideengeschichte, Demokratietheorie, Staatsanalysen und Internationale Beziehungen.

Im Kapitel zur Politischen Ideengeschichte wird exemplarisch aufgezeigt, wie eine feministische Lesart sowohl die Auswahl als auch die Interpretationen und verallgemeinernden Schlüsse der Mainstream-Ideengeschichte kritisiert. Feministische Demokratietheorie wird am Beispiel der Arbeiten dreier Wissenschaftlerinnen vorgestellt: der ideengeschichtlich orientierte Entwurf von Barbara Holland-Cunz, die stärker an Verfahrensfragen interessierten Überlegungen von Anne Phillips und die empirischen Studien von Beate Hoecker. Das Kapitel zur Staatstheorie zeichnet feministische und geschlechtskategoriale Theoriebildung nach. Dabei werden mehrere Phasen deutlich: Die Zeit der Abstinenz und Ablehnung gegenüber Staat und Staatstheorie wurde abgelöst durch eine deutliche Konzentration auf wohlfahrtsstaatliches Handeln. Erst in jüngster Zeit werden von feministischer Seite alternative Ansätze entwickelt bzw. werden moderne Mainstream-Methoden der Staatsanalyse kritisch-konstruktiv umgewendet. Im Kapitel über den Bereich Internationale Beziehungen wird zum einen die feministische Kritik am Beispiel der realistischen Schule nachgezeichnet, zum anderen werden Herangehensweisen skizziert, die aus feministischer Perspektive entwickelt wurden.

Im fünften Kapitel wird auf aktuelle Debatten eingegangen, die derzeit sowohl in der Politik als auch in der Politikwissenschaft kontrovers diskutiert werden. Neben „Globalisierung" wurde dazu unter dem Titel „Body Politics" die Diskussion um die neuen Reproduktionstechnologien aufgenommen. Im dritten Abschnitt wird das derzeit überall anzutreffende „Gender Mainstreaming" diskutiert.

Überlappungen zwischen den Kapiteln sind offensichtlich und gewollt. So wird Carol Pateman als Autorin des klassischen Werkes zum „Geschlechtervertrag" vorgestellt, obgleich ihre Thesen auch im Kapitel zur neuzeitlichen Ideengeschichte und im Kapitel zu Öffentlichkeit und Privatheit aufgenommen sind. Ähnliches gilt für Jean Bethke Elshtain. Ihr grundlegendes Werk „Public Man and Private Woman" wird einerseits ausführlich besprochen, andererseits wird sie auch im Kapitel Öffentlichkeit und Privatheit und im Kapitel zu Internationalen Beziehungen mehrfach zitiert. Mit Eva Kreiskys Theorem vom Männerbund wird ein Beispiel einer feministischen Staatsanalyse ausführlich vorgestellt, obgleich der feministischen und geschlechtskategorialen Staatsanalyse ein eigenes Kapitel gewidmet ist. Im Kapitel, das Nancy Frasers Arbeiten vorstellt, wird auch auf ihre Kritik an Habermas' Öffentlichkeitskonzept eingegangen. Letzteres wird freilich auch im Kapitel zu Öffentlichkeit und Privatheit angesprochen. Auf diese Weise werden diese „klassischen Autorinnen" einerseits breit und für sich genommen vorgestellt, andererseits wird deutlich, wie ihre Thesen in die vielstimmige politikwissenschaftliche Diskussion aufgenommen wurden.

Wie bereits erwähnt, wird das grundlegende Vokabular (Frauenforschung, Geschlechterforschung, Feminismus, Geschlecht usw.) im ersten Kapitel ausführlich erklärt. Es bedarf an dieser Stelle jedoch einer Erklärung zum Begriffsgebrauch im vorliegenden Buch. Streng genommen müsste stets zwischen Arbeiten unterschieden werden, die mit der Kategorie Geschlecht arbeiten, und solchen, die einen feministischen Anspruch verfolgen, da beides nicht zwingend gleichzeitig auftreten muss. Für den ersten Typ von Forschung bzw. Forschungsansatz möchte ich den Begriff „geschlechtskategorial" einführen. Geschlechtskategorial zu arbeiten, kann wiederum sehr Unterschiedliches bedeuten, z.B. das Geschlecht als Identitätsproblematik oder als soziale Konstruktion zu erforschen. „Feministisch" hingegen sagt zunächst nichts über einen theoretisch-methodischen Standpunkt aus, sondern steht für eine Grundannahme des Forschers oder der Forscherin. Diese Grundannahme ist erstens, dass es Diskriminierung aufgrund des Geschlechtes gibt, die, zweitens, behoben werden sollte. Es ist also nicht ohne weiteres gerechtfertigt, jede geschlechtskategorial arbeitende Wissenschaftlerin als Feministin zu bezeichnen. Und nicht jede und jeder feministisch eingestellte Wissenschaftler/in wendet in der Forschung die Kategorie Geschlecht an. Tatsächlich jedoch kommen feministisches Selbstverständnis und ein geschlechtskategorial arbeitender Ansatz in vielen Fällen zusammen. Entsprechend hat es sich in der Politikwissenschaft durchgesetzt, den Begriff „feministisch" mit geschlechtskategorialen Ansätzen gleichzusetzen. Der sprachlichen Vereinfachung halber werde ich mich diesem Sprachgebrauch anschließen und „feministische Politikwissenschaft" in diesem Buch gelegentlich als zusammenfassenden Begriff benutzen – obwohl es *die* feministische Politikwissenschaft nicht gibt. Dass feministische Politikwissenschaft vielmehr ein theoretisch und methodisch weit gefächertes Spektrum politikwissenschaftlicher Frauen- und Geschlechterforschung umfasst, wird in den einzelnen Kapiteln dieses Buches deutlich.

Zur Darstellungsweise

Jedem Kapitel folgen didaktische Hinweise in unterschiedlicher Form. Dabei kann es sich um *Literaturtipps*, *Übungen* und nach den Ausrufezeichen *!!!* um Warnungen vor typischen Missverständnissen handeln. Mit *Querverweis* wird auf inhaltliche Schnittstellen innerhalb des vorliegenden Bandes hingewiesen. Als *Übung* sind leseanleitende Fragen, Fragen zur Prüfung des Text-

14

verständnisses, Thesen zur Gruppendiskussion oder eine Anleitung zum strukturierten Textvergleich aufgeführt.

Provokativ wird in manchem Studienführer darauf hingewiesen, dass es bei den wissenschaftlichen Werken der Akademia zumeist darum gehe, aus 100 bereits existierenden Büchern zu einem Thema das 101. zu schaffen. Eine Einführung kann mit diesem Vorwurf offensiv umgehen. Geht es doch gerade darum, bestehende und im akademischen Diskurs diskutierte Thesen in knapperer, oft auch verständlicherer Form wiederzugeben. Dabei hat sich die Autorin dieses Lehrbuches vorgenommen, das Rad dort nicht neu zu erfinden, wo es schon in runder Form vorliegt. Wenn in der Literatur bereits sehr griffig formulierte Zusammenfassungen der Argumentationslinien einer Theorie zu finden waren, dann sind diese Textpassagen hier aufgenommen.

Die Literaturangaben der Textauszüge habe ich ins Gesamtliteraturverzeichnis des Bandes aufgenommen. Eine gesonderte Darstellung nach jedem Kapitel und jedem Textauszug hätte bedeutet, viele Angaben mehrfach zu machen, und hätte den Textfluss stark beeinträchtigt. Hervorhebungen in den Zitaten sind übernommen, wenn nicht anders angegeben. Das ganze Buch ist in neuer Rechtschreibung verfasst. Aus praktischen Gründen wurde diese auch für die Textauszüge, nicht jedoch für Buchtitel angewendet.

1. Begriffe, Strömungen und Theorieansätze

1.1 Begriffe

Frauenforschung, feministische Theorie, Gender Studies, Geschlechterforschung und schließlich noch: Geschlechterverhältnisforschung – die Begriffe stehen dafür, dass sich das, was häufig als „feministische Forschung" zusammengefasst wird, weit ausdifferenziert hat. Die Vielfalt der Bezeichnungen und Richtungen ist verwirrend. Im Folgenden soll etwas Klarheit in diese Begriffwelt gebracht werden, indem historische Strömungen und unterschiedliche aktuelle Theorieansätze der feministischen und geschlechtskategorialen Forschung vorgestellt werden. Zunächst wird es um den Zusammenhang und um die Abgrenzung zwischen Frauenbewegung und Frauenforschung gehen.

1.1.1 Frauenbewegung – Frauenforschung

Frauen bekannten sich öffentlich zur Abtreibung, um ihr Recht auf reproduktive Selbstbestimmung einzuklagen.[1] Frauen forderten: „Keine Blumen, Rechte wollen wir!" Frauen warfen Büstenhalter weg, um demonstrativ die öffentlich propagierten Schönheitsnormen zu verweigern. Frauen skandierten: „Das Private ist politisch!", um darauf hinzuweisen, dass Unterdrückungs- und Gewaltverhältnisse im Privaten vom öffentlich-politischen Geschehen mitverursacht werden und auch von dort aus bearbeitet werden müssen. Mehr noch, die Trennung als solche wurde in Frage gestellt, weil sie das Weibliche und die Frauen in den Privatraum verwies und aus dem Öffentlichen ausschloss. Darüber hinaus wurde die folgenschwere Hierarchie dieser Sphärentrennung aufgezeigt: Bedeutsam waren Entscheidungen und Aussagen im öffentlichen Bereich; Arbeit wurde und wird nur dort bezahlt. Entsprechend wollten Frauen der Öffentlichkeit eine Diskussion um Hausarbeit aufzwingen, die – weil als Privatsache definiert – für Frauen weder Anerken-

---

[1] Die Kampagne gegen den Paragraphen 218 wird allgemein als Auftakt der neuen Frauenbewegung eingeschätzt (Gerhard 1999: 22, siehe auch Bericht der Zeitschrift EMMA (Mai/Juni 2001) zu 30 Jahren Frauenbewegung).

nung noch Bezahlung mit sich brachte. Frauen trafen sich in Gruppen – ohne Männer – und tauschten sich aus über Eheprobleme, Sexualität, Gewalt und Krankheiten, Arbeitsüberlastung und vieles mehr. Frauen konnten feststellen, dass ihre Probleme keinen individuellen Charakter hatten, sondern strukturelle Gemeinsamkeiten aufwiesen. Frauen entdeckten den Wert von Frauensolidarität und die Lust an der Liebe zu Frauen. Frauenzentren und Frauenhäuser wurden eingerichtet. Die *neue Frauenbewegung* war aktiv – in Westeuropa in den 1970er- und 1980er-Jahren.[2]

Die neue Frauenbewegung war stark und langlebig genug, um auch die Wissenschaft zu berühren, und zwar in mehrfacher Hinsicht. Einmal stellte die Frauenbewegung der Wissenschaft die Aufgabe zu zeigen, in welchen gesellschaftlichen Zusammenhängen Frauen lebten, zum anderen sollte Wissenschaft ergründen, durch welche Strukturen und Aktionen die Unterdrückung und Benachteiligung von Frauen gegenüber Männern verursacht und bewahrt wird. Daraus folgte die Aufgabe aufzudecken, mit welchen „wissenschaftlichen" Argumenten die Ungleichheit der Geschlechter „bewiesen" wird. An die Frauenforschung war überdies die Erwartung gerichtet, dass sie Lösungen und Veränderungsvorschläge entwickle, die Frauenbefreiung und Gleichberechtigung herbeiführen würden.

Diese Frauenforschung verstand sich zunächst als Entdeckungsarbeit. Die aktuelle Rolle der Frauen in der Gesellschaft, ihre materielle und kulturelle Arbeit, ihre Geschichte sollte dargestellt und angemessen gewürdigt werden. Beobachtete und persönlich erlebte Unterschiede zwischen den Geschlechtern sollten wissenschaftlich erfasst und ergründet werden. Dabei setzten sich die Frauenforscherinnen[3] zum Teil vom biologischen Determinismus (Festlegung) ab und zeigten vor allem mit der Rollentheorie auf, wie Mädchen und Frauen gemacht (nicht geboren) werden.[4] Frauenforschung nahm genau die Themen auf, deren Tabus die Frauenbewegung gebrochen hatte:

> „... weibliche Sexualität und Körpererfahrung, Sexismus, Gewalt gegen Frauen, Selbstbestimmung und Geburtenkontrolle, Frauenunterdrückung und die Geschichte des Rechts, Frauenbewegung und Widerstand" (Becker-Schmidt/Knapp 2000: 33).

Frauenforschung hat sich nicht als eigene Disziplin, sondern innerhalb einzelner Wissenschaftszweige entwickelt. Entsprechend groß gestaltet sich die

---

2 *Neue* Frauenbewegung setzt sich ab von der so genannten alten Frauenbewegung, mit der das Bemühen von Frauen um politische Rechte (insbes. Wahlrecht) und kulturelle Anerkennung im 19. Jahrhundert verbunden wird. Der Beginn der alten Frauenbewegung wird frühestens auf die 1848er-Revolution gesetzt und wird spätestens zum Zeitpunkt der nationalsozialistischen Machtergreifung 1933 als beendet angesehen (Gerhard 1999: 20 und 57). Zur Geschichte der neuen Frauenbewegung siehe Gerhard 1990 u. 1999 u. Holland-Cunz 2003.

3 Die junge Frauenforschung war zu Beginn fast ausschließlich eine Domäne von Frauen.

4 Ein Diktum, das Simone de Beauvoir bereits 1951 in „Das andere Geschlecht. Sitte und Sexus der Frau" ausgegeben hatte.

Methodenvielfalt. In den sozialwissenschaftlichen Disziplinen lassen sich lediglich einige gemeinsame methodische Postulate nennen, welche die frühe Phase (in den deutschsprachigen Ländern: die 1970er-Jahre) der Frauenforschung kennzeichneten: [5] Bewusste Parteilichkeit wurde gegen die vorgebliche Neutralität und Objektivität der herkömmlichen Wissenschaft gesetzt. Man nahm an, dass Forscherin und Erforschte durch eine gemeinsame Betroffenheit verbunden seien. Vielen schien es selbstverständlich, dass Frauenforschung nur von Frauen und nicht von Männern betrieben werden konnte. Der Forschungsprozess wurde als Bewusstmachungsprozess aller Beteiligten verstanden. Forschung sollte außerdem von unmittelbar praktischer Relevanz sein (vgl. Ostner 1989).

Schon in dieser frühen Phase spiegelte sich eine Differenzierung innerhalb der Frauenbewegung und in der Frauenforschung wider. In der Frauenbewegung zeigten sich zwei Strömungen, deren Stichworte „Autonomie" und „Institution" waren. Die autonome Bewegung legte Wert darauf, außerhalb aller bestehenden staatlichen Strukturen zu arbeiten. Beispielsweise wurden autonome Frauengesundheitszentren eingerichtet, damit Frauen unabhängig sein konnten vom männer- und gerätedominierten staatlichen Gesundheitssystem. Dagegen ging die institutionelle Strömung davon aus, dass die notwendigen Veränderungen von „Innen" heraus erreicht werden könnten, dadurch dass ausreichend (aufgeklärte) Frauen Eingang finden in staatliche und wirtschaftliche Institutionen. Vor diesem Hintergrund wurden beispielsweise zahlreiche kommunale Frauen- oder Gleichstellungsbeauftragte eingerichtet.

Auch in der Wissenschaft machten sich diese zwei prinzipiellen Herangehensweisen bemerkbar zum Beispiel in Form unterschiedlicher wissenstheoretischer Annahmen. Anhängerinnen des autonomen Weges betonten die Notwendigkeit, einen neuen Standpunkt – nämlich den der Frauen – einzunehmen und mit neuen Kriterien nachzudenken. Andere nahmen an, dass die (männliche) Wissenschaft lediglich einer Korrektur bedürfe. Ihre Institutionen, Methoden und Prämissen könnten durchaus genutzt werden. Der Wissenschaftsbetrieb könnte an seinen eigenen Maßstäben gemessen werden und würde dann seine Geschlechtsblindheit zwangsläufig verlieren.

Beide Herangehensweisen provozierten weitere Fragen der wissenschaftlichen Selbstreflexion: Wie steht es um die Frauen im Wissenschaftsbetrieb? Sind Frauen in gleicher Weise wie Männer an der Wissensproduktion beteiligt? Welcher wissenschaftliche Blick wird auf Frauen gerichtet? Was trägt die Wissenschaft selbst bei zur Herstellung des gesellschaftlichen Ungleichheitsstatus der Geschlechter? Inwieweit ist die Wissenschaft selbst nicht wie vorgegeben objektiv, sondern durch Männlichkeit einseitig geprägt? Wie und

---

5 Aktuell lassen sich in einzelnen Disziplinen zwar bestimmte methodische Präferenzen identifizieren, feministische Forschung hat aber den Anspruch auf eigene Methodik bereits Mitte der 1980er-Jahre aufgegeben (Hark 2001: 10).

warum hat die Wissenschaft die ungleiche und hierarchische Einteilung der Menschen in Frauen und Männer begründet?

Frauenforschung war aus der Diagnose heraus entstanden, dass herkömmliche Wissenschaft von einem rein männlichen Blick geprägt sei. Bald entdeckten die Kritikerinnen, dass es nicht damit getan war, bisher Nichtbeachtetes ins Blickfeld zu rücken. Es ging auch um die Art zu sehen. Es ging um Wertigkeiten, die wissenschaftliches Arbeiten bestimmten. Kurz: Frauenforschung provozierte grundsätzliche wissenschaftstheoretische Fragen.

In der Politikwissenschaft stellte sich die erste Aufgabe der Frauenforschung – die Frauen zu entdecken – sogleich als umfassende Herausforderung. Denn der Frauenausschluss in dieser Disziplin war perfekt. Der Gegenstand der Politikwissenschaft – die Politik – war so definiert, dass Frauen, typische Tätigkeiten von Frauen und die den Frauen zugewiesenen Eigenschaften nicht auftauchten. Der Wissenschaftsbetrieb und die wissenschaftliche Karriere war an typisch männlichen Biographien orientiert. Politikwissenschaftliche Fragestellungen waren entsprechend durch die Auslassung von weiblichen Lebenswelten, durch den Ausschluss des Privaten gekennzeichnet. Folglich orientierten sich sowohl Fragestellung als auch Ergebnisse der politikwissenschaftlichen Forschung an „männlichen“ Kriterien und an typisch männlichen Biographien. Professorinnen der Politikwissenschaft waren eine ausgesprochene Seltenheit. Der männliche Zirkel in der Politikwissenschaft war geschlossen (Squires 1999: 1, Kreisky/Sauer 1995, Kreisky 1994).

Die Entdeckungsarbeit begann mit mehreren Fragestellungen: Wie geht (staatliche) Politik mit Frauen um? Von welcher Rolle der Frauen geht Politik aus; welche Rolle wird unterstützt, welche behindert? Hier ging es zunächst vor allem um sozialpolitisches Handeln, aber auch um Bevormundung und Rollenzuweisung durch Politik, wie beispielsweise durch das Ehe- und Steuerrecht oder durch die Bestimmungen zum Schwangerschaftsabbruch. Einige politikwissenschaftliche Frauenforscherinnen gingen der Frage nach, wie der Grad politischer Partizipation von Frauen zu erhöhen sei. Andere stellten heraus, dass Frauen in einem unkonventionellen Sinne politisch sehr aktiv sind und widerlegten damit die Rede von der unpolitischen Frau. (*Querverweis: Kap. 4.2*) Mit Blick auf das Selbstverständnis der Disziplin, aber auch mit Blick auf staatliche Unterlassungen ging es der politikwissenschaftlichen Frauenforschung maßgeblich darum aufzuzeigen, in welchem Maße das so genannte Private politisch bestimmt war. (*Querverweis: Kap. 2*)

Frauenforschung – gleich welcher Couleur und welchen Faches – musste sich aber schon bald selbst mit dem Vorwurf der Einseitigkeit auseinander setzen. Mit dem exklusiven Fokus auf Frauen würde abermals nicht das ganze Bild gesehen. Außerdem werde die Erfahrungswelt von Frauen unzulässig verallgemeinert. Diese Kritik führte zu einer revidierten modernen Version von Frauenforschung, die mit den Worten der Sozialwissenschaftlerin Regina Becker-Schmidt folgendermaßen definiert werden kann:

„*Frauenforschung* kann als Oberbegriff für alle Untersuchungen verstanden werden, die die Bedeutung des Einflussfaktors ‚Geschlecht' in die Wissensproduktion, in der Gestaltung von sozialen Welten, in der Ausrichtung von Diskursen thematisieren und dabei die gesellschaftlich vernachlässigten Interessen von Frauen ins Spiel bringen. Gegen die Geschlechterforschung lässt sie sich folgendermaßen abgrenzen: Sie konzentriert sich auf die Angehörigen der weiblichen Genus-Gruppe, um zum einen die gesellschaftliche Relevanz ihrer Erfahrung und ihres Wissens herauszuarbeiten, um ihre Rolle in der Kulturgeschichte und Wissenschaftsentwicklung wider alles Vergessen in Erinnerung zu bringen. Zum anderen deckt Frauenforschung die Diskriminierung und die Mechanisierung der Marginalisierung auf, welche Frauen zugemutet wurden und werden. Des Weiteren geht sie Phänomenen nach, die mit Zuschreibungen von ‚Weiblichkeit' zu tun haben. Bei der Analyse weiblicher Lebenszusammenhänge berücksichtigt sie die sozialen und kulturellen Differenzen zwischen Frauen, die auf die Unterschiede der klassenspezifischen Herkunft, der ethnischen Zugehörigkeit oder der Hautfarbe zurückzuführen sind" (Becker-Schmidt 1999: 2).

1.1.2   *Geschlechterforschung – Geschlechterverhältnisforschung*

Die Kritik an der Frauenforschung führte nicht nur zu einem stärker differenzierenden Ansatz, sie mündete auch in die Entwicklung eines wissenschaftlichen Neuansatzes, der Geschlechterforschung genannt wird.

Der *Geschlechterforschung* liegt die Einsicht zugrunde, dass Frauenrollen, Frauenarbeit, Frauenpsyche, Mädchensozialisation usw. nicht ausreichend erklärt werden können, wenn ausschließlich Frauen im Zentrum der Analyse stehen. Geschlecht – so wurde allmählich herausgearbeitet – ist ein relationaler Begriff. Eine Auffassung von „Frau" ohne eine Auffassung von „Mann" ist nicht denkbar. Weiblich definiert sich in Bezug auf männlich und umgekehrt. Bei der Betroffenheit der weiblichen Genus-Gruppe stehen zu bleiben, kann nicht ausreichen.

„In der Geschlechterforschung ist die männliche Genusgruppe konsequenterweise ... Referenzpunkt von Aussagen über Geschlechterdifferenzen. Solche Differenzen können sich beziehen auf soziale Ungleichheitslagen, auf unterschiedliche Erfahrungen und Sichtweisen, auf Asymmetrien in Rollenzuweisungen, auf Divergenzen in beruflichen Werdegängen und wissenschaftlichen Erkenntnis- und Arbeitsformen. Es geht in der Geschlechterforschung um Relationen: um Bezogenheit zwischen den Geschlechtern, um Bezogenheit zwischen den Konstruktionen von Weiblichkeit und Männlichkeit, um Bezogenheit zwischen geschlechtsspezifischen Zuschreibungen und Statuszuweisungen" (Becker-Schmidt 1999: 3).

Nach Braun und Stephan (2000: 9) muss Geschlechterforschung/Gender-Studien nach der Bedeutung des Geschlechts für Kultur, Gesellschaft und Wissenschaften fragen. Wie kommt es zur Vorstellung von Geschlecht? Welche Bedeutung wird ihm beigemessen und welche Auswirkungen hat diese Vorstellung auf die Verteilung der politischen Macht, die sozialen Strukturen und die Produktion von Wissen, Kultur und Kunst?

Außerdem wird zwischen Geschlechterforschung und Geschlechterverhältnisforschung unterschieden. Auch die Geschlechterverhältnisforschung geht von der Erkenntnis aus, dass Konstruktionen und Lebenslagen von Frauen und Männern nicht unabhängig voneinander existieren, sondern sich stets gegenseitig bedingen.

> Die *Geschlechterverhältnisforschung* „ist charakterisiert durch einen bestimmten Umgang mit Relationalität. Sie fragt danach, wie die sozialen Beziehungen zwischen den Geschlechtern gesellschaftlich institutionalisiert, strukturiert und organisiert sind. Mit anderen Worten: Sie untersucht, an welchen Modalitäten Relationalität ausgerichtet ist. Ist das soziale Verhältnis, in das die Geschlechter eingebunden sind, ein egalitäres oder ein hierarchisches, ist es strikt entlang von Trennlinien organisiert oder gibt es keine Grenzziehungen von Räumen, Praxen, zugewiesenen Kompetenzen zwischen den Geschlechtern; stehen sie in einer Beziehung der Komplementarität, die mit Rangordnungen verbunden ist, oder herrscht trotz der Unterscheidungen, wofür Frauen und wofür Männer sozial verantwortlich sind, eine Gleichwertigkeit der Tätigkeitsbereiche? Zur Geschlechterverhältnisforschung gehören eine Reihe weiterer Untersuchungsfragen: durch welche Mechanismen (Stereotypisierung, Klassifizierung, Trennung, Hierarchisierung) kommt es in Gesellschaften zur Versämtlichung von Frauen und Männern? Was sind die Kriterien und Prinzipien dieser Bildungen? (Das Identitätsprinzip ist z.B. ein Prinzip der Vereinheitlichung). Durch welche Logiken (z.B. Herrschaftslogiken, die hinter scheinbar ganz sachlichen Klassifikationen stecken) werden die sexuierten Einheiten als Gegensatzpaare miteinander verschränkt?" (Becker-Schmidt 1999: 5)

Die Geschlechterverhältnisforschung stellt heraus, dass Weiblichkeit und Männlichkeit aufeinander bezogen sind, meist mit hohen komplementären Anteilen. Das heißt, die Idee „Frau" ist ohne die Idee „Mann" nicht vorstellbar. In der Definition „Frau" steckt immer auch die Abgrenzung zu „Mann". Verhältnis steht dabei für ein gesellschaftliches bzw. ein vergesellschaftetes Verhältnis und nicht für konkrete soziale Beziehungen zwischen den Geschlechtern. Wie viel Gleichheit, Ungleichheit, Kontrast oder Überschneidung im Verhältnis der Geschlechter möglich ist, scheint vom sozialen Kontext abzuhängen. Beispielsweise ist zu beobachten, dass Männlichkeit und Weiblichkeit in Kriegszeiten in ganz besonders konträrer Weise propagiert werden. Die Definition von Geschlechtlichkeit ist dabei kontextabhängig und zeigt sich von anderen sozialen Verhältnissen beeinflusst. Ein Beispiel findet sich in der Legitimation britischer Kolonialpolitik. Die sonst als schwächlich und vernunftlos beschriebene europäische Frau wird darin im Vergleich zu den „Wilden" der Kolonialländer zum Symbol einer stabilen zivilisierten Ordnung (Tickner 1992: 48/49).

Dem Wandel von Frauen- zu Geschlechterforschung unterliegt ein anspruchsvolles intellektuelles Bemühen. Unter anderem wird darüber gestritten, ob die Geschlechter(verhältnis)forschung die Frauenforschung als Begriff und Programm vollständig abgelöst habe, und welchen Maßstäben Forschung genügen müsse, um Geschlechterforschung zu sein.

So kann für Gildemeister und Wetterer der Wandel von Frauenforschung zur Geschlechterforschung nicht nur darin bestehen, die Konzentration auf die Frauen zu verlassen und Frauen und Männer, das Weibliche und das Männliche in den Blick zu nehmen und jeweils ins Verhältnis zu setzen. Um Geschlechterforschung zu betreiben, sei es vielmehr nötig, die ontologische Setzung von Mann und Frau, eines binären Geschlechtssystems zu verlassen und immer wieder zu fragen, wie diese behauptete Differenz hergestellt wird (vgl. Gildemeister/Wetterer 1992: 246).

1.1.3 Feminismus – Feministische Wissenschaft

Das Wort „feministisch" wurde im 20. Jahrhundert geprägt, um die emanzi-patorischen Impulse in politischen und wissenschaftlichen Strömungen zu charakterisieren, die von Frauen gesetzt wurden. Bis heute ist „feministisch" eine Synonym für „kritisch" geblieben, kritisch insbesondere gegenüber ge-sellschaftlichen Ungleichheiten der Geschlechter, gegenüber universalisier-enden oder einseitig männlichen Sichtweisen sowie gegenüber wissenschaft-lichen Positionen, die durch einen Mangel an Selbstreflexivität gekennzeich-net sind. Die Aufdeckung wissenschaftlicher Mythen ist demzufolge ebenso Sache des Feminismus wie die Auseinandersetzung mit soziokulturellen und gesellschaftlichen Entwicklungen, die soziale Ungleichheit, Unfreiheit und Diskriminierung entlang der Trennlinie „Geschlecht", aber auch der von Klasse und Ethnie hervorbringen oder festigen. Im Allgemeinen wird mit „feministisch" die kritische Haltung, der Veränderungsimpuls und der Auf-klärungs- und Emanzipationsgedanke betont.

> „[F]eminism is more than a study of gender relations – it is a critical politics of those relations. All feminists agree that in every facet of life, women have been and con-tinue to be oppressed as a sex because of our sex, by and for the benefit of men. All feminists are united in seeking to end the subordination of women (...) Beyond that core, the rubric of feminism encompasses an enormous diversity of views on the pri-mary sources and manifestations of women's oppression and the strategies of over-coming that oppression" (Greschner 1989, zit. nach Klinger 1994: 140).

In der Wissenschaft bedeutet dies für Becker-Schmidt:

> „Feminismus ist also keine Weltanschauung, sondern eine Option für Aufklärung, die über die Geschlechterfrage hinausgehen kann. Die erkenntnistheoretischen, methodo-logischen und inhaltlichen Innovationen feministischer Forschung können Transfer-charakter für Gegenstandsbereiche auch jenseits der Frauenforschung haben und um-gekehrt nimmt feministische Forschung wissenschafts- und gesellschaftskritische Problematisierungen aus anderen Strömungen zur Konturierung ihrer eigenen Positio-nen auf" (Becker-Schmidt 1999: 1).

Unabhängig von politischem Standpunkt, wissenschaftlicher Tradition und disziplinärer Herkunft können folgende feministische Anliegen in der Wis-senschaft aufgelistet werden, die allerdings nicht immer gemeinsam auftreten:

– Normativer Ausgangspunkt: Kritik an Unterdrückung, Unterordnung, Diskriminierung von Frauen aufgrund ihres Geschlechts;

- Transformative Zielsetzung: Erklärung und Änderung des Zustandes der Unterdrückung, Unterordnung und Ungerechtigkeit aufgrund des Geschlechts;
- Ausweitung des Themenkatalogs um Themen, die bisher als zur weiblichen, privaten Lebenswelt gehörend ausgeschlossen wurden;
- Kritik am Universalisierungsanspruch herkömmlicher Theorie;
- Aufdeckung und Kritik frauenfeindlicher Annahmen herkömmlicher Theorie;
- Kritik der vergeschlechtlichten, hierarchischen Bipolaritäten, die (westlicher) herkömmlicher Theoriebildung zugrunde liegen;
- Reflexion über soziale und politische Folgen der Zweigeschlechtlichkeit;
- Theoretisierung von Geschlecht.

1.1.4 Methoden der feministischen Wissenschaft

Ebbecke-Nohlen und Nohlen (1994) beantworten die Frage nach den Methoden der politikwissenschaftlichen, feministischen Forschung damit, dass sie feministische Fragestellungen insgesamt als eigene methodische Herangehensweisen einordnen, was sich je nach Definition des Begriffs „Methode" auch begründen lässt.

Sehr viel häufiger ist jedoch die Einschätzung zu lesen, dass feministische Forschung den Anspruch auf eigene Methodenentwicklung aufgegeben hat (z.B. Hark 2001: 10) – ein Anspruch, der in den 70er-Jahren noch verfolgt wurde (vgl. z.B.: Gerhard 1994: 18 zum Stichwort „interpretatives Paradigma"). Wie in allen wissenschaftlichen Disziplinen sind aber konjunkturell sich wandelnde Präferenzen für bestimmte Methoden zu beobachten (Beispiele in: Althoff u.a. 2001 u. femina politica 1/1997).

Eine solche Konjunktur gründete sich zunächst auf die Skepsis gegenüber rein empirisch-analytischen Methoden. Der Verdacht war, dass hier Verhältnisse nicht erklärt und in Frage gestellt werden, sondern lediglich quantitativ erfasst und bestätigt werden. Feministische Feldforschungen und Studien zeigen hingegen Affinitäten zu qualitativen Untersuchungen. Qualitative Interviews werden aus mindestens zwei Gründen gegenüber quantitativen Erhebungen bevorzugt: Im Interview gelingt es, die Erforschten aktiv einzubeziehen und ernst zu nehmen. Bei der qualitativen Herangehensweise können Hintergründe entdeckt werden, die von der Forscherin und dem Forscher zunächst nicht erwartet wurden. Gleichzeitig warnt feministische Theorie davor, die Aussagen von Befragten unkritisch und undistanziert zu übernehmen. Auf keinen Fall will oder kann Geschlechterforschung auf empirische Analysen verzichten, allerdings verlangt sie eine theoretisch komplexe Fundierung (Knapp 2001: 12).

1.1.5 Sex und Gender

In den 80er-Jahren kam es zu einer enormen theoretischen Ausdifferenzierung, die sich im wissenschaftlichen Umgang mit dem sozialen Phänomen Geschlecht bzw. mit den Begriffen „Frau" und „Mann" zeigte. Während es in der frühen Phase der Frauenforschung zwar unterschiedliche Auffassungen darüber gab, ob die Geschlechter gleichartig oder prinzipiell verschieden seien, bestand doch relativ wenig Zweifel an der (Zwei-)Geschlechtlichkeit selbst, also an der Einteilung der Menschen in Frauen und Männer. In den 80-Jahren wurde auch dieser Umstand hinterfragt: Die zentrale Forschungsfrage lautete nun: Was ist Geschlecht?

Einigen AutorInnen ging es dabei mehr um sexuelle Identität und Sexualität, bei anderen standen Geschlechtscharaktere, Geschlechtsrollen und Geschlechtsinszenierung im Vordergrund. „Geschlecht", „Mann" und „Frau" wurden nicht mehr länger als ohnehin bekannte, sondern erklärungsbedürftige Kategorien oder Begriffe aufgefasst.

Die Frage, was eine Frau, was ein Mann sei, scheint aus unserem alltäglichen Erleben heraus überflüssig zu sein. Es scheint sich um selbstverständliches Alltagswissen zu handeln, über das jede/r verfügt. Dieser Alltagsgewissheit entsprechend stellte sich diese Frage auch in der Wissenschaft lange nicht in systematischer Weise. Im Gegenteil, Biologie und Medizin waren beispielsweise als wissenschaftlicher Interpretationsrahmen maßgeblich daran beteiligt, Gewissheiten über das Mann- und Frausein herzustellen. Genau gegen diese „wissenschaftlich" fundierte Festlegung, die zur politisch und sozial untergeordneten Rolle der Frau erheblich beitrug, hatte sich die neue Frauenbewegung aufgelehnt.

Von der feministischen Theoriebildung wurde auf der begrifflichen Ebene eine vorläufige Loslösung aus den Fesseln des biologischen Determinismus angeboten. Aus dem Englischen entlehnte Begriffe wurden genutzt, um zwischen *„sex"* – dem biologischen Geschlecht – und *„gender"* – dem sozialen Geschlecht – zu unterscheiden. Damit wurde gedankliche Freiheit gewonnen: Männern und Frauen konnte zugestanden werden, dass sie sich unabhängig von ihrem biologischen Geschlecht persönlich entwickeln konnten, dass sie sich ihre soziale Rolle frei wählen und dass sie alle erdenklichen beruflichen Qualitäten ausbilden konnten.

Metzlers Lexikon der Literatur- und Kulturtheorie gibt zum Stichwort „Gender" folgende Definition (Auszug):

> „Grundannahme der Gender Studies ist, das Gender nicht kausal mit dem biologischen Geschlecht verknüpft ist, sondern als eine kulturelle Interpretation des Körpers zu verstehen ist, die dem Individuum über eine Geschlechtsidentität und die Geschlechterrolle einen spezifischen Ort innerhalb der Geschlechterordnung zuweist. Als zugleich semiotische und soziokulturelle Kategorie meint Gender folglich die Bedeutung(en), die eine Kultur der Unterscheidung zwischen Mann und Frau verleiht und die sich mit anderen grundlegenden Sinnstiftungen überlagern bzw. sie stabilisieren kann." (184)

Damit blieb das biologische Geschlecht „sex" eine gegebene Kategorie, die aber sozial wenig Auswirkungen hatte bzw. haben sollte. Das soziale Geschlecht hatte eine gewisse Eigenständigkeit vom biologischen Geschlecht erhalten. Im Mittelpunkt des wissenschaftlichen Interesses stand das Werden, die Zuschreibungen und die Möglichkeiten des sozialen Geschlechts.

Die Sex-Gender-Unterscheidung stellte einige Zeit einen gemeinsamen Ausgangspunkt feministischer Wissenschaftlerinnen dar – bis Kritik aus den eigenen Reihen laut wurde. Auch mit der Kategorie Gender arbeitende Wissenschaft halte ungeprüft am zweigeschlechtlichen System, also an der Einteilung in Männer und Frauen, fest und würde die Sex-Gender-Trennung nicht konsequent vollziehen. Anhängerinnen der Queer-Theories (s.u.) wiesen darauf hin, dass die Gender-Forschung zwar vorgebe, sich vom biologischen Geschlecht getrennt zu haben, gleichzeitig aber daran festhalte, indem sie unhinterfragt von Heterosexualität ausgehe. „Sex", also das biologische Geschlecht, käme insofern wieder ins Spiel, als die Idee Frau als soziales Geschlecht mit der Vorstellung verbunden werde, dass „richtige" Frauen Männer begehrten (und umgekehrt). WissenschaftlerInnen, die mit dem Ansatz der sozialen Konstruktion arbeiteten, bemängelten, dass Gender-Forschung zumeist von der Gegebenheit zweier Geschlechter ausgehe, anstatt zu fragen, wie diese binäre Klassifikation überhaupt zustande komme. Poststrukturalistische Positionen wiesen schließlich darauf hin, dass völlig unabhängig davon, ob „Frau" für biologisches oder soziales Geschlecht stehe, mit diesem Begriff eine unzutreffende Zuschreibung und unzulässige Vereinheitlichung einhergehe. (*Querverweis: siehe unten und Kap. 3.5*)

Der Begriff „Gender" wurde im deutschsprachigen Raum vielfach aufgegriffen. Mit „Gender" konnte man nicht nur die sprachlich ungelenke Konstruktion „soziales Geschlecht" umgehen, sondern auch das Wort „feministisch" vermeiden, das mittlerweile für viele nach einem Relikt aus den 70er- und 80er-Jahren klingt. So sind eine unübersehbare Vielzahl von Publikationen erschienen, die in ihrem Titel „Gender", „Genderstudien" oder „gender studies" tragen und dabei die unterschiedlichsten Ansätze von Frauen- und Geschlechterforschung aufgreifen und durchaus feministische Grundpositionen vertreten.

1.1.6   Und ist das alles feministisch?

Während im (deutschsprachigen) Alltagsgebrauch „feministisch" und „Feminismus" häufig mit einer politischen Einstellung bzw. der politischen Bewegung gleichgesetzt werden, legt die wissenschaftliche Literatur Wert auf die Unterscheidung zwischen Feminismus als Bewegung, Feminismus als akademische Theorieströmung, Feminismus als Ideengeschichte und als Geschichte der wissenschaftlichen Theorieentwicklung (vgl. Beasley 1999: xiii).

Gleichzeitig wird in vielen Beiträgen auf die enge Verwobenheit von feministischer Bewegung und Theorie hingewiesen (z.B. Zinterer 2001).

Dabei steht „feministisch" nicht für einen bestimmten Analyseansatz, sondern für den kritischen und emanzipationsorientierten Anteil des wissenschaftlichen Tuns. Auch wenn wir „feministisch" minimal definieren als eine Haltung, die sich gegen Frauendiskriminierung stellt, können wir nicht ohne weiteres davon ausgehen, dass alle Arbeiten, die sich mit der Kategorie Geschlecht und mit Geschlechterverhältnissen beschäftigen, auch feministisch sind oder sein wollen, denn auch eine affirmative oder rein deskriptive Betrachtung des Geschlechterverhältnisses ist denkbar (Becker-Schmidt/Knapp 2000: 11).

Vielleicht aber gilt in der Politikwissenschaft mehr als in anderen Disziplinen, dass sich im Laufe der Studien- und Forschungszeit einer Wissenschaftlerin oder eines Wissenschaftlers auch eine normatives Bild davon entwickelt, wie Politik ablaufen und wie die Gesellschaft verfasst sein sollte. Noch mehr dürfte dies für diejenigen Kolleginnen und Kollegen zutreffen, die sich mit Frauen- und oder Geschlechterstudien befassen. Die Motivation dieser WissenschaftlerInnen ist in den meisten Fällen in einer Unrechtswahrnehmung und einem Veränderungswunsch begründet. Auch wenn in der politikwissenschaftlichen Analyse das politisch Wünschbare zunächst wieder in den Hintergrund tritt, so macht sich die politische Vision doch spätestens dann wieder bemerkbar, wenn konkrete Handlungsempfehlungen aus der Analyse abgeleitet werden.

Vielleicht ist dies der Grund dafür, dass trotz der vielfältigen Bedeutungsmöglichkeiten der Begriff „feministisch" oder „feminist" in deutschsprachiger und nordamerikanischer politikwissenschaftlichen Literatur häufig als eine Art Oberbegriff verwandt wird. Zum Teil liegt auch eine pragmatische Nutzung des Begriffes vor, um die Aufzählung der Begriffe „Frauenforschung", „Geschlechterforschung" und „Geschlechter(verhältnis)forschung" und der englischsprachigen Varianten „Gender Studies", „Women Studies" zu vermeiden.[6] So werden in den bekanntesten einschlägigen politikwissenschaftlichen Sammelbänden unter dem Titel „feministisch" ganz unterschiedliche theoretische Annahmen und Vorgehensweisen vorgestellt: Appelt und Neyer (1994) überschreiben ihren Band mit „Feministische Politikwissenschaft", Kreisky und Sauer (1995) stellen „Feministische Standpunkte in der Politikwissenschaft" vor. Braun, Fuchs, Lemke und Töns (2000) nennen ihr Lehrbuch „Feministische Perspektiven der Politikwissenschaft".

In neueren deutschsprachigen Arbeiten wird die Tendenz deutlich, mit Begriffen wie „gendersensitiv", „geschlechtssensibel", „geschlechtsbewusst" oder „Geschlecht und ..." den Forschungsansatz herauszustellen und die poli-

---

6   Auch in Überblicksliteratur, die sehr unterschiedliche Theorieströmungen vorstellt, wird „Feminismus" als Theoriesammelbezeichnung benutzt (z.B. bei Menzel 2001: 224, Scheele 1999).

tische Motivation (Feminismus) unbenannt zu lassen. Damit können sich auch diejenigen anfreunden, die sich nicht ohne weiteres als feministisch bezeichnen lassen möchten. Allerdings liegt in diesen Begriffen auch die Gefahr einer inhaltlichen Reduzierung. Dass Geschlecht als zentrale soziale, kulturelle und politische Strukturkategorie angesetzt wird, wird so nicht deutlich. Dieser Gefahr soll im vorliegenden Buch mit dem Begriff „geschlechtskategorial" begegnet werden.

Im vorliegenden Buch wird „feministisch" verwendet, um eine normative Ausgangsbasis zu betonen, und „geschlechtskategorial", um einen Forschungsansatz zu benennen. Aus sprachlich-pragmatischen Gründen werden beide, häufig zusammen auftretende Phänomene nicht immer einzeln benannt, stattdessen erlaubt sich die Autorin gelegentlich die inhaltliche Ungenauigkeit und die sprachliche Erleichterung, „feministisch" als Überbegriff zu setzen.

1.2 Politische Strömungen in der Frauen- und Geschlechterforschung

Frauenforschung hat schon in ihrer Entstehungsphase in den 1970er-Jahren unterschiedliche Strömungen ausgebildet, die auch in der späteren politikwissenschaftlichen Geschlechterforschung noch tendenziell erkennbar sind. Diese theoretische Aufspaltung der frühen Frauenforschung erscheint als Weiterentwicklung traditioneller politischer Traditionen. Dies gilt insbesondere für den liberalen und marxistischen/sozialistischen Feminismus. Aber auch der so genannte radikale Feminismus, der einen frauenzentrierten Standpunkt pflegt, hat historische Vorläufer in der alten Frauenbewegung des 19. Jahrhunderts.[7] Diese drei Strömungen werden im Folgenden kurz charakterisiert.

1.2.1 Liberaler Feminismus

Der liberale Feminismus folgt den Prinzipien des traditionellen politischen Liberalismus, wie dem Ideal der universellen Menschlichkeit. Liberale Feministinnen nehmen an, dass Frauen bislang an ihrer Entwicklung zur Menschlichkeit gehindert wurden. In ihrer Forderung nach Einlösung dieses urlibera-

---

7 Darauf macht Ute Gerhard (1999: 12-38 u. 62-87) aufmerksam. Die Traditionslinien zwischen alter und neuer Frauenbewegung/Feminismus kommen im amerikanischen Sprachgebrauch von „first and second wave feminism" besser zum Ausdruck. In der bundesdeutschen Geschichte sind durch Nationalsozialismus und Nachkriegszeit die historischen Verbindungen zwischen neuer und alter Frauenbewegung in besonderem Maße durchschnitten worden.

len Anspruchs beziehen sie sich auf weitere liberale Prämissen: Rationalität des Einzelnen als eine von körperlichen und sozialen Gegebenheiten unabhängige geistige Fähigkeit, Gesellschaft als der Summe von Individuen und ihren konkurrierenden Einzelinteressen und – ganz zentral – die gesellschaftliche Sphärentrennung von privat und öffentlich. Unter Voraussetzung dieser Trennung geht der liberale Feminismus davon aus, dass Macht und insbesondere staatliche Macht sich im öffentlichen Raum (und nicht im Privaten) entfaltet.

Abgesehen von einem rein biologischen Unterschied zwischen den Geschlechtern werden im liberalen Feminismus alle Unterschiede zwischen Männern und Frauen als Folge einer von Stereotypen geprägten Erziehung, Sozialisation, Ausbildung, massenmedialer Berichterstattung, Rechtssprechung usw. verstanden.

Entsprechend konzentrierte sich der historische liberale Feminismus darauf, rechtliche und formale Zugangssperren für Frauen zu beseitigen. Dabei ging (und geht es) zunächst darum, Ausbildungswege, Berufe und politische Karrieren zu öffnen. Wichtig war (und ist) auch die Forderung, für die gleiche Arbeit ohne Ansehen des Geschlechts gleichen Lohn zu zahlen. Erst allmählich wurde auch der Privatbereich (hier verstanden als Familie, nicht als private Wirtschaft) in die Analyse einbezogen. Zunächst in dem Sinne, dass die Effekte der Familienarbeit, die Frauen an einer vollen Entfaltung in einer beruflichen oder politischen Karriere hinderten, verringert werden sollten. Der Anspruch, dass Familie und Beruf vereinbar sein sollten, äußerte sich in Forderungen nach Teilzeitarbeit, Kinderbetreuung und staatlicher Familienunterstützung. Der Schwangerschaftsabbruch sollte liberalisiert werden. Wenn Frauen – so die Annahme – in allen gesellschaftlichen Bereichen in gleicher Zahl und Weise beteiligt sind wie Männer, ist Gleichberechtigung hergestellt. Um diesem Ziel näher zu kommen, wurden dann auch praktische Vorschläge wie Quotenregelung und andere Frauenfördermaßnahmen entwickelt.

Eine Richtung des liberalen Feminismus betrachtet auch die ökonomische Seite von Gleichheit. Die sozialen und wirtschaftlichen Härten, die Frauen aufgrund ihres Geschlechts träfen, müssten durch begrenzte staatliche Leistungen ausgeglichen werden. Diese Denkrichtung hat in allen westlichen Staaten zu einer detaillierten, kritischen Analyse des Sozialstaats und entsprechenden Verbesserungsvorschlägen geführt.

Das Wissenschaftsverständnis der liberalen Feministinnen hält an der Vorstellung einer positivistisch zu erfassenden Wirklichkeit fest. Entsprechend verfolgt der liberale Feminismus auch im Wissenschaftsbetrieb den Gedanken der Korrektur, wonach mehr Frauen auf allen Ebenen der Wissenschaft, die Öffnung des wissenschaftlichen Blicks für Frauenleben, weibliche Qualitäten usw. die von der Wissenschaft aufgestellten Ansprüche nach Objektivität und Universalität verwirklichen würden.

Insgesamt verfolgt der liberale Feminismus einen Reformansatz, der Gesellschaft und Wissenschaft an den selbst gesetzten Maßstäben misst und deren Umsetzung verbessern will.

Der liberale Feminismus kann einige erfreuliche und im historischen Rückblick beeindruckende Erfolge verbuchen, insbesondere auf dem Niveau des Rechts. Dazu gehören in Deutschland die juristischen Reformen der 70er-Jahre, die Ehefrauen die volle Rechtsfähigkeit zusprachen. Aus aktueller Perspektive erscheint es schier unglaublich, dass eine bundesdeutsche Ehefrau nach den bis 1977 gültigen Gesetzen nicht berechtigt war, ohne die Zustimmung ihres Ehemanns ein Konto zu eröffnen oder einen Arbeitsvertrag zu unterschreiben. 1997 konnte nach langem Ringen durchgesetzt werden, dass Vergewaltigung in der Ehe zum Straftatbestand wurde und seither angezeigt und verfolgt werden kann.

Hingegen hat sich die Erwartung des liberalen Feminismus, dass der formalen Gleichstellung Gleichberechtigung und Emanzipation folgen werden, nicht erfüllt. Die „gläserne Decke", auf die Frauen beim beruflichen und politischen Aufstieg stoßen, ist aus einem Stoff, der durch Gesetze nicht zu brechen ist. Der liberale Feminismus hat informelle Prozesse, männerbündische Fraternisierungen, nachhaltige Vorurteile und Rollenzuschreibungen, politisch-kulturelle Symbolisierungen und auch die Folgen einer nach ständiger Flexibilität verlangenden globalisierten Arbeitswelt unterschätzt (vgl. Lorber 1998: 39f, S. Brown 1988: 462ff, Calás/Smircich 1996: 219ff, Beasley 1999: 51ff.).

Literaturtipp

Klassiker aus den USA:
Friedan 1963, Historische Vorläufer: Mary Wollstonecraft, siehe dazu: Sapiro 1992 und John Stuart Mill und Henriett Taylor Mill, siehe dazu: Mill/Mill/Taylor 1976.

1.2.2 Marxistischer und sozialistischer Feminismus

Vertreterinnen des marxistischen Feminismus gehen davon aus, dass das erste und grundlegende Unterdrückungsverhältnis durch Produktions- und Besitzverhältnisse bestimmt ist, dass die kapitalistische Gesellschaft also zuvorderst durch den Klassenwiderspruch gekennzeichnet ist. Frauen – so die historische Analyse – wurden mit der Entstehung des Kapitalismus zum Privatbesitz, ihre Unterdrückung ist damit eine Dimension, ein Nebenwiderspruch der Klassenunterdrückung.

Neomarxistische Feministinnen sind nicht damit einverstanden, die Unterdrückung der Frau als Nebenwiderspruch zu vernachlässigen, sondern verlangen eine ausführliche Analyse der vergeschlechtlichten Produktions- und Reproduktionsverhältnisse. Die neomarxistische feministische Kritik wirft der klassischen marxistischen Auffassung vor, die zentrale Perspektive auf die Produktionsverhältnisse und die Arbeit nicht konsequent einzunehmen. Schließlich sei es eine prinzipielle und universelle Erscheinung des Kapitalismus, dass Frauen zwar (schlecht bezahlte) Anteile am Produktionsbereich haben, sie aber fast vollständig für die Reproduktion zuständig sind. Damit zeige sich in den Produktionsverhältnissen nicht nur ein Klassenwiderspruch, vielmehr werde in den Produktions- und Reproduktionsverhältnissen ein Geschlechtergegensatz deutlich. Daraus folgt für diese TheoretikerInnen, dass Klasse *und* Geschlecht als historisch gewordene, materielle Strukturen zu analysieren sind. Demnach liegt kein grundsätzlicher Gegensatz zwischen Männern und Frauen vor, vielmehr verlaufen die entscheidenden gesellschaftlichen Widersprüche zwischen vergeschlechtlichten Klassen.

Während sich marxistisch-feministische Analysen stark auf die Besitz- und Arbeitsverteilung im öffentlichen Raum bzw. auf dem Markt konzentrieren, legen sozialistische Feministinnen großen Wert darauf, auch diejenige gesellschaftlich notwendige Arbeit in die Analyse einzubeziehen, die nicht über den Markt vermittelt wird, sondern im Privatraum typischer Weise unentgeltlich von Frauen verrichtet wird, wie Erziehung, Haushalt, Betreuung.

Sozialistische Feministinnen haben sich zum Verständnis von Geschlecht psychologische Erklärungen angeeignet und in ihre Analyse einbezogen, so dass ihr Gesellschaftsverständnis nicht ein rein materialistisches ist, sondern auch eine symbolisch-psychologische Ebene aufweist. Sozialistischer Feminismus analysiert nicht nur das Klassensystem als Kapitalismus, sondern auch das kulturelle System als Patriarchat. Darin sieht Beasley (1999: 58-64) eine inhaltliche Nähe der sozialistischen Feministinnen zu den „radikalen" Kolleginnen (s.u.). Beide feministischen Richtungen gehen davon aus, dass sexuelle Unterdrückung der Frauen die Grundlage der kapitalistischen Unterdrückung ist, und grenzen sich dadurch von der marxistischen Analyse ab.

Sozialistischer Feminismus nimmt also nicht wie der Liberalismus eine konzeptionelle Trennung in öffentlichen und privaten Raum vor, auch die schlichte Ausblendung der im so genannten Privatraum erfolgenden Reproduktion wird überwunden. Geschlecht wird stattdessen als eine Kategorie verstanden, die gesellschaftliche Machtverteilung umfassend organisiert.

In marxistischer Tradition steht die Auffassung, dass es keinen vom gesellschaftlichen Standpunkt unabhängigen Zugang zur Wissenschaft geben kann. Daraus folgte für marxistische/sozialistische Feministinnen die Forderung, ganz explizit den Standpunkt der Frauen einzunehmen, was als Standpunkt-Feminismus zu einem methodischen Postulat wurde. Der Standpunkt-Feminismus wurde in den 80er-Jahren in Deutschland prominent durch Maria Mies (1984) vertreten und ist mittlerweile überholt.

Seit den 90er-Jahren wird verstärkt darauf hingewiesen, dass es soziale Kategorien gibt, die sowohl Klasse wie auch Geschlecht durchkreuzen und weitere Unterdrückungsverhältnisse herstellen. Ethnizität müssen demnach gleichermaßen in die Analyse einbezogen werden. Daraus hat sich die postkoloniale feministische Perspektive entwickelt. (*Querverweis: Kap. 1.3*)

Literaturtipp
Beer 1991

!!! Achtung
Die eindeutige Etikettierung eines Textes als marxistisch, neomarxistisch oder sozialistisch wird wohl in den seltensten Fällen gelingen, da die Übergänge fließend sind und sich die AutorInnen erlauben, sinnvolle theoretische Teilstücke frei zu mischen. Entsprechend werden diese Ansätze in anderen Überblicksdarstellungen zusammengefasst vorgestellt (z.B. bei Lorber 1998).

1.2.3 Radikaler Feminismus

Der radikale Feminismus geht davon aus, dass Frauen in erster Linie aufgrund ihres Geschlechts unterdrückt werden und dass dadurch eine Gemeinsamkeit zwischen Frauen in den unterschiedlichsten sozialen Lagen entsteht. Für die systemische und systematische Organisation der übergeordneten Stellung der Männer und des Männlichen und der Unterordnung der Frauen und des Weiblichen nutzt der radikale Feminismus den Begriff des Patriarchats. Patriarchatsanalysen des radikalen Feminismus stützen sich auf historische, materialistische und psychoanalytische Erklärungen.

Die Radikalität dieser Richtung zeigt sich, außer in diesem gemeinsamen Analyseansatz, im Gesellschaftsverständnis, in der Bewertung des Weiblichen und in der politischen Strategie und Utopie.

In der Gesellschaftsvorstellung des radikalen Feminismus ist kein Platz für eine Sphärentrennung in öffentlich und privat, denn es wird davon ausgegangen, dass die patriarchale Unterdrückung alle gesellschaftlichen Bereiche durchdringt und die Wurzel aller anderen Unterdrückungsverhältnisse ist. Der Vorschlag, diese in der Politikwissenschaft übliche Trennung aufzuheben, erscheint vielen Politikwissenschaftlern und Politikwissenschaftlerinnen „radikal" (vgl. z.B. Locher 2000: 340).

Entsprechend liegt der Schwerpunkt des radikalen Feminismus – im Gegensatz zum liberalen oder marxistischen Feminismus – nicht auf der Veränderung der herkömmlichen politischen Institutionen oder auf der Rechtssprechung, nicht auf Arbeit oder Markt, sondern auf sozialen und kulturellen Institutionen wie beispielsweise Familie, Ehe und Partnerschaft. Innerhalb der „Politik des Privaten" kommt dem Körper von Frauen ein besonderer thematischer Stellenwert zu. Selbstbestimmter Zu- und Umgang von Frauen mit ihrem Körper, mit Sexualität und Reproduktionsfähigkeit sind Ziele von höchster Priorität. Entsprechend sind von radikalen Feministinnen die schärfsten Kritiken an Abtreibungsverboten, herkömmlichen Sexualnormen, Reproduktionstechniken u.a. formuliert worden. (*Querverweis: Kap. 5.2*)

Für den radikalen Feminismus haben Stichworte wie „weibliche Identität" und „weibliche Lebenswelten" einen entscheidenden Stellenwert. Nicht immer wird dabei von einer existenziellen und unveränderlichen Unterschiedlichkeit der Geschlechter ausgegangen, allerdings wird diese doch mindestens als sehr dauerhafte Komponente unterstellt. Den radikalen Feministinnen kann entsprechend ein Differenzansatz unterstellt werden, der die typische Bewertung von männlich und weiblich umkehrt und weibliche Eigenschaften höherwertig einschätzt. Auch diese positiv konnotierte Konzentration auf Frauen wird als charakteristisch für die Radikalität des Ansatzes eingeordnet (Calás/Smircich 1996: 226).

Die „Radikalität" des radikalen Feminismus liegt außerdem in der Überzeugung, dass die universelle Unterdrückung der Frauen nicht durch Korrekturen der gegebenen Gesellschaften aufzuheben ist. Für radikale Feministinnen ist weder das Patriarchat von innen heraus in eine frauenfreundliche Gesellschaft zu wandeln, noch ist es möglich, Männern den Glauben an ihre Überlegenheit und an ihre Zugriffsrechte auf Frauen zu nehmen. In der Konsequenz bedeutet dies, dass Frauen um ihrer Emanzipation und Entfaltung willen weder mit bestehenden Strukturen noch mit Männern kooperieren können. Frauen müssen mit anderen Frauen nach ihren eigenen Prinzipien Entfaltungs- und Handlungsräume schaffen.

Die US-amerikanische Schriftstellerin Adrienne Rich hat dazu die Strategie des lesbischen Kontinuums entwickelt. Dieses Kontinuum umfasst die lesbische Sexualität, aber auch jeden positiven Bezug einer Frau auf eine andere. Alle Handlungen dieses Kontinuums umgehen und unterwandern das Patriarchat und sind damit ein Baustein auf dem Weg zur gynozentrischen Welt (vgl. Lorber 1998: 42f.).

Die Einordnung als radikal bezieht sich auch auf die Reichweite der politischen Veränderung. So wird Shulamith Firestone (1976) unter anderem deshalb als radikale Feministin eingeordnet, weil sie sich gegen *jede* Art der Hierarchie und Unterordnung wendet, auch wenn sie die Unterdrückung von Frauen und Kindern als deren übelste Form einordnet (vgl. Evans 1995: 15). Sie strebt eine grundlegende gesellschaftliche Umwälzung an, die sie allerdings nicht in einem kulminierenden revolutionären Moment sieht, sondern eher in vielen kleinen Alltagspraxen.

Wo die Tendenz des radikalen Feminismus, mit Männern und dem gegebenen Gesellschaftssystem ganz zu brechen, mit den besseren Qualitäten der Frau, mit ihrer höherwertigen Kultur begründet wurde, wurde auch von *Kulturfeminismus* gesprochen (Evans 1995: 18f.). Frauen – und hier wurde eine grundlegende Differenz zwischen den Geschlechtern behauptet – seien aufgrund ihrer Körpernähe und aufgrund ihrer sorgenden Tätigkeiten sozial- und naturverträglicher als Männer. Diese Variante hat sich insbesondere in Frankreich auch theoretisch sehr weit ausdifferenziert, zum Beispiel mit den Schriften von Luce Irigaray (1979 u.a.).[8]

Die behauptete Naturverbundenheit der Frau war Kernaussage des so genannten *Ökofeminismus*, der Natur und Frauen gleichsetzte oder aber hinter

---

8   Zu neueren Entwicklungen des französischen Differenzfeminismus siehe Kandel 2000.

der Unterdrückung von Frauen und der Unterdrückung der Natur den strukturell gleichen Hintergrund vermutete. Demnach bedingen sich diese Ausbeu-
tungsverhältnisse gegenseitig und können nur gemeinsam aufgehoben werden. Durch Befreiung der Frauen und Aufwertung weiblicher Qualitäten
könne auch der Umweltzerstörung Einhalt geboten werden.

Wichtigste Vertreterin dieser Richtung ist in den USA die Theologin Mary Daly. In Deutschland wird Maria Mies als Ökofeministin genannt; allerdings ist diese Soziologin mit ihrer differenzierten Kenntnis internationaler
ökonomischer Zusammenhänge damit nur unzureichend charakterisiert.

Literaturtipp
Firestone 1976; neuere Bestimmung von „radikalem Feminismus": Thompson 2001

Bei den beschriebenen Ausdifferenzierungen handelt es sich zunächst um politische Strömungen, die insbesondere in den 70er-und 80erJahren auch in der
politikwissenschaftlichen Frauenforschung deutlich zu identifizieren waren.
Diese Überlagerung war zum Teil der ursprünglichen Nähe von Frauenbewegung und Frauenforschung geschuldet (vgl. Metz-Göckel 1987). Mittlerweile
haben diese historischen Strömungen an Kontur verloren. Politikwissenschaftliche geschlechtskategoriale Studien können dennoch auf der Grundlage des jeweiligen Politikverständnisses[9] in der Nähe der einen oder anderen
Strömung verortet werden.

Übung:
Machen Sie sich aufgrund der vorgegebenen Tabellenspalten einen Überblick über die
Hauptströmungen des Feminismus in den 70er- und 80er-Jahren in Europa:

	Liberaler Feminismus	Marxistischer/sozialisti-scher Feminismus	Radikaler Feminismus
Hauptproblem			
Fokus/Stichworte			
Differenz oder Gleichheit der Geschlechter			
Haltung zur Sphärentrennung privat – öffentlich			
Stellenwert des Körpers			
Strategie			

---

9 Gemeint ist hier die Auffassung vom Verhältnis Staat/Politik und Wirtschaft, eine
staatszentrierte versus einer basisorientierten Definition von Politik und die Haltung
zur Sphärentrennung in privat und öffentlich.

1.3 Theorieansätze der Frauen- und Geschlechterforschung

Seit den 80er-Jahren des 20. Jahrhunderts wurde die Frauen- und Geschlechterforschung durch neue wissenschaftstheoretische und politische Strömungen beeinflusst. Die Naivität, mit der liberale, marxistische und radikale Feministinnen „wussten", was Frauen und Männer sind, ging verloren. Die wissenschaftlichen und politischen Korrekturen der 80er-Jahre zeichnen sich dadurch aus, dass sie nicht nur Ungerechtigkeit und Unterdrückungsmechanismen aufdecken, sondern auch erklären wollen, wie Frauen und Männer als Gegenbilder entworfen – konstruiert – werden. Diese Ausdifferenzierung der Fragestellung markiert den Beginn der Geschlechterforschung, ohne die Frauenforschung dadurch völlig abzulösen.

Die unterschiedlichen Ansätze der 80er- und 90er-Jahre, die im Folgenden vorgestellt werden sollen, stehen weniger in einer politischen als in einer methodisch-disziplinären Tradition. Dadurch ist es kaum möglich und meist auch unangebracht, die entsprechenden Arbeiten einer der vorab beschriebenen klassischen ideellen Strömungen zuordnen zu wollen. Da die Annahmen der neueren Theorieansätze und diejenigen der beschriebenen Strömungen (liberal, marxistisch/sozialistisch, radikal) nicht auf einer wissenschaftstheoretischen Ebene liegen, sind die unterschiedlichsten Mischungen denkbar und gelegentlich auch erkennbar.[10]

1.3.1 Objektbeziehungstheorie der Psychoanalyse

Die Objektbeziehungstheorie ist ein auf *Sigmund Freud* – der Begründer der Psychoanalyse – zurückgehendes grundlegendes Theorem. Freud ging davon aus, dass ein Kind mehrere Stufen der psychosexuellen Entwicklung durchmacht, um schließlich zu einer „normalen" heterosexuellen Ausrichtung zu gelangen. Im Alter von zirka drei Jahren ist dieser Theorie zufolge die Mutter das Objekt der Begierde von männlichen und weiblichen Kindern. In diesem „Ödipusphase" genannten Stadium kommt es zur Entdeckung des entscheidenden Unterschieds: Die Jungen bemerken, dass sie selbst und der Vater einen Penis haben – die Mutter aber nicht. Sie denken, dass die Mutter vom Vater kastriert worden sei. Ihre Liebe zur Mutter wandelt sich angesichts dieser Erkenntnis in die Furcht vorm Vater. Die Jungen akzeptieren die Autorität des Vaters und verfolgen fortan das Ziel, selbst einer der (kastrierenden) Väter zu werden. Die Mädchen hingegen entdecken, dass sie selbst und die Mutter, anders als der Vater, keinen Penis haben. Sie denken, dass sowohl die

---

10 Sehr anschaulich vorgeführt von Calás und Smircich (1996), die zeigen, welche Unterschiede sich innerhalb eines organization-studies-Ansatz ergeben, abhängig davon, ob von einem liberalen, marxistischen, sozialistischen oder radikalen Grundverständnis ausgegangen wird.

Mutter als auch sie selbst durch den mächtigen Vater kastriert worden seien. Sie beneiden all diejenigen, die noch einen Penis haben („Penisneid"). Die Liebe zur Mutter übertragen sie auf den Vater. Ihren Penisneid kompensieren sie mit dem Wunsch, ein Kind zu bekommen.

Die Weiterentwicklung dieses Theorems lässt sich in mindestens zwei Hauptrichtungen unterscheiden. Die eine, die sich insbesondere in Nordamerika entfaltet hat, kann als kritische Weiterentwicklung und Neuinterpretation Freud'scher Argumente charakterisiert werden mit einer Betonung auf frühkindlicher Identifikation, Sexualentwicklung und kultureller Normierung. Die zweite Strömung steht in der Tradition des französischen Psychoanalytikers Jacques Lacan, der in einer korrigierten Version der Freud'schen Thesen dem Spracherwerb einen entscheidenden Einfluss auf die Subjektentwicklung zumaß.

Feministinnen der Freud'schen Tradition stießen sich zunächst am männlichen Bias der Freud'schen Theoreme. Beispielsweise behauptet Freud, dass sich weibliche Sexualität am Penis orientiert, einem Körperteil, das für ihn die Conditio sine qua non der Männer ist. Frauen waren damit einmal mehr als Mängelwesen beschrieben, die etwas – den Penis – nicht haben. Während Freud dem Penis und der Vaterfigur eine zentrale Position einräumte, konzentrierten sich Feministinnen auf die Mutter und das Muttern.[11] Immerhin konnten sie auf eine starke empirische Basis verweisen, denn in allen gegenwärtigen Gesellschaften sind es die Mütter, welche die frühkindliche Entwicklung begleiten.

Eine prominente Vertreterin dieser Schule war *Nancy Chodorow* (1986) mit ihrer These vom Muttern der Frauen. Chodorows Ausgangpunkt ist, dass es in unseren gegenwärtigen Gesellschaften die Frauen sind, welche die Kinder insbesondere in ihren frühkindlichen Phasen erziehen. Die Individualisierung des Kindes – als Ablösung von der ersten Bezugsperson – verläuft für Jungen und Mädchen deshalb bereits sehr unterschiedlich ab, weil Mädchen sich von einer gleichgeschlechtlichen Person separieren, Jungen jedoch von einer andersgeschlechtlichen. Die Mutter selbst entlässt dabei das Mädchen ungern in die Eigenständigkeit, während der Sohn als das geschlechtliche Andere erfahren wird und in die Selbstständigkeit gedrängt wird. Umgekehrt empfindet auch der Junge die Mutter als das Andere und beendet die Identifikation mit ihr. Auch in der Entwicklung des Mädchens kommt es zur Distanzierung von der Mutter, allerdings nur teilweise, weil die Distanzierung – von der gleichgeschlechtlichen Mutter – nicht vollständig gelingen kann. Da die Mädchen in der frühkindlichen Phase die Distanzierung nicht vollständig vollziehen, sind sie auch später mehr als Jungs und Männer fähig – so Cho-

---

11 „Muttern" ist die in der einschlägigen Literatur übliche Direktübersetzung des englischen Begriffs „mothering", was für die fürsorgende, betreuende, mitfühlende, sich selbst aufgebende Haltung und Handlungsweise steht, die traditioneller Weise einer Mutter unterstellt wird.

dorow –, sich anderen emotional nah zu fühlen, sich mit ihnen zu identifizieren und für sie Sorge zu tragen, kurz: zu muttern. Bei Jungen, die eine abrupte und vollständige Trennungserfahrung von der ersten Bezugsperson erleben, bleibt diese Distanz zu anderen auch im Erwachsenenleben erhalten. So kommt es zu mangelhafter Beziehungsfähigkeit und ausgeprägtem Individualismus. Jungs und Männer tun sich deshalb schwer, für andere emotional und praktisch Sorge zu tragen.[12]

Aus dieser umgedeuteten Objektbeziehungstheorie konnte also eine eigenständige Identität der Frauen abgeleitet werden. Diese seien in der Regel emotionaler, fürsorglicher, stärker an Bindung orientiert und mehr an Beziehungen interessiert als Männer. Diese positiv bewertete Identität sollte nicht nur die Vorstellung von der mangelhaften weiblichen Persönlichkeitsentwicklung beenden, sondern stellte gleichzeitig eine optimistische Option für die zukünftige gesellschaftliche Entwicklung dar (Beasley 1999: 68).

Beim französischen Psychoanalytiker *Jacques Lacan* kreist die Kultur und damit die Persönlichkeitsentwicklung ebenfalls um das männliche Sexualorgan. Allerdings verlässt Lacan die biologisch-materielle Ebene und betont stattdessen die symbolische Bedeutung. Er spricht deshalb nicht vom Penis, sondern vom Phallus.

Nach Lacans Auffassung lernt ein Kind, das bislang in symbiotischer Beziehung zu seiner Umgebung gelebt hat, am Differenzsymbol Phallus, dass es einen (sexuellen) Unterschied gibt. Bei der Entdeckung des Phallus wird die Verbundenheit mit der Mutterwelt aufgebrochen. Der Phallus erst ermöglicht dem Kind die Unterscheidung zwischen sich und der Umwelt. Diese Distanzierung ist nach Lacan die Voraussetzung jeder Subjektentwicklung und jeder kulturellen Leistung. Damit aber kann nur das männliche Kind – da es über das Differenzsymbol verfügt – sich von der vorkulturellen Welt der Mutter absetzen und in die männliche Kultur der Sprache und Symbole eintreten. Dem weiblichen Kind bleibt dieser Schritt verwehrt oder erschwert.

Mit kritischem Tenor akzeptieren Feministinnen dieser Tradition die Beschreibung der Kultur als männlich, als den Gesetzen des Vaters gehorchend, wie Lacan schreibt. Allerdings sind feministische Wissenschaftlerinnen nicht bereit, die männlich geprägte Kultur in zustimmender Weise mit der Zivilisation gleichzusetzen und den Frauen damit die Kulturfähigkeit abzusprechen. Sie weisen vielmehr daraufhin, dass Frauen innerhalb der alles dominieren-

---

12 Susan Moller Okin versteht Chodorow so, dass Frauen dieser psychologischen Konstellation durchaus entfliehen könnten. Und Männer könnten andere, sozial verträglichere Persönlichkeiten entwickeln, wenn sie an der Sorge und Pflege für Säuglinge und Kleinkinder in angemessener Weise beteiligt wären. Allerdings führe der geschlechtssegregierte Arbeitsmarkt, der den Frauen niedere Einkommen und ungesicherte Beschäftigungsverhältnisse anbiete, dazu, dass es für Frauen und Männer eine rationale Entscheidung sei, die traditionellen Rollen fortzuführen (vgl. Okin 1998: 127).

den männlichen Kultur bislang keinen Raum hatten, eine eigene weibliche Kultur zu entfalten.

So plädiert die französische Feministin Luce Irigaray[13] für die Schaffung eines Ortes des weiblichen Begehrens, der Frauen Identität, sexuelles Empfinden und ein eigenes Geschlecht erst ermögliche. Dann erst könnten Frauen sich selbst entfalten, und der defizitären, ganz auf Männlichkeit ausgerichteten Welt würde sich zum Besseren ändern. Irigaray ist damit Vertreterin eines ausgeprägten Differenzansatzes – also der Überzeugung der essenziellen Unterschiedlichkeit von Männern und Frauen. Vor diesem Hintergrund fordert Irigaray für Frauen und Männer unterschiedliche Rechtssysteme (vgl. Irigaray 1990).[14]

Auch im deutschsprachigen Raum wurden einige psychoanalytische Ansätze über engere wissenschaftliche Kreise hinaus bekannt. Viel zitiert wurde die „friedfertige Frau", die Margarete Mitscherlich (1985) eigentlich in kritischer Absicht beschrieben hatte. In ihr wurde eine Lösung für soziale und militärische Konflikte gesehen.

Die Positivbewertung des Mutterns (s.o.) wie von Nancy Chodorow und von der Sozialpsychologin Carol Gilligan (1988) eingeleitet, führte in Deutschland zur Bewegung der „Neuen Mütterlichkeit". Hier wurde – häufig mit konservativer Grundstimmung – dafür plädiert, die weibliche Rolle der fürsorglichen Mutter zu erhalten, ihr neue Aufmerksamkeit und eine angemessene Wertigkeit zukommen zu lassen (vgl. z.B. Frohnhaus 1994, Paß-Weingartz/Erler 1989).

Psychoanalytischen Ansätzen wurde zur Last gelegt, sich vollständig auf psychologische Komponenten zu beschränken und Effekte der Klassen- oder Rassenzugehörigkeit zu vernachlässigen. Da sie sich außerdem auf das Individuum konzentrieren, seien sie nicht in der Lage, eine politische Analyse zu liefern (vgl. Elshtain 1981: 289 bzw. 290). Dennoch finden einzelne Ansätze und Theoreme immer wieder Eingang in politikwissenschaftliche Theorien. Sie beeinflussen die Grundannahmen (Menschenbild, Verhältnis der Menschen zueinander) und werden immer wieder in komplexer oder popularisierter Form in Analysen eingebaut.

Die Friedensforscherin Betty Reardon (1996) beispielsweise nimmt an, dass die Feindseligkeit von Männern gegenüber Frauen in der frühen Erziehung angelegt wird. Durch die fast ausschließlich durch die Mutter erfolgende Erziehung erfahren Kinder, dass sie der Macht einer Frau ausgeliefert sind. Jungen neigen deshalb dazu, sich vom Femininen vollständig zu distanzieren und es im Extremfall gar gewalttätig zu bekämpfen. Hier werden nach

---

13 Irigarays Schriften werden knapp und gut zusammengefasst bei Kuster 1998: 41-52.
14 Diesen Vorschlag kommentiert Rauschenbach 1998: 112f. Manche haben Irigarays Differenzansatz einen Hang ins Religiöse vorgeworfen. Die französische Kollegin Liliane Kandel wirft Irigaray gar eine apokalyptische Haltung, Naturalismus und Messianismus vor (Kandel 2000: 292).

Auffassung von Reardon Aggressionen angelegt, die letztlich auch für Kriegsführungen notwendig und verantwortlich sind (vgl. auch Hedinger 2000: 163ff.).[15]

Ein weiteres Beispiel liefern die zur politischen Philosophie arbeitenden amerikanischen Wissenschaftlerinnen Benhabib und Nicholson. In ihrem hervorragenden Aufsatz „Politische Philosophie und die Frauenfrage" führen sie die ausgeprägte Frauenfeindlichkeit Jean Jacques Rousseaus ebenfalls auf die Erziehungsdominanz der Mutter zurück, die ihrem Sohn einen folgenreichen Identifikationsbruch abverlangt hatte. Freilich interessieren sie sich dabei weniger für die individuelle Psychologie Rousseaus. Vielmehr nehmen sie seine Aussagen als Ausdruck einer kulturell angelegten Misogynie seiner Zeit (Benhabib/Nicholson 1987: 538).

1.3.2 Die andere Stimme aus der Sozialpsychologie

In der Sozialpsychologie hat Carol Gilligan 1982 eine Studie vorgelegt, die ähnlichen Einfluss wie das Buch von Chodorow entfaltete. Mit der Veröffentlichung „In a Different Voice" reagierte sie zunächst auf Arbeiten ihres Kollegen und Lehrers Lawrence Kohlberg, der in seinen Studien zu dem Ergebnis kam, dass die Moralentwicklung bei Frauen zumeist nur eine mittlere Stufe erreiche und bei Männern zu einer volleren Entfaltung komme. Gilligan kritisierte Aufbau und Bewertungen der Kohlberg'schen Untersuchung, denn zum einen waren nur männliche Probanden getestet worden, zum anderen wurde ohne weitere Begründung eine abstrakte, universalisierende Prinzipienanwendung als die höchste Stufe der Moralentwicklung angesehen. In diesem Forschungsdesign entdeckte Gilligan mehrfach einen männlichen Bias, den sie in einer eigenen Untersuchung zu korrigieren versuchte. Sie befrage also Männer *und* Frauen und enthielt sich einer Vorab-Bewertung von Moraltypen. Auf diese Weise gelangte sie zu dem Befund, dass Frauen in der Tat moralische Dilemma-Situation kontextbezogen und fürsorglich zu lösen versuchen, während Männer zu abstrakten Regeln neigten. So weit bestätigte sie Kohlberg'sche Ergebnisse – allerdings mit einer neuen positiven Bewertung des komplexen „weiblichen" Argumentationstypus.

Ihre Idee einer weiblichen Fürsorgemoral war in den 80er-Jahren populär, einflussreich und umstritten zugleich. Aus dem Kreis feministischer Kolleginnen wurde ihr vorgeworfen, Frauen tendenziell zu essentialisieren bzw. Frauen eine einheitliche Erfahrungswelt zu unterstellen, die in der Wirklichkeit keine Entsprechung habe. Weitere Untersuchungen brachten zutage, dass es die von Gilligan entdeckten Moraltypen durchaus gibt. Allerdings tauchen diese nicht in geschlechtsspezifischen Gruppen auf. Vielmehr tendiert eine

---

15 Reardon greift dabei auf die psychoanalytischen Theorien der US-Amerikanerin Dinnerstein zurück.

Person – unabhängig vom Geschlecht – dann zu kontextabhängiger Abwägung, wenn ihr die beschriebene Situation vertraut ist und die eigene Lebenserfahrung berührt. Eine Anwendung von abstrakten Regeln wird dann vorgeschlagen, wenn der befragten Person die beschriebene Dilemma-Situation fremd erscheint (Nunner-Winkler 1994b).

Obwohl Gilligans ursprünglicher Befund einer typisch männlichen und einer typisch weiblichen Moral weitgehend in Frage gestellt wurde, ist die Idee einer Fürsorgemoral (nun nicht mehr an Frauen gebunden) weit über feministische Kreise hinaus in die politisch-philosophische Debatte eingegangen (vgl. z.B. Horster 1998). Mit den Maßstäben einer Fürsorgemoral wird dabei die politische Ethik, Fragen der gerechten Ordnung (z.B. Nussbaum 1999) und die Sozialstaatlichkeit (z.B. Glenn 2000, Tronto 2000) neu bemessen.

1.3.3   Geschlechterrollen der Sozialisationstheorie

Schon in den 50er-Jahren des 20. Jahrhunderts zerstörte Simone de Beauvoir die gesellschaftliche Gewissheit[16] von der naturhaften Einteilung in Mann und Frau. „Man kommt nicht als Frau zur Welt, man wird es" war die These ihres einflussreichen Werkes von 1951, die in dieser prägnanten Formulierung zum Schlagwort der Frauenbewegung wurde.[17] Wissenschaftlich wurde de Beauvoirs Beobachtung zunächst vor allem durch die Entwicklung der *Rollen- und Sozialisationstheorie* in *Pädagogik und Soziologie* umgesetzt. Die Sozialisationstheorie bildete die Basis für die Relativierung des Einflusses der Biologie und war damit in gewissem Sinne ein Vorläufer der späteren Sex-Gender-Unterscheidung (s.o.).

Die Sozialisationsforschung ging davon aus, dass die persönliche Entwicklung im Wesentlichen von der Erziehung in Familie, Schule und Freundeskreis sowie von allgemein gängigen gesellschaftlichen Vorstellungen beeinflusst wird. An Mädchen und Jungen werden von den jeweiligen Sozialisationsinstanzen ganz unterschiedliche gesellschaftliche Erwartungen herangetragen. Durch Erziehung und Nachahmung erlernen Kinder die dem jeweils zugewiesenen Geschlecht adäquaten Verhaltensweisen. Die komplementären Sozialisationseffekte werden als lebenslanger Prozess verstanden, der je nach Geschlecht ermuntert oder hemmt und zur Reproduktion von ge-

---

16 Dass diese Gewissheit historisch erheblichen Schwankungen und Unsicherheiten unterlag, ist z.B. in Frevert 1995 anschaulich dokumentiert.
17 Beauvoir 1992 (deutsche Erstausgabe von 1951), vgl. z.B. Pflichtlektüre der Feministinnen der späten 70er- und 80er-Jahre: Scheu 1977. Eine sehr lehrreiche Auseinandersetzung mit Beauvoirs Werk ist bei Hagemann-White 1992 zu finden. Hagemann-White weist dort auch darauf hin , dass in der Weiterführung des Beauvoir'schen Gedankens, z.B. bei Scheu 1977, die Gewichtigkeit des Prozesses, des ständigen Frau-Werdens, verloren gegangen ist.

schlechtstypischen Verhaltensweisen beiträgt und so z.B. auch für die geschlechtstypische Berufswahl verantwortlich ist. Für Mädchen – so die Beobachtung – ist dabei das gesellschaftliche Rollenangebot nicht nur anders, sondern auch kleiner und restriktiver. Diese Rollengrenzen zu sprengen ist nur um den Preis gesellschaftlicher Missachtung möglich.

Der Blick der Frauenforschung konzentrierte sich zunächst auf weibliche Persönlichkeitsstrukturen und weibliches Verhalten, denn hier wurde die Ursache für die Defizite im Vergleich zur Entwicklung der Jungen vermutet und die Gründe für die sozialen Benachteiligungen im Vergleich zu den Männern ausgemacht. Es zeigte sich aber, dass erst im Vergleich von Mädchen- und Jungenerziehung folgenreiche Unterschiede zu beobachten sind.

In der sehr bedeutenden Sozialisationsinstanz Familie lässt sich z.B. beobachten, dass Mädchen weniger Freizeit zugestanden wird als Jungen (Bilden 1991). Die Schule ist eine zweite einflussreiche Sozialisationsinstanz, die Effekte des Elternhauses verlängern, diesen aber auch entgegenwirken kann. Hagemann-White (1984) hat in einer viel beachteten Untersuchung nachgewiesen, dass die Geschlechterstereotypen der LehrerInnen zur Folge haben, dass Mädchen und Jungen mit unterschiedlichen Anforderungen konfrontiert werden und unterschiedlich bewertet werden. Bilden (1991) konnte zeigen, dass Peergroups mit zunehmendem Alter einen besonders starken geschlechterkonformen Druck auf ihre Mitglieder auslösen. Dieser Effekt bleibt auch bei jungen Erwachsenen erhalten, wie z.B. Meuser (1998) in einer neueren Studie nachweist.

Obwohl die Sozialisationsforschung eindrucksvolle und z.T. folgenreiche Ergebnisse[18] geliefert hat, ist sie in der feministischen Debatte mittlerweile sehr umstritten. Sie laufe „fast zwangsläufig auf die Konstruktion eines weiblichen und männlichen Sozialcharakters hinaus" und reproduziere damit „den schematisierenden Dualismus von männlich und weiblich" (Bilden 1991: 279). Während Hagemann-White (1993: 68) das Konzept der Geschlechtersozialisation für ein „seinerzeit sinnvolles, heute aber unbrauchbares Konzept" hält, ist die Kritik für andere WissenschaftlerInnen Anlass, über Forschungsmethoden und Vorannahmen nachzudenken.

Literaturtipp
Dausien 1996

---

18   Z.B. wurde aufgrund von Studien von Kauermann-Walter/Kreienbaum (1989) und
     weiteren Untersuchungen die Koedukation neu diskutiert.

1.3.4 Geschlecht und Zweigeschlechtlichkeit als soziale Konstruktion

Regine Gildemeister und Angelika Wetterer (1992)[19] haben Anfang der 90er-Jahre darauf hingewiesen, dass die Erkenntnis, dass „wir nicht als Frauen geboren werden", zwar weitgehend Zustimmung findet, in der wissenschaftlichen Bearbeitung aber nicht konsequent umgesetzt wird. Die beiden Autorinnen beschreiben die Falle, in die viele Untersuchungen geraten: Indem gezeigt wird, wie Mädchen und Jungen, Frauen und Männer unterschiedlich agieren, reagieren und denken, wird häufig nur das genauer beschrieben und bestätigt, was eigentlich erklärt werden sollte. Die Frage, wie und warum es zur permanenten Unterscheidung in zwei Geschlechter kommt, bleibt ungeklärt. Dadurch, dass zwei Geschlechter als naturgegebener Ausgangspunkt menschlichen Seins gesetzt werden, werden die Untersuchungen zum weiblichen und männlichen Sozialcharakter bereits mit einem prinzipiellen Fehler angelegt:

> „Denn die vielfach leitende Frage, inwieweit ‚das Geschlecht' zu unterschiedlichen Verläufen etwa von Sozialisationsprozessen führt, ist im Ansatz falsch gestellt: Geschlechtlichkeit selber ist die Dimension, die angeeignet werden muss" (Gildemeister 1992: 234).

Gildemeister zeigt, dass viele Wissenschaftlerinnen die Zuordnung, die Eltern und Ärzte bei der Geburt eines Kindes vornehmen, nicht als kulturellen Vorgang analysieren, sondern genau diese Zuordnung und Zweiteilung bereits als naturhaft gegeben und voraussetzungslos annehmen.

Gildemeister zitiert dazu die Ethnologinnen Suzanne Kessler und Wendy McKenna:

> „Subjects in all research of human behavior are either females or males. For a psychologist to ask the question ‘How are girls different from boys' overlook the fact, that in order to ask the question, she or he must already know what boys and girls are. Before we can ask questions about gender differences, similarities and development, gender must be attributed. Until now, the process of gender attributes has been taken for granted by most natural and social scientist, but scientists would not be able to talk about differences in the first place unless they know how to classify the incumbants of two categories which they are comparing" (Kessler/McKenna 1978: IX zitiert nach Gildemeister 1992: 227).

Nach Gildemeister geht es also nicht darum zu beschreiben, wie die Geschlechterdifferenz zu Unterschieden in sozialem Handeln, sozialer Stellung, Persönlichkeit usw. führt, stattdessen komme es

---

19 Im deutschsprachigen Raum sollte hier außerdem auf Arbeiten von Carole Hagemann-White und Stefan Hirschauer verwiesen werden.

„vielmehr umgekehrt darauf an, Aufbau, Vermittlung und Wirkungsweise der beschriebenen Kategorien- und Regelsysteme zu untersuchen, wie sie das Phänomen der Geschlechterdifferenz *hervorbringen*" (Gildemeister 1992: 235).

Sandra Bem hat prägnant formuliert, welcher Perspektivenwechsel nötig ist. Danach hat das wissenschaftliche Vorgehen zum Ziel,

> „to enable us to look *at* the culture's gender lenses rather than *through* them" (Bem 1993: 2).

Das heißt, dass das System der Zweigeschlechtlichkeit nicht nur unseren Blick auf die konkrete Beziehung zwischen Männern und Frauen bereits vorformt, sondern auch unser wissenschaftliches Tun.

Auch Hirschauer warnt davor, die Omnipräsenz von (Zwei-)Geschlechtlichkeit zu jedem Zeitpunkt als gegeben anzusehen. In einem „infiniten Regress der Sexuierung" bestehe die Gefahr, dass die eigenen Wahrnehmungsmuster einer Einteilung verhaftet bleiben, die eigentlich als kulturell hergestellt beschrieben werden sollte (Hirschauer 1993: 60).

Geschlecht zu analysieren, bedeutet in dieser Herangehensweise, die kulturellen Praxen und Mechanismen aufzudecken, die Menschen ein Geschlecht geben, die aus Menschen Männer und Frauen machen und keine Uneindeutigkeit zulassen. Die Frage lautet hier also: Wie wird Geschlecht und Zweigeschlechtlichkeit sozial konstruiert?

Die soziale Konstruiertheit des Geschlechts kann mittlerweile als ein weit geteilter Konsens gelten. Die Historikerin Ute Frevert schreibt dazu:

> „Obwohl die Anhängerinnen der einzelnen Richtungen heftig und ausdauernd miteinander streiten, stimmen sie sämtlich darin überein, dass das Geschlecht keine natürlich-ontologische Kategorie ist, sondern eine Konstruktion" (Frevert 1995: 14).

Allerdings wird die Konstruktionsannahme ungleich „weit" umgesetzt. Es gibt Wissenschaftlerinnen, welche selbstverständlich von der Konstruiertheit von Geschlechterbildern ausgehen, sich aber explizit gegen die Annahme der Konstruiertheit der Zweigeschlechtlichkeit wenden. Sie gehen in kritischer Absicht von der Konstruiertheit des weiblichen oder männlichen Sozialcharakters und Geschlechtsrolle aus, beginnen aber – häufig unreflektiert – ihr wissenschaftliches Denken *nach* der Zweiteilung der Menschen. Für andere wie Butler, Wetterer, Gildemeister, Frevert, Kessler, McKenna, Lenz u.a. ist es aus unterschiedlichen Gründen eine Frage der wissenschaftlichen Logik, die Fragestellung schon *vor* der geschlechtlichen Zweiteilung anzusetzen.

> „Als konstruiert gelten dabei nicht nur die soziokulturellen, politischen und ökonomischen Attribute des Geschlechts (gender), sondern auch das, was bislang als biologisches Substrat, als Körpergeschlecht (sex) angesehen wurde. ... Mit dieser radikalen Historisierung der Geschlechterdifferenz hat die eingespielte Unterscheidung zwischen sex – als Körpergeschlecht – und gender – als sozialem Geschlecht, das auf dem Körpergeschlecht aufsitzt – ihre Unschuld verloren. Die körperliche Grundierung des Geschlechts ist frag-würdig geworden" (Frevert 1995: 14).

1.3.5 „Doing Gender" – Geschlecht als aktives Tun?

Die Sozialisationstheorie beschreibt die Aneignung des Geschlechts als einen Prozess der mehr oder weniger passiven Übernahme der vom sozialen Umfeld offerierten Rollen. Zu Beginn der 90er-Jahre führte das amerikanische Wissenschaftlerinnenteam West und Zimmerman (1987)[20] eine neue Perspektive ein: Geschlecht ist aktives Tun. Geschlecht hat man nicht, sondern man tut es. Was soll das heißen? Den Interpretationen von West und Zimmerman liegen mikrosoziologische Studien zugrunde. Dabei werden alltägliche, überschaubare Situationen, in denen wenige Menschen mittels Aussagen, Gesten und Deutungen miteinander interagieren, im Detail untersucht. Diese Art, eine menschliche Situation wissenschaftlich zu analysieren, geht auf den (u.a.) von den amerikanischen Soziologen Irving Goffman und Harold Garfinkel entwickelten „Symbolischen Interaktionismus"[21] zurück. In den von West und Zimmerman angeführten Studien ging es darum, auch kleinste Interaktionen (Blick, Positionswechsel u.a.) wahrzunehmen und auf ihre Funktion zu befragen, als handele es sich um fremde, ungewöhnliche Akte. Methoden zur Untersuchung fremder Kulturen wurden auf die Analyse des scheinbar Alltäglichen und Bekannten angewandt. Entsprechend wurde diese Vorgehensweise Ethnomethodologie genannt.[22]

Dabei kamen die WissenschaftlerInnen zu dem Ergebnis, dass in einer interaktiven Situation jede Verhaltensweise, jede Geste, jede Aussage, die Stimme, die Mimik, die Kleidung usw. Geschlecht signalisiert. Dem liegt keine willentliche Entscheidung der Interagierenden vor, diese oder jene bedeutungsvolle Geste einzusetzen oder zu unterlassen. Vielmehr haben wir im gegebenen System der Zweigeschlechtlichkeit keine andere Wahl, als entweder als Mann oder als Frau zu handeln. Genauso wird unser Gegenüber unser Verhalten stets auf der Folie des uns unterstellten Geschlechts interpretieren. Jede Person muss zu jedem Zeitpunkt ein Geschlecht haben, also entweder als Frau oder als Mann sich zeigen bzw. erkannt werden. Es gibt keine Möglichkeit, außerhalb der eigenen Geschlechtskategorie zu handeln:

> „... doing gender is unavoidable" (West/Zimmerman 1987: 137).

„Doing gender" trägt nicht zur ständigen Herstellung und Aufrechterhaltung einer neutralen Differenz zwischen den Geschlechtern bei, vielmehr ist diese Differenz hierarchisch angeordnet.

> „In der Interaktion zeigt sich bei genauerer Betrachtung vielmehr, dass wir Männlichkeit *als* Dominanz, Weiblichkeit *als* Unterordnung symbolisch vollziehen. Damit wirken wir alltäglich bei der Fortschreibung patriarchaler Ungleichheit mit" (Hagemann-White 1993: 71).

---

20 Außerdem sind zu nennen: Suzanne Kessler, Wendy McKenna, Judith Lorber.
21 Kurze und verständliche Einführung zum Symbolischen Interaktionismus ist nachzulesen bei Treibel 1997: 113-115.
22 Kurze und verständliche Einführung zur Ethnomethodologie ist nachzulesen bei Treibel 1997: 133-136.

Damit bekam Gender einerseits eine aktive Note, anderseits aber auch eine unausweichliche. Die vorschnell genährte Hoffnung, dass es also möglich sein müsste, das „doing-gender" zu verweigern und der Gender-Falle zu entkommen, wird vom Autorenteam West und Zimmerman (1987: 145) ausdrücklich verworfen: Niemand kann außerhalb der ihm/ihr zugesprochenen Geschlechtlichkeit agieren, niemand kann die Interpretation seines/ihres Verhaltens auf der Folie des Geschlechts verhindern.

Kritikerinnen des Doing-Gender-Ansatzes verweisen auf die Rolle des Körpers. Beispielsweise besteht Gesa Lindemann darauf, dass wir unsere Geschlechtlichkeit qua Körper nicht nur inszenieren, sondern qua Leib auch sind. Den ethnomethodologischen Ansatz kritisch nutzend, argumentiert sie dafür, die subjektive Leiblichkeit nicht zu vernachlässigen. Die Beteiligten würden „nicht unmittelbar in der Interaktion aufgehen, sondern sich und das Gegenüber als unterschiedene Personen mit einem Geschlecht erleben" (Lindemann 1993: 51). Auch die Biologin und Wissenschaftshistorikerin Anne Fausto-Sterling plädiert dafür, die Körperlichkeit nicht auszuschließen. Ihrer Auffassung nach ist Sexualität eine körperliche Tatsache, die durch kulturelle Vorgaben entsteht (Fausto-Sterling 2000: 5, 22f, 233ff.).

West und Zimmerman kamen durch ihre Überlegungen auch auf eine Neuformulierung des Verhältnisses von „sex" und „gender". Sie legten dar, dass mit der Aufteilung in „sex" und „gender" zwar eine Befreiung von biologischen Zwängen erhofft worden war, gleichzeitig aber auch im wissenschaftlichen Vorgehen davon ausgegangen wurde, dass „gender" eine Art zwangsläufige Verlängerung von „sex" sei. Die von ihnen herangezogenen Studien zeigten, dass „sex" und „gender" einer Person nicht unbedingt auf der gleichen Seite des binären Geschlechtssystems liegen müssen. Theoretisch erfordert dies die Einführung einer weiteren Kategorie:

„Das körperliche Geschlecht (sex) wird durch die Anwendung sozial vereinbarter biologischer Kriterien festgelegt, welche eine Unterscheidung in weibliche und männliche Personen erlauben. Klassifikationskriterien können dabei die Genitalien zum Zeitpunkt der Geburt oder die Chromosomen sein, die im Zuge der vorgeburtlichen Analyseverfahren festgestellt werden; beide müssen nicht notwendig übereinstimmen. Die soziale Zuordnung zu einem Geschlecht (sex category) wird zwar durch die Festlegung eines körperlichen Geschlechts erlangt. Im Alltag jedoch erfolgt die Zuordnung – und wird aufrechterhalten – aufgrund einer sozial geforderten Darstellungen einer erkennbaren Zugehörigkeit zur einen oder anderen Kategorie. In diesem Sinne kann man sagen, dass die soziale Zuordnung zu einem Geschlecht das entsprechende biologische Geschlecht unterstellt und in vielen Situationen ersetzt. Aber körperliches Geschlecht und soziale Geschlechtszugehörigkeit können sich auch voneinander unterscheiden, das heißt, es ist möglich, die soziale Zugehörigkeit zu einem Geschlecht für sich zu beanspruchen, auch wenn die körperlichen Merkmale fehlen. Das soziale Geschlecht (gender) ist hingegen ein Handeln: Es ist die Handhabung situationsgerechten Verhaltens im Lichte normativer Vorgaben unter Berücksichtigung der Tätigkeiten, welche der eigenen Geschlechtskategorie angemessen sind. Geschlechtlich bestimmtes Alltagshandeln ergibt sich aus der sozialen Zugehörigkeit zu einem Geschlecht und bekräftigt den Anspruch auf diese Zugehörigkeit" (West/Zimmerman 1987: 127, hier in der Übersetzung von Gildemeister/Wetterer 1992: 212f.).

1.3.6 Geschlecht als sozialer Platzanweiser

Mit der Vorstellung, dass einer Person aufgrund des Geschlechts ein bestimmter Platz in einer Gesellschaft zukommt, ging die Soziologie über die Betrachtungen der Sozialisationstheorien hinaus und eröffnete einen makrosoziologischen Zugang. Nicht nur das erziehende Umfeld beeinflusst Heranwachsende mit geschlechtsspezifischen Normen und Erwartungen. Die Gesellschaft als Ganzes ist so organisiert, dass mit der Markierung „Geschlecht" bestimmte soziale Positionen und Funktionen vorgesehen oder nicht vorgesehen sind. Eine Frau als Bundeskanzlerin ist für viele Bundesbürger immer noch undenkbar, ein Hausmann hat für viele immer noch etwas Lächerliches, etwas „Weibisches". Diese Platzanweisung wird täglich praktiziert: Eine Familienfrau wird vom Vertreter an ihrer Haustüre gefragt, ob denn der Haushaltsvorstand zu sprechen sei. Die einzige Abteilungsleiter*in* wird bei einer Vertragsabschlussfeier gefragt, ob sie sich vielleicht um den Sekt kümmern könne. Eine Bewerbungsjury setzt skeptische Vorzeichen, wenn im Lebenslauf der Bewerberin auf die Direktorenstelle zwei minderjährige Kinder auftauchen, und ignoriert den gleichen Umstand, wenn es sich um einen Bewerber handelt. Dieser interaktive Ablauf im Kleinen ist aber nicht zu erklären, ohne eine Rückbindung an die strukturierende Funktion von Geschlecht in der Gesellschaft als Ganzes und in ihren Teilsphären. Die oben genannten Wertungen werden erst in einem gesellschaftstheoretischen Verständnis begreiflich. Also in einem Verständnis, das nach der Verfasstheit von Gesellschaft fragt. Die Frau als Regierungschefin widersetzt sich der gängigen Vorstellung deshalb, weil der Gesellschaftsbereich Politik (und die Qualifikation Führung) männlich und in Abgrenzung zu Weiblichem konzipiert sind. Der Hausmann wirkt deshalb deplaziert, weil er an einem Ort ist, der gesellschaftlich als weiblicher verfasst ist. Dabei stehen männliche und weibliche Sphären und ihre jeweils unterschiedliche Bewertung immer in Relation zueinander.

In den Formulierungen feministischer Soziologinnen liest sich die Funktionsweise des „sozialen Platzanweisers" (Knapp 1987: 258) folgendermaßen:

> „[F]ür den einzelnen Mann, unabhängig von seinem Wollen, [ist] eine gesellschaftliche Platzierung, die ihn in der beruflichen Hierarchie in der Regel in einem höheren Stratum als Frauen ansiedelt, die ihm dadurch aber auch in der familiären Hierarchie eine Vorzugsstellung der Ehefrau gegenüber einräumt" (Beer 1991: 252).

> „‚Geschlecht' ist auch in modernen Gesellschaften ein soziales Gliederungs- und Strukturprinzip, das Hierarchien, Segmentationen und Marginalisierungen hervorbringt, das Männer und Frauen durch ‚versachlichte gesellschaftliche Ordnungsprinzipien' (Gesetz, Eigentum, Geburtenkontrolle) ebenso wie durch ‚persönliche Beziehungen der Abhängigkeit und Anhänglichkeit' in Unterordnungs- und Herrschaftsverhältnisse setzt. Geschlecht ist ein Begriff sozialer Schichtung und ein ‚struktureller Indikator von sozialen

Ungleichheitslagen' wie beispielsweise ‚Unterschiede im Zugang zu politischer Macht, Hierarchien von männlichen und weiblichen Praxisfeldern, für Männer und Frauen tabuisierte Räume, kontrastierende Vorstellungen von Männlichkeit und Weiblichkeit' " (Kulawik/Sauer 1996a: 28 mit Zitaten aus Becker-Schmidt 1993: 44f.).

Geschlecht muss nach dieser Auffassung als *Strukturkategorie* analysiert werden, das heißt, es muss gefragt werden, welche sozial-kulturellen und politischen Prozesse Geschlecht herstellen und welche sozialen, kulturellen und politischen Effekte Geschlecht für Individuum und Gesellschaft hat. Nach Bublitz bedeutet Geschlecht als Strukturkategorie aufzufassen, die gesellschaftliche, historische, symbolische und materielle Konstruktion und Organisation der Geschlechterverhältnisse als soziale Machtverhältnisse in das Zentrum der Analyse zu stellen (vgl. Bublitz 1992: 67ff.).

Gildemeister erläutert den Unterschied zwischen Geschlecht als Strukturkategorie und Geschlecht als sozialer Konstruktion (s.o.):

„Gemeinsam ist beiden Perspektiven: es geht um die Wirkungsweise der ‚Kategorie Geschlecht' und erst in zweiter Linie um ‚Frauen' und ‚Männer'. ‚Geschlecht als Strukturkategorie' nimmt vor allem die gegenwärtige gesellschaftliche Organisation des Geschlechterverhältnisses in den Blick und dessen sozialstrukturelle Auswirkungen – z.B. die Resistenz der Arbeitswelt gegenüber der Frauenförderung, die Herstellung sozialer Ungleichheit auf unterschiedlichen Ebenen. Bei ‚Geschlecht als sozialer Konstruktion' geht es dagegen um die gesellschaftliche Herstellung jener Ordnung, die uns im Ergebnis als ‚Geschlechterdifferenz' als ‚Männlichkeit' oder ‚Weiblichkeit' entgegentritt" (Gildemeister 2001: 14/15).

1.3.7 Geschlecht als politisches System

Geschlecht als Strukturkategorie zu analysieren, heißt für die Anhängerinnen eines gesellschaftskritischen Ansatzes, neben der Historie und den sozialen Verhältnissen, auch die politischen Verhältnisse in den Blick zu nehmen. Für andere sind die politischen Verhältnisse zentral bzw. für sie ist Geschlecht ein politisches Verhältnis. Am prägnantesten formuliert dies Catherine MacKinnon:

„Gender is a social system that divides power. It is therefore a political system" (MacKinnon 1989: 160).

Damit hat sich MacKinnon einem Politikverständnis angeschlossen, das sich am Machtbegriff orientiert. Sie beruft sich dabei auf renommierte Politikwissenschaftler wie Robert Dahl, der Politik definiert als

„any persistent pattern of human relationships that involves, to a significant extent, control, influence, power, or authority" (Dahl 1991: 4).[23]

---

23 MacKinnon (1989: 161) zitiert Dahl leicht abweichend. Anstelle von „influence" listet sie „rule" auf.

Die Platzanweisung durch das Geschlecht hat also nicht nur einen sozialen Effekt, sondern ist zugleich Ausdruck eines *Machtverhältnisses*. Denn die zu verteilenden sozialen Plätze unserer Gesellschaft sind hierarchisch geordnet. Unterschiedliche Positionen sind mit mehr, weniger oder keiner Weisungsbefugnis verbunden. Beispielhaft kann hier die hierarchische Gliederung in einem Krankenhaus vorgestellt werden mit Reinigungspersonal, Schreibkräften, Pflegepersonal, Ärzten und Oberärzten. Auch kommt den unterschiedlichen Berufssparten höheres oder geringeres gesellschaftliches Ansehen zu. Bezahlung, Weisungsbefugnis und Ansehen lassen sich direkt in Macht übersetzen – Macht, andere dazu zu bringen, etwas zu tun, und auch Macht, (mit anderen) etwas zu gestalten. Frauen besetzen weltweit mehrheitlich die sogenannten Leichtlohngruppen. Je mehr Bezahlung und Anweisungsbefugnis den Professionen zukommt, desto seltener sind Frauen vertreten. Das heißt, die durch beruflichen Status festgelegten Machtverhältnisse fallen überwiegend zugunsten von Männern aus.

Geschlecht ist auch dadurch konstituierender Teil des politischen Systems, dass die politisch und politikwissenschaftlich definierte Einteilung in einen öffentlichen und einen privaten Gesellschaftsbereich vergeschlechtlicht ist. Das heißt, Frauen und Männer werden faktisch und ideell und außerordentlich folgenreich jeweils einer dieser beiden, hierarchisch angeordneten Sphären zugeordnet. (*Querverweis: Kap. 2*)

Die Hierarchie der Berufe, Sphären und Aktivitäten folgt nicht einem natürlichen und unveränderlichen Prinzip, sondern einem gesellschaftlichen und politischen Organisationsprinzip. Geschlecht ist dabei eines von mehreren gesellschaftlichen Strukturprinzipien, die Ungleichheit und Macht- und Unterordnungsverhältnisse festlegen. Politik, politisches Handeln und politische Institutionen sind einerseits durch die herrschende Geschlechterordnung hervorgebracht, andererseits nehmen sie maßgeblichen Einfluss auf die Geschlechterverhältnisse. (*Querverweis: siehe unten „gender regime" und „gender order" bei Connell in diesem Kapitel*)

So benennt Scott den Staat als eine der Herrschaftsinstanzen der sozialen und politischen Organisation des Geschlechterverhältnisses (Scott 1988: 47f.). Auch für Sauer (1997a: 43) ist das Geschlecht ein Organisationsmuster innerhalb der staatlichen Verwaltung und ein durch Institutionen reproduziertes Verhältnis.

> „Politik greift ordnend in diese Verhältnisse ein und konstituiert Geschlechterverhältnisse, sie selbst ist Teil von Geschlechterarrangements, ist also geschlechtlich konstituiert. Politikwissenschaftliche Geschlechterforschung entschlüsselt diesen quasi selbstverständlichen und mithin weithin unverstandenen Zusammenhang" (Kreisky/Sauer 1998: 7, ohne die Hervorhebungen des Originals).

Andere Wissenschaftler weisen darauf hin, dass die Zuweisung Mann – Frau auch ohne die explizite Berücksichtigung von Beruf, Verdienst oder Institutionen usw. bereits eine Dimension der Macht enthält. Geschlechtszuweisungen als Machtsystem zu verstehen, bedeutet nach den US-amerikanischen International Relations-Forscher Beckman und D'Amico,

> "that our whole way of thinking and talking about humans is based on power. The very terms 'women' and 'men' are a reflection of that power. To label individuals as 'women' (or 'men') is to exercise power, for the label creates for human beings a set of expectations about who they are, who they are not, and what range of choice is available to them.
> Gender-as-power argues that women and men are made, not born. They are created by those labels – labels that open some doors and close others. Labeling creates a fictious being ('you are a woman', 'you are a man'), but it is a harmful fiction for two reasons. The label denies the commonness that makes us all humans and perpetuates inequalities because the humans carrying one label have more rights or privileges than those carrying the other label" (Beckman/D'Amico 1994: 7).

Bei diesem Verständnis von Geschlecht ist die Politikwissenschaft zentral angesprochen. Die Vertreter und Vertreterinnen der Disziplin müssten sich also für die mit dem Geschlechterarrangement verbundenen Machtverhältnisse interessieren und gleichzeitig Geschlecht als Analysekategorie zum Verständnis von Machtgefügen einsetzen. Sarah Brown (1988: 469) formuliert die Herausforderung, die sich stellt: Kritische politikwissenschaftliche Analyse muss die bislang noch nicht erfasste Beziehung zwischen der Herstellung der Macht und der Herstellung von Geschlecht identifizieren.

1.3.8 Postmoderner/poststrukturalistischer Feminismus – die dekonstruktivistische Position

Der postmoderne/poststrukturalistische Feminismus wird häufig zusammen mit den Begriffen Konstruktion und Dekonstruktion genannt. Dabei liegen die postmoderne/poststrukturalistische Strömung und der von der Soziologie beschriebene Konstruktivismus (s.o.) auf völlig unterschiedlichen wissenschaftlichen Ebenen. Postmodernismus und Poststrukturalismus gehen nicht von der Beobachtung sozialer Situationen aus, sondern starten von der Abstraktionshöhe der Erkenntnistheorie. Der disziplinäre Hintergrund ist entsprechend eher in der Philosophie zu suchen.

„Postmodern" und „poststrukturalistisch" werden für gewöhnlich zusammen genannt. In der Tat sind Elemente der beiden Strömungen in den Texten der so bezeichneten Autoren auch schwerlich zu trennen. Die australische Politikwissenschaftlerin Chris Beasley hat die unterschiedlichen Charakteristika beider Strömungen herausgearbeitet (Beasley 1999: 81-100). Dabei kann die postmoderne und die poststrukturalistische Strömung als zwei Varianten einer zeitgeistlich-philosophischen Erscheinung gewertet werden, oder die poststrukturalistische Haltung kann als Spielart des Postmodernismus angesehen werden (Beasley 1999: 89). Eine zentrale inhaltliche Position ist nicht benennbar. Vielmehr entspringt der Postmodernismus/Poststrukturalismus

einer historischen Periode, einem kulturellen Klima, einer ästhetischen, theoretischen und philosophischen Tendenz, die nach dem Zweiten Weltkrieg
einsetzte (Beasley 1999: 85).

Postmodernismus

Postmodernen Denkern ist die Annahme gemein, dass die Bedeutung, die wir
im Wissenschafts- und Alltagsdiskurs den Dingen zuordnen, immer wieder
von den beteiligten Subjekten je nach Kontext konstruiert wird. In diesem
„immer wieder" steckt dann auch die Beobachtung, dass die Bedeutungen
sich stets wandeln und im Flusse sind. Entsprechend werden universalisierende und totalisierende Erklärungen, die für alle Zeit und alle Orte Gültigkeit beanspruchen, von postmodernen Interpreten abgelehnt.

Postmodernes Denken lehnt auch die in der Tradition der Aufklärung
stehenden Annahmen über die Subjektivität des Menschen ab. Während die
Moderne annahm, dass der Mensch über eine auf rationaler Basis stehende,
einheitliche Subjektivität verfüge, betont die Postmoderne die Fragilität, die
Veränderlichkeit und Widersprüchlichkeit des Subjekts. Betont wird aber
auch die Pluralität der Menschen, die es verbiete, von einer gemeinsamen
gleichartigen Subjektivität auszugehen. Hier klingt wieder die Ablehnung u-
niversalisierender Vorstellungen an.

In der Auseinandersetzung mit dem Subjektbegriff der Moderne haben
postmoderne Feministinnen darauf hingewiesen, dass diesem universalen
Subjekt kein neutrales, sondern ein männliches Modell zugrunde liege, das
also keinen Anspruch auf Allgemeingültigkeit erheben dürfe. Dieselben Theoretikerinnen kritisieren aber auch Feministinnen, die das Subjekt „Frau" uni-
versalisieren und eine gemeinsame Identität von Frauen konstruieren. Identitätspolitik würde immer Gemeinsamkeiten unterstellen, würde immer bestimmte Personen einschließen und andere ausschließen. Diese Skepsis gegenüber der Annahme gemeinsamer Identität stellt auch die Kategorie „sexuelle Identität" in Frage.

Postmoderne Feministinnen kritisieren außerdem das Machtkonzept ihrer
feministischen Kollegen und Kolleginnen. Macht sei nicht als ein universales, in Institutionen verankertes patriarchales Unterdrückungssystem zu erfassen. Eine solche Vorstellung übergehe, dass Frauen weltweit in unterschiedlichen sozialen Lagen Macht in völlig unterschiedlicher Weise erleben und
ausüben.

Der Einspruch nicht-postmoderner Theoretiker gegen diese Auffassung
zielt unter anderem auf diese Auflösung des Machtbegriffs, aber auch auf die
Auflösung des (politischen) Subjekts „Frau". Auch dem Postmodernismus
gegenüber aufgeschlossene Feministinnen warnen davor, Gruppenidentitäten
ganz aufzugeben. Ihr Gebrauch sei aus strategischen Gründen bis auf weiteres unvermeidbar:

„"... it is not possible to undertake resistance to power from some theoretically pure position outside of the current conditions of power including the organization of categories around sexual identities" (Beasley 1999: 88).

Poststrukturalismus

Im Begriff *Post*strukuralismus wird deutlich, dass es sich hier um die kritische Weiterentwicklung eines zeitlich vorausgehenden Erklärungsansatzes, den Strukturalismus, handelt, der von dem Schweizer Linguisten *Ferdinand de Saussure* mitbegründet wurde. Menschliches Denken ist nach Saussure an Sprache gebunden. Geistiges Erfassen kann nur innerhalb des zur Verfügung stehenden Sprachsystems vonstatten gehen. Außerhalb der Sprache gibt es keinen Begriff. Begriffe und damit Verstehen könnten nie einzeln existieren, jeder Begriff, jedes Verständnis kommt durch eine Differenz, ein Anderssein zu einem Anderen zustande. Der Begriff „hell" etwa erhält nur Bedeutung, wenn es „nicht-hell", also dunkel" gibt. Der Begriff „Mann" erhält dadurch seinen Sinn, dass es „Nicht-Mann", also „Frau", gibt.

Dabei ging Saussure davon aus, dass in diesem System der Begriffsdifferenz und Begriffsopposition der Kern einer der Sprache fundamentalen, fixierten Struktur begründet sei. Auf diese Annahme bezieht sich die Bezeichnung *Strukturalismus*.

Die poststrukturalistische Weiterentwicklung dieses Ansatzes lehnt genau diese Vorstellung von einer fixierten, aufdeckbaren Grundstruktur der Sprache ab, hält aber am Gedanken fest, dass jedes Begriffsverständnis in Differenzen und Oppositionen arbeitet. Die Idee der Bedeutung durch Differenz haben die Poststrukturalisten auch auf die Wirkung von Macht ausgedehnt. Für sie liegt Macht schon in der Begriffsbildung, da jeder Begriff eine Aussage darüber macht, was zu dem so Bezeichneten gehört und was nicht dazu gehören darf.

Freilich ist diese Bedeutung für die Poststrukturalisten nicht dauerhaft fixiert, sie wird vielmehr immer wieder je nach sozialem Kontext der Sprechenden neu ausgehandelt.

An dieser Stelle werden die poststrukturalistischen Elemente im Denken des schon erwähnten französischen Psychoanalytikers *Jacques Lacan* deutlich. Lacan geht davon aus, dass nicht nur begriffliche Bedeutungen, sondern auch die Ich-Ausbildung des Individuums nur im Rahmen des gegebenen linguistischen Systems stattfinden kann. Parallel zum Spracherwerb kann auch das Begreifen und das Werden des eigenen Ichs nur in Abgrenzung zu dem gelingen, was Nicht-Ich ist. In aller Regel erfährt ein Kind von seinem Ich, indem es feststellt, dass es nicht bzw. etwas anderes als die Mutter ist. Hier spielt für Lacan und seine Anhänger – wie im Abschnitt zu psychoanalytischen Ansätzen schon dargestellt – die am Phallus zu erkennende sexuelle Differenz eine entscheidende Rolle.

Bedeutung, Macht und Subjektivität sind immer wiederkehrende Kernbegriffe im Werk des französischen Philosophen *Michel Foucault*, der für viele der zentrale poststrukturalistische Denker ist. Für Foucault ist Wahrheit etwas, was in Verbindung mit Macht immer wieder neu hergestellt werden kann. Bedeutungen bestimmen zu können, bedeutet Macht haben. Mit zugewiesenen Bedeutungen kann sogar die Subjektivität Einzelner beeinflusst, wenn nicht festlegt werden. Macht ist dann nicht an eine einheitliche Struktur und an bestimmte Personen gebunden, sie zeigt sich vielmehr in Handlungen und Aussagen. Macht findet sich in allen sozialen Verhältnissen und tritt in völlig unterschiedlicher Weise auf. Herauszustellen ist dabei, dass Macht sich nicht nur repressiv, also in Verboten und Aussperrungen, äußert, sondern auch produktiv, indem sie zulässt, Bedeutung zuschreibt, erlaubt, normalisiert. Damit bestimmt Macht nicht nur einzelne soziale Situationen, sondern das Denken von Individuen, ihre Subjektbildung, sogar ihre Körperlichkeit. Für Foucault gibt es also weder den essenziellen Körper noch die unkorrumpierte Subjektivität. Körper und Subjekt wurden und werden ständig in machtvollen Diskursen konstruiert.

In Foucaults Werk gibt es damit einige Elemente, die feministischen Theoretikerinnen entgegenkommen. Feministinnen aller Couleur weisen schon seit langem darauf hin, dass Macht nicht nur im öffentlichen Raum ausgeübt wird, sondern auch in privaten sozialen Verhältnissen. Feministische Politikwissenschaftlerinnen greifen auf Foucaults Ansatz zurück, um die Engführung der Politikwissenschaft auf öffentliche Angelegenheiten und einen dort üblichen statischen Machtbegriff zu überwinden. Schon die frühen Sozialisationsstudien haben feministischen Wissenschaftlerinnen gezeigt, dass nicht nur durch Verbote, sondern auch durch Gebote und Normen Macht ausgeübt wird. Feministinnen ist auch die Darstellung von Machteffekten auf die Körperlichkeit ein wesentliches Anliegen. Durch Foucaults Ausführungen wurden alle drei Themenbereiche weiter abstrahiert, indem die Ebene der Bedeutung einen wesentlichen Stellenwert erhielten und indem der Machtbegriff stark ausdifferenziert wurde. Feministinnen werfen Foucault allerdings vor, dass er die geschlechtlichen Spezifika der Machtausübung ignoriere. Auch er, trotz der artikulierten Ablehnung aller Universalismen, orientiere sich bei seiner Machtbeschreibung an einer männlichen Position.[24]

Mit Knapp sei die postmoderne Herangehensweise noch einmal zusammengefasst:

> „Bei allen Unterschieden [ist ein] gemeinsames Motiv dieser Strömungen ... die Kritik an den großen politischen Utopien von Emanzipation, Gleichheit und Aufklärung, am humanistischen Subjektbegriff und an Theorietypen, Denk- und Sprachformen, die generalisieren, universalisieren und Heterogenes subsumieren" (Knapp 1992: 302).

> „Eine weithin geteilte Ansicht ist dabei (...), dass Sprache zentraler Gegenstand feministischer Theorie und Praxis sei, Sprache verstanden als Ort der Formierung von Subjektivität, als Ort des Konflikts und der Miß-Repräsentation, als Ort der Unterdrückung und der Befreiung" (Knapp 1992: 302).

---

24 Vgl. z.B. Flax 1990a, Hartsock 1990a, Ramazanoglu 1993.

Die amerikanische Philosophin *Judith Butler* und ihre französische Kollegin *Julia Kristeva* haben viel diskutierte feministische postmoderne/poststrukturalistische Entwürfe vorgelegt. In Abweichung vom Foucault'schen Konzept besteht Kristeva allerdings auf einer positiven Bewertung und Bestimmung einer weiblichen Identität und hebt deren subversive, dezentralisierende Kraft gegenüber der männlichen Normsetzung hervor. Judith Butler warnt dagegen vor der Gefahr, durch Identitätspolitik Ausschluss- und Unterdrückungsmechanismen in Gang zu setzen. Sie sieht im offensiven Umgang mit der Pluralität eine realistische politische Chance zur Veränderung.

(*Querverweis:* Butlers Positionen haben sowohl in Nordamerika als auch im deutschsprachigen Raum heftige Reaktionen hervorgerufen. Für manche Feministinnen ist sie die Protagonistin, wenn nicht Begründerin des postmodernen/poststrukturalistischen Feminismus. Judith Butler ist außerdem diejenige Autorin, die in deutschsprachiger politikwissenschaftlicher Überblicksliteratur als die Vertreterin der politischen Theorie des Feminismus präsentiert wird (Reese-Schäfer 1999, Reese-Schäfer 2000, Brodocz/ Schaal 1999). Aus diesen Gründen werden ihre Thesen in Kapitel 3.5 ausführlich vorgestellt.)

!!! Achtung

Um einem häufig anzutreffenden Missverständnis vorzubeugen, soll noch einmal auf die eigene Bedeutung des poststrukturalistischen Begriffs von „Dekonstruktion" in Abgrenzung zum Konstruktionsbegriff der in ethnomethodologischer Tradition stehenden Soziologie (s.o.) hingewiesen werden:
Der ethnomethodologische Sozialkonstruktivismus (s.o.) und der diskurstheoretisch begründete Dekonstruktivismus gelangen beide zu dem Befund, dass es wissenschaftlich unhaltbar sei, von der Zweigeschlechtlichkeit als gegebener Natur – als unhinterfragter Ausgangspunkt des Denkens – auszugehen. Vielmehr werde Zweigeschlechtlichkeit durch soziale Praktiken (Sozialkonstruktivismus) bzw. durch machtvolle Diskurse (Dekonstruktivismus) „konstruiert". Angesichts dieser analogen Befunde werden beide Forschungsrichtungen allzu schnell in die Schublade der dekonstruktivistischen Ansätze geworfen.[25] Damit werden die völlig unterschiedlichen wissenschaftlichen Hintergründe dieser beiden Ansätze vergessen und deren unterschiedlichen Abstraktionsebenen ignoriert. Es ist jedoch nötig, beides zu kennen, um einzuschätzen, wo der wissenschaftliche und eventuell auch der politische Ertrag beider Richtungen liegen kann.[26]
Als Dekonstruktion wird eine wissenschaftliche Vorgehensweise bezeichnet, die *aus* der Sprachvorstellung des Poststrukturalismus hervorgeht. Demnach müssen Begriffe in ihrer Entstehungsgeschichte analysiert werden. In einer Art Archäologie des Begriffs soll festgestellt werden, welche machtvollen Einschlüsse, Ver- und Gebote, welche Auslassungen sich während der Genese eines Begriffs in denselben eingeschlossen haben. Einem Begriff eine neutrale allgemein bekannte Bedeutung zu unterstellen, heißt, die ihm innewohnende Macht zu verschleiern. Stattdessen müssen die im Laufe der Zeit und immer wieder neu eingeschriebenen Bedeutungen herausgearbeitet und explizit benannt werden.

---

25 So zum Beispiel in Pasero 1994: 280 oder in der Einleitung zu Feministischen Studien 2/1993: 4, vgl. auch Knapp 2001: 51 (Fußnote 17).
26 Gildemeister (2001a) hat ausführlich auf die Missverständnisse hingewiesen, die aus einer Vermischung der ungleichen theoretischen Ansätze herrühren können.

Geschlecht als soziale Konstruktion dagegen zielt nicht auf Begriffe, sondern auf soziale Interaktionen. Jede interpersonale Situation wird in das Muster Zweigeschlechtlichkeit eingepasst. Die Annahme vom Geschlecht unseres Gegenüber ist stets die Folie, aufgrund der wir sein oder ihr Verhalten interpretieren. Jedes Individuum konstruiert sein Geschlecht in jeder sozialen Situation. Obwohl von Konstruktion die Rede ist und damit die aktive Komponente betont wird, heißt dies nicht, dass wir diesem sozialen Grundmuster entkommen könnten. Zweigeschlechtlichkeit ist eine mächtige, dauerhafte und omnirelevante Institution.

Literaturtipp
Benhabib/Butler u.a.1995, Wartenpfuhl 2000: 123-155, Becker-Schmidt/Knapp 2000: 81-94

Übung:
Im Anschluss an Kapitel 3.5 findet sich eine Gegenüberstellung der Aussagen von Judith Butler und Regine Gildemeister. Machen Sie sich anhand dieser Zitate die Unterschiedlichkeit der Herangehensweisen deutlich.

1.3.9   Gay and Lesbian Feminism, Queer Theory

Auch Gay and Lesbian Studies wiesen zunächst auf eine im Mainstream-Feminismus übersehene Differenz zwischen Frauen und zwischen Männern hin. Nicht alle Frauen leben ihre Sexualität mit Männern, ihr Begehren gilt Frauen oder Männern und Frauen. Lesben sahen sich vom Mainstream-Feminismus nicht vertreten, da dieser in seinen Analysen in der Regel von heterosexuellen Verhältnissen ausging. Gay and Lesbian Studies wandten sich gegen Homophobie und Heterosexualität als Norm in der Gesellschaft und in der feministischen Bewegung.

In einer ersten Phase propagierten die Vertreter der Gay und Lesbian Studies die selbstbewusste Identitätsfindung und die offensive Identitätspolitik für Schwule und Lesben. Unter dem Einfluss von sozialkonstruktivistischen Positionen und im Zuge der postmodernen Strömung entwickelte sich auch in den Gay and Lesbian Studies eine zunehmende Skepsis gegenüber fixierten Gruppenidentitäten. Die Unmöglichkeit, Identitäten festzulegen oder einer Gruppe die ihr angemessene Form der Sexualität zuzuschreiben, wird weiter in der Queer Theory entfaltet. Queer Theory liefert kein ausgefeiltes theoretisches Gedankengebäude, sondern kann als Theorie- und Bewegungsströmung vorgestellt werden, die mit Elementen des poststrukturalistischen Ansatzes bestimmte Elemente des Feminismus kritisiert und weiterentwickelt. Konkret geht es einmal mehr um Identität und Identitätspolitik. Queer Theory nimmt den identitätskritischen Ansatz des Poststrukturalismus auf. Es gibt demnach keine essenzielle oder festlegbare oder aufdeckbare Identität, weder einer Person noch einer Gruppe. Dies gilt explizit auch für sexuelle Identität.

Dabei geht es auch darum, dass den Identitätsgruppen bestimmte Formen der Sexualität als angemessen zugestanden wurden und andere als nicht tolerabel galten. Queer Theory besteht auch hier auf Pluralität und betont, dass eine richtige und „normale" Sexualität nicht zu finden sei bzw. eine solche Festlegung nur einer autoritären Haltung entspringen könnte. Jeder Mensch kann sich demnach in seinen Interaktionen seine sexuelle Identität selbst erobern und auch immer wieder verändern. Für Tabus und Vorschriften, die besagen, was für wen richtig sei, gibt es keine Grundlage.

In der „Queer"-Bewegung (ohne die Ergänzung „theory") ist diese Absage an Identitäten weniger eindeutig. „Queer" signalisiert dann auch die Ablehnung festgelegter Gruppenidentitäten, wie beispielsweise Wissenschaft und Publizistik Lesben und Schwulen zuschreiben. „Queer" betont dabei ebenfalls die Eigenkonstruiertheit der sexuellen Identität, kann aber gleichzeitig gerade zur Stärkung homosexueller Identität eingesetzt werden. So kann der Unterschied zwischen „queer" und „queer theory" – vereinfacht ausgedrückt – in Gruppenidentitäten gesehen werden, die sich in „Queer"-Bewegung wieder einschleichen (Beasley 1999: 96-100).

Literaturtipp
Jagose 2001

1.3.10 Der Class-Race-Gender-Ansatz

Differenz steht als Schlagwort auch bei VertreterInnen jenes feministischen Ansatzes im Vordergrund, der häufig mit „class-race-gender" überschrieben wird.[27] Die englischsprachige Bezeichnung wird zumeist auch in deutschen Texten beibehalten, da die Übersetzung von „race" in „Rasse" eine historisch bedingt unerwünschte Konnotation enthält.

Der Differenzbegriff dieses Ansatzes richtet sich zunächst gegen vereinheitlichende Aussagen zu Situation und Bewusstsein der Frau oder der Frauen. Wissenschaftlich arbeitende Feministinnen hätten über *die* Frau in aller Regel von ihrer eigenen Situation ausgehend geschrieben, also aus der Sicht einer weißen, gebildeten Mittelschichtsfrau. Zum Teil hatten insbesondere liberale Feministinnen ganz bewusst darauf verzichtet, Unterschiede von „race" und Ethnie ins Spiel zu bringen, ging es ihnen doch darum, das gemeinsame Ideal, das humanitäre Anliegen für alle zu vertreten. Meist waren es „women of colour" oder Frauen mit Unterschichtshintergrund, die darauf hinwiesen, dass auf diese Weise ihre spezifische Unterdrückung nicht erfasst wurde. Frauen in benachteiligten sozialen Schichten, Frauen mit anderer als weißer Hautfarbe zeigten, dass sie andere Formen der Unterdrückung erleben als eine weiße Angehörige der gebildeten Mittelschicht. Nicht das Geschlecht allein, sondern auch Rasse und Klasse verweisen auf bestimmte Plätze im ge-

---

27 Es sind auch andere Wortfolgen gebräuchlich, z.B. „race-class-gender". Teilweise ist auch von „sex-race-class" die Rede.

sellschaftlichen Gefüge. Damit wurden keine neuen Kategorien in die Sozialwissenschaften eingeführt, aber deren notwendige Verknüpfung eingeklagt.

> „Die FeministInnen, die die Grundsätze feministischen Denkens radikal überarbeiten, müssen stets auf die Bedeutung der Geschlechts-, Rassen- und Klassenzugehörigkeit verweisen, die gemeinsam die soziale Konstruktion von Weiblichkeit bedingen" (hooks 1994: 330).

> „Feminismus als Befreiungskampf verstanden, muss sowohl außerhalb und selbständig als auch innerhalb des allgemein auf die Abschaffung jeglicher Unterdrückung gerichteten Kampfes existieren. Wir müssen begreifen, dass die patriarchale Unterdrückungsform auf der gleichen ideologischen Grundlage beruht wie der Rassismus und andere Arten der Unterdrückung von Menschengruppen; dass sie folglich nur gemeinsam mit diesen Repressionssystemen beseitigt werden kann. Von dieser Erkenntnis sollen sich feministische Theorie und Praxis immer leiten lassen" (hooks 1994: 328f.).

Wichtig ist, dass sich diese zusätzlichen Unterdrückungsformen nicht einfach zur Diskriminierung als Frau hinzuaddieren lassen, sondern sich in vielfältiger Weise durchkreuzen – von Deborah King (1988) mit „multiple jeopardy" erfasst, bei Anna Yeatman (1995) als „interlocking oppressions" umschrieben. Beide Autorinnen bestehen darauf, dass die Unterdrückung der sexuellen Differenz, die alle Frauen erfahren, nicht ausreicht, um die Unterdrückung aller Frauen zu beschreiben oder gar allen Frauen eine gemeinsame Identität zuzuschreiben. Überdies habe die Annahme einer gemeinsamen Unterdrückungserfahrung aller Frauen einen weiteren Verdunkelungseffekt: Der Anteil weißer, privilegierter Frauen an sozialer Unterdrückung und Rassismus wird verschleiert.

Die Unzulänglichkeit der „weißen" Perspektive zeigen Jolly und Martin am Beispiel der typischen westlichen Kritik an der Rolle der Frau im Familien- und Verwandtschaftsverband. Diese Kritik könne und dürfe z.B. nicht auf Frauen im pazifischen Raum oder auf Aborigines in Australien angewandt werden (Jolly 1991: 57; Martin 1991: 125-131). Für Frauen in gesellschaftlichen Minderheiten können Allianzen mit Männern von großer strategischer Wichtigkeit sein. Ein Umstand, der weißen Mittelschichtsfrauen in seiner Bedeutung nicht begreiflich sein könne (Ramazanoglu 1986: 85). Selbst Vergewaltigung wird nicht als eine Frauen gemeinsame Unterdrückungserfahrung akzeptiert. Die Maßstäbe westlicher Frauen seien völlig ungeeignet, die Vergewaltigungserfahrung einer australischen Aborigine zu bewerten (Huggins 1994). Wenn eine solche Bewertung von „fremdem" Standpunkt aus doch geschehe, dann wiederhole sich nur eine allzu bekannte koloniale Geste, bei der die schwarze Frau oder die Angehörige einer ethnischen Minderheit als die „andere" Frau gesetzt wird, während sich die weiße, privilegierte Westfrau als Normalfall empfindet. Diese Art der Kritik wurde auch als „post-colonial critique" etikettiert[28] (vgl. z.B. Spivak 1987).

---

28 Gelegentlich auch „postnational", „global" oder „Dritt-Welt-Feminismus" genannt.

Im Class-Race-Gender-Ansatz geht es also um den eindringlichen Hinweis auf Differenzen unter Frauen – nicht als begriffliches Problem und nur selten mit der Konsequenz, keinerlei gemeinsame Gruppenidentitäten mehr anführen zu wollen. Dem Ansatz geht es darum, Positionen und Lebenslagen derjenigen Frauen ins Blickfeld zu rücken, die lange Zeit vom dominierenden feministischen Diskurs nicht vertreten wurden. Dabei gibt es auch Stimmen, die davor warnen, die Identitäten marginalisierter Gruppen eindeutig identifizieren und festlegen zu wollen. Diese konstruktivistischen Stimmen befürchten, dass sich neuer Essentialismus einschleicht, der in diesem Fall die marginalisierten Gruppen betreffen könnte (vgl. Beasley 1999: 114).

Der Class-Race-Gender-Ansatz steht für diesen Differenzbegriff unter Frauen; der disziplinäre Hintergrund kann hingegen völlig unterschiedlicher Art sein. Psychologische Ansätze, marxistische Grundannahmen, poststrukturalistische u.a. Herangehensweisen sind vertreten.

Der Ansatz operiert mit „race" und „ethnicity" als zentrale Begriffe. Allerdings sind sich die Vertreterinnen dieses Ansatzes in der Definition dieser Kernbegriffe nicht einig. Auch besteht keine Klarheit über die inneren Bezüge zwischen „race" und „ethnicity" oder auch „Migrantenkultur" u.a.. Bislang ist der Gebrauch von Bezeichnungen wie „schwarz", „farbig", „ethnische Minderheiten" in den jeweiligen Texten stark kontextgebunden (Beasley 1999: 105).

Literaturtipp
Daly 1993

1.3.11 Männerforschung oder Men's Studies[29]

Men's Studies sind ein noch wesentlich kleineres und auch ein jüngeres Feld als Women Studies, das sich allerdings in stetigem Wachstum befindet. Die wissenschaftliche Beschäftigung mit Männerleben und Männlichkeit wurde wesentlich durch den Feminismus angeregt und erhielt weitere Impulse durch die Schwulen- und Queerbewegung. Wie auch im Falle der Frauenbewegung und des Feminsmus als theoretischem Projekt ist das Aufkommen der Männerforschung von einer Veränderung der sozialen Rolle von Männern begleitet. Durch den massiven Einstieg der Frauen in den Arbeitsmarkt im letzten Viertel des vergangenen Jahrhunderts einerseits und den Anstieg der Arbeitslosigkeit andererseits ist der Mann als dauerhafter Alleinverdiener nicht mehr der Normalfall. Wirtschaftliche Rezessionen, Rationalisierung und arbeitspolitische Flexibilisierung, die mit der Globalisierung einhergehen, schwächen die Komponenten Erwerbsarbeit und Familienernährer, die bislang in westli-

---

29 Zu Vielfalt und zum Streit über die vielen gebräuchlichen Bezeichnungen siehe Walter 2000: 97ff.

chen Industriegesellschaften den größten Teil des Modells Mann ausgemacht hatten (Squires 1999: 75).

Anhand der Entwicklungsphasen der Männerforschung werden im folgenden Abschnitt die inhaltlichen Schwerpunkte deutlich.[30]

Die ersten Männerstudien entstanden – der Frauenforschung ähnlich – im Rahmen der Geschlechtsrollen- und Sozialisationstheorie. Männerforschung kritisierte die gängige und normative Vorstellung von einer „gesunden" Männlichkeit. Dabei wurde herausgearbeitet, welche Zumutungen und welchen Druck die dominierenden Vorstellungen von Männlichkeit für heranwachsende und erwachsene Männer mit sich bringen.

Eine zweite Phase zeigt sich bewusst von feministischer Kritik inspiriert. Nicht der Mann – ohnehin implizites Forschungsobjekt der herkömmlichen Wissenschaft – solle im Vordergrund stehen, sondern Männlichkeit und deren historische und kulturelle Konstruktion solle zum Gegenstand der Analyse gemacht werden. Dabei reagieren die Männlichkeitsforscher weniger auf die Tatsache, dass weibliche Erfahrung und Lebenswelt bislang aus dem männlichen Wissenschaftskonzept ausgeschlossen war, ihnen ist mehr daran gelegen zu zeigen, dass das scheinbar universale Männlichkeitskonzept den tatsächlich vielfältigen Erfahrungen und Bedürfnissen von Männern nicht gerecht wird.

Schließlich haben Männerstudien die von feministischer Seite entwickelten Geschlechtskonzepte übernommen, um neue, umfassende Blicke auf Männer, Männlichkeiten und Geschlechterverhältnisse zu werfen. Im Folgenden werden Ansätze bzw. Themenbereiche beispielhaft benannt.

Die Erforschung der *männlichen Sozialisation* wird mit differenzierten Definitionen von Geschlecht betrieben. Die allmähliche Herausbildung der Geschlechtsidentität wird dabei nicht mehr wie in frühen Sozialisationsstudien als passive Übernahme einer Rolle verstanden, sondern als aktive Auseinandersetzung mit lebenslang vorhandenen Identitätsangeboten und Erwartungen. Exemplarisch für die deutschsprachige Forschung kann die Arbeit von Böhnisch und Winter (1993) angeführt werden, die sich allerdings nur mit heterosexuellen Männern als männlichem „Normalfall" beschäftigt.

In der *Jungenforschung* erhoffte man sich Ergebnisse für die praktische Jungenarbeit. Ausgehend von der in der feministischen Analyse entwickelten Objektbeziehungstheorie, wurde die These aufgestellt, dass das Fehlen einer gleichgeschlechtlichen Bezugsperson in der frühkindlichen Entwicklung und auch in Kindertagesstätten problematische Entwicklungen für Jungen nach sich zögen. Männliche Pädagogen sollten deshalb verstärkt in diesen Einrichtungen tätig sein und den Jungen ein Modell der Männlichkeit liefern (Rohrmann/Thoma 1997).

---

30 Die folgende Phaseneinteilung und die Beschreibung der Schwerpunkte der Männerforschung folgt im Wesentlichen den Vorgaben von Walter 2000.

Mit erstaunlicher Verzögerung angesichts der empirischen Evidenz wurde *männliche Gewalt* erst in den 90er-Jahren Gegenstand der Männerforschung. Zum einen wird Gewalt als integraler Bestandteil des bestehenden Männlichkeitskonzepts gesehen. Andererseits wird der Ausgangspunkt der Gewalt auf einer zunächst das männliche Individuum erfassenden Ebene gesetzt. Da die gängige heterosexuelle Männlichkeit alles Weibliche und alles Homoerotische ablehnen muss, ist hier der erste Gewaltprozess – die Gewalt von Männern gegen sich selbst – angelegt. Kaufmann (1987) und Kimmel (1994) verstehen dies als Entstehungshintergrund für Gewalt gegen andere Männer und gegen Frauen.

Männer als Opfer der Gewalt werden in der Öffentlichkeit kaum wahrgenommen und auch die Wissenschaft greift dieses Thema erst neuerdings auf. Lenz (1999) erklärt dies mit einer Wahrnehmungssperre. Er vermutet, dass Männer als Opfer ein kulturelles Paradox darstellen, das nicht in unsere gängigen Wahrnehmungsmuster passt.

Bei der Erforschung *männlicher Sexualität* nahm die Männerforschung zunächst die von feministischer Seite beklagten negativen Seiten auf wie sexuelle Gewalt, Pornographie, Prostitution (Gottschalch 1997, Vetter 1996). Nur wenige Studien (z.B. Haase u.a.1996) haben sich bisher mit der männlichen Sexualität als solcher befasst.

Auf dem Feld der *politikwissenschaftlichen Männerforschung* sind in der Bundesrepublik Deutschland nur wenige aktiv. Stellvertretend sei hier auf Arbeiten von Peter Döge (2000, 2000a) verwiesen.

Jedoch hat der australische Soziologe *Robert Connell* einen politikwissenschaftlich interessanten Gender-Ansatz aus der Männerforschung heraus entwickelt. Connell hat seine Überlegungen stets in eine soziale Analyse der Macht- und der Beziehungsverhältnisse eingebettet, so dass er verschiedene soziale Platzanweiser berücksichtigt: Ethnie, Klasse, Geschlecht, sexuelle Orientierung. Geschlecht versteht Connell als soziale Praxis, die auch den Körper formt.

„Um der Mehrdimensionalität der Struktur des sozialen Geschlechts gerecht zu werden, schlägt Connell für die westlichen Gesellschaften ein (zumindest) dreistufiges Modell vor (vgl. hier und folgend Connell 1999, 92ff, u. 1987, 91ff.). Er unterscheidet:
Machtbeziehungen, vor allem jene, die eine Dominanz von Männern und eine Unterordnung von Frauen bewirken.
Produktionsbeziehungen, die sich in einem kapitalistischen Wirtschaftssystem manifestieren, das auf einer geschlechtsspezifischen Arbeitsteilung basiert und zu geschlechtsspezifischen Akkumulationsprozessen führt.
Emotionale Bindungsstrukturen (Katexis), die – anlehnend an Freuds Begriff der ‚libidinösen Besetzung‘ – das sexuelle Begehren, die Objektwahl und emotionale Energien umfassen und in unserer Gesellschaft in einem die Dominanz der Männer stützenden System von (Zwangs-)Heterosexualität formiert werden.

In den jüngsten Überlegungen fügt Connell zudem die Ebene der *Symbolisierung* im Sinne der kulturellen symbolischen Repräsentanz der Geschlechter ein" (Walter 2000: 100).

In Rückgriff auf das Hegemoniekonzept von Antonio Gramsci entwickelt Connell daraus sein offenes und dynamisches Konzept hegemonialer Männlichkeiten:
Walter fasst die Charakteristik zusammen:

„1. Männlichkeit ist nichts Statisches, Unveränderbares. Hegemonial ist das, was sich in einer historisch spezifischen Situation gegen konkurrierende Möglichkeiten durchsetzt. Was hegemonial ist, kann herausgefordert und bei neuen Konstellationen auch verändert oder verstoßen werden.

2. Hegemonie zeichnet sich – etwa im Gegensatz zur reinen Gewaltherrschaft – dadurch aus, dass sie neben der Option der angedrohten oder realen Gewalt auch auf ein großes Maß an Autorität – das bedeutet auch Zustimmung oder zumindest Duldsamkeit der Beherrschten – aufbaut" (Walter 2000: 101).

Diese männliche Hegemonie wirkt nicht nur im Verhältnis Männer – Frauen, sondern auch unter Männern. Connell spricht deshalb auch ganz bewusst von Männlichkeit*en*.

Mit dem Begriff der patriarchalen Dividende beschreibt Connell den Umstand, dass auch Männer, die sich am unter Ende der sozialen Hierarchie befinden, teilhaben können an der Höherbewertung des Männlichen und so mindestens zu einem Gefühl der Überlegenheit gegenüber Frauen gelangen.

Begriff und Konzept des von Robert Connell entwickelten „Gender Regimes" (Connell 1990: 523ff.) sind für die Politikwissenschaft besonders beachtenswert. Mit Gender Regime ist, grob gesprochen, insbesondere der Einfluss staatlichen Handelns und staatlicher Institutionen auf die Herausbildung von Geschlechterverhältnissen gemeint. Dieser Einfluss zeigt sich in einem komplexen Wirkungsgeflecht. Sowohl die staatlich beeinflusste Arbeitsteilung der Geschlechter ist gemeint als auch die Art der staatlichen Machtausübung durch Bürokratie und bürokratische Prinzipien, die für Connell institutionalisierte Männlichkeit darstellen. Dabei ist auch der Staat auf unterschiedliche Männlichkeit*en* angewiesen. Er braucht vornehme, gebildete, nüchterne Männlichkeit in seinem diplomatischen Corps, er zielt in den unteren militärischen Rängen auf Männlichkeit, die sich durch Stärke und Technik definiert, und braucht schließlich die kalkulierende, wettbewerbsfreudige Männlichkeit des Unternehmers. Eine weitere und laut Connell kaum untersuchte Ebene des Gender Regimes ist das staatliche Muster der Emotionen. Wem werden welche Emotionen unterstellt, wem werden welche Emotionen erlaubt? Diese Frage nach den Emotionen[31] berührt somit wieder die Ebene der Arbeitsteilung, es geht aber auch um mit Emotionen arbeitende Symbolisierungen. Als Beispiel kann die männliche Werte vertretende Symbolik bei

---

31 Connell (1990: 526) spricht von „structure of cathexis".

Empfängen mit militärischen Ehren angeführt werden. Als zentrale Machtinstanz hat der Staat die Möglichkeit, Machtverhältnisse in untergeordneten Instanzen (Verwaltungsbürokratie, aber auch Familie) erheblich zu bestimmen. Staatliches Regulierungsbegehren macht hierbei auch vor als „privat" deklarierten Bereichen nicht Halt. Wie Connell feststellt, nehmen alle staatlichen Administrationen gezielten Einfluss auf das Sexualverhalten ihrer Bürger und Bürgerinnen, indem beispielsweise Homosexualität kriminalisiert und das heterosexuelle Paar mit Kindern durch Vergünstigungen favorisiert wird (Connell 1990: 528). Schließlich nimmt der Staat Einfluss darauf, wie sich in einer Gesellschaft die Class-Race-Gender-Verstrickungen überlagern. Werden durch staatliche Politik AusländerInnen und AsylbewerberInnen als lästige Eindringlinge gezeichnet oder als gleichberechtigte Menschen mit einem Anspruch auf baldige Einbürgerung? Der Staat kann die multiplen Unterdrückungsdimensionen von sozialem Status, ethnischer Zugehörigkeit und Geschlecht verstärken oder entschärfen.

Connell fasst zusammen:

> State activity „includes family policy, population policy, labor force and labor market management, housing policy, regulation of sexual behavior and expression, provision of child care, mass education, taxation and income-redistribution, the creation and use of military forces – and that is not the whole of it. This is not a sideline, it is a major realm of state policy. Control of the machinery that conducts these activities is a massive asset in gender politics" (Connell 1990: 531). (*Querverweis: Kap. 4.3*)

Connells umfassende Konzeption und auch griffige Termini wie „Gender Regime" und „patriarchale Dividende" sind in der feministischen Forschung vielfach aufgenommen worden. Gleichzeitig haben Feministinnen auf Mängel und Einseitigkeiten aufmerksam gemacht. Der Blick auf Frauen und Weiblichkeit unterbleibe, so dass die Rolle, die Mittäterschaft und die soziale Praxis von Frauen zur Aufrechterhaltung männlicher Hegemonie nicht Teil der Analyse sei. Je nach wissenschaftlichem Standpunkt haben Feministinnen auch kritisiert, dass Connell an der Selbstverständlichkeit der Zweigeschlechtlichkeit – im Sinne der Existenz zweier Körperarten – festhalte, auch wenn er von multiplen Männlichkeiten und Weiblichkeiten ausgehe.

Insgesamt wurde das Aufkommen der Männerforschung von feministischen Wissenschaftlerinnen mit gemischten Gefühlen beobachtet. Begrüßenswert sei die Männerforschung deshalb, weil sie den von der Frauen- und auch der Geschlechterforschung häufig vernachlässigten Blick auf Männer und Männlichkeiten ergänzen könnte. Andererseits nahm man an, dass das feministische Anliegen, die Diskriminierung von Frauen aufzuheben, in der Männerforschung nicht verfolgt würde. Schließlich geht es auch um Konkurrenz im Wissenschaftsbetrieb. Frauen- und Geschlechterforschung hat sich nach zähem Ringen durch Lehraufträge, Forschungszentren, Projektgelder, einzelne Professuren usw. eine immer noch nicht dauerhaft gesicherte Nische in der etablierten Wissenschaft erobert. Mit dem Aufkommen der Männerforscher wächst die Befürchtung, dass dieser kleine Besitzstand zukünftig mit der Männerforschung zu teilen sei, was für manche nichts anderes bedeutet, als vom eben erst Errungenen wieder an die Männer zurückzugeben.

Literaturtipp
Connell 2000, Bosse/King 2000, Pease 2000

!!! Achtung
Nach dieser Auswahl von feministischen Strömungen und theoretischen Ansätzen sei daran erinnert, dass diese Art der Einteilung lediglich der Orientierung dienen kann und einem einzelnen Autor oder einer einzelnen Autorin kaum gerecht wird.

So kann man auch in der Überblicksliteratur auf sehr widersprüchliche Einordnungsversuche stoßen. Catherine MacKinnon wird einmal als radikale Patriarchatsanalytikerin vorgestellt (vgl. Scott 1988: 34), zum anderen als liberale Feministin eingeordnet (vgl. Brown 1992: 13), weil sie sich in ihren bekanntesten Publikationen stark auf die Rechtssprechung konzentriert. Joan Wallach Scott wird von Calás/Smircich (1996: 232) als sozialistische Feministin zitiert und von Heintz (1993: 35, Fußnote18) zu den postmodernen Theoretikerinnen gezählt. Scott selbst listet die Schwachpunkte marxistisch-feministischer Analyse auf (sie unterscheidet nicht zwischen marxistischem und sozialistischem Feminismus) (vgl. Scott 1991: 34ff.) und bekennt sich explizit zu poststrukturalistischen Annahmen (vgl. Scott 1991: 41f.). Judith Butler wird bei Jagose (2001: 108) als die wichtigste Queer-Autorin bezeichnet; zugleich wird sie vielfach als Protagonistin des postmodernen Feminismus angeführt. Sie selbst wehrt sich gegen diese Etikettierungen (vgl. Butler 1995: 31ff.).

1.4 Statt einer Zusammenfassung: ein Ausblick

Postmoderne, poststrukturalistische Denkweisen, die Hinterfragung der Mann-Frau-Unterscheidung in der Tradition der Ethnomethodologie, die Queer-Studies, die Anerkennung von nicht-heterosexueller Ausrichtung, die von nicht weißen Frauen, von Angehörigen anderer Schichten als der gebildeten Mitte eingeforderte Perspektivenverschiebung – all dies hat zu einer großen Verunsicherung darüber geführt, was mit den Begriffen „Frau" und „Mann" gemeint sein könnte. Die Kategorie „Gender" hat zwar von biologistischen Zwängen befreit, aber sie hielt an der Unterscheidung von Mann und Frau fest. So dass „Gender-Gleichheit" zu einem Oxymoron wurde, zu einem in sich widersprüchlichen Begriff (Brown 1988: 470).[32] Es wurde immer unklarer, wie die Trennlinie zwischen sex und gender eigentlich bestimmt werden könnte. „Gender" schien als Forschungskategorie immer weniger hilfreich. Der Gender-Skeptizismus war ausgebrochen.

Im Zuge dieser Skepsis wurde Ende der 90er-Jahre gar der Bedeutungsverlust der Kategorie „Gender" (wohlgemerkt: als Begriff, nicht als soziale

---

32 Auf die Widersprüchlichkeit der Forderung nach „Genderequality" hat schon sehr früh und immer wieder Catherine MacKinnon hingewiesen. Siehe z.B. MacKinnon 1983 und 1994: 39.

Kategorie) konstatiert. Die Auseinandersetzung mit dieser These brachte Wichtiges zutage. Die Philosophin Rosi Braidotti konnte darauf aufmerksam machen, dass der Begriff „Gender" im Wesentlichen einer nordamerikanischen Diskussionsentwicklung gefolgt ist und dass die einfache Gleichsetzung und Übersetzung von „Gender" und „sozialem Geschlecht" in die romanischen Sprachen Westeuropas nicht möglich sei (Knapp 2001: 34). Knapp nimmt Braidottis Ausführungen als Warnung, „den Einfluss kultureller Kontexte und spezifischer gesellschaftlicher Rahmenbedingungen" auf die Theoriebildung stets im Auge zu behalten (Knapp 2001: 35). Die amerikanische Historikerin Joan Wallach Scott, die Ende der 80er-Jahre des 20. Jahrhunderts mit einem viel beachteten Aufsatz einiges zur Verbreitung der Kategorie „Gender" beigetragen hatte (Scott 1988), verweist zur Jahrhundertwende auf ein verändertes wissenschaftliches Umfeld. Angesichts der Konjunktur evolutionstheoretischer Erklärungen könne sich feministische Theorie nicht mehr damit begnügen, mit dem Begriff „Gender" die Biologie auszublenden (Scott 2001).[33]

Die Reflexion über die Tauglichkeit des Begriffs „Gender" bedeutet jedoch nicht, dass die Verabschiedung der Kategorie Geschlecht auf der Tagesordnung der feministischen Theorie stünde. Die nachhaltige Infragestellung eines Subjekts „Frau" bzw. einer weiblichen Identität bedeutet nicht das Ende der Möglichkeit, Ungleichheiten von Frauen und Männern zu benennen. Es geht vielmehr darum, das in diesen Begriffen nunmehr eingebaute Spannungsverhältnis zu nutzen. Die

„gleichzeitige Unverzichtbarkeit und – im strengen Sinne – Unmöglichkeit der fundierenden Bezugnahme auf ein ‚Wir' (Metasubjekt: ‚Frauen')"

muss akzeptiert werden. Die produktive Umsetzung gelingt dann, wenn „unterstellt geteilte Problemhorizonte" im feministischen „Wir"

„in der Abarbeitung an Ungleichheit und Verschiedenheit immer wieder differenziert, konkretisiert, relationiert, relativiert und neu bestimmt werden" (Knapp/Wetterer 2001a: 11).

Die Soziologin Gudrun-Axeli Knapp plädiert dabei für die Verwendung der deutschsprachigen Begriffe „Strukturkategorie Geschlecht" oder „Geschlechterverhältnis", da durch diese die gesellschaftstheoretische Komponente ausgedrückt wird.

Auch wenn die meisten feministischen Theoretikerinnen und Theoretiker keine Klarheit mehr haben über „Frauen" und jegliche Eindeutigkeit bewusst aufgeben, so ist die Zuschreibung, die mit der Benennung „Frau" oder „Mann" eintritt, in der sozialen und politischen Wirklichkeit weiterhin von großer Wirkmächtigkeit. „Frau zu sein" wird weiterhin ein wichtiger Teil persönlicher Identität sein. Als Mann erkennbar zu sein wird weiterhin für

---

33   Einige Thesen Scotts finden sich zusammengefasst bei Knapp 2001: 387f.

viele Menschen oft unbemerkter Anlass ihres Tuns und ihres Entscheidens sein. Weiterhin wird es Anerkennung und Tadel für die Erfüllung oder Abweichung von Weiblichkeit geben, weiterhin wird mit der (Selbst-) Zuschreibung „Mann" ein bestimmter sozialer Platz im Verhältnis zu „Frau" eingenommen. Weiterhin wird durch die Geschlechterordnung ein – freilich flexibles – Machtverhältnis bestimmt, das die Politikwissenschaft zu analysieren hat.

Literaturtipp
Beasley 1999, Hark 2001, Althoff/Bereswill/Riegraf 2001, Scott 2001

Übung:
Zum Verständnis der theoretischen Ansätze:
In den kurzen Darstellungen dieses Kapitels wurde bereits deutlich, dass die unterschiedlichen Ansätze zum Verständnis bzw. zur Erforschung von Geschlecht auf ganz unterschiedlichen Betrachtungsebenen liegen – von mikrosoziologisch bis makrosoziologisch, aber auch erkenntnistheoretisch. Sie können deshalb aber nicht einfach „aufeinandergesetzt" werden, denn sie geben Antworten auf ganz unterschiedliche Fragen.
Versuchen Sie die folgenden Fragen den beschriebenen Ansätzen zuzuordnen:
Wie entstehen Geschlechtsrollen und Geschlechtsidentitäten?
Wie wird Zweigeschlechtlichkeit und Geschlechtlichkeit konstruiert (z.B.: im wissenschaftlichen Denken, aber auch in der gesellschaftlichen Praxis)?
Welche Bedeutungen und Effekte hat Geschlecht im kulturellen Wertesystem als sozialer Platzanweiser und bei der politischen Machtverteilung?
Wie haben sich diese Effekte in kleineren und größeren Organisationen bis hin zu Staaten verfestigt?
Wie tragen diese in Institutionen und institutionellem Handeln sich äußernden Geschlechtereffekte wieder zur Erhaltung und Entstehung von Geschlechtsrollen, -identitäten und zur Verteilung von kulturellem, sozialen und politischem Kapital bei?
Wie kann über Geschlechtlichkeit überhaupt nachgedacht werden?

Übung:
Geschlecht ist eine auch innerhalb der feministischen Theorie und der Geschlechterforschung durchaus unterschiedlich definierte Kategorie. Verschaffen Sie sich bei der Lektüre von theoretischen Texten, bei der Auswertung empirischer Studien und beim eigenen Formulieren Klarheit über die zugrundeliegende Konzeption von Geschlecht. Folgende Vorgehensweisen könnten hilfreich sein:
Machen Sie sich klar, ob der Autor/die Autorin eher auf einer mikroanalytischen oder einer makroanalytischen Ebene arbeitet. Versuchen Sie Analysehöhe und Geschlechtsverständnis auch dann herauszufiltern, wenn ein Text keine explizite Aussage zum Geschlechtsbegriff macht.
Wann ist im Text die Rede von Frauen und Männern, wann von Männlichkeit(en) und Weiblichkeit(en)?
Wechselt der Geschlechtsbegriff? Welche Gründe könnte es dafür geben?
Wird das System der Zweigeschlechtlichkeit als natürlich gegeben angenommen oder als konstruiert verstanden?

2. Das Private und das Öffentliche

„The separation and opposition between the public and private spheres in liberal theory and practice ..., is, ultimately, what the feminist movement is about."
(Carole Pateman 1993: 281)

„Einer der wichtigsten Beiträge feministischen Denkens zur politische Theorie in der westlichen Tradition besteht darin, dass Frauen die Trennung zwischen ‚öffentlich‘ und ‚privat‘ in Frage gestellt haben."
(Seyla Benhabib 1995: 22)

Zwischen Privatem und Öffentlichem zu unterscheiden ist eine Gewohnheit, die im Alltag, in den Medien und den Sozialwissenschaften fest verankert ist. Die Einteilung erscheint deshalb fast als „natürlich", und es kam lange niemandem in den Sinn, sie in Frage zu stellen. Feministische Forschung hat jedoch in allen Sozial- und Geisteswissenschaften diese Einteilung, ihre Voraussetzungen und ihre Folgen zu einer zentralen Forschungsfrage erhoben (Sapiro 1998: 70).

Das große Interesse der Geschlechterforschung gleich mehrerer Disziplinen gründet sich darauf, dass die Einteilung in privat und öffentlich mit einer Geschlechterhierarchie verbunden ist und eine Geschlechterzuschreibung mit sich bringt, die dazu führt, dass in der politischen und sozialen Praxis vielen Frauen der Zugang zu Macht, Besitz und Selbstbestimmung verweigert wird. Außerdem bewirkt diese Trennung, dass die sozialwissenschaftliche Theorie diese Mechanismen lange nicht erkennen konnte.

Für feministische und geschlechtskategoriale Forschung in der Politikwissenschaft muss die Debatte über privat und öffentlich als fundamental bezeichnet werden, weil sie unmittelbar mit der Definition des Politischen verbunden ist. Traditionell hat sie ihren Gegenstand ausschließlich im Öffentlichen gesucht. Genau an diesem Punkt hat feministische Theorie Einspruch erhoben.

In der Debatte um Privatheit und Öffentlichkeit treffen also drei Kernfragen aufeinander: eine Hauptparole der feministischen Bewegung – „Das Private ist politisch!" –, eine Dauerdebatte der feministischen Theorie und die Definition des Gegenstands der Politikwissenschaft.

In den folgenden Abschnitten werden zunächst die wichtigsten feministischen Kritikpunkte an der Trennung privat-öffentlich aufgezeigt. Eine Richtung der Argumentation wies beispielsweise nach, dass diese Trennlinie auch in der politischen Ideengeschichte keineswegs die angenommene Eindeutigkeit und Konstanz aufzeigt. Feministische Kritik hat außerdem deutlich gemacht, in welchem Maße der Staat Einfluss nahm auf das Private und dies in geschlechtlich strukturierter Weise. Feministische Theorie stellt außerdem heraus, dass die beiden Sphären nie nur schlichte Einteilung, sondern zwei hierarchisch angeordnete und vergeschlechtlichte Bereiche sind. Feministische Kritik bemängelt überdies, dass die öffentlich-politische Sphäre mit der Vorstellung eines unabhängigen Subjekts korreliert, während die Abhängigkeiten der Menschen ganz in den privaten Raum verbannt werden. Prominent wurde die von Carole Pateman entwickelte Kritik an den Vertragstheorien, die folgenreich auf der Privat-öffentlich-Einteilung beruhen. (*Querverweis: Kap. 3.1*)

Im Weiteren wird dann erläutert, welche Aufgaben sich für feministische Theorie aus dieser Kritik ergeben. Dies wird beispielhaft an der Neudefinition des Privaten und an der Neudefinition des Öffentlichen aufgezeigt.

2.1 „Öffentlich" und „privat" in der politischen Ideengeschichte

Die Gesellschaft entlang der Linie öffentlich – privat in unterschiedliche soziale Räum einzuteilen, ist seit Aristoteles durch die gesamte politische Ideengeschichte tradiert. Dies gilt, freilich mit differenten Bewertungen und Begründungen, für so unterschiedliche Theoretiker wie Aristoteles, Hegel, Marx und Habermas. Diese Grenzlinie tritt in allen theoretischen Entwürfen auf, wird aber in erstaunlich unterschiedlicher Weise gezogen.

Für den antiken Philosophen Aristoteles[34] beispielsweise sollte Politik nur im öffentlichen Raum stattfinden. Im privaten Raum gab es nach seiner Vorstellung keine Politik, sondern Herrschaft. Damit hat er die Politik nicht nur einem separierten Raum – dem Öffentlichen – zugeordnet, sondern das Öffentliche und die Politik konstitutiv aneinander gebunden.

Ein weiteres damit eng verknüpftes Element der Aristotelischen Definition von Politik war „Gleichheit". Es ist die Aufgabe der Politik, im öffentlichen Raum Gleichheit zwischen in Status und Besitz unterschiedlichen Männern herzustellen. Der private Raum – die Familie – zeichnet sich bei Aristoteles hingegen dadurch aus, dass dort Ungleiche (ältere, jüngere Männer, Frauen, Kinder, Sklaven) miteinander verbunden sind und der männliche Familienvorstand über diese Ungleichen herrscht.

Damit waren die Begriffe Politik – Öffentlichkeit – Gleichheit unauflösbar ineinander verquickt. Die Sphäre Privatheit – Herrschaft – Ungleichheit war davon vollständig gelöst – und blieb folgerichtig bei politischen Betrachtungen gänzlich außerhalb des Blickfelds.

---

34 Die folgenden Interpretationen sind im Wesentlichen einer kurzen und gut verständlichen Darstellung der Politikdefinition Aristoteles' in Meyer (2000: 25-29 u. 40) entnommen.

Georg Wilhelm Friedrich Hegel, als Vertreter der neuzeitlichen Philosophie, beschreibt ein sehr komplexes (dialektisches) Verhältnis zwischen Familie, Zivilgesellschaft und Staat. Der Staat gründet auf Familie und Zivilgesellschaft. Diese beiden Bereiche verlieren aber ohne den Staat jede sittliche Existenzberechtigung. Der Staat wird in dieser Konstruktion als etwas Höherwertiges betrachtet, auf das alles zuläuft (ausführlicher bei Elshtain 1981: 177ff.). Für Hegel waren Familie und Ökonomie diesseits der Grenze und nur der Staat jenseits:

```
öffentlich: Staat

-------

privat: Familie/Ökonomie

(Zivilgesellschaft)
```

Während es Hegels Absicht war, den Staat in seiner Reinheit zu schützen, verfolgten liberale Denker und Politiker ganz andere Motive: Das Private sollte vor staatlichem Zugriff, dessen Kontrolle und Vorgaben geschützt sein. Gleichzeitig sollte aber auch die private Wirtschaft möglichst weitgehend von staatlichen Regulierungen befreit sein.

Für den Theoretiker der Arbeiterrevolution und Ökonomen Karl Marx ist die Öffentlichkeit ein Instrument in den Händen der bürgerlichen Klassen. Daraus ergibt sich eine weitere Variante der Gegenüberstellung von Öffentlichkeit und Privatheit. Staat und Öffentlichkeit als Instrumente der besitzenden Klasse auf der einen, Familie/Privatraum auf der anderen Seite (Lang 1995: 90):

```
Ökonomie

mit den Instrumenten:
Staat und Öffentlichkeit

-------

Familie
```

Der zeitgenössische Philosoph Jürgen Habermas plädiert für Öffentlichkeit als einen notwendigen Zwischenraum zwischen Staat und Privatheit. Um als Raum der Politik der Bürger funktionieren zu können, müssten Vermischungen (Vergesellschaftung des Staates, Verstaatlichung von Gesellschaft) aufgehoben und wieder klare Trennungen zwischen den Sphären hergestellt werden (Lang 1995: 98ff.). Habermas entwickelte ein Konzept von Öffentlichkeit, das frei von den Gängelungen des Staates, aber auch unbeschadet von den Gesetzlichkeiten des Marktes zum eigentlichen Ort des Politischen werden sollte. Entsprechend finden sich bei Habermas zwei Trennlinien:

```
Staat

-------

Öffentlichkeit

-------

Privatraum (Ökonomie)
```

In der Betrachtung aktueller politikwissenschaftlicher Texte kommt Okin zu dem Ergebnis, dass häufig zwei Trennlinien zwischen Öffentlichkeit und Privatheit gedacht werden: eine zwischen Staat und Gesellschaft und eine zwischen Privathaushalt/Familie und Gesellschaft (Okin 1998: 117f.):

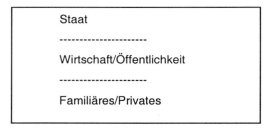

```
Staat

---------------------

Wirtschaft/Öffentlichkeit

---------------------

Familiäres/Privates
```

Die Trennlinie zwischen Öffentlichkeit und Privatheit scheint also je nach theoretischer Argumentation zu oszillieren oder sogar zweifach vorhanden zu sein. Die theoretische Einteilung der gesellschaftlichen Sphären erscheint häufig ungenau und schwankend, vermutlich unter anderem deshalb, weil auch empirisch in der Gesellschaft keine klaren Grenzen zu finden sind (Rössler 1992: 107f.).

Bemerkenswert ist außerdem, dass bei vielen klassischen Theoretikern der Privatraum im Sinne von Familie unterbelichtet bleibt. Weder das Beziehungsgefüge innerhalb der Familie noch das Verhältnis von Familie zu Zivilgesellschaft, Familie zu Staat oder Familie zum Persönlichen wird theoretisiert (Squires 1999: 26).

2.2 Feministische Kritik am politischen Konzept von Öffentlichkeit und Privatheit

Feministische Politikwissenschaft hat die Unschärfe der Trennung in privat und öffentlich nachgewiesen. Es geht aber außerdem darum, die *Hierarchisierung dieser Sphärentrennung* zu ergründen.

Auch dabei führen die Spuren zurück zu den bekannten Denkern der Ideengeschichte. (*Querverweis: Kap. 4.1*) Um nur Theoretiker der Moderne zu zitieren, sei zunächst auf John Locke verwiesen. Für ihn war es eine Frage der Logik, dass Frauen nur im privaten Raum der Familie agieren konnten. Da sie naturgegeben Untergeordnete in der Familie seien, könnten Frauen auch in der Gesellschaft nicht als freie und gleiche Individuen auftreten.

> „Damit wurde den Frauen nicht nur der Status des Individuums abgesprochen, sie wurden zugleich von der Teilhabe an der öffentlichen Welt ausgeschlossen" (Lang 1995: 89).

Locke argumentiert also mit dem Status der Ungleichheit im Naturzustand, der dann in den gesellschaftlichen Zustand hineinverlängert wird.

Jean Jacques Rousseau benutzte ein anderes Argument: Frauen sollten sich dem Öffentlichen fern halten, um ihre ureigensten Fähigkeiten nicht zu gefährden. Ihre soziale, selbstaufopfernde, sittliche Haltung könnte im öffentlichen Leben ins Schwanken geraten (Lang 1995: 89).

Die Politikwissenschaftlerin Sabine Lang sieht ganz andere Gründe für den Ausschluss der Frauen aus der Öffentlichkeit. Sie vermutet einen komplexen und dauerhaften politischen und psychologischen Mechanismus, der auch bei Jean-Jacques Rousseau anklingt: Die Furcht vor der ungezügelten weiblichen Sexualität, welche den öffentlichen Raum gewiss vollständig in Aufruhr bringen würde (Lang 1995: 90).

Hannah Arendt oder Jürgen Habermas stehen dafür, dass auch moderne TheoretikerInnen an der Trennung öffentlich – privat in einer vergeschlechtlichten und hierarchischen Form festhalten.

So formuliert Sabine Lang (1995: 95ff.) Arendt gegenüber den Vorwurf, dass sie die materiellen Bedingungen eines freien Zugangs zur Öffentlichkeit und damit die auf die Geschlechter ungleich verteilten Beteiligungschancen vollständig ignoriere. Indem Arendt das Private mit dem Reich der Notwendigkeit und das Politische mit dem Reich der Freiheit gleichsetzt, werde außerdem einer Minderwertigkeit des Privaten unverhohlen das Wort geredet. Überdies erinnert die Unterscheidung zwischen Notwendigkeit und Freiheit an die aus der Ideengeschichte sattsam bekannte Unterscheidung, nach der die Frau der Biologie und der Mann der Kultur bzw. der Politik zugeordnet wird.

Langs Kritik an der Öffentlichkeitskonzeption von Jürgen Habermas lässt sich in zwei Argumenten zusammenfassen. Zum einen halte Habermas wider alle empirischen Evidenz an einer strikten und normativen Unterscheidung zwischen der öffentlichen und der privaten Sphäre fest. Zum anderen entgehe auch ihm, dass die Zugangsvoraussetzungen zur Öffentlichkeit unter den Geschlechtern ungleich verteilt sind. (*Querverweis zu Nancy Frases Kritik an Habermas: Kap. 3.4*)

Interessant sind jedoch nicht nur die unterschiedlichen Begründungen für die *geschlechtliche Zuordnung der gesellschaftlichen Sphären*. Zu analysieren ist außerdem, mit welchen Mechanismen und Gesetzlichkeiten die „Männersphäre" der Politik und die „Frauensphäre" des Privatraums im historischen Verlauf immer stärker zementiert wurde.

Die Historikerin Karin Hausen zeichnet in ihren Studien die Parallelität folgender Entwicklungen nach: Während sich die bürgerliche Öffentlichkeit als Forderung nach Partizipation und Transparenz entfaltete, wurde der Ausschluss der Frauen aus der Öffentlichkeit durch veröffentlichte Meinung und gesetzliche Bestimmungen immer rigoroser (Hausen 1990: 273).

Sabine Lang ergänzt die Beobachtung, dass staatliche Kontrolle nicht nur ein Beiprodukt der Entstehung von bürgerlicher Öffentlichkeit ist, sondern konstitutiv in diese Öffentlichkeit eingelassen ist. Daraus entwickelt sie die These vom Zusammenhang von politischer und patriarchaler Herrschaft:

> „Dieser zunehmende staatliche Druck auf die bürgerliche Öffentlichkeit wurde ... repressiv nach innen weitergegeben: Der bürgerliche Ausgleich mit den staatlichen Normierungen baute demnach nicht nur auf dem Bürgerkonsens darüber auf, die eigene Macht nicht zu teilen, sondern auch auf dem der Festigung und Institutionalisierung des Konsenses über den Ausschluss aller Nichtbürger, zu denen auch Frauen gehörten" (Lang 1995: 92).

Auch Ergebnisse aus anderen Wissenschaftsdisziplinen bestätigen die Beobachtung, dass die theoretische Aufrechterhaltung der Trennung zwischen privat und öffentlich an der Stabilisierung von Herrschaftsverhältnissen zugunsten von Männern beteiligt ist. Die Anthropologin Michelle Rosaldo stellte aufgrund interkultureller Vergleichsstudien die These auf,

> „that the degree to which women are subjected to the authority (culturally legitimized power) of men in a given society is correlated with the degree to which the public/domestic dichotomy is stressed" (Rosaldo 1974, hier zit. nach Okin 1998: 128).[35]

Sieglinde Rosenberger fasst zusammen:

> „Historisch betrachtet hängt die Konstruktion von zwei Sphären mit dem Interesse zusammen, in Politik und Privatheit unterschiedliche Herrschaftsformen zu etablieren und insbesondere [für] die Legitimation der hierarchischen Beziehungen zwischen den Geschlechtern zu argumentieren" (Rosenberger 1997: 125).

Eine weitere Stoßrichtung feministischer Kritik an der Einteilung privat – öffentlich zielte auf die Tatsache, dass weder in der Vergangenheit noch ge-

---

35 Sabine Lang (1995: 118, Fußnote 29) schreibt diesem Aufsatz von Rosaldo die Initialwirkung zu für die Infragestellung der bis dahin widerspruchslos reproduzierten Dichotomie von privat und öffentlich.

genwärtig *staatliches Handeln* vom direkten, indirekten, intendierten und nicht intendierten *Einfluss auf Privates* absieht. Ganz im Gegenteil können historische Studien anschaulich nachweisen, dass staatliches Handeln konkreten Einfluss nahm auf persönliche und intime Entscheidungen im Leben von Frauen und Männer (Verbot der politischen Betätigung von Frauen, Verbot der höheren Bildung für Frauen, Verbot der Abtreibung, Militärdienstpflicht für Männer, Ausschluss der Frauen aus dem Militär, Entscheidungsgewalt in der Familie u.v.a.) (vgl. dazu Frevert 1995, Connell 1990: 528).

Auch gegenwärtig ist der Einfluss staatlicher Vorgaben auf als privat empfundene Entscheidungen, wie Heirat, Sexualität und Fortpflanzung offensichtlich. Der Staat ermuntert mit Steuervergünstigungen zur Heirat und lässt eine Heirat, die nur in der Kirche oder nur als „privater" Akt geschlossen wurde, nicht gelten. Der Staat hat bis vor wenigen Jahren homosexuelle Beziehungen kriminalisiert und entscheidet über die Zulassung von Abtreibung ebenso wie über Methoden des Schwangerschaftsabbruchs. Der Staat nimmt aber auch Einfluss auf Privates, indem er bewusst auf Regulierung verzichtet.[36] Prominentes Beispiel ist hier Gewalt und Vergewaltigung in Familie und Ehe. Beide Gewaltformen wurden lange Zeit nicht als Straftatbestand gefasst, weil sie innerhalb des Privatraumes Ehe/Familie auftraten.

Umgekehrt könnte z.B. der in bundesdeutschen Medien 2001 diagnostizierte „Gebärstreik" der Frauen dazu führen, dass der Staat effektive Instrumente für die Vereinbarkeit von Erziehungsaufgaben und Beruf einrichtet. Die Emanzipation von Homosexuellen nicht nur als individuelle Entscheidung, sondern auch als politische Bewegung führte dazu, dass in einigen Staaten eine eheähnliche juristische Gemeinschaft für gleichgeschlechtliche Erwachsene juristisch anerkannt wurde.

Unabhängig davon, wie die Grenzen des Öffentlichen angesetzt werden, wird in allen Konzepten des politikwissenschaftlichen Mainstream davon ausgegangen, dass die einzelnen Akteure in der Öffentlichkeit als *freie und unabhängige Subjekte* auftreten.

> „Das heißt, es bleibt verborgen, dass das autonome und souveräne ‚öffentliche' Subjekt in seiner Konstituierung und Funktion abhängt von der Privatsphäre, von der Familie und von der Beziehungs- und Reproduktionsarbeit, die hauptsächlich Frauen in dieser Sphäre erbringen" (Klinger 1994: 123).

Dabei wird vergessen,

> „dass auch das autonome liberale Individuum irgendwo sozialisiert werden muss; diese Individuen sprießen eben nicht, wie Hobbes meinte, wie ‚Pilze aus dem Boden', sondern müssen in einem zeitlich, physisch und emotional relativ aufwendigen Prozess erzogen ... werden, ..." (Rössler 1992: 107).

---

36   Vgl. dazu das Non-decision-Konzept von Bachrach und Baratz (1977).

Die Bedürftigkeit der Einzelnen, ihr Angewiesensein auf Zuspruch, Pflege und sozialen Rückhalt werden im liberalen Weltbild im privaten Raum belassen. Im öffentlichen Raum wird der oder die Einzelne als unabhängiges (darüber hinaus rational denkendes) Subjekt konzipiert. Dieses Subjekt ist nicht auf andere angewiesen und auch nicht für andere verantwortlich. Feministische Kritik hält diese Vorstellung zum einen für unrealistisch, zum anderen für politisch gefährlich (vgl. Squires 1999: 27).

Unrealistisch ist dieses Konzept deshalb, weil erstens sehr viele Menschen ganz offensichtlich von anderen abhängig sind, z.B. Kinder, Kranke, alte und behinderte Menschen. Zweitens ist auch die Unabhängigkeit der nicht offensichtlich Abhängigen weitgehend ein Mythos. Dass viele Männer ihren beruflichen Erfolg der Tatsache verdanken, dass die Ehefrau den Haushalt erledigt und die Kinder versorgt, gesellschaftlichen Pflichten nachkommt und nicht zuletzt noch emotionalen Rückhalt bietet, ist mittlerweile bekannt und wurde von Elisabeth Beck-Gernsheim und Ilona Ostner mit dem Begriff des „Anderthalb-Personen-Berufs" auf den Punkt gebracht (Beck-Gernsheim/Ostner 1978: 265). Dass außerdem Karrieren in der Wirtschaft und in der Politik nicht als Einzelleistungen zu betrachten sind, sondern in den meisten Fällen einem sorgfältig aufgebauten Beziehungsnetz von Geschäftskontakten, Freundschaften und Abhängigkeiten zu verdanken sind, ist ebenfalls nachgewiesen.

Die Vorstellung vom unabhängigen Subjekt des öffentlichen Raumes wird deshalb für politisch gefährlich gehalten, weil das egoistische, auf materielle Gewinnorientierung zielende Individuum, dessen Austausch mit anderen stets juristisch geregelt oder geklärt werden kann, für die Bewältigung anstehender gesellschaftlicher Herausforderungen (Arbeits- und Einkommensverteilung, internationale Gerechtigkeit, Migrationsströme, ökologische Probleme u.v.a.) kein hilfreiches Modell darstellt (Klinger 1994: 125).

Viele feministische Theoretikerinnen haben denn auch Abschied genommen von der liberalen Vorstellung, dass es ausreiche, den Frauen gleichberechtigten und gleichwertigen Zugang zur Öffentlichkeit als unabhängige Subjekte zu gewährleisten, um (politische) Geschlechtergerechtigkeit herzustellen. Stattdessen muss der Mensch in seiner sozialen Einbettung und seinen Abhängigkeiten und Verantwortlichkeiten gesehen werden, und zwar unabhängig davon, ob er sich in einer so genannten privaten oder einer so genannten öffentlichen Rolle befindet. Von einigen Feministinnen wird das normative Modell einer solidarischen oder fürsorglichen Gesellschaft favorisiert.

In die Reihe der feministischen Kritik an der theoretischen Einteilung in privat und öffentlich gehört auch die von Linda Nicholson und Seyla Benhabib entwickelte *These, dass der Staat strukturell ein kontrollierten Privatraum benötigt.*

„Die Legitimation der Ungleichheit der Geschlechter offenbart folgende Logik: Es ist notwendig, die Reproduktion, die weibliche Sexualität und die Erziehung der Kinder zu kontrollieren, damit die ‚natürliche‘ Überlegenheit des Mannes gewährleistet wird und die ‚natürliche‘ Ungleichheit der Geschlechter bestehen bleibt. Wenngleich sie *außerhalb* des Bereichs der Politik liegt, ist die Sphäre der Reproduktion, des Hauses und der Familie doch der *Ursprung* der Politik. Ihre Kontrolle ist von höchster Bedeutung für Fortbestand und Stabilität des Stadt- oder Nationalstaates" (Benhabib/ Nicholson 1987: 515).

Nach Benhabib und Nicholson braucht der Staat nicht einen irgendwie gearteten Privatraum, sondern einen in ganz bestimmter Weise strukturieren. Dazu schreibt der des Feminismus' gänzlich unverdächtige Soziologe und Politikwissenschaftler Gianfranco Poggi in einer Abhandlung über die Entstehung des modernen Staates, dass das Modell der Staatsbürgerschaft darauf beruhe, dass der Staatsbürger von einem funktionierenden patriarchalen Haushalt unterstützt werde (Poggi 1978, zitiert nach Connell 1990: 511).

Für Nicholson und Benhabib stellt sich daher die Frage, ob moderne Demokratien – mit all ihren Stärken und Mängeln – nur funktionsfähig sind, wenn die öffentliche/politische Gesellschaft einen „Unterbau" hat, die Familie, in dem ein Teil der Menschen freiwillig oder unter Zwang notwendige gesellschaftliche Arbeit unbezahlt leistet. Diese Frage weist Parallelen auf zu Patriarchatsanalysen marxistischer Feministinnen sowie zu Carole Patemans Entdeckung des Geschlechtervertrags auf, der notwendigen anderen Seite des Gesellschaftsvertrags. (*Querverweis: Kapitel 3.1*)

In der Einschätzung der politischen und sozialen Bedeutung des Verhältnisses von Öffentlichkeit und Privatheit musste sich die westliche feministische Theorie vorwerfen lassen, ihren Aussagen allzu schnell *universale Gültigkeit zu unterstellen*. Theoretikerinnen haben aus der Perspektive nicht industrialisierter Länder darauf hingewiesen, dass dort der Privatraum einerseits Ort der Widerstands gegen kulturfremde Modernisierung sein kann, andererseits diese Besinnung auf eigene Traditionen häufig als Stärkung althergebrachter patriarchaler Männerherrschaft auftritt (Marchand/Runyan 2000: 14). Beobachtungen in postsozialistischen Transitionsländern hingegen ergaben, dass dort dem privaten Raum insofern eine eminent politische Bedeutung zukam, als er als Freiraum von sonst allgegenwärtiger politischer Propaganda und Kontrolle erlebt werden konnte. Viele Menschen lebten und erlebten in der Privatsphäre persönliche Solidarität. – Der kritische Hinweis westlicher Feministinnen, dass genau dort der Kampf zwischen den Geschlechtern stattfinden würde, lief deshalb zunächst ins Leere (Tatur 1991).

Vor dem Hintergrund von *Globalisierung und Globalisierungsdebatte* (*Querverweis: Kap. 5.1*) stellt sich der Bedarf an Reflexion und Neudefinition von privatem und öffentlichem Raum in neuem Licht. Die medienstarken, ökonomischen Akteure der Globalisierung leiten mit ihrer Darstellung dieses Prozesses auch eine Neubewertung der Sphären ein. In diesem Diskurs wird der Markt zum eigentlichen Privatraum erklärt. Die öffentliche Hand – der

Staat – wird aufgefordert, sich zurückzuziehen und die rationalen Kräfte des Marktes nicht weiter zu behindern. Das Individuum tritt lediglich als Konsument und Anleger auf. Klassischer Privatraum als Rückzugsort des Individuums, die Familie und persönliche Beziehungen als Orte der Fürsorge und Intimität, fallen völlig aus dem Blickfeld. Soziale Komplexe wie Altern, Krankheit und Ausbildung tauchen nur noch in Form von Kosten-Nutzen-Analysen des Marktes auf. Zusammen mit dieser Ausblendung sozialer Erscheinungen und privater Beziehungen ändern sich Wertigkeiten. Marchand und Runyan haben dabei die interessante Beobachtung gemacht, dass in diesem Diskurs ein Wechsel der geschlechtlichen Zuordnung stattfindet: Das Feld des so genannten Marktes ist nun die übergeordnete entscheidende Sphäre und erfährt eine Vermännlichung. Der Staat hingegen wird feminisiert: Er erhält die Charakterisierungen schwach, entscheidungsarm, lenkungsunfähig, unbeweglich (Marchand/Runyan 2000: 12ff.).

Dieser Diskurs belegt anschaulich, dass die Definitionsmacht über Privatraum und Öffentlichkeit einer politischen Ressource gleichkommt. Es ist aktuelle Aufgabe der Politikwissenschaft, diesen Diskurs zu analysieren. Ein eindrucksvolles Beispiel liefert Nancy Frasers mit ihrer Analyse der Aussagen in der Anklage Anita Hill gegen Clarence Thomas (vgl. Fraser 1994). (*Querverweis: Kap. 3.4*)

Eine eindeutige geschlechtliche Zuordnung von Frauen und Männern zum Privaten bzw. zum Öffentlichen ist längst nicht mehr möglich, denn sie entspricht nicht der Lebenswirklichkeit.[37] Frauen sind in hoher Zahl in den öffentlichen oder jedenfalls nicht familiären Raum integriert. Als Arbeiterinnen und Angestellte sind sie in den unterschiedlichsten Branchen der „privaten" Wirtschaft und der öffentlichen Verwaltung tätig. Als Journalistinnen formulieren sie die Aussagen der medial vermittelten Öffentlichkeit mit. Als Richterinnen und Staatsanwältinnen sind sie an der Auslegung des Rechts beteiligt. Als Ministerinnen, Staatssekretärinnen und Parlamentarierinnen beeinflussen sie die Gesetzgebung. Kaum verändert aber sind die Zuständigkeiten in der Familie. Noch immer bewältigen die Frauen drei Viertel der anfallenden Haus- und Betreuungsarbeit, meist zusätzlich zu ihrer Erwerbstätigkeit (vgl. Rosenberger 1997)[38]. Außerdem ist die Verteilung der Erwerbsarbeit immer noch hochgradig nach Geschlecht segregiert.

Diese Alltagsbeobachtungen in Familie und Arbeitsmarkt, die anhaltend ungleiche Verteilung von Macht und Einkommen, die historischen Ausschlussmechanismen (generelle oder berufsspezifische Berufsverbote für Frauen, Nachtarbeitsverbote, Verbot der politischen Betätigung usw.) und die Orientierung an den in der politischen Theorie entworfenen vergeschlechtlichen Sphären von Öffentlichkeit und Privatheit bewirken, dass die empirisch nicht haltbare Zuweisung – Frauen in die Familie, Männer in die Öffentlich-

---

37 Dies gilt auch für das 18. und 19. Jahrhundert. Vgl. Wunder/Engel 1998; Hausen 1993.
38 Mehrere einschlägige Studien sind aufgelistet bei Koppetsch/Burkart 1999: 203ff.

keit/in die Politik – weiterhin als idealtypische Fiktion fortbesteht (Rosenberger 1997: 122 u. 127). Als solche beeinflusst sie politische Maßnahmen und politikwissenschaftliche Texte.

2.3 Neukonzeptionen von Privatheit und Öffentlichkeit

Als Konsens innerhalb der feministischen Debatte könnte formuliert werden, dass die herkömmliche Trennung in privat und öffentlich weder empirisch noch theoretisch haltbar ist (vgl. Kerchner/Wilde 1997: 16 u. 22). Bei der Frage, was daraus zu folgern ist, gehen die Vorschläge jedoch weit auseinander: Shulamith Firestones (*Querverweis Kap. 1.2*) Vorstellungen stehen für eine radikale Antwort auf die Frage nach der zukünftigen Regelung von privat und öffentlich. Nur mit der Zerschlagung der Familie und mit einer technologischen Regelung des Reproduktionsbereiches könne sich die Befreiung der Frauen vollziehen (vgl. Firestone 1976). In einer völlig anderen Tradition stehend, besteht z.B. Anne Phillips im Anschluss an Hannah Arendt darauf, dass Politik als gemeinsames Handeln nur möglich sei, wenn der private Bereich davon abgegrenzt bleibe (vgl. Phillips 1995). Eine weitere Denkrichtung, für die Jean Bethke Elshtain (*Querverweis Kap. 3.2*) steht, fordert, dass sich auch politisches Handeln an den familiären Prinzipien der Fürsorge und Bezogenheit orientieren soll. Während in diesem Fall dafür plädiert wird, dass Werte der Familie (für das Private stehend) in die Politik (für das Öffentliche stehend) einziehen, gibt es Stimmen wie z.B. von Carol Pateman (*Querverweis Kap. 3.1*), die umgekehrt argumentieren: Die Demokratisierung, die in der Politik stattgefunden hat, muss auch in der Familie, d.h. insbesondere zugunsten der Frauen umgesetzt werden. Dazu sind Rechte zum Schutze der Person, des Individuums und seiner Intimität nötig (Okin 1989, vgl. Kerchner/Wilde 1997: 14).

Privatheit als Schutz der Person

Über die Forderung, das Private als Politisch zu verstehen, gab und gibt es intensiven Streit auch innerhalb der feministischen Sozialwissenschaften. Vor allem liberale Theoretikerinnen plädieren für den Erhalt eines unpolitischen Privatraumes. Denn die liberale Tradition hat stets die Wahrung des Privatraums als essenziellen Teil ihres Politikverständnisses begriffen. Schon bei John Locke, und seither viele Male wiederholt, finden sich die zentralen Argumente, die mit den Stichworten „Nichteinmischung" und „Schutz des Privaten" überschrieben werden können:
Die Familie solle ihre Angelegenheiten ohne Vorschriften und Einmischungen des Staates regeln können. Ein Raum ohne staatliche Herrschaft soll garantiert werden – jedoch nicht ohne jegliche Herrschaft. In der Familie,

dies stellt Locke ohne Einschränkung klar, herrscht der Vater bzw. der männliche Haushaltsvorstand. Frauen sind dieser Herrschaft unterworfen. Damit wurde zugleich gesagt, *wer* in seinen Entscheidungen innerhalb der Familie frei ist. Locke selbst gibt das aussagekräftige Beispiel: Die Verheiratung einer Tochter sei die Privatsache eines Mannes, eine Angelegenheit, in die der Staat nicht eingreifen sollte und – so müssen wir heute ergänzen –, bei welcher der Tochter selbst kein Entscheidungsrecht zustand. Für sie bedeutete die Zurückhaltung des Staates Unterwerfung unter das Gesetz des Vaters.

Der Schutz der Person vor Übergriffen jeglicher Art war bei Locke ebenfalls nur für die männlichen Haushaltsvorstände vorgesehen. Frauen wurden über Jahrhunderte hinweg geschlagen und vergewaltigt, ohne dass sie vom Gesetzgeber Schutz einfordern konnten. Der Schutz der Privatperson funktionierte nicht für die Frauen,

> „for whom their homes, in all its privacy, may be the most dangerous of all places"
> (Okin 1998: 132).

Der feministischen Kritik erschien es zunächst notwendig nachzuweisen, für wen der Schutz der Familie und der Privatperson galt und für wen nicht. Der liberalen Argumentation war entgegenzuhalten, dass diese Art von Privatraum für Frauen und untergeordnete Männer in vielen Fällen Unmündigkeit, körperliche Züchtigung, Ausbeutung, sexuellen Missbrauch und Fremdbestimmung bedeutet (hat). MacKinnon hat dies griffig formuliert:

> „Privacy is everything women … have never been allowed to have; at the same time the private is everything women have been equated with and defined in terms of men's ability to have" (MacKinnon 1983: 656).

Ein zweites Anliegen war aufzuzeigen, dass der Privatraum als Sozialraum durch staatliche Vorgaben in seinen Außengrenzen und in seinen Binnenstrukturen definiert ist. Barbara Schaeffer-Hegel und Andrea Leist weisen beispielsweise für die Bundesrepublik nach, dass durch steuer-, arbeits- und eherechtliche Bestimmungen unterschiedliche Modelle der Ehe bzw. Familie vorgezeichnet werden. Es gibt Elemente des Eherechts, die ein partnerschaftliches Modell vorsehen. Durch das Steuerrecht und die Vernachlässigung öffentlicher Kinderbetreuungseinrichtungen gibt es sehr effektvolle Anreize für die Familienkonstellation „männlicher Ernährer und Hausfrau". Die beiden Autorinnen bewerten die entsprechende Steuergesetzgebung und ihre Effekte sehr eindeutig:

> „Da die steuerlichen Begünstigungen, deren diese Familienform teilhaftig wird, nicht an das Vorhandensein von Kindern geknüpft ist, ist es berechtigt, die über das sogenannte Ehegattensplitting finanzierte Familienförderung als das anzusprechen, was sie in ihrem von der Steuergesetzgebung vorgesehenen Fall ist: die staatliche Subventionierung privater Männerbetreuung. Die leibliche und seelische Pflege, Versorgung und Unterhaltung der Männer, die sich eine nicht erwerbstätige Hausfrau leisten können – und das sind überwiegend Besserverdienende –, wird mit Beträgen, die mit wachsendem Einkommen des Patriarchen steigen, staatlich subven-

tioniert. Die Steuerersparnis, die der Ehemann abkassieren kann, fällt also um so höher aus, je weniger bedürftig er finanziell ist (Schaeffer-Hegel/Leist 1996: 37).[39]

Der Slogan „Das Private ist politisch" zielte also darauf zu zeigen, dass der relativ rechtlose Status von Frauen und anderen Familienangehörigen im so genannten Privatraum ein Politikum war und ist, da dieser Privatraum ein politisch definierter Sozialraum ist. Der Slogan sagte den Betroffenen: Eure familiäre Rolle ist nicht euer selbstverschuldetes Einzelschicksal, sondern Folge politischer Entscheidungen. Der Slogan richtete sich außerdem an staatliche Institutionen und PolitikerInnen, die aufgefordert wurden, ihre Männer privilegierende, als staatliche „Zurückhaltung" ausgegebene Haltung gegenüber dem Privatraum aufzugeben. Damit war nicht gemeint, jedes private Geschehen detailliert und voyeuristisch in den Medien für die Augen aller aufzubereiten.[40]

Susan Moller Okin stellt zusammen mit anderen feministischen Theoretikerinnen[41] klar, dass es nicht ihr Ziel sei, die Privatsphäre völlig aufzulösen. Stattdessen soll der traditionelle staatliche „Schutz" der Familie als Deckmantel patriarchaler Herrschaft entlarvt werden. Die Familie ist demnach als fundamental politische Institution zu verstehen.[42] Die Prinzipien der Gerechtigkeit sind auf diese Institution auszudehnen, und der Schutz der Privatperson ist so zu formulieren und zu stärken, dass er für alle Individuen greift (Squires 1999: 47f.).

Die amerikanischen Theoretikerinnen sprechen hier von „privacy" als einem wichtigen und unbedingt erhaltenswerten Konzept.

> "Privacy as a concept connotes a preoccupation with the individuals' right to be free from others' invasions, to be free from an interventionist state." (Eisenstein 1996: 182)

In den Urteilsbegründungen der Justiz westlicher Industrieländer deutet sich mit unterschiedlicher Reichweite ein Wandel des Verständnisses von Pri-

---

39 Schaeffer-Hegel und Leist weisen dabei auch daraufhin, dass der Steuerausfall durch das Ehegattensplitting bei genauerer Betrachtung höher ist als die staatlichen Ausgaben für den Familienlastenausgleich (vgl. Schaeffer-Hegel/Leist 1996: 37).

40 In diesem Sinne meint Engler (1994) die feministische Kritik verstehen zu müssen. Engler hätte wohl auf einiges an Polemik verzichten können, wenn er vor der Veröffentlichung seines Artikels im Leviathan wenigstens ein, zwei grundlegende Aufsätze feministischer Wissenschaftlerinnen zur Kenntnis genommen hätte. Stattdessen liest er den viel zitierten Slogan der Frauenbewegung nicht als Diagnose, sondern als Programmatik und berichtet von – als Folge der Politisierung des Privaten – medial aufgebauschten Missbrauchsfällen, die im jeweiligen sozialen Umfeld offenbar Pogromstimmung ausgelöst hatten.

41 Darunter so unterschiedliche wie Anne Phillips, Elisbeth List, Nancy Fraser, Carol Gould, Barbara Schaeffer-Hegel.

42 Peterson argumentiert, dass die Familie bzw. der Haushalt der Ort ist, an dem Identitäten sich herausbilden: „Insofar as these reproductive processes occur within the family/household, the latter is a crucial site of politics" (Peterson 1996: 7).

vatheit an. Privatrechte werden nicht mehr als Rechte der Familie (und damit de facto des Familienoberhauptes) interpretiert, sondern als individuelle Rechte, so dass Schutzfunktion und Verteidigungsrecht für alle Mitglieder der Familie wirksam werden (Okin 1998: 132f.).

Eine Definition des Privaten (Persönlichen), die losgelöst ist von der „Dunkelkammer" Familie, formuliert Angelika Ebrecht:

> „Das Private markiert die Grenze zwischen Individuum und Gesellschaft. Was auch immer dem Einzelnen physisch, psychisch oder sozial geschieht: letztendlich kann diese Grenze nicht aufgehoben werden. Allenfalls kann sie verschoben, oder (...) in politischer Absicht verletzt werden. (...) Zudem stellen die einzelnen als Privatleute nur sich selbst in dieser grundlegend freien Existenz dar (wenngleich unter Einschluss der nur in ihnen selbst verankerten intimsten Bindungen und Beziehungen), während sie in der Öffentlichkeit immer auch eine auf die Gesellschaft bezogene Funktion repräsentieren" (Ebrecht 1997: 149f.).

Die Schutzfunktion des Privaten müsste also als ein Schutz der Intimität der Person (privacy) bzw. als individuelles Recht auf unverletzliche Intimität definiert werden; dieser Schutz muss unabhängig von einer räumlichen Zuordnung (z.B. im Haus, in der Ehe, in der Familie) gelten und die Körperhaftigkeit der Menschen einbeziehen (Kerchner/Wilde 1997: 24).

Der Blick auf die Familie als politische Institution nimmt ihr überdies ihre angebliche Naturhaftigkeit. Denn das Verständnis der Familie als etwas von der Natur vorgesehenes, als ein Bereich, in dem die naturwüchsigen Dinge vor sich gehen (Fortpflanzung, Geburt, Nährung usw.), erweckt den Anschein des biologisch Festgelegten und damit des Unveränderlichen. Die Familie als politisch und sozial konstruierte Institution hingegen ist für Veränderungen offen (vgl. Squires 1999: 51).

2.4 Neukonzeption von Öffentlichkeit

Als feministische Neukonzeptionen des Öffentlichen sollen hier beispielhaft zwei sehr unterschiedliche Vorschläge skizziert werden. Eine Denkrichtung geht dahin, das Öffentliche mit familiären Idealwerten umzustrukturieren, also dauerhafte Beziehungen, Fürsorge, Solidarität als Prinzipien des Öffentlichen geltend zu machen. Die andere Richtung will im Gegenteil in Tradition und Kritik des Habermas'schen Öffentlichkeitskonzeptes die Ideale des Öffentlichen erst verwirklichen.

Jean Bethke Elshtain gehört zu den feministischen Theoretikerinnen, die dafür plädieren, das Politische und Öffentliche zu „privatisieren", indem Prinzipien, moralische Grundsätze und Umgangsformen, die das Private für gewöhnlich prägen, in das öffentliche Leben eingeführt werden. Auf diese Weise soll Abschied genommen werden von der Schimäre des autonomen Subjekts. Stattdessen sollen Fürsorge, Verantwortlichkeit, gegenseitige Abhängigkeit und moralische Ansprüche die Grundlage des Entscheidens im öffentlichen Raum werden. Damit könnte in der Öffentlichkeit Macht entstehen, die nicht unterdrückt, sondern diejenigen, die an ihr teilhaben, ermächtigt. Menschen würden auf der Grundlage ihrer gemeinsamen moralischen Tradition in einen Dialog treten und nach Austausch ihrer Argumente Entscheidungen in Verantwortung gegenüber der gesamten Gemeinschaft treffen. Frauen, die im verantwortlichen Miteinander, im pflegerischen und fürsorglichen Tun seit Generationen Erfahrungen sammeln, seien bestens präpariert für eine derartige Reformierung des öffentlichen Raumes (Elshtain 1981: 168f.).

Damit klingt bei Elshtain ein Politikverständnis an, das in den 80er-Jahren als Kommunitarismus ausführlich diskutiert wurde. Während einige Feministinnen hofften, in dieser intellektuellen Strömung Verbündete gefunden zu haben, überwog bald die Befürchtung, dass es sich hier um eine moderne und kostengünstige Variante des patriarchalen Systems handeln könnte (vgl. ausführlich Frazer/Lacey 1993 und Rössler 1992, Krause 1999).

Elshtain selbst wurde in zweifacher Hinsicht kritisch befragt: Sind die Verhältnisse und Umgangsformen im Privatraum denn in wünschenswerter Weise verantwortlich und fürsorglich, oder wird hier ein Wunschbild beschworen, das nur selten eine Entsprechung in der Realität findet? Auch erscheint es aus heutiger Sicht naiv zu hoffen, dass der Eintritt von Frauen in die öffentliche Sphäre eine moralische Besserung mit sich bringe. Eine solche Hoffnung kann nur auf der Unterstellung einer gemeinsamen Erfahrung und Identität der Frauen basieren – eine Annahme, die sich nach den Diskussionen des Class-Race-Gender-Ansatzes und nach den Zweifeln der postmodernen Theoretikerinnen nicht halten lässt. Elshtains Strategie erscheint auch deshalb angreifbar, weil sie in den politischen Institutionen sedimentierte Macht außer Acht lässt und soziale Bedingungen nicht berücksichtigt.

Öffentlichkeit ist ein – wie Sabine Lang (1997: 107ff.) feststellt – in der deutschsprachigen Politikwissenschaft überraschend unterbelichteter Begriff.[43] Das Konzept der Öffentlichkeit wird erstaunlich willkürlich und selektiv genutzt. Öffentlichkeit steht entweder für Präsenz und Inhalte der Massenmedien oder für die institutionalisierten Beteiligungsformen, wie die Wahlen, oder für einen vernachlässigbaren vorpolitischen Bereich. Schließlich gilt der Staat als die „institutionelle Verkörperung von Öffentlichkeit" (Benn/Gaus 1983: 25).

Jürgen Habermas, dem Theoretiker in der Tradition der Frankfurter Schule, kann ein ungenauer theoretischer Umgang mit dem „Öffentlichen" nicht vorgeworfen werden, ist doch seine Schrift „Strukturwandel der Öffent-

---

43 Abgesehen von zwei jüngeren Debatten: Einmal wurde Öffentlichkeit als Zivilgesellschaft nach den überwiegend friedlichen und zivilen Revolutionen in Ost- und Mitteleuropa breit diskutiert. Eher als politisches Schlagwort fand sich derselbe Begriff in den Medien und Fachartikeln zur Frage des Umgangs mit rechtsradikaler Gewalt.

lichkeit" eine ausführliche Abhandlung über Ideal und Wirklichkeit des Öffentlichen.

Habermas (1990) konstatiert, dass Staat, Wirtschaft und Öffentlichkeit in einer Weise verknüpft sind, die zur Folge hat, dass die Gesetzmäßigkeiten von Politik und Ökonomie, d.h. Einzel- und Gruppeninteressen, Gewinnmaximierung und Markterweiterung den Charakter des Öffentlichen bestimmen. Ein freier und allgemeiner Zugang zum öffentlichen Bereich ist deshalb nicht mehr gewährleistet. Dagegen konstruiert Habermas ein idealtypisches, vom Gedanken der Aufklärung getragenes Modell der Öffentlichkeit. Dort findet ohne Ansehen der Herkunft der Einzelnen eine hierarchiefreie Kommunikation über politische Angelegenheiten statt.[44] Lang erklärt Habermas' Vorstellung:

> „Politische Teilhabe in der Gesellschaft zu verankern, heißt demnach, Bürgerinnen und Bürgern institutionalisierte Orte für einen politischen Diskurs bereitzustellen, der zunächst jenseits von staatlichen und marktförmigen Beziehungen und Strukturen verbleibt" (Lang 1995: 99).

Habermas fordert die klare Trennung zwischen privat und öffentlich und sieht doch zugleich, dass dies nicht möglich ist, da die privaten Erfahrungen beim Auftritt in der Öffentlichkeit abgestreift werden sollen, aber jedem Einzelnen anhaften bleiben (Klinger 1994: 133 u. Lang 1995: 101).

Die US-amerikanische Politikwissenschaftlerin Nancy Fraser (2001: 121ff.) (*Querverweis: Kap. 3.4*) verfolgt diesen Aspekt genauer: Die Unmöglichkeit der Trennung von Privatperson und öffentlichem Auftritt bedeutet auch, dass soziale Unterschiede eine Rolle spielen und der öffentliche Raum nicht per Definition in der Lage ist, Gleichheit herzustellen. Bedingt durch soziale Unterschiede gehen die Einzelnen mit unterschiedlichen Chancen der Artikulation in den öffentlichen Raum. Extrem ungünstige soziale Ausgangslagen werden sogar die Beteiligung an der öffentlichen Kommunikation überhaupt verhindern. Ähnliches gilt für unterschiedliche kulturelle Hintergründe. Deshalb hält Fraser, anders als Habermas, unterschiedliche konkurrierende und kommunizierende Öffentlichkeiten einer Demokratie zuträglich (Fraser 2001: 131).

Habermas' Konzept sieht vor, dass in der Öffentlichkeit über öffentliche Angelegenheiten, nicht über private Themen oder Privatinteressen verhandelt wird. Fraser hält dagegen, dass es bereits eine Angelegenheit der öffentlichen

---

44 Habermas orientiert sich dabei am historischen Modell der bürgerlichen Öffentlichkeit des 18. und frühen 19. Jahrhunderts, die freien und allgemeinen Zugang gewährleistet habe – ein für Habermas konstitutives Element der idealen Öffentlichkeit. „Die bürgerliche Öffentlichkeit steht und fällt mit dem Prinzip des allgemeinen Zugangs. Eine Öffentlichkeit, von der angebbare Gruppen eo ipso ausgeschlossen wären, ist nicht nur unvollständig, sie ist vielmehr gar keine Öffentlichkeit" (Habermas 1990: 107). Allerdings lässt sich leicht nachweisen, dass diese bürgerliche Öffentlichkeit bereits klare Ausschlussmechanismen kannte, die sowohl die Frauen wie auch besitzlose Männer betrafen (vgl. Hausen 1990).

Debatte sei, welche Themen erörtert werden und welche nicht. Es dürfe keine Themen geben, die von vornherein von der Erörterung ausgeschlossen werden, indem sie als privat klassifiziert werden. Außerdem hält Fraser es für nötig, dass insbesondere schwächere Gruppen sich im Diskurs Klarheit über ihre eigenen Interessen verschaffen können und Interessengegensätze nicht von vornherein unter dem Etikett der Gemeinwohl-Diskussion versteckt werden (Fraser 2001: 138-141). In diesem Zusammenhang wird auch deutlich, dass

> „[i]m Widerspruch zum liberalen Modell [...] öffentliche Sphären nicht nur Arenen der diskursiven Meinungsbildung [sind]. Sie sind außerdem Arenen der Ausbildung und Inszenierung sozialer Identitäten" (Fraser 2001: 133).

Schließlich geht es Fraser noch um Habermas' Annahme, dass eine funktionierende Öffentlichkeit eine strikte Trennung von Zivilgesellschaft und Staat brauche. Fraser hingegen hält eine Verquickung beider Bereiche für notwendig. Eine strikte Trennung hätte zur Folge, dass öffentliche (also nicht staatliche) Foren lediglich zur Herausbildung einer bzw. mehrerer öffentlicher Meinungen führten. Erstrebenswert sei hingegen, dass es zusätzlich zu diesen „schwachen Öffentlichkeiten" auch „starke" gebe. „Starke Öffentlichkeiten" sind nach Fraser solche, die nicht nur das wünschenswerte Ergebnis einer Angelegenheit debattieren, sondern auch entsprechende Regelungen umsetzen. Historisch gesehen habe sich das Parlament als eine solche „starke Öffentlichkeit" herausgebildet. Fraser nennt als weitere Beispiele selbstverwaltete Arbeitsplätze, Kinderbetreuungsstätten oder Wohnanlagen (Fraser 2001: 145f.).

Habermas hat die feministische Kritik wahrgenommen und reagiert darauf in der Neuausgabe seiner Studie von 1990:

> „Anders als die Institutionalisierung des Klassenkonflikt greifen (...) Veränderungen des Geschlechterverhältnisses nicht nur ins ökonomische System, sondern in den privaten Kernbereich des kleinfamilialen Binnenraumes ein. Daran zeigt sich, dass die Exklusion der Frauen für die politische Öffentlichkeit auch in dem Sinne konstitutiv gewesen ist, dass diese nicht nur kontingenterweise von Männern beherrscht wurde, sondern in ihrer Struktur und in ihrem Verhältnis zur Privatsphäre geschlechtsspezifisch bestimmt gewesen ist" (Habermas 1990: 19).

Allerdings reduziert Habermas die Frage nach dem geschlechtsspezifischen Herrschaftsverhältnis letztlich doch wieder auf ein Umsetzungsproblem. Die Kritik an der unzulänglichen Integration der Frauen in die politische Öffentlichkeit

> „dementiert freilich nicht die ins Selbstverständnis der liberalen Öffentlichkeit eingebauten Rechte auf uneingeschränkte Inklusion und Gleichheit, sondern nimmt sie in Anspruch" (Habermas 1990: 20).

Damit – so meint die Philosophin Cornelia Klinger – macht es sich Habermas zu einfach:

„Für Habermas ‚beweist' die Inanspruchnahme von Prinzipien der Gleichheit und Gerechtigkeit, dass die feministische Herausforderung den (von ihm als flexibel charakterisierten) Rahmen des öffentlichen Diskurses nicht sprengt, sondern transformiert. Worin die Transformation dann eigentlich besteht, bleibt offen. Für Habermas hat sich die Sache erledigt: Der *Strukturwandel der Öffentlichkeit* hat eine neue Einleitung; der alte Text kann unverändert wiederabgedruckt werden" (Klinger 1994: 139).[45]

Lang, die in Habermas' Öffentlichkeits-Konzeption nicht nur den Ausschluss von Personen, sondern auch den thematischen Ausschluss von Subjektivität erkennt (Lang 1995: 101), hält entsprechend eine neue, umfassendere Definition politischer Öffentlichkeit für angemessen:[46]

„Politische Öffentlichkeit wird hier definiert als ein gesellschaftliches Kommunikationssystem, in dem analytisch vier unterschiedlich institutionalisierte Kommunikationsformen zu unterscheiden sind:
– individuelle politische Äußerungen bzw. Handlungen in nicht oder nicht hochgradig institutionalisierten Kontexten,
– kollektive Akte politischen Handelns, die unterschiedlich spontan (Demonstration) bis institutionalisiert (Plebiszit), sowohl weitgehend dissoziiert (sexuelle Verweigerung) als auch organisiert (Blockaden) sein können,
– professionalisierte und routinisierte Kommunikationspolitik/Öffentlichkeitsarbeit von etablierten politischen Akteuren und Institutionen,
– mediengesteuerte Kommunikationsformen.

Die hier unterschiedenen Kommunikationsformen sind zwar grundsätzlich bestimmten Personengruppen zuzuordnen. Doch Rollenwechsel und -überschneidungen sind nicht nur geduldet sondern erwünscht. Kommunikation in der politischen Öffentlichkeit ist in der Regel von zweckrationalem und instrumentellem Handeln bestimmt. Teil öffentlicher Kommunikation sind jedoch genauso Diskurse und Handlungen, die zwar in ihren Auswirkungen, nicht aber in ihrem Ursprung und ihren Intentionen für eine größere politische Öffentlichkeit bestimmt sind" (Lang 1997: 110).

In diesem zweiten Teil der Definition klingen bereits normative Elemente an. Darüber hinaus plädieren feministische WissenschaftlerInnen für deutlich erweiterte Partizipationsmöglichkeiten und erleichterte Zugänge zu den Institutionen (Lang 1995, 1997; Holland-Cunz 1998). Langs Aufforderung, auch Äußerungen nicht etablierter Akteure und unkonventionelle Formen der Willensbekundung bzw. der politischen Auseinandersetzung wahrzunehmen, richtet sich an die Adresse der politikwissenschaftlichen Kollegen und Kolleginnen.

Als Konsens der feministischen Forschung kann festgehalten werden –, dass es nicht eine (männliche) Öffentlichkeit gibt und geben sollte, sondern eine

„ausdifferenzierte Vielfalt und die Konflikthaftigkeit politischer Öffentlichkeiten" (Holland-Cunz 1999a: 123).

---

45 In gleichem Sinne argumentiert Lang 1995: 101.
46 Fraser (1994: 21) spricht von einer Pluralisierung des Öffentlichkeitskonzepts.

2.5 Zusammenfassung

Die Definition von Politik im politikwissenschaftlichen Mainstream orientiert sich nach wie vor explizit oder implizit an der Trennung öffentlich – privat und verortet das Politische in der öffentlichen Sphäre. Indem feministische Politikwissenschaftlerinnen diese Trennung wie beschrieben in Frage gestellt haben, wurde ein definitorischer Konsens aufgebrochen, der zu einem langfristigen, wissenschaftlichen Projekt verpflichtet. Als Aufgabengebiete dieses Projektes können unter anderem aufgelistet werden:

- historische Rekonstruktion der Unhaltbarkeit der Geschlechtertrennung im öffentlichen und privaten Raum
- empirisch-analytische Rekonstruktion der Durchdringung des so genannten Öffentlich/Politischen durch das so genannte Private und umgekehrt
- Analyse der gesetzlichen Normierung von Privatheit und Öffentlichkeit
- Aufdeckung und Infragestellung der Dominanz des Männlichen (Männer, männliche Biographien, als männlich geltende Eigenschaften usw.) im öffentlichen Bereich
- Aufdeckung und Auflösung der Zuschreibung der Geschlechter zu den gesellschaftlichen Sphären
- kritische Analyse gegenwärtiger Öffentlichkeitskonzepte und Politikdefinitionen
- theoretische Überlegungen und praktische Vorschläge zu Öffnung und Veränderung des Öffentlichen
- Erweiterung des Öffentlichen um flexible, nicht an starre Institutionen und Regeln gebundene Beteiligungs- und Ausdrucksformen
- Neudefinition des Privaten.

Literaturtipp
Kerchner/Wilde 1997, Sauer 1997a: 29-38, Okin 1998, Lang 2001 (Lang beleuchtet, wie im aktuellen neoliberalen Diskurs ganz neu darüber verhandelt wird, was als öffentliche und was als private Angelegenheit gilt. Dabei wird anschaulich, was die Rede vom Privaten bzw. Öffentlichen als „politische Ressource" meint.)

Übung:
Lesen Sie aus den folgenden Textauszügen feministische Konzeptionen von Privatheit heraus: Schaeffer-Hegel/List 1996: 38ff, Okin 1990: 134-136.
Bemerkung: Der Text von Susan Moller Okin ist bereits in den 80er-Jahren entstanden. Fast 20 Jahre später ist es nicht mehr so einfach, von Männern und Frauen zu schreiben. Auch ohne einer poststrukturalistischen Dekonstruktion der Begriffe das Wort zu reden, sind die Lebenssituationen von Männern und Frauen so vielseitig, dass es nicht zulässig ist, davon auszugehen, dass erwerbstätigen Männern in jedem Fall an ihrem Arbeitsplatz Raum für Intimität bleibt, genauso wenig wie heute noch selbstverständlich davon ausgegangen werden kann, dass Frauen zur Kindererziehung zu Hause bleiben. Okin geht auf die unterschiedlichen Chancen auf Intimität aufgrund des sozialen Status nur in einer Fußnote (Fn.71, Seite 141) ein. Um so dringlicher stellt sich die Frage, wie die Intimsphäre allen Individuen garantiert werden kann.

Übung:

Barbara Holland-Cunz macht einen Vorschlag dazu, wie die Trennung öffentlich – privat als horizontale Sphärentrennung aufgelöst und dabei doch Privates und Öffentliches unterschieden werden könnte:

„Während ich an der klassisch feministischen Vorstellung, dass die potenziell gewaltvollen Inhalte des Privaten dem Öffentlich-Politischen thematisch immer wieder neu aufzuzwingen sind, festhalte, bezweifle ich heute die Plausibilität einer Position, die dies im Modus, im Gestus, in der Form des Privaten formuliert. Die Trennlinie und sei sie noch so fragil, zwischen den Formen des Öffentlichen und denen des Privaten schützt nicht nur, wie die liberale Position betont, das Private vor dem öffentlichen Ein- und Übergriff, sondern auch das Öffentliche vor dem intimisierten Habitus moderner Privatheit. Das bedeutet jedoch nicht, dass Privatheit als politikfreier Raum zu konzipieren wäre, in dem keine die politische Öffentlichkeit bewegende Themen virulent sind. Die fragile Trennlinie verstehe ich als eine der Form, nicht eine des Inhalts. Während die politisierten und politisierbaren Inhalte zwischen beiden Sphären in freiem Austausch stehen müssen, sollte der die Themen strukturierende Rahmen, die Form der Artikulation, unterschieden bleiben" (Holland-Cunz 1999a: 136).

Diskutieren Sie die Ansicht des Politikwissenschaftlers Reese-Schäfer, der hier eine (Wieder)Annäherung an den „malestream" erkennt (vgl. Reese-Schäfer 1999: 168).

84

3. Klassische Texte der feministischen Theoriebildung

In diesem Kapitel wird in die Gedankenwelt von vier Wissenschaftlerinnen eingeführt, die mit ihren Überlegungen die feministische Theoriebildung nachhaltig beeinflusst haben.

Am Beginn steht *Carole Pateman*, die eine differenzierte Kritik an der ideengeschichtlich bedeutsamen Metapher des Gesellschaftsvertrags vorgelegt hat. Pateman bleibt nicht bei einer abstrakten, ideengeschichtlichen Betrachtung stehen, sondern wendet ihre Kritik auch auf aktuelle Vertragssituationen an, wie z.B. die des Leihmuttervertrags. Auf Pateman wird in der Forschungsliteratur immer wieder bezug genommen; Textauszüge von ihr wurden in viele einschlägige Textbücher aufgenommen.

Auch *Jean Bethke Elshtain*, die zweite der hier aufgenommenen Theoretikerinnen, hat die Ideengeschichte erforscht und zwar mit Blick auf deren vergeschlechtlichen Zuweisungen im Privatraum und im öffentlichen Raum. Auch ihre theoretischen Überlegungen zu den Internationalen Beziehungen fanden große Beachtung.

Nancy Fraser versteht feministische Theorie als Gesellschaftskritik. Ihre Denkmodelle wurden insbesondere in die deutschsprachige Diskussion über den Wohlfahrtsstaat aufgenommen. Fraser ist eine der wenigen US-amerikanischen Wissenschaftlerinnen, die auch von sich aus die inhaltliche Auseinandersetzung mit der deutschsprachigen feministischen Theorie suchen.

Judith Butler hat wohl die größte Diskussionswelle im feministischen Diskurs des vergangenen Jahrzehnts ausgelöst und in deutschsprachiger Mainstream-Literatur wird sie teilweise als die Theoretikerin des Feminismus vorgestellt. Die um ihre Thesen entstandene Debatte findet auf hohem, voraussetzungsvollen Niveau statt und ist nicht immer leicht nachvollziehbar. Deshalb sollen einige ihrer Thesen hier vorgestellt werden, einschließlich der Kritik, die sie ausgelöst haben.

Mit diesen vier Theoretikerinnen ist bereits ein breites theoretisches Spektrum vertreten: Pateman steht für die Argumentation in marxistischer Tradition, Elshtain ist dem Liberalismus verpflichtet, Fraser argumentiert vor dem Hintergrund der Kritischen Theorie und Butler gilt mit ihrer dekonstruktivistischen Herangehensweise als Vertreterin eines postmodernen Feminismus.

Während diese Liste bedeutender nordamerikanischer Theoretikerinnen erweiterbar wäre, ist es im deutschsprachigen Raum wesentlich schwieriger die klassischen Texte auszumachen. Darin spiegelt sich zum einen der große Einfluss wider, den die nordamerikanische feministische Diskussion auf den deutschsprachigen Raum hat, zum anderen ist der Mangel an Klassikerinnen eine Folge der Verspätung, mit dem die feministische Politikwissenschaft in Deutschland, der Schweiz und Österreich eingesetzt hat. Als einzige deutschsprachige Vertreterin wird hier *Eva Kreisky* mit dem Theorem vom männerbündischen Staat vorgestellt, weil unter anderem durch diese Überlegungen die feministische Staatsdiskussion in Gang gesetzt wurde. (*Querverweis: Kap. 4.3*)

3.1 Zu Carole Pateman: Der Geschlechtervertrag

Carole Pateman ist eine US-amerikanische Politikwissenschaftlerin mit internationaler Karriere und einer beeindruckenden Zahl von Publikationen.[47] Ihr herausragendes Werk ist zweifellos „The Sexual Contract" von 1988. Nach der Einschätzung der deutschen Politikwissenschaftlerin Kathrin Braun stellt diese Analyse der Vertragstheorien

> „die wohl einflussreichste feministische Untersuchung innerhalb der Politischen Ideengeschichte dar" (Braun 2000: 3).

Diese Publikation war nicht nur außerordentlich anregend für feministische Theoretikerinnen, sondern wurde auch im politikwissenschaftlichen Mainstream breit rezipiert (Braun 2000: 1).

Die Idee des Gesellschaftsvertrages, mit der Pateman sich ausführlich beschäftigt, ist charakteristisch für die politische Theorie der Neuzeit. Die „Erzählung vom Vertrag" kann grob folgendermaßen skizziert werden: Politische Herrschaft in der Moderne ist dadurch gekennzeichnet, dass sie mit der Zustimmung der Beherrschten ausgeübt wird. Individuen delegieren Herrschaft an einen Souverän und gewinnen dafür die Freiheit von willkürlicher Herrschafts- und Gewaltausübung durch andere, denn alle erklären gleichzeitig gegenseitigen Verzicht auf Herrschaft und Gewalt. Sie geben der Herrschaftsausübung durch den Souverän also ihre prinzipielle Zustimmung. Für

---

47 Ein Höhepunkt in Patemans institutioneller Karriere war die Amtszeit als Präsidentin der US-amerikanischen „American Political Science Association" (IPSA) von 1991–1994, ein Amt, das seit der Gründung dieser Vereinigung im Jahre 1949 exklusiv von Männern besetzt war. Seit 1990 ist Pateman Professorin für Politikwissenschaft an der University of California in Los Angeles. Biografische Notizen und eine ausführliche Publikationsliste sind zu finden auf der Feminist Theory Webside (www.cddc.vt.edu/feminism/Pateman.html).

diese Zustimmung wurde die Metapher des Vertrags gefunden – ein Gesellschaftsvertrag zwischen Herrscher(n) und Beherrschten.

Die erste Konzeption eines solchen Vertrags findet sich bei Thomas Hobbes. Er ging davon aus, dass die Menschen bereit sind, einer Herrschaftsausübung zuzustimmen, um dem brutalen Naturzustand des Alle-gegen-alle zu entgehen. (*Querverweis: Kap. 4.1*) Spätere Theoretiker haben das Bild des Vertrages aufgenommen und weiterentwickelt. John Locke, Jean-Jacques Rousseau und Immanuel Kant zählen zu diesen Vertragstheoretikern. In jüngerer Zeit wurde durch den Gerechtigkeitstheoretiker John Rawls eine Renaissance des Vertragsgedankens ausgelöst.

Die Idee des Gesellschaftsvertrags ist im politikwissenschaftlichen Kanon fest verankert, die Vertragstheoretiker werden in einführender Literatur und in Lehrveranstaltungen standardmäßig vorgestellt. Auch in der Analyse aktueller Politikformen findet die Metapher des Vertrages Anwendung. Z.B. sind in der Lehre von den internationalen Beziehungen theoretische Beiträge zu finden, die mit kontraktualistischen Vorstellungen arbeiten.

Die Vertragsmetapher ist darüber hinaus auch im politischen Alltag populär. Sie beeinflusst bis heute die landläufige Vorstellung von der Beziehung zwischen Gesellschaft und staatlicher Herrschaft. Sie wird beispielsweise in aktuellen journalistischen Kommentaren und wissenschaftlichen Analysen bemüht, um die Rentenproblematik zu illustrieren („Generationenvertrag") oder um Absprachen zwischen nationalen Regierungen und großen Gewerkschaften zu charakterisieren. In Australien, den USA und Großbritannien wurde dafür in den 80er-Jahren der Begriff „Gesellschaftsvertrag" gewählt. Von der Aufkündigung des Sozialvertrages wird gesprochen, wenn die Gefahr sozialer Unruhen und politischer Proteste diagnostiziert wird.

Aufgrund der politikwissenschaftlichen und politischen Bedeutung des Vertragsgedankens geht Carole Patemans Kritik weit über eine Korrektur der Ideengeschichte hinaus. Im Folgenden wird nachgezeichnet, wie Pateman die verschwiegene Seite des Gesellschaftsvertrages in den Ausführungen der Vertragstheoretiker aufdeckt. Ihre These, dass mit dem Gesellschaftsvertrag das Patriarchat nur modernisiert, nicht abgeschafft wurde, wird vorgestellt. Es folgt Patemans Kritik an Verträgen allgemein, und am Ehevertrag, am Arbeitsvertrag und am Prostitutionsvertrag im Besonderen. Schließlich werden einige Kritikpunkte wiedergegeben, die feministische Theoretikerinnen gegenüber Patemans Thesen formuliert haben.

3.1.1 Gesellschaftsvertrag und Geschlechtervertrag

Ist ein Vertrag per Definition gerecht? Sind Vertragspartner immer gleich? Was passiert, wenn ungleiche Parteien einen Vertrag abschließen? Werden Ungleiche durch einen Vertrag zu Gleichen? Welche Verhältnisse werden durch das Bild des Vertrages verdeckt?

Mit diesen Fragen arbeitete sich Carole Pateman durch die Vertragstheorien, die seit Thomas Hobbes legitime politische Herrschaft erklären. Sie konnte damit ein viel genutztes ideengeschichtliches Gedankengebäude so nachhaltig und überzeugend erschüttern, dass ihre Analysen heute zum klassischen Gedankengut zählen.

In ihrem Werk „The Sexual Contract" weist sie nach, dass der Vertrag, den Vertragstheoretiker als Übereinkommen zwischen Regierung und Beherrschten beschrieben haben, tatsächlich aus zwei Verträgen besteht: [48] einem Gesellschaftsvertrag und einem Geschlechtervertrag. Der Gesellschaftsvertrag wird zwischen Männern geschlossen und regelt deren Unterwerfung unter die staatliche Macht. Im Gegenzug wird ihnen Schutz und Freiheit gewährt. Der Geschlechtervertrag dagegen sichert den Männern die Herrschaft über die Frauen. Der Geschlechtervertrag bedeutet, nach Patemans Interpretation, für die Frauen gerade nicht Freiheit und Gleichheit, sondern Unfreiheit und Unterordnung:

> „The social contract is a story of freedom; the sexual contract is a story of subjection."
> (Pateman 1988: 2)

Pateman spricht deshalb von einem Grundvertrag, der aus zwei Unterverträgen besteht, und kritisiert, dass der Geschlechtervertrag in der politischen Ideengeschichte unsichtbar bleibt:

> „We hear an enormous amount about the *social* contract; a deep silence is maintained about the *sexual* contract" (Pateman 1988: 1).

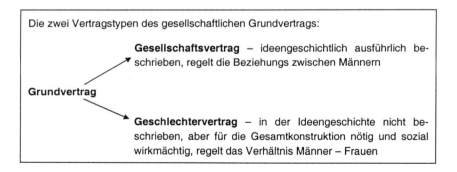

Die zwei Vertragstypen des gesellschaftlichen Grundvertrags:

Gesellschaftsvertrag – ideengeschichtlich ausführlich beschrieben, regelt die Beziehungs zwischen Männern

Grundvertrag

Geschlechtervertrag – in der Ideengeschichte nicht beschrieben, aber für die Gesamtkonstruktion nötig und sozial wirkmächtig, regelt das Verhältnis Männer – Frauen

---

48 Auch die Philosophin Hannah Arendt sieht im Gesellschaftsvertrag zwei Typen von Verträgen, deren notwendige Unterscheidung von den Vertragstheoretikern nach ihrer Auffassung nicht geleistet wird. Es handelt sich nach Arendt einmal um einen die Gesellschaft herstellenden Vertrag zwischen Gleichen und zum anderen um den Vertrag zwischen dieser Gesellschaft und einem außer ihr stehenden Herrscher (Arendt 1974: 220f.).

Wie kommt Carole Pateman zu der ungeheuerlichen Behauptung, dass der Grundvertrag einen Freiheitsvertrag für Männer und einen Unterwerfungsvertrag für Frauen umfasse?

Zunächst ist wichtig festzuhalten, dass Pateman dem Vertrag nicht automatisch eine befreiende oder vorteilbringende Wirkung für beide Vertragspartner unterstellt. Ihr Blick auf den Vertrag und seine möglichen Effekte ist offener. Auch verwendet sie den Begriff „Eigentum" in unüblichem Sinn:

> „Ich beschäftige mich mit dem Vertrag als einem Prinzip gesellschaftlicher Übereinkunft und als einem der wichtigsten Instrumente zur Herstellung sozialer Beziehungen, wie etwa der Beziehung zwischen Ehemann und Ehefrau oder zwischen Kapitalist und Arbeiter. Ich beschäftige mich auch nicht so mit dem Eigentum, wie üblicherweise über ,Eigentum' im Zusammenhang mit der Vertragstheorie geredet wird. Sowohl Apologeten als auch Kritiker der Vertragstheorie neigen dazu, Eigentum entweder als materielle Güter, Grundbesitz und Kapital zu betrachten oder aber als Zinsen (Eigentum), über welche die Individuen im Zustand bürgerlicher Freiheit verfügen können. Das Thema aller Verträge, mit denen ich mich befasse, bezieht sich auf eine sehr spezielle Art von Eigentum, auf das Eigentum an der eigenen Person" (Pateman 1994: 77f.).

Mit dieser Auffassung von Vertrag und Eigentum geht Pateman an die Betrachtung der frühen Erzählungen vom Gesellschaftsvertrag.

Bei Thomas Hobbes und den späteren Vertragstheoretikern ist der Vertragsabschluss das Ereignis, mit dem Menschen den Naturzustand verlassen und eine Gesellschaft gründen. Entscheidend ist nun, dass diese Menschen schon im Naturzustand nicht als gleich angenommen werden.[49] Denn:

> „Nur männliche Wesen verfügen (...) über die Eigenschaften und Fähigkeiten, die notwendig sind, um vertragsfähig zu sein, darunter ganz zentral Eigentum und Besitz an der eigenen Person, nur Männer also sind ,Individuen'" (Pateman 1994: 78).

Diese Unterscheidung, die spätestens im Moment des Vertragschlusses folgenreich zu Tage tritt, ist bei den einzelnen Theoretikern wenig überzeugend begründet. Einmal wird damit argumentiert, dass Frauen als Mütter den Männern unterlegen seien.[50] Eine andere Begründung besagt, dass Frauen auf männlichen Schutz angewiesen seien.[51] Schließlich wird noch ins Feld geführt, dass Frauen kein Eigentum haben könnten, und vielfach wird ihnen die notwendige Vernunft abgesprochen.

Die klassischen Vertragstheoretiker argumentieren hier schwach und widersprüchlich. Doch haben sich die Interpreten über Jahrhunderte hin nicht daran gestört. Zum einen entsprachen diese Annahmen auch ihrem Bild von Frauen, zum anderen ließ sich aus ihnen eine unumstößliche, prinzipielle Höherstellung der Männer ableiten. Warum sollte eine solche Argumentation von Männern in Frage gestellt werden?

---

49 Bei Thomas Hobbes gehen die Interpretationen darüber auseinander. (*Querverweis: Kapitel 4.1*)

50 Eines von mehreren widersprüchlichen Argumenten Hobbes', dazu ausführlich Pateman 1988: 44-50.

51 So bei S. Pufendorf, siehe Pateman 1988: 51.

Bleiben wir in der Vorstellungswelt der Vertragstheoretiker, so stellt sich die Frage: Was passiert nun mit den Frauen, wenn sie gar nicht in der Lage sind, in den Gesellschaftsvertrag als Individuen einzutreten? Werden sie dennoch Mitglieder der Gesellschaft oder verbleiben sie im Naturzustand?

Sowohl als auch, könnte die verwirrende Antwort sein. Tatsächlich werden Frauen vermittelt über Ehemänner an die Gesellschaft angebunden; sie sind dabei aber nicht Gesellschaftsmitglieder, sondern Familienwesen. Die Familie wird als Bereich der Natur definiert, ist aber vom Mann kontrolliert. Durch den männlichen Haushaltsvorstand wiederum ist die Familie Teil der Gesellschaft. Der uneindeutige Zustand der Frau gewinnt an Eindeutigkeit durch die Sphäreneinteilung in öffentlich und privat. Der Mann ist die öffentliche Figur – der Bürger –, während die Frau im Privaten verbleibt, beschützt und bevormundet vom Mann. Pateman versteht die Vertragstheoretiker so, dass Frauen einerseits durch die vertraglich hergestellte gesellschaftliche Situation dem Naturzustand enthoben sind, andererseits noch so sehr Naturwesen sind, dass sie nicht in die öffentliche Sphäre eintreten könnten.

In der Betrachtung dieses merkwürdigen Status der Frau gelangt Pateman zur fundamentalen Bedeutung der Sphärentrennung in öffentliche und private Gesellschaftsbereiche:

> „Um die Sicht der Klassiker auf den Naturzustand und die bürgerliche Gesellschaft zu verstehen, müssen wir uns beide gemeinsam vornehmen. ‚Natürlich‘ und ‚gesellschaftlich‘ sind sowohl Gegensätze, als auch wechselseitig voneinander abhängig. (...)

> Frauen sind im Grundvertrag nicht Partei, sie werden aber auch nicht im Naturzustand zurückgelassen – das würde den Zweck des Geschlechtervertrags hintertreiben! Die Frauen werden in einen Bereich aufgenommen, der zur bürgerlichen Gesellschaft gehört und auch wieder nicht. Der private Bereich ist Teil der bürgerlichen Gesellschaft, ist aber vom gesellschaftlich-öffentlichen Bereich abgetrennt. Der Gegensatz privat/öffentlich ist ein anderer Ausdruck für natürlich/gesellschaftlich und Frauen/Männer. Der private, frauliche Bereich (natürlich) und der öffentliche, männliche Bereich (gesellschaftlich) stehen einander gegenüber, müssen sich aber aufeinander beziehen, und die bürgerliche Freiheit des öffentlichen Lebens nimmt erst dann ihre volle Bedeutung an, wenn sie der natürlichen Unterwerfung gegenübergestellt wird, die das Privatleben kennzeichnet" (Pateman 1994: 85).

3.1.2 Modernisiertes Patriarchat

Durch den Gesellschaftsvertrag der Moderne – so die gängige Interpretation – wird das väterliche Herrschaftsrecht durch einen konsensualen, rechtlichen, sachlichen Akt zwischen Gleichen ersetzt. Für Pateman jedoch bewirkt der Vertrag nicht die Abschaffung, sondern die Modernisierung des Patriarchats (Pateman 1988: 25).[52]

---

52 Pateman diskutiert Begriff und Phänomen des Patriarchats ausführlich in Kapitel 2 ihres Buches von 1988.

Das Patriarchat existiert weiter, auch nachdem Herrschaft auf eine Vertragsbasis gestellt wurde, da im Geschlechtervertrag das Herrschaftsrecht der Männer über die Frauen festgelegt ist. Tatsächlich ist es sogar so, dass gerade die einseitige Erzählung vom Gesellschaftsvertrag die Kontinuität des Patriarchats verdeckt.

Was unterscheidet nun modernes und traditionelles Patriarchat? Das traditionelle Patriarchat – so erklärt Pateman – hat zwei Dimensionen: Die väterliche, welche die Vater-Sohn-Beziehung bestimmt, und die männliche, die das Verhältnis zwischen Mann und Frau festlegt. Die Vertragstheoretiker haben lediglich gegen die väterliche Dimension des Patriarchats argumentiert, eine Abschaffung der männlichen Dimension lag nicht in ihrer Absicht (Pateman 1989: 39).

Um dies genauer zu belegen, beleuchtet Pateman zum einen die Thesen des wichtigsten Theoretikers und Fürsprechers patriarchaler Herrschaft, Robert Filmer, zum anderen nutzt sie Freud'sche Überlegungen zur Brüderlichkeit,[53] und schließlich erinnert sie an den dritten der drei revolutionären Werte: liberté, egalité, fraternité.[54]

Robert Filmer bringt in seiner Argumentation die beiden Dimensionen von Patriarchat zunächst noch ganz deutlich zum Ausdruck. Bevor ein Mann zum Vater werden kann und damit politische Herrschaft erlangt, muss er Zugang zum weiblichen Körper haben.

> „In other words, sexual or conjugal rights must necessarily precede the right of fatherhood" (Pateman 1989: 38).

Bürgerliche Freiheit, so fasst Pateman (1988: 219) zusammen, ist vom patriarchalen Recht abhängig. Individuen werden zu Bürgern, indem sie ihre Herrschaft an den Souverän abgeben. Diese Formel gilt jedoch nur für Männer. Sie sind die Individuen, die für einen solchen Vertrag ausgestattet sind (mit Vernunft, körperlicher Stärke, Eigentum, ...). Frauen sind nicht Subjekt dieses Vertrages, sondern Objekt. Sie sind unausgesprochener Vertragsgegenstand. Die Männer haben auf Herrschaft untereinander verzichtet, sie bleiben aber „sexual masters" über die Frauen (Pateman 1988: 230).

Wie im dritten der revolutionären Werte ausgedrückt, ist der Grundvertrag also ein Vertrag unter Brüdern, und die neue Herrschaftsform der Moderne ist ein brüderliches Patriarchat (Pateman 1988: 77, 1989: 40).

An diesem Punkt der Argumentation könnte man – so Pateman – einwenden, dass die Brüder in dem Moment, in dem sie den Vertrag eingehen, keine Brüder mehr sind, denn sie haben sich ja – durch den „Vatermord" –

---

53 Pateman (1989: 41ff.) bezieht sich hier auf den Mythos, der in Sigmund Freuds „Totem und Tabu" (einer psychologischen Deutung der Ur-Gesellschaft) beschrieben wird.

54 Vgl. auch Scheeles Zusammenfassung der Argumentation, Scheele 1999: 220f.

von der familiären, väterlichen Bindung befreit.[55] Diese Beobachtung spricht aber nicht gegen die These von der Modernisierung vom Patriarchat, sondern beschreibt das Spezifische dieser Modernisierung:

> „The fundamental distinction between the traditional patriarchy of the father and modern patriarchy is precisely that the latter is created in separation from, and opposition to, the familial sphere" (Pateman 1989: 42).

Pateman weiß, dass der Patriarchatsbegriff vielen – auch feministischen – TheoretikerInnen als den aktuellen Verhältnissen unangemessen erscheint. Sie selbst plädiert entschieden für diesen Begriff, nicht in seiner begrenzten Bedeutung als väterliche Herrschaft, sondern als ein hierarchisches System, das Frauen und das Weibliche stets Männern und dem Männlichen unterordnet. „Patriarchat" ist nach ihrer Auffassung

> „the only term with which to capture the specificities of the subjection and oppression of women and to distinguish this from other forms of domination. If we abandon the concept of patriarchy, the problem of the subjection of women and sexual domination will again vanish from view within individualist and class theories" (Pateman 1989: 35).

3.1.3 Die Unterwerfungsseite von Verträgen

Thomas Hobbes schildert die Unterwerfungsseite von Verträgen sehr anschaulich. Die Vertragsentstehung kann man sich nach ihm folgendermaßen vorstellen: Ein Mann ist im Kampf einem anderen unterlegen. Das Schwert des Stärkeren am Hals, stimmt er seiner Unterwerfung zu. Laut Hobbes stimmt er einem Vertrag zu, der sein Leben rettet, ihn aber zum Diener macht. So auch die Frauen, die dann, wenn sie für Kinder verantwortlich sind, dem Mann unterlegen sind. Auch sie werden angesichts ihrer geschwächten Situation freiwillig in die Unterwerfung einstimmen. Auch bei Kindern spricht Hobbes von Zustimmung, wenn sie – angewiesen auf den Schutz ihrer Eltern – Gehorsam versprechen (vgl. Pateman 1988: 47f.). Hobbes macht keine Unterscheidung zwischen freier und aus der Not geborener Zustimmung (Pateman 1988: 62)!

Diese Verträge kommen also nicht unter Gleichen zustande. Im Gegenteil, sie entstehen in Situationen extremer Ungleichheit, und durch den Vertrag wird diese Ungleichheit zementiert. Um diese Situation der Ungleichheit nicht durch die Vertragsidee zu verdecken, spricht Pateman von Vertragssklaverei („contractual slavery", Pateman 1988: 55 u. 62ff.).

Bei den späteren Vertragstheoretiker und deren Mainstream-Interpreten ist keine Rede mehr vom Versklavungs- oder Unterwerfungseffekt des Ver-

---

55 Pateman (1989: 42) schlägt deshalb auch vor, von einem „Bündnis als Männer" zu sprechen, was an das Theorem vom Männerbund in Politik und Staat von Eva Kreisky erinnert. (*Querverweis: Kap. 3.3*)

tragsschlusses (außer bei James Buchanan, vgl. Pateman 1988: 60f.). Stattdessen waren einige Vertragstheoretiker sogar bereit, der Argumentation der
Apologeten der amerikanischen Sklaverei zu folgen. Demnach beruht auch
der Sklavenstand auf einem Vertrag, der besagt, dass eine Person lebenslang
ihre Dienste und ihren Körper in die Verfügung eines Herren stellt, der dafür
Schutz und Versorgung zu stellen hat.

Bei Rousseau entdeckt Pateman in diesem Punkt einen deutlich abweichenden Standpunkt. Rousseau hält es für völlig unmöglich, Sklaverei auf legitime Weise durch einen Vertrag zu etablieren. Subsistenz gegen Dienst war
für ihn kein Tausch, der vertraglich geregelt werden durfte, da Subsistenz die
Voraussetzung jedes Dienstes sei.

> „Rousseau argued that the story told by his fellow contract theorists was about fraudu-
> lent contract that merely endorsed the coercive power of the rich over the poor"
> (Pateman 1988: 75).

Beim Ehevertrag allerdings gab Rousseau seine kritische Haltung auf:

> „However, Rousseau did not extend his attack on his predecessors to their arguments
> about women and the marriage contract. The marriage contract was placed outside of
> the reach of the analogy with the illegitimate and absurd slavery contract. ... he, like
> all the rest, enthusiastically endorsed the sexual contract" (Pateman 1988: 75f.).

Pateman konstatiert, dass die Vertragstheoretiker ihre Maßstäbe verschoben,
sobald Frauen involviert waren.[56] Freilich hatte diese theoretische Inkon-
sistenz erhebliche Auswirkungen auf die politischen Praxis: Frauen wurden
in die Gesellschaft

> „eingeschlossen als Untergeordnete, als das ‚andere‘ Geschlecht, als ‚Frauen‘. Sie
> wurden als den Männern Untergeordnete deren eigenem privaten Bereich einverleibt
> und so ausgeschlossen von der ‚Zivilgesellschaft‘, sowohl im Sinne des öffentlichen
> Bereichs von Wirtschaft, wie auch des Staatsbürgerrechts" (Pateman 1992: 56).

Der Akt der Unterwerfung – so Pateman – ist nicht nur diesem spezifischen
Vertrag zu eigen. Der Akt der Unterwerfung ist auch Teil des Vertrags zwischen Arbeiter und Unternehmer (Pateman spricht stets von „capitalists") oder
des Vertrags zwischen Prostituierten und Freiern und beim Ehevertrag.

> „Ein Vertrag schafft immer ein politisches Recht in Form von Herrschaft und Unter-
> werfung" (Pateman 1994: 82).

---

56 Eine Ausnahme in der Frage des Ehevertrags war John Stuart Mill (Pateman 1988: 74f.).

3.1.4 Der Ehevertrag – ein ganz besonderer Arbeitsvertrag

Es ist wichtig, zwischen dem von Pateman herausgearbeiteten Geschlechtervertrag und dem Ehevertrag[57] zu unterscheiden. Der Geschlechtervertrag sorgt dafür, dass alle Männer Verfügungsrechte über Frauen haben. Der Ehevertrag dagegen bestimmt das Verhältnis zwischen Ehemann und Ehefrau.

Pateman nimmt den Ehevertrag genauer unter die Lupe. Sie untersucht zunächst, ob es sich beim Ehevertrag um eine Art Arbeitsvertrag handelt, der die Ehefrau zur Hausarbeit verpflichtet.

> „But what kind of labourer is a (house)wife? How does the conjugal labour contract resemble or differ from other domestic contracts, or from the present-day employment contract? What form of subordination is involved in being a (house)wife? What is the significance of the fact that only women become (house)wives? Over the past two centuries, feminists have compared wives to slaves, servants and, the predominant comparison today, workers. But non of the comparisons, taken singly, serves fully to capture patriarchal subjection" (Pateman 1988: 117).

Die Besonderheit des Ehevertrags sieht Pateman darin, dass die Ehefrau als Hausfrau in den privaten Bereich verwiesen ist und dort die Hausarbeit verrichtet. Dies bedeutet auch, dass sie vom universalen Gleichheitsanspruch im öffentlichen Leben ausgespart bleibt. Deshalb kann der Ehevertrag nicht mit dem Vertrag zwischen Arbeiter und Kapitalist verglichen werden. In einer solchen Gleichsetzung würde abermals der Geschlechtervertrag ignoriert.

> „... the employment contract presupposes the marriage contract. Or, to make this point another way, the construction of the 'worker' presupposes that he is a man who has a women, a (house)wife, to take care of his daily needs" (Pateman 1988: 131).

Pateman kommt zu dem Schluss, dass es sich bei Hausarbeit um eine besondere Form der Arbeit handelt:

> „The work of a housewife – housework – is the work of a sexually subject being who lacks jurisdiction over the property in her person, which includes labour power. But sale of labour power, in contrast to sale in labour or the person, is what makes a man a free worker; the ability to contract out a piece of property in exchange for a wage is, it is held, what distinguishes the worker, the wage labourer, from unfree labourers and slaves. A (house)wife does not contract out her labour power to her husband. She is not paid a wage ... because her husband has command over the use of her labour by virtue of the fact that he is a man" (Pateman 1988: 135).

Pateman weist damit darauf hin, dass rein marxistische Analysen zu kurz greifen, um dieses Ausbeutungsverhältnis zu erfassen.

---

57 Unter Ehevertrag versteht Pateman den Sprechakt, mit dem aus Männern und Frauen Ehemänner und Ehefrauen werden. Es ist nicht der Vertrag gemeint, der im Falle einer Eheschließung zusätzlich abgeschlossen werden kann, um die zukünftigen Eigentumsverhältnisse der Eheleute festzulegen.

Am Beispiel des Ehevertrags deckt Pateman gleich eine ganze Reihe von Widersprüchen der frühen Vertragstheoretiker auf: Einerseits sprechen sie den Frauen (aus verschiedenen Gründen) die Vertragsfähigkeit ab, so dass sie nicht in der Lage sind, in den Gesellschaftsvertrag einzutreten. Jedoch können sie einen Ehevertrag schließen, mehr noch: sie haben dazu gar keine Alternative.

Wenig konsistent erscheint ihr auch, dass die Unterwerfungssituation der Frau in der Ehe als natürlich dargestellt wird, aber doch zur Festlegung dieses Ungleichheitsverhältnisses ein Vertrag vonnöten ist (vgl. Pateman 1988: 54).

Pateman entwickelt damit Argumentationslinien, die später in aller Ausführlichkeit von der feministischen Theorie aufgenommen wurden. So beklagt sie die Körperlosigkeit des bürgerlichen Individuums und seine Losgelöstheit vom sozialen Hintergrund (Pateman 1989: 46).[58]

Pateman liefert historische Beispiele, um die Ähnlichkeiten des durch Ehevertrag eingegangenen Status der Frau mit dem Status einer Sklavin zu belegen. So erlaubten gesetzliche Regelungen körperliche Züchtigungen durch den Ehemann und betonten sein Recht auf sexuellen Zugriff. Lange Zeit war in einigen Ländern (darunter USA und Großbritannien) der Verkauf der Ehefrau zulässig und verbreitet. Noch vor wenigen Jahrzehnten waren in der bundesdeutschen Gesetzgebung die häuslichen Pflichten der Hausfrau gesetzlich festgehalten; von einer Strafverfolgung bei Vergewaltigung in der Ehe sahen die meisten Staaten bis ans Ende des 20. Jahrhunderts und darüber hinaus ab.

3.1.5   Der Arbeitsvertrag – Lohn für den Sklaven

Es scheint also, als könnten Verträge dann für beide Vertragspartner gewinnbringend geschlossen werden, wenn beide Seiten über sich selbst verfügen können. Wenn diese Annahme zutrifft, dann wäre es eine sinnvolle Strategie, auch Frauen zu wahren Eigentümerinnen an ihrer Person zu machen:

> „[I]t is tempting for feminists to conclude that the idea of the individual as owner is anti-patriarchal. If women could be acknowledged as sexually neuter 'individuals', owners of the property in their persons, the emancipatory promise of contract would seem to be realized. Or so many critics of the marriage contract now argue" (Pateman 1988: 153).

Pateman teilt diese Hoffnung nicht. Sie erklärt ihre prinzipielle Skepsis unter anderem am Beispiel des Arbeiters, der laut vertragstheoretischer Annahme seine Arbeitskraft gegen Lohn eintauscht und ansonsten ein freier Mann bleibt. Ein solcher Tausch kann nur funktionieren, wenn ein Mensch als Eigentümer über sich selbst verfügt. Da aber ein Mensch sich nicht von sich selbst abspalten kann wie eine Ware, gibt es eine solche Verfügungsgewalt nicht:

---

58   In aktuellerer Form diskutiert z.B. in Benhabib 1995.

> „The answer to the question of how property in the person can be contracted out is that no such procedure is possible" (Pateman 1988: 150).

Pateman verdeutlicht dies mit der Besonderheit der Ware Arbeitskraft. Die Arbeitskraft nämlich sei, im Unterschied zu anderen Waren, von der Person nicht zu trennen; Geschichte, Ausbildung, Identität und Wille fließe in den Arbeitseinsatz ein. Davon auszugehen, dass ein Mensch seine Arbeitskraft von sich lösen und in einem Vertrag gegen Lohn eintauschen könne, sei unangemessen. Die treffende Bezeichnung für den Arbeiter sei daher „Lohnsklave".

> „In short, the contract in which the worker allegedly sells his labour power is a contract in which, since he cannot be separated from his capacities, he sells command over the use of his body and himself. (…) The characteristics of this condition are captured in the term *wage slave*" (Pateman 1988: 151).

Bei Frauen kommt laut Pateman ein zweites damit verflochtenes Unterdrückungssystem ins Spiel – das Patriarchat:

> „The wage slave is subject to the discipline of the employer – but the workplace is also structured by patriarchal discipline. Women workers are not wage slaves in the same sense as male workers, and nor is the subordination of the wage slave the same as that of a wife. Both employer and husband have right of command of the use of the bodies of workers and wives, but although each husband has his own specific demands, the content of the labour of a housewife is determined by the fact that she is a woman. The content of the labour of the worker is determined by the capitalist, but since capitalism is patriarchal, the labour of women workers is different from that of male workers" (Pateman 1988: 153).

Frauen zum Eigentümer über die eigene Person zu machen, die dann gewinnbringend Arbeitsverträge abschließen könnten, ist also nach Pateman eine fatale Strategie, die grundlegenden vertragstheoretischen Mythen aufsitzt. Denn – so Patemans Analyse – der Arbeitsvertrag ist kein Tauschakt von freien Gleichen, er legt vielmehr die Rollen des Sklaven und des Meisters fest. Frauen geraten in dieser Situation in ein doppeltes Unterdrückungsverhältnis. Die bestehenden patriarchalen Strukturen geben dem Arbeitgeber spezifische Verfügungsrechte über Frauen, und, weil sie sich selbst als Arbeiterinnen einbringen müssen, über deren Körper. Die Unterdrückungsmechanismen des Patriarchats lassen sich nach Pateman durch Verträge nicht aufheben.

3.1.6   Der Prostitutionsvertrag

Als weiteres Beispiel analysiert Pateman den „Vertrag", den Prostituierte und ihre Kunden eingehen. Wieder geht es ihr darum aufzuzeigen, dass die Vorstellung eines Vertragsschlusses und eines Warentausches die tatsächlichen Verhältnisse verdeckt. Sie legt außerdem Wert darauf, nicht nur die zeitlich begrenzte Situation des „Tausches" in den Blick zu nehmen. Es müsse gefragt werden, in welcher gesellschaftlichen Situation sich ein solcher Tausch ereigne.

Dabei muss sich Pateman nicht nur mit Argumenten auseinander setzen, die aus Chauvinismus oder Ignoranz hervorgebracht werden. Tatsächlich plädieren ja auch viele Feministinnen und Protagonistinnen dafür, für das Prostitutionsgeschäft eine echte Vertragssituation herzustellen und die Verhandlungsposition der Prostituierten zu verbessern, indem z.B. ihre beruflich-rechtliche Stellung der einer Arbeiterin gleichgesetzt wird (vgl. „Prostitutionsgesetz" in der BRD seit 01.01.2002). Jedoch sieht Pateman auch im Arbeitsvertrag der Prostituierten weitere Momente der Verschleierung.

Durch die Vertragsmetapher erscheint die Prostitution als ein nur zwischen zwei Individuen ablaufendes Geschäft, das diese freiwillig und mit befristeter Gültigkeit eingehen. Für Pateman aber ist die Prostitution Ausdruck eines Verhältnisses zwischen Frauen und Männern, das in eine durch Gesellschafts- und Geschlechtervertrag verfasste Gesellschaft eingebunden ist. Voraussetzung für das sich in der Prostitution äußernde Männer-Frauen-Verhältnis ist die Vereinbarung, nach der Männer auf Herrschaft zwar untereinander, nicht aber auf Herrschaft über die Frauen verzichtet haben.

Wenn dieser gesellschaftliche Hintergrund nicht gesehen wird, dann – so Pateman – werden wichtige Fragen nicht gestellt, zum Beispiel die Frage,

> "…why men demand that women's bodies are sold as commodities in the capitalist market" (Pateman 1988: 194).

Die Antwort erschließt sich aus der Existenz des Geschlechtervertrags; sie lautet: Prostitution ist die Ausübung des geschlechtlichen, männlichen Rechts auf Beanspruchung von weiblichen Körpern (Pateman 1988: 194). Entsprechend ist die Nachfrage nach weiblicher Prostitution nicht Ausdruck individueller sexueller Bedürfnisse, sondern ein Teil der gegenwärtigen Ausformung von männlicher Sexualität (Pateman 1988: 199).

Die Vertragsmetapher führt zur Abstraktion vom Geschlecht der Beteiligten und verfehlt damit genau das Entscheidende an der Prostitution, nämlich dass es Männer sind, die sich Frauen zu Diensten machen, sie sexuell unterwerfen. Während sich der Mann durch einen Prostitutionsvertrag Zugang zu einem weiblichen Körper verschafft, muss sich die Frau durch denselben Vertrag in den sexuellen Dienst für den Mann begeben. Wie in den anderen Verträgen wird auch bei der Prostitution der Unterwerfungseffekt für die Frauen nicht benannt.

Es handelt sich aber auch nicht um einen Arbeitsvertrag, bei dem die Frauen ihren Körper als Ware anbieten. Denn – so stellt Pateman fest – die Abstraktion vom eigenen Körper, um ihn dann anbieten und wieder zurückerhalten zu können, ist nicht möglich. Aber auch der laut Pateman angemessenere Begriff der Lohnsklaverei geht noch immer am entscheidenden Punkt vorbei. Denn die Prostituierte wird nicht nur von Kapitalisten in Vertrag genommen, wie etwa die Arbeiter. Ihr Vertragspartner kann der Arbeiter sein, der sich dadurch eben nicht zum Partner macht, sondern zum Herrscher. Patemans Punkt ist, dass sich im hierarchischen patriarchalen System stets ein spezifischer Unterdrückungsmechanismus wiederholt, der dem Mann, auch wenn dieser selbst am unteren Ende der Hierarchie angesiedelt ist, noch eine Untergebene bietet: eine Frau. Die Prostitution ist für Pateman die öffentliche Einrichtung, die dies garantiert (Pateman 1988: 202).

Carole Pateman ist sich bewusst, dass ihre Analyse der Vertragstheorie nur die – freilich notwendige – Demontage einer vermeintlichen Freiheitskonstruktion darstellt, so dass die Unterscheidung zwischen Freiheit und Unterwerfung wieder möglich wird (Pateman 1988: 232). Mit der Aufdeckung des Vertragsmechanismus will sie gedanklichen Raum schaffen, in dem sich eine neue Freiheitsidee entwickeln kann und soll. Für diese große Aufgabe gibt Pateman nur grobe Richtungsanweisungen:

> "If political relations are to lose all resemblance to slavery, free women and men must willingly agree to uphold limits. Freedom requires order and order requires limits. In modern civil society individual freedom is unconstrained – and order is maintained through mastery and obedience. If men's mastery is to be replaced by the mutual autonomy of women and men, individual freedom must be limited by the structure of social relations in which freedom inheres. (…)
>
> New anti-patriarchal roads must be mapped out to lead to democracy, socialism and freedom" (Pateman 1988: 232 u. 233).

3.1.7 Kritik und Aktualität der Pateman-Analyse

Patemans „Geschlechtervertrag" wird viel zitiert als Ergänzung zum bekannten Gesellschaftsvertrag. Allerdings wird diese Fokussierung der Pateman'schen Analyse nicht ganz gerecht. Carole Pateman hat sich nicht nur kritisch mit den Gründungsvätern der Vertragstheorie auseinander gesetzt. Ihre Leistung besteht vielmehr darin,

- die liberale Grundidee des autonomen Individuums für unangemessen zu erklären.
- die Idee des Vertrags als fairen Tausch zwischen Gleichen gründlich zu demontieren und damit eine „Kernfigur des Liberalismus" in Frage zu stellen (Wilde 1997: 71).
- eine Kritik an sozialen Beziehungen vorzulegen, die über das ideengeschichtliche Interesse hinausgeht und auf aktuelle Unterdrückungsverhältnisse zielt.
- eine radikale Gesellschaftskritik zu skizzieren. Sowohl Kapitalismus als auch Patriarchalismus sind für Pateman Unterdrückungssysteme, innerhalb derer Reformen Makulatur sind. Entsprechend erscheinen ihr auch viele feministische Kritiken als zu kurz gegriffen (vgl. z.B. Pateman 1988: 230).

Patemans Analyse ist vielen Theoretikerinnen *zu radikal*. Entsprechend wird ihre Kapitalismuskritik und ihre sozialistische Utopie häufig ignoriert oder sie wird als Theoretikerin insgesamt übergangen.

So nimmt die Wiener Philosophin Herlinde Pauer-Studer die zentrale Frage Patemans auf und diskutiert „das zwiespältige Verhältnis von Vertragstheorie und Feminismus". Pauer-Studer gelangt dabei zu einer skeptischen Einschätzung, was die feministischen Möglichkeiten des Kontraktualismus angeht. Dennoch macht sie keinerlei argumentative Anleihen bei Pateman (vgl. Pauer-Studer 1998). Hingegen nimmt Pauer-Studers Kollegin Herta Nagl-Docekal Patemans Kritik an der Vertragskonzeption durchaus zum Ausgangspunkt, um allerdings zu resümieren, *dass die Ablehnung des Vertragsgedankens bei Pateman zu weit gehe* (Nagl-Docekal 2000: 214), da sie keine Möglichkeit sieht, den Vertragsgedanken zu reformieren und feministisch zu nutzen (vgl. Pateman 1988: 184).

Im Widerspruch dazu geht Nagl-Docekal davon aus, dass die Vertragssituation korrigiert werden könne und dann durchaus feministisches Potenzial biete (Nagl-Docekal 2000: 221). Feministische Rechtstheoretikerinnen und Philosophinnen halten außerdem an der Reformierung des Begriffs „Individuum" fest, um ihn dann – entgegen Patemans Warnungen – für feministische Zielsetzungen einzusetzen (Nagl-Docekal 1996: 22).

Carole Patemans Analyse wird auch von Theoretikerinnen kritisiert, die weniger philosophisch argumentieren als Gesellschaftsanalyse betreiben: Die US-amerikanische Politikwissenschaftlerin Wendy Brown hält die *Vorstellung eines Geschlechtervertrages als Erklärung für die Sexismen aktueller liberaler Gesellschaften für wenig hilfreich*. Zum einen bestehen heute alternative Lebensentwürfe für Frauen, so dass die Einwilligung in den Geschlechtervertrag nicht mehr notwendig ist. Eine auf der Vertragsidee aufbauende Analyse führt zum anderen deshalb nicht weiter, weil die Herrschaftslegitimation in aktuellen Gesellschaften ohne die Vertragsidee funktioniert und dennoch die Diskriminierung der Frauen weiter besteht. Die Vertragsidee kann also nicht zur aktuellen Gesellschafts- und Herrschaftsanalyse beitragen, sondern muss vielmehr als folgenreicher Topos des liberalen Diskurses immer wieder aufgedeckt werden (Brown 1995: 137f.). Darauf muss allerdings entgegnet werden, dass es Pateman gerade um diesen „Folgenreichtum" der Vertragsmetapher geht.

Auch Nancy Fraser interessiert sich für Patemans Analyse eher als Beitrag zur aktuellen Gesellschaftskritik und weniger als Ansatz zur Interpretation der klassischen Theorie des Gesellschaftsvertrags (Fraser 2001: 336). Fraser hat herausgearbeitet, dass Pateman alle Vertragstypen als ein Herr-Knecht-Verhältnis annimmt und analysiert. Sie hat größte Zweifel, dass dieses Modell einer aktuellen Gesellschaftsanalyse dienlich sein kann. Sie mahnt:

„Verdeckt nicht dieses Modell größere strukturelle oder systemische Prozesse, die den hierarchischen Dyaden zugrunde liegen oder die sie unterstützen? Verstellt es nicht den Blick auf geschlechtsspezifische Zwänge im Leben von Frauen, die nicht die Form des autoritativen Willens eines Höherstehenden annehmen, sondern die Form von Prozessen, in denen die Handlungen vieler Menschen abstrakt oder unpersönlich vermittelt werden?" (Fraser 2001: 325)

Es sei verkürzend, das Verhältnis von Vorgesetztem und Lohnarbeiterin einfach nur durch ein weiteres Herr-Knecht-Verhältnis zwischen Mann und Frau zu überlagern. Dass die Machtverhältnisse zwischen den Geschlechtern und ebenso kapitalistische Machtverhältnisse in unterschiedlicher Weise auch von Kompromissen und Wandel charakterisiert sei, könne so nicht erkannt werden (Fraser 2001: 330). Fraser relativiert die Besonderheit der „Ware" Arbeitskraft. In der Tat sei Arbeit zwar – wie von Pateman herausgestellt – nicht von der Person zu lösen, anders aber als die Hausarbeit, werde die Lohnarbeit wie eine Ware mit Geld bezahlt und gebe damit dem Lohnempfänger gewisse Möglichkeiten, z.B. selbst als Käufer aufzutreten oder andere Abhängigkeitsverhältnisse (z.B. in der Ehe) wenigstens teilweise zu entschärfen.

Ebenso wie Nagl-Docekal (1996: 25) beklagt Fraser, dass mit der Idee des Geschlechtervertrages die *Vielfalt der Machtmechanismen* zwischen Männern und Frauen und zwischen Weiblichem und Männlichem in gegenwärtigen Gesellschaften nicht ausreichend zu beschreiben sind.

Freilich ist Fraser in entscheidenden Punkten moderner und auch postmoderner als Pateman. (*Querverweis Kap. 3.4*) Fraser ist intensiv beteiligt an Diskussion über den vielfältigen und widersprüchlichen Prozess der Subjektwerdung des Individuums, über die Vielförmigkeit, Prozesshaftigkeit und Subtilität von Macht und nicht zuletzt über die Unmöglichkeit, Frauen als Klasse oder Gruppe zu definieren. Patemans Eindeutigkeiten – Frauen als doppelt unterdrückte Klasse, Macht als Verhältnis zwischen Herrscher und Unterdrücktem, Individuum als patriarchale Konstruktion – hat Fraser, wie viele andere TheoretikerInnen, hinter sich gelassen (Fraser 2001: 325, 336f.).

Die deutsche Politikwissenschaftlerin Gabriele Wilde folgt der vertragstheoretischen Kritik Patemans weitgehend, vermutet jedoch auch, dass Pateman aktuellen rechtlichen Veränderungen zu wenig Beachtung schenkt. Wilde sieht in der Gegenwart weder Bedarf noch Möglichkeit, auf Verträge zur Regelung gesellschaftlicher Beziehungen zu verzichten. Als eine institutionalisierte Form des Gesellschaftsvertrags sieht sie die *Staatsbürgerschaft* (Wilde 1997: 74), die durchaus zum Vorteil der Frauen zu reformieren sei:

„Denkbar wäre ..., die Defizite des Vertrags, *erstens* sein zentrales Kriterium der negativ gesetzten individuellen Freiheit, *zweitens* sein zentrales Anliegen des Austausches von ‚materiell' Gleichwertigem, um Gleichheit zu erreichen, *drittens* seine Ignoranz gegenüber geschlechtlicher und sozialer Ungleichheit ... zu überwinden" (Wilde 1997: 101).

Dazu wird es nach Wilde nicht ausreichen, die rechtliche Situation zu beleuchten. Gleichzeitig muss die politische Partizipation von Frauen und ihr sozialer Status in Rechnung gestellt werden.

In späteren Veröffentlichungen scheint auch Carole Pateman eine Reformierung des Staatsbürgerrechts für möglich zu halten:

„Das gleiche politische Ansehen als Staatsbürgerinnen ist notwendig für die Demokratie und die Selbstbestimmung der Frauen" (Pateman 1992: 67).

Allerdings bemerkt sie einschränkend:

„[D]amit das Bürgerrecht gleichwertig sein kann, muss sich die Substanz der Gleichheit entsprechend der verschiedenen Umstände und Fähigkeiten der Staatsbürger und -bürgerinnen unterscheiden" (Pateman 1992: 67).

Zu erwähnen sind auch Inkonsistenzen in Patemans Analyse. Sie demontiert die Vertragstheorie, rekurriert aber in vielfältigen sozialen Verhältnissen auf Verträge. Indem sie die Unterwerfungsseite der Verträge ergänzt, argumentiert sie selbst vertragstheoretisch. Eine ähnliche Problematik sieht Nagl-Docekal bei Patemans Umgang mit dem „Individuum". Pateman verwirft das „Individuum" als eine durchgehend männliche Konstruktion, die nicht zu retten sei. Hintergrund ihrer Kritik ist freilich das nicht verwirklichte Selbstbestimmungsrecht der Frau. Damit arbeitet auch sie mit einem Begriff von Individualität, ohne darüber Rechenschaft abzulegen (Nagl-Docekal 1996: 23).

Aus heutiger Sicht problematisch bleibt auch Patemans *Geschlechterbegriff*. Einerseits sind für Pateman Vorstellungen davon, was feminin und maskulin sei, patriarchale Wunsch- und Sollbilder. Andererseits ist sie insofern Anhängerin der Differenztheorie, als Zweigeschlechtlichkeit für sie eine fundamentale, dauerhafte Erscheinung der menschlichen Existenz ist. Zentral ist dabei die Fähigkeit, neues Leben zu gebären –

„women's unique capacity" (Pateman 1988: 216). „Die Tatsache, dass nur Frauen die Fähigkeit haben, schwanger zu werden, zu gebären und ihre Kinder zu stillen, ist das Merkmal von ‚Differenz' schlechthin" (Pateman 1992: 55).

Auf den Einwand, dass Frauen viele Jahre ihres Lebens diese Fähigkeit noch nicht oder nicht mehr haben, dass andere Frauen aus den unterschiedlichsten Gründen dauerhaft nicht fruchtbar sind und dass wieder andere diese Potenz bewusst nicht nutzen möchten, geht Pateman nicht ein. Obwohl sie ihre Position hierzu nicht explizit erläutert, darf vermutet werden, dass sie – analog zu ihrer sonstigen Argumentation – darauf verweisen würde, dass es nicht um die einzelne Person geht, sondern um die gesellschaftliche Struktur, und die bestimmt, dass diejenigen, die Kinder bekommen können, Frauen sind.[59]

---

59 Mit analoger Argumentation begegnet Pateman den Einwänden, nach denen ein einzelnes Ehepaar ein auf Gleichberechtigung beruhendes Eheleben führen könnte (Pateman 1988: 165) oder ein einzelner Ehemann Herrschafts- und Gebrauchsrechte gegenüber der Ehefrau nicht nutzen müsse (Pateman 1988: 167).

Pateman betont zwar, dass das von ihr beschriebene Differenzmerkmal genutzt wird, um Statusdifferenzen zwischen Männern und Frauen festzuschreiben:

> „Geburt und Mutterschaft symbolisieren schon immer die natürlichen Fähigkeiten, durch die Frauen von der Politik und dem Recht auf Staatsbürgerschaft ausgeklammert wurden" (Pateman 1992: 55).

Dennoch ist eine Aufhebung dieser Differenz für sie nicht erstrebenswert:

> „Seltsame Dinge widerfahren den Frauen, wenn davon ausgegangen wird, dass die einzige Alternative zur patriarchalen Konstruktion der Geschlechterdifferenz das scheinbar geschlechtsneutrale Individuum ist" (Pateman 1996: 215).

Sicher ist Brown und Fraser zuzustimmen, dass mit der Dekonstruktion der Vertragsmetapher nicht alle Formen von Benachteiligung und Diskriminierung zu erfassen sind. Tatsächlich aber will und kann Pateman mit ihren vertragskritischen Überlegungen keine umfassende, aktuelle Gesellschaftsanalyse vorlegen, sondern einerseits auf Analysefehler hinweisen, welche die klassische Vertragmetapher mit sich bringt, und andererseits möchte sie auf die mannigfaltigen, anhaltenden sozialen und rechtlichen Folgen der unterschiedlichen vertraglichen Einbindung von Männern und Frauen hinweisen.

So betont Pateman, dass Frauen nicht Subjekte, sondern Objekte des gesellschaftlichen Grundvertrages sind, was sich historisch auch darin ausdrückte, dass es legalen *Frauenhandel* gab. Frauenhandel aber gibt es auch im Jahre 2002 und in Quantität mehr denn je. Dass dieser Frauenhandel sich in diesem Ausmaß ausbreiten konnte und in vielen Ländern auf gelähmte oder unwillige Gesetzgebung trifft, ist Zeichen eines Konsens der gesellschaftlich dominanten Gruppen, der Frauen einen geringeren Wertigkeitsstatus und Subjektstatus zuspricht als Männern.

Pateman hat in ihren Überlegungen zum *Prositutionsvertrag* vorab einige der Positionen formuliert, die gegenwärtig in der Diskussion um eine rechtliche Besserstellung von Prostituierten in der Bundesrepublik Deutschland vorgetragen werden.

Pateman hat außerdem die *Leihmutterschaft* als eine Vertragssituation analysiert und dabei Argumente geliefert, die heute angesichts weiterer reproduktionstechnischer Möglichkeiten von größter Brisanz sind.

Nicht nur in dieser Thematik ist es ein wichtiger Verdienst Patemans, auf die Bedeutung von Körperlichkeit und sozialer Stellung der Vertragsschließenden hinzuweisen – auf eine Dimension also, die durch die Vertragsmetapher gerade ausgeschlossen wurde (vgl. dazu auch Wilde 1997: 99).

Viele von Pateman aufgeworfenen Fragen werden bis heute diskutiert. So wird beispielsweise in philosophischen Diskussionen zum zeitgenössischen Vertragsgedanken und aktuellen Gerechtigkeitskonzeptionen die Frage nach der Angemessenheit der Vertragsmetapher, nach der Idee des Individuums, nach dem Stellenwert von Solidarität und Fürsorge und dem Status der Familie behandelt (z.B. in: Pauer-Studer 1998, Nagl-Docekal 2000: 200-221). In laufenden theoretischen Debatten und konkreten Gesetzesvorhaben zur Modernisierung der Staatsbürgerschaft wird auch die Inklusionsfähigkeit des Gesellschaftsvertrags weiterhin debattiert (z.B. Appelt 1994; Lister 1997).

Literaturtipp
„The Sexual Contract" wurde in mindestens sechs Sprachen übersetzt, nicht aber ins Deutsche. Einige Herausgeberinnen haben sich dennoch um die Verbreitung der Pateman'schen Thesen im deutschsprachigen Raum verdient gemacht. Erna Appelt und Gerda Neyer (1994) haben in ihren Band „Feministische Politikwissenschaft" eine Übersetzung des Einleitungskapitels aufgenommen.[60] In der von Herta Nagl-Docekal und Herlinde Pauer-Studer (1996) zusammengestellten Aufsatzsammlung „Politische Theorie – Differenz und Lebensqualität" findet sich eine Übersetzung des sechsten Kapitels „Feminism and the Marriage Contract".[61] Außerdem ist im Reader von Kathrin Braun u.a. (2000) eine Übersetzung des Aufsatzes „The Fraternal Social Contract"[62] aufgenommen. Dieser Aufsatz gibt einige Thesen des Buches von 1988 wieder.

Übung:
Ordnen Sie Pateman den in Kapitel 1.2 beschriebenen Strömungen zu. Begründen Sie Ihre Einschätzung.

Übung:
Nehmen Sie sich Patemans Abschnitt zur Leihmutterschaft vor (in Pateman 1988) und ebenso die Darstellungen zu jüngeren, juristisch problematischen Fällen von Leihmutterschaft in Kapitel 5.2 dieses Buches. Prüfen Sie, ob Patemans theoretische Analyse diese konkreten Fälle treffend erfasst.

3.2 Zu Jean Bethke Elshtain: Just Warrior and Beautiful Soul

Jean Bethke Elshtain ist eine US-amerikanische Politikwissenschaftlerin, die mit einer beeindruckenden Publikationsliste zum feministisch-politikwissenschaftlichen Textkorpus beigetragen hat. Elshtain hat sich in ihren Schriften nicht an die Trennlinien der politikwissenschaftlichen Teilgebiete gehalten. Sie hat mit „Public Man and Private Women" zur Thematik der politischen Partizipation ebenso Grundlegendes beigetragen wie zur Theorie der Internationalen Beziehungen mit „Women and War".[63]
Als zentrale Achse ihres sehr umfangreichen Werkes lässt sich die Definition der Staatsbürgerschaft herauskristallisieren. Elshtain zeigt, dass sich

---

60 In der Übersetzung von Erica Fischer.
61 Übersetzt von Elisabeth Holzleithner.
62 Übersetzt von Jutta Joachim.
63 Einige wesentliche Gedanken von „Women and War" sind zusammengefasst in Elshtain 1994.

das Ideal der Staatsbürgerschaft aus komplementären Vorstellungen von Männlichkeit und Weiblichkeit speist und fundamentale Folgen für nationale und internationale Politik hat. Elshtains Überlegungen münden entsprechend in Vorschlägen für eine Neudefinition der Staatsbürgerschaft. Dabei versteht sie „citizenship" in dem im angelsächsischen Raum üblichen weiten Sinne. Über die formale Staatsangehörigkeit deutlich hinausgehend ist mit diesem Begriff eine politisch informierte und engagierte Bürgerschaft gemeint.

Sie analysiert den Einfluss von Krieg, Kriegsgeschichte und Kriegstheorie auf die vergeschlechtlichte Idee der Staatsbürgerschaft. Damit hat Elshtain im Teilbereich Internationale Beziehungen einen Beitrag zur Friedens- und Konfliktforschung geliefert. (*Querverweis: Kap. 4.4*)

Ein anderer Ausgangspunkt ist die Spaltung in öffentlichen und privaten Bereich, die sich mit der in westlichen Industriegesellschaften vorherrschenden Vorstellungen von Männlichkeit und Weiblichkeit deckt. Diese Parallele zu analysieren, ist eine zentrale Aufgabe der Geschlechterforschung in der Politikwissenschaft, denn das Fach definiert seinen Gegenstand herkömmlicher Weise entlang der Trennung privat und öffentlich. (*Querverweis: Kap. 2*)

Im Folgenden werden diese beiden Zugänge zur Thematik (Staats-) Bürgerschaft skizziert, die in einen von Elshtain entwickelten Alternativvorschlag zur Definition von „citizenship" münden. Schließlich werden einige kritische Stimmen zu Elshtains Überlegungen wiedergegeben. Zuvor wird Elshtains theoretisches Selbstverständnis skizziert.

Jean Bethke Elshtain definiert ihren epistemologischen (erkenntnistheoretischen) Ausgangspunkt in der Abgrenzung zum so genannten Standpunktfeminismus. Letzterer postuliert, dass eine Feministin den Standpunkt der Frauen einnehmen könne und müsse, und dass die Realität nur durch die Gleichsetzung von Forscherin und Erforschten erfasst werden könne. Nur vom Standpunkt der Frauen aus könne das bislang durch einen männlichen „bias" verzerrte wissenschaftliche Bild korrigiert werden. Auch Elshtain plädiert dafür, aus der Sicht von Frauen für Frauen zu forschen. Politische Theorie muss für und über die Frau sein (Elshtain 1981: 303). Allerdings widerspricht Elshtain deutlich der Anmaßung, dass daraus eine bessere Wissenschaft resultiere. Ihr geht es vielmehr darum, eine bisher vernachlässigte Sichtweise zu anderen Sichtweisen hinzuzufügen. Wissenschaftliche Redlichkeit besteht für sie darin, alternative Ansätze nicht zu verwerfen, sondern auf ihre Tragfähigkeit zu prüfen (Elshtain 1981: 202).

Eine Verschmelzung von Forschungsobjekt und -subjekt ist nach Elshtain weder wünschenswert noch möglich, aber die Erforschte muss als aktives Subjekt ernst genommen werden. Elshtain schließt sich dem feministischen Credo an, dass Theorie auf Veränderung angelegt sein muss (Elshtain 1981: 298).

Ihren wissenschaftlichen Anspruch fasst sie folgendermaßen zusammen:

"An alternative approach that is critically interpretive, theoretically modest, empirically grounded, aware of the need for an appropriate distance between the subject matter of one's inquire and one's own world and identity, and flexible yet sturdy enough to sustain strong knowledge claims and to adjudicate between better and worse arguments, helps to keep alive debates by refusing to move to definitive closure" (Elshtain 1997: 78).

So wenig sich Elshtain vom Frauenstandpunkt ein Erkenntnisprivileg verspricht, so sehr warnt sie vor der ausschließlichen Konzentration auf den Geschlechteransatz.

"Though knowledge and understanding may in some interesting ways be embodied – and this may help to account for why men and women, at least some of the time, and to culturally specific ends and purposes, experience the world in different ways – no embodied being, male or female, has access to the whole, or to anything like 'the totality'. This being the case, the scholar is free to explore gender differences without presuming the superiority of a gendered narrative that closes out contesting interpretations" (Elshtain 1997: 78).

Gleichzeitig betont sie, dass keine neutrale Vorgehensweise möglich oder wünschenswert sei. Sie betont im Gegenteil, dass Politik und Moral zusammengehören. Elshtain möchte bekennende Zeugin sein, die keine Handlungsanweisung liefert, sondern herrschende Sichtweisen stört und dadurch in herrschende Zustände eingreift (Elshtain 1981: xiii).

3.2.1 Frauen und Krieg

"This chapter is intensely personal, my subjectivity and identity being the springboard for my discourse. I am here to delineate, first, my encounter as a child and citizen-to-be with the larger, adult world of war and collective violence as filtered down to me through movies and my family's experience; and then the witness I have borne myself, since my teens, as student, mother, and political theorist" (Elshtain 1995: 14).

Dies ist der Beginn des ersten Kapitels von Elshtains weithin bekanntem Buch „Women and War", das 1987 erstmals erschien. Sie berichtet auf der Grundlage von Tagebucheintragungen und Erinnerungen von ihren ganz persönlichen Begegnungen mit Krieg und Militär als Kind, Jugendliche und junge Frau. Sie beschreibt, wie Bilder von der Rolle von Frauen und Männern im Krieg auf sie von Kindheit an einwirkten, obwohl sie selbst nie in militärischen Diensten stand. Mit diesem ungewöhnlichen Einstieg zeigt Elshtain wie die Bilder des Krieges – Opfer, Krieger, Feinde – in den privaten Alltag und in die weibliche Lebenswelt eindringen. Was also zunächst wie eine persönliche Notiz erscheinen mag, ist bereits Elshtains erste Herausforderung an die Mainstream-Theorie der Internationalen Beziehungen. Denn sie widerlegt an ihrer eigenen Biographie die Annahme von der Trennung von zivil und militärisch, von privat und öffentlich und von den getrennten Welten des Militärs und der Frauen.

Im zweiten Kapitel von „Women and War" zeichnet Elshtain die Geschichte der Internationalen Beziehungen nach, wie sie durch die klassischen

Texte des Faches wiedergegeben wird. Damit will Elshtain zeigen, dass diese Texte nicht Geschichte spiegeln, sondern Geschichten („narratives") sind: Auslegungen von historischen Ereignissen durch einzelne Zeitgenossen, die selbst immer wieder durch bereits vorhandene Geschichten beeinflusst waren. Die Kontinuität dieser Geschichten aufzuzeigen, ist Elshtains zweites Anliegen. Nach ihrer Einschätzung lassen sich Kernbegriffe wie Macht, Gewalt, Autonomie, Staatsräson, Bürgertugend, Patriotismus, Ehre usw. bis zur altgriechischen Mythologie zurückverfolgen (Elshtain 1995: 49). Elshtain beobachtet dabei besonders die Verknüpfung von Staat und Krieg, genauer von Bürgertugend und Waffenfähigkeit, die im „levée en masse" im Gefolge der französischen Revolution erstmalig alle Männer erfasste (Elshtain 1995: 63). Hegel schließlich hat Mann – Staat – Krieg in einer anspruchsvollen Philosophie verknüpft und in sein Geschichtsverständnis eingebettet. Männliche Autonomie und staatliche Souveränität verwirklicht sich für ihn im bewaffneten Konflikt. [64] Elshtain fasst Hegel folgendermaßen zusammen:

> "Just as the individual emerges to self-conscious identity only through a struggle, so each state must struggle to attain recognition. The state's proclamation of its sovereignty is not enough: that sovereignty must be recognized. War is the means to attain recognition, to pass, in a sense, the definitive test of political manhood" (Elshtain 1995: 75).

Für Rousseau und Hegel war es selbstverständlich, dass „armed civic virtue" nur Männern zuteil werden konnte. Nach der Auffassung dieser Denker drücken Frauen ihre Ergebenheit an die Nation bzw. an den Staat dadurch aus, dass sie ihre Söhne zur militärischen Verteidigung des Vaterlandes schicken (Elshtain 1995: 69 u. 75). Elshtain umschreibt diese Haltung mit dem Bild der „Spartanischen Mutter". Die Mitgliedschaft von Frauen im Staat ist über Männer und Söhne vermittelt.

Marx, Engels, Lenin – sie alle stehen in der politischen Ideengeschichte für eine neue politische Vision und eine neue politische Programmatik. Elshtain hingegen arbeitet heraus, dass diese Denker der Revolution die gedankliche Tradition, Politik und Militär zu verknüpfen, weitertreiben. Das Militär ist nun nicht mehr das Mittel der Politik oder der Staatsidee, stattdessen verschmelzen Gewalt und Politik zunehmend (Elshtain 1995: 80ff.). Laut Elshtain kommt dies schon in Marx' Sprache zum Ausdruck. Bei Lenin sei bereits das Verhältnis zwischen Bürgertum und Proletariat ein Kriegszustand, eine blutige Revolution daher unausweichlich. In Maos Schriften erscheint Politik und Krieg schließlich identisch:

> "War is politics and war itself is a political action ... War cannot for a single moment be separated from politics" (Mao zitiert nach Elshtain 1995: 85).

---

64 Eine ausführliche Beschäftigung mit dem Souveränitätsbegriff findet sich bei Elshtain 1996.

Elshtain beschreibt wie die enge Verknüpfung von Krieg und Politik eingeht in die revolutionären Bewegungen des 20. Jahrhunderts, aber auch in eine neu entstehende akademische Disziplin: die Wissenschaft von den internationalen Beziehungen.

Elshtain weist auf die Kontinuität zwischen den klassischen und den aktuellen Theorietexten, betont aber auch, dass durch Neuinterpretationen immer wieder neue Traditionslinien entstehen. Dies verdeutlicht Elshtain am Beispiel Clausewitz, dessen differenzierte Ansichten über den Krieg in der Auslegung der späteren Theoretiker weitgehend verloren gingen (Elshtain 1995: 77).

Elshtain zeigt auch, dass einzelne in früheren Zeiten eingeführte Elemente und Bilder immer wieder in sehr ähnlicher Form auftreten. Dies macht sie an Beispielen aus der Kinowelt des 20. Jahrhunderts und an aktuellen gesetzlichen Regelungen deutlich. So berichtet sie, dass erst durch die Massenrekrutierung in die französische Revolutionsarmee mit Zwang und gegen Widerstand eine gesamtfranzösische Identität hergestellt wurde. Eines von vielen Instrumenten war dabei die Uniform, die alle Männer – Bretone oder Provençale – vereinheitlichte. Die Verbindungslinie zur Gegenwart zeigt Elshtain am Beispiel der Entscheidung des Obersten Gerichtshofs der USA von 1986, die Soldaten jüdischen Glaubens verbot, religiöse Kleidungsstücke zu tragen, weil dies Einheit und Korpsgeist der Armee gefährden würde (Elshtain 1995: 72).

Elshtain will diese Verknüpfung von Militär und Politik aufbrechen und fordert den entwaffneten Bürger, ohne von einer völlig friedlichen Welt zu träumen. Vielmehr beruft sie sich auf die Lehre vom gerechten Krieg in der Tradition Augustins. Nach diesem Denker kann Krieg nur das allerletzte Mittel sein, das erst zum Einsatz kommen darf, nachdem alle anderen Wege geprüft wurden und versagt haben. Krieg darf nur als Reaktion auf eine ungerechte, gewalttätige Attacke oder Bedrohung erfolgen. Es muss eine ordentliche Kriegserklärung durch die Regierung erfolgen. Die Chance auf Sieg muss gegeben sein. Die eingesetzten Mittel müssen im Verhältnis zu den Zielen stehen. Im Krieg müssen Kämpfer und Zivilisten klar unterschieden werden und Letztere aus den Kampfeshandlungen herausgehalten werden. Die besiegte Nation darf nicht der Erniedrigung durch die siegreiche Nation ausgesetzt werden (Elshtain 1995: 150).

Die Überlegungen zum gerechten Krieg sind anspruchsvoll. Sie erfordern

"deep reflection by Everymen and Everywoman on what his or her government is up to. This, in turn, presupposes a 'self' of a certain kind, one attuned to moral reasoning and capable of it; one strong enough to resist the lure of seductive, violent enthusiasms; one bounded by and laced through with a sense of responsibility and accountability. In other words, a morally formed civic character is a pre-condition for just-war thinking as a civic virtue" (Elshtain 1995: 152).

Intellektuelle und moralische Fähigkeiten der/des Einzelnen sind eine notwendige, aber keine hinreichende Voraussetzung für die Verwirklichung des

„disarmed civic virtue". Diese entmilitarisierte Bürgertugend muss außerdem in die nationale Tradition eingebettet sein, um sich im Ernstfall politisch durchsetzen zu können (Elshtain 1995: 159).

Elshtain geht der (Kriegs)geschichte nach, die immer wieder Frauen als opferbereite Mütter und Ehefrauen („Spartan Mothers") und Männer als Kriegshelden darstellt. Dabei weist sie auf ein Problem dieser Vorgehensweise: Die Suche nach diesen Bildern trägt ungewollt wieder zu deren Bestätigung bei. Elshtain betont deshalb ausdrücklich, dass Männer und Frauen nicht als „Beautiful Souls"[65] und „Just Warriors" in den Krieg gehen (142), vielmehr bringe der Krieg eben diese Bilder hervor:

"War is productive destructiveness, not only in the sense that it shifts boundaries, defines states, alters balances of power (that we understand) – but in a more profound sense. War creates the people. War produces power, individual and collective. War is the cultural property of peoples, a system of signs that we read without much effort because they have become so familiar to us" (Elshtain 1995: 166/167).

Elshtain entdeckt drei idealtypische Identitäten, die für Frauen im Krieg offen stehen. Die wenigen gewalttätigen Frauen überschreibt sie mit „Ferocious Few", die „Non-combatant Many" stehen für die Vielen, die nicht kämpfen und die „Aggressive Mother" für die wütenden Mütter. Für die Männer sind nach Elshtain folgende Möglichkeiten vorgesehen:

"the Militant Many, the Pacific Few, and the Compassionate Warrior – ... (Some of these titles are ironic; some not.)" (Elshtain 1995: 171).

Elshtain kritisiert auch feministische Antikriegs-Entwürfe. Die einen erscheinen ihr unangemessen, weil sie den Mythos von den Frauen als fürsorgliche Mütter und den Männern als aggressive Krieger auf die Spitze treiben. Die anderen verfolgen zu hohe Ansprüche. Da soll die totale Abrüstung und der Frieden auf der ganzen Welt erreicht und das Patriarchat auf allen Ebenen abgeschafft werden. Elshtain lehnt die totale Gegenüberstellung von Krieg und Frieden ab, weil sie die Relationalität der Begriffe sieht. Als absolute Gegensätze werden beide Begriffe der Wirklichkeit nicht gerecht und bringen das Denken in eine Sackgasse. Die Lösung besteht für Elshtain nicht darin, den Krieg zu akzeptieren oder den Frieden zu wählen, sondern politischen Raum herzustellen für politisch mündige Bürger und Bürgerinnen.[66]

"To create social space through experiments in action with others would serve to free up identities, offering men and women the opportunity to share risks as citizens, to take up nonviolence as a choice, not a given. Collective violence would remain – as

---

65 Mit diesem Bild von Hegel umschreibt Elshtain das Stereotyp, nachdem Frauen pazifistisch, rein und unschuldig sind (Elshtain 1995: 4).
66 Diese Problematik breitet Elshtain (1988) an anderer Stelle ausführlich aus. Sie weist auf das verflochtene Auftreten von der Vorstellung vom absoluten Frieden und der Vorstellung vom Krieg als absolutes Übel: „Peace never appears without its violent *doppelgänger*, war, ..." (Elshtain 1988: 442).

the way men and women who see themselves as guardians of the state undertake their task and forge their identities; but it would no longer play the same role as its grand narrative got repeatedly challenged, not by 'peace' but by politics" (Elshtain 1995: 257).

Elshtain will zeigen, wie Krieg, und mehr noch: Kriegsgeschichte, dazu beitrug, bestimmte Identitäten für Männer und für Frauen bereitzustellen, die in den Idealformen „Spartan Mothers" and „Just Warriors" schon seit langem überleben, obwohl sie im konkreten Fall mit der Wirklichkeit wenig zu tun haben. Ihr politisches Ziel ist es, die bürgerliche Tugend als Teil einer lebendigen Demokratie zu „entwaffnen", also die enge Verknüpfung von Staatsbürger und Waffenfähigkeit aufzubrechen. Denn genau diese Verknüpfung bezog den Mann ein und schloss automatisch die Frau aus. Gleichzeitig geht es Elshtain um die Auflösung der Symbiose zwischen Soldat und Opfer. Das Opfer – im Mythos stets die Frau – ist bei weitem nicht so passiv und unbeteiligt, wie der Mythos es will. Im Gegenteil: Elshtain zeigt, welch komplementäre, aktiv treibende Rolle viele Frauen im Krieg erfüllen, um den Mann mit Ermunterung, Bewunderung, Appelle an dessen nationales Pflichtgefühl, Krankenpflege und Trauer als Krieger zu erhalten. Wenn diese Identitäten aufgelöst würden, so Elshtains Hoffnung, kann auch auf der nationalen und internationalen Ebene die Konstruktion Krieg, als Verteidigung und Schutz der unschuldigen Frauen und Kinder, als Verteidigung der nationalen Sicherheit ins Wanken geraten.

Die Bürgerschaft, die Elshtain im Sinn hat, ist verbunden mit politischem Interesse und gegebenenfalls Engagement, mit einem moralischem Gewissen, das die politischen Geschehnisse bewertet und mit Patriotismus:

„Patriotism, however, is part of our repertoire of civic ideals and identities: While its excesses may be lamented, it cannot, and should not, be excised, for patriotism also taps love of country that yields civic concern for country. Attached more to the sense of a political and moral community than to a state, patriotism can be, and has been, evoked to bring out the best in us – even as, when it shades into nationalism, it can arouse the worst" (Elshtain 1995: 252).

Damit kommt sie zur Beschreibung des Bürgers und der Bürgerin, die einer friedfertigen, reifen Demokratie angemessen ist – die „gemäßigte, geläuterte Patriotin":

"... it is a chastened patriot I have in mind, men and women who have learned from the past. Rejecting counsels of cynicism, they modulate the rhetoric of high patriotic purpose by keeping alive the distancing voice of ironic remembrance and recognition of the way patriotism can shade into excesses of nationalism; recognition of the fact that patriotism in the form of armed civic virtue is a dangerous chimera. The chastened patriot is committed and detached: enough apart so that he and she can be reflective about patriotic ties and loyalties, cherishing many loyalties rather than valorizing one alone" (Elshtain 1995: 252/253).

Elshtain fordert, den Diskurs über Politik und die Vorstellung von der Staatsbürgerschaft zu entmaskulinisieren (Elshtain 1995: 258).[67] Sie will den Bürger militärisch entwaffnen, politisch aber ausrüsten mit Loyalität und kritischem Geist, mit Handlungsfähigkeit und mit der Fähigkeit zu vergeben.[68]

Jean Bethke Elshtain kann nicht als postmoderne Theoretikerin (*Querverweis: Kap. 1.3.8*) bezeichnet werden, doch sie ist postmodern informiert. Sich auf Foucault berufend, unterstreicht Elshtain die Tatsache, dass Wissenschaft selbst ein Machtspiel ist und dass wissenschaftliche Ergebnisse dazu dienen können, politische Macht zu legitimieren (Elshtain 1995: 91). Ihr gesamtes Buch ist ein Aufruf, einer großen Erzählung ein Ende zu bereiten: to

"put away the grand narrative of armed civic virtue" (Elshtain 1995: 251).

Dabei konzentriert sich Elshtain auf soziale Identitäten, die für Männer und Frauen in Krieg und Friedenszeiten bereitstehen und die auch nationale Identitäten formen und damit Einfluss auf staatliches Handeln haben. Ihr politischer Vorschlag geht dahin, diese Identitäten zu ändern und zu erweitern.

Identitäten sind eine zentrale Kategorie in der feministischen und in der politikwissenschaftlichen Theorie. Es ist aber fraglich, ob die Konzentration auf diese Kategorie ausreichen kann, um den Ist-Zustand zu analysieren und Wege zu einem Sollzustand zu weisen. Elshtain bettet die beschriebenen Identitäten durchaus ein in ihren geschichtlichen Kontext und in ihre mediale Vermittlung. Sie verbindet die Bedeutung und Funktion von Identitäten jedoch nicht mit der Frage nach dem Staat und dessen Souveränitätsanspruch, obwohl sie das staatliche Souveränitätskonzept als potentiellen Kriegsfaktor begreift (Elshtain 1995: 75 u. 78), richtet sie ihre Veränderungsaufforderung an die Bürger und Bürgerinnen. Die Lösung ist der mündige Bürger und die mündige Bürgerin, die ihre Loyalitäten stets überprüfen und ausgeglichen gewichten.[69] Elshtain spricht nicht vom internationalen System, nicht von wirtschaftlich und militärisch starken und schwachen Staaten, nicht von Abhängigkeiten und ungleichen Mitgliedschaften oder internationalen Verträgen. Auch wenn Elshtain betont, dass politisch-kulturelle Identitätsbilder Formen der Macht sind, vernachlässigt sie auf diese Weise doch bedeutende Machtverhältnisse zwischen Staaten, in Staaten und nicht zuletzt die zwischen Männern und Frauen. Weil sie in diesem Sinne machtvergessen vorgeht und auch weil sie gleichzeitig harsche Kritik an einigen feministischen Positionen übt, wurde ihr manches Mal vorgeworfen, keine Feministin zu sein (vgl. Hedinger 2000: 212, Fußnote 8).

---

67 Hedinger liest Elshtain hier anders, vgl. Hedinger 2000: 235.
68 Elshtain bezieht sich hier auf Hannah Arendt. Arendt beschreibt die Fähigkeit zu vergeben als originär menschliche Fähigkeit, in der die bedeutende Möglichkeit liegt, Gewaltzyklen zu unterbrechen und Neues zu beginnen (Arendt 1989: 231ff.).
69 Vgl. auch Elshtain 1996.

3.2.2 Public Man and Privat Women

Die Definition des mündigen Staatsbürgers als zentrales Anliegen Elshtains soll nun von einer ganz anderen Perspektive beleuchtet werden. Ausgangspunkt ist nicht die internationale Politik, sondern das Verständnis von Politik in Theorie und (nationaler) Praxis. Die in der klassischer Theorie praktizierte Aufteilung in politische Öffentlichkeit und politikfreie Privatheit wird von Elshtain auf ihre Analogie mit Männlichkeits- und Weiblichkeitsbildern geprüft. Den folgenschweren Effekten dieses Zusammenhangs versucht Elshtain ebenfalls mit einer Neudefinition der Staatsbürgerschaft zu entkommen.

In ihrer viel beachteter Monographie „Public Man und Private Women" durchkämmt Elshtain die politische Ideengeschichte, deren typischer Textkorpus den ideellen Hintergrund der gegenwärtigen Politikwissenschaft bildet. Elshtain hat sich dabei vorgenommen, „to tell the story of the public and the private in political discourse" (Elshtain 1981: xi). Sie orientiert sich bei der Lektüre der altbekannten Texte an neuen Fragestellungen: Wie haben diese Denker zwischen privat und öffentlich unterschieden? Welche Prinzipien, Werte und Bewertungen haben sie den beiden Sphären zugeschrieben? Wie war diese Einteilung von der Einteilung in männlich und weiblich überlagert? Für Elshtains Analyse ist auch die Frage entscheidend, gegen was die Politik, der öffentliche Raum verteidigt wurde. Was musste ausgesperrt werden; was wurde als Gefährdung angesehen?

> „Because politics is in part an elaborate defense against the tug of the private, against the lure of the familial, against evocations of female power. The question to be put, then, is not just what politics is for but what politics has served to defend against" (Elshtain 1981: 15/16).

Schließlich befragt Elshtain die Texte der klassischen Theoretiker darauf, wem eine relevante Stimme gegeben wird. Wo darf gesprochen werden – im öffentlichen oder im privaten Raum? Wer spricht dort mit welcher Relevanz? Mit dieser Frage nach dem Rederecht kann Elshtain prüfen, wo Politik tatsächlich stattfinden kann. Denn nach ihren Beobachtungen ist auch der öffentliche Raum nicht immer so konzipiert, dass dort über politische Belange geredet und entschieden wird.

Die Einteilung in Privatspäre und Öffentlichkeit ist für Elshtain nicht nur eine Angelegenheit der politischen Theorie, nicht nur ein definitorisches Problem, vielmehr werde mit dieser Einteilung Gesellschaft strukturiert:

> „... when we talk about public and private, we tell a tale of how human beings have structured, guided, ordered, and imagined a life for themselves and others" (Elshtain 1981: xii).

In der Ideengeschichte hält sich Elshtain an bekannte Namen von Plato bis Marx. Unter dem Titel „Contemporary Images" untersucht sie mit gleichbleibend kritischem Auge feministische Entwürfe des 20. Jahrhunderts. Abschließend formuliert sie ihren eigenen Rekonstruktionsversuch zum Dauerthema „privat und öffentlich".

Um die Texte in der beabsichtigten Weise zu befragen, muss Elshtain die Theoretiker in größerer Breite vorstellen, also auf ihre wissenschaftstheoretischen Annahmen oder ihr Menschenbild eingehen. Dadurch wird die Lektüre ihres Buches auch für diejenigen Leserinnen zum Gewinn, die kein Vorwissen über die Klassiker mitbringen. Es soll an dieser Stelle keine Zusammenfassung von Elshtains Ergebnissen folgen, sondern eher eine Auswahl ihrer interessantesten und vom Mainstream abweichenden Interpretationen.

Bei *Platon* beispielsweise wird durch Elshtains spezifische Fragestellung Interessantes aufgedeckt. Platons übergeordnetes Ziel ist es, die Republik abzusichern und in Ordnung zu halten. Alles, was die Ordnung – heute würde man wohl von Stabilität sprechen – in Frage stellen könnte, wird ausgeschlossen. Da elterliche und sexuelle Liebesbindungen die Loyalität zur Republik gefährden könnten, haben sie keinen Platz im Rang der Elite. Auch Frauen können Teil dieser Elite sein – ein Gedanke, durch den Platon für manche feministische Theoretikerin zum Mitstreiter in eigener Sache wurde. Elshtain hingegen weist auf den Preis dieses Einschlusses. Um einen Platz in der Elite zu erhalten, müssen Frauen ihre „female identity", wie Elshtain es nennt, vollständig ablegen. Frauen werden als Wächterinnen der Republik in eine hoch abstrakte, staatstragende Rolle gezwungen und aller menschlichen Bindungen entledigt. Elshtain ist weit davon entfernt, dies als Modell für eine emanzipierte, gleichberechtigte Gesellschaft anzuerkennen. Vielmehr weist sie darauf hin, in welchem Maße dieser Republikentwurf auf dem Ausschluss alles Weiblichen gegründet sei (Elshtain 1981: 19-41).

Elshtain schließt in ihre Betrachtungen mittelalterliche Theoretiker ein, die in der Standardliteratur zur politischen Ideengeschichte häufig nicht berücksichtigt werden: St. Augustin, Thomas von Aquin und der Protestant Martin Luther. Obwohl von diesen Autoren, insbesondere von Martin Luther, kein explizit politischer Entwurf vorliegt, behandelt Elshtain diese drei Figuren als exemplarisch für den Angriff der christlichen Lehre auf das antike Menschen- und Gesellschaftsbild. Elshtain kann dabei zeigen, wie eng religiöse und weltliche Ordnungsvorstellungen verknüpft sind, nicht nur in den theoretischen Entwürfen, sondern auch in den politischen und religiösen Institutionen des Mittelalters.

Elshtain sieht eine deutliche Verschiebung in der Vorstellung von privat und öffentlich, die auf die Werte der christlichen Religion zurückzuführen sei (Elshtain 1981: 59). Die in der Antike hoch geachtete öffentlich-politische Welt habe in der christlichen Tradition erheblich an Wertschätzung verloren. Was die Antike als Reich der Notwendigkeit missachtet habe, die Familie, wurde von *Martin Luther* ins Zentrum der Betrachtungen gerückt worden. Nicht nur habe er die Familie als Kernzelle eines christlichen Lebens verstanden und Spuren des Göttlichen in der affektiven, erotischen Bindung zwischen Mann und Frau gesehen. Er wagte es außerdem, über diese bislang tabuisierten Themen – persönliche Fürsorge und sexuelle Begierde – offen und in landläufiger Sprache zu sprechen.

Allerdings ist die fundamental neue Bewertung der Familie nicht mit der Aufwertung der Frau verbunden. Elshtain bezeichnet Martin Luthers Haltung in dieser Hinsicht als frappierend widersprüchlich. Einerseits verteidigte er den weiblichen Körper als göttliche Kreation, andererseits verweigerte auch Martin Luther der Frau das Recht, ihre Stimme zu erheben.[70] Luther

> "distinguishes private voices depending on whether the speaker is male or female. The Christian wife must speak in a voice of piety and housewifery, though Luther did allow her, within the privacy of spiritual counsel, to voice the language of frustrated desire" (Elshtain 1981: 87).

Niccolò Machiavelli ist für Elshtain dadurch von besonderem Interesse, dass er die von Aristoteles eingeführte Trennung in privat und öffentlich wieder installiert und die beiden Bereiche in bisher unbekanntem Ausmaß kontrastiert, hierarchisiert und vergeschlechtlicht (Elshtain 1981: 93). Das Agieren in den beiden Sphären wird nun mit unterschiedlichen Maßstäben bewertet. Das Privatleben wird entwertet; oberste Priorität hat der Erhalt der politischen Macht. Das Private steht für das Weiche, Weibische; in der Politik hingegen geht es um Härte und Gesetz. Der gute Bürger ist derjenige, der den Staat in Waffen verteidigt. Elshtain spricht hier vom folgenschweren Bild des „armed citizen-soldier". Frauen, die nach der Zuschreibung von Machiavelli weder hart sind noch kämpfen können, sind per Definition nicht als Bürger geeignet (Elshtain 1981: 92-99).

Elshtain weist außerdem nach, dass *Thomas Hobbes* und *John Locke* zwar zwischen einem politisch-öffentlichen und einem privaten Bereich unterschieden, aber gleichzeitig dem patriarchalen Prinzip weit mehr Raum einräumten, als ihre Bezeichnung als Vertragstheoretiker vermuten lässt (Elshtain 1981: 110f.). (*Querverweis: Kap. 2*)

Elshtain stellt fest, dass Hobbes weder für Frauen noch für Männer ein politisches Stimmrecht vorgesehen hatte. Dies gebühre nur dem Herrscher. Locke hingegen bestimmt, dass die Sprache des Rechts für den politisch-öffentlich Bereich geeignet sei. Elshtain warnt davor, sich zu feministischen Zwecken auf diese Sprache einzulassen. In ihrer Begründung wird deutlich, wie sie die Genusgruppe Frau versteht und welchen Stellenwert weibliche Identität für sie hat:

> "Women later were to use the language of rights to press claims. Their arguments had to be compressed within the linguistic forms of the liberal tradition. This meant that women's 'reason' as a public voice couldn't give voice to the private, social bases of female identity, couldn't allow woman's experience to 'speak to' public realm. Thus

---

70 Beachtenswert ist auch, dass Luther auf die Geburt durch Frauen hinweist, denn von den Theoretikern der Antike wurde dieser Reproduktionsbeitrag der Frauen mit viel Umstand verleugnet oder abgewertet (vgl. Elshtain 1981: 44, siehe auch Rauschenbach 1998: 20).

woman's experience of herself was distorted. She had no vocabulary, in public speech, to describe the nuances and textures of her actual social relations and social location" (Elshtain 1981: 127).

Selbst der patriarchale Entwurf von *Robert Filmer* erscheint in einem neuen Licht, weil er von Elshtain vor der Folie privat – öffentlich betrachtet wird. Filmers durch und durch patriarchale Gesellschaft, die ausschließlich durch die Prinzipien von Autorität und Gehorsam strukturiert ist, ist für Elshtain das Ergebnis einer völligen Aufgabe des politischen Bereiches. Die gesamte Gesellschaft ist nach einem familiären, privaten Prinzip geordnet. Elshtain warnt, dass der radikal-feministische Ruf nach der Politisierung des Privaten sich in gefährlicher Nähe zu diesem Theoretiker des Patriarchats befinde (Elshtain 1981: 104).

"If a thinker incorporates the private realm of the family into a total politicized structure of explanation, and flattens out all distinctions between what is public and what is private, the following dilemma necessarily emerges: if all relationships and activities, including our most intimate ones, are political in their essence, if politics is everything and everywhere, then no genuine political action and purpose is possible, as we can never distinguish the political from anything else. This imperative is at work in the writings of feminist analysts who urge that 'the personal is political' totally and simpliciter" (Elshtain 1981: 104).

Elshtains Rousseau-Interpretation zeigt, wie genau die Verwendung der Begriffe „Natur" und „natürlich" beobachtet werden muss. *Jean-Jacques Rousseau*, der zunächst keinen „natürlichen" Unterschied zwischen Männern und Frauen benennt, votiert in der Familie dann doch eindeutig und nachdrücklich für die männliche Dominanz, denn die reproduktive Rolle der Frau mache diese schwächer.

"… however slight the incapacitations peculiar to the wife are thought to be, since they are always an inactive period for her, this is sufficient reason to exclude her from primacy (Rousseau nach Elshtain 1981: 159)

Elshtain entdeckt bei Rousseau die große Befürchtung, dass den Frauen aufgrund ihrer Sexualität, der Fähigkeit zu gebären und ihrer Rolle als Erzieherin, eine viel zu große Macht zukommen könne. Daraus entsteht bei Rousseau der Wunsch, die Frau zu zähmen (Elshtain 1981: 159):

"Furthermore the husband should oversee his wife's conduct, because it is important to him that the children he is forced to recognize do not belong to anyone other than himself" (Rousseau zit. nach Elshtain 1981: 158).

Schließlich kann Rousseau der Frau deshalb keine politische Rolle zugestehen, weil sie sich im Vergleich zum Mann noch stärker im „natürlichen" Zustand befinde und deshalb die für den öffentlich-bürgerlichen Bereich abstrakte Sprache nicht beherrsche (Elshtain 1981: 164).

Elshtains Interpretationen machen deutlich, wie die Begriffe „Natur" und „natürlich" zur politischen Ressource wurden. Die von Rousseau und anderen tradierten Weiblichkeitsbilder klingen bis heute nach: Nicht nur in der Extremsituation des Krieges wird die „natürliche" Schutzbedürftigkeit der Frau politisch instrumentalisiert. Auch ist bedenkenswert, wie viel Mühe politisch und wissenschaftlich darauf verwendet wird, den noch von Frauen abhängigen Reproduktionsprozess zu beherrschen. Und noch immer werden die scheinbar unangebracht emotionalen Auftritte von Frauen in öffentlichen Rollen beklagt.

Wichtig ist auch Elshtains Feststellung, dass Rousseaus Konstruktion von privat und öffentlich nicht dadurch gerechter werden kann, dass Frauen zum öffentlichen Bereich zugelassen werden. Rousseau Konstruktion braucht die Frauen notwendig im Privaten. Er kann sie nur dort zulassen, denn nur dann hat das Öffentliche in der gewünschten Weise Bestand (Elshtain 1981: 165).

Karl Marx – so haben einige feministische Kritikerinnen festgestellt – hat es versäumt, sich Gedanken zu machen über die Befreiung der Frau aus ihrer doppelten Unterdrückung. Elshtain findet eine Erklärung dieser Unterlassung. So schwärmt Marx von einer höheren Form der Familie. Außer dass diese Familie auf einer neuen ökonomischen Basis stehe, bleibt sie völlig unbestimmt. Die Frage, wie Frauen zu einer politisch relevanten Stimme gelangen könnten, stelle sich für Marx deshalb nicht, weil er in der kommunistischen Gesellschaft einen Bereich der Politik nicht mehr vorsehe. Für Elshtain zeugt dies von großer Naivität im Marx'schen Entwurf (Elshtain 1981: 183-197).

Nach ihrem Gang durch die Ideengeschichte stellt Elshtain ihre Frage nach der Einteilung in privat und öffentlich an *feministische Entwürfe*, die zum Zeitpunkt der Verfassung ihres Buches (1981) aktuell waren. Radikalen Konzeptionen kann sie dabei nichts abgewinnen. Sie findet dort die totale Auflösung des Politischen im Privaten und damit auch das Ende einer politisch relevanten individuellen Stimme. In einer Verschmelzung von privatem und öffentlichem Raum sieht sie nicht nur Parallelen zum Patriarchatsentwurf von Filmer, sondern auch zum Faschismus. Den radikalen Autorinnen wirft sie außerdem vor, ontologisch vorzugehen, also von einer unveränderlichen Wesensart von Männern und Frauen auszugehen und dabei stereotype Wertungen einfach umzudrehen, also Männer als die Überflüssigen, Obsoleten und ewigen Unterdrücker zu beschreiben, während das Heil in den Frauen und der Weiblichkeit liege. Sie lehnt den Antiintellektualismus ab, der daraus entstehe, dass in den radikalen Entwürfen nur Gefühle als authentisch anerkannt würden (Elshtain 1981: 221). Elshtain hält es für äußerst bedenklich, Frauen immer wieder in der passiven Opferrolle zu beschreiben. Sie vermutet eine Art Selbsthass hinter dieser unfruchtbaren Wiederholung. Der von radikalen Kritikerinnen vielfach benutzte Patriarchatsbegriff sei zum Catch-all-Begriff verkommen und dadurch unbrauchbar (vgl. Elshtain 1981: 204-228).[71]

---

71 Die Angemessenheit des Patriarchatsbegriffes markiert einen wesentlichen Streitpunkt zwischen Jean Bethke Elshtain und Carole Pateman (vgl. Pateman 1989: 36).

Der liberale Feminismus leidet nach Elshtains Analyse an der Konzentration auf Bildung und Wahlrecht und am Festhalten an traditionellen Weiblichkeits- und Männlichkeitsbildern (Elshtain 1981: 229-238). Im 20. Jahrhundert weitete der liberale Feminismus seine juristischen Forderungen zwar aus, ignorierte aber weiterhin, dass die Wirkung von Gesetzen auch von ökonomischen und kulturellen Umständen abhängt. Damit konnte dieser feministische Ansatz der Illusion aufsitzen, dass Frauen lediglich ihre traditionelle Rolle ablegen und eine neue annehmen müssten (Elshtain 1981: 242ff.). In diesen unpolitischen und individualisierten Lösungskonzepten vermisst Elshtain ein Konzept der Bürgerschaft und der politischen Gemeinschaft (Elshtain 1981: 246).

Am Beispiel des liberal-feministischen Klassikers „The Feminine Mystique" von Betty Friedan formuliert Elshtain schließlich eine Kritik, die sich später zu einem eigenen Zweig des Feminismus entwickeln sollte. Sie bemerkt, dass der liberale Feminismus vollständig aus der Perspektive einer privilegierten Mittelschichtsfrau argumentierte. Diskriminierungen der Klasse und der Ethnizität wurden nicht wahrgenommen (Elshtain 1981: 247 u. 255).

Bei marxistisch inspirierten Feministinnen hingegen ist „Klasse" zentrale Analysekategorie. Aber – so kritisiert Elshtain – in vielen Fällen verschmelzen dabei Klasse und Geschlecht, so dass kein Erklärungszugewinn zu verzeichnen ist. Auch wirft sie ihren marxistischen Kolleginnen vor, in einen entpolitisierten Strukturalismus verworren zu sein, der keinen Raum lässt für ein selbstbewusstes, reflexives, sprechendes und handelndes Subjekt. So müsse die gewünschte Veränderung durch ein Zusammenbrechen der Strukturen oder durch das Aufkommen einer völlig neuen Kultur zustande kommen – Vorstellungen, die für Elshtain wenig Überzeugungskraft haben. Sie wirft auch den marxistischen Feministinnen vor, kein Bild von einer zukünftigen politischen Gemeinschaft, keine Idee vom politisch mündigen und tätigen Bürger entwickelt zu haben (Elshtain 1981: 256-284).

3.2.3 Die Verbindung von privater und öffentlicher Sphäre

Als hervorragende Kennerin der politischen Ideengeschichte weiß Elshtain um die Bedeutung des Menschenbildes für jedes politische Konzept. Entsprechend legt sie selbst ihr Menschenbild dar, bevor sie ihren eigenen Entwurf zur Konstruktion von Privatraum und öffentlich-politischem Leben vorstellt.

Elshtain geht von der Bindung zu anderen als eine ureigenste Fähigkeit und gleichzeitig Bedürftigkeit des Menschen aus. Menschliche Bindungen sind die Voraussetzung für eine Entfaltung der Menschlichkeit des Einzelnen und die Voraussetzung für die Bildung einer (politischen) Gemeinschaft.

Allerdings ist die Bindungsfähigkeit dem Einzelnen nicht ohne weiteres gegeben. Sie muss schon beim Kleinkind und beim Heranwachsenden ermöglicht werden. Ausgehend von diesen Prämissen kommt Elshtain zu dem Schluss, dass die Ausbildung der Bindungsfähigkeit bei Kindern der Ausgangspunkt einer feministischen Theorie des Politischen sein muss:

> „The feminist concerned with a reconstructive ideal of the private sphere must begin by affirming the essential needs of children for basic, long-term ties with specific others" (Elshtain 1981: 331).

Bindungsfähigkeit kann nur ausbilden, wer selbst in einem Netz von emotionalen Bindungen aufwächst. Dieses Netz von Bindungen stellt die Familie zur Verfügung. Die Familie muss sich dabei nicht zwingend aus den biologischen Eltern zusammensetzen; notwendig sind aber dauerhaft und emotional gebundene Personen. Deshalb ist es nicht möglich, die Familie durch Institutionen, in denen jemand einen Erziehungsjob erledigt, zu ersetzen (Elshtain 1981: 329, 331). Damit wird die Familie Elshtains Kernthema. Über viele Seiten hinweg bekräftigt sie die Bedeutung der Familie mit anthropologischen, historischen, statistischen Argumenten, auch weil sie weiß, dass die Familie eine vorrangige Zielscheibe feministischer Kritik ist (Elshtain 1981: 319ff.).

Die Familie erhält in Elshtains Überlegungen eine derart zentrale Position, dass sie gleichbedeutend wird mit dem Privaten überhaupt. Elshtain spricht von der „private-familial sphere" (Elshtain 1981: 334). Sie räumt ein, dass die Familie ihren positiven Effekt nur haben kann, wenn die Erwachsenen in respektvoller, gleichberechtigter Beziehung miteinander leben und durch die Zwänge des Erwerbslebens oder anderer öffentlicher Rollen nicht erdrückt werden. Um Letzteres sicherzustellen, seien strukturelle Veränderungen nötig. Hier ist es nun Elshtain, die es versäumt, ihre Vision weiter auszuführen bzw. sich in abstrakte Formulierungen („structural changes", Elshtain 1981: 337) flüchtet.

Für den öffentlich-politischen Raum hält sie eine Therapie für angebracht. Das politische Geschäft müsse seine machiavellistischen Prinzipien durch moralische Prinzipien ersetzen oder ergänzen. Fürsorge und Bindungen, die üblicherweise ins Private verbannt werden, müssten auch im politischen Diskurs ihren Platz haben. Kein Thema dürfte von der öffentlichen Debatte ausgeschlossen werden. Die Vorstellung, dass es große Themen gebe, die im öffentlichen Raum zu verhandeln seien, und niedere Belange, die dem Sozialen und damit Nichtpolitischen angehören sollten (wie von Hannah Arendt vertreten), weist Elshtain klar zurück.

> „Citizenship ,..., must dirty its hands in the task of the present. ..., it must cast off the image of noble figures disinterestedly debating final ends" (Elshtian 1981: 347).

In Anlehnung an ein berühmtes Bibelzitat kommt Elshtain damit zu einer griffigen Definition der Bürgerschaft:

> „Where any number of citizens is gathered in the name of acting together in common towards ends they debate and articulate in public, there is citizenship" (Elshtain 1981: 348).

117

Elshtains politische Vision hält an der Trennung von privat und öffentlich fest. Die Privatsphäre setzt sie im Wesentlichen mit der Familie gleich. Dort können Kinder unter der Obhut von gleichberechtigten, von ökonomischen Korruptionen befreiten Erwachsenen als bindungsfähige Individuen heranwachsen. Als Erwachsene hätten sie die Voraussetzung, selbstbewusste Bürger zu sein, die gemeinsam alle erdenklichen Themen, insbesondere auch die Belange Schwächerer und Abhängiger artikulieren und damit einen öffentlich-politischen Raum schaffen, der durch „ethical polity" geprägt ist.

> „Such a world would require private spheres bearing their own intrinsic dignity and purpose tied to moral and aesthetic imperatives, all the textures, nuances, tones and touches of a life lived intimately among others. A richly complex private sphere requires, in order that it survive, freedom from some all-encompassing public imperative, but in order for it to flourish the public world itself must nurture and sustain a set of ethical imperatives, including a commitment to preserve, protect, and defend human beings in their capacities as private persons, and to allow men and women alike to partake in the good of the public sphere on an equal basis of participatory dignity and equality. Rather than an ideal of citizenship and civic virtue that features a citizenry grimly going about their collective duty, or an elite band of citizens in their 'public space' cut off from a world that includes most of the rest of us, within the ethical polity the active citizen would be one who had affirmed as part of what it meant to be fully human a devotion to public, moral responsibilities and ends" (Elshtain 1981: 351).

Elshtain gelangt damit zu einer Mischung aus konkreter politischer Forderung und politischer Vision. Ihre Vorstellung der Bürgerschaft ist handfest: Diese mündige Bürgerin und dieser mündige Bürger darf jederzeit zu allen Belangen öffentlich die Stimme erheben. Er oder sie darf sich auch gegen seinen oder ihren Staat zu stellen und hat in Einzelfällen sogar die Pflicht dazu. Die Forderung, kein Thema von der öffentlichen Behandlung auszuschließen, ist zentral und ermöglicht eine Erweiterung der herkömmlichen öffentlichen Themen, welche die Trennung von Privatem und Öffentlich-Politischem punktuell aufhebt.[72]

Andererseits bleiben in Elshtains Entwurf viele Fragen offen. Wie kommen wir zu dieser Familie, in der keine Unterdrückung stattfindet, deren erwachsene Mitglieder Zeit und Reife haben, um Kinder zu bindungsfähigen Individuen zu erziehen? Welche strukturellen Veränderungen sind hierzu nötig und möglich (vgl. auch Lang 1997: 107)? Wie können wir sicherstellen, dass alle gleichermaßen selbstbewusste Bürger sein dürfen? Wie kann garantiert werden, dass kein Thema unterdrückt wird?

---

72 Holland-Cunz hat diesen Vorschlag (ohne expliziten Bezug auf Elshtain) später aufgenommen: „Der Politisierbarkeit beliebiger Sachverhalte sind keine systematischen Grenzen gesetzt, solange sich die Artikulationsformen nicht privatisieren." (Holland-Cunz 1999a: 136).

118

Elshtain hält an der Einteilung in privat und öffentlich-politisch fest, da sie beides für notwendige Bereiche einer Gesellschaft hält. Sie will der Familie (dem Privaten) den Eigenwert und die Würde zurückgeben, die marktwirtschaftliche Prinzipien und feministische Kritik ihr genommen haben, und sie will den öffentlich-politischen Diskurs durch moralische Überlegungen kurieren. Verkürzt könnte man sagen, Elshtain wolle alles beim Alten belassen, nur alles verbessern. Aufgrund dieser Lesart sind gegenüber Elshtain einige Vorwürfe erhoben worden. Neben dem bereits beschriebenen Mangel an Verbindung von Realitätskritik und Vision zielen diese auf die Unbekümmertheit, mit der Elshtain von den Frauen, der weiblichen Identität spricht und beides mit Mutterschaft verknüpft. Auf diese Kritikpunkte wird hier abschließend eingegangen.

3.2.4 Kritische Stimmen

„Public Man und Private Women" ist bereits 1981 erschienen, also in einer Zeit, bevor das Thema „Differenzen zwischen Frauen" breit theoretisiert wurde, bevor die Idee der sozialen Konstruktion von Geschlecht in wissenschaftlich ausgefeilter Weise dargestellt wurde und bevor postmoderne Überlegungen das Subjekt „Frau" in Frage gestellt haben. (*Querverweis Kap. 1.3.8*)

Entsprechend befand sich Elshtain in dieser Zeit noch in guter Gesellschaft, wenn sie an einem politischen Subjekt „Frauen" im Sinne einer gemeinsamen weiblichen Identität nicht nur festhielt, sondern dieses bestärken und neu wertschätzen wollte.

> „My aim is to define and to defend a female identity ..." (Elshtain 1998: 363).

Diese weibliche Identität erscheint bei Elshtain immer wieder eng verknüpft mit Mutterschaft, die sie vehement gegen ein einfaches Rollenverständnis verteidigt.

> „Mothering is not a 'role' on par with being a file clerk, a scientist or a member of the Air Force. Mothering is a complicated, rich, ambivalent, vexing, joyous activity which is biological, natural, social, symbolic, and emotional. It carries profoundly resonant emotional and sexual imperatives. A tendency to downplay the differences that pertain between, say mothering and holding a job, not only drains our private relations of much of their significance, but also oversimplifies what can or should be done to alter things for women, who are frequently urged to change roles in order to solve their problems" (Elshtain 1981: 243).

Es lassen sich also genügend Belege finden, um Elshtain als „konservative Differenztheoretikerin" (Holland-Cunz 1998: 25) zu bezeichnen und ihr die Romantisierung der weiblichen Lebenswelt vorzuwerfen. Um Elshtain gerecht zu werden, sollte ihr Anliegen jedoch genau betrachtet werden:

Elshtain stellt sich eine weibliche Identität vor, die sich nicht von den Regeln der öffentlich-politischen Macht formen lässt. Stattdessen soll weibliche Identität eigene Werte selbstbewusst in die öffentliche Sphäre einbringen. Um ihre Vorstellung von dieser aufgewerteten, sich selbst schätzenden, öffentlich wirksamen weiblichen Identität zu verdeutlichen, wählt Elshtain das Bild der Antigone, einer von Sophokles geschaffenen literarischen Figur der Antike. Antigone lehnt sich auf gegen die abstrakten Regeln ihres Onkels Kreon, König von Theben, der um der Staatsmacht willen althergebrachte familiäre Traditionen verbietet. Antigone kann nicht akzeptieren, dass die Staatsidee mehr wiegen soll als die Ehre ihres in der Schlacht getöteten Bruders Polyneikes. Elshtain überträgt Antigones Haltung auf unsere Zeit:

> „... the standpoint of Antigone is of a woman who dares to challenge public power by giving voice to familial and social imperatives and duties. Hers is not the world of the femme couverte, the delicate lady, or the coy sex-kitten. Hers is a robust voice, a bold voice: woman as guardian of the prerogatives of the oikos, preserver of familiar duties and honour, protector of children ..." (Elshtain 1998: 372)

Elshtains Bild enthält die aktuelle Warnung vor dem Anpassungszwang an die „männliche" Welt, die aus konkurrierenden, erfolgsorientierten, allein kämpfenden Individuen besteht. Die Annahme aber, dass (nur) Frauen so nicht sein wollten oder könnten, die Vermutung, dass Frauen immer die Stimme des Mütterlichen vertreten würden, ist hingegen gesellschaftlich und theoretisch längst überholt. Entsprechend wirft Erbrecht Elshtain vor, das bürgerliche Bild einer besonderen weiblichen Sittlichkeit mit der Vorstellung einer besonderen weiblichen Fürsorgemoral zu wiederholen (Erbrecht 1997: 151).

Elshtain argumentiert gegen eine Verschmelzung von privat und öffentlich. Der Privatraum ist ihr ein erhaltenswerter Ort der menschlichen Bindung. Öffentlich und politisch sollten allenfalls differenziert werden. Eine öffentliche Rolle auszufüllen (z.B. als Händler, Lehrerin usw.), bedeute nicht automatisch politisch zu handeln (Elshtain 1981: 242). Elshtain plädiert für eine Aufwertung der privaten, weiblichen Sphäre, die nach ihrer Einschätzung in der Politik und in Teilen der feministischen Bewegung missachtet wird.

Auch in diesem Anliegen Elshtains lässt sich sowohl ein aktueller Hinweis finden als auch eine obsolete Annahme. Dass das Private die weibliche Welt sei, ist eine empirisch wie normativ nicht tragfähige Aussage. Zweifellos gibt es immer noch – auch in modernen Industriegesellschaften – ein größere Zuständigkeit von Frauen für Haus- und Kinderarbeit. Dieser beklagenswerte Umstand hält sich aber unter anderem deshalb so hartnäckig, weil an dem Mythos festgehalten wird, dass das Muttern und Sorgen weiblicher und nur weiblicher Identität entspräche.

Was die von Elshtain eingeklagte Aufwertung angeht, findet Elshtain hingegen unterschiedliche Koalitionspartner, die von konservativen Parteien bis zu feministischen Arbeitsforscherinnen reichen. Während es Ersteren eher um eine symbolische Aufwertung geht, wird von Letzteren schon seit den 80er-Jahren die Bezahlung von Hausarbeit gefordert. Auch der in Deutschland zu Beginn des 21. Jahrhunderts prognostizierte Kindermangel führt zu einer anhaltenden Debatte darüber, wie die gesellschaftlich wichtige Aufgabe der Kindererziehung erleichtert und honoriert werden könnte.

Jedoch krankt Elshtains Vorschlag auch hier an einer unhaltbaren Vorstellung von einer „weiblichen Identität". Die den Frauen gemeinsame weibliche Identität sei geformt aus der gemeinsamen Erfahrung in der typisch weiblichen Lebenswelt, also durch das Konkrete, Besondere und Körperliche gekennzeichnet (Elshtain 1998: 368). Die weibliche Lebenswelt sei

> „social world where human life is nurtured and protected from day to day" (Elshtain 1998: 372).

So wie Elshtain das Familienleben als pars pro toto für das Private vorstellt, so erlaubt sie sich eine verkürzende Gleichsetzung von „Frauen", „weibliche Identität" und „Mutterschaft". Mehr noch, Elshtain verknüpft weiblich und privat selbst auf kritiklose Weise. Dadurch entgeht ihr, dass die von ihr bemängelte Entwertung gerade mit der weiblichen Zuständigkeit zusammenhängt. Die Beobachtung, dass hoch bewertete Tätigkeiten männlich besetzt sind bzw. dass die Aufwertung eines Gesellschaftsbereiches stets mit dessen „Vermännlichung" einhergeht, bleibt so außer Acht. Elshtain sieht die Relationalität der ungleichwertigen Geschlechterbilder nicht.

Zur Verbesserung des öffentlich-politischen Sektors schlägt Elshtain die Einführung des „maternal thinking" vor, wie von Sara Ruddick beschrieben (vgl. Elshtain 1981: 336). Auch dieser Vorschlag provozierte feministische Kolleginnen zu kritischen Gegenargumenten.

3.2.5 Zusammenfassung

Elshtain hat *an die Autoren der politischen Ideengeschichte neue Fragen gestellt* und ist dabei über den Kreis der bekanntesten politischen Theoretiker hinausgegangen. Elshtain hat damit Denktraditionen zutage gefördert, die bis heute explizit oder implizit derart nachwirken, dass noch immer der Privatbereich mit Frauenzuständigkeiten zusammengedacht wird, dass der öffentlich-politische Sektor auf die Bedürfnisse und Möglichkeiten männlicher Erwerbskarrieren zugeschnitten ist und dass noch immer Themen von der politischen Agenda ferngehalten werden mit dem Argument, sie gehörten in die Privatsphäre.

Elshtains Überlegungen zur „*Spartian Mother*" und zum „*Just Warrior*" sind von bleibender Aktualität. Sie liefern ein hilfreiches Instrumentarium zur Interpretation von medialen, politischen, aber auch politikwissenschaftlichen Darstellungen (nicht nur) in Kriegs- und Krisenzeiten.

Schließlich könnte *Elshtains Definition von Bürgerschaft* einerseits *und von Politik* andererseits als fruchtbarer Kern einer feministischen Neudefinition des Politischen genutzt werden.

Mit der Betonung der Bindungsfähigkeit und Bindungsnotwendigkeit des Menschen nimmt Elshtain einen von Feministinnen immer wieder vorgebrachten Hinweis auf und bindet ihn politiktheoretisch ein. Sie arbeitet heraus, dass nur ein bindungsfähiger Mensch zu politischer Gemeinschaft fähig ist. Wir können Elshtain wohlwollend also folgendermaßen lesen: Wer eine politische Gemeinschaft denkt (nicht als Ansammlung von eigennützigen Individuen, sondern als auch an Gemeinwohl und konsensualem Handeln Interessierte), der muss über *Familie und Mutterschaft* reflektieren, weil nur durch diese Institutionen zur politischen Gemeinschaft fähige Menschen – Bürgerinnen und Bürger – entstehen können. Widerstand gegen diese Gedankenfolge Elshtains entzündet sich daran, dass sie das Muttern ausschließlich und kritiklos den Frauen zuordnet. Auf diese Weise äußert sich eine folgenschwere theoretische Unzulänglichkeit ihres Entwurfes: Männer, Männlichkeit, die Relationalität der Geschlechter und der Geschlechtsbilder tauchen zwar gelegentlich in Elshtains Klassikerinterpretation auf, gehen aber in ihrer eigenen politischen Vision verloren.

Elshtains politischer Entwurf enthält zweifellos Bedenkenswertes und Innovatives, gleichzeitig zeigt er die Fallstricke eines Vorgehens, das Identitäten kritisch analysieren und gleichzeitig bewahren möchte. Elshtain hält an „weiblichen" bzw. „männlichen" *Identitäten* fest. Vom gegenwärtigen Stand der theoretischen Diskussion aus gesehen, erscheint es jedoch unerlässlich, von der Variabilität, Konstruiertheit und Relationalität von Männlichkeits- und Weiblichkeitsentwürfen auszugehen.

Literaturtipp
Hedinger 2000

3.3 Zu Eva Kreisky: Der männerbündische Staat

Eva Kreiskys Forschungsarbeiten und Veröffentlichungen liegen überwiegend im Bereich von Politischer Theorie und Ideengeschichte, Staats- und Institutionentheorie und der Politik der Geschlechterverhältnisse.[73] Nach Einschätzung der bundesdeutschen Politikwissenschaftlerin Barbara Holland-Cunz hat Kreisky im deutschsprachigen Raum den bisher „einzig relevanten und vielerorts diskutierten Ansatz zum Verhältnis von Staat und Geschlecht" (Holland-Cunz

---

73 Kreisky hat in Wien das Studium der Rechts- und Politikwissenschaft absolviert und war im Anschluss Assistentin und Abteilungsleiterin am Wiener Institut für Höhere Studien. Von 1989 bis 1993 war Kreisky Professorin für Politikwissenschaft unter besonderer Berücksichtigung der Frauenforschung am Fachbereich Politische Wissenschaft der Freien Universität Berlin. Nach zweijähriger Gastprofessur an der Universität Wien ist sie seit 1995 Professorin am dortigen Institut für Politikwissenschaft.

im Vorwort zu Seemann 1996: 9) vorgelegt. Dieser als Männerbund-Theorem bekannte theoretische Ansatz wird in diesem Kapitel vorgestellt.

Kreisky geht davon aus, dass sich der Staat nicht im Staatsapparat erschöpft, sich aber als solcher äußert.[74] Aus historischen Studien und Gegenwartsanalysen liest sie heraus, dass Staatsapparate institutionalisierte Männlichkeit darstellen, geprägt von männlichen Interessen und Erfahrungen. Entsprechend läuft die Politik, die in diesen Apparaten gemacht wird, nach den Ritualen von *Männerbünden* ab.

Dabei will Kreisky vermeiden, dass „Männerbund" zu einem rein plakativen Schlagwort wird. Diese Gefahr sieht sie durch die Nähe von Frauenforschung und Frauenbewegung gegeben. Sie hingegen will den analytischen Wert von „Männerbund" als Konzept aufzeigen. Dazu zeichnet Kreisky zunächst die historische Nutzung des Begriffes nach im Rückgriff auf Männerbundtheorien, die im ersten Drittel des zwanzigsten Jahrhunderts entwickelt wurden, um die Frauen von der Politik fern zu halten. Kreisky bezieht sich hier vor allem auf die Schriften von Hans Bühler von 1916 und 1921 (vgl. Kreisky 1992: 55-57).

Nach dem Zweiten Weltkrieg waren politische Theorien, die den Männerbund als Idealtypus des Staatlichen und des Politischen propagierten, nicht mehr akzeptabel. Kreisky kann zeigen, dass der politische Raum in der Tradition einflussreicher Theoretiker wie Max Weber oder Carl Schmitt als Männerbund gedacht wurde.

> „Wenn es Weber darum geht, die für den Beruf Politik erforderlichen Qualitäten hervorzukehren, bedient er sich der ‚Weiblichkeit' als illustrativer Figur zur Beschreibung von Unfähigkeit und Unangemessenheit. (...)

Für Weber war ganz selbstverständlich, dass ‚Realpolitik' Sache von Männern sei. Er lebte und arbeitete in einem eindeutig patriarchalen Zusammenhang. (...) Die politische Geschlechterteilung war für ihn völlig in Ordnung" (Kreisky 1994a: 195).

Dabei handelt es sich nicht um einen Verschleierungsversuch, sondern um eine für diese Autoren ganz selbstverständliche Annahme, die nicht explizit geäußert werden musste. Entsprechend wichtig ist es laut Kreisky, nicht nur diese Einrichtungen als Männerbund zu analysieren, die sich als solche zu erkennen geben (Kreisky 1994a: 199f.).

Kreisky war nicht die Erste, die den „Männerbund" als kritische Formel in die wissenschaftliche Diskussion einbrachte. Sie konnte auf psychoanalytische und herrschaftskritische Schriften aufbauen, wie die Studien zur politischen Kultur in Deutschland von Nicolaus Sombart (1988, vgl. auch 1991)[75] und kulturkritische und feministisch inspirierte Beobachtungen, wie sie beispielsweise

---

74 Kreisky orientiert sich in ihrem Staatsverständnis an Poulantzas 1974.
75 Die wichtigsten Aussagen Sombarts werden bei Seemann 1996: 102-109 wiedergegeben.

in dem Band von Gisela Völger und Karin von Welck (1990) gesammelt sind. Außerdem nutzte sie die Schlüsse des Kulturtheoretikers Mario Erdheim (1982 und 1991) und des Literaturwissenschaftlers Bernd Widdig (1992).

Im Folgenden wird Kreiskys Theorem vom Staat als Männerbund anhand von Textauszügen vorgestellt. Daran wird zunächst deutlich, mit welchem Verständnis von Geschlecht, Staat und Politik Kreisky arbeitet. Dann geht es darum, wie Männlichkeit im Staat eingeschrieben sein kann, und schließlich um die Funktionsweisen des Männerbundes. Von Kreisky skizzierte Veränderungsmöglichkeiten in der Praxis werden angesprochen, ebenso wie die Aufgaben der Forschung. Schließlich werden in knapper Form kritische Stimmen wiedergegeben, welche die begrenzte Nutzbarkeit des Theorems thematisieren.

3.3.1 Zum Verständnis von Geschlecht

Kreisky versteht Geschlecht nicht als biologische Kategorie, sondern als eine soziale und politische Zuschreibung, die vor allem ein Verhältnis festlegt, das ungleich und machtgeladen ist.

Kreisky erklärt ihr Geschlechtsverständnis folgendermaßen:

> „Mit der Kategorie ‚Geschlecht‘ wird die fundamentale soziale und politische Qualität aller auf Geschlecht beruhenden Unterscheidungen betont, also die Vorstellung eines ‚biologischen Determinismus‘ streng verneint. Darüber hinaus bedeutet die Fokussierung feministischer Forschung auf das Geschlechterverhältnis die Einführung eines auch ‚relationalen‘ Aspektes in das analytische Instrumentarium des Feminismus: Es genügt nämlich nicht, nur Einsichten in die Lebenslage unterdrückter und benachteiligter Frauen zu sammeln, sondern das Unterdrückungs*verhältnis*, also das Geschlechter*verhältnis*, ist von eigentlich analytischer Bedeutung (Davis 1975: 90). Auf diese Weise kann überhaupt erst auf die gesellschaftliche und politische Organisation Bezug genommen werden" (Kreisky 1995: 203)

> „Das Geschlechterverhältnis ist ein Hauptfeld, in dem oder durch dessen Hilfe Macht artikuliert wird. Es ist nicht das einzige Feld, aber es ist ein sich hartnäckig reproduzierendes. Die *Effekte* des Geschlechts sind in sozialen und institutionellen Beziehungen und Arrangements, so auch dem Staat, besonders gut untersuchbar" (Kreisky 1995: 204).

3.3.2 Zur Definition von Politik

Da Kreiskys Blick auf die staatlichen Institutionen konzentriert ist, versucht sie sich nicht in einer allgemeinen Definition von Politik. Stattdessen gibt sie eine Charakterisierung von realer Berufspolitik:

> „‚Berufspolitik‘ ist als ein Auf und Ab von Männerfreundschaften (-feindschaften) zu beschreiben. Sie ist eine männlich verfasste und genormte Welt, in der nur ‚männliches (sachlich-distanziertes) Verhalten‘ als ‚richtiges‘ politisches Verhalten angemessen erscheint. Früher offener, jetzt verschleierter Ausschluss begründet den ‚losen‘

Männerbund der Politiker. Die Affinität des politischen Systems zur Männlichkeits-
werten und -vorstellungen nützt Männern in doppelter Weise, weil sie ihre politischen
Karrieren befördert und zudem Geborgenheit in den entfremdeten Strukturen der Berufspolitik schafft. Beides arbeitet aber gegen Frauen: Ihr politisches Fortkommen
wird behindert, und sie bleiben Fremde im politischen Männerland (vgl. Schöler-
Macher 1991: 106f.)" (Kreisky 1991: 55).

Bärbel Schöler-Macher hat 1994 eine Studie zu Frauen in Parteien und Parlamenten abgeschlossen, die diese von Kreisky behauptete Fremdheit der Frauen
in der Politik untermauert. Diese Fremdheit unterscheidet sich dabei von der
Situation des männlichen Neuankömmlings in mindestens zweifacher Weise:

„Fremdheit ist erstens für Frauen gegeben aufgrund ihrer Nicht-Teilhabe an der kollektiven geschichtlichen Tradition der Männer, durch die das heutige politische Re-
gelwerk gebildet wurde; Fremdheit ist zweitens gegeben aufgrund der Affinität des in
der Politik relevanten erprobten und funktionalen Wissens zu kulturellen Werten der
Männlichkeit" (Schöler-Macher 1994: 36).

Außerdem sind Frauen in der Politik einem doppeltem Legitimationszwang
ausgesetzt, dem Männer nicht begegnen.

„Sie müssen sich selbst wie ihrer Umwelt gegenüber beweisen, dass sie – obwohl
Frau und daher gewissermaßen illegitimer Weise in der Politik – dennoch für die Regelung der öffentlichen Angelegenheiten geeignet sind und sie – obwohl Politikerin –
dennoch ‚richtige' Frauen sind" (Schöler-Macher 1994: 42).

3.3.3 Zum Staatsbegriff

Kreisky stellt den Staatsapparate, die Staatsbürokratie und das Militär ins
Zentrum ihrer Überlegungen zum Staat (Kreisky 1994a: 192), denn

„Militär und Bürokratie bilden die Kernstrukturen des Staats" (Kreisky 1995: 215 u. 217).

Kreisky betont die historische Vorbildfunktion des Militärs für die Organisation öffentlicher Verwaltung; sie sieht das Militär aber auch gegenwärtig als
männerbündische Kernstruktur des Staates. Begrifflichkeiten und Formulierungen von Max Weber und Sigmund Freud aufnehmend, erklärt sie:

„In der politischen Männerbundtheorie sind nicht nur Staat und Männerbund, sondern
auch *Militär* und Männerbund eins. Der Mann in der Männerbundtheorie ist immer der
männliche, soldatische, heroische Mann. Die Nichtwaffenfähigen oder Nichtwaffentra-
genden galten immer schon nur ‚als Weiber' ... Das Militär ist nicht bloß eine Männerinstitution, es ist die ‚Schule der (männlichen) Nation und damit die ‚Schule der Nation
(zum Mann)'. Es ist eine ‚Illusionsmaschine', die das *Konstrukt der Männlichkeit* produ-
ziert: Hier wird das Geheimnis gepflegt, wodurch der Mann zum Mann wird (Erdheim
1982: 336). (...) Statt hehrer ‚idealistischer Ziele' (Vaterland, ...) taucht ‚Männlichkeit'
als Kampfmotivation auf. Zum Überleben wird die männliche Solidarität (‚Kamerad-
schaft') priorität und verselbständigt sich. Der Männerbund Militär reproduziert sich
über Initiationsriten, die die Männer äußerst ungleiche Ordnung akzeptieren lässt. Hinter
den Mauern der Kaserne muss der Rekrut zuallererst eine Frauenrolle erlernen: nur wer

dort als Frau behandelt wurde, wird sich den Frauen gegenüber so verhalten können, wie es bei uns üblich ist (vgl. Erdheim 1982: 343)" (Kreisky 1994a: 204f.).

Neben dem Militär ist die Bürokratie die nächste Kernstruktur des männerbündischen Staates. Mit Blick auf die staatliche Bürokratie betont Kreisky, dass diese nicht nur materielle Äußerung des Staates sei, sondern selbst eine gesellschaftliche und politische Wirkung entfalte:

> „Männlichkeit als System hat sich im Staatsapparat modellartig historisch eingeschrieben. Die staatlichen Institutionen erweisen sich als sedimentierte männliche Interessen und männliche Lebenserfahrung. Männlichkeit ist nicht nur gesellschaftlich konstruiert (vgl. MacKinnon 1989: 100), sondern sie konstruiert auch selbst gesellschaftliche Strukturen" (Kreisky 1991: 53).

3.3.4 Sedimentierte Männlichkeit

Die im Staat eingeschriebene Männlichkeit begründet sich zunächst in der Geschichte des Staatsapparates, der sich zu Zeiten ausgebildet hat, in denen der Ausschluss der Frauen selbstverständlich und vollständig war.

> „Die Staatsbürokratie konstituierte sich in unseren Breiten von allem Anfang an als ausschließlicher ‚Herrenclub‘ und sie hat sich trotz veränderter politischer Rahmenbedingungen (Demokratie, Republik) eine frauenausschließende und -diskriminierende Beharrlichkeit bis heute bewahrt. Trotz formalrechtlicher Gleichbehandlung der Geschlechter ist für Frauen das Übertreten der bürokratischen Schwelle immer noch schwierig" (Kreisky 1995: 216).

Warum sind Herrschaftspositionen und Karrieren in der staatlichen Bürokratie immer noch weitestgehend in Männerhand? Kreisky erklärt diesen Befund mit der männlichen Karrierekultur. Symbole und Rituale, das Beziehungsgeflecht und die Umgangsformen, die Voraussetzung sind für den Aufstieg stammen aus Institutionen, die traditionell rein männlich besetzt waren. Burschenschaften, berufsständische Verbindungen und Kneipen sind die Orte, Alkoholverzehr und sexistische Witze gehören zu den Umgangsformen dieser männerbündischen Kultur (Kreisky 1994a: 206).

Männerbünde weisen nach Kreiskys Beobachtung auch in modernen demokratischen Staaten ein enormes Beharrungsvermögen auf:

> „Republikanisierung und Parlamentarisierung haben die männerbündische Struktur der staatlichen *Bürokratie* also nur unter einem Schutzmantel parademokratischer Normen verhüllt. Aber Männerbünde beweisen enorme Bunkereigenschaften. Die Staatsbürokratie, die eigentlich verfassungsmäßig *nicht mehr* Männerbund *sein darf,* umgibt sich daher mit einem äußerst vielfältigen und vitalen *Berufsumfeld extremer Männerbünde* (...) Die Aura des Geheimen und Geheimnisvollen verbirgt die tätigen Männerseilschaft. Die Schutz- und Notgemeinschaft funktioniert. Frauengerechte Gesetze und Normen werden lasch gehandhabt, unterlaufen, ja überhaupt nicht umgesetzt. (...) Das „ewig Männerbündische" scheint zu überdauern" (Kreisky 1994a: 206).

3.3.5 Patriarchat oder Männerbund?

Der männerbündische Staat ist für Kreisky nicht ein durch historische Zufälle entstandenes, überkommenes patriarchales Modell, sondern ein aktuelles System der Herrschaftssicherung:

> „Die alltägliche und dauerhafte Überwindung des Spagats zwischen realer und imaginierter Männlichkeit macht den Kern aller patriarchaler Politik aus: Die Spitzenpositionen in Wirtschaft, Militär und Politik vermitteln eine überzeugende *korporative* Inszenierung von Männlichkeit: Sie nähren beim individuellen Mann die Illusion von der Möglichkeit tatsächlichen Abschöpfens einer materiellen und/oder ideellen *Patriarchatsdividende* (in Form von Ehre, Prestige, Befehlsgewalt, durchschnittlich höherem Männereinkommen, Eigentumsverteilung, Machtpositionen in der Politik)" (Kreisky 1997: 172f.).

Den Unterschied zwischen Patriarchats- und Männerbundsbegriff sieht Kathrin Braun vor allem in der Akzentuierung der Beziehung zwischen den Männern und dem affektiven Gehalt dieser Beziehung (Braun 2000: 14).

Diese Spezifität wird auch in einer Auflistung von Knaup deutlich, die Kreiskys Charakteristik des Männerbunds folgendermaßen zusammenfasst:

> „Sie sind durch eine ausgeprägte Hierarchie zwischen Führung und Gefolgschaft gekennzeichnet; ein Aufnahmeritus macht den ‚Initiierten' zum ‚Geweihten', zum Dazugehörigen; Männerbünde weisen eine starke Affinität und Bindung zwischen Männern auf; diese Bindung wird durch verbindende Werte und Verhaltensformen gefestigt; zudem basiert der Männerbund auf dem Ausschluss oder der Abwehr von Frauen bzw. von Weiblichkeit. Das Ziel des Männerbundes ist dabei die Erhaltung von Macht in zumindest punktuellen Männerreservaten. Mittel dieses Machterhaltes sind vor allem Identitätsbildung und Ausschlusspraktiken (vgl. Kreisky 1992: 36)" (Knaup 1998: 123f.).

Die Rolle des Männlichkeitsideals im staatlichen Männerbund ist essenziell und zugleich prekär. Denn die Illusion des Ideals und die von Männern erlebte Wirklichkeit klaffen auseinander. Die Vermittlung von Ideal und Wirklichkeit gelingt durch die ständige Artikulierung von männlichen Interessen nur zum Teil (Kreisky 1997: 172)

> „[Es ist] derselbe Staat, der geradezu *die* Superstruktur aller männlicher Superiorität verkörpert, gleichzeitig aber auch das Ideal unabhängiger Männlichkeit außer Kraft [setzt]. Er ist es, der das Wunschbild der initiativen und selbständigen Männlichkeit in das Zerrbild einer abhängigen und inferioren Untertanenschaft transformiert" (Kreisky 1991: 54).

Damit deutet Kreisky wieder auf Parallelen zum Funktionsprinzip des Militärs als historischem Vorbild des Staates.

Kann dieser männerbündische Staat verändert werden? Der Männlichkeitszirkel, den Kreisky in der Politik ausmacht, ist inhaltlich durchaus veränderbar, in seiner Grundstruktur scheint er aber unaufbrechbar:

„Das patriarchale System ist nicht als starres ‚Modell' zu denken, es weist große Flexibilität auf. Das ist auch der Grund, weshalb ‚das Patriarchat' aus Politik, Wissenschaft und Wirtschaft nicht ‚verschwinden' kann. Gegenbewegungen können patriarchale Herrschaftspraxen in Frage stellen und sie auch ansatzweise irritieren, d.h. letztlich aber nur, dass die Stabilität patriarchaler Herrschaft gewissen Schwankungen ausgesetzt ist bzw. dass es Ereignisse geben kann, die einen Beitrag leisten zum Wiederaufleben und Wiedererstarken traditioneller, gewalttätiger und patriarchal geleiteter Männlichkeitsbilder. Diese ‚Remaskulinisierung' geschieht über die ‚männliche Sichtweise' (für deren Tradierung männerbündische Einrichtungen wesentlich sind), die es den einzelnen Männern möglich macht, sich am gesellschaftlich idealisierten Bild der ‚Männlichkeit' zu beteiligen (Kreisky 1995: 217f.).

Angesichts des diagnostizierten Beharrungspotenzials der männerbündischen Kultur formuliert Kreisky für die feministische Praxis nur vorsichtige Empfehlungen:

„Ich kann keine Rezepte zur Aushebung der Männerbünde benennen, aber die Beschäftigung mit ihren Strukturen und Mechanismen kann auf dem mühsamen Weg der Entpatriarchalisierung und Feminisierung der Gesellschaft vor Übererwartungen und Enttäuschungen bewahren. Weiterhin hilft die Befassung mit der Geschichte, die innere Logik der Dialektik von Bewegung und Gegenbewegung zu durchschauen sowie die gesellschaftliche und politische Konstruktion des Geschlechts besser zu verstehen. ‚Frauenbünde' stellen für mich jedenfalls nicht per se die Lösung des Problems dar, wenn sie bloß ein weibliches Abbild der männlichen Variante beabsichtigen (Kreisky 1994a: 206f.).

Allerdings setzt Kreisky die Aufwertung von Frauenbeziehungen, Frauenfreundschaften, Frauennetzwerken nicht automatisch mit der Konzeption von Männerbünden gleich, da im Falle von Männerbünden eine ganz andere historische Hypothek zu bewältigen sei (vgl. Kreisky 1994a: 207).

Nach Kreisky stellen sich der feministischen Forschung folgende Aufgaben:

„Will ‚frau' ... die ‚freien Räume' [im Staatsapparat, E.K.] erkennen und *für sich* nutzen, was letztlich Autonomie ja meint, muss sie auch die ‚besetzten Räume' ausmessen.

(…)

Das Unsichtbare, nämlich die Frau und ihre Geschichte, sichtbar zu machen, galt/gilt eine der ersten Absichten feministischer Forschung. Im Falle der staatlich-bürokratischen Institutionen ist diese erkenntnispolitische Absicht jedoch schwer umzusetzen. Der formelle/informelle Frauenausschluss war so umfassend und nachhaltig, dass die institutionelle Welt immer noch als männliche Lebenswelt fortbesteht und damit das Weibliche beim besten Willen nicht sichtbar zu machen ist. Feministische Forschung muss daher ganz besonders in diesem Bereich eine methodische ‚*Inversion*' versuchen: Wenn das ‚sichtbare Unsichtbare' in der Politik freizulegen ist, so ist dieses Verborgene keinesfalls das Weibliche, denn der ‚weibliche Lebenszusammenhang' hat in dieser Sphäre kaum noch gestaltend wirken können. Wenn etwas freigelegt werden muss, dann ist es das Männliche, das sich unter dem Deckmantel der ‚Neutralität' der politischen und bürokratischen Institutionen bis in die inneren Bereiche hinein verborgen und festgesetzt hat. Dazu bedarf es einer feministischen ‚Institutionenarchäologie', die formaldemokratisch verhüllte Schichten männerbündischer Strukturen und männerbündischen Verhaltens ganz nach oben kehrt. Es geht also nicht darum, die in den entscheidenden Gremien der Institutionen nicht vorhandenen Frauen zu benennen (das wäre bei knapp über Null gelegenen Werten ja rasch erledigt), sondern es muss vorrangig darum gehen, die Institutionen als männlich zu dechiffrieren" (Kreisky 1995: 216).

3.3.6   Zusammenfassung und Kritik

Feministische Forschung sollte den Staat weder ignorieren noch ihn als Gesamtpatriarch abstempeln. Noch sollte sie sich auf sozialstaatliches Handeln konzentrieren. Stattdessen sollte – so Kreiskys Aufforderung – eine „feministische Institutionenarchäologie" geleistet werden. Ihr Konzept vom Staat als Männerbund hat dazu beigetragen, dass die feministische politikwissenschaftliche Forschung die über Jahre gepflegte Staatsferne aufgab und sich offensiv um feministisch und geschlechtskategorial arbeitende Staatsanalysen bemühte. (*Querverweis: Kap. 4.3*) Das Männerbund-Theorem war dabei analytisch sowohl richtungweisend (z.B. bei Knaup 1998) als auch problematisch.

Ein prinzipielles Problem des Männerbund-Theorems ist die Annahme von gegebenen männlichen Eigenschaften und Erfahrungen. In der Erklärung des historischen Gewordenseins von staatlichen Institutionen ist dies durchaus plausibel. Problematisch wird diese Annahme, wenn dadurch der ständigen Veränderung der Geschlechterbilder nicht mehr Rechnung getragen wird. Um Kreiskys Theorem diesbezüglich weiterzuentwickeln, müssen die Erkenntnisse von der sozialen Konstruktion des Geschlechts in die Analyse einbezogen werden. Denn die männerbündische Kultur im Staatsapparat (und Militär) wird ständig neu hergestellt. Die historisch eingelassene Männlichkeit der Institution bildet dabei den Rahmen, auf den durchaus flexibel reagiert wird.

Durch den Fokus auf sedimentierte Männlichkeit besteht außerdem die Gefahr, dass Geschlechterbilder reifiziert werden und die Relationalität von Weiblichkeit und Männlichkeit aus dem Blickfeld gerät (Knaup 1998: 126).

Kreisky erklärt, dass der Staat (bzw. seine Apparate) die Abweichung zwischen Männlichkeit des Staates und sozialer Männlichkeit durch die Artikulation männlicher Interessen auflöst. Brown hingegen erinnert, dass ein Staat maskulinistisch sein kann, ohne die Interessen der Männer zu vertreten, weil die historisch konstruierte Männlichkeit die unterschiedlichen Apparate des Staates in unterschiedlicher Weise formte und diese dauerhafter sind als die Lebens- und Bewusstseinslagen von Männern und Frauen (Brown 1992: 14).

Wie sich schon in Kreiskys Begrifflichkeiten – „Instituionenarchäologie" und „sedimentierte Interessen" – andeutet, ist in ihrem Ansatz ein historischer Blick auf gefestigte Strukturen angelegt, die einer Gegenwartsanalyse nicht in jedem Punkt gerecht werden können. Tatsächlich konzentriert Kreisky ihre Überlegungen auf die Entstehung der von ihr als Kerninstitutionen bezeichneten Staatsapparate: Militär und Bürokratie. Daneben identifiziert sie

Männerbünde vorwiegend im Berufsumfeld von Politikern (Kneipen usw.). Helga Ostendorf (1999: 155) beobachtet, dass durch diesen Fokus über das Innenleben politischer Institutionen im engeren Sinne wenig zu erfahren ist. Um diesen Mangel zu beheben, müsste sich die Analyse von den staatlichen Großapparaten lösen und einzelne Institutionen des Staates ins Visier nehmen (Knaup 1998: 127f.).

Um die von Kreisky geforderte Institutionenarchäologie in ein politik-wissenschaftliches Programm umzusetzen, könnte beispielsweise nach Zulassungsbedingungen und Rekrutierungsmodi in politischen Gremien gefragt werden. Welche aktuelle Institutionenstruktur könnte dabei als männlich gedeutet werden? Denkbar wäre es, die Agenden politischer Gremien zu prüfen, um festzustellen, ob vorrangig „Männerthemen" aufgenommen werden. Sitzungsmodi und Kommunikationsverhalten in den Gremien, in denen politische Entscheidungen reifen, wie Ausschüsse und Expertenanhörungen, könnten beobachtet und ausgewertet werden.

Ein solches Programm wird mittlerweile in Politikfeldanalysen und in neueren Organisationsstudien umgesetzt,[76] die gerade auch für Geschlechterstudien für aufschlussreich gehalten werden. Dabei wird dann nicht nur nach der Männlichkeit von Strukturen und Prozessen, sondern auch nach den politisch Handelnden und ihren Weiblichkeits- und Männlichkeitsbildern gefragt. (*Querverweis: Kap. 4.3*)

Übung:
Nehmen Sie sich die Bildungsinstitution vor, in die Sie selbst (z.B. als Studierende/r) eingebunden sind. Wie lässt sich diese Institution unter Anwendung des Männerbund-Theorems von Kreisky beschreiben? Analysieren Sie im Vergleich dazu eine Maßnahme oder ein Programm „Ihres" Instituts (z.B. Gleichstellungsinitiative). Wer hat die Initiative eingebracht? Wessen Interessen drücken sich darin aus? Wer ist in den konzeptionellen Prozess eingebunden, wer in die Umsetzung? Zeigt die Initiative die gewünschten Ergebnisse? Wem kommen sie zugute?

---

76 Beispiele: Henninger (2000) analysiert Arbeitsweise und institutionelles Umfeld von AkteurInnen der Berliner Arbeitsmarktpolitik mit dem wissenspolitologischen Ansatz von Nullmeier. Dackweiler (2002) nutzt den wissenssoziologischen Ansatz von Berger und Luckmann zur Untersuchung von Reaktionen von Männern auf Gleichstellungsinitiativen in Organisationen. Die dazu erhobenen empirischen Materialien verwendet sie außerdem in einer wohlfahrtsstaatlichen Analyse (Dackweiler 2002a). Ostendorf (1999) hat mit Konzepten aus der Policy-Forschung das „Doing-Gender" des Arbeitsamtes untersucht.

3.4 Zu Nancy Fraser: Feminismus als Gesellschaftskritik

Nancy Fraser ist Professorin an der Graduate Faculty für Politik- und Sozial-wissenschaft an der renommierten New School for Social Research in New York. Sie ist eine der Protagonistinnen der nordamerikanischen theoretischen Diskussion um postmoderne und feministische Positionen und hat sich au-ßerdem intensiv mit französischer feministischer Theorie auseinandergesetzt (vgl. Fraser/Bartky 1992). Nancy Fraser ist auch in der deutschsprachigen Li-teratur präsent. Dies liegt nicht zuletzt in ihrer philosophischen Ausbildung begründet, die sie vor allem zur Beschäftigung mit der Kritischen Theorie und dem Werk von Jürgen Habermas geführt hat.

Es fällt schwer, Nancy Fraser mit einer Hauptthese oder einem wichtigen Werk zu charakterisieren. Es lassen sich allerdings einige Schwerpunkte iden-tifizieren. Ihre philosophischen Überlegungen kreisen um Subjektkonstitution und Identitätspolitik. Fraser beschäftigte sich eingehend mit den postmoder-nen französischen Philosophen (insbesondere Foucault). Sie ging feminis-tisch motiviert und geschlechtskategorial informiert in die Auseinanderset-zung mit der Kritischen Theorie. Immer wieder nimmt Fraser das klassische feministische Thema der Sphärentrennung in öffentlich und privat auf. Kon-tinuierlich beschäftigt sie sich mit der Frage, unter welchen Bedingungen der Wohlfahrtsstaat zu mehr Gerechtigkeit führen könnte. Sie kommentiert dabei auch laufende politische Programme oder Entscheidungen, wie die Kürzun-gen im US-amerikanischen Wohlfahrtssystem. In jüngerer Zeit reagiert Fra-ser auch auf das Phänomen Globalisierung, wobei sie sich für das Verhältnis von Umverteilung und den Kampf um Anerkennung im internationalen Kon-text interessiert.

Frasers intellektueller Hintergrund ist, wenn auch feministisch refor-miert, eine mittlerweile schon als klassisch zu bezeichnende Theorierichtung, die Kritische Theorie der Frankfurter Schule.[77] Gleichzeitig hat sie sich offen-siv mit postmodernen Strömungen auseinander gesetzt und verfolgt das Ziel, die Erkenntnisse beider intellektueller Paradigmen zu nutzen.

Feministische Theorie und geschlechtskategoriale Ansätze sind integraler Bestandteil von Frasers Denken. Ihre gesellschaftskritischen Fragen sind: Wie kann mehr Gerechtigkeit entstehen? Wie viel politische und kulturelle Anerkennung müssen (Identitäts-)Unterschiede erfahren? Wie ist Umvertei-lung möglich? Für Fraser sind diese Fragen nur mit geschlechtskategorialem Denken sinnvoll zu verfolgen.

Fraser ist eine Meisterin des Gedankenexperiments und sie beherrscht zugleich die hohe Kunst der argumentativen Ordnung. Dadurch werden ihre anspruchsvollen Texte zur reizvollen und verständlichen Lektüre. Zum Bei-

---

77 Becker-Schmidt (2001: 92) verweist auf unterschiedliche Theorieströmungen inner-halb der Frankfurter Schule, welche die unterschiedliche analytische Herangehens-weisen von ihr selbst und Fraser begründen.

spiel scheinen ihre Ausführungen zur Gerechtigkeit (s.u.) zunächst hoch abstrakt, dann aber buchstabiert Fraser ihre Argumentation Schritt für Schritt
durch und liefert immer wieder Beispiele aus der aktuellen (US-amerikanischen) Politik.[78] Fraser beschäftigt sich außerdem systematisch und strate-
gisch mit der Gleichheits- und Differenzproblematik. Fraser bringt Ordnung
in dieses feministische Dauerthema und weist dadurch auf Lösungen.

Politisch ordnet sich Fraser als Linke ein, die keinesfalls einem orthodo-
xen Sozialismus das Wort redet, aber an bestimmten Einsichten des Sozialismus festhalten möchte (vgl. Fraser 2001: 15). Fraser verbindet damit eine
klare politische Verortung ihrer Person mit anerkannter wissenschaftlicher
Arbeit und aktuellen politischen Stellungnahmen – eine Mischung, die in
Deutschland oft problematisch erscheint und Gefahr läuft, zu wissenschaftlicher Unglaubwürdigkeit zu führen. In den USA hingegen ist dies eine durchaus
übliche und anerkannte Rolle von Sozial- und GeisteswissenschaftlerInnen.

3.4.1 Feministische Kritik an der Kritischen Theorie

Fraser stellt ihr Denken in die Tradition der Kritischen Theorie als Sozialthe-
orie, die nicht Einzelphänomene betrachtet, sondern die Verfasstheit von Gesellschaft insgesamt begreifen will. Die Kritische Theorie verbindet dies mit
dem Anspruch, Unterdrückungsverhältnisse aufzudecken und Handlungsempfehlungen für eine Praxis zu entwickeln, welche die Emanzipation be-
nachteiligter Gruppierungen zum Ziele hat.

> „So würde zum Beispiel, wenn die Kämpfe gegen die Unterordnung der Frauen zu
> den wichtigsten einer bestimmten Zeit zählen würden, eine kritische Sozialtheorie für
> diese Zeit unter anderem darauf abzielen, Licht in die Eigenart und Grundlagen einer
> solchen Unterordnung zu bringen. Sie würde Kategorien und Erklärungsmodelle ver-
> wenden, die uns Zusammenhänge männlicher Herrschaft und weiblicher Unterord-
> nung eher aufdeckten als verschlössen. Und sie würde rivalisierende Ansätze, die die-
> se Zusammenhänge verdunkeln oder rationalisieren, als ideologisch entmystifizieren.
> Bei dieser Ausgangslage wäre einer der Bewertungsmaßstäbe für eine kritische Theo-
> rie – nachdem sie allen üblichen Tests empirischer Angemessenheit ausgesetzt war – :
> Wie gut erfasst die Theorie die Situation und die Aussichten der feministischen Be-
> wegung? In welchem Ausmaß dient sie der Selbstverständigung der Kämpfe und
> Wünsche der Frauen heute?" (Fraser 1994: 173).

Fraser prüft, ob die von Jürgen Habermas – zeitgenössischer Protagonist der
Kritischen Theorie – vorgelegten Analyseraster diesen Ansprüchen genügen,
und kommt zu einem überraschenden Ergebnis: Der linke Sozialphilosoph Ha-

---

78 Was ich hier als Stärke empfinde, kann auch als Mangel betrachtet werden: Becker-
    Schmidt (2001: 91) kritisiert, dass Frasers Analyse zwar Licht auf aktuelle gesellschaft-
    liche Konflikte in den USA werfe, dabei aber Gesellschaft als Zusammenhang nicht er-
    fasse und Frasers Kategorien auf der Ebene situativen Abwägens stehen blieben.

bermas arbeitet nach ihrer Einschätzung mit Kategorien, welche die Herrschaftsverhältnisse zwischen den Geschlechtern eher verdunkeln als aufdecken.

Frasers Kritik richtet sich zunächst gegen Habermas' weithin bekannte Einteilung in Lebenswelt und Systemwelt: In der Lebenswelt finden Interaktionen und Handlungen auf der Grundlage von Sprache statt. Über dieses Medium wird Konsens über Normen, Werte und Ziele erreicht. Lebensweltliche Integration ist am ehesten in der Familie realisiert. Im Gegensatz dazu funktioniert die systemische Integration über die Medien Geld und Macht und ist vom Maßstab des individuellen Nutzens bestimmt. Dieses Organisationsmuster ist charakteristisch für die kapitalistische Ökonomie.

Parallel zu dieser Einteilung unterscheidet Habermas symbolische Reproduktion und materielle Produktion. Bei der Erziehung von Kindern werden Sprache, Werte, Traditionen vermittelt. Nach Habermas fällt diese Arbeit in den Bereich der symbolischen Reproduktion. Wo hingegen Waren und austauschbare Dienstleistungen angeboten werden, befinden wir uns im Bereich der materiellen Produktion.

Fraser setzt mit ihrer Kritik an diesen parallelen Kategorien an. Die strikte Trennung in lebensweltliche und systemische Organisation sieht sie am Beispiel der vorgeschlagenen Idealtypen – Familie versus kapitalistische Ökonomie – nicht bestätigt, unter anderem weil in beiden Welten mit Sprache *und* Werten operiert wird.

Wenn Habermas betont, dass die Familienintegration in starkem Maße über Normen geregelt wird, übersieht er,

„dass Handlungen, die von einem normativ gesicherten Konsens in der Kleinfamilie mit männlichen Vorstand koordiniert werden, durch Macht regulierte Handlungen sind" (Fraser 1994: 184).

Das Medium Geld, das Habermas in die Ökonomie verortet, hat längst auch die Familie erfasst, was durch eine Vielzahl von empirischen Untersuchungen bestätigt wird. Wer trotz dieser Kenntnisse eine scharfe Trennlinie zwischen Familie als lebensweltlichem System und systemweltlicher Wirtschaft konstruiert, läuft Gefahr eine ideologische Konstruktion zu liefern, also tatsächliche Verhältnisse eher zu verschleiern als aufzudecken.

Habermas arbeitet außerdem mit der Einteilung in öffentlich und privat. Um seine Verortung von öffentlich und privat zu verstehen, müssen die Gesellschaftsbereiche vorgestellt werden, mit denen Habermas die kapitalistische Gesellschaft erfasst. Neben der (lebensweltlichen) Familie und der (systemischen) Ökonomie berücksichtigt Habermas das öffentliche Verwaltungs- und Regierungssystem – den Staat – und die Öffentlichkeit als Raum der politischen Meinungsbildung und der politischen Teilhabe. Habermas ordnet diese vier Bereiche nun folgendermaßen als öffentlich bzw. privat ein:

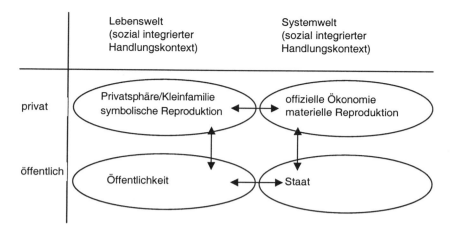

Lebenswelt
(sozial integrierter
Handlungskontext)

Systemwelt
(sozial integrierter
Handlungskontext)

privat

Privatsphäre/Kleinfamilie
symbolische Reproduktion

offizielle Ökonomie
materielle Reproduktion

öffentlich

Öffentlichkeit

Staat

Fraser hält dieses Modell der gesellschaftlichen Verfasstheit für scharfsinnig und mangelhaft zugleich. Entscheidender Mangel ist die Nichtwahrnehmung der vergeschlechtlichten Substruktur in der Einteilung öffentlich und privat. Habermas entgeht die herausragende Rolle, welche diese Einteilung bei der Unterordnung der Frauen spielt. Wenn auch in komplexerer Form, bestätigt Habermas die Einteilung in privat und öffentlich, mehr noch – er plädiert für ihre Erhaltung.

„Habermas argumentiert, dass in Hinsicht auf die Systemintegration die symbolische Reproduktion und die materielle Reproduktion asymmetrisch zueinander stehen. Tätigkeiten der symbolischen Reproduktion, so behauptet er, unterscheiden sich von Tätigkeiten materieller Reproduktion darin, dass sie nicht auf spezialisierte, systemisch integrierte Institutionen außerhalb der Lebenswelt umgestellt werden können; ihr inhärent symbolischer Charakter verlangt ihre soziale Integration. Daraus folgt, dass die unbezahlte Arbeit des Kinderaufziehens durch Frauen nicht ohne ‚pathologische' Folgen in das (offizielle) ökonomische System eingegliedert werden kann. Außerdem vertritt Habermas die These, dass es ein Kennzeichen gesellschaftlicher Rationalisierung ist, wenn systemisch integrierte Institutionen ausdifferenziert werden, um materielle Reproduktionsfunktionen zu handhaben. Die Absonderung eines spezialisierten (offiziellen) ökonomischen Systems steigert die Fähigkeit einer Gesellschaft, mit ihrer natürlichen und sozialen Umwelt umzugehen. ‚Systemkomplexität' bedeutet also einen ‚Entwicklungsvorteil'. Daraus folgt, dass das (offizielle) ökonomische System bezahlter Arbeit, hier hinsichtlich des Kinderaufziehens, nicht ohne gesellschaftlichen Rückschritt entdifferenziert werden könnte. Wenn aber das Kinderaufziehen nicht ohne Pathologien in das (offizielle) ökonomische System eingegliedert werden kann, dann wäre die fortgesetzte Trennung des Kinderaufziehens von der bezahlten Arbeit unvermeidbar.
Dies läuft auf die Verteidigung eines Aspekts dessen hinaus, was die Feministinnen ‚die Trennung von Öffentlichem und Privatem' nennen, nämlich die Trennung der offiziellen ökonomischen Sphäre von der häuslichen Sphäre und die Abkapselung des Kinderaufziehens als Enklave von der übrigen gesellschaftlichen Arbeit. Es läuft auf

die Verteidigung eines institutionellen Arrangements hinaus, das weithin für einen, wenn nicht für den Angelpunkt der modernen Unterordnung von Frauen gehalten wird" (Fraser 1994: 186).

Nach Habermas sind die unterschiedlichen Sphären durch mehrere soziale Rollen miteinander verbunden: Der Arbeiter/Angestellte und der Konsument vermitteln zwischen Kleinfamilie und privater Ökonomie; der Staatsbürger vermittelt zwischen Kleinfamilie und Öffentlichkeit. Fraser weist auf die blinden Stellen in dieser Darstellung: Habermas übersieht die Vermittlungsrolle der Kindererziehung vollständig:

„[I]n seinem Schema wird keine Rolle einer/eines Kinderbetreuerin/betreuers erwähnt, obwohl der Gegenstand eine solche klar verlangt. Denn wer anders als die/der Kinderbetreuerin/betreuer versieht die unbezahlte Arbeit der Beaufsichtigung bei der Produktion ‚angemessen sozialisierter Arbeitskraft‘, die von der Familie gegen Lohn getauscht wird?" (Fraser 1994: 192).

Die weiteren Vermittlungsrollen – der Arbeiter, der Staatsbürger, der Haushaltsvorstand – sind nicht nur historisch, sondern auch aktuell institutionell und symbolisch männlich. Lediglich die Konsumentin, die den täglichen Bedarf für den Privathaushalt einkauft, wird bei Habermas als weibliche Figur konstruiert (Fraser 1994: 191). Habermas' Modell ist jedoch blind für die geschlechtliche Festlegung der Vermittlungsfiguren. Dazu noch einmal ausführlich Nancy Fraser:

„Indem er jegliche Erwähnung des/der Kinderaufziehers/zieherin auslässt und indem er es versäumt, den Geschlechtertext, der den Rollen des Arbeitenden und des Verbrauchers unterlegt ist, zu thematisieren, misslingt es Habermas, genau zu verstehen, wie der kapitalistische Arbeitsplatz mit der modernen beschränkten Kleinfamilie mit männlichem Haushaltsvorstand verknüpft ist. Indem es Habermas unterlässt, den unterlegten maskulinen Text der Staatsbürgerrolle zu thematisieren, erfasst er ebenfalls nicht im vollen Umfang, wie der Staat mit der öffentlichen Sphäre der politischen Rede verbunden ist. Außerdem entgehen Habermas wichtige Querverbindungen zwischen den vier Elementen seiner zwei Schematisierungen von Öffentlichkeit und Privatheit. Ihm entgeht zum Beispiel die Form, in der die maskuline Rolle des Staatsbürgers/Soldaten/Beschützers den Staat und die Öffentlichkeit nicht nur untereinander, sondern auch mit der Familie und dem bezahlten Arbeitsplatz verbindet – das heißt die Form, wie die Prämissen von der Fähigkeit des Mannes zu beschützen und von der Angewiesenheit der Frau auf männlichen Schutz all diese Institutionen durchziehen. Ihm entgeht auch die Art, wie die maskuline Staatsbürger-Redner-Rolle nicht nur den Staat und die Öffentlichkeit untereinander, sondern ebenso mit der Familie und der offiziellen Ökonomie verbindet – das heißt, wie die Prämissen einer männlichen Fähigkeit und einer relativen weiblichen Unfähigkeit zur Stellungnahme und zur Zustimmung alle diese Institutionen durchziehen. Genauso verfehlt er die Art und Weise, in der die maskuline Arbeiter-Ernärer-Rolle nicht nur die Familie und die offizielle Ökonomie verbindet, sondern diese auch mit dem Staat und der politischen Öffentlichkeit – das heißt, wie die Prämissen eines Versorgerstatus des Mannes und eines Abhängigenstatus der Frau sie alle durchziehen, so dass selbst die Münze, in der klassisch kapitalistische Löhne und Steuern gezahlt werden, nicht geschlechtsneutral ist. Und schließlich entgeht ihm, wie die weibliche Kinderaufzieher-Rolle alle vier Institutionen miteinander verknüpft, indem er übersieht, dass die Konstruktion maskulin und feminin geschlechtlicher Subjekte benötigt wird, um jede Rolle im klassischen Kapitalismus auszufüllen" (Fraser 1994: 194f.).

Eine kritische Theorie muss ihren kategorialen Rahmen nicht nur für Politik und Ökonomie, sondern auch für Geschlecht entwickeln (Fraser 1994: 196). Fraser hält es für möglich, den Habermas'schen Entwurf entsprechend zu korrigieren: [79]

> „Ist diese Geschlechterblindheit des Habermasschen Modells einmal überwunden, kommen jedoch alle diese Verbindungen in den Blick. Es wird dann klar, dass weibliche und männliche Geschlechtsidentität wie rosa und blaue Fäden die Bereiche der Arbeit, der staatlichen Verwaltung und des Staatsbürgerstatus ebenso durchziehen wie die Bereiche familiärer und sexueller Beziehungen. Dies soll besagen, dass die Geschlechtsidentität Ausprägungen in allen Lebensbereichen hat. Sie ist ein (wenn nicht das) Austauschmedium, zwischen ihnen allen, ein Grundelement des sozialen Bindemittels, das sie alle zusammenhält" (Fraser 1994: 195).

3.4.2 Öffentlich und privat – wer bestimmt die Grenzziehung?

Wie andere feministische Theoretikerinnen ist auch Fraser zu der Einschätzung gelangt, dass die Definition eines Themas als öffentlich oder als privat einer politischen Ressource gleichkommt, denn durch diese Definition kann bestimmt werden, was verhandelt wird und welche Themen ignoriert werden.

> „Wenn z.B. die Misshandlung von Ehefrauen als eine ‚persönliche‘ oder ‚häusliche‘ Angelegenheit bezeichnet wird und wenn der öffentliche Diskurs über dieses Phänomen in spezialisierte Institutionen kanalisiert wird, die mit dem Familienrecht, der Sozialarbeit und der Soziologie oder der Psychologie ‚abweichenden Verhaltens‘ verbunden sind, dann dient dies der Wiederherstellung von Herrschaft und Unterordnung im Geschlechterverhältnis" (Fraser 2001: 142)

Außerdem verweist Fraser auf eine typische Rhetorik, die bestimmte Themen dadurch von der politischen Erörterung fernhält, dass sie behauptet, bestimmte Angelegenheiten würden von den Gesetzen des Marktes am besten geregelt oder ein bestimmtes Problem bedürfe einer rein technischen Lösung.

> „Wenn Fragen der Demokratie am Arbeitsplatz als ‚ökonomische‘ oder ‚manageriale‘ Probleme etikettiert werden und wenn die Diskurse über diese Fragen in spezialisierte Institutionen abgedrängt werden, ... dann dient das dem Erhalt der Klassenherrschaft und -unterordnung (und meist auch dem Herrschaftserhalt im Rassen- und Geschlechterverhältnis)" (Fraser 2001: 143).

Entsprechend sei es die Aufgabe einer kritischen Theorie, die Instrumentalisierung der Begriffe „privat" und „öffentlich" aufzudecken (Fraser 2001: 142).

---

79 Diese Einschätzung Frasers gilt für Habermas' Analyse der klassischen kapitalistischen Gesellschaft. Hingegen scheint ihr Habermas' Analyse des späten wohlfahrtsstaatlichen Kapitalismus als Ganzes problematisch (Fraser 1994: 197).

Fraser selbst übt sich in dieser Aufgabe anlässlich der Anschuldigungen, die Anita Hill gegenüber Clarence Thomas erhob. Thomas war 1991 designierter Kandidat für ein Richteramt am Obersten Gerichtshof der USA. Anita Hill war Juraprofessorin, die zu einem früheren Zeitpunkt als Untergebene von Clarence Thomas gearbeitet hat. In dieser Zeit – so ihre Anschuldigung – hat Thomas sie sexuell bedrängt, indem er ihr beispielsweise Berichte über pornographische Filme und über seine eigene sexuelle Potenz aufgedrängt hat. Hills Anschuldigungen fielen in die Zeit der Anhörungen, die jeder Kandidat vor einer Einsetzung ins oberste Richterhaus durchlaufen muss. Die reguläre Anhörungsprozedur wurde ergänzt um Anhörungen, die der Prüfung von Hills Anschuldigungen dienten. Die Möglichkeit, dass Thomas als zweiter Afroamerikaner überhaupt seinen Weg in den Supreme Court machen würde, war damit in Frage gestellt.

Fraser analysiert die Medienreaktion auf diesen Fall und die öffentliche Beteiligung. Sie kann damit zeigen, welche Bedeutung der Definitionsmacht über öffentlich und privat in diesem Verfahren zukam. Nach Frasers Einschätzung ist die Möglichkeiten, etwas als öffentlich oder privat für sich zu beanspruchen, vom sozialen Status, vom Geschlecht und von der Rasse beeinflusst. Beispielsweise gelang es Thomas, unangenehme Fragen mit dem Verweis auf sein Recht auf geschützte Privatsphäre abzuweisen, während Hill, um ihre Anschuldigung zu formulieren, gerade Intimes veröffentlichen musste und damit weiteren Fragen und Spekulationen über ihr Privatleben zwangsläufig Tür und Tor öffnete.

> „Dass Hill bei der Trennung von privat und öffentlichem Leben so viel weniger erfolgreich war, ist ein Anzeichen für den Geschlechtscharakter dieser Kategorien, deren Konstitution die geschlechtsspezifische Asymmetrie bzw. Hierarchie der Macht reflektiert" (Fraser 2001: 162).

Die Art und Weise, wie in diesem Verfahren öffentlich und privat evoziert wurde, steht für Fraser in einer langen US-amerikanischen Tradition:

> „In der amerikanischen Geschichte wurde Schwarzen ein Privatleben im Sinne von Häuslichkeit verweigert. Das hat u.a. dazu geführt, dass schwarze Frauen der sexuellen Belästigung durch die Herren, Aufseher, Chefs und Vorgesetzte relativ schutzlos ausgeliefert waren" (Fraser 2001: 169).

Thomas spielte außerdem die Karte rassistischer Vorurteile geschickt zu seinen Gunsten aus. Es gelang ihm, Hills Anschuldigungen als die infame Fortsetzung des Stereotyps vom sexuell ständig überbordenden schwarzen Mann erscheinen zu lassen. Obwohl Hill selbst schwarz ist, wurde sie in den Darstellungen von Thomas und seinen Verteidigern als ein Instrument weißer, elitärer, intellektueller Feministinnen porträtiert, während sich Thomas als der bodenständige Sohn einer einfachen schwarzen Familie inszenierte. So wurden Klassenressentiments zwischen weißen Oberschichtsfrauen und schwarzen Frauen der Unterschicht angesprochen und ein Interessengegensatz unterstellt. Fraser resümiert, dass Hill „funktional zur Weißen" wurde (Fraser

2001: 167). Gleichzeitig fand sich Hill in einer für schwarze Frauen typischen Dilemma-Situation,

> „sich gegen Demütigungen zu wehren, die sie als Frauen trafen und die ihnen auch von Männern ihrer eigenen Rasse zugefügt wurde, oder zu schweigen, weil die weiße Welt schon genügend auf schwarze Männer einprügelt" (Ellen Wells in der New York Times vom 14.10.1991, zitiert nach Fraser 2001: 167).

Fraser beobachtet am Hill-Thomas-Verfahren, dass

> „Öffentlichkeit ... nicht nur eine Waffe gegen staatliche Tyrannei [ist], ..., sondern auch eine Waffe gegen die außerstaatliche Macht des Kapitals, der Arbeitgeber, Vorgesetzten, Ehemänner, Väter usw." (Fraser 2001: 176).

Allerdings, so Fraser, gilt dies nicht generell. Vielmehr hat die Veröffentlichung einer Angelegenheit nur dann emanzipative Wirkung, wenn die angeklagte Handlung in einer breiten Öffentlichkeit bereits als Unrecht verankert ist. Handelt es sich hingegen um eine Handlung, die als üblich und harmlos gilt, wird die Veröffentlichung gegen den oder die AnklägerIn wirken.

Fraser zieht aus diesen Beobachtungen Schlüsse für die Anforderungen an eine aktuelle Theorie der Öffentlichkeit: (*Querverweis: Kap. 2*)

> „Eine solche Theorie müsste von einem multivalenten, anfechtbaren Charakter der Kategorien Privatheit und Öffentlichkeit mit ihren geschlechts- und rassenspezifischen Subtexten ausgehen. Sie müsste anerkennen, dass in den extrem vielschichtigen spätkapitalistischen Gesellschaften nicht jeder im selben Verhältnis zu Privatheit und Öffentlichkeit steht; manche haben mehr Macht als andere, die Grenze zu ziehen und zu verteidigen. Außerdem müsste eine adäquate Theorie des öffentlichen Raumes sowohl die Vielfalt der öffentlichen Räume in den zeitgenössischen spätkapitalistischen Gesellschaften berücksichtigen. Sie müsste z.B. zwischen der offiziellen Regierungsöffentlichkeit, der Öffentlichkeit der Massenmedien, der Gegenöffentlichkeit und den informellen öffentlichen Räumen im Alltag unterscheiden und zeigen, wie einige dieser öffentlichen Räume andere marginalisieren. Mit Hilfe einer solchen Theorie ließen sich diskursive Auseinandersetzungen wie die Konfrontation zwischen Clarence Thomas und Anita Hill sicher besser begreifen. Sie könnte u.U. sogar eine Inspiration darstellen, uns eine egalitäre und demokratische Gesellschaft vorzustellen und dafür zu kämpfen" (Fraser 2001: 179).

3.4.3 *Anerkennung oder Umverteilung – Identitäts- oder Wohlfahrtspolitik*

In der feministischen Debatten stehen sich zwei Gerechtigkeitsvorstellungen gegenüber. Eine Position fordert soziale Umverteilung, die andere streitet für die Anerkennung der kulturellen oder sonstigen Andersartigkeit einzelner Gruppen. Nancy Fraser hält es für falsch, sich für eines dieser Ziel zuungunsten des anderen zu entscheiden, denn nach ihrer Beobachtung sind kulturelle Missachtung und soziale Benachteiligung stets eng miteinander verwoben:

138

„Selbst die materiellsten ökonomischen Institutionen haben eine für sie konstitutive, unverminderbare kulturelle Dimension. Sie sind von sprachlichen Bedeutungen und Normen durchdrungen. Umgekehrt haben selbst die diskursivsten, kulturellen Praktiken eine für sie konstitutive, unverminderbare politisch ökonomische Dimension. ... Kulturelle Normen, die durch eine parteiische Schieflage gegenüber manchen Menschen unfair sind, haben sich im Staat und in der Wirtschaft institutionalisiert; die wirtschaftliche Benachteiligung wiederum verhindert eine gleiche Beteiligung an der Kulturproduktion, an der Öffentlichkeit und am Alltagsleben. Das Ergebnis ist dann oftmals ein Teufelskreis kultureller und wirtschaftlicher Unterordnung" (Fraser 2001: 30).

Zu heuristischen Zwecken möchte Fraser die Unterscheidung zwischen beiden Gerechtigkeitsformen allerdings aufrechterhalten (vgl. Fraser 2001: 26).[80] Die sozioökonomische Ungerechtigkeit äußert sich in verschiedenen Formen der Ausbeutung und Armut, ihr Prototyp wäre der Proletarier. Kulturelle Ungerechtigkeit entsteht durch kulturelle Dominanz, durch die Verweigerung der Anerkennung bis hin zur Beleidigung (Fraser 2001: 27-28). Hier könnte man sich als Prototyp den Homosexuellen vorstellen, dem kulturell bedingte Missachtung entgegenschlägt. Beide Prototypen sind allerdings Idealtypen. In der gesellschaftlichen Wirklichkeit sind beide Formen der Ungerechtigkeit aufs Engste verknüpft.

Fraser geht davon aus, dass eine Strategie der Gerechtigkeit heute sowohl auf Umverteilung als auch auf Anerkennung setzen muss (vgl. Fraser 2001: 24), weil Gruppenidentitäten in aller Regel über beide Modi zustande kommen: über Anerkennung bzw. Missachtung und wirtschaftliche Stellung (Privileg oder Marginalisierung). In der Praxis aber werden in den Strategien zur Umverteilung und in den Strategien zur Anerkennung meist unterschiedliche Ansätze gewählt: Während in aller Regel die Andersartigkeit einer Gruppe hervorgehoben wird, um kulturelle Anerkennung zu erreichen, wird das Ziel der gerechten Verteilung dadurch verfolgt, dass wirtschaftliche Regelungen angegriffen werden, welche die Besonderheit der Gruppe zementieren. Fraser nennt diese Konstellation das Umverteilungs-Anerkennungs-Dilemma (redistribution-recognition-dilemma) (Fraser 2001: 34f.).

Fraser untersucht, wie es dennoch möglich ist, beide Gerechtigkeitsformen zugleich anzustreben. Prinzipiell unterscheidet Fraser zwei Strategien: Die affirmative[81] Strategie zur Aufhebung von Ungerechtigkeiten versucht ungleiche Ergebnisse von sozialen Arrangements auszugleichen, ohne die

---

80 Becker-Schmidt erkennt an, dass Fraser diese heuristische Trennung macht, um beide Kategorien zu analytischen Zwecken wieder zusammenkommen zu lassen, formuliert aber den Vorwurf, dass dabei undeutlich bleibe, dass es sich um *einen* Herrschaftszusammenhang handele. Fraser würde bei definitorischen Klärungsversuchen stehen bleiben (Becker-Schmidt 2001: 95) und die geschichtlich-institutionelle Genese nicht ausreichend verfolgen (Becker-Schmidt 2001: 114f.). Was aber Becker-Schmidt (2001: 115ff.) am Beispiel ‚Arbeit' historisch verfolgt, leistet Fraser (2001: 112ff.) am Beispiel ‚Öffentlichkeit'.

81 In Anlehnung an affirmative-action-Programme in USA.

darunter liegende soziale Struktur, die diese Ungleichheit hervorgebracht hat, aufzuheben. So versucht der Wohlfahrtsstaat die Ungleichverteilung durch Einkommensverschiebungen zu mildern, und der Multikulturalismus will Missachtungen dadurch beenden, dass bestimmte Gruppencharakteristiken neu und höher bewertet werden. In beiden Fällen bleibt die zugrunde liegende Struktur, welche die Ungerechtigkeit hervorbringt, bestehen.

Prinzipiell anders setzt nach Fraser die Strategie der Transformation an: Sie zielt genau darauf ab, die tiefer liegende, Ungerechtigkeiten hervorbringende Struktur zu verändern. Das Wirtschafts- und Normensystem muss demnach in der Weise transformiert werden, dass es keine gruppenspezifischen Ungerechtigkeiten generiert. Dies kann nach Fraser nur gelingen, wenn die wirtschaftliche Transformation in Richtung Sozialismus geht und das Normensystem so dekonstruiert wird, dass Gruppenvorstellungen mitsamt ihren unterschiedlichen Anerkennungen aufgelöst werden.

Affirmative Strategien und transformative Strategien können nicht gemeinsam verfolgt werden, weil affirmative Programme auf die Wahrnehmung von Gruppenidentitäten zielen und transformative auf deren Überwindung. Fraser zeigt dies am Beispiel von „gender",[82] indem sie die Frage stellt, ob Affirmative-action-Politik geeignet ist, das Umverteilungs-Anerkennungsdilemma zu überwinden. Sie kommt dabei zu einer kritischen Einschätzung:

> „Dieses Szenario hat anfänglich vielversprechend ausgesehen, ist aber dennoch problematisch. Die affirmative Umverteilung befasst sich nicht mit jener tiefliegenden Ebene, auf der die politische Ökonomie geschlechtsspezifisch strukturiert ist. Sie richtet sich im wesentlichen auf die Bekämpfung einstellungsgeschuldeter Diskriminierung. Die geschlechtsspezifische Einteilung in bezahlte und unbezahlte Arbeit oder der entlohnten Arbeit in männliche und weibliche Tätigkeiten wird nicht in Angriff genommen. Die Tiefenstrukturen, von denen die gendertypische Benachteiligung herrührt, bleiben unangetastet und nötigen zur ständigen Wiederholung oberflächlicher Umverteilungen. Das Resultat ist nicht nur eine Hervorhebung der Genderdifferenzierungen. Frauen werden mit dem Kennzeichen des Mangelhaften und Unersättlichen versehen, so als verschlängen sie immer mehr Mittel. Im Laufe der Zeit kann sogar der Eindruck entstehen, Frauen seien privilegiert, seien Empfänger einer Sonderbehandlung und unverdienter Großzügigkeit. Ein Ansatz mit dem Ziel, Ungerechtigkeiten im Bereich der Verteilung auszuräumen, kann am Ende reaktiven Ungerechtigkeiten in den Anerkennungsbeziehungen Nahrung geben.
> Das Problem verschärft sich noch, wenn wir die affirmative Anerkennungsstrategie des kulturalistischen Feminismus vertreten. Dieser Ansatz lenkt die Aufmerksamkeit beständig auf die vermeintliche kulturelle Besonderheit und Differenz von Frauen, wenn sie sie nicht sogar performativ erzeugt. In manchen Zusammenhängen kann ein solcher Ansatz durchaus Fortschritte bei der Relativierung androzentrischer Normen erreichen. In unserem Zusammenhang ist es jedoch viel wahrscheinlicher, dass damit

---

82 Fraser (2001: 59f.) spielt dieselbe Frage für die Gruppenidentität „race" durch, um dann darauf hinzuweisen, dass auch die Trennung in Gender-Gruppe und Race-Gruppe nur heuristischen Zwecken dient und in der Realität eine komplexe Verschränkung unterschiedlicher Identitäten und unterschiedlicher Ungerechtigkeitsformen besteht.

Öl ins Feuer gegossen und das Ressentiment gegen die gezielte Frauenförderung lediglich genährt wird. Durch diese Brille besehen, wirkt die kulturalistische Politik einer Bejahung der Differenz von Frauen wie ein Affront gegen den liberalen Wohlfahrtsstaat in seiner offiziellen Verpflichtung auf den gleichen moralischen Wert von Personen" (Fraser 2001: 57ff.).

Fraser kommt zu dem Schluss, dass affirmative Strategien in ihren Ergebnissen immer begrenzt sein werden, weil sie das Problem bewahren und mittelfristig sogar verschlimmern. Erfolgreiche Strategien zur dauerhaften Beseitigung von Gruppenungerechtigkeiten müssen nach Frasers Einschätzung deshalb nicht das Ziel der Affirmation, sondern der Transformation verfolgen. Transformation heißt nach Frasers Auffassung sozialistischer Umbau des Wirtschaftssystems und Dekonstruktion des Wertesystems mit dem Ziel, Gruppenidentitäten aufzulösen. Dass beide Ziele aktuell eine gewisse Wirklichkeitsferne aufweisen, ist Fraser durchaus bewusst.

> „[S]owohl die dekonstruktiv-feministische, kulturalistische Politik als auch die sozialistisch-feministische, ökonomische Politik [sind] von den unmittelbaren Interessen und Identitäten der meisten Frauen, so wie jene derzeit kulturell konstruiert sind, recht weit entfernt ..." (Fraser 2001: 60).

Fraser plädiert dennoch für den transformativen Weg, denn mit der affirmativen Strategie bleibt Gerechtigkeitspolitik im Teufelskreis sich gegenseitig verstärkender kultureller und ökonomischer Unterordnung stecken.

> „Unsere gutgemeinten Bemühungen, diesen Ungerechtigkeiten vermittelst des liberalen Wohlfahrtsstaates, ergänzt um einen gängigen Multikulturalismus, zu Leibe zu rücken, führen zu völlig verkehrten Resultaten. Wir können das Erfordernis der Gerechtigkeit für alle nur dann erfüllen, wenn wir uns alternativen Konzeptionen von Umverteilung und Anerkennung zuwenden" (Fraser 2001: 66).

3.4.4 Komplexe Geschlechtergleichheit im modernisierten Wohlfahrtsstaat

In ihren Überlegungen zum Umbau des Wohlfahrtssystems bestätigt Fraser diese visionären Ziele und konkretisiert sie gleichzeitig. Dadurch wird deutlich, dass Fraser, die einer sozialistischen Gesellschaftsvision anhängt, gleichzeitig auch Reformprojekte für sinnvoll hält.

Aus ihrer Sicht ist beispielsweise der Umbau des Wohlfahrtsstaats nicht nur eine politische Forderung, sondern eine notwendige Reaktion auf veränderte wirtschaftliche Konstellationen und modernisierte Lebensformen. Traditionell sind die Wohlfahrtsleistungen in westlichen Industriegesellschaften an das Modell des Familienernährers gekoppelt. Es funktionierte in Verbindung mit dem Modell des männlichen Vollerwerbstätigen, der durch seine Ehefrau von Haus- und Kinderarbeit befreit war. Nie hat dieses Modell die ganze Wirklichkeit erfasst, unter gegenwärtigen wirtschaftlichen Bedingungen erscheint es völlig überholt. So kommt es häufig zur Unterbrechung der

Erwerbstätigkeit. Gleichzeitig ist der Beschäftigungsgrad der Frauen enorm gestiegen. Oft sind für den Unterhalt einer Familie oder auch nur zum Unterhalt einer Person mehr als ein Einkommen nötig, so dass zwei Partner verdienen müssen oder eine Person mehreren Beschäftigungen nachgehen muss.

In der Notwendigkeit, den Wohlfahrtsstaat modernen Bedingungen anzupassen, sieht Fraser die Chance, feministische Visionen einzubringen. Sie nimmt sich zwei von Feministinnen verfolgte Wege des Umbaus des Wohlfahrtstaates vor. Den einen bezeichnet sie als „Modell der allgemeinen Erwerbstätigkeit", den anderen als „Gleichstellung der Betreuungsarbeit". Beide Varianten möchte sie auf ihre Tauglichkeit testen. Prüfkriterium ist dabei das Potenzial, Gerechtigkeit zwischen den Geschlechtern herzustellen. Zur Präzisierung des Kriteriums „Gleichheit" listet Fraser sieben „Normen" auf, die nur bei gemeinsamer Erfüllung Gleichheit herstellen. Dadurch wird an die beiden Modelle ein hoher Anspruch gestellt. Denn schon das Versagen in einer der Normen stellt die Tauglichkeit des Modells in Frage (Fraser 2001: 74). Die sieben Normen, die zur Erfüllung einer komplexen Geschlechtergleichheit gegeben sein müssen, lauten:

- Bekämpfung der Armut
- Bekämpfung der Ausbeutung
- Gleiche Einkommen
- Gleiche Freizeit
- Gleiche Achtung
- Bekämpfung der Marginalisierung
- Bekämpfung des Androzentrismus

Das Modell der allgemeinen Erwerbstätigkeit sieht vor, dass alle Erwachsenen ein Einkommen über ihre Erwerbstätigkeit beziehen und in diesem Zusammenhang auch verschiedene Versicherungsleistungen erhalten. Die Betreuung von Kindern oder Kranken müsste entsprechend in öffentlichen Einrichtungen stattfinden. Für eine kleine Gruppe von Menschen, die aus unterschiedlichen Gründen nicht erwerbsfähig sind, müsste der Staat Lohnersatzleistungen in bedarfsdeckender Höhe zur Verfügung stellen. Fraser stellt sich vor, diese Situation sei gegeben, und spielt nun durch, wie es um die Einhaltung der sieben Gleichheitsnormen steht.

Armut könnte zweifellos erfolgreich bekämpft werden, wenn alle Erwachsene Einkommen und Versicherungsleistungen (bzw. Lohnersatzleistungen) erhalten. Auch die Möglichkeiten zur Ausbeutung würden minimiert, da es kaum noch asymmetrische Abhängigkeitsverhältnisse geben würde. Fraser bezweifelt aber, dass die allgemeine Erwerbstätigkeit zur Lohnangleichung führen kann. Auch Freizeit wird nicht automatisch gleichmäßiger verteilt, wenn Männer und Frauen in gleicher Zahl beschäftigt sind. Aller Erfahrung nach sind es die Frauen, die zusätzlich zu ihrer Erwerbstätigkeit Betreuungsaufgaben übernehmen. Fraser nimmt außerdem an, dass auch das geringe Ansehen so genannter Frauenarbeit und scheinbar typisch weiblichen Tätigkeiten bei allgemeiner Vollbeschäftigung nicht automatisch schwinden würde. Der Test ergibt, dass im Modell der allgemeinen Erwerbstätigkeit die Marginalisierung von Frauen in Bezug auf Arbeit deutlich abgemildert würde. Da aber andere Ansprüche nicht erfüllt sind, kann das Modell der allgemeinen Erwerbsarbeit nicht dafür sorgen, dass Frauen sich besser in bürgerschaftliche, politische oder kulturelle Aktivitäten einbringen können.

Das zweite Modell – Gleichstellung von Betreuungsarbeit – sieht vor, dass bisher unbezahlte Haus- und Betreuungsarbeit angemessen bezahlt und mit Versicherungsansprüchen verknüpft wird. Nur für diejenigen, die weder einer Erwerbsarbeit nachgehen noch Betreuungsarbeit leisten können, wären Ersatzleistungen vorzusehen. Fraser setzt auch bei diesem Modell voraus, dass alle finanziellen und institutionellen Bedingungen gegeben sind, um dann seine Effekte gedanklich durchzuspielen.

Sie kommt zu dem Ergebnis, dass die Gleichstellung von Betreuungsarbeit Armut sehr effektiv bekämpfen könnte. Ebenso würden Abhängigkeitsverhältnisse weitgehend abgeschafft. Was die Angleichung der Einkommen angeht, so lehrt das skandinavische Beispiel, dass hier weiterhin eine deutliche Kluft besteht zwischen der Bezahlung traditioneller Berufe und Betreuungstätigkeiten. Ähnliches gilt für die Frage der Anerkennung: Zwar könnte eine Aufwertung für Betreuungsarbeit verzeichnet werden, es bliebe aber ein deutliches Gefälle im Vergleich zu anderen Tätigkeiten bestehen. Auch bei der Bekämpfung des Androzentrismus schneidet das Modell schlecht ab. Dem Modell des männlichen Ernährers würde zwar ein weiblicher entgegengestellt. Jedoch blieben Betreuungsarbeiten mit Frauen assoziiert. Diese Tätigkeiten könnten der traditionellen Berufskonzeption nicht den Rang ablaufen und damit gelänge es auch nicht, die Männer „abzuwerben". Schließlich würde die Marginalisierung von Frauen kaum aufgehoben, weil sie mit der vorwiegend von ihnen geleisteten Betreuungsarbeit weiterhin an den häuslichen Bereich gebunden wären.

Hingegen wäre das Gleichstellungsmodell in der Lage, gerade den bisher doppelt belasteten Frauen mehr Freizeit zu geben und wäre also in dieser Hinsicht gleichheitsfördernd.

Bei der Prüfung der beiden Modelle an den Kriterien der komplexen Geschlechtergleichheit vermischt Fraser gelegentlich Utopie und realistisch-skeptische Einschätzungen. Beim Modell der Gleichstellung der Betreuungsarbeit geht sie beispielsweise davon aus, dass die Rente für Betreuer und „gewöhnliche" Erwerbstätige gleich hoch ausfällt (Fraser 2001: 94). Bei der Erwartung, dass Betreuungs- und Erwerbsarbeit gleichermaßen entlohnt werden müsste, überwiegt bei Fraser die Skepsis aufgrund der Beobachtungen, die beispielsweise in skandinavischen Ländern gemacht werden (Frasers 2001: 96). Die Noten, die den Modellen auszustellen sind, hängen also teilweise davon ab, wie viel bisher noch nicht realisierte Voraussetzungen man unterstellt. Da hier ganz unterschiedliche Einschätzungen möglich sind, muss man Fraser nicht bei jeder Normbewertung zustimmen und wird doch ihre

Gesamteinschätzung bestätigen: Beide Modelle können Teilerfolge erzielen, beide Modelle können einzelne Ansprüche erfüllen. Jedoch verlangt Frasers Konzept von Gleichheit, dass alle sieben formulierten Normen gewährleistet sein müssen. Fraser kann dementsprechend keinem der beiden gängigen Modelle bescheinigen, dass es zur Gleichheit der Geschlechter führe.

Sie schlägt deshalb ein drittes Modell vor: das Integrations-Modell der universellen Betreuungsarbeit. Dazu müsste in der Berufskonzeption aller Menschen Betreuungsarbeit vorgesehen sein und umgekehrt würden alle Arbeitsplätze für Arbeitnehmer zur Verfügung stehen, die auch Betreuungsarbeit leisten.

„Ein Wohlfahrtsstaat nach dem Modell der universellen Betreuungsarbeit würde die Geschlechtergleichheit fördern, indem er den geschlechtlich strukturierten Gegensatz zwischen unterhaltssichernder Erwerbsarbeit und Betreuungsarbeit wirksam auflöst. Er würde gegenwärtig getrennte Tätigkeiten zusammenbringen, würde ihnen ihre geschlechtsspezifische Kodierung nehmen und Männer ermutigen, diese Tätigkeiten ebenfalls auszuüben. Dies wäre jedoch gleichbedeutend mit einer kompletten Neustrukturierung von Gender als sozialer Institution. Die Konstruktion unterhaltssichernder Erwerbsarbeit und Betreuungsarbeit in getrennten Rollen zu etablieren, die männlich bzw. weiblich kodiert sind, ist eine tragende Säule der heutigen Gesellschaftsordnung. Bricht man diese Rollen und ihre gesellschaftliche Kodierung auf, dann stürzt man letztlich auch die entsprechende Ordnung. Denn die herrschende geschlechtliche Arbeitsteilung wird auf diese Weise untergraben, und Gender verliert seinen herausragenden Stellenwert als Strukturprinzip der sozialen Organisation" (Fraser 2001: 101f.).

„Die Herstellung der Geschlechtergleichheit in einem postindustriellen Wohlfahrtsstaat verlangt also die Dekonstruktion von Gender" (Fraser 2001: 102/103).

Das Modell der universellen Betreuungsarbeit ist für Fraser ein Weg zur Dekonstruktion von Gender.

3.4.5 Zusammenfassung

In der Politischen Theorie liefert Nancy Fraser dadurch einen wichtigen Diskussionsbeitrag, dass sie den *verborgenen Geschlechtertext im Lebens- und Systemwelt-Modell* des Kritischen-Theorie-Vertreters Jürgen Habermas nachweist. Dabei hat sie insbesondere die Vermittlungspersonen zwischen den gesellschaftlichen Bereichen im Blick – z.B. die Erzieherperson, die Kinder in der nach lebensweltlichen Normen funktionierenden Privatsphäre auf ihre Rolle in der systemweltlich organisierten Arbeitswelt vorbereitet. Diese Vermittlungspersonen sind in Habermas' Modell – so Fraser – geschlechtlich getrennt gedacht. Demzufolge sind auch die getrennten Welten des Privaten und des Öffentlichen geschlechtlich konnotiert. Habermas, der die Trennung von Staat, Öffentlichkeit und Privatheit bewahren möchte, wird so zum Förderer eines zuungunsten der Frauen geschlechtlich getrennten Gesellschaftsmodells.

Fraser erkennt an diesem theoretischen Modell, aber auch an aktuellen politischen Kontroversen, dass die *Definitionsmacht über die Grenze zwischen privat und öffentlich einer politischen Ressource* gleichkommt. Ob und wie sich eine Person dieser Ressource bedienen kann, hängt sowohl vom Geschlecht als auch von Wechselwirkungen zwischen „gender", „race" und „class" ab. (*Querverweis: Kap. 1.3.10*)

In der theoretisch wie politisch andauernden Auseinandersetzung zwischen *Anerkennung versus Umverteilung* kommt Fraser zu dem Ergebnis, dass beide Strategien nicht als sich ausschließende Alternativen behandelt werden dürfen, sondern kombiniert verfolgt werden müssen, obwohl sich die affirmative Strategie der Anerkennung und die transformative Strategie der Umverteilung immer wieder gegenseitig blockieren können.

In einem postindustriellen Gedankenexperiment prüft Fraser die beiden gängigen politischen Modelle zum Umbau des Wohlfahrtssystems – *das der allgemeinen Erwerbstätigkeit und das der Gleichstellung von Betreuungsarbeit*. Die Testkriterien sind von einem anspruchvollen Gleichheitsmodell abgeleitet. Im „Test" zeigen beide Modelle unterschiedliche Stärken und Schwächen und führen jeweils für sich zu keinem befriedigenden Ergebnis. Fraser kommt deshalb zu dem Schluss, dass *ein Integrativmodell* nötig ist, *das Betreuungsarbeit und Erwerbsarbeit integriert*. Voraussetzung dafür ist Anerkennung von Betreuungsarbeit genauso wie ein elementarer Umbau des Erwerbs- und Sozialversicherungssystems.

Die deutsche Soziologin Regina Becker-Schmidt formuliert eine sehr grundsätzliche Kritik an Frasers Thesen. Becker-Schmidt positioniert sich – wie Fraser – in der Tradition der Frankfurter Schule. Kritische Theorie verlangt in ihrem Verständnis stets danach, die Gesellschaft als Zusammenhang von vielerlei Verhältnissen zu erfassen, das heißt, sie in ihren Strukturverhältnissen zu erkennen und aus ihrem historischen Werdegang heraus zu erklären. Genau dieser Anspruch sei bei Fraser nicht erfüllt; ihr Ansatz sei also nur unzureichend gesellschaftstheoretisch fundiert (Becker-Schmidt 2001: 99).

Entsprechend hält Becker-Schmidt beispielsweise Frasers Modell der universellen Betreuungsarbeit für nicht hinreichend durchdacht. Viele Widerstände auf dem Weg zu einer Gesellschaft, in der alle Personen Arbeit (im heutigen Verständnis) und Betreuung kombinieren, würden von Fraser übergangen, weil sie ignoriere,

> „welche Herrschaftssedimente in Geschlechterarrangements aufgebrochen werden müssten, um eine Umverteilung verschiedener Arbeitsformen (Berufsarbeit und care work, bezahlte und unbezahlte Tätigkeiten, Vollzeitarbeit und Teilzeitarbeit) durchsetzen zu können. In Frasers Argumentation ist der springende Punkt der, dass Männer dazu gebracht werden müssen, alles mit Frauen zu teilen – Freizeit, Erwerbstätigkeit, politische Macht und sozialstaatliche Leistungen. Ein solches Programm einer normativen Umorientierung ist m.E. zwar eine notwendige, aber keine hinreichende Bedingung für die Realisation einer so umwälzenden gesellschaftlichen Umstrukturie-

rung. In dem Integrationsmodell wird Androzentrismus personalisiert. Disparitäre Verhältnisbestimmungen zwischen den Geschlechtern treten weder in ihren Vernetzungen noch in ihren institutionellen Verankerungen in Erscheinungen" (Becker-Schmidt 2001: 101/102).

Es scheint, als könne sich Becker-Schmidt eine Veränderung von Rollen und Normen erst nach einer grundlegenden Veränderung der Gesellschaftsordnung vorstellen, derweil Fraser darauf hofft, dass eine Veränderung von Rollen und Normen innerhalb der gegebenen Gesellschaftsordnung möglich ist und damit gleichzeitig zu deren Auflösung führt. Diesen unterschiedlichen Prämissen der beiden Wissenschaftlerinnen entspricht eine unterschiedliche Blickrichtung in der Analyse. Während Becker-Schmidt darauf besteht, dass jede kritische Analyse mit einer historischen Gesellschaftsanalyse beginnt, ist es Fraser eher daran gelegen, aktuelle politische Strategien zu bewerten und weiterzuentwickeln. Vor diesem Hintergrund lässt sich erklären, warum Becker-Schmidt Fraser gerade dort mangelnden Tiefgang vorwirft, wo diese der gesellschaftlichen Transformation das Wort redet (Becker-Schmidt 2001: 94). Frasers gesellschaftskritischer Blick ist deutlicher in einer strategischen Perspektive erkennbar als in einer analytisch-theoretischen.[83]

Dies zeigt sich auch in Frasers Lösungsvorschlag für die Gleichheit-oder-Differenz-Debatte. Sie empfiehlt der feministischen Theoretikerin, nicht mehr darüber zu philosophieren, ob *Gleichheit oder Differenz* der Ausgangspunkt sei, sondern sich zu fragen, welche Art von Gleichheit sie als Ziel anstrebe (Fraser 2001: 74). Fraser gibt ihre Antwort mit dem *Modell der komplexen Gleichheit der Geschlechter*. Der Pragmatismus dieser Lösung kann beklagt oder genutzt werden. Auth beispielsweise nutzt die Anforderungen der komplexen Geschlechtergleichheit als normatives Prüfraster zur Bewertung von arbeitszeitpolitischen und gleichstellungspolitischen Maßnahmen in der Deutschland (vgl. Auth 2002: 48-50 u. 211-215); Schmid nutzt sie als Leitfaden zur Bewertung der Effekte der wohlfahrtsstaatlichen Modelle Dänemarks und Frankreichs (vgl. Schmid 2002: 332ff.).

Nancy Fraser ist eine Wissenschaftlerin, die mehrere Stärken kombiniert: Einerseits analysiert und kommentiert sie aktuelle politische Tendenzen in den USA, andererseits verfügt sie über eine fundierte philosophischen Ausbildung. Fraser ist aktive Teilnehmerin der US-amerikanischen Theorie-Diskussion. Gleichzeitig hat sie ihre Perspektive stets über den nationalen Gesichtskreis ausgedehnt und europäische Strömungen und Studien wahrgenommen. Ihre Positionierung in der Tradition der Kritischen Theorie hält sie nicht davon ab, postmoderne Warnungen ernst zu nehmen und dekonstruktivistische Techniken anzuwenden. „Elemente der Kritischen Theorie und des Poststrukuralismus" zu kombinieren bedeutet für sie, „Rekonstruktion und

---

83 Becker-Schmidt führt diese Schwerpunktunterschiede zwischen ihr und Fraser u.a. zurück auf den Einfluss eines philosophischen Pragmatismus in Anlehnung an M. Weber und M. Foucault in Frasers Denken.

Dekonstruktion" zusammenzubringen (Fraser 2001: 19). In dieser Kombination liefert Fraser einen kritischen Zugriff auf gesellschaftliche Zusammenhänge, der soziale Ungerechtigkeiten klar im Auge behält, gleichzeitig aber auch um die soziale Bedeutung und soziale Konstruktion von Werten und Begrifflichkeiten weiß, ohne sich im begrifflichen Skeptizismus zu verlieren.

Frasers Artikel bieten damit theoretisch fundierte Analysen, die in doppelter Hinsicht einem emanzipativen Anspruch gerecht werden: Inhaltlich bietet Fraser Analysen, die in politische Programmatik umsetzbar sind. Sprachlich bemüht sich Fraser erfolgreich um klaren Argumentationsaufbau, so dass sie auch über einen engen Kreis von Expertinnen und Experten hinaus verständlich bleibt.

Literaturtipp
Frasers Lehrthemen und Forschungsschwerpunkte sind aufgelistet auf: http: //www. newschool. edu/gf/polsci/faculty/fraser/index.htm
Ein Teil der US-amerikanischen Debatte um den „Streit um Differenz" ist dokumentiert in Benhabib/Butler/Cornell/Fraser 1995
Privates und Öffentliches in den Anhörungen von Clarence Thomas und Anita Hill: Fraser 1994b

Übung:
Machen Sie sich kundig über die Aktivitäten des Bundesministeriums für Familie, Senioren, Frauen und Jugend (BMFSFJ) innerhalb der Abteilung „Gleichstellung". Ordnen Sie die Aktionen bzw. Programme den Strategien Anerkennung oder Umverteilung zu. Versuchen Sie einzuschätzen, inwiefern diese Aktivitäten die intendierten Effekte erwarten lassen, welche Widerstände auftauchen werden und welche unintendierten Effekte möglicher Weise eintreten.

Übung:
Lesen Sie Frasers ausführlichere Darstellungen zu den Normen der komplexen Geschlechtergleichheit (Fraser 2001: 75-80 oder Fraser 2000: 199-204).
Diskutieren Sie, ob damit die Debatte über Gleichheit und Differenz beendet sein könnte.
Prüfen Sie die Gleichstellungsinitiativen des BMFSFJ (oder Ihrer Kommune, Ihrer Hochschule usw.) nach den Normen der komplexen Geschlechtergleichheit.

3.5 Zu Judith Butler: Gender Trouble

Der Titel von Judith Butlers[84] 1990 veröffentlichten Buch „Gender Trouble" erscheint im Nachhinein als Programm. Denn mit den darin entwickelten Thesen wurde in der deutschsprachigen sozialwissenschaftlichen Diskussion ein „Unbehagen"[85] ausgelöst, das in krassem Gegensatz stand zu der Gemüt-

---

84 Professorin für Rhetorik und vergleichende Literaturwissenschaft an der University of California in Berkeley
85 Der Titel der deutschen Übersetzung von 1991: „Das Unbehagen der Geschlechter".

lichkeit, mit der man sich in der Unterscheidung zwischen sex und gender eingerichtet hatte.[86]

Butlers Thesen waren ein Angriff auf mehrere liebgewonnenen Annahmen des wissenschaftlich informierten Feminismus. Diese Thesen, die im Folgenden genauer betrachtet werden, lauten in verkürzter Form:

Die *Unterscheidung in sex und gender* hält einer Prüfung auf Argumentationslogik nicht stand.

Die *geschlechtliche Körperlichkeit* ist keine unhintergehbare biologische Existenzbedingung, sondern eine kulturell und durch die Machtverhältnisse geprägte Lesart.

Das *Subjekt* Frau ist das Ergebnis eines Macht-Diskurses.

Eine *Identität* der Frauen kann es nur als kurzfristiges und prekäres Ergebnis eines ständigen Aushandlungsprozesses geben.

Die deutsche Literaturwissenschaftlerin Inge Stephan vermutet, dass die heftige Reaktion und die vielen Missverständnisse, die im deutschsprachigen Raum auf Butlers Thesen folgten, nicht nur durch die Aussagen selbst ausgelöst wurden, sondern auch den Umständen ihrer Veröffentlichung geschuldet waren: Butlers Buch „Gender Trouble" ist früher ins Deutsche übersetzt worden als andere Autorinnen, die an der amerikanischen Gender-Debatte maßgeblich beteiligt waren. So waren die Ausführungen von Teresa de Lauretis, Sandra Harding, Nancy Fraser (*Querverweis: Kap. 3.4*), Donna Haraway u.a. als Kontextwissen nicht bekannt.[87] Überdies haben Butlers Ideen Deutschland in einer Zeit der besonderen intellektuellen und kulturellen Sensiblität erreicht (Stephan 2000: 64).

„Die zugespitzten Thesen von Butler über Identität und Feminismus – der Untertitel ihres Buches heißt ‚Feminism and the Subversion of Identity' – ihre Absage an ein kollektives ‚Frauen-Wir' und eine auf Repräsentation beruhende ‚Frauenpolitik', ihre Auffassung von der sozialen und kulturellen Konstruktion von *gender* und *sex*,[88] ihre Polemik gegen jeglichen Essentialismus, ihre Angriffe gegen die binären Strukturen abendländischer Logik, ihre Infragestellung der heterosexuellen Matrix als gesellschaftlichem und kulturellem Organisationsprinzip, ihre Sympathie für Lesbianismus und Homosexualität, ihre Präferenz für Subversion, Maskerade und Parodie als Spielarten einer neuen politischen Kultur – all dies musste verwirrend in einem Kontext wirken, in dem das Thema ‚Identität' so libidinös besetzt ist wie in Deutschland – und zwar nicht nur von der Frauenbewegung, sondern auch von einer breiteren politischen

---

86 Mit Ausnahmen: siehe die Aufforderung von Gildemeister 1992, Gildemeister/Wetterer 1992 und Lenz 1992, die Geschlechterdualität zu überdenken.

87 Erwähnt sei an dieser Stelle, dass Hilge Landweer ebenfalls unter Rückgriff auf Foucault schon 1990 in ihrer Dissertation die diskursive Herstellung der weiblichen Identität beschreibt und einige Gedanken formuliert, die zeitgleich in den USA von Judith Butler publiziert werden und wenige Zeit später den deutschsprachigen Raum erreichen.

88 Carol Hageman-White hat in der deutschsprachigen Sozialisationsforschung allerdings schon 1984 auf die kulturelle Konstruktion der Zweigeschlechtlichkeit hingewiesen.

Öffentlichkeit, die auf die nationalen Verwerfungen von 1989, den weltweiten Zusammenbruch des Kommunismus, die Marginalisierung des Marxismus und Sozialismus als politische und philosophische Leitideen sowie auf die gleichzeitigen medialen Revolutionen von Cyberspace und Internet verstärkt mit der Suche nach Orientierungs- und Fixpunkten reagierte" (Stephan 2000: 64).

Stephans Hinweis auf die politisch-kulturelle Bedürfnisse in einer durch besondere politische Ereignisse geprägten Phase sind umso beachtenswerter, als sich deutliche Rezeptionsunterschiede gegenüber der US-amerikanischen Reaktion zeigen. Während die amerikanischen Kollegen und Kolleginnen ausführlich über den von Butler in Frage gestellten philosophischen Subjektstatus debattieren, reagierten die deutschsprachigen Kolleginnen sehr viel deutlicher auf die Thesen zu Körperlichkeit und Identität.[89] Gudrun-Axeli Knapp weist daraufhin, dass die französischen postmodernen Theoretiker in den USA mit lokalen Denkströmungen vermischt wurden. Daraus – so vermutet Knapp – resultierten viele Missverständnisse in der Debatte (vgl. Knapp 1998a: 32 u. 33, s. auch Hark 1998: 118).[90]

Judith Butlers grundsätzliche Annahmen – zum Subjektbegriff, zur Wirkmächtigkeit des Diskurses usw. – gelten als charakteristisch für postmoderne Theorien. Allerdings besteht durchaus keine Klarheit darüber, wer als Vertreter der postmodernen Theorie zu gelten habe[91] – manche VertreterIn distanziert sich von dieser Etikettierung (so z.B. Butler 1995: 31f., vgl. auch Knapp 1998a: 31 und Reese-Schäfer 2000: 287 und Bublitz 2002: 14).

Judith Butler hat mit ihren Thesen die Geschlechterforschung aller Disziplinen aufgewirbelt. Besonders angesprochen fühlten sich LinguistInnen und SprachtheoretikerInnen, da Butler begriffs- und diskurstheoretisch argumentiert. Butlers Überlegungen führten außerdem ins Zentrum philosophischer Überlegungen, indem sie aufbauend auf die Thesen der französischen Poststrukturalisten Derrida, Foucault und Lacan die Errungenschaft der philosophischen Moderne angriff – das autonome Subjekt. Ihre Erklärungen, wie gesellschaftliche Positionen in einem Machtgefüge hergestellt, besetzt und bewahrt werden, berühren soziologische Fragestellungen. Butler ist auch für die Politikwissenschaft von besonderem Interesse, da ihre Ausführungen auf

---

89 Vgl. dafür stellvertretend für US-amerikanische Reaktionen: Benhabib u.a. 1995, für deutschsprachige Reaktionen: Feministische Studien 2/1993. Während Becker-Schmidt und Knapp (2000: 85) den Eindruck teilen, dass sich die deutschsprachige Debatte stark auf das Verhältnis von Körperlichkeit und Diskurs konzentrierte, gelangt Knapp (1998a: 58) zu einer leicht abweichenden Einschätzung.

90 Vielleicht wäre die Auseinandersetzung der deutschsprachigen feministischen Theorie mit den postmodernen Gedanken fruchtbarer verlaufen, wenn die Debatte nicht den Umweg über den Atlantik genommen hätte. Mit dieser nicht zu beantwortenden Frage ist die Problematik der Kontextbindung von Theoriebildung aufgeworfen. Siehe dazu auch Benhabibs Verweis auf den einzigartigen US-amerikanischen Kontext (1997: 59f.).

91 So entdeckt Reese-Schäfer (2000: 294) bei Butler einen „abgestandenen Strukturalismus".

der Machttheorie von Michel Foucault (*Querverweis: Kap. 1.3.8*) gründen und sie daraus eine Herrschaftskritik und Vorschläge für die politische Praxis entwickelt.

Im Folgenden werden Butlers Thesen mit kommentierten Textauszügen ausführlicher vorgestellt, um dann exemplarische Reaktionen aufzuzeigen. Dabei kommen insbesondere deutschsprachige WissenschaftlerInnen zu Wort.

3.5.1 Gibt es einen Unterschied zwischen sex und gender?

Butler beschreibt, dass in der gängigen Unterscheidung von sex und gender ein Kontinuum liegt, durch das von sex auf gender geschlossen werde. Die Unterscheidung sei damit gar nicht vollzogen. Vielmehr würde üblicherweise ein untrennbarer Zusammenhang zwischen sex, gender und heterosexuellem Begehren hergestellt. Würden diese Kategorien tatsächlich vollständig voneinander abgekoppelt, würden sie im selben Moment obsolet werden.

> „Wenn der Begriff ‚Geschlechtsidentität' die kulturellen Bedeutungen bezeichnet, die der sexuell bestimmte Körper (*sexed body*) annimmt, dann kann man von keiner Geschlechtsidentität behaupten, dass sie aus dem biologischen Geschlecht folgt. Treiben wir die Unterscheidung anatomisches Geschlecht/Geschlechtsidentität bis an ihre logische Grenze, so deutet sie vielmehr auf eine grundlegende Diskontinuität zwischen den sexuell bestimmten Körpern und den kulturell bedingten Geschlechtsidentitäten. Setzen wir für einen Augenblick die Stabilität der sexuellen Binarität (*binary sex*) voraus, so folgt daraus weder, dass das Konstrukt „Männer" ausschließlich dem männlichen Körper zukommt, noch dass die Kategorie „Frauen" nur weibliche Körper meint. Ferner: Selbst wenn die anatomischen Geschlechter (*sexes*) in ihrer Morphologie und biologischen Konstitution unproblematisch als binär erscheinen (was noch die Frage sein wird), gibt es keinen Grund für die Annahme, dass es ebenfalls bei zwei Geschlechtsidentitäten bleiben muss. Die Annahme einer Binarität der Geschlechtsidentitäten wird implizit darüber hinaus von dem Glauben an ein mimetisches Verhältnis zwischen Geschlechtsidentität und Geschlecht geprägt, wobei jenes dieses widerspiegelt oder anderweitig von ihm eingeschränkt wird. Wenn wir jedoch den kulturell bedingten Status der Geschlechtsidentität als radikal unabhängig vom anatomischen Geschlecht denken, wird die Geschlechtsidentität selbst zu einem freischwebenden Artefakt. Die Begriffe *Mann* und *männlich* können dann ebenso einfach einen männlichen und einen weiblichen Körper bezeichnen wie umgekehrt die Kategorien *Frau* und *weiblich*" (Butler 1991: 22/23).

Butler argumentiert, dass die Dualität der Geschlechter durch wissenschaftliche Diskurse hervorgebracht wurde und sich damit bei näherer Betrachtung das sexuelle Geschlecht genauso als kulturelles Konstrukt erweist wie das soziale. Damit wäre die Unterscheidung zwischen „sex" und „gender" hinfällig (Butler 1991: 23/24).

3.5.2 Körper – Bezeichnung oder Materie?

Nach Butlers Auffassung von Sprache ist es nicht möglich, über den Körper zu sprechen und dabei einen direkten Bezug zur körperlichen Materialität anzunehmen, denn Materie hört auf „Materie zu sein, sobald sie zum Begriff wird" (Butler 1997: 57).

> „Der dem Zeichen[92] vorgängig gesetzte Körper wird immer als *vorgängig gesetzt* oder *signifiziert*. Diese Signifikation produziert als einen *Effekt* ihrer eigenen Verfahrensweise genau den Körper,[93] den sie nichtsdestoweniger zugleich als denjenigen vorzufinden beansprucht, der ihrer eigenen Aktion *vorhergeht*. Wenn der als der Signifikation vorgängig bezeichnete Körper ein Effekt der Signifikation ist, dann ist der mimetische oder darstellende Status der Sprache, demzufolge die Zeichen als zwangsläufige Spiegelungen auf die Körper folgen, überhaupt nicht mimetisch. Der Status der Sprache ist dann vielmehr produktiv, konstitutiv, man könnte sogar sagen performativ, insoweit dieser signifizierende Akt den Körper abgrenzt und konturiert, von dem er dann behauptet, er fände ihn vor aller und jeder Signifikation vor" (Butler 1997: 56).

Die Rede vom Körper erweckt also den Eindruck, als gebe es einen materiellen Körper, der dann als solcher bezeichnet wird. Butler weist auf die Möglichkeit hin, dass der Vorgang genau umgekehrt sein könnte: Erst durch die Bezeichnung entsteht der Körper so, wie wir ihn wahrnehmen.

Solche Aussagen lösten zum Teil aufgeregte Reaktionen aus. Vielfach wurde Butler vorgeworfen, jegliche Materialität des Körpers, gar des Lebens zu leugnen. Damit würde sie gegen die von Feministinnen eingeforderte Politisierung von Körperlichkeit und Geschlecht arbeiten. Butler reagierte ihrerseits auf diesen Vorwurf: Die Voraussetzung der Materialität

> „in Frage zu stellen ist nicht das gleiche, wie sie abzuschaffen; vielmehr bedeutet es, sie von ihren metaphysischen Behausungen zu befreien, damit verständlich wird, welche politischen Interessen in und durch diese metaphysische Platzierung abgesichert wurden. Dies erlaubt dem Begriff, ganz verschiedene politische Ziele zu besetzen und zu bedienen. Die Materie von Körpern zu problematisieren, kann zuerst einen Verlust erkenntnistheoretischer Gewissheit zur Folge haben, ein Verlust an Gewissheit ist aber nicht dasselbe wie politischer Nihilismus. Ein solcher Verlust kann durchaus einen bedeutsamen und aussichtsreichen Umschwung im politischen Denken nach sich ziehen. Dieses Erschüttern der ,Materie' lässt sich verstehen als Anstoß für neue Möglichkeiten, für neue Arten, wie Körper Gewicht haben können" (Butler 1997: 56).

---

92 Für das Folgende kann der in der deutschen Übersetzung von Butler auftauchende Begriff „Zeichen" als Bezeichnung oder Begriff verstanden werden, die „Signifikation" als Vorgang der Begriffsgebung.

93 Diese Textstelle lautet im englischen Originaltext: „the very body" (Butler 1993). Ich weiche hier von der Übersetzung von Karin Widmann ab, die meiner Meinung nach missverständlich mit: „den gleichen Körper" übersetzt.

3.5.3 Identität und Repräsentation

Um Butlers Position zum Begriff Identität und hier insbesondere zu Identität von Frauen zu illustrieren, folgt hier ein Auszug aus einem Aufsatz, den sie verfasst hat, als der Streit um ihre postmodernen Thesen bereits in vollem Gange war. Dem Text ist deutlich anzumerken, dass er bereits als Antwort auf Kritik geschrieben wurde. Weit davon entfernt, dem Streit auszuweichen, konturiert Butler ihre Positionen noch einmal und berücksichtigt dabei Vorwürfe und Missinterpretationen ihrer Kritiker und Kritikerinnen.

„Anscheinend gibt es innerhalb des Feminismus eine gewisse politische Notwendigkeit, als und für *Frauen* zu sprechen – eine Notwendigkeit, die ich nicht in Frage stellen möchte. Zweifellos funktioniert die Repräsentationspolitik auf diesem Wege, und in diesem Land sind Bemühungen um eine Lobby ohne Rückgriff auf eine Identitätskategorie tatsächlich[94] unmöglich. Ich bin also damit einverstanden, dass Demonstrationen, legislative Bemühungen und radikale Bewegungen Forderungen im Namen der Frauen stellen müssen. Diese Notwendigkeit muss jedoch mit einer anderen in Einklang gebracht werden. Wenn man die Kategorie ‚Frauen‘ anruft, um die Wählerschaft, für die der Feminismus spricht, *zu beschreiben*, wird unweigerlich eine interne Debatte darüber ausbrechen, welchen deskriptiven Gehalt dieser Begriff hat. Es gibt einige, die behaupten, dass das ontologische Merkmal der Frauen, Kinder zu gebären, die Grundlage für ein spezifisches legales und politisches Interesse an der Repräsentation bildet. Andere wiederum verstehen die Mutterschaft als soziales Verhältnis, das unter den herrschenden gesellschaftlichen Umständen die spezifische, transkulturelle Situation der Frauen ausmacht. Wieder andere versuchen, im Rückgriff auf Gilligan und andere Theoretikerinnen eine spezifische Weiblichkeit zu behaupten, die sich in den Gemeinschaften und in der Erkenntnisweise der Frauen offenbart. Jedes Mal, wenn diese spezifische Weiblichkeit formuliert wird, macht sich jedoch ein Widerstand und eine Zersplitterung innerhalb der Wählerschaft bemerkbar, die durch die Formulierung des gemeinsamen Elements gerade *vereinigt* werden sollte. In den frühen achtziger Jahren wurde das feministische ‚Wir‘ zu Recht von den farbigen Frauen angegriffen, die behaupteten, dass dieses ‚Wir‘ stets weiß war und dass es gerade die Ursache für eine schmerzliche Zersplitterung darstellte, obgleich es die Bewegung festigen sollte. Und auch der Versuch, die spezifische Weiblichkeit über die Mutterschaft – sei diese biologisch oder gesellschaftlich verstanden – zu charakterisieren, hat eine ähnliche Zersplitterung, ja sogar eine Ablehnung gegenüber dem Feminismus insgesamt hervorgerufen. Denn zweifellos sind nicht alle Frauen Mütter: Einige können nicht Mutter werden, andere sind zu jung oder zu alt, einige haben sich dagegen entschieden, und für wieder andere, die Mütter sind, ist dies nicht unbedingt der Sammelplatz ihrer politischen Aktivitäten in Sachen Feminismus.
Meine These ist, dass jeder Versuch, der der Kategorie ‚Frauen‘ einen universellen oder spezifischen Gehalt zuweist und dabei voraussetzt, dass eine solche vorgängige Garantie der Solidarität erforderlich ist, zwangsläufig eine Zersplitterung hervorrufen wird. Die ‚Identität‘ als Ausgangspunkt kann niemals den festigenden Grund einer politischen feministischen Bewegung abgeben" (Butler 1995: 48/49).

---

94   Ich habe die Übersetzung von Kathrina Menke hier leicht abgewandelt. Ihr meiner Meinung nach fehlführender Vorschlag lautet: "... auf eine Identitätskategorie *virtuell* unmöglich".

Butler erklärt im Anschluss, dass der Begriff „Frauen" deshalb nicht unverwendbar geworden ist und dass der Feminismus auch zukünftig politisch handeln könne:

> „Das bedeutet nicht, dass wir den Terminus ‚Frauen' nicht verwenden dürfen oder dass wir den Tod dieser Kategorie verkünden müssten. Wenn der Feminismus umgekehrt davon ausgeht, dass die Kategorie ‚Frauen' ein unbezeichnetes Feld von Differenzen bezeichnet, das keine Identitätskategorie totalisieren oder zusammenfassen kann, verwandelt sich dieser Terminus gerade in einen Schauplatz ständiger Offenheit und Umdeutbarkeit (resignifiability). Meiner Ansicht nach müssen die Risse zwischen und unter den Frauen gerade geschützt und aufgewertet werden, ja man sollte diese ständige Spaltung als grund-losen Grund der feministischen Theorie sogar bejahen. Das Subjekt des Feminismus dekonstruieren heißt also nicht, den Gebrauch dieses Begriffs zensieren, sondern ihn im Gegenteil in eine Zukunft vielfältiger Bedeutungen entlassen, ihn von den maternalen oder rassischen Ontologien befreien und ihm ein freies Spiel geben als einem Schauplatz, an dem bislang unvorhergesehene Bedeutungen zum Tragen kommen können" (Butler 1995: 49/50).

3.5.4 Das (politische) Subjekt „Frau"

Die politische Praxis des Feminismus, „Frauen" als einheitliches Subjekt anzunehmen, erscheint Butler unzulässig. Auf diese Weise erlaube sich die feministische Praxis, „die Frauen" zu repräsentieren. In beiden Schritten – Subjektsetzung und Repräsentation – sieht Butler einige Fallstricke der Macht bzw. deren Sprache eingebaut. Sie verweist dabei auch auf die „Legende" des Naturzustands, der vielen neuzeitlichen politischen Theorien zugrunde liegt. (*Querverweis: Kap. 4.1*)

> „Allerdings verweist das Problem der Frauen als Subjekt des Feminismus auf die Möglichkeit, dass es gar kein Subjekt gibt, das ‚vor' dem Gesetz steht und nur auf die Repräsentation in oder durch das Gesetz wartet. Möglicherweise wird dieses Subjekt, ebenso wie die Beschwörung eines zeitlichen ‚vor' dem Gesetz selbst als fiktive Grundlage für seinen eigenen Legitimationsanspruch geschaffen. Die verbreitete Annahme, dass das ‚Subjekt vor dem Gesetz' eine ontologische Integrität besitze, kann als zeitgenössische Spur der Hypothese vom ‚Naturzustand' verstanden werden – jener fundierenden/fundamentalistischen Legende, die für die Rechtsstrukturen des klassischen Liberalismus konstitutiv war" (Butler 1991: 17f.).

Um den Subjektbegriff in Frage zu stellen, zieht Butler auch Begründungen heran, die von der ethnomethodologischen Forschung und den VertreterInnen des Class-Race-Gender-Ansatzes hervorgebracht wurden. Nach deren Erkenntnis kann die Bestimmung des Subjekts nicht erschöpfend sein,

> „weil die Geschlechtsidentität in den verschiedenen geschichtlichen Kontexten nicht immer übereinstimmend und einheitlich gebildet worden ist und sich mit den rassischen, ethnischen, sexuellen, regionalen und klassenspezifischen Modalitäten diskursiv konstituierter Identitäten überschneidet. Folglich lässt sich die ‚Geschlechtsidentität' nicht aus den politischen und kulturellen Vernetzungen herauslösen, in denen sie ständig hervorgebracht und aufrechterhalten wird" (Butler 1991: 18).

Die US-amerikanische Philosophin Seyla Benhabib ordnet Butlers Subjekt-begriff folgendermaßen ein:

> „Gegen die Ansicht, dass das Subjekt lediglich diskursiv ‚eingekreist' wird, verteidigt Butler die stärkere Position, dass das Subjekt ‚vom Diskurs konstituiert, jedoch nicht determiniert ist'. Hinter dieser Unterscheidung liegt viel verborgen" (Benhabib 1997: 58).

Erklärtermaßen hat Butler mit diesen Überlegungen nicht vor, dem Feminismus die Handlungsbasis zu nehmen. Im Gegenteil: Butler will den Feminismus auf eine neue und passendere Grundlage stellen. Sie fordert FeministInnen auf, sich der Macht des Diskurses bewusst zu werden und sich dabei Klarheit darüber zu verschaffen, welche Ausschlüsse („Verwerfungen") das repräsentierte Subjekt (also der Begriff „die Frau(en)") mit sich bringt. Der Feminismus müsse sich öffnen für das, was er unberücksichtigt lässt. Damit könne er seine Subjektpositionen (die Anlässe seines Handelns) verschieben und zu neuen Handlungsmöglichkeiten zu gelangen (s. dazu auch Weinbach 1998).

Dabei muss darauf hingewiesen werden, dass Butler ihre Überlegungen explizit als politisch versteht: Es geht ihr um

> „die politischen Einsätze, die auf dem Spiel stehen, wenn die Identitätskategorien als *Ursprung* und *Ursache* bezeichnet werden, obgleich sie in Wirklichkeit *Effekte* von Institutionen, Verfahrensweisen und Diskursen mit vielfältigen und diffusen Ursprungsorten sind" (Butler 1991: 9).

Umgekehrt steht hinter dieser Formulierung die Frage, welche politischen Folgen es hätte, wenn aufgedeckt würde, dass geschlechtliche Identitäten „nur" Produkte machtvoller juristischer und sprachlicher Praktiken sind.

Für die politische Praxis sieht Butler keine Möglichkeit, die Repräsentationspolitik (also die Frauen als Frauen zu repräsentieren) aufzugeben, notwendig sei allerdings immer wieder zu fragen, warum und wie repräsentiert wird:

> „Offensichtlich kann die politische Aufgabe nicht darin bestehen, die Repräsentationspolitik abzulehnen – als wäre das überhaupt möglich. Denn die Rechtsstrukturen von Sprache und Politik bilden das zeitgenössische Feld der Macht, das heißt: Es gibt keine Position außerhalb dieses Gebiets, sondern nur die kritische Genealogie seiner Legitimationspraktiken" (Butler 1991: 20).

3.5.5 Deutschsprachige Reaktionen auf Judith Butler

Die in der deutschsprachigen Diskussion hervorgebrachte Kritik an Judith Butler zielt vor allem auf

> „das Verhältnis von Körper und Leib, das Problem der Macht, den Alltag und den Bereich der Politik. Weitgehend akzeptiert ist die These Butlers, dass die Relation zwischen sex und gender keine ontologische, sondern ein diskursive ist" (Stephan 2000: 66).

Butler wollte aufzeigen, dass auch die Wahrnehmung des eigenen Körpers, dessen gesellschaftliche Bedeutung, körperliche Sexualität und eben körperliche Geschlechtlichkeit durch die juristischen Diskurse bestimmt sind. Ihre Ausführungen wurden häufig als Verleugnung jeglicher Materialität interpretiert und kritisiert.

Beispielsweise schreibt Isabell Lorey:

> „Es gibt für Butler nichts, was außerhalb einer sprachlichen Bezeichnungspraxis zu verorten wäre. (...) Die Sprache ist keine Deskription von materiellen Dingen, sondern die Dinge entstehen durch die Art und Weise, wie sie in Diskursen situiert sind" (Lorey 1993: 15).

Damit – so schreibt Klaus Bogdal –

> „wird implizit eine Behauptung aufgestellt, zu der sich der ‚Philosoph' Foucault niemals verstiegen hat, dass es so etwas wie menschliche Natur und damit nichtdiskursive Praktiken (Schmerz, Leiden, Wohlbefinden, Lust usw.) nicht gebe, zumindest nicht als Element von Sozialität. ‚Natur' vollständig ausgeblendet zu haben, ist die theoretische Schwäche des Buchs von Butler und relativiert ihre Untersuchungen der symbolischen Repräsentationsformen" (Bogdal 1998: 201).

Damit verpasst Bogdal allerdings eine Pointe. Denn nach Butlers Auffassung besteht der Erfolg der Macht gerade darin, ihre eigene Wirkung als „Natur" auszugeben (s. dazu auch Bublitz 2002: 38f.). Daraus folgt für Butler die Aufgabe, eine „kritische Genealogie der Naturalisierung des Geschlechts und der Körper" zu erstellen (Butler 1991: 216).

Obwohl die meisten geschlechtskategorial arbeitenden Kritikerinnen mit dem Begriff „Natur" kritischer umgehen als der eben zitierte Bogdal, erhoben viele unter ihnen gegenüber Butler den Vorwurf der Entkörperung. Beispielsweise sieht sich die Historikerin und Körperforscherin Barbara Duden um den Leib gebracht. Sie hält Butler nicht nur die Erkenntnisse ihrer eigenen Studien entgegen, sondern wirft ihr vor, zynisch und opportunistisch zu sein:

> „Gerade weil ich mir der tiefen Historizität von Richtung, Fluss, Stimme und Rhythmus historischer Frauen bewusst bin, erschreckt mich die unter dem Deckmantel der gepflegten Ironie betriebene zynische Entkörperung durch die wetteifernde Anpassung feministischer Koryphäen an die Epigonen der großen Brüder: Foucault, Derrida, Lacan, Lyotard und Deleuze" (Duden 1993: 26).

> „Ich bin nicht ohne Substanz, bin nicht sinn-los, wie das Frau Butler von sich behauptet" (Duden 1993: 29).

Ähnlich beschreibt Theresa Wobbe (1993) den Leib[95] als absolute Örtlichkeit, der sich niemand entziehen kann. Wobbe stellt dies dar an Lust- und Erfahrungen von Schmerz durch Gewalt und Verletzung. Dieser nichthintergehbare Ort des Körpers werde von Butler ignoriert, obwohl er in direktem Zusammenhang steht mit Phänomenen des Fremden und des Rassismus.

---

95 Mit Bezug auf die Leibphilosophie von Hermann Schmitz.

Hilge Landweer hingegen kritisiert, dass bei Butler Generativität[96] völlig ausgeblendet sei. Generativität stelle eine gesellschaftliche Potenz dar, die weit über ihre symbolische Bedeutung hinausgeht und ein im wörtlichen Sinne existenzielles Element menschlicher Gesellschaften ist. Durch die in der Zweigeschlechtlichkeit gegebene Generativität werde deutlich, dass geschlechtliche Körper nicht nur zeichenhaft sind und Zweigeschlechtlichkeit auf mehr beruht als auf der heterosexuellen Zwangssexualität. Dabei geht es Landweer weniger um die biologische Tatsache der Fortpflanzung – und damit der Möglichkeit der Dauerhaftigkeit einer Gesellschaft – als darum,

> „dass in jeder Kultur im Zusammenhang mit Mortalität und Natalität die Generativität zu Kategorisierungen von ‚Geschlecht' führt" (Landweer 1994: 151).

Wegen dieser Generativität sei die leibliche Differenz stets sozial relevant, werde dann aber mythisch überhöht.

> „Die Dramen, die die Geschlechterdifferenz inszenieren, liegen, um es metaphorisch zu sagen, ‚tiefer' als nur auf der Ebene von Diskursen, d.h. von begrifflichem Denken. Sie sind primär mehr oder weniger phantastische und mythische Antworten auf gestalthafte Wahrnehmungen vom Typus Geschlechterdifferenz. Sie werden mit Beobachtungen von generativen Prozessen zusammengenommen zu ‚Lebenssymbolen' (...) verknüpft. Das mythische Theater der Geschlechterdifferenzen gibt der Fremdheit der beiden Seiten der generativen Differenz einen symbolischen Ausdruck, ohne sie durch diese Artikulation aufheben zu können" (Landweer 1993: 42).

Während zahlreiche deutschsprachige Feministinnen in der Reaktion auf Butler auf die Bedeutung des Körpers und des Körperhaften verweisen, sieht der Politikwissenschaftler Reese-Schäfer gerade in der nachlassenden generativen und damit gesellschaftlichen Bedeutung des weiblichen Körpers eine Erklärung für die Popularität von Butlers Thesen:

> „Der öffentliche Erfolg der neuen und radikalen Position von Butler erklärt sich gewiss auch aus dem medizinischen Fortschritt, der die Gebärfähigkeit zumindest im Sinne des Austragens eines Kindes in absehbarer Zeit nicht mehr länger an den Körper einer Frau gebunden sein lässt" (Reese-Schäfer 1999: 165).

Obwohl als Vorwurf deutlich erhoben, lässt sich in Butlers Texten nicht eindeutig nachweisen, dass sie den Körper insgesamt als diskursiv verstanden wissen will und damit jedes vordiskursive Leben und Erleben leugnet. Sie fördert diesen Eindruck, wenn sie beispielsweise fragt,

> „Doch ist die weibliche generative Kraft wirklich eine Ursache ohne Ursache?" (Butler 1991: 139).

Damit gibt sie den Anschein, als leugne sie die Möglichkeit des Körpers, den wir weiblich nennen, einen Embryo zu beherbergen und zu nähren. Im weite-

---

96 Mit „Generativität" meint Landweer „die schlichte Tatsache ..., dass nicht nur in tierischen sondern auch in menschlichen Sozialitäten zweigeschlechtliche Fortpflanzung vorkommt ..." (Landweer 1994: 151).

ren Text allerdings wird deutlich, dass sie nicht vom Körper als physische Gegebenheit spricht, sondern vom einem *Begriff* ‚Körper‘, der

„Effekt oder Folge eines Sexualitätssystems [ist], das vom weiblichen Körper verlangt, die Mutterschaft als Wesensbestimmung seiner selbst und als Gesetz seines Begehrens anzunehmen" (Butler 1991: 140).

Dabei ist zu betonen, dass sich Butler völlig im Bereich der Begriffe aufhält und nicht von physisch-biologischen Existenzweisen spricht, weil sie eine Rede darüber in den gegebenen Begriffen nicht für möglich hält. So beantwortet sie die selbst gestellte Frage:

„Existiert überhaupt ein ‚physikalischer‘ Körper vor dem perzeptuell wahrgenommenen Körper?"

mit:

„Diese Frage lässt sich nicht entscheiden" (Butler 1991: 170).

An anderer Stelle präzisiert sie:

„An dieser Stelle ist es natürlich notwendig, ganz deutlich darauf hinzuweisen, dass die Optionen der Theorie nicht dadurch erschöpft sind, dass man die Materie entweder voraussetzt oder verneint. Meine Absicht ist gerade, keins von beiden zu tun" (Butler 1995: 52).

Aber auch diejenigen Rezipientinnen, die in Rechnung stellen, dass Butler ganz bewusst auf der Ebene der Begriffe bleibt, formulieren gerade daran ihre Kritik:

„Ein Hauptproblem diskursanalytischer Ansätze besteht darin, dass ihnen der Begriff gesellschaftlicher Objektivität zu entgleiten droht. Dies geschieht in dem Maße, in dem das primäre Interesse sich nicht auf die Beziehung zwischen diskursivem Aussagesystem und subjektiver wie objektiver Realität richtet, sondern auf die Beziehung (Verbindung und Konflikte) zwischen Aussagen beschränkt bleibt" (Knapp 1991: 30).

Dennoch verteidigt Gudrun-Axeli Knapp Judith Butler gegen den Vorwurf, den Bedeutungsverlust der Kategorie „Gender" vorangetrieben zu haben.

„Butler würde aber nie im sozialdiagnostischen Sinne von einem Bedeutungsverlust, einer De-Institutionalisierung von Geschlecht oder einer Relativierung seiner strukturellen Effekte sprechen – ganz im Gegenteil, sie operiert mit ihrem sprachphilosophischen Zugang theoretisch an den Grenzmarkierungen der symbolischen Ordnung ... Ihre Analysen kreisen mit großer Intensität um die regulative Macht des Geschlechterdualismus für kulturell zentrale Konzeptionen, wie etwas die des Subjekts. Die Fragerichtung ist grundlagenkritisch, *antifoundationalist*: Wie wird die innere Stabilität des binären Rahmens des Begriffs „Gender" gesichert und wie muss man den Begriff „Gender" reformulieren, damit er auch jene Machtverhältnisse umfasst, die den Effekt eines vordiskursiven Geschlechts (sex) hervorbringen und dabei diesen Vorgang der diskursiven Produktion selbst verschleiern. Die Stabilität dieses Grundrahmens und die Mechanismen seiner Immunisierung gegen Veränderung sind ihr Thema, nicht Diagnosen seiner Aufweichung oder Relativierung" (Knapp 2001: 28f.).

Ein weiterer häufig formulierter Kritikpunkt zielt darauf, dass in Butlers postmodernen Positionen kein Platz für politische Konsequenzen existiere. Christine Weinbach listet einige Kritikerinnen und ihre Argumente auf:

> „Butlers Machtbegriff, der bereits auf der Ebene der Seienden ansetzt, vermag danach für Claudia Card (1990: 128) soziale Ungleichheiten nicht zu fassen, da jedes Subjekt, ganz gleich, welche soziale Position es einnimmt, als durch die diskursive Macht konstituiert gilt: ‚It conveys the impression that we are all in the same political predicament'. Dieser Machtbegriff verunmöglicht einen Maßstab für Kritik, denn ‚how should we assess whether what is excluded shoudn't have been?' (Card 1990: 129). Und Nancy Fraser fragt nach einer Begründung für die geforderte Subversion. Ihrer Ansicht nach ist die ‚Umdeutung' kein hinlänglicher Ersatz für ‚Kritik', da er das normative Moment preisgibt (Fraser 1995: 73). Statt dessen meint sie: ‚Feministinnen müssen normative Urteile fällen und emanzipatorische Alternativen anbieten. Wir sind nicht für ‚anything goes' (Fraser 1995: 75). In diesem ‚anything goes' sieht Seyla Benhabib dann auch das unglückliche Moment einer Ehe von Feminismus und Postmoderne. Denn mit ihren drei Thesen vom ‚Tod des Subjekts', ‚Tod der Geschichte' und ‚Tod der Metaphysik' zerstört die Postmoderne die Grundlagen des Feminismus als einer politischen Theorie (s. Benhabib 1995[b]: 10ff.). So gedeutet, untergräbt das postmoderne Denken die Verpflichtung des Feminismus gegenüber der Handlungsfähigkeit und dem Selbstgefühl der Frauen, die Verpflichtung gegenüber der Wiederaneignung der Frauengeschichte im Namen einer emanzipierten Zukunft und die Verpflichtung zu einer radikalen Gesellschaftskritik, die die Geschlechtsidentität ‚in ihrer endlosen Vielfalt und monotonen Ähnlichkeit' offen legt' (Benhabib 1995[a]: 26) ... Und Juliane Rebentisch wehrt sich gegen Butlers fehlenden Verantwortlichkeitsbegriff, der sich aus dem nicht existierenden Täter hinter der Tat ergibt (Rebentisch 1997: 63)" (Weinbach 1999: 302).

Die im Zitat genannten Autorinnen wollen jedoch nicht zurück zu einem naiven Umgang mit dem Subjekt. Allerdings glauben sie, einen Rest von sozialer und politischer Handlungsfähigkeit des Subjekts Butler gegenüber verteidigen zu müssen: [97]

> „Sicherlich ist keine Subjektivität denkbar, die nicht durch Sprache, ein Erzählschema und den spezifischen Erzählcode, den die jeweilige Kultur bereitstellt, strukturiert ist. Wir erzählen von dem was wir sind, von dem ‚Ich', das wir sind, indem wir uns eines Erzählschemas bedienen, beispielsweise: ‚Ich wurde an dem und dem Datum als Tochter von dem und dem geboren ...' usw. Diese Erzählschemata sind zutiefst von den jeweiligen Codes erwartungsgemäßer und verständlicher Biographien und Identitäten in unseren Kulturen gefärbt und strukturiert. All dies kann man zugestehen und dennoch gilt auch weiterhin, dass wir nicht bloß eine Verlängerung unserer Lebensgeschichte sind, sondern uns vielmehr gegenüber unserer Lebensgeschichte zugleich in der Position des Autors und des Darstellers befinden" (Benhabib 1995a: 14).

---

97 Knapp (1998a: 51) bemerkt in diesem Zusammenhang, dass im Streit um das postmoderne Subjekt vermeidbare Missverständnisse dadurch aufgekommen sind, dass nicht ausreichend unterschieden wurde, ob es sich um einen philosophischen Subjektbegriff handelt oder um eine Konzeptualisierung von Subjektivität bzw. Individualität.

Im Zusammenhang von Subjektstatus und politischer Handlungsfähigkeit entdeckt Reese-Schäfer (2000: 296) einen Widerspruch in Butlers Konzeption: Da Butler explizit Möglichkeiten des politischen Widerstands z.B. durch Formen des Sprechens erhalten will, sei sie auf ein deutungs- und kritikfähiges Subjekt angewiesen.

Andere Rezipientinnen sehen eine heilsame politische Wirkung darin, die Gewissheiten des politischen Subjekts des Feminismus zu erschüttern. So erscheint es für Ulrike Hänsch folgerichtig,

> „dass aus der Perspektive derjenigen, die aus unterschiedlichen Gründen aus den feministischen Konzeptionen von Frauen herausfallen, eine Kritik an diesem feministischen ‚Wir Frauen' mit Begeisterung, Freude und Genugtuung aufgenommen wird. Wenn diese Frauen die Konstruktion eines feministischen Wir offen legen, das unterschiedlich positionierte Frauen ungenannt ausschloss, sie für feministisch unpassend erklärte oder stillschweigend ganz über sie hinwegging, machen sie sich zugleich selbst diskursfähig. (...) Von den Rändern dieser feministischen Die-Frauen-Definition werden Existenzweisen sichtbar, die nun Ansprüche auf feministische Subjektpositionen erheben und einnehmen" (Hänsch 1999: 50, in diesem Tenor auch Niekant 1999: 41f.).

Feministinnen sollen also Identitäten als nur kurzfristig fixierbare Knotenpunkte in einem Geflecht von Differenzen und Relationen verstehen. So dass sie offen bleiben für Neuzugänge (wer ist Feministin bzw. darf Feministin sein?), für neue Erscheinungsweisen (wie hat sich eine Feministin zu benehmen/auszusehen?) und für neue Bündnisse (wer verfolgt dasselbe Ziel?).

Der zweite Teil des Vorwurfs der Politikunfähigkeit von Butlers Theorie zielt auf die Praxistauglichkeit ihrer Vorschläge. Obwohl bei Butler der Anspruch einer Verbindung von Theorie und politischer Praxis deutlich formuliert ist, sieht z.B. Weinbach diesen insofern nicht eingelöst, als Butler den von ihr selbst entworfenen praktisch-politischen Diskurs und den reflektierend-theoretischen nicht in Vermittlung bringe (Weinbach 1998: 60). Für Becker-Schmidt und Knapp (2000: 84) ist diese Schwäche auch dadurch begründet, dass sich die Butler'sche „Analyse im geschichts- und empiriefreien Raum metatheoretischer Reflexion" bewege.

In ihrer eigenen Auslegung der Foucault'schen Machttheorie sieht Sabine Hark hingegen durchaus Verbindungen zur politischen Praxis: Die essentialistische Vorstellung von Identität sei hinfällig und müsse unterlaufen werden, dies könne dadurch geschehen, dass die Politik des ‚was bin ich?' aufgegeben wird zugunsten einer Politik des ‚was will ich?' (Hark 1999: 180).

Butlers Vorschlag zur politischen Veränderung liegt auf der Ebene des Sprechaktes. Gemeint ist eine „Politik der Verschiebung normativer Geschlechtsbedeutungen" (Bublitz 2002: 80). Da die Geschlechtsbedeutung nur durch den stets wiederholten normativ abgesicherten Sprachakt hergestellt („performiert") wird, liegt auf dieser Ebene auch das Potenzial zur Veränderung. Butler fragt, ob die Wiederholung des Sprechakts in einer Weise möglich ist, welche die „ihn stützenden Konventionen ablösen kann und damit

seine verletzende Wirksamkeit eher in Verwirrung bringt als konsolidiert"
(Butler 1998: 35). Formen der Geschlechterparodie, wie Praktiken der Tra-
vestie, des Cross-Dressing und der übertriebenen Inszenierung von sexueller
Identität, scheinen ihr dazu geeignet. Derart könnte gezeigt werden, dass die
Ausdrucksweise von sexueller Identität gar kein Original habe, dem sie folgt,
sondern immer nur eine vorgegebene, kontingente Norm imitiert (Butler
1991: 202).

3.5.6   Der Identitätsbegriff in der Politikwissenschaft

Identität ist nicht nur in Theorie und Praxis der feministischen Debatte ein
Schlüsselbegriff, auch in der Politikwissenschaft wird häufig davon ausgegangen, dass Identitäten z.B. als nationale Identität, Klassenidentität oder parteipo-
litische Identität die Grundlagen politischer Akteursbildung und politischer
Handlung darstellen. Identität wird dabei zumeist als ein subjektiv wahrge-
nommenes Gleichheitsgefühl derer verstanden, die sich einer Gruppe zugehörig
fühlen. Dieses Gleichheitsgefühl kann durch objektiv vorhandene gemeinsame
Institutionen untermauert sein und wird häufig durch den Einsatz gemeinsamer
Symbole und die Erfindung einer gemeinsamen Geschichte verstärkt und vi-
sualisiert. Nicht selten wird die innere Kohärenz durch die Inszenierung eines
faktischen oder erfundenen Gegners oder einer Bedrohung verdichtet.

Gelegentlich wird in Theorien zu nationalen Identitäten von der Existenz
eines essentialistischen Kerns (z.B. bei Shils 1995) ausgegangen. Den meisten Arbeiten zu kollektiven Identitäten liegt jedoch die Annahme zugrunde,
dass Identität „imaginiert" (Anderson 1988: 15), also gedacht sei. Dennoch
entgehen viele politikwissenschaftliche Identitätsanalysen nicht der Gefahr,
die Identitäten, die sie beschreiben und erklären möchten, unter der Hand
doch als feststehende Gegebenheiten zu ontologisieren.

Von den dekonstruktivistisch angeregten feministischen Theoretikerinnen ist nun zu lernen, dass es „für die Erforschung der Komplexität von Unterdrückung und Machtverhältnissen" erforderlich ist,

> „sich von einer essentialisierenden wie auch additiven oder multiplen Bestimmung
> der Kategorien oder der Elemente der Identität ... zu verabschieden" (Wartenpfuhl
> 1999: 72).

Die Logik von Identität zu verstehen, heißt demnach zunächst – und dies ist nur
ein erster Schritt, dem notwendig ein zweiter folgen muss – zu klären, was und
damit auch wer das Ausgeschlossene dieser Identität ist. Sodann darf die Forscherin nicht in dieser Binarität des Identitären und Nichtidentitären stehen
bleiben, denn damit wiederholt sie die hierarchische Anordnung dessen, was
Ursprung und was Abweichung ist. Sie würde damit die Zugehörigen und die
Nichtzugehörigen auf ihre Positionen festlegen und so nicht an der Machtverteilung zwischen beiden Positionen rütteln (Wartenpfuhl 1999: 75).

Aus dieser Sicht ist es völlig irreführend, nach Identität als einem authentischen Schatz im Innern des Menschen zu suchen,

„... als eine Substanz, die es zu entdecken, zu suchen, zu finden – und vor allem zu behalten gälte" (Landweer 1990: 100).

Stattdessen müssen die festgestellten Differenzen als Teil eines Gewebes verstanden werden – ein Gewebe mit Markierungspunkten, an denen „das Eine immer auch das Andere ist" und deshalb „auch immer das Element des Gleichen" beinhaltet und „nicht den Schnitt zwischen Andersheit und Selbstheit" macht (Wartenpfuhl 1999: 75). Die Elemente dieses Gewebes

„sind keine unteilbaren Atome, sondern sie beziehen ihre Identität durch ihren Bezug und ihre Differenz zu allen anderen Elementen des Systems. Deshalb sind Elemente, Entitäten oder Identitäten immer relational und differential" (Wartenpfuhl 1999: 75).

In dieser Vorgehensweise sehen Wartenpfuhl, Hark u.a. die Möglichkeit, aus der machtvollen Binarität und Ausschließlichkeit von Begriffen und angenommenen Identitäten wie „Männer" und „Frauen", „Inländer" und „Ausländer", „Schwarze" und „Weiße" zu entkommen und Begriffen, an deren Auflösung man arbeitet, tatsächlich eine neue Bedeutung zu geben (oder jede Bedeutung zu nehmen) und sie nicht durch Wiederholung in ihrer alten Wirkmächtigkeit zu bestärken.[98] Wenn Identitäten nur als kurzfristige Momentaufnahmen einer vorübergehenden Position im Gewebe verstanden werden, dann kann man deren historische und soziale Bedingtheit und ihre Wandelbarkeit in Rechnung stellen.

Nach Butler und anderen poststrukturalistischen DenkerInnen sitzen diejenigen der Macht auf, die Mann und Frau als binäre Identitäten denken. Man bleibt auch dann der zu überwindenden Binarität verhaftet, wenn Frau und Mann auf einem Kontinuum angesiedelt werden mit Weiblichkeit und Männlichkeit an je einem Ende. Auch das Einschreiben eines dritten oder vierten Geschlechts hilft nicht weiter. Vielmehr müsste jeder Person unterstellt werden, dass sie sich aus ihrer jeweiligen sozialen Situiertheit heraus eine völlig unvorhersagbare, wandelbare und widersprüchliche Kombination von Identitäten zusammensetzt und diese Anteile des Selbst durch Körperlichkeit, Äußerlichkeit, Tätigkeit usw. inszenieren oder „performieren"[99] kann. Diesen Personen stünde es frei, sich Mann oder Frau zu nennen, und zugleich hätte diese Selbstbezeichnung keine Bedeutung mehr.

Dies bedeutet nicht, dass die Aufgabe, die gesellschaftlichen Positionen der Frau(en) zu beschreiben, hinfällig geworden wäre, weder für feministische Politik noch für feministische Politikwissenschaft:

---

98   Zu den Möglichkeiten, innerhalb der diskursiven Determiniertheit widerständig zu sein und Freiheit zu schaffen, vgl. z.B. Sabine Hark 1999.
99   Bublitz (2002: 70-74) erklärt den Butler'schen Begriff der Performativität.

„Sobald wir verstanden haben, dass Subjekte durch Schließungsverfahren gebildet werden, ist es notwendig, die Verfahren dieser Konstruktion und Auslöschung nachzuzeichnen" (Butler 1995: 47).

3.5.7 Zusammenfassung

Unzweifelhaft ist es Butlers Verdienst, den in der Politikwissenschaft bedeutenden *Begriff der Identität und des Subjekts* nachhaltig in Frage gestellt zu haben. Zum anderen hat Butler in der Tradition Foucaults mit einem *differenzierten, prozessualen und flexiblen Machtbegriff* den in der Politikwissenschaft gemeinhin üblichen Machtbegriff erweitert.

Butler hat der Politikwissenschaft einen Beitrag zur Erklärung von Geschlecht geliefert, indem sie Geschlecht als das Ergebnis von in normativem Kontext erfolgten Sprechakten und diese als Machtprozesse kennzeichnet.

Ihre politikwissenschaftliche Relevanz kann außerdem mit ihrem Anspruch begründet werden, *Anleitung für eine Politik der Veränderung* zu liefern. Allerdings bleibt Butlers Vorschlag der Veränderung auf der *Ebene des Sprechakts* (Auftritte und Inszenierungen einschließend). Angesichts dieses engen Begriffs von politischer Praxis, der weder auf soziale Ungleichheiten noch auf institutionelle Rahmenbedingungen eingeht, muss erstaunen, dass Butler vergleichsweise häufig vom politikwissenschaftlichen Mainstream wahrgenommen und kommentiert wird. Mehr noch: Judith Butler wird derzeit als Repräsentantin für „Die politische Theorie des Feminismus" vorgestellt – so in politikwissenschaftlichen Lehrbüchern bzw. Theorieüberblick bietenden Sammelbänden (Reese-Schäfer 1999, Reese-Schäfer 2000,[100] Brodocz/Schaal Hg. 1999).

Die Erklärung könnte lauten, dass die „freundliche Übernahme" von Butlers Thesen in den politikwissenschaftlichen Mainstream mit ihrem hohen Abstraktionsgrad zusammenhängt. Möglicher Weise findet Butlers politische Theorie gerade deshalb im politikwissenschaftlichen Mainstream relativ großen Widerhall, weil sie von ihrem sprachlich-theoretischen Ansatz her keine gesellschaftlichen Ungleichheitslagen benennt und entsprechend aus den Butler'schen Thesen keine politisch-sozialen und politisch-institutionellen Forderungen abgeleitet werden können.[101] Möglich auch, dass die breite Rezeption von Judith Butler den Beginn einer größeren Offenheit des politikwissenschaftlichen Mainstreams gegenüber geschlechtskategorialer, feministischer Forschung markiert.

---

100 Hier beschreibt und kritisiert Reese-Schäfer nicht mehr die Aussagen Butlers zu „Geschlecht", sondern ihre sprechakttheoretischen Überlegungen zu „hate speech" (Butler 1998).

101 Vgl. dazu die Thesen von Rosi Braidotti zur Konjunktur von Gender-Studies an den Universitäten, zusammengefasst in Knapp 2001: 34f.

Trotz der aus sozialwissenschaftlicher Sicht festgestellten Engführungen des Butler'schen Ansatzes (Ausblendung des Sozialen, Vernachlässigung historischer Bedingungen, Beschränkung auf Sprache) (Becker-Schmidt/Knapp 2000: 90ff.) wird Butlers bleibender Beitrag für die feministische Theorie unter anderem darin liegen,

> „radikaler als andere vor ihr das illusionäre Moment feministischer *Identitätspolitik* zur Sprache gebracht und ... den engen normativen Zusammenhang von Sex, Gender und Begehren in den Blick gerückt [zu haben]" (Becker-Schmidt/Knapp 2000: 91, Hervorhebung E.K.).

Über ein Jahrzehnt nach der Aufregung, welche Butlers Dekonstruktion des Geschlechtsunterschiedes ausgelöst hat, wird kein unversöhnlicher Wissenschaftsstreit diagnostiziert und auch nicht mehr das Ende aller politischer Praxis vermutet. Wissenschaftlerinnen fühlen sich nicht mehr verpflichtet, sich eindeutig einer Wissenschaftstradition (z.B. Kritischer Theorie oder postmoderner Theorie) zuzuordnen, sondern erlauben sich fruchtbare Grenzüberschreitungen und Kurskorrekturen (Knapp 1998b: 9 u. 12f, Fraser 2001: 19). Feministische Politikwissenschaftlerinnen unterschiedlichster Strömung lassen sich beispielsweise durch den Machtbegriff von Foucault inspirieren.[102] Die durch Butler ausgelöste *Wiederbesinnung auf Machtkritik* kann auch wieder Bewegung in die politische Praxis bringen, wie eine Stellungnahme der Sozialwissenschaftlerin Christina Thürmer-Rohr zeigt:

> „Heute haben sich die Wogen geglättet, Butler ist ins Grundstudium der Gender-Studies eingegangen, und viele neue Namen haben den postmodernen Geschlechterdiskurs aufgenommen, differenziert, relativiert und modifiziert. Das Spektrum der Reaktionen reicht von tapferer Ablehnung über verkniffene Duldung bis zum Versuch, Pluralität auch für die zur Einheit gezwungene oder sich zur Einheit zwingen lassende Kategorie ‚Frau' einzufordern. Dieser Versuch ist neu. Denn solange die Kategorie Geschlecht als unumstößlich gilt, verleitet sie auch zu den Beschränkungen eines dichotomen Denkens, mit dem fabriziert wird, was wir abschaffen wollen: nicht unbedingt ‚das Geschlecht', aber die Geschlechterhierarchie. Diese aber setzt voraus, dass die Unterscheidungswürdigkeit zweier Geschlechter etabliert ist und weiter gefüllt wird.
> Der Wert der Debatte liegt nicht darin, sich überraschend mit Kleid oder Schlips zu kleiden und mal aus dem geschlechtsüblichen Rahmen zu fallen, sondern in der Zurückweisung aller Kategorien, die Menschengruppen zum kollektiven Singular machen wollen. Insofern geht Butlers Anstoß weit über die Geschlechtsfrage hinaus. Geschlechtsidentität als „Imitation ohne Original" zu kennzeichnen und so die Kultur wie die Biologie in ihrer Kraft zu entwerten, hierarchische Kategorien zu legitimieren, schafft die politische Verbindung zu anderen Totalitarismen wie dem Rassismus und Antisemitismus. Und diese Zusammenhänge sind heute aus der feministischen Kritik nicht mehr wegzudenken. Die verbreitete Befürchtung, die Dekonstruktionstheorien seien und machten ‚zu liberal', entlarvt nur die Schwierigkeit, Pluralität als größte Herausforderung des Politischen zu begreifen statt als Mangel an Radikalität und Entschiedenheit. Insofern ist der Feminismus nicht am Ende, sondern wieder am Anfang: der Herrschaftskritik" (Thürmer-Rohr 1999).

---

102 Landweer (1990: 95ff.) erklärt Foucaults Machtbegriff in knapper Form.

Literatur

Konzentrierte und kommentierte Wiedergaben von Butlers wesentlichen Argumentationslinien finden sich bei:
Weinbach 1998 und 1999 (mit kommentierter Literaturliste), Diskussionen bei: Niekant 1999, Wagner 1998, Wartenpfuhl 2000: 18-40 und eine (gelegentlich schwer verdauliche) Einführung hat Bublitz 2002 vorgelegt.

Übung:

In der nachfolgenden Tabelle werden Aussagen von Regine Gildemeister und Judith Butler gegenübergestellt. Gildemeister wurde im ersten Kapitel als eine Wissenschaftlerin vorgestellt, die mit dem Ansatz der sozialen Konstruktion arbeitet. Butler wird mit dem Begriff der Dekonstruktion in Verbindung gebracht. Beide Wissenschaftlerinnen stellen die Zweigeschlechtlichkeit in Frage, sie arbeiten dabei aber mit unterschiedlichen wissenschaftlichen Zugängen. Dies kann durch eine Gegenüberstellung von Aussagen dieser Wissenschaftlerinnen zu mehreren Stichworten veranschaulicht werden.

Bringen Sie die unterschiedlichen Aussagen und Differenzen im Aussagesystem der beiden Wissenschaftlerinnen mit deren jeweiligem wissenschaftstheoretischen Hintergrund in Verbindung.

Gildemeister[103]	Stichwort	Butler[104]
Geschlechtlichkeit wird durch Handlung und soziale Interaktion gelernt und hergestellt.	Geschlecht/ Geschlechtlichkeit	Geschlecht ist eine perfomativ inszenierte Bedeutung.
„Die Argumentation ernst zu nehmen, dass Menschen ‚von Natur aus' durch und durch gesellschaftliche Wesen sind, heißt auch, ‚Geschlechtlichkeit' einzubeziehen. Leiblichkeit und Geschlechtlichkeit sind Ergebnisse sozialer, kultureller Prozesse auf der Grundlage symbolvermittelter sozialer Interaktion und kultureller und institutioneller Sedimentierung. Das heißt, auch die Zweigeschlechtlichkeit, deren Folgen und Deutungen sind Ergebnis sozialer Konstruktionen." (226)	sex/gender Begehren	„Wenn also das ‚Geschlecht' (sex) selbst eine kulturell generierte Geschlechter-Kategorie (gendered category) ist, wäre es sinnlos, die Geschlechtsidentität (gender) als kulturelle Interpretation des Geschlechts zu bestimmen. Die Geschlechtsidentität darf nicht nur als kulturelle Zuschreibung von Bedeutung an ein vorgegebenes anatomisches Geschlecht gedacht werden (...). Vielmehr muss dieser Begriff auch jenen Produktionsapparat bezeichnen, durch den die Geschlechter (sexes) selbst gestiftet werden. ... Die Geschlechtsidentität umfasst auch jene diskursiven/kulturellen Mittel, durch die eine ‚geschlechtliche Natur' oder ein ‚natürliches Geschlecht' als vordiskursiv, d.h. als der Kultur vorgelagert oder als politisch neutrale Oberfläche, auf der sich die Kultur einschreibt, hergestellt und etabliert wird. ... Diese Produktion des Ge-
Die dichotome Optik, die bewirkt, „dass wir immer nur zwei geschlechtlich bestimmte Körpersorten, nicht als Männer und Frauen wahrnehmen, ist doch hoch voraussetzungsvoll und nur über massive kulturelle Sanktionen oder: die Stabilisierung einer entsprechenden Nomenklatur durchsetzbar." (228)		

103 Zitate, wenn nicht anders angegeben, aus Gildemeister 1992.
104 Zitate aus Butler 1991.

schlechts als vordiskursive Gegebenheit muss umgekehrt als Effekt jenes kulturellen Konstruktionsprozesses verstanden werden, den der Begriff ‚Geschlechtsidentität' (gender) bezeichnet." (24)

Die „Konzeption von Geschlechtsidentität setzt nicht nur eine kausale Beziehung zwischen anatomischem Geschlecht (sex) und Geschlechtsidentität (gender) und Begehren voraus, sondern legt außerdem nahe, dass das Begehren die Geschlechtsidentität widerspiegelt und zum Ausdruck bringt – ebenso wie umgekehrt ..." (46)

	Geschlechterdualität	
Geschlechterdualität ist Kulturprodukt		Geschlechterdualität ist ein Machtprodukt, „..., dass die Macht in der Produktion des binären Rahmens, der das Denken über die Geschlechtsidentität bestimmt, am Werke ist". (8)
„... in der Gesellschaft, die auf der Polarisierung von Geschlechtsrollen und der Generalisierung von deren Effekten beruht, gibt es keine Identität und Individualität *außerhalb* der Geschlechtszugehörigkeit." (227)	Identität (Gildemeister) und Wahrnehmbarkeit (Butler) von Individuen	„ ‚Personen' [werden] erst intelligibel, wenn sie in Übereinstimmung mit wiedererkennbaren Mustern der Geschlechter-Intelligibilität (gender intelligibilty) geschlechtlich bestimmt sind." (37)
„Geradezu sozial überlebensnotwendig ist daher die Kenntnis und eine gewisse Innenrepräsentanz der wesentlichen Elemente des klassifikatorischen [zweigeschlechtlichen] Systems." (23)		„Da aber die ‚Identität' durch die stabilisierenden Konzepte ‚Geschlecht' (sex), ‚Geschlechteridentität' (gender) und ‚Sexualität' abgesichert wird, sieht sich umgekehrt der Begriff der ‚Person' selbst in Frage gestellt, sobald in der Kultur ‚inkohärent' oder ‚diskontinuierlich' geschlechtlich bestimmte Wesen auftauchen, die Personen zu sein scheinen, ohne den gesellschaftlich hervorgebrachten Geschlechter-Normen (gendered norms) kultureller Intelligibilität zu entsprechen, durch die die Personen definiert sind. (38)
Bei Untersuchungen zur Geschlechterdifferenz wird häufig für ‚Natur' gehalten, was ‚Gesellschaft' ist. (228)	Natur	„Wird die ‚Natürlichkeit' durch diskursiv eingeschränkte performative Akte konstituiert, die den Körper durch die und in den Kategorien des Geschlechts (sex) hervorbringen?" (9)
„Personen werden nicht zunächst	Handeln der Person	„Hinter den Äußerungen der Ge-

165

	De-Konstruktion	

dem einen oder anderen Geschlecht zugewiesen, weil sie entsprechend handeln, ..., sondern ihr Handeln und Verhalten wird eingeschätzt und bewertet auf der Grundlage einer Zuordnung zu einer Geschlechterkategorie." (230)

schlechtsidentität (gender) liegt keine geschlechtlich bestimmte Identität (gender identity). Vielmehr wird diese Identität gerade performativ durch diese ‚Äußerungen' konstituiert, die angeblich ihr Resultat sind." (49)

Es geht um eine Re-konstruktion der empirisch zu erkennenden sozialen Prozesse zur Herstellung von Geschlecht und Geschlechtlichkeit. „Auf der wissenschaftlichen Ebene würde ‚Dekonstruktion' im ersten Schritt bedeuten, dass die Zweigeschlechtlichkeit nicht länger den Ausgangspunkt auch feministischer Studien bildet, sondern dass es in ihnen immer auch darum ginge, den Herstellungsmodus der Differenz im einzelnen aufzuschlüsseln, ihn zu re-konstruieren." (Gildemeister/Wetterer 1992: 246)

De-Konstruktion

Es geht um eine Re-konstruktion der Diskurse, die Geschlechtlichkeit als erforderlich erscheinen lassen, um deren Genealogie.

Soziologie
Symbolischer Interaktionismus, Ethnomethodologie, Kulturanthropologie, phänomenologische Soziologie

Wissenschaftliche Herkunft

Linguistik, Philosophie
Poststrukturalismus

---

wissenschaftliche Aufforderung:

Konsequenz

politische Aufforderung:

„Denn die vielfach leitende Frage, inwieweit ‚das Geschlecht' zu unterschiedlichen Verläufen etwa von Sozialisationsprozessen führt, ist aber im Ansatz falsch gestellt: Geschlechtlichkeit selbst ist die Dimension, die angeeignet werden muss". (234)
    „Es käme ... darauf an, Aufbau, Vermittlung und Wirkungsweise der beschriebenen Kategorie- und Regelsysteme zu untersuchen, wie sie das Phänomen der Geschlechterdifferenz *hervorbringen*." (235)
    „Wenn aber bereits die basale Geschlechterdifferenz Ergebnis kultureller Konstruktionsprozesse ist, so wird die Frage nach einzelnen ‚Ursachen' obsolet. Die Frage ist vielmehr: Wie kommet es, dass aus dieser Differenz eine Generali-

„..., es geht um den Versuch, zur Geschlechterverwirrung anzustiften. Dabei werden wir uns nicht solcher Strategien bedienen, die ein utopisches Jenseits ausmalen, sondern der Mobilisierung, subversiven Verwirrung und Vervielfältigung gerade jener konstitutiven Kategorien, die versuchen, die Geschlechtsidentität an ihrem Platz zu halten, indem sie in der Pose der fundierenden Illusion der Identität auftreten." (61)
    [Frage:] „..., welche politischen Möglichkeiten [ergeben] sich als Konsequenz aus einer radikalen Kritik dieser Identitätskategorien"? (10)
    [Antwort]: „Würden die Identitäten nicht länger als Prämissen eines politischen Syllogismus fixiert und die Politik nicht mehr als Satz von Verfahren verstanden, die aus den

sierung, Verdichtung und Ver-
machtung abgeleitet wird, die in alle
gesellschaftliche Bereiche ein-
dringt." (237)

angeblichen Interessen vorgefertig-
ter Subjekte abgeleitet werden, so
könnte aus dem Niedergang der alten eine neue Konfiguration der Politik entstehen. Die kulturellen Konfigurationen von Geschlecht und Geschlechtsidentität könnten sich ver-
mehren, ... indem man die Ge-
schlechter-Binarität in Verwirrung
bringt und ihre grund-legende Unna-
türlichkeit enthüllt." (218)

4. Feministische und geschlechtskategoriale Ansätze in Teilbereichen der Politikwissenschaft

4.1 Politische Ideengeschichte

Politische Ideengeschichte ist die schriftlich fixierte Tradition der Politikwissenschaft. Dabei wird diese Tradition zum einen als Geschichte der Disziplin gelesen, zum anderen aber auch systematisch, das heißt, auf ihre bis heute verwendbaren Aussagen. In der Politischen Ideengeschichte geht es um Entwürfe zur politischen Ordnung der Gesellschaft, wie sie von den unterschiedlichsten politischen und philosophischen Denkern aus mehreren Jahrhunderten vorliegen. Ideen*geschichte* betont dabei, dass die Ideensuche zum einen sehr weit zurückgeht in der Geschichte der westlichen und antiken Denker, zum anderen ist damit auch angedeutet, dass diese politischen Philosophien jeweils in einem historischen Kontext entstanden sind, der, so weit bekannt, mitberücksichtigt werden muss. Historische Politische *Ideen* werden allerdings auch als Quelle und Inspirationsmaterial für aktuelle politische Theorie ausgewertet, so dass Leitideen und Gesellschaftsmetaphern, die vor langer Zeit im Rahmen sehr spezifischer Bedingungen entstanden sind, durch die Jahrhunderte tradiert werden und gegenwärtige theoretische Entwürfe befruchten und belasten. Neben dieser expliziten Verwertung der so genannten klassischen Texte sind viele Aussagen, Metaphern und Legitimationsformeln dauerhaft in das Selbstverständnis und die Argumentationslinien des Faches eingegangen.

Zu den in der Antike begründeten Ideen gehört die Vorstellung der göttlichen oder guten Ordnung der Natur und der natürlichen Bestimmung der Frau. Die Moderne hingegen konstruierte politische Ordnung nicht gemäß einem natürlichen Modell, sondern begründete Herrschaft auf einem Vertrag zwischen Herrscher und Beherrschten, die Vorstellung von der Natur der Frau erfuhr dabei jedoch keine Modernisierung.

Die politischen Entwürfe der Ideengeschichte waren begleitet von sich wandelnden Vorstellungen davon, was Macht sei oder sein sollte und wie sie legitimiert ist. Ebenfalls zieht sich die Vorstellung von den getrennten Sphären privat – öffentlich durch die Jahrhunderte der Ideengeschichte. (*Querverweis: Kap. 2*)

Binäre Konstruktionen wie öffentlich – privat, Staat – Gesellschaft, Rationalität – Emotionalität usw. sind ein konstantes Charakteristikum dieser politischen Entwürfe. Dabei ist besonders interessant, dass Männer und Frauen ebenfalls als binäre Wesen, also als Wesen mit sich gegenüberstehenden und sich ausschließenden Eigenschaften gedacht werden. Diese Binärkonstruktion von Männlichkeit und Weiblichkeit wird dabei allen anderen Gegensatzpaaren unterlegt, also Natur (weiblich) versus Kultur (männlich), Verstand (männlich) versus Gefühl (weiblich), öffentlicher Raum (männlich) gegenüber Privatraum (weiblich) usw. Auch die Idee des freien und autonomen Subjekts des Politischen ist ideengeschichtlich angelegt, ebenso wie die Ausblendung des Reproduktionsbereichs (Schwangerschaft, Kinderpflege, und -erziehung usw.), der doch Voraussetzung für die behauptete Autonomie des Subjekts ist.

Nicht zuletzt steckt im- oder explizit in diesen Entwürfen eine Definition des Politischen und mithin auch eine Aussage darüber, was nicht politisch sei.

Einzelne Beiträge der politischen Ideengeschichte sind zwar in ihrer wissenschaftlichen Methodik überholt, ihre Wirkungsgeschichte ist jedoch nicht zu Ende. Insbesondere die neuzeitlichen Theoretiker haben auch im 21. Jahrhundert noch ihren Stellenwert als Grundlage politikwissenschaftlichen Denkens. Dies zeigt sich zum einen im Ausbildungskanon für die Studierenden; zum anderen werden die Vorstellungen dieser Denker immer wieder als Belege angeführt und übernehmen so die Rolle von Letztbegründungen. Die klassischen Texte sind aber auch berechtigter Weise Ausgangspunkt aktueller Entwürfe der politischen Theorie. So stellt John Rawls seine viel diskutierte „Theorie der Gerechtigkeit" explizit in die Tradition der klassischen Vertragstheoretiker (vgl. Rawls 1979: 12).

Die Geschichte der politischen Ideen ist also für eine feministische Lektüre aus mehreren Gründen hochspannend: Feministische PolitikwissenschaftlerInnen wollen beispielsweise ergründen, ob die im Mainstream dominante, häufig auf das Öffentliche, bzw. auf staatliche Institutionen verkürzte Definition des Politischen in der Ideengeschichte angelegt ist oder dort auch anders gelesen werden könnte. Sie wollen aufdecken, welche Geschlechterstereotype und frauenfeindlichen Annahmen die Werke der Klassiker durchziehen. Sind die klassischen Autoren von Gleichheit oder Ungleichheit der Geschlechter ausgegangen? Wie haben sie ihre Position begründet? Wie wird das Individuum bzw. das Subjekt konzipiert? Welche Machtverhältnisse zwischen den Geschlechtern wurden naturalisiert und damit als unveränderbar und richtig legitimiert? Welche dieser Punkte wurden von der Mainstream-Wissenschaft (kritiklos) aufgenommen und tradiert?

Politikwissenschaftliche Geschlechterforscherinnen haben die Ideengeschichte einer neuen und kritischen Lektüre unterzogen. Dabei widersprechen sie den vorherrschenden Interpretationen, verändern und ergänzen sie. Hier wie in anderen Teilgebieten der Disziplin muss noch immer festgestellt werden, dass der Mainstream diese auf hohem Niveau stattfindende Diskussion weitgehend ignoriert und die Ideengeschichte in ihren Aussagen zu den Geschlechterverhältnissen unverändert übernimmt. Eine „kritische" Einführung von Jürgen Hartmann (1997) sei als Beispiel herausgegriffen. Hartmann kommt mit seinem lockeren Sprachstil den ersten Annäherungsversuchen von Studierenden an die politische Ideengeschichte sicher entgegen. Der kritische Anspruch entfaltet sich in einer Diskussion des ungenauen, teils willkürlichen Umgangs der Disziplinkollegen und -kolleginnen mit den Begriffen „politische Theorie", „Theorie der Politik" und „Ideengeschichte". Auch nimmt der Autor gegenüber einzelnen kurz vorgestellten theoretischen Ansätzen durchaus engagiert einen kritischen Standpunkt ein, so z.B. im Anschluss an die Ausführungen zu Hannah Arendt (vgl. Hartmann 1997: 107ff.). Allerdings findet sich kein Wort über die geschlechtsungleichen Politik- und Staatskonzeptionen der Theoretiker, kein Wort über die Misogynie Rousseaus (vgl. Hartmann 1997: 50ff.). Dem Literaturverzeichnis nach hat der Autor mehrfach auf Pipers „Handbuch der politischen Ideen" zurückgegriffen. Wenn er dort auch den ausgezeichneten Beitrag von Seyla Benhabib und Linda Nicholson (1987) studiert hätte, hätte er seine Kritik um wesentliche, von feministischer Perspektive entwickelte Punkte erweitern können.

4.1.1 Kleiner feministischer Streifzug durch die Klassiker[105]

Als Begründer der politischen Philosophie werden in der Regel *Platon* und *Aristoteles* angeführt. Sie sollen auch hier am Beginn eines jeweils knappen Blicks auf einige Autoren der klassischen Ideengeschichte stehen. Dabei wird nur eine kleine Auswahl von Autoren gestreift, die zum Kernbestand der Ideengeschichte gehören. An einigen ihrer Aussagen soll exemplarisch aufgezeigt werden, welche Kritik feministische PolitikwissenschaftlerInnen an den Klassikern selbst oder am Umgang mit ihren Texten entwickelt haben.

Platon, griechischer Philosoph, 427–347 v.u.Z.

In den 80-Jahren des 20. Jahrhunderts haben sich feministische Theoretikerinnen über die Bewertung des griechischen Philosophen Platon gestritten. Die einen fanden Argumente, ihn als Feministen der ersten Stunden zu bezeichnen. Andere hingegen sahen seine Aussagen als Grundlegung vielfältiger frauenfeindlicher Vorstellungen. Jedenfalls

> „ist Platon der erste und einzige Philosoph, der in der *Politeia* das Urbild eines Staates entwirft, der die Herausforderung der Geschlechterfrage aufnimmt und als integralen Bestandteil des Politischen begreift" (Rauschenbach 1998: 24).

---

105 Die hier folgenden Interpretationen zu Platon, Aristoteles, Locke, Rousseau, Hegel und Marx sind im Wesentlichen dem sehr empfehlenswerten Aufsatz von Benhabib und Nicholson 1987 entnommen und nicht im Einzelnen belegt. Zitatstellen und andere Quellen werden explizit angegeben.

Tatsächlich äußert sich Platon an vielen Stellen explizit zur Einbindung der Frauen in Staat und Gesellschaft. In „Politeia" stellt Platon folgende Forderungen: Frauen sollten das Recht auf Ausbildung genießen und ihren Beruf frei wählen können; sie sollten ungehindert sozialen Umgang pflegen können und vollständig rechtsfähig sein. Platon forderte das Recht auf freie Wahl des Ehepartners, das Recht auf freie Verfügung über Eigentum und schließlich politische Rechte für Frauen – ein Katalog von Vorschlägen, der im Rückblick radikal und verblüffend fortschrittlich klingt. Die ausführliche Lektüre von Platons „Politeia" bringt jedoch zutage, dass all diese Rechte den Frauen nur dann zukommen sollten, wenn sie in den Stand der Wächterinnen getreten sind. Wie Benhabib und Nicholson jedoch nachweisen, bedeutet Wächterin zu werden die vollständige Trennung von der familiären, privaten Sphäre. Platon zielte auf die

> „Beseitigung der traditionellen weiblichen Lebenssphäre, indem er sie zu einer öffentlichen Funktion machte, die sorgfältig überwacht und gelenkt wurde. Platon emanzipierte nicht die Frauen, er emanzipierte vielmehr den idealen Staat vom ‚weibischen' und ‚weiblichen' Element" (Benhabib/Nicholson 1987: 520, s. auch Elshtain 1981: 37f.).

Deutlich wird dies im Zusammenhang mit Platons Vorschlag, eine Gemeinschaft der Frauen und Kinder zu bilden, die aus dem privaten Kontext herausgenommen und in Gemeineigentum übergehen sollen.

Nach Platon droht dem Staat Gefahr vor allem aus der Unvereinbarkeit der Welt des oikos – des Haushalts – und der Welt der polis. Im oikos herrsche vor allem unter den Frauen die Begehrlichkeit, die Habgier und der Ehrgeiz, Feigheit, Heimlichkeit und Verschlagenheit. Männer hingegen könnten diese Eigenschaften weit besser mäßigen bzw. seien von ihnen ohnehin nur durch die Erziehung und den Einfluss von Frauen befallen. Dadurch wird deutlich, was Platon gelegentlich auch explizit formuliert: Die Frauen sind den Männern in allen Eigenschaften unterlegen.[106]

Da den Frauen die edlen Charaktereigenschaften nicht gegeben seien, möchte Platon ihnen die Erziehung der Kinder nicht überlassen – zumindest nicht im Rahmen des privaten Haushalts. Nur als Wächterinnen könnten entsexualisierte Frauen diese Aufgaben in kontrollierter Form übernehmen. Diese Regelung hätte auch den nach Platon wünschenswerten Effekt, dass den Kindern ihre Geburt und Herkunft verborgen bliebe. Platon äußert sich nicht genauer über den Nutzen dieser „edlen Täuschung". Es bleibt zu mutmaßen, dass damit die Abhängigkeit von der gebärenden und stillenden Mutter geleugnet und damit die Macht der erziehenden Frauen beschnitten werden soll (Benhabib/Nicholson 1987: 521). Elshtain hält sich mit solchen eher psycho-

---

106 Heinz (1997: 101) betont, dass für Platon hier nur ein gradueller Unterschied vorliege, der dem Gleichheitsanspruch nicht entgegenstünde, sondern ihn im Gegenteil begründe.

logischen Deutungen zurück. Sie erinnert an Platons Fixiertheit auf die Stabilität der Stadtrepublik.

> „Private homes and sexual attachments, devotion to friends, dedication to individual aims and purposes notoriously militate against singel-minded devotion to the ideal city" (Elshtain 1981: 34).

Platons Bemühen, den Geburtsakt in seiner Bedeutung zu verschweigen, ist ein bemerkenswertes Phänomen, das schon seit den griechischen Mythen als immer wiederkehrender Topos auftaucht (Beispiele bei Rauschenbach 1998: 16-24).[107]
Obwohl also auch Platon den Beitrag der Frauen zu Existenz und Fortpflanzung der Menschen leugnen möchte, konstruiert er nicht – wie später die neuzeitlichen Theoretiker – eine völlig unabhängige Einzelperson. Vielmehr geht Platon davon aus, dass „jeder einzelne von uns sich selbst nicht genügt, sondern gar vieles bedarf" (zit. nach Rauschenbach 1998: 25). Gerade diese Abhängigkeit macht die stadtstaatliche Organisation notwendig.
Doch auch die überlegenen Männer sind gefährdet, wenn sie in zu starkem Maße dem oikos ausgesetzt sind: Ihre Loyalität gegenüber dem Staat könnte dadurch in bedenklicher Weise gemindert werden. Benhabib und Nicholson paraphrasieren Platon folgendermaßen:

> „Frauen müssen Gemeineigentum werden, weil der natürliche Trieb der Individuen, für ihre Ehefrauen und ihre Nachkommen zu sorgen, durch die ausschließliche Bindung an den Staat ersetzt werden muss" (Benhabib und Nicholson 1987: 521).

Fürsorgliche Gefühle der Männer in der Familie scheinen hier im Widerspruch zu stehen zum Dienst im und am Staat.[108]

Aristoteles, griechischer Philosoph und Logiker, 384-422 v.u.Z

Wo die Geschehnisse vom ewig gleichen Zyklus von Leben, Geburt und Tod bestimmt werden, ist für Aristoteles das Reich der Notwendigkeiten. Damit sind die Dinge, die im Haus und in der Familie geschehen, Notwendigkeiten, die nicht aufgrund des freien Willens der Menschen ablaufen. Sie sind gezwungen, diese Dinge zu tun, um zu leben. Das Reich der Freiheit kann sich nur fernab von diesen Notwendigkeiten entfalten. Nur im öffentlichen Bereich kann mit Sprache und gemeinsamem Handeln das sittlich gute Leben verwirklicht werden. Die Sicherung des reinen Überlebens im Bereich der Familie muss dem vorausgehen und ist für Aristoteles eine Voraussetzung für die Entfaltung des öffentlichen Bereichs.
Frauen seien nicht für den öffentlichen Bereich, für die Gestaltung des sittlichen Lebens geeignet, denn es fehle ihnen an den notwendigen Tugen-

---

107 Zum Thema Mythen und Geschlechterordnung siehe auch Stephan 2000: 82ff. mit einigen Verweisen auf weiterführende Spezialliteratur.
108 Heinz (1997) legt eine davon abweichende Interpretation zu Platon vor.

den. Aristoteles begründet diese Einschätzung mit einem Bild, das sich schon bei Platon findet: Die Beziehung zwischen Mann und Frau gleiche der Beziehung zwischen dem rationalen und dem begehrenden Teil. Kurzerhand hat Aristoteles hier dem Mann die Ratio zugesprochen, die dann auch rechtfertigt, dass er über Frauen und Sklaven herrscht. Nach diesen Zuweisungen von Rationalität und Irrationalität

> „bereitet [es] ihm sehr viel mehr Mühe, die Sklaverei zu legitimieren, als die Unterordnung der Frau zu rechtfertigen. ... Bei seiner Erörterung dieser Frage gerät Aristoteles in die Falle der Zirkularität: Einerseits begründet er die fehlende Tugend der Sklaven und Frauen aus deren sozialer Rolle. Andererseits rechtfertigt er ihre soziale Rolle mit ihrer fehlenden Tugend" (Benhabib/Nicholson 1987: 524f.).

Es bleibt festzuhalten, dass die Familie bei Aristoteles nicht nur abgetrennt vom öffentlichen Leben definiert ist, sondern eine Voraussetzung desselben ist. Nur wenn in der Familie das Überleben gesichert wird, kann der Mensch überhaupt politisch tätig werden. Damit wird die Familie faktisch zur kleinsten Einheit des Politischen, auch wenn Aristoteles sie zum Bereich des Vorpolitischen zählt. Demzufolge ist es nicht ohne weiteres möglich, Aristoteles feministisch zu korrigieren, indem der Status der Minderwertigkeit von Frauen aufgehoben und ihnen die Eignung für das Politische zugesprochen wird. Denn der Bereich der Notwendigkeiten muss notwendig erledigt werden. Wenn sich die Frauen nun ihrer Aufgaben in der Familie entziehen, um im öffentlichen Bereich handeln zu können, ist die Voraussetzung – die Sicherung des Überlebens – nicht mehr gewährleistet. Damit ließe sich auch der Bereich des Politischen nicht halten.

Hannah Arendt hat den Topos von der Freiheit zum gemeinsamen Handeln von Aristoteles aufgenommen und weitergetrieben, um einen Machtbegriff zu entwickeln, der nicht die Unterwerfung anderer, sondern die Ermächtigung der Beteiligten im Auge hat. Dieser Arendt'sche Machtbegriff wurde vielfach von Feministinnen aufgegriffen und für die feministische Theorie und Praxis empfohlen.

Abgesehen von diesen Impulsen bleibt mit Benhabib und Nicholson zu resümieren:

> „Platon und Aristoteles, die am Anfang der traditionellen politischen Ideengeschichte stehen, formulierten einige der grundlegenden Prinzipien für die Legitimierung der Ungleichheit zwischen den Geschlechtern" (Benhabib/Nicholson 1987: 526)

Während Platon jedoch das Weibliche im Staatlichen negiert, beginnt „mit Aristoteles ... das Denken der Differenz" (Rauschenbach 1998: 29), verstanden als festgelegter, hierarchischer Unterschied zwischen Frauen und Männern.

4.1.2 Theoretiker der Neuzeit

Als durchgehende Metaphern der neuzeitlichen politischen Theorien treten die Vorstellung vom Naturzustand und die Idee des Vertrags auf. Obwohl beide Bilder bei den einzelnen Theoretikern sehr unterschiedliches Gewicht haben, kann als charakteristisch bezeichnet werden, dass die neuzeitlichen Denker von einem Naturzustand ausgehen, den der Mensch durch vertragliche Regelungen mit seinen Mitmenschen verlässt. Dieser Schritt wird dabei als Voraussetzung für die Politik gesehen.

Niccolò Machiavelli, der hier nicht ausführlich besprochen werden soll, ist doch als derjenige zu erwähnen, der in entscheidender Hinsicht für den Epochenwandel des Denkens steht. Machiavelli verlässt den „Pfad der Tugend", auf dem die griechischen Philosophen argumentierten. Er fragt nicht in erster Linie danach, wie eine gute Ordnung zu errichten sei, sondern danach, wie ein Herrscher die Macht um der Macht willen erhalten könne. Dazu müsse der Herrscher selbst seine Natur im Zaume halten, sich selbst beherrschen können.

Machiavelli „führt auf den Pfad der Autonomie des modernen Subjekts, sobald der Mensch die Natur an sich selbst kontrolliert" (Rauschenbach 1998: 42).

So wird in der Folge Machiavellis die Beendigung des Naturzustandes zum Ausgangspunkt des Politischen.

Thomas Hobbes, englischer Philosoph, 1588-1679

Ähnlich wie in der „edlen Täuschung" von Platon, führt auch Hobbes ein Bild ein, das die Abhängigkeit der Menschen voneinander, von der Fürsorge der Eltern und nicht zuletzt von der Geburt durch eine Frau leugnet.[109]

> „Lasst uns die Menschen betrachten ..., als ob sie gerade der Erde entsprungen wären und plötzlich wie Pilze, zu voller Reife kommen, ohne einander je begegnet zu sein" (Hobbes 1966: 109, zitiert nach Benhabib/Nicholson 1987: 533).

Bei Hobbes begegnen sich diese unabhängigen Menschen im Naturzustand jedoch als Gefahr. Da sie sich nach Besitz und Leben trachten, fürchtet jeder jeden.

Es gibt in den feministischen Lesarten der Hobbes'schen Theorie unterschiedliche Auffassungen über den Status der Geschlechter im Naturzustand. Einige Autorinnen nehmen an, dass Frauen bei Hobbes schon im Naturzustand untergeordnet sind bzw. nicht gemeint sind. Andere sprechen vom radikalen Individualismus Hobbes', der im Naturzustand alle, auch Frauen und Männer, gleichsetzt (z.B. Pateman 1988: 44). Brigitte Hansen bietet eine

---

109 Hansen (1993a: 73) weist diese Interpretation zurück, da es sich lediglich um eine heuristische Metapher handle.

Auflösung. Danach gibt es zwei Stufen des Naturzustands. In der ersten Stufe sind in der Tat alle Individuen auf sich gestellt, gleich stark, aber auch – durch alle anderen – gleich gefährdet. Die zweite Stufe des Naturzustandes beginnt, wenn es zum Zwecke der Aufzucht zur Familienbildung kommt. In dieser Situation wird der Mann zum Familienoberhaupt. Diesen Schritt vermag Hobbes nicht überzeugend zu begründen, und Hansen sieht hier einen deutlichen Bruch in seiner Theorie (Hansen 1993a).

Ausgehend von der Situation des zweiten Naturzustandes ergibt sich dann folgerichtig, dass der Vertrag, mit dem die Herrschaft einer souveränen Macht übergeben wird, unter Männern geschlossen wird. Daraus ziehen einige feministische Interpretinnen den Schluss, dass das Gewaltrecht nur teilweise an diesen Souverän abgegeben wurde: Untereinander verzichten die nun vertraglich gebundenen Männer auf Gewalt; in ihren Familien jedoch bleibt ihnen – wie in der zweiten Phase des Naturzustandes angelegt – das Recht zu herrschen (Pateman 1988, Benhabib 1989, Gerhard 1990, Rumpf 1995: 235). (*Querverweis: Kap. 3.1*)

John Locke, englischer Philosoph, 1632-1704

Als Vertreter der politischen Theorie der Neuzeit ist auch John Locke von Feministinnen sehr unterschiedlich gelesen worden. Denn Locke möchte den Frauen bestimmte Eigentumsrechte einräumen und den Mädchen die gleiche Ausbildung zukommen lassen wie den Jungen. Daraus darf allerdings nicht geschlossen werden, dass John Locke von einer prinzipiellen Gleichheit der Geschlechter ausgeht. Auch wenn er damit widersprüchlich erscheint, stellt er völlig klar, dass der Mann der Stärkere und Fähigere sei und deshalb über die Frau – auch zu deren Schutz – zu herrschen habe.

Bei ihm wird die Sphärentrennung zwischen Familie und öffentlichem Bereich dadurch charakterisiert, dass Erstere den Gesetzen der Biologie unterworfen sei und Letzterer den Imperativen der Vernunft folge. Locke führt an, dass die Familie gegründet werde, um der Frau spätestens nach der Geburt des zweiten Kindes den notwendigen Schutz zu gewähren. Und die Biologie entscheidet auch über die Herrschaftsverhältnisse in der Familie: Der stärkere Mann herrscht über die schutzbedürftige Frau; ihm kommt auch die Verfügungsgewalt über das Eigentum zu. Im öffentlichen Raum hingegen ist das Recht des Stärkeren durch Verträge außer Kraft gesetzt. Locke geht davon aus, dass diese unterschiedlichen Konzeptionen des familiären und des öffentlichen Bereiches völlig augenfällig seien. Er begründet nicht, weshalb nicht auch die Familie nach den Prinzipien der Vernunft zu regeln sei.

Die Kommentare zum Privateigentum werden häufig als charakteristischer Teil seines politischen Entwurfs bezeichnet, da Locke das Privateigentum einerseits befürwortet, andererseits aber auch limitiert. Privateigentum muss sich durch Eigenarbeit legitimieren. Interessant ist nun, dass dieser Effekt nicht für die Frauen eintritt. Die Arbeit, die Frauen innerhalb einer Ehe verrichten, berechtigt diese nicht zum Eigentum.

Der Abschluss des Gesellschaftsvertrages ist aber bei John Locke in hohem Maße an den Schutz des Eigentums gebunden. Weil der Mensch nicht in der Lage ist, sein Eigentum gegenüber fremden Begierden zu schützen, unterschreibt er den Vertrag, der ihm Sicherheit und in gewissem Maße sogar Vertrauen gegenüber anderen gibt.

Hansen arbeitet heraus, warum Locke in der feministischen Theorie sehr unterschiedlich interpretiert wird: Dies läge in der Widersprüchlichkeit der Locke'schen Theorie selbst begründet. Zum einen enthalte die Locke'sche Theorie emanzipatorische Elemente, z.B. wenn Locke gegen die Väterherrschaft als Naturzustand argumentiert. Die feministischen Interpretationen gehen dabei in der Beurteilung der Konzeption des Naturzustandes weit auseinander. Während die einen zu erkennen glauben, dass es im Locke'schen Naturzustand völlig egalitäre Menschen gibt, können sich andere Lockes Naturzustand aufgrund der biologistischen Annahmen nur in Form einer dort schon angelegten Inferiorität der Frauen vorstellen (ausführlich: Hansen 1993). Konsens besteht jedoch darüber, dass die politische Mündigkeit bei Locke an den Privatbesitz gekoppelt ist und über diesen Zugangsmodus Frauen aus dem öffentlichen Raum bzw. einer politischen Rolle ausgeschlossen werden. Wer keinen Besitz hat oder haben darf, für den hat der Vertrag entsprechend eine ganz andere Bedeutung: Besitzlose werden als Objekte, nicht als Subjekte in den Vertrag aufgenommen (Wilde 1997: 80).

Frauen, die aufgrund ihrer biologischen Schutzbedürftigkeit in den Ehevertrag mit dem Mann eintreten, treten in der Regel in diesem Moment ihr Verfügungsrecht über ihren Besitz ab. Ohne Besitz jedoch sind sie der politischen Mitgliedschaft (der Staatsbürgerschaft) nicht fähig (Hansen 1993: 481ff.).

Die Philosophin Brigitte Rauschenbach (1998: 58) fasst zusammen:

„Mit Locke beginnt eine politische Ökonomie der Geschlechter. Deren Logik ist erstens, dass Frauen, da sie kein Eigentum haben, weniger verständig und weniger fleißig als Männer sind, und zweitens, dass Frauen, so wie die Menschheit, solange sie ohne Eigentum war, am Staat (und der Politik) kein Interesse besitzen."

Auch Jean Bethke Elshtain zeigt, dass Hobbes und Locke in bestimmten Elementen ihrer Gesellschaftsentwürfe von der Gleichheit (in Hobbes (erstem) Naturzustand) oder Gleichberechtigung (bei der Erziehung der Kinder in Lockes Familie) ausgehen, dann aber beide einen argumentativ bedenklichen und folgenreichen Schwenk machen, um letztlich mit biologischen oder „natürlichen" Argumenten doch wieder der patriarchalen Herrschaft des Mannes das Wort zu reden (Elshtain 1981: 108-127) *(Querverweis: Kap. 3.2)*.

Wer Rousseaus Schriften mit geschlechtskritischem Blick liest, kann nicht mehr ohne weiteres davon ausgehen, dass der von Rousseau formulierte „volonté générale" als Gemeinwohl aller – Männer und Frauen – zu verstehen ist.

> „Rousseau entdeckt im Émile die *Geschlechterrollen*, aber er bezeichnet sie als *Geschlechtsunterschiede*, und indem er das tut, hält er nicht nur die traditionellen Geschlechterrollen aufrecht, sondern rechtfertigt diese Rollen auf der Grundlage anatomisch-physiologischer Unterschiede zwischen den Geschlechtern. Seine Beschreibungen weiblicher und männlicher Präferenzen entspricht den bis heute wirksamen Stereotypen" (Benhabib/Nicholson 1987: 536).

Benhabib und Nicholson sehen die durchgehend minderwertige Einordnung des Weiblichen psychosexuell begründet. Rousseaus ausgeprägte Misogynie erklären sie sich als Folge einer Abwehrhaltung gegenüber der in der frühkindlichen Phase gegebenen engen Bindung und Abhängigkeit an die „erste" Frau – die Mutter. Sie belegen diese Interpretation auch mit der Gefahr, die für Rousseau von der weiblichen Attraktivität ausgeht. Rousseau befürchtet, dass Männer, die dem Reiz der Frauen erliegen, Opfer ihrer Tyrannei werden (Benhabib/Nicholson 1987: 538f.).[110]

Holland-Cunz interpretiert Rousseaus Ausführungen im berühmten „Diskurs über die Ungleichheit" als ein Bemühen, den Menschen als ein stets unabhängiges Wesen darzustellen, das abgesehen von gelegentlichen Mitleidsgefühlen vollkommen asozial erscheint (Holland-Cunz 1997b: 55f.).

Folgerichtig taucht bei Rousseau die erste abhängige Phase des Menschen im Naturzustand nicht auf. Im ersten Stadium des Naturzustandes, das – anders als bei Hobbes – paradiesische Züge hat, streifen völlig unabhängige, glückliche Wilde durch die Wälder. Wenn sich dann Männer und Frauen zum Zwecke der Fortpflanzung und Kinderaufzucht zur Kernfamilie zusammenschließen, beginnt das zweite Stadium des Naturzustandes. Diese Phase der Sozialität bekommt dem Menschen allerdings nicht gut. Durch das Zusammensein kommt Neid, Missgunst, Scham und Laster auf.

Die Arbeitsteilung zwischen den Geschlechtern wird von Rousseau als zunächst fast zufälliges Produkt von Gewohnheiten in dieser Kernfamilie begründet:

> „Und nun entstand der erste Unterschied in der Lebensweise der Geschlechter, die bis dahin beide die gleiche gehabt haben. Die Frauen wurden häuslicher und gewöhnten sich an die Bewachung der Hütte und der Kinder, während der Mann die gemeinsame Nahrung suchen ging" (J.J. Rousseau 1971: Emil oder Über die Erziehung: 201, zitiert nach Benhabib/Nicholson 1987: 534/535).

Die bis heute gängige Vorstellungen von der Frau als Hüterin des Hauses (Hausfrau) und dem Mann, der durch Aktivitäten außerhalb des Hauses die

---

110 Eine etwas anders gelagerte Begründung liefert Elshtain. (*Querverweis: Kap. 3.2*)

Familien ernährt (erwerbstätiger Familienernährer), sind bereits in Rousseaus Naturzustand entwickelt. Der Naturzustand spielt bei Rousseau eine wichtige und nicht ganz leicht verständliche Rolle. Bei ihm muss der Mensch den Naturzustand zum einen überwinden, andererseits muss die Gesellschaft den natürlichen Zustand so gut wie möglich kopieren. Lloyd nimmt an, dass sich für Rousseau die Vernunft dynamisch aus dem Naturzustand heraus entwickelt. Männer sind in der Vernunftbildung schon weiter vorangeschritten. Die Frauen befinden sich nach Rousseau in einem „immature stage of consciousness, left behind by advancing Reason" (Lloyd 1984: 58). Damit hat Rousseau seinen Anteil geliefert zu einem der hartnäckigsten Stereotypen der Geschlechtbilder, nachdem Frauen der Natur näher seien als Männer.

Dem bedrohlichen Zustand der zweiten Stufe des Naturzustands entgeht der Mensch bei Rousseau durch den Gesellschaftsvertrag.

„Die zum Vertragsversprechen versammelten Gründer der Republik, des Staates, ... schaffen mit dem Gesellschaftsvertrag ‚augenblicklich anstelle der Einzelperson jedes Vertragspartners eine sittliche Gesamtkörperschaft‘, ein ‚gemeinschaftliches Ich‘, eine ‚öffentliche Person‘ " (Holland-Cunz 1997b: 57).

Obwohl gerade bei Rousseau der Unterwerfungseffekt dieses Vertrages deutlich wird, ermöglicht er doch auch Elemente der ursprünglichen, wilden Freiheit, weil

„jeder einzelne, mit allen verbündet, nur sich selbst gehorcht und so frei bleibt wie zuvor" (Rousseau zit. n. Wilde 1997: 81).

Es ist jedoch der Mann, der hier in veredelter Form seine Unabhängigkeit und Freiheit wieder herstellt. Die Frau hingegen hat ihren Ort in der von unangenehmen Leidenschaften geprägten Sozialität der Familie (Nagl-Docekal 1994: 575).

Bei Rousseau kann die gesellschaftliche Einordnung der Frau an der Organisation der Familie abgelesen werden, und zwar als Unterordnung. Diese Unterordnung findet bereits im Naturzustand statt und erscheint als natürliche Folge der Geburten von Kindern (Wilde 1997: 83, Elshtain 1981: 158).

In den Vertragstheorien wird die Familie durchgängig „als ein der wirtschaftlichen, politischen und staatlichen Gemeinschaft Entgegengesetztes beschrieben" (Wilde 1997: 84). Obwohl die bekanntesten Vertragstheoretiker den Naturzustand sehr unterschiedlich beschreiben und deshalb auch das Zustandekommen des Gesellschaftsvertrages unterschiedlich begründen (ausführlich: Pauer-Studer 1998), weist Barbara Holland-Cunz auf folgende bemerkenswerte Gemeinsamkeit hin.

„Die Grundbedingung menschlichen Daseins wird letztlich klassisch dreifach geleugnet. In diesem Sinne ist die Auflösung „seiner" [des Menschen, E.K.] Einsamkeit eine in den Texten selbst angelegte logische Unmöglichkeit, denn ohne die Anerkennung der Grundbedingung des Menschseins ist der einsame Staatsgründer zu Bindungen gar nicht in die Lage. Zugespitzt ließe sich vielleicht sogar sagen, dass er sogar seine Menschlichkeit leugnet. (...)

Die politische Anthropologie der klassischen politischen Theorie zeichnet ein Menschenbild, das aus feministischer Perspektive nicht nur durch seinen Androzentrismus, sondern auch durch seine Antisozialität zum Problem werden sollte" (Holland-Cunz 1997b: 62).

Nach Holland-Cunz wird also nicht nur die Abhängigkeit der frühkindlichen Phase geleugnet, sondern Sozialität, Gebundenheit an andere überhaupt als Unglück dargestellt. Damit weist Holland-Cunz auf den folgenreichen Widerspruch der Vertragstheoretiker hin, eine antisoziale Gesellschaft zu begründen, für welche die Freiheit ein aus der Not geborenes kleineres Übel ist (Holland-Cunz 1997b: 62/63 u. 65ff.).

Die mit Rousseau einsetzende Ungleichbehandlung von Männern und Frauen wird von dem deutschen Philosophen Johann Gottlieb Fichte (1762-1814) auf die Spitze getrieben. Die Frau, die ohnehin kein Subjekt des öffentlichen Lebens sein kann, verliert sich nun auch im privaten Status voll und ganz:

„Ihre eigene Würde beruht darauf, dass sie ganz, sowie sie lebt und wie sie ist, ihres Mannes sey, und sich ohne Vorbehalt an ihn und in ihm verloren habe. Das Geringste was daraus folgt, ist, dass sie ihm ihr Vermögen und alle ihre Rechte abtrete, und mit ihm ziehe. Nur mit ihm vereinigt, nur unter seinen Augen und in seinen Geschäften hat sie noch Leben und Thätigkeit. Sie hat aufgehört, das Leben eines Individuums zu führen; ihr Leben ist ein Theil seines Lebens geworden." (Fichte zit. nach Rauschenbach 1998: 60)

Georg W.F. Hegel, deutscher Philosoph, 1770-1831

Hegel lenkt die Aufmerksamkeit erstmals auf sozialkulturelle Artefakte wie Traditionen, Institutionen, Gesetze und Gewohnheiten und nennt sie zusammenfassend „objektiver Geist". Die Wirklichkeit erscheint nicht mehr nur als gegebene Natur; stattdessen ist für Hegel eine Sphäre der Wirklichkeit durch die Menschen und deren Erkennen hervorgebracht. Die Idee des „objektiven Geistes" bietet die Möglichkeit, die Ontologie aufzulösen, die traditionellen politischen Ideen bis in die Neuzeit innewohnte. Benhabib und Nicholson fragen danach, ob dieses Konzept bei Hegel zu einer anderen Fassung des Geschlechterverhältnisses führt:

„Erlaubt diese Idee des Geistes Hegel, die aristotelische und platonische Ontologie der Herrschaft ebenso wie die ‚naturalistische' Grundlage der Geschlechtervorstellungen in der frühen Neuzeit zu überwinden und damit die Beziehungen zwischen den Geschlechtern in der sozialen, symbolischen, historischen und kulturellen Welt zu verorten? Die Antwort auf diese Frage ist widersprüchlich. Einerseits betrachtet Hegel die Entwicklung von Subjektivität und Individualität innerhalb des Kontexts der sozialen Welt, andererseits weist er Mann und Frau traditionelle Geschlechterrollen zu und kodifiziert damit rollenspezifische Unterschiede als Aspekte einer rationalen Ontologie, die für ihn die Tiefenstruktur des Geistes widerspiegelt. Frauen vertreten darin die Prinzipien der Besonderheit, der Unmittelbarkeit, der Natürlichkeit und der Substantialität, während Männer Allgemeinheit, Vermittlung, Freiheit und Subjektivität repräsentieren" (Benhabib/Nicholson 1987: 541).

Hegel setzt die Erkenntnis, dass sich die Menschen ihre Ordnung selbst schaffen (und diese nicht als Widerspiegelung einer Ordnung der Natur zu verstehen sei), dann nicht um, wenn er von Frauen und vom Verhältnis der Geschlechter spricht. Ungleichheit wird dabei einmal mehr als „natürlich" aufgefasst:

> „Die natürliche Bestimmtheit der beiden Geschlechter erhält durch ihre Vernünftig-keit *intellektuelle* und *sittliche* Bedeutung." ... „Das eine ist daher das Geistige, als das sich entzweiende in die für sich seiende persönliche Selbständigkeit und in das Wissen und Wollen der freien Allgemeinheit, das Selbstbewusstsein des begreifenden Gedankens und (das) Wollen des objektiven Endzwecks; – das andere das in der Einigkeit sich erhaltende Geistige als Wissen und Wollen des Substanziellen in Form und der konkreten Einzelheit und der Empfindung; – jenes im Verhältnis nach außen das Mächtige und Betätigende; dieses das Passive und Subjektive" (Hegel in *Die Grundlinien des Rechts*, hier zitiert n. Benhabib/Nicholson 1987: 543).

Da die Frau aber dem Konkreten und Einzelnen verhaftet bleibt und zur Universalität nicht fähig ist, taugt sie auch nicht für Aktivitäten im öffentlichen Raum, von Hegel als geschichtsbildendes Handeln übersetzt. Ihr Tätigkeits-feld ist die Privatsphäre: Gebären, Kindererziehung, Befriedigung der emotionalen und sexuellen Bedürfnisse des Mannes.

Hegel betont dabei durchaus den Stellenwert der Privatsphäre. Die Familie, in der das Individuum seine Besonderheit und Subjektivität entfalten kann, ist ein notwendiges Komplementär zu den Ansprüchen der Welt. An dieser Stelle wird deutlich, dass Hegel die Rolle der Frauen rein funktional konstruiert. Der Mann braucht die von der Frau verwaltete Welt der Familie, um dort seine Subjektivität und im Staat seine Freiheit ausleben zu können.

Im Unterschied zu Benhabib und Nicholson betont Rauschenbach, dass Hegel die Liebe (der Eheleute) als ein sittliches Verhältnis versteht, das die Achtung des Anderen einschließt.

> „Damit hat Hegel aber, ohne sich der Frage selbst zuzuwenden, die Argumentations-struktur geliefert, um das Geschlechterverhältnis als Anerkennungsverhältnis der Freiheit des Anderen neu zu begreifen" (Rauschenbach 1998: 65).

Freilich haben weder er noch seine geistigen Nachkommen diese Überlegungen weitergetrieben.[111]

Karl Marx, deutscher, nach England emigrierter Philosoph und Ökonom, 1818-1883

Die Ideen der Theoretiker im Umfeld der Französischen Revolution kreisten zentral um die Bürgerrechte für bisher davon ausgenommene Personen und insbesondere um das Stimmrecht. Im 19. Jahrhundert fanden prominente theoretische Überlegungen vor dem Hintergrund der Industrialisierung einen

---

111 Zum Frauen ausschließenden Freiheitsbegriff Hegels, s. Rauschenbach 1998: 136-146.

neuen Dreh- und Angelpunkt: die Arbeit des Einzelnen, die Bezahlung und die Produktionsbedingungen.

Während Marx' Mitstreiter Friedrich Engels die untergeordnete Stellung der Frau durch deren Eingliederung in die Industriearbeit aufheben will, schenkt Marx

> „bei seiner Kritik des am Reproduktionsniveau des Arbeiters, statt am Wert der geleisteten Arbeit bemessenen Lohns der von Frauen geleisteten Reproduktionsarbeit keine Beachtung. Die Forderung nach einem gerechten Lohnausgleich, die das Unrecht im Kapitalverhältnis anprangert, wird zwischen Männern verhandelt. Die von Frauen getätigte unentgeltliche häusliche Hausarbeit erscheint gesellschaftlich rückständig und ist im ökonomischen Verständnis wertlos" (Rauschenbach 1998: 110).

Marx ging davon aus, dass die Kapitalakkumulation nur in der Anfangsphase des Kapitalismus auf die Existenz nicht kapitalistischer Orte und Lebensweisen angewiesen sei. In diesem Punkt widerspricht Rosa Luxemburg entschieden und gibt damit einen deutlichen Hinweis auf die Bedeutung von traditioneller Frauenarbeit und von Privatheit für die kapitalistische Gesellschaft. Sie besteht darauf, dass nicht kapitalistische Orte und Lebensweisen für den Kapitalismus stets existenznotwendig sind (Rauschenbach 1998: 190).

Marx und Engels kommt das große Verdienst zu, aufgezeigt zu haben, dass Herrschaftsverhältnisse keinem Naturgesetz folgen, sondern historisch gewachsen und deshalb auch auflösbar sind. Diese Erkenntnis haben sie auch explizit auf die Herrschaft zwischen den Eheleuten bzw. in der Familie angewandt. Erstaunlicher Weise kommt aber auch bei diesen strukturalistischen Gesellschaftstheoretikern die scheinbar unumgehbare „Natur" sozusagen durch die Hintertür wieder in die Argumentation und affirmiert die familiären Herrschaftsverhältnisse.

Die Philosophin Cornelia Klinger sieht hier das Wirken einer Art Erkenntnismauer:

> „Marx und Engels [geraten] immer noch bzw. wieder und darüber hinaus gewissen eigenen Einsichten zum Trotz in die Falle des Naturarguments (...): Im Widerspruch zur von ihnen selbst getroffenen Feststellung, dass das Geschlechterverhältnis ein gesellschaftliches Phänomen ist, dass die Produktion des Lebens Arbeit ist und dass die Arbeitsteilung zwischen den Geschlechtern in der Reproduktion der Gattung ein veritables Ausbeutungs- und Unterdrückungsverhältnis begründet, erscheint ihnen das alles doch wiederum als naturwüchsig und natürlich. ... In der *Deutschen Ideologie* werden zwei Arten von Arbeitsteilung als ursprünglich und damit als naturgegeben angesprochen, nämlich erstens ‚die Teilung der Arbeit im Geschlechtsakt' und zweitens (die Autoren sagen: ‚dann') die ‚Teilung der Arbeit, die sich vermöge der natürlichen Anlage (z.B. Körperkraft), Bedürfnisse, Zufälle etc. ... von selbst oder ‚naturwüchsig' macht. Aber – und jetzt steht die Wand: ‚Die Teilung der Arbeit wird erst wirklich Teilung von dem Augenblicke an, wo eine Teilung der materiellen und geistigen Arbeit eintritt.' Bezeichnender Weise ist es der uralte Dualismus von Geist und Materie (Körper), den die Autoren aufgreifen, wenn sie den Unterschied zwischen naturwüchsiger und gesellschaftlicher Arbeit einführen" (Klinger 1999: 20).

Dieser Gang durch einige Texte der klassischen Ideengeschichte endet mit dem Beginn des 20. Jahrhunderts und hat viele bedeutende Autoren übergangen. Zum Beispiel ließe sich leicht einwenden, dass eine Betrachtung der Emanzipationsthesen von John Stuart Mill (1806-1873) dem Gesamtbild eine andere Färbung geben würde.

In Übereinstimmung mit anderen Philosophen seiner Zeit verstand Mill die Geschichte als einen allmählichen Emanzipationsprozess. Jedoch schlossen viele seiner Zeitgenossen, wie beispielsweise der Soziologe Auguste Comte, die Frauen aus dieser Emanzipation ausdrücklich aus. Deren Unterordnung unter die Herrschaft des Mannes entspreche einer natürlichen ewigen Ordnung. Während Mill in seinen Briefen an Comte noch Mühe hatte, diese schlagende Argumentation zu widerlegen, ist er in seinem Essay *Die Hörigkeit der Frau* über den Hintergrund dieses Arguments ganz sicher:

> „Aber gab es jemals eine Herrschaft, welche denen, die im Besitz derselben waren, nicht natürlich erschien? Es gab keine Zeit, wo die Teilung des Menschengeschlechts in zwei Klassen, eine kleine der Herren und eine zahlreiche der Sklaven selbst den gebildetsten Menschen ganz natürlich, ja als die einzige natürliche Bedingung für das Menschengeschlecht erschienen ... auch die Anhänger der absoluten Monarchie erklärten dieselbe für die einzige natürliche Staatsform ... Ja, selbst das Gesetz des Stärkeren hat für diejenigen, welche sich auf kein anderes berufen konnten ... immer als der natürliche Grund für die Ausübung der Gewalt gegolten" (Mill zit. nach Klinger 1999: 17).

Obwohl Mill sich gegen den selbstverständlichen Chauvinismus seiner Geschlechtsgenossen stellte und einige radikale Forderungen zur Frauenemanzipation formulierte, wird er von aktueller feministischer Kritik nicht ausgenommen (z.B. bei Elshtain 1981: 132-146).

Auch Immanuel Kant – der große Kopf der deutschen Aufklärung – wurde hier nicht berücksichtigt. Obwohl er zum Verlassen der Unmündigkeit aufforderte, bleiben auch seine Thesen und Grundannahmen von feministischer Kritik nicht verschont (z.B. Braun/Diekmann 1994 u. Rauschenbach 1998: 133ff.).

Wer die politische Ideengeschichte bis zu den zeitgenössischen Denkern des 20. Jahrhunderts verlängert wissen will, der würde beispielsweise auf Jürgen Habermas und John Rawls verweisen. Tatsächlich ist Habermas' kritische Theorie zur Konstruktion von Öffentlichkeit und Privatheit in aktuellen Industriegesellschaften von feministischen Theoretikerinnen ausführlich gewürdigt und kritisiert worden (z.B. Fraser 1994: 173-221) (*Querverweis Kap. 3.4*) und Rawls Gerechtigkeitstheorie ist Gegenstand anhaltender (innerfeministischer) Auseinandersetzungen (z.B. Okin 1989: 89-101, Rössler 1992, Pauer-Studer 1996, Rauschenbach 1998, Nagl-Docekal 2000: 217ff, Okin 2000: 52-60).

4.1.3 Zusammenfassung

Die hier präsentierte Auswahl an Autoren und Aussagen ist in vielerlei Hinsicht unvollständig. Dennoch lassen sich an diesen Beispielen typische Argumentationsmuster und Grundannahmen aufzeigen, die zum Anlass feministischer Kritik wurden.

Fast alle feministischen Lesarten der politischen Ideengeschichte fragen nach *vortheoretischen Annahmen der Geschlechterdifferenz und geschlechtlich überlagerten gesellschaftlichen Differenzen*. Dabei geht es um Zuschreibungen (Frauen sind natürlich, häuslich, dienend ...) und um offene Feindseligkeiten (Frauen sind nicht vernunftbegabt, minderwertig ...). In der binären Geschlechtslogik folgt dann, dass Männer sich durch das jeweilige Gegenteil auszeichnen. Als geschlechtlich überlagerte Gesellschaftsvorstellung kann dann die untergeordnete Frauensphäre Familie und Haushalt und die höherwertige Männersphäre des Politischen und des Öffentlichen aufgezeigt werden. Feministinnen sind sich einig in der Ablehnung dieser diskriminierenden Stereotypen; feministische Interpretation streitet jedoch darüber, ob eine Korrektur im Detail sinnvoll sein kann oder ob die frauenfeindlichen Denkfiguren theorie-immanente, also für die Theorie unverzichtbare, konstitutive Teile darstellen.[112]

Die *Argumentation mit „Natur", „natürlich" und „Naturzustand"* muss besonders hervorgehoben werden, da sie häufig und in vielen Varianten auftritt. Der Naturzustand gilt – obgleich es sich um ein hypothetisches gedachtes Anfangsstadium handelt – immer wieder als Letztbegründung. Angebliche Vorsehungen und Anforderungen der Natur dienen immer wieder dazu, der Frau bestimmte Eigenschaften und Aufgaben zuzuschreiben. Die unterstellte Nähe von Frau und Natur, natürlichen Aufgaben und Natürlichkeit stellt die Frau in Gegensatz und Unvereinbarkeit zu der angeblich von Männern geschaffenen Kultur, die sich in Gesellschaft und Staatswesen ausdrückt. Dazu noch einmal die Philosophin Cornelia Klinger:

> „Wenn wir nach Begründungen fragen, die für den Ausschluss der Geschlechterordnung aus den Feldern der Politik, Gesellschaft und Geschichte angeführt werden, dann fällt die Antwort einfach aus. Die Argumente laufen immer wieder auf einen Punkt hinaus und dieser Punkt heißt *Natur*" (Klinger 1999: 14).

Auch zur Überwindung dieses gedachten Naturzustandes gibt es bei liberalen und feministischen Interpretationen divergierende Auslegungen. Nach der liberalen Lesart ist es die Funktion der modernen Staatsgewalt, die Gewalt des Naturzustandes und die Willkür der tyrannischen Herrschaft so weit wie möglich einzuschränken. Andere feministische Stimmen weisen jedoch darauf hin, dass die Gewalt des Naturzustandes nicht überwunden worden sei, sondern einerseits in den Bereich des Privaten verwiesen wurde und anderer-

---

112 Diese Auffassung vertreten Braun/Diekmann 1994.

seits in Form des staatlichen Gewaltmonopols beim Staat verblieben ist und in Gestalt von Polizei und Militär auftritt (vgl. Brown 1992: 23).

Einige feministische Analysen der Ideengeschichte konzentrieren sich auf die den theoretischen Texten zugrunde liegende *Einteilung in öffentliche und private Sphäre* und finden hier die Ursache von Frauenausschlüssen – freilich mit unterschiedlichen Schlüssen: Die im Vertragsgedanken festgelegten Prinzipien müssten auch im so genannten Privatraum Gültigkeit erlangen, argumentieren die einen,[113] während andere daran zweifeln, dass das komplexe Geflecht der privaten Beziehungen mit Mitgefühl, Fürsorge und Altruismus durch den Vertragsgedanken erfasst werden kann.[114] Eine dritte Position postuliert schließlich, dass die sich durch explizite und implizite Verträge bildende Gesellschaft insgesamt eine patriarchale sei (Pateman 1988). (*Querverweis: Kap. 3.1*)

Während die einen mit Carole Pateman (1988) das *Konstrukt des Vertrages* prinzipiell als einen Akt von Überordnung und Unterwerfung sehen, testen die anderen, wie Herlinde Pauer-Studer (1998), den Vertrag auf seinen feministischen Nutzen.

Einigkeit besteht darüber, dass es die klassischen Theoretiker versäumt haben, Fragen von *Herrschaft und Gerechtigkeit in der Familie* zu stellen (Pauer-Studer 1996: 59, Okin 2000).

Die Gegensatzpaare Natur – Kultur oder privat – öffentlich verweisen auf ein allgemeineres Argumentationsmuster, das sich durch die Ideengeschichte zieht: das *Denken in binären, hierarchischen Begriffen*. Es lässt sich zeigen, dass der minderwertigere Begriffsteil eines Gegensatzpaares den Frauen zugeordnet wird bzw. eine weibliche Konnotation hat und auf diese Weise bereits Anteil hat an der Geschlechterhierarchie. Poststrukturalisten und Poststrukturalistinnen betonen, dass die Begriffe des westlich-europäischen Denkens stets eine Einschluss-Ausschluss-Konstruktion darstellen, also stets danach zu fragen sei, wer oder was mit einem Begriff gemeint sei und wer oder was ausgeschlossen werde. Damit weisen sie auf die Macht von Diskursen und Begriffsbesetzungen. (*Querverweis: Kap. 1.3.8*)

In der Kombination dieser wertenden Gegensatzpaare gelingt es den klassischen Autoren der politischen Ideengeschichte, Widersprüchliches zu vereinbaren: Der Haushalt, die Regeneration des Arbeiters, die Betreuung und Pflege von Kindern sind zwar Arbeiten, ohne die eine Gesellschaft nicht funktionieren würde, aber weil es sich um „natürliche" Aufgaben der Frau handelt, sind sie gleichzeitig wertlos und ohne Bezahlung und Anerkennung zu verrichten. Die Familie ist zwar Kern und Fundament des Staates und der notwendige Privatraum des (männlichen) Staatsbürgers, dennoch kann diese Familie (dieser Ort des Natürlichen) nicht Teil des Politischen sein und die-

---

113 Pauer-Studer (1998: 192) nennt dafür exemplarisch: Susan Moller Okin und Jean Hamptons.
114 Pauer-Studer (1998: 192) nennt exemplarisch: Virginia Held, Annette Baier, Akison Jaggar.

jenigen, die ihren Platz ausschließlich an diesem Ort haben, können nicht Mitglieder (Staatsbürger) des öffentlichen Gemeinwesens sein.

Feministische Kritik der politischen Idengeschichte nimmt außerdem immer wieder die *Vorstellung des autonomen Subjekts oder des autonomen Individuums* ins Visier. Es handele sich dabei um eine unrealistische oder bestenfalls auf ein männliches Idealbild zugeschnittene Figur. Alle Gesellschaftsbilder, die auf dieser individuellen Autonomie gründen, ignorieren die gegebene Einbindung des Menschen, seine sozialen Bedürfnisse und Abhängigkeitsverhältnisse werden ausgeblendet. Solidarität, Fürsorge, Umverteilung werden so zu unnötigen, auf jeden Fall aber unpolitischen Begriffen.

Schließlich gibt es noch die feministische Lesart, welche die *philosophischen Texte als Ausdruck einer psychischen Struktur des Autors* wertet, z.B. im Anschluss an die Objektbeziehungstheorie von Nancy Chodorow. Ein solcher Zugang lässt sich neben anderen gelegentlich bei Benhabib und Nicholson (1987: 538) finden.

Eine weiteres feministisches Unterfangen im Bereich der Ideengeschichte könnte darin liegen, den *Kanon der üblichen Texte zu erweitern* um solche Texte, die schon erstaunlich früh Unterdrückungsanalyse und Emanzipationsforderung für (Männer und) Frauen in ihre politische Theorie eingebaut haben.

Dazu könnten Autoren und Autorinnen gehören wie *Christine de Pizan*, die 1405 „Das Buch von der Stadt der Frauen" schrieb. Pizan beschreibt diese Stadt als utopischen Ort, der auch für Frauen Zuflucht und Entfaltungsraum ist. Sie argumentiert ausführlich gegen die Misogynie ihrer Zeit und gegen die Ausschlüsse, die für Frauen wirksam waren (vgl. Roß 1998: 124ff.). *Marie de Gournay* ist mit dem 1622 erschienenen Traktat „Egalité des hommes et de femmes" nicht nur Pionierin des argumentierenden Feminismus', sondern eröffnet auch einen „direkten Gegendiskurs gegen Machiavellis Principe und Bodins Theorie von der Souveränität" (Rauschenbach 2000: 78). *Francois Poulain de la Barre* knüpft 1673 mit dem Traktat „L'égalité des deux sexes" an diese Tradition an. Zu den Standarddokumenten müsste auch die „Deklaration der Menschen- und Bürgerrechte der Frau" von 1791 von *Olympe de Gouges* gehören (vgl. Holland-Cunz 1996a: 358), ebenso wie *Theodor Gottlieb Hippels* Gedanken „Über die bürgerliche Verbesserung der Weiber" von 1792 (vgl. Honegger 1991: 71-93). Weiter *könnten Mary Wollstonecrafts* „Vindication of the Rights of Women" und „Vindication of the Rights of Men" von 1792 den Textkanon der Ideengeschichte erweitern. *John Stuart Mill* gehört zwar zu den Klassikern der Ideengeschichte, seine zusammen mit seiner Frau, der Frauenrechtlerin *Harriet Taylor Mill*, und seiner Tochter *Helen Taylor* verfasste Analyse zur Unterdrückung der Frauen „The Subjection of Women" (1869) wird dabei jedoch selten angemessen berücksichtigt.[115]

---

115 Coole beklagt, dass umgekehrt feministische Interpretinnen diesen Text häufig isoliert betrachten würden, ohne Berücksichtigung der Mill'schen Gesamtvision (Coole 1993:

Die hier dargestellte feministische Kritik an der politischen Ideengeschichte und die Nennung alternativer Texte darf nicht als Plädoyer dafür
gewertet werden, die so genannten Klassiker in Zukunft zu ignorieren. Im
Gegenteil: Sie sollten wieder und neu gelesen werden. Nur so können Traditionslinien der politischen Theorie und Praxis verstanden werden. Die in der
Geschichte der politischen Theorien enthaltenen Denkkonzepte sollen nicht
verloren gehen, sondern gegebenenfalls neu bewertet werden. Das Studium
der politischen Ideengeschichte soll weiterhin lehren, wie veränderlich und
kontextbezogen scheinbar feststehende Begriffe wie Freiheit, Herrschaft und
Demokratie sind.

Feministische Theoretikerinnen haben eine Lesart des üblichen Kanons
der politischen Ideengeschichte entwickelt, die es unmöglich machen sollte,
diesen in seiner herkömmlichen Art weiterzugeben. Die von feministischen
Autorinnen ausführlich und überzeugend dargelegten Einseitigkeiten, Widersprüchlichkeiten, Unterdrückungsrechtfertigungen, Misogynie usw. sollten in
den Kommentaren und Analysen Eingang finden.

Eine derart erweiterte Interpretation der klassischen Texte könnte neue
Einsichten in das Beharrlichkeitsvermögen tradierter Konzepte in der zeitgenössischen Gesellschaftsanalyse und in unserer aktuellen Gesellschaft zu Tage bringen. Diese Erkenntnisse könnten wiederum dazu beitragen, dass in politischen Ordnungsvorstellungen der Gegenwart die Geschlechterverhältnisse
nicht nur bedacht, sondern darüber hinaus egalitär konzipiert werden.

Literaturtipp
Rauschenbach 1998, Hansen 1994, Benhabib/Nicholson 1987, Neusüß 1985

Übung:
Nehmen Sie sich einige neuere Überblickspublikationen zu „Politische Theorie" und
„Politischer Ideengeschichte" vor. Kommen feministische Autorinnen zu Wort? Gehen
die Autoren/Herausgeber über den Kreis der üblichen Standardklassiker hinaus? Werden feministische bzw. geschlechtskategoriale Überlegungen integriert oder in separa-
ten Kapiteln dargestellt?

Z.B. bei:
Benz, Arthur/Wolfgang Seibel (Hg.) 1997: Theorieentwicklung in der Politikwissenschaft
– eine Zwischenbilanz. Baden-Baden.
Hartmann, Jürgen 1997: Wozu politische Theorie? Eine kritische Einführung für Studierende und Lehrende der Politikwissenschaft. Opladen.
Greven, Michael Th./Rainer Schmalz-Bruns (Hg.) 1999: Politische Theorie – heute. Ansätze und Perspektiven. Baden-Baden.
Münkler, Herfried 1999: Konzeptionen der Gerechtigkeit: Kulturvergleich, Ideengeschichte, moderne Debatte. Hg.: Markus Llanque. Baden-Baden.
Kühnhardt, Ludger 1999: Zukunftsdenker. Bewährte Ideen politischer Ordnung für das
dritte Jahrtausend. Baden-Baden.

---

102). Weitere Anregungen aus der politischen Ideengeschichte des modernen Feminismus gibt Holland-Cunz 2003.

Brodocz, André/Gary S. Schaal (Hg.) 1999: Politische Theorien der Gegenwart. Eine Einführung. Opladen.

Reese-Schäfer, Walter 2000: Politische Theorie heute: neuere Tendenzen und Entwicklungen. München.

O'Sullivan, Noel (Hg.) 2000: Political Theory in Transition. London u.a.: Routledge.

Meier, Hans/Horst Denzel (Hg.) 2001: Klassiker des politischen Denkens. Völlig neu überarb. Ausgabe der 5. geb. Auflage. München.

Übung:
Lesen Sie einen Standardtext der politischen Ideengeschichte. Notieren Sie sich Ihre Fragen an den Text. Achten Sie außerdem auf Folgendes:

Sind im Text explizite Aussagen zum Geschlechterverhältnis enthalten?

Ist im Text explizit oder implizit (nur) von Männern und (auch) von Frauen die Rede?

Liegen dem Text Annahmen zur Geschlechterdifferenz zugrunde?

Welche Eigenschaften, Rechte, Zuständigkeiten usw. werden dabei den Geschlechtern in ungleicher Weise zugeordnet?

Welche Bewertungen sind gegenüber Weiblichkeit und Männlichkeit zu erkennen?

Gibt es als weiblich bzw. männlich konnotierte Gesellschaftsbereiche?

Wie wird zwischen privat und öffentlich unterschieden? Ist diese Einteilung geschlechtlich überlagert, werden also vermeintlich männliche und weibliche Eigenschaften je einem Bereich zugeordnet?

Werden binäre Begrifflichkeiten mit geschlechtlicher Zuordnung genutzt?

Nutzt der Autor/die Autorin die Begriffe „Natur", „natürlich", „biologisch", ggf. auch: „Naturzustand". Was implizieren diese Begriffe im Text?

Welche Vorstellung vom Individuum liegt zugrunde (autonom, eingebunden in soziale Umwelt, abhängig, verantwortlich für sich und andere, usw.)?

Wenn Sie diese Fragen anhand des Textes beantworten konnten, überlegen Sie, welche Folgen diese expliziten oder impliziten Annahmen und Aussagen für die Herrschaftsverhältnisse und für die sozialen Verhältnisse haben.

4.2 Feministische Demokratietheorie

Für die Soziologin Ute Gerhard ist Feminismus eine Fortführung des unvollendeten Projekts Demokratisierung (Gerhard 1999). An diese Sichtweise sind komplexe Fragen geknüpft. Ist die ungleiche Verteilung von Macht, Geld und Arbeit zuungunsten von Frauen in allen bekannten Formen der „real-existierenden Demokratie" (Birgit Sauer) lediglich eine Frage der fehlerhaften Umsetzung gegebener demokratischer Prinzipien? Oder ist die demokratische Idee nicht so konzipiert, dass sie für beide Geschlechter die gleichen Möglichkeiten bietet? Ist also die Schieflage der Geschlechter in den existierenden Demokratien und ihren theoretischen Modellen konstitutiv miteingebaut? In welchen demokratietheoretischen Modellen lassen sich am ehesten

Potenziale für feministische Gerechtigkeitsvorstellungen finden? Gibt es gar eine feministische Demokratietheorie, die als Alternative zu den bekannten normativen Varianten liberal/repräsentativ, republikanisch/deliberativ und partizipatorisch/radikal präsentiert werden könnte?

Um es vorwegzunehmen: Es gibt nicht „die" feministische Demokratietheorie. Aber es gibt ergiebige Auseinandersetzungen mit demokratietheoretischen Themenstellungen, die in der deutschsprachigen Forschungslandschaft zwei deutliche Schwerpunkte zeigen. Einmal wird diskutiert, inwieweit das Instrument der Staatsbürgerschaft Männer und Frauen gleichermaßen mit Rechten und Pflichten ausstattet.[116] Diese Frage stellt sich angesichts der demokratietheoretischen Norm der Inklusion und der Gleichheit – alle erwachsenen Bürger und Bürgerinnen sollten in gleicher Weise ins politische Gemeinwesen integriert sein.

Das zweite Forschungsfeld ist die Partizipationsforschung.[117] Mit dieser Spezialisierung reagierte die Geschlechterforschung auf einen weiteren grundlegenden demokratietheoretischen Anspruch: die Beteiligung von Bürgern und Bürgerinnen an den politischen Entscheidungen in einer Demokratie. Über das notwendige Ausmaß dieser Beteiligung gibt es in gängigen demokratietheoretischen Ansätzen weit auseinander gehende Auffassungen. Während die einen die Wahl von Entscheidungsträgern für die einzig wünschbare oder praktikable Form der aktiven Beteiligung halten, plädieren die anderen für eine deutliche Erweiterung der Partizipationsmöglichkeiten, beispielsweise durch zivilgesellschaftliches Engagement oder direktdemokratische Verfahren.

Wo auch immer das richtige Maß der Partizipation theoretisch angesetzt wird, die meisten feministischen Theoretikerinnen waren und sind mit der real zu beobachtenden Beteiligung von Frauen an politischen Entscheidungen nicht zufrieden. Auch bei bescheidenem Partizipationsanspruch zeigt sich, dass Frauen seltener als Männer ihr Stimmrecht nutzen und dass Frauen viel seltener als Männer unter den gewählten Repräsentanten und Entscheidungsträgern sind.

Die beobachtete Enthaltung der Frauen beim passiven und aktiven Wahlrecht wurde von der herkömmlichen Partizipationsforschung mit unterschiedlichen Mängeln auf Seiten der Frauen (z.B. an Interesse, Kompetenz, Ehrgeiz usw.) begründet. Feministischen Forscherinnen kam der Verdacht, dass hier im Zirkelschluss der männlichen Politikwissenschaft einige Erklärungsfaktoren und Interpretationsmöglichkeiten aus dem Blick geraten waren (Westle 2001a: 131-138).

---

116 Auf die Staatsbürgerschaftsdebatte wird hier nicht weiter eingegangen. Stellvertretend seien genannt: Voet 1998, Lister 1997, Wiener 1996, auch Wilde 2001.

117 Die hier am Beispiel der Arbeiten von Beate Hoecker ausführlicher besprochen wird (s.u.).

Neben den genannten Schwerpunkten – StaatsbürgerInnenschaft und Partizipation –gibt es monografische Versuche, einen Gesamtentwurf für eine feministische Demokratietheorie vorzulegen oder doch vorzubereiten. In diesem Kapitel werden zwei solcher monografischer Entwürfe vorgestellt. Beide stammen von Autorinnen, die im jeweiligen nationalen Fachdiskurs eine viel beachtete Stimme haben.

Zum einen handelt es sich um die deutsche Politikwissenschaftlerin Barbara Holland-Cunz, die derzeit (2003) als Professorin an der Universität Gießen lehrt. Holland-Cunz hat sich mit einer Vielzahl von Publikation als eine der aktivsten feministischen Politikwissenschaftlerinnen Deutschlands einen Namen gemacht. Schon seit Ende der 80er-Jahre erscheinen ihre Beiträge in den einschlägigen Fachzeitschriften. Kaum eine Konferenz zum Themenfeld Politik und Geschlecht, die nicht versucht, auch Barbara Holland-Cunz als Rednerin zu gewinnen. Bemerkenswert ist überdies, dass Holland-Cunz auch für Bände des Mainstream um Beiträge gebeten wird (z.B. in Neumann 1996, in Greven 1999). Holland-Cunz hat ihre langjährigen feministischen demokratietheoretischen Überlegungen 1998 in einer Monografie zusammengefasst.

Die zweite Politikwissenschaftlerin, deren Thesen hier vorgestellt werden, ist die Direktorin des Gender Instituts an der London School of Economics, Anne Phillips. Phillips setzt sich in ihrer Forschung und Lehre seit vielen Jahren mit den traditionellen demokratietheoretischen Strömungen auseinander. Sie hat sich dabei immer wieder an den zentralen Berührungspunkten von Demokratietheorie und feministischer Theorie aufgehalten, also der Frage nach Anerkennung von Gleichheit oder Differenz und dem Verhältnis von öffentlich und privat. 1991 hat Phillips ihren feministischen Standpunkt zu Demokratie und Demokratietheorie in „Engendering Democracy" umfassend dargelegt.

Das Kapitel schließt mit der Wiedergabe einiger Forschungsergebnisse der Partizipationsforscherin Beate Hoecker, die in den 90er-Jahren nicht nur empirische Studien zur Partizipation von Frauen in der Politik vorgestellt hat, sondern auch theoretische Schlüsse aus ihren Ergebnissen zieht. Beides hat sie auch in der Form eines Studienbuchs und eines Handbuchs aufgearbeitet (Hoecker 1995 u. 1998).

Für eine exemplarische Darstellung demokratietheoretischer Überlegungen wäre auch die Auswahl anderer feministischer Autorinnen denkbar gewesen.[118] Allerdings ist mit den genannten drei zum einen die deutschsprachi-

---

118 Z.B. hätte an dieser Stelle die US-amerikanische Politikwissenschaftlerin Iris Marion Young vorgestellt werden können, die für Mechanismen der Gruppenrepräsentation argumentiert. Eine Gruppe setzt sich bei Young durch Identität und zugeschriebene, gemeinsame Strukturmerkmale zusammen. Um dies auszudrücken, spricht sie – von Sartre übernommen – von „serieller Kollektivität". Die Beteiligung der „Serien" (Frauen, Schwarze, amerikanische Indianer, Schwule ...) soll sich vor allem in einem Vetorecht und in einem Vorschlagsrecht in den Themenfeldern äußern, in denen die Gruppe von Entscheidungen betroffen sein würde. KritikerInnen fragen, wie viel Identi-

ge bzw. westeuropäische Diskussion repräsentiert. Zum anderen decken die drei Autorinnen unterschiedliche Abstraktionsniveaus ab. Während Holland-Cunz fast ganz auf der Ebene von Theorie und (feministischer) Ideengeschichte bleibt, versucht Phillips von theoretischen Traditionen ausgehend die konkrete Ausgestaltung der Demokratie zu bedenken. Hoecker schließlich erhebt selbst empirische Befunde in der BRD und anderen westeuropäischen Staaten und macht diese zum Ausgangspunkt ihrer demokratietheoretischen Überlegungen. Die Reihenfolge der Vorstellung folgt deshalb auch nicht dem chronologischen Erscheinen der jeweiligen Hauptwerke, sondern ist am Zugriff vom Theoretischen zum Konkreten orientiert.

4.2.1 Feministische Demokratie muss partizipatorisch sein: Zu den theoretischen Überlegungen von Barbara Holland-Cunz

Holland-Cunz' demokratietheoretischer Entwurf ist in drei Großkapitel aufgeteilt. Zunächst fragt sie in einer metatheoretischen Rückschau danach, wie politische Theorie beschaffen sein sollte. Im zweiten – ebenfalls vorbereitenden Kapitel – klärt sie die anthropologischen Prämissen, die einer feministischen Demokratietheorie angemessen wären.

Im Hauptteil der Arbeit durchstreift Holland-Cunz „feministische Quellen und Bilder" auf der Suche nach brauchbaren Elementen für eine feministische politische Theorie der Demokratie, ergänzt durch neuere Mainstream-Überlegungen, die ein emphatisches Demokratieverständnis und/oder einen deutlich herrschaftskritischen Impetus vorweisen (z.B. von Autoren wie David Held und Benjamin Barber).

Holland-Cunz' Suche nach metatheoretischen Aussagen (Aussagen darüber, wie Theorie beschaffen sein sollte) zeigt zunächst den Wandel der feministischen Theorie der vergangenen 40 Jahre: Während feministische Theorie in ihren Anfangsjahren revolutionär, utopisch, radikal und an direkter politischer Umsetzung interessiert war, beobachtet Holland-Cunz gegenwärtig eine zunehmend politikabstinente und praxisfremde Theorie, die durch Anpassungsbemühungen an den theoretischen und institutionellen Mainstream jede analytische Schärfe verloren hat und keinen Mut zur Vision besitzt. Holland-Cunz plädiert nun dafür, die Gelehrtheit, die sich feministische Theorie in der Auseinandersetzung mit dem herkömmlichen Theoriekorpus angeeignet hat, beizubehalten, aber ganz entschieden zu normativen, herrschaftskritischen und auch utopischen Aussagen zurückzukehren. Die Theoretikerin sollte dabei nicht nur auf der Grundlage von Wissen arbeiten, son-

---

tät nötig sei, um eine Gruppe zu konstituieren, und bemängeln, dass Young über die Betonung der kulturellen Anerkennung ökonomische Unterschiede übersehe (Braun 2000: 9f, Kurzdarstellung und Kritik bei Becker-Schmidt/Knapp 2000: 115-120, vgl. Young 1990).

sondern auch auf der Grundlage von „Ge-Wissen"[119] (Holland-Cunz 1998: 55).

Nach dieser Klärung der metatheoretischen Position konzentriert sich Holland-Cunz auf die anthropologischen Prämissen, mit denen feministische politische Theorie angemessen arbeiten könnte. Holland-Cunz schließt sich der ausgearbeiteten feministischen Kritik am Subjektbegriff herkömmlicher politischer Theorie an, welche mindestens implizit von einem ungebundenen, autonomen Subjekt ausgeht, was den Lebenslagen vieler Frauen, aber auch der psychologisch-sozialen Konstitution der Menschen nicht entspricht.

> „Feministische Theoriebildung hat den sämtliche gesellschaftliche Bereiche unsichtbar durchdringenden Skandal aufgedeckt, dass das herrschende Ideal des Menschen als ‚unencumbered self' (Michael J. Sandel), als essenziell ungebundenes Selbst, eine patriarchale Fiktion darstellt, die die anthropologischen Prämissen des Menschseins von Grund auf negiert" (Holland-Cunz 1998: 58f.).

Die gängige politische Theorie gehe zwar von einer Bindung zwischen den Individuen aus, diese Bindung sei aber durch einen Vertrag zwischen zuvor im Naturzustand freien und unabhängigen Individuen geschlossen. Holland-Cunz nutzt die Analysen von Carole Pateman, um den neuzeitlichen Vertragsgedanken kritisch zu analysieren. (*Querverweis: Kap. 3.1*) Dieser Vertragsgedanke betont mit Blick auf das Individuum die Autonomie des Einzelnen und vernachlässigt seine Abhängigkeiten und Verantwortlichkeiten. Die vertragliche Bindung ist durch Freiwilligkeit und Kündbarkeit charakterisiert und kennzeichnet damit die Gesellschaft im Unterschied zur Gemeinschaft. Notwendigkeit und Unentrinnbarkeit der Bindung unter den Menschen werde hingegen ignoriert. Deshalb kommt es nicht zu gemeinschaftlicher Verfasstheit, die auch Verantwortung füreinander einschließt. Doch genau diese Ergänzung hält Holland-Cunz für nötig.

Die Lösung findet sie in einer naturtheoretischen Konstruktion, die im Vergleich zur Naturzustandsvorstellung der Vertragstheoretiker sehr viel mehr Realitätsgehalt aufweise: Alle Menschen sind durch einen anderen Menschen – und zwar eine Frau – zur Welt gebracht und sind zunächst lange Zeit auf Zuwendung angewiesen, die zumeist von genau dieser Frau entgegengebracht wird. Holland-Cunz schlägt also vor, als zweite Bindungsfigur neben der Vertragskonstruktion die Geburt einzusetzen.

Holland-Cunz findet bei ihrer Literatursichtung zwei ganz unterschiedliche Vordenkerinnen für die Bindungsfigur der Geburt: Die eine, Adrienne Rich, ist engagierte lesbische Feministin, die andere, Hannah Arendt, war eine politische Philosophin, die eine Einordnung als Feministin Zeit ihres Lebens von sich gewiesen hat.

---

119 Diesen Begriff und seine Bedeutung übernimmt Holland-Cunz von Hannah Arendt.

Adrienne Rich beschreibt das Geborenwerden und Geborensein als eine männliche und weibliche Grunderfahrung mit Frauen. Holland-Cunz zitiert folgende Passage:

> „Alles menschliche Leben auf diesem Planeten wird von Frauen geboren. Die einzige einigende von allen Frauen und Männern geteilte, unbestreitbare Erfahrung besteht aus der monatelangen Zeit, die wir im Innern eines Frauenkörpers gelebt haben, um uns zu entfalten. Und weil wir Menschen sehr viel länger als andere Säugetiere vom Nähren und Pflegen abhängig sind, und aufgrund der seit langem bestehenden Arbeitsteilung bei menschlichen Gruppen, nach der Frauen nicht nur gebären und stillen, sondern die Aufgabe haben, fast ganz für die Kinder verantwortlich zu sein, erfahren die meisten von uns Liebe und Enttäuschung, Macht und Zärtlichkeit zuerst in der Person einer Frau" (Rich 1979, zit. nach H.-C. 1998: 57).

Bei Hannah Arendt sieht Holland-Cunz die Geburt im Begriff der Natalität vertreten. Allgemeinste Bedingung des menschlichen Lebens ist für Hannah Arendt das Zur-Welt-Kommen durch die Geburt und das Aus-der-Welt-treten durch den Tod. Dies trifft auf alle von Arendt definierten Grundtätigkeiten zu: Arbeiten, Herstellen und Handeln. Insbesondere ist aber die nach Arendts Auffassung einzige politische Kategorie dieser Tätigkeiten, das Handeln, von der Grundbedingung der Geburt bestimmt:

> „Dabei ist aber das Handeln an die Grundbedingung der Natalität enger gebunden als Arbeiten und Herstellen. Der Neubeginn, der mit jeder Geburt in die Welt kommt, kann sich in der Welt nur darum zur Geltung bringen, weil dem Neuankömmling die Fähigkeit zukommt, selbst einen neuen Anfang zu machen, also zu handeln" (Arendt 1989: 15).

Arendt geht weiter und bindet diese in der Natalität gründende Fähigkeit zum Handeln an die für Holland-Cunz' Argumentation entscheidende Bindung zwischen Menschen. Politisches Handeln geht nur im Miteinander, setzt Pluralität voraus. „Dieses Miteinander" nennt Arendt das „Bezugsgewebe menschlicher Angelegenheiten" (Arendt 1989: 173). Holland-Cunz erkennt hier bei Arendt eine Gewebemetapher, die sowohl „die gleichzeitige Dauerhaftigkeit und Fragilität des menschlichen Miteinanders" (Holland-Cunz 1998: 61) ausdrückt als auch die sich aus dem Handeln der Menschen ergebende Verantwortlichkeit.[120]

Auf diese Weise hat Hannah Arendt die Geburt, die im Verborgenen des Privaten stattfindet (und stattfinden soll), zur Natalität gewandelt, die zum politischen Handeln der Individuen befähigt. Damit ist gleichzeitig der Schritt zum Öffentlichen vollzogen, denn Öffentlichkeit entsteht genau dadurch, dass plurale, einzigartige Individuen zum gemeinsamen und verantwortlichen Handeln zusammenkommen.

Geburt ist damit ein gemeinsamer Ausgangspunkt feministischer Entwürfe und des Politikansatzes der Nicht-Feministin Hannah Arendt, allerdings

---

120 Holland-Cunz verweist hier auf die Verknüpfung von Handeln und Verantwortung bei Hannah Arendt (vgl. Arendt 1989: 242).

mit entscheidendem Unterschied in der Weiterentwicklung des Gedankens. Während viele feministische Theoretikerinnen die Geburt als weibliche Potenz naturalisieren, kulturalisiert Arendt die Geburt als Bedingung der Möglichkeit politischen Handelns (Holland-Cunz 1998: 62).

Ein weiterer bemerkenswerter Unterschied liegt darin, dass Hannah Arendt im Gegensatz zur einschlägigen feministischen Literatur sich nicht im Geringsten daran aufhält, dass es Frauen sind, die gebären. Ihr geht es um die Gebürtlichkeit derer, die geboren werden. Die Gebärenden und ihr Geschlecht interessieren nicht. Im Gegensatz dazu geht es Holland-Cunz gerade um den weiblichen Anteil an der Natalität. Sie findet,

> „dass die theoretische Anerkennung dieser Potenz ... für eine feministische politische Anthropologie, selbst wenn sie ausdrücklich allgemein und existenziell formuliert sein soll, unverzichtbar" ist (Holland-Cunz 1998: 64).

Eine Vergeschlechtlichung des Arendt'schen Gewebebildes könnte nach Einschätzung von Holland-Cunz über die Einbindung der feministischen Objektbeziehungstheorie gelingen, wie von Chodorow (*Querverweis: Kap 1.3.1*) und Nachfolgerinnen entwickelt. Allerdings schreckt Holland-Cunz vor ihrem eigenen Vorschlag zurück, weil sie den Verlust „politiktheoretischer Symbolisierungskraft" (Holland-Cunz 1998: 65) fürchtet. Sie empfiehlt daher, einstweilen auf eine solche Vergeschlechtlichung zu verzichten und den Aspekt der allgemeinen Gebundenheit des Menschen zu betonen.

Holland-Cunz will mit der Metapher der Geburt und mit dem Modus der Verantwortung eine zweite Bindungsart einführen, welche die klassische, auf Verträgen beruhende Bindungsart der Ideengeschichte ergänzt. Sie charakterisiert die beiden Bindungstypen folgendermaßen:

> „Während die Geburtsbindung vor allem Naturbezogenheit, lebenslange Unauflösbarkeit und im klassischen Sinne des Begriffs Gemeinschaft impliziert, erzeugt die vertragliche Bindung rechtsförmige, lösbare gesellschaftliche Integrationsformen. In beiden Bindungsformen spielt die soziale Verbindlichkeit eine entscheidende Rolle: in der nichtvertraglichen Bindung als unrevidierbarer Ursprung einer Verantwortlichkeit" (Holland-Cunz 1998: 69f.).[121]

In der vertraglichen Bindung tritt die Verbindlichkeit hingegen erst mit dem Vertragsabschluss ein und kann auch wieder aufgelöst werden. Holland-Cunz vergleicht die beiden Bindungsarten mit den zwei Beziehungsmustern, die Axel Honneth für eine gemeinschaftliche und gesellschaftliche Elemente integrierende posttraditionale Gesellschaft skizziert hat:

---

121 Holland-Cunz geht hier auf die Gefahren des Gemeinschaftsbegriffs nur unzureichend ein (vgl. hierzu Holland-Cunz 1998: 76). Feministische und geschlechtskategoriale Kritik am Natur-Begriff (z.B. bei Gildemeister/Wetterer 1992 u. Orland/Schaich 1995) werden von ihr nicht im Rahmen dieses Vorschlags diskutiert (vgl. aber Holland-Cunz 1999).

„Während sich hier die Subjekte aufeinander beziehen, indem sie wechselseitig den rechtlich festgelegten Freiheitsspielraum des jeweils anderen respektieren, schätzen sie dort, in der Gemeinschaft, den anderen jeweils aufgrund der Eigenschaften und Fähigkeiten, die ihm als Individuum zukommen. (...) für die soziale Integration einer Gesellschaft ist von Belang, ... dass jene Eigenschaften wechselseitig Anerkennung finden, die alle ihre Mitglieder miteinander teilen; für die soziale Integration einer Gemeinschaft ist dagegen von Belang, dass sich die Mitglieder in Eigenschaften oder Fähigkeiten wechselseitig wertschätzen, die ihnen jeweils als bestimmte Subjekte oder Personengruppe zukommen" (Honneth 1993: 263).

In beiden Fällen ist die wechselseitige Anerkennung notwendig. In beiden Bindungstypen sind Autonomie und Bindung miteinander verwoben (Holland-Cunz 1998: 71). Die theoretisch angemessene anthropologische Prämisse einer feministisch verbesserten Demokratietheorie liegt deshalb nach Holland-Cunz in einer

„Synthetisierung vertraglicher und nichtvertraglicher Bindungsformen" (Holland-Cunz 1998: 68).

Holland-Cunz sieht die Verbindung dieser Bindungstypen in der Anthropologie der amerikanischen Philosophin Martha Nussbaum umgesetzt. Nussbaum unterstreicht in einer neoaristotelischen Konzeption die Bindungsfähigkeit des Menschen und sein Angewiesensein auf Bindung.

„Alle Menschen anerkennen und verspüren ein gewisses Gefühl der Zugehörigkeit oder der sozialen Bindung zu anderen Menschen und ein Gefühl der Anteilnahme ihnen gegenüber" (Nussbaum 1993: 336).

Nussbaum beschreibt die Vielfalt menschlicher Beziehungen und ihre Bedeutung für ein gutes Leben. Sie zeichnet, wie Holland-Cunz resümiert, „ein Bild der Sozialität unserer Natur" (Holland-Cunz 1998: 75).

„Die Sozialität menschlicher Natur bildet die unverzichtbare Grundlage und notwendige Voraussetzung für menschenwürdige, verantwortlich gebundene und solidarische Organisationsformen des Gesellschaftlichen. Pointiert ließe sich sagen, dass die Sozialität unserer Natur gemeinschaftlich getroffene politische Entscheidungen gleichsam existenziell nahe legt" (Holland-Cunz 1998: 75f.).

Mit den Stichworten Imagination und Bindung fasst Holland-Cunz ihre metatheoretischen und anthropologischen Überlegungen zusammen, welche ihrer demokratietheoretischen Diskussion zu Grunde liegen:

„Meine ... Überlegungen zur ‚demokratischen Frage' (...) im Feminismus basieren dementsprechend auf den Annahmen, dass erstens eine politische Theorie der Demokratie analytisch, normativ und sinnkonstruktiv orientiert sein muss und dass zweitens die Sozialität und Gebundenheit menschlicher Existenz auch in der gesellschaftlichen Organisation, in den demokratischen Verfahren und Institutionen, ihren Ausdruck finden sollen. Der Zusammenhang zwischen Normativität und Demokratietheorie sowie der zwischen Sozialität, Bindung und Demokratie wird jedoch (...) offen formuliert" (Holland-Cunz 1998: 80f.).

Holland-Cunz vermutet, dass aus derart veränderten theoretischen Grundlagen neue demokratietheoretische Konzepte erwachsen können:

„Der Unterschied zwischen einer auf einsamer Freiheit und Autonomie und einer auf Bindung, Gebundenheit und Sozialität basierenden Demokratietheorie ist erheblich, ebenso wie der Unterschied zwischen einer auf Imagination, Sinnkonstruktion und Normativität hin orientierten und einer ausschließlich empirisch-analytisch argumentierenden ‚realistischen‘ Demokratietheorie. Stellt sich die Organisation des Demokratischen als Autonomieproblem, so werden die Antworten anders ausfallen, als wenn sich Demokratietheorie als Bindungsfrage artikuliert. Versteht sich politische Theorie als in herrschaftskritischer Analyse gegründete Imagination von Innovationen, so werden ihre Vorschläge anders aussehen, als wenn es um eine politiktheoretische Bearbeitung des demokratischen Status quo geht. Ist schließlich der im Zentrum der Theorie stehende Mensch nicht ausschließlich männlich gedacht, sondern ist ‚er‘ zugleich weiblich, divers in seinen/ihren Identitäten und weiß er/sie um den abhängigen Anfang menschlicher Existenz, so werden die Institutionen und Verfahren des Demokratischen möglicherweise anders konturiert sein“ (Holland-Cunz 1998: 81f.).

Nach dieser Grundlegung durchforstet Holland-Cunz abermals feministische und nichtfeministische Literatur, nun auf der Suche nach demokratietheoretischen Erneuerungsmomenten. Daraus wird erstens ein spannender Gang durch jüngere feministische Theoriegeschichte und zweitens ein informativer Überblick über den aktuellen Stand der demokratietheoretischen Diskussion.[122] Ihren Ertrag fasst Holland-Cunz (1998) in sieben Thesen zusammen, die hier im gekürzten Originalwortlaut wiedergegeben werden:

„1.) Feministische Demokratietheorie ist herrschaftskritisch. Sie stellt eine radikale Variante der Demokratietheorie dar, die alle aktuellen Formen des Demokratischen als androzentrische Realdemokratie verwirft. Feministische Demokratietheorie kritisiert scharf, dass Frauen und andere gesellschaftlich Marginalisierte aus der brüderlichen Gleichheit strukturell, wenn auch nicht mehr individuell ausgeschlossen werden. Die Theorien und Praxen des Demokratischen lösen ihre würdigen Selbstansprüche auf die gleiche Freiheit aller weltweit noch immer nicht ein, so die Kritik. Die zahlreichen elaborierten Klassiker- und Partizipationskritiken von Carole Pateman bis Beate Hoecker bilden das empirisch-analytische Fundament feministischer Demokratietheorie“ (Holland-Cunz 1998: 107).

Wenn Holland-Cunz am Ende ihres Buches die von ihr aufgestellten Thesen überprüft, kann sie diese Charakterisierung von feministischer Demokratietheorie als herrschaftskritisch zwar bestätigen, mahnt aber an, dass feministische politische Theoriebildung sich ihrer herrschaftskritischen Traditionen wieder besinnen müsse (Holland-Cunz 1998: 183).

„2.) Feministische Demokratietheorie ist partizipatorisch. ... Partizipatorische Demokratietheorie braucht den republikanischen Grundtenor, zumal dann, wenn sie von politischer Teilhabe als sozialer Verpflichtung ausgeht. Demokratie als Lebensform, die-

---

122 Eva-Maria Kenngott bemerkt in einer Buchbesprechung allerdings, dass Holland-Cunz neueste feministische Beiträge zur Demokratietheorie weitgehend vernachlässigt habe (vgl. Kenngott 1999: 142).

ser Kern der partizipatorischen Strömung, beschreibt eine politische Modellfrom, die durchaus anspruchsvoll, wenn auch nicht zwangsläufig ‚notorisch kostspielig' (Anne Phillips) ist. Mit Carole Patemans frühem vorfeministischen Werk konnte nachgewiesen werden, dass ernsthafte Partizipationsangebote die heute zum Teil brachliegenden Partizipationsbedürfnisse eindeutig hervorrufen. Argumentationen, die von der heute bestehenden Politikverdrossenheit auf eine substanzielle politische Desinteressiertheit der ‚Massen' schließen, gehen fehl. Sie interpretieren die in Repräsentativdemokratien systematisch vorhandenen Partizipationsdefizite als vollkommen frei gewählte bürgerInnenschaftliche Option. Sie bewerten gewissermaßen das heutige ‚Recht' auf Nicht-Politik höher als eine wünschenswerte soziale Verantwortlichkeit zur Politik" (Holland-Cunz 1998: 184).

„3.) Feministische Demokratietheorie ist direktdemokratisch. Sie präferiert ‚starke' Formen der Demokratie. Direktdemokratische Formen werden gegenüber den herrschenden Institutionen repräsentativer Demokratie privilegiert, basisdemokratische politische Entscheidungsverfahren einer Parteiendemokratie vorgezogen. Als Theorie direkter Demokratie präferiert feministische Demokratietheorie neben der utopischen Volksversammlung vor allem die rätedemokratische Option, in der das Ideal der lokalen Selbstregierung mit der Möglichkeit politischer Delegation in komplexen gesellschaftlichen Räumen vereinbar ist" (Holland-Cunz 1998: 108).

Holland-Cunz hat in Hannah Arendt eine würdige Fürsprecherin der Räte als einem konkreten direktdemokratischen Modell gefunden. Auch kann Holland-Cunz auf neuere Studien des Mainstreams verweisen, die zeigen, dass direktdemokratische Institutionen die politische Integration erhöhen und nicht, wie häufig vermutet, zu einer Destabilisierung führen.

Holland-Cunz stellt weiter die hohe Übereinstimmung zwischen direktdemokratischen und feministischen Anliegen heraus:

„Im politischen Prozess entsprechen sich die Ideale einer Politik von unten und die aktuellen Partizipationsmöglichkeiten von Frauen. Bezogen auf die politischen Ziele besteht Übereinstimmung im Wunsch nach öffentlicher Gegenmacht zu den herrschenden Eliten: In der politischen Anthropologie setzen sowohl Feminismus als auch Direktdemokratie auf die bindenden Tugenden der Verantwortlichkeit und Gemeinsinnigkeit. Beide Strömungen sind schließlich mit den gleichen Praktikabilitätseinwänden konfrontiert und widersetzen sich bewusst einem politischen Machbarkeitswahn, der Effizienz gegenüber Beteiligung als den höherrangigen Wert betrachtet" (Holland-Cunz 1998: 187).

Diese Übereinstimmung ergebe sich auch im praktisch-politischen Bereich:

„a) Basisnahe, nicht parteigebundene politische Beteiligungsformen werden von Frauen zur Zeit quantitativ und thematisch-qualitativ eindeutig bevorzugt. Direktdemokratische Optionen kommen den Beteiligungswünschen also direkt entgegen. b) Frauen haben mit direktdemokratischen Politikformen sehr viel mehr Erfahrungen sammeln können als mit repräsentativdemokratischen Verfahren; bei der Direktdemokratie besteht keine geschlechtsspezifische Erfahrungsdifferenz. c) Die unmittelbare Zugänglichkeit direktdemokratischer Beteiligungsformen ist systematisch höher, die Barrieren für nichtprofessionell politisch Arbeitende sind deutlich niedriger als bei konventionellen Politikformen. Nicht nur für Frauen, sondern auch für politische und kulturelle Minderheiten sind direktdemokratische Verfahren deshalb besonders attraktiv. d) Direktdemokratische Politik beansprucht im Unterschied zur professionellen

Arbeit in repräsentativ-demokratischen Organen ein geringeres Zeitbudget und ist deshalb mit alltäglichen Belastungen besser vereinbar. e) Während die repräsentativ-demokratische Berufspolitik die traditionelle geschlechtshierarchische Arbeitsteilung voraussetzt und reproduziert, gilt dies nicht für direktdemokratische Verfahren. f) Direkte Demokratie begünstigt in hohem Maße politische Bildung und Aufklärung, sie kann deshalb als Politisierungsarena gegen tradierte Rollenmuster genutzt werden. g) Direktdemokratische Verfahren ermöglichen die unmittelbare Politisierung neuer Themen und Problemlagen, u.a. auch aus dem privaten Bereich. Die Übersetzungs- leistung und Verluste sind hier deutlich geringer als im klassischen Policy-Zyklus. h) Direktdemokratische Elemente sind von politischen ‚Klimabedingungen' weit we- niger abhängig als bislang unterstellt und deshalb in jede politische Kultur integrier- bar. Die Erfahrungen mit Referenden oder Volksgesetzgebungen haben gezeigt, dass das ‚Klima' eines Landes im alltagsweltlichen Sinne durchaus konservativ und zugleich stark direktdemokratisch sein kann. (...) i) Direkte Demokratie kann als un- mittelbare Kritik an Parteipolitiken initiiert und propagiert werden. Als solche stellt sie ein angemessenes frauenpolitisches Instrument autonomer Bewegungspolitik dar. j) In diesem Sinne dienen direktdemokratische Verfahren auch der Bewegungsmobili- sierung selbst" (Holland-Cunz 1998: 187f.). (*Querverweis: siehe dazu die kritischen Betrachtungen partizipatorischer Politik bei Phillips in diesem Kapitel*)

„4.) Feministische Demokratietheorie ist diskursiv. Die feministischen utopischen Bilder politischer Kommunikation, ..., können auf dem Hintergrund der besonders in diesem Punkt höchst elaborierten main stream Debatte stark erweitert und konkreti- siert werden. Die ‚anhaltende(n) Gespräche' zur ‚Schaffung von Gemeinschaft' (Ben- jamin Barber) sind in der Tat bei allen diskursiven Demokratietheoretikern (...) unmit- telbare face-to-face-Kommunikation ... (...) Dieses gleichsam altmodische Verständnis des politischen Sprechens wird sogar im avancierten deliberativen Theoriemodell ver- treten: eine bedeutsame Stärkung des feministischen, sozial weiblich konnotierten Vo- tums für unmittelbare personale Kommunikation. Der politische Diskurs umfasst viel- fältige Formen der Kommunikation, nach Jürgen Habermas sowohl ethische Selbst- verständigung als auch Interessenausgleich und Kompromiss.

Der diskursive Aspekt betont zugleich wesentlich ein reflexives Verfahrensmoment im Sinne von Rainer Schmalz-Bruns' Konzeption: Diskursive Demokratie denkt im- mer auch über die Bedingungen ihres Sprechens und Entscheidens nach, sie verhan- delt ihre Verhandlungssysteme" (Holland-Cunz 1998: 188f.).

„5.) Feministische Demokratietheorie ist bindungsorientiert. Die fünfte These spiegelt nach wie vor den Kerngedanken feministischer politischer Theorie wider. Da die Dis- kussionen des main stream hier wenig neues Material an die Hand geben, ließe sich an dieser Stelle nur noch einmal betonen, dass die Bindungsorientierung ein höchst spezifi- scher feministischer Topos ist. Eine interessante Konkretisierung findet sich nur in der Idee der ‚Schaffung von Gemeinschaft' (Benjamin Barber), also, im Ideal einer sich permanent gesprächsweise selbst konstituierenden politischen Gemeinschaft. Barbers Verständnis von Gemeinschaft als Prozess, nicht als statischem Zustand, entspricht exakt den sozial weiblichen Erfahrungen der Bindungsstiftung als nie abgeschlossenem Pro- jekt. Die wechselseitige Verantwortlichkeit füreinander im Prozess der politischen Ge- meinschaftsstiftung darf als bürgerInnenschaftliche Spiegelung des individuellen menschlichen Gebundenseins interpretiert werden" (Holland-Cunz 1998: 191).[123]

---

123 Bindungsorientierung und Integration einer Fürsorgeethik finden sich auch in anderen aktuellen demokratietheoretischen Überlegungen. So fordert Schwan (1997: 70) eine

198

„6.) Feministische Demokratietheorie ist radikal. ... Zentral für eine Konturierung der These ist das aus der Debatte heraus konstruierte Stichwort der radikal pluralisierten BürgerInnenschaft, der in der Radikaldemokratie besondere Aufmerksamkeit gilt. Das Stichwort steht für explizit nicht repressive Formen der Gemeinschaftsbildung. Bekräftigt wird damit im maim stream die bereits feministisch erkennbare Tendenz, die radikaldemokratische Strömung als denjenigen politischen Ort zu betrachten, an dem das Differentsein der BürgerInnen seine zeitgenössische Berücksichtigung findet. Dass feministische Demokratietheorie radikaldemokratisch argumentieren sollte, meint demnach den konkreten Einschluss aller ,anderen' in die gesprächsbereite BürgerInnenschaft" (Holland-Cunz 1998: 192).

„7.) Feministische Demokratietheorie ist normativ. ... Die offene Normativität ... richtet sich auf das ferne Ziel der Frauenbefreiung, das wieder viel eindeutiger in den Vordergrund feministischer Theoriebildung zu rücken wäre. ...

Die demokratietheoretische Aufgabe bestünde ... in innovativer, sinnkonstruktiver Theoriebildung, die um die Frage kreist, wie die neuen Konturen einer inklusiven, partizipatorisch starken Demokratie aussehen könnten, einer Demokratie, die nicht nach Geschlecht, Klasse, Hautfarbe, Herkunft, Alter, Bildungsgrad und sexueller Orientierung diskriminiert und marginalisiert" (Holland-Cunz 1998: 193).

Holland-Cunz konkludiert ihre Thesen mit einer klaren Aufgabenstellung für die politische Theoretikerin:

> „Sie hätte die historischen Voraussetzungen politischer Exklusion zu analysieren und schließlich vor allem die Möglichkeiten einer tiefgreifenden demokratischen Transformation des patriarchalen Systems zu durchdenken" (Holland-Cunz 1998: 193f.).

Mit diesem Statement fordert Holland-Cunz ihre Leserschaft gewissermaßen auf, die formulierten Thesen als Grundlage eines Projektes zu verstehen. Damit ist der Anspruch des vorgelegten demokratietheoretischen Entwurfes – vermutlich zur Enttäuschung mancher LeserInnen – wesentlich zurückgenommen. Im Resümee präsentiert Holland-Cunz ihre Überlegungen als Vorbereitung für eine noch zu leistende Demokratietheorie. Deshalb wohl bleibt Holland-Cunz ganz auf der Ebene der Theorie und formuliert keine praktischen Verfahrensvorschläge.

4.2.2 Gruppenrepräsentation als Übergangslösung: Zu den Verfahrensvorschlägen von Anne Philips

Die britische Politikwissenschaftlerin Anne Phillips geht in ihrer Monografie „Engendering Democracy" von 1991[124] davon aus, dass es einen Zusammen-

---

„Integration traditionell eher männlich geprägter liberaler Freiheits- und Autonomieverständnisse und -praktiken mit weiblichen, die empathischen Ausgleich und persönlichen Beziehungen einen höheren Stellenwert einräumen." Tronto (2000) bemüht sich um eine Umdefinition der Demokratie als „fürsorgliche Praxis".

124 Die deutsche Übersetzung erschien 1995 unter dem Titel „Geschlecht und Demokratie" im Rotbuch-Verlag.

hang gibt zwischen der Ungerechtigkeit einer geschlechtsdifferenzierten Gesellschaft und dem Faktum der Unterrepräsentation von Frauen in der aktiven Politik. Das eine wie das andere sei Ausdruck einer fehlerhaften Demokratie, eventuell auch einer fehlerhaften Demokratietheorie. Phillips prüft die Pro- und Contra-Argumente der liberalen, der republikanischen und der partizipatorischen Demokratietheorie, um zu Verbesserungsvorschlägen zu gelangen.

Phillips' Argumentationsweise besticht dadurch, dass sie jeder Versuchung des einfachen Urteils widersteht. Sie spielt Argumente durch, bis alle Pros und Contras gefunden sind, gerade auch um ihre eigenen Annahmen zu prüfen. Der Frauenbewegung steht sie mit Sympathie gegenüber, hat aber auch einen klaren Blick für deren Widersprüche.

So nimmt Phillips eine ungelöste Frage der Frauenbewegung zum Ausgangspunkt ihrer Reflexion: Sollten die Verfahren und Institutionen der Demokratie über den Geschlechterunterschied hinwegsehen und dadurch Gerechtigkeit herstellen oder muss im Gegenteil der Geschlechterunterschied hervorgehoben werden, damit beide Geschlechter gleiche Anerkennung erfahren können? (vgl. Phillips 1995: 13). Damit ist die große feministische Debatte über Differenz und Gleichheit als demokratietheoretische Leitfrage eingeführt. (*Querverweis: Kap. 2*)

Phillips präsentiert ihr Ergebnis vorneweg: Eine erneuerte Demokratie braucht Repräsentationsformen, die den Unterschied und die Ungleichheit der Geschlechter ausdrücklich berücksichtigen. Allerdings kann und soll die Betonung des Unterschiedes nur eine Maßnahme auf Zeit sein, „solange wir noch nicht alle volle und gleichberechtigte Staatsbürger sind, ..." (Phillips 1995: 16). Sobald das Merkmal Geschlecht seine entscheidende Bedeutung verloren hat, müssen die entsprechenden Maßnahmen zurückgenommen werden (Phillips 1995: 248).

Beim Abwägen der demokratischen Möglichkeiten des Liberalismus kommt Phillips zu dem Ergebnis, dass ein rein liberales Verständnis von Demokratie mit der ausdrücklichen Berücksichtigung des Geschlechtsunterschiedes nicht vereinbar ist. Zwar setzt der Liberalismus die Norm, dass jede Interessensgruppe vertreten werden solle, doch lassen sich die Frauen nicht als Interessensgruppe verstehen, weil die Vielfalt ihrer Lebenslagen und Bedürfnisse zu groß ist (Phillips 1995: 249f.).[125] Phillips erwägt zwar, dass durch mehrheitlich ähnliche soziale Verhältnisse unter Frauen eine gewisse Interessenhäufung zustande kommen könne (vgl. Phillips 1995: 120 u.125), doch selbst dies unterstellend könne nicht davon ausgegangen werden, dass eine Frau in der Politik automatisch Fraueninteressen vertrete (vgl. Phillips 1995: 116).

Die idealistische oder republikanische Idee der Demokratie charakterisiert Phillips mit der Norm, nach der ein gewählter Repräsentant gerade nicht

---

125 Deshalb ist Phillips mit Youngs Vorschlag der Gruppenpartizipation nicht einverstanden (vgl. Phillips 1995: 126-128).

gruppenspezifische oder individuelle Interessen vertritt, sondern sich für das Gemeinwohl einsetzt. In der Logik dieses Anspruchs hat die von Phillips aufgestellte Forderung nach (zeitweiliger) Vertretung von Gruppenmitgliedern keinen Platz.

Wie viele andere feministische Theoretikerinnen sieht Phillips in der Sphärentrennung zwischen öffentlich und privat, die sowohl die liberale wie auch die republikanische Tradition der Demokratie kennzeichnet, den Dreh- und Angelpunkt der geschlechtlichen Diskriminierung. Die Demokratisierung der privaten Geschlechterbeziehungen ist jedoch die Bedingung einer demokratischen Gesellschaft (Phillips 1995: 164). Dennoch plädiert Philips nicht für die Aufhebung der Trennlinie zwischen beiden Sphären. Dem staatlichen Zugriff entzogene Privaträume sollen erhalten werden.

> „Gerade die Demokratie im Haushalt ist keine Sache von Regulierungen, Auflagen und Garantien" (Phillips 1995: 179).

Jedoch geht Phillips davon aus, dass die Privatbeziehungen durch politisch geregelte Außenverhältnisse maßgeblich vorbestimmt werden. Wenn die Frauen ökonomisch unabhängig sind und politisch gleichwertig und gleichbeteiligt, dann sind beide Geschlechter frei, ihre privaten Verhältnisse nach ihren Vorstellungen zu gestalten und zu verändern.

Nach Phillips Auffassung liegt die entscheidende Veränderung darin, die mit der Einteilung in öffentlich und privat verbundenen geschlechtlichen Zuschreibungen aufzuheben (vgl. Phillips 1995: 192). (*Querverweis: Kap. 2*) Dies bedeutet für sie nicht nur eine Umdefinition, sondern vor allem eine Neuaufteilung von Arbeit und die Auflösung von Rollenfixierungen. Um den Frauen eine gleiche Zugangsmöglichkeit zur öffentlichen Sphäre zu verschaffen, ist eine gleich aufwändige Bewältigung der Aufgaben der privaten Sphäre unerlässlich (Phillips 1995: 159). Die Trennlinie darf außerdem nicht dazu führen, dass Machtverhältnisse im Privatraum nicht zur Kenntnis genommen werden (Phillips 1995: 165ff.).

Sowohl die liberale wie die republikanische Variante der Demokratie sieht Phillips fest in dieser Tradition der Einteilung in den öffentlichen Bereich der Politik und in den familiär-persönlichen des Privaten. Damit – so schließt Phillips – sind diese beiden traditionellen Auffassungen von Demokratie nicht geeignet, die geforderten Neuerungen zu leisten.

Partizipatorische Demokratie

Phillips wendet sich deshalb der partizipatorischen Demokratie zu, die nicht nur eine weitere theoretische Variante darstellt, sondern die Form der Politik ist, welche von der Neuen Frauenbewegung praktiziert wurde:

> „Die heutige Frauenbewegung kann mit ihrer Politik des Graswurzel-Aktivismus, ihrer radikalen Autoritätskritik und der Verpflichtung auf kollektive Entscheidungen schon fast als Experiment in partizipatorischer Demokratie gelten" (Phillips 1995: 70).

In der partizipatorischen Demokratie sieht Phillips einiges an Neuerungspotenzial: Die weitgehend hierarchiefreie Versammlung beispielsweise steht den unterschiedlichsten Gruppenmitgliedern offen und lässt in ihren freien Diskussionsformen die Behandlung aller Themen – auch so genannter privater – zu. Da diese offenen Versammlungen nicht in den erhabenen Gebäuden der Parlamente und Regierungen stattfinden, ebnet sich der Unterschied zwischen Privatraum und politischem Raum schon in der Erscheinungsform ein.

Allerdings sieht Phillips auch die Begrenzungen und Schwierigkeiten der partizipativen Formen. Sie beobachtet am Beispiel der Frauenbewegung, dass die typischen Aktionsformen zur Einebnung der Fähigkeiten der Beteiligten führen. Während die einen mit der öffentlichen Rede überfordert seien, hielten sich die anderen zurück, um nicht zu dominieren. Die Face-to-Face-Kommunikation führe häufig zu einem Konsensdruck, der tatsächlich vorhandene Meinungsunterschiede unterdrücke. Weiter beobachtet Phillips, dass die Existenz von Führungsfiguren und Führungsgruppen geleugnet wird mit der Folge, dass für die faktisch vorhandenen Führungsfiguren nicht ausreichend Kontroll- und Rechenschaftsmechanismen eingeführt werden. Die gewollte Strukturlosigkeit habe zur Folge, dass stets Unklarheit darüber herrsche, wer für wen spricht. Schließlich reduziere die zeitaufwändige Form der Versammlung die Zahl derer, die tatsächlich mitmachen (Phillips 1995: 204ff.).

Diese typischen Schwierigkeiten sind nach Phillips Einschätzung allerdings nicht schwer wiegend genug, um die partizipatorische Demokratie zu disqualifizieren. Allerdings ist es notwendig, diese Probleme wahrzunehmen, um unrealistischen Erwartungen an den Modus, aber auch an die Protagonisten der partizipatorischen Demokratie vorzubeugen (Phillips 1995: 210).

Gleiches Wahlrecht stellt für Phillips den „Stützpfeiler [dar], auf dem die Demokratie errichtet werden kann" (Phillips 1995: 255), ist also ein unersetzliches Kernelement der Demokratie, aber bei weitem nicht deren Vollendung (Phillips 1995: 236). Dementsprechend versteht Phillips die partizipatorischen Formen ausdrücklich nicht als Ersatz der repräsentativen Demokratie, sondern als deren Ergänzung.

Partizipation und Gruppenvertretung

Phillips gibt sich allerdings auch nicht damit zufrieden, der repräsentativen Demokratie partizipatorische Elemente an die Seite zu stellen. Die Mechanismen der Repräsentation müssten außerdem in der Lage sein, „uns nicht nur als Individuen, sondern auch als Gruppe [zu] behandeln" (Phillips 1995: 240).

Phillips bedenkt einige Probleme, die mit der Vor- und Unterstellung eines Gruppenstatus verbunden sind: So fühlen sich die meisten Menschen mehreren Gruppen zugehörig, sie wechseln ihren zentralen Identitätspunkt je nach Kontext. Selbst- und Gruppenwahrnehmung sind auch deshalb schwer bestimmbar, weil sie über die Zeit entstehen und vergehen. Ein unerwünschter und nicht auszuschließender Effekt ist außerdem, dass die Gruppenbehandlung zur Konservierung von Gruppenunterschieden beiträgt, dem langfristigen Ziel der Unterschiedsaufhebung also entgegenwirkt (Phillips 1995: 245-249).

> „Die schwierigste Frage ist jedoch, wie weit wir die Betonung der Gruppe treiben sollten" (Phillips 1995: 245).

Diese Frage kann Phillips nicht lösen, hält es aber für unzulässig, die Idee der Gruppenrepräsentation durch ‚reductio ad absurdum' völlig zu verwerfen, also zu zeigen, dass sich die Zahl denkbarer Gruppen unbegrenzt erhöhen lasse (Phillips 1995: 247). Die Forderung bleibe bestehen, dass bestimmte Mechanismen die Gleichverteilung der Macht zwischen Gruppen garantieren sollten,

> „solange Gesellschaften über die Geschlechterdifferenz organisiert sind und jedes Geschlecht seine Aufgaben, Identitäten, Verantwortlichkeiten und Rollen zugewiesen bekommt" (Phillips 1995: 251).

Beispiele solcher Mechanismen und ihrer Erfolge sieht Phillips in skandinavischen Ländern (Phillips 1995: 137ff.). Phillips belegt mit Studien, die im skandinavischen Raum durchgeführt wurden,[126] dass die Entscheidung für ein bestimmtes Wahlsystem erheblich zur Verbesserung der Repräsentation der Frauen in der aktiven Politik beitragen kann:

> „In den Ländern, die mit relativer Stimmenmehrheit operieren, um einen einzigen Kandidaten zu bestimmen, gab es bislang die größten Schwierigkeiten, die 5%-Repräsentationsmarke zu überschreiten. Die meisten Länder mit Mehrkandidatenwahlkreisen und Parteilisten nähern sich einer Frauenrepräsentation von 10%. In allen Ländern, die sich als besonders fortschrittlich auszeichnen, wird die verhältnismäßige Repräsentation mit Parteilisten praktiziert" (Phillips 1995: 133).

Phillips ist sich bewusst, dass sie dabei keine einfache Übertragung dieser institutionell-politischen Veränderung empfehlen kann. In den skandinavischen Ländern lagen spezifische Umstände vor, die zur Umsetzung der Mechanismen beigetragen haben. Zum Beispiel hat dort

> „der Staat bei der Gestaltung und Umgestaltung von Dingen, die in anderen Ländern vorrangig dem Privatbereich zugeordnet werden, deutlicher eine interventionistische Rolle eingenommen" (Phillips 1995: 142).

Phillips weist außerdem auf die Stärke der Frauenorganisationen in den traditionellen sozialdemokratischen Parteien hin und beobachtet, dass die Feministinnen den konventionellen Formen der Macht mehr Bedeutung eingeräumt haben als in anderen Ländern (Phillips 1995: 145). In den sozialdemokratischen Parteien herrschte eine förderliche Definition von privater und öffentlicher Sphäre vor, so dass die Lage der Frauen in den skandinavischen

---

126 Darunter Norris 1985, Lovendski 1986, Haavio-Mannila 1985.

Ländern sehr viel entschiedener zu einem öffentlichen Anliegen gemacht wurde als in vergleichbaren Staaten (Phillips 1995: 145).

Phillips kommt zu dem Ergebnis, dass jedes System mit demokratischem Anspruch sicherstellen muss,

> „dass seine Repräsentanten die ethnische und geschlechtsspezifische Zusammensetzung der Bevölkerung spiegeln, ..." (Phillips 1995: 250).

Die Gruppenvertretung kann nach Phillips mit gegebenen Instrumenten (z.B. im Wahlsystem) erheblich gefördert werden, ohne demokratische Normen zu verletzen. Dabei hat Phillips nicht vergessen, dass sie selbst gerade im Fall der Frauen an eine Gruppenvertretung im Sinne einer Interessenvertretung nicht glaubt: Sie schließt den eben zitierten Satz mit:

> „... gleichwohl sollten diese nicht als ‚Vertreter' ihrer ethnischen Gruppe oder ihres Geschlechts betrachtet werden" (Phillips 1995: 250).

Diese Unterscheidung zwischen Gruppenvertretung und Interessenvertretung ist Teil der politischen Sprache, die Phillips sucht:

> „Wir müssen eine politische Sprache finden, die Heterogenität und Differenz anerkennt, ohne zugleich vor einem Reduktionismus zu kapitulieren, der jeden von uns nur durch einen einzigen Aspekt definiert" (Phillips 1995: 270).

4.2.3 Beate Hoeckers Schlüsse aus der Partizipationsforschung

Die Politikwissenschaftlerin Beate Hoecker steht stellvertretend für diejenigen,[127] die mit geschlechtskategorialer Forschung den Geschlechterbildern der herkömmlichen Motivations- und Partizipationsforschung entgegentraten.

Mitte der 80er-Jahre erstellte sie im Rahmen eines DFG-Pojektes eine Studie über Bremer Abgeordnete. Es konnte kein Kompetenz- oder Bildungsdefizit bei den Frauen festgestellt werden. Auch bekundeten die Frauen in gleicher Weise wie die männlichen Abgeordneten Interesse an der Übernahme von Ämtern.[128] Unterschiede konnte Hoecker auf der Ebene des Par-

---

127 Im deutschsprachigen Raum z.B. auch Barbara Schöler-Macher, Bettina Westle, Ute Molitor, s.a. Blättel-Mink u.a. 1998.

128 Von Bettina Westle liegt eine neuere Studie vor, die das geringere politische Interesse von Frauen erneut bestätigt, allerdings gleichzeitig belegt, dass sich Frauen selbst eine geringere Kompetenz zuschreiben, auch wenn ihr Bildungsstatus dies nicht begründet (Westle 2001: 25). Hier wäre zu fragen, ob geringes Interesse stets dann bekundet wird, wenn die Eigenkompetenz als gering eingeschätzt wird. Westle weist weiter darauf hin, dass die Grenze zwischen institutionalisierten und nicht-institutionalisierten Politikformen weder zum Gender-Gap parallel liegt noch mit der typischen Partizipationsbereitschaft von Frauen zusammenfällt. Westle bilanziert – im Einklang mit Phillips und Hoecker –, dass ein Gender-Gap solange auftauchen wird, wie die ungleiche Arbeits(markt)aufteilung zwischen den Geschlechtern besteht (vgl. Westle 2001: 28).

teieintritts feststellen, der ja in Deutschland in aller Regel Voraussetzung einer politischen Karriere ist.

> „Insgesamt basiert ... der Parteieintritt von Frauen stärker auf solidarischen und Unterstützungsmotiven, während Männer stärker instrumentell und am Wettbewerb orientiert sind" (Hoecker 1995: 93).

Außerdem bekundeten die weiblichen Abgeordneten weniger Aufstiegsinteresse, da sie sich die zusätzlichen Aufgaben und Verantwortung nicht zutrauten. Hoecker vermutet, dass hier Unterschiede im Selbstvertrauen zu Grunde liegen. Signifikante Unterschiede zeigten sich außerdem in den inhaltlichen Spezialisierungen. Männer beschäftigen sich bevorzugt mit Wirtschafts-, Sicherheit- und Außenpolitik, Frauen präferieren Sozial-, Umwelt- und Abrüstungspolitik (Hoecker 1995: 98f.). Weibliche Bundestagsabgeordnete verstehen sich häufiger als Vertreterinnen von Gruppeninteressen als ihre männliche Kollegen (Hoecker 1998: 74).

Die immer wieder formulierte Vermutung, dass Frauen aufgrund ihrer geschlechtsspezifischen Erziehung und ihrer typischen Biographie einen anderen Politikstil einführen würden (vgl. z.B. Meyer 1992), wird durch neuere Studien weder bestätigt noch widerlegt. Was die gängigen Annahmen angeht – Frauen verfügten über mehr Empathiefähigkeit, mehr Folgenabschätzung, seien eher prozess- als konkurrenzorientiert und weniger an der persönlichen Karriere interessiert (vgl. Sauer 1994) –, kann nur bestätigt werden, dass Frauen dieses Bild für sich beanspruchen, ob es ihrem tatsächlichen Verhalten entspricht, ist jedoch zweifelhaft.[129]

Hingegen lassen sich einige inhaltliche Unterschiede nachweisen. Eine Befragung von Abgeordneten des deutschen Bundestages zeigte in ausgewählten Themen deutliche Einstellungsunterschiede. Beispielsweise unterstützen Frauen stärker die Rolle von Bürgerinitiativen (im Vergleich zur Rolle der Parteien) als Männer; sie sind weit mehr als Männer für eine Liberalisierung der Schwangerschaftsabbruchsregelung. Solche Einstellungsunterschiede schwächen sich jedoch innerhalb einer Partei deutlich ab (Hoecker 1998a: 150f.).

Es lassen sich also keine in den Individuen liegenden, zwingenden Gründe dafür finden, dass Frauen in der Politik seltener auftreten als Männer. Und doch ist im deutschen Bundestag der Frauenanteil erst 1987 über die 10-Prozent-Marke gestiegen. Im 13. Bundestag (1994 – 1998) stieg der Anteil auf 26,3 Prozent mit großen Unterschieden in den Parteien. Der Anteil fällt von Grünen über PDS, SPD und ist am geringsten in der CDU/CSU und FDP.

Hoecker sieht die wichtigste Erklärung für diese Parteiunterschiede in den Frauenförderprogrammen der Parteien, insbesondere in Form von Quotenregelungen. So halten Frauen in der SPD und bei Bündnis 90/Die Grünen

---

129 Mansbridge (1998: 155) weist darauf hin, dass Fragebögen diese Annahmen bestätigen, Laboruntersuchungen jedoch nicht.

mehr Parteiämter, als ihrem Anteil an der Mitgliedschaft entspricht. Allerdings zeigt sich auch dort, dass aus dem Mitgliedschaftsanteil kein angemessener Anteil in den wichtigen Ämtern folgt. Gemeint sind damit Ämter wie Bundestagspräsidentin und -vizepräsidentin, Fraktionsvorsitz und Stellvertretung, Parlamentarische Geschäftsführung, Vorsitz von Arbeitskreisen, Vorsitz von ständigen Bundestagsausschüssen, Regierungsmitgliedschaft und parlamentarische Staatssekretäre (Hoecker 1998: 71-75). Der Anteil von Frauen in den Landesparlamenten liegt um die 25-Prozent-Marke. Er fällt in den neuen Bundesländern und in den Stadtstaaten deutlich höher aus. Schlusslicht ist Baden-Wüttemberg mit 17 Prozent (Hoecker 1998: 71). Im Europäischen Parlament ist der Frauenanteil 1994 auf 35 Prozent gestiegen. Nach Hoecker dürfte dies

> „mit der insgesamt eher geringen Kompetenz des Europäischen Parlaments sowie der daraus resultierenden personellen Rekrutierungspraxis der Parteien zu beantworten sein. Aufgrund der gestiegenen Bedeutung des Europäischen Parlaments ist ein Mandat auf dieser Ebene inzwischen allerdings auch für die Männer interessanter und der Kampf um eine aussichtsreiche Kandidatur für Frauen spürbar härter geworden" (Hoecker 1998: 75).[130]

Hoecker nennt vielfältige Gründe für die anhaltende Unterrepräsentation: Da sind zum einen die typischen Rekrutierungsmuster für politische Karrieren, die mit den typischen Lebensläufen von Frauen nicht kompatibel sind. Die ungleiche Verteilung von Haus- und Betreuungsarbeiten und die ungleiche Verteilung von beruflichen Spitzenpositionen spiegelt sich auch in politischen Karrieren. Ein in der Politik wirksamer kultureller Schulterschluss der Männer schließt Frauen aus den wichtigen, informellen Informations- und Förderstrukturen aus. Weiterhin wirken traditionelle Stereotypen bei allen Beteiligten, besonders bei Wählern und Wählerinnen und in den Medien (Hoecker 1998: 80f, vgl. auch Weber u.a.1998).

Alle zahlreich vorliegenden Studien zu den Effekten von Wahlsystemen belegen eindrucksvoll,

> „dass Verhältniswahlsysteme Kandidaturen von Frauen erleichtern, Mehrheitswahlsysteme diese dagegen erschweren." (Hoecker 1998: 85)[131]

Das deutsche Mischsystem für die Wahl des Bundestags stellt für Frauen eher eine Barriere dar, da die Listenplätze (entscheidende Zweitstimme) von den Parteien vorgegeben werden und die Hälfte der Mandate über Personenwahl in den Wahlkreisen (Erststimme) stattfindet (Hoecker 1998: 85).

---

130 Diese Erklärung zeigt eine bemerkenswerte Parallele zu einer Beobachtung der Berufssoziologie, nach der Frauen in die Berufe eindringen, die an Status verlieren, und dort herausgedrängt werden, wo ein Berufszweig zunehmend mit hohen Gehältern und gesellschaftlicher Relevanz verbunden ist.
131 Ein Befund, den auch Anne Phillips in ihren Überlegungen nutzt (s.o.).

Hoecker resümiert nach einem breit angelegten internationalen Vergleich:

> „Festzuhalten bleibt: Die politische Kultur stellt unbestreitbar einen wichtigen Einflussfaktor der politischen Partizipation von Frauen dar; inwiefern die individuellen Einstellungen ihren Niederschlag im konkreten politischen Verhalten finden, das hängt zugleich von sozialstrukturellen wie auch institutionellen Arrangements ab" (Hoecker 1998: 79 und 394).

4.2.4 Zusammenfassung

Um einen Einblick in mögliche Varianten feministischer demokratietheoretischer Arbeiten zu geben, stellte dieses Kapitel drei Forschungsarbeiten vor, die auf ganz unterschiedlicher Theoriehöhe ansetzen.

Holland-Cunz konzentriert sich auf theoretisch-ideengeschichtliche Vorgaben und entnimmt diesen, dass eine feministische Demokratietheorie herrschaftskritisch und normativ vorgehen müsste und ein partizipatorisches, direktdemokratisches, diskursives Demokratiemodell erstellen müsste, das die Bindungsfähigkeit und die Bindungsnotwendigkeit des Menschen einbezieht. In der Geburt als Bindungsfigur sieht Holland-Cunz die Möglichkeit, die Sozialität des Menschen theoretisch zu fassen. Der rein theoretische Zugang der Autorin führt dazu, dass keine konkreten Ausgestaltungsformen einer feministischen Demokratie genannt werden.

Phillips verbindet Demokratietheorie-Traditionen mit empirischen Befunden zu den Effekten institutioneller Systemausgestaltung (insbes. Wahlsysteme). Die Erfahrungen der Frauenbewegung auswertend, plädiert auch sie für eine partizipatorische Stärkung der gängigen demokratischen Institutionen. Allerdings besteht sie ausdrücklich auf dem Erhalt der repräsentativen Formen. Diese wiederum – und dies ist ihr zweiter zentraler Ergänzungsvorschlag – müssten so ausgestaltet sein, dass die Gruppe der Frauen angemessen vertreten ist – ohne dass Frauen als Interessensgruppe zu verstehen seien. Solche gruppenfördernde Maßnahmen dürften allerdings nicht als Dauereinrichtung verstanden werden, sondern seien nur nötig und zulässig, bis bestehende Ungleichheiten weitestgehend ausgeglichen seien.

Hoecker kann mit ihren empirischen Studien gängige Annahmen über geschlechtsspezifisches Politikverhalten korrigieren. Die mangelhafte Vertretung von Frauen in der Politik, insbesondere in den Spitzenpositionen, führt sie letztlich auf die geschlechtsspezifische Arbeitsteilung in der Gesellschaft zurück. Institutionelle Veränderungen wie das Verhältniswahlrecht können zwar Verbesserungen bringen, letztlich ist aber auch Hoecker wie Phillips der Meinung, dass erst eine gerechte Aufteilung der Arbeit (Haus- und Erwerbsarbeit) zu einer gleichen Beteiligung beider Geschlechter in der Politik führen kann.

Übung:
Textarbeit an Anne Phillips' „Geschlecht und Demokratie" (1995) und an Holland-Cunz' „Feministische Demokratietheorie" (1998):

Klären die Autorinnen Phillips und Holland-Cunz ihr Verständnis von Geschlecht in ausreichendem Maße? Welches Verständnis von Geschlecht wird bei Phillips bzw. bei Holland-Cunz deutlich? Gehen die Autorinnen von einem prinzipiellen Unterschied zwischen Männern und Frauen aus oder von prinzipieller Gleichheit? Nehmen Sie sich zur Beantwortung der Frage auch Holland-Cunz 1999 vor.

Wie stellen sich Holland-Cunz und Phillips zur von manchen feministischen TheoretikerInnen erhobenen Forderung, die Trennung in Öffentlichkeit und Privatheit aufzulösen? (s. z.B. Phillips 1995: 156ff, s. z.B. Holland-Cunz 1998: 185, ausführlicher Holland-Cunz 1999a)

Beide Autorinnen plädieren für partizipatorische Elemente in der Demokratie. Vergleichen Sie, wie dabei jeweils Vorzüge und Schwächen der partizipativen Demokratie abgewogen werden.

Phillips plädiert für die Berücksichtigung des Unterschiedes (der Geschlechter) in politischen Mechanismen. Beschreiben Sie zunächst, unter welchen Umständen und mit welchen Begründungen sie dies tut. Wie gelingt es Phillips, diese konkrete politische Forderung mit ihrem Geschlechtsverständnis zu vereinbaren? (S. z.B. Phillips 1995: 240ff.).

In einer Buchbesprechung wirft Kenngott Holland-Cunz vor, folgende Fragen nicht berücksichtigt zu haben:
„Wer sind die Frauen, die in einer feministischen Demokratietheorie im Zentrum stehen? Gibt es gemeinsame Interessen von Frauen, oder sind Frauen eine Gruppe? Und da wir in einer repräsentativen Demokratie leben: Was an/von/für Frauen sollen Frauen repräsentieren? Soll der Frauenanteil in der Bevölkerung im Frauenanteil beispielsweise des Parlaments oder des Kabinetts widergespiegelt werden ...? Repräsentieren diese Frauen dann Frauen?" (Kenngott 1999: 143)
Halten Sie diese kritischen Anfragen von Kenngott für gerechtfertigt?

Übung:
Die hier nach Hoecker wiedergegebenen Angaben zum Frauenanteil in den Bundestagsparteien sind vom Ende der 90er-Jahre. Besorgen Sie sich aktuelle Daten. Welcher Trend ist zu erkennen? Haben die Parteien seither Quotenregelungen geändert oder eingeführt?
Diskutieren Sie mögliche Gründe für den empirisch zu beobachtenden Sachverhalt, dass der Frauenanteil in den Parlamenten dort höher liegt, wo über ein Verhältniswahlrecht gewählt wird.

4.3 Geschlechtskategoriale Erforschung des Staates

Die Frauenbewegung der 1970er- und 80er-Jahre sah den Staat als Verbündeten oder gar Organisator der Unterdrückung der Frauen. Die Frauenbefreiung musste, wenn nicht gegen den Staat, so doch ohne ihn verfolgt werden. Autonomie war in Teilen der Frauenbewegung das Schlagwort der Zeit. Gemeint war Unabhängigkeit von Männern, aber auch Unabhängigkeit vom Staat.

Die feministische Forschung, die im Konztext der feministischen Bewegung entstand, imitierte diese Staatsfeindlichkeit oder Staatsabstinenz. Der Staat als Gesamtpatriarch war von neomarxistisch orientierten Theoretikerinnen bestenfalls in seinem unterdrückenden, patriarchalen Verhalten zu beschreiben, eine theoretische Analyse erschien nicht erforderlich. Selbst unter feministischen Forscherinnen, die einer liberalen Auffassung nahe standen, erschien eine kritische Neuauflage gängiger Staatstheorien überflüssig. Sie plädierten für eine Öffnung der staatlichen Institutionen für Frauen und für die Integration weiblicher Interessen in die politischen Agenden, dann – so ihre Hoffnung – würde Gleichberechtigung mit und im Staat erreicht. Selbst als sich der Wohlfahrtstaat als feministischer Forschungsschwerpunkt herauskristallisierte, stand die Betrachtung von Instrumenten und Effekten staatlichen Handelns im Vordergrund. Das Innenleben des Staatsapparates wurde bis zum Beginn der 90er-Jahre im deutschsprachigen Raum nicht analysiert. Eine feministische Theorie des Staates lag nicht vor. Noch in einer 1994 für die Deutsche Forschungsgemeinschaft gefertigten Synopse der wichtigsten Themen der Frauenforschung wurde der Staat nicht einmal erwähnt (Ostendorf 1999: 154).

Im Zuge der Verselbstständigung der feministischen Forschung vom Feminismus als Bewegung und als Folge der methodischen Ausdifferenzierung der Geschlechterforschung und schließlich unter dem Einfluss der wieder einsetzenden Staatsdiskussion des Mainstreams entdeckten auch PolitikwissenschaftlerInnen den Staat als unumgängliches Feld für feministisch motivierte, geschlechtskategoriale Analysen.[132] Schließlich ist dieses Interesse auch eine konsequente Interpretation der Parole „Das Private ist politisch", welche für die Erkenntnis stand, dass sehr persönliche Entscheidungen, wie Verhütung oder Schwangerschaft, der Verbleib bei oder die Trennung von einem Partner usw. von staatlichen Vorgaben beeinflusst werden.

Die Ad-hoc-Gruppe „Staat und Geschlecht" auf dem DVPW-Kongress[133] von 1991 markierte den Beginn einer neuen staatstheoretischen, feministischen Diskussion im deutschsprachigen Raum (siehe die Dokumentation von Biester u.a. 1991). Eine Zwischenbilanz dieses theoretischen Aufbruchs wurde 1996 von Birgit Seemann erstellt (Seemann 1996). Birgit Sauer legte 2001 eine Monografie vor, die herkömmliche staatstheoretische Konzepte auf ihren geschlechtstheoretischen Gehalt überprüft. Diese Befunde stellt sie explizit „geschlechtssensiblen" Staatsanalysen gegenüber und versucht eine produktive Verknüpfung (vgl. Sauer 2001).

Im Jahre 2002 kann festgestellt werden, dass zur Staatsanalyse eine Vielzahl von feministischen und/oder geschlechtskategorialen Ansätzen, Theoremen und Perspektiven vorliegen. Die Palette reicht von makroanalytischen,

---

132 Zur bundesdeutschen Verspätung in der Staatsforschung: Kulawik/Sauer 1996.
133 Deutsche Vereinigung für Politikwissenschaft

meist neomarxistischen Patriarchatsanalysen bis zu mikroanalytischen Policy-Studien.

Diese Arbeiten haben es sich zur Aufgabe gemacht, die vergeschlechtlichten Strukturen in den staatlichen Institutionen, Politiken, in der Ideologie und in den Symbolen aufzudecken. Dazu wurde zum einen die Tradition des staatstheoretischen Denkens aufgearbeitet (*Querverweis: Kap. 4.1*), zum anderen wurde die Geschichte der politischen Konstruktion des Geschlechterverhältnisses im Nationalstaat nachvollzogen (z.B. Appelt 1999). In engem Zusammenhang mit der historischen Nationalstaatswerdung steht die Debatte um die „Mitgliedschaft" zu diesem Staat. Diskutiert wird die Frage, nach welchen Kriterien diese Zugehörigkeit vergeben wird und wie Frauen historisch und aktuell in dieses Raster passten.[134] Die Diskussion trifft sich hier mit Fragestellungen der Demokratietheorie. (*Querverweis: Kap. 4.2*)

Wenn es um die in gegenwärtigen Staatsapparaten eingelassene Männlichkeit geht, ist die Wiener Politikwissenschaftlerin Eva Kreisky zu erwähnen, die mit ihrem Theorem vom Staat als Männerbund eine viel diskutierte Möglichkeit vorgeschlagen hat, diese Frage zu erforschen. (*Querverweis: Kap. 3.3*)

Andere verfolgen die umgekehrte Fragestellung: Wie trägt der Staat bei zur Herstellung der Geschlechter und zur Aufrechterhaltung des hierarchischen Systems der Zweigeschlechtlichkeit durch politische Inhalte (policies), Rechtsetzung, Symbole und Ideologie?

Beide Fragerichtungen – die nach dem Geschlecht des Staates ebenso wie die nach Repräsentation von Geschlechtlichkeit und der Herstellung der Zweigeschlechtlichkeit durch den Staat – betrachten den Staat auf einer mittleren Abstraktionsebene, d.h. in seinem konkreten institutionellen Aufbau, in seinen Verhandlungsformen und Agenden. Dabei ist nach wie vor ein Schwerpunkt in der Erforschung der Effekte sozialstaatlichen Handelns zu erkennen.

Dieses Kapitel wird sehr knapp eine gängige Einteilung der Mainstream-Staatsdiskussion vorstellen, da dies als Hintergrund hilfreich erscheint und auch feministische Theoretikerinnen mehr oder weniger deutlich in diesen Traditionen stehen.[135] Daran wird eine begrenzte Auswahl feministischer bzw. geschlechtskategorial vorgehender Entwürfe angeschlossen, um einen Eindruck von deren Vielfalt und dem methodischen Spektrum zu geben. Die Auswahl orientiert sich nicht am oben angegebenen Themenspektrum oder an den traditionellen staatstheoretischen Ansätzen, sondern folgt einer durch die Geschlechterforschung vorgegebenen Einteilungsmöglichkeit: Es werden beispielhaft Studien oder Analysen angeführt, die zum einen das Ziel verfol-

---

134 Z.B. Squires 1999: 166-193, Voet 1998, Lister 1997, I. Young 1998, Walby 1997: 166-179, Wiener 1996.

135 Ein Überblick über gängige Paradigma der Staatstheorie findet sich bei Bohmann 1993, siehe auch Sauer 1997a: 29ff und ausführlicher Sauer 2001: 63-111.

gen, den Staat zu vergeschlechtlichen und zum anderen die Beteiligung des Staates an der Geschlechterordnung und den Geschlechterverhältnissen aufzeigen im Bereich Recht und Wohlfahrt ebenso wie in einzelnen Politikfeldern (Policy-Analysen).

4.3.1 Strömungen im staatstheoretischen Mainstream

Entlang der Frage Autonomie oder Abhängigkeit des Staates vom Wirtschaftssystem lassen sich einige Hauptströmungen aktueller Ansätze zu Staatstheorien identifizieren.

In einer *neomarxistischen* Tradition wird – sehr generell gesprochen – der Staat nicht als autonome Sphäre, sondern in seiner Abhängigkeit von der kapitalistischen Wirtschaftsform gesehen. Gleichwohl wird ein bestimmtes Maß an Autonomie eingeräumt, mit dem der Staat bestimmte Regeln für die wirtschaftliche Konkurrenz zu setzen und auch ein notwendiges Maß an gesellschaftlicher Integration zu sichern versucht. Der Staat ist dabei nicht monolithisch, sondern gliedert sich auf in viele Teilapparate, die nach unterschiedlichen, manchmal gegenläufigen Logiken funktionieren können. Prominente Vertreter dieses staatstheoretischen Grundverständnisses sind Nicos Poulantzas, Claus Offe und der neuerdings viel diskutierte Bob Jessop.[136]

Das Verständnis des Staates als Herrschaftsverhältnis und die meist kritische und auf Veränderung angelegte Perspektive dieser Ansätze bietet zentrale Anknüpfungspunkte für feministische Analysen (Sauer 2001: 76). Einige feministische Theoretikerinnen haben sich diesem Staatsverständnis angeschlossen und es um die Patriarchatsdiagnose ergänzt. Dadurch wurde der Staat zum Organisationsprinzip eines kapitalistischen und patriarchalen (Welt-)Systems. In der einzelstaatlichen Betrachtung galt der Staat als kapitalistischer Gesamtpatriarch. Entsprechende Analysen sind vor allem in den frühen 1980er-Jahren entwickelt worden. Als prominente Vertreterinnen dieser Richtung können im deutschsprachigen Raum die soziologisch geschulten Wissenschaftlerinnen Maria Mies, Claudia von Werlhof, Veronika Bennholdt-Thomsen und Ursula Beer genannt werden.[137]

In einer historisch-empirischen Analyse, die an die Grundbegriffe marxistischer Gesellschaftsanalyse anschließt,[138] beschreibt Ursula Beer, wie sich der Kapitalismus notwendiger Weise zusammen mit dem Patriarchat entwickelt hat. Demnach liegt „unter" dem Verhältnis von Lohnarbeit und Kapital das Verhältnis der Geschlechter, mit der Folge, dass ein Lohnarbeiter prinzi-

---

136 Für eine Zusammenfassung siehe Sauer 2001: 76-89.
137 Weitere makroanalytische Analysen in neomarxistischer Tradition bei McIntosh 1978 u. Jónasdóttir 1991.
138 Beer (1991: 19) begründet die Wahl dieses Theoriemodells unter anderem damit, dass dieses auf die Analyse von gesellschaftlicher Ungleichheit abhebt und dass eine solche Ungleichheit sich im Geschlechterverhältnis ausdrücke.

piell anders ausgebeutet wird als eine Lohnarbeiterin. Die Lohnarbeiterin ist der Ausbeutung in doppelter Weise ausgesetzt. Denn in den staatlich geregelten Institutionen Ehe und Familie stellen Frauen ihre reproduktiven Fähigkeiten unentgeltlich und unter herrschaftlicher Kontrolle bereit. Beer versteht den Beitrag zum generativen gesellschaftlichen Bestandserhalt als Produktion, die nicht über den Markt geregelt wird (Beer 1991: 22). Während in der ständisch organisierten Gesellschaft patriarchale Herrschaft noch an Eigentum (Grund und Boden, Produktionsmittel) gebunden war, ist im Kapitalismus industrialisierter Gesellschaften patriarchale Herrschaft ein Privileg aller Männer. Die Gesellschaft ist damit durch einen „doppelten Sekundärpatriarchalismus" gekennzeichnet – ein marktlicher und ein familialer Patriarchalismus. Der marktliche Sekundärpatriarchalismus äußert sich in der ungleichen Beteiligung der Geschlechter am gesellschaftlichen Mehrprodukt und in der geschlechterungleichen Berufs-, Einkommens- und Machtstruktur (Beer 1991: 264). Der familiale Sekundärpatriarchalismus verwirklicht sich im Zusammenspiel von Familie und Erwerbsleben. Die Institution Familie sieht Männer als Erwerbstätige vor und sichert

> „diesen eine ökonomische Vorzugsstellung bzw. begründet umgekehrt die Minderstellung von Frauen, wenn und insofern sie keinen Zugang zu eigenständigen Erwerbsquellen besitzen" (Beer 1991: 263).

Diese hierarchische Anordnung der Geschlechter und damit der Patriarchalismus sind für Beer eine zwingende Struktur des Kapitalismus:

> „Im Erwerbsbereich konzentriert sich männliche Arbeitskraft und kann dies nur deshalb, weil eine andere soziale Gruppe mehr oder minder bereit ist, diejenigen Aufgaben zu übernehmen, die der Markt nicht verwerten kann, die jedoch gesellschaftliche Reproduktion erst gewährleisten" (Beer 1991: 227).

Nicht die Eigentumsverhältnisse sind damit das bestimmende Merkmal des Kapitalismus, sondern die Geschlechterverhältnisse.

Beer formuliert die Hoffnung (in Bezug auf die Bundesrepublik Deutschland allerdings sehr vorsichtig), dass dieses System auf sein Ende zusteuert. Nach der streng materialistischen Analyse überraschen ihre Begründungen: Die gegenseitigen Erwartungen der Geschlechter werden nicht mehr erfüllt. Damit bröckle der Gesellschaftskitt, der dieses System zusammenhalte (Beer 1991: 284). Das System organisiere sich außerdem so, dass es seine eigene Reproduktion nicht mehr gewährleiste, weil Frauen sich zugunsten von Erwerbsarbeit weigerten, generative Reproduktionsarbeit (Kinder gebären, Säuglinge nähren) zu leisten, während gleichzeitig die Verkoppelung von Erwerbsarbeit und Reproduktion z.B. durch Kindertagesstätten nicht gefördert wird (Beer 1991: 287).[139]

---

139 Shulamith Firestone, die schon 1976 eine marxistisch-feministische Staatsanalyse vorlegte und dabei Geschlecht mit dem Klassenbegriff beschrieb, sieht die Lösung nur

Ob sich dieser Prozess der dialektischen Selbstauflösung des patriarchalen kapitalistischen Systems tatsächlich so vollziehen wird, bleibt abzuwarten. Wie Gudrun-Axeli Knapp herausarbeitet, lassen sich zwei gewichtige Schwächen des materialistischen Ansatzes von Beer nennen. Zum einen wird die Kraft (und die Konstituierung) der symbolischen Ordnung völlig übersehen. Die Frage, wie Herrschafts- und Geschlechterverhältnisse kulturell vermittelt und gesichert werden, bleibt ungestellt. Zu denken wäre hier beispielsweise an die Aussagekraft der Sprache, der Kunst, der Religion u.a. Zum anderen werden die Subjekte, also Männer und Frauen als Fühlende, Entscheidende und Handelnde, übersehen, das heißt, ihre psychologischen Konstitutionen wie auch handlungstheoretischen Momente werden nicht wahrgenommen (Knapp 1992: 300).

Ein ähnlicher Ausgangspunkt wie bei Beer liegt der These von den Frauen als letzter Kolonie von Werlhof, Bennholdt-Thomsen und Mies (1988) zugrunde. Diese Soziologinnen, die für den so genannten Bielefelder Ansatz[140] stehen, beschreiben, wie Frauen in industrialisierten Gesellschaften als Naturressource behandelt werden, von der man Besitz ergreift und sie nutzt, wie dies mit Wasser oder Öl geschieht. Die Unterwerfung der Frau unter die Herrschaft eines Mannes ist demnach die kleinste, aber grundlegende Einheit des kapitalistischen Unterdrückungssystems, das sich fremde Völker und Länder in Form von Kolonien zu Eigen macht.

„Die Kolonisierung von Territorien und die Hausfrauisierung von Frauen war das Anfangswort des Kapitalismus und des Staates als Institution, hat ihn stets begleitet und ist auch seine letzte Weisheit" (Bennholdt-Thomsen u.a. 1988: X).

Die Autorinnen stellen Hausfrauisierung als eine Methode dar, mit der sich der einzelne Mann und das kapitalistische System tatsächlich notwendige Arbeit (Essen kaufen und bereiten, Haushalt instandhalten) liefern lässt. Frauen verrichten diese notwendige Arbeit, ohne bezahlt zu werden, ganz so wie in Kolonien ohne angemessene Bezahlung Rohstoffe abgebaut und Arbeitskräfte eingesetzt werden.

Beide Verhältnisse – das Unterdrückungsverhältnis zwischen Männern und Frauen und das Unterdrückungsverhältnis zwischen kapitalistischen Staaten und Kolonien – seien aufs Engste verflochten, was für die feministische Strategie bedeute, dass sie an beiden Verhältnissen zugleich arbeiten müsse. Feminismus müsse international denken und handeln, ohne selbst Hierarchien zwischen Frauen aufzubauen. Gleichzeitig müsse der marxistisch defizitäre Arbeitsbegriff erweitert werden. Gebären und Nähren, die Subsistenzwirtschaft des Haushaltes sollten als die notwendige gesellschaftliche Arbeit erkannt werden.

---

unter den Bedingungen einer von Personen weitestgehend abgekoppelten, auf Technologien basierenden Reproduktion.
140 Kurzdarstellung bei Treibel 1997: 77f.

Dieser makroanalytischen Analyse wird entgegengehalten, dass der Staat nicht in seinen unterschiedlichen Instrumenten und Funktionsweisen beschrieben wird, sondern als ein Agent, der über Familien-, Arbeits- und Sozialrecht die Geschlechterverhältnisse und Eigentumsverhältnisse so organisiert, wie sie für eine gedeihliche Entwicklung des Kapitalismus nötig sind (vgl. auch Kulawik/Sauer 1996a: 21). Außerdem wurde kritisiert, dass es in diesen Analysen keinen Platz für die Vielfältigkeit der Interessenlagen von Frauen gäbe, ebenso wenig wie für Möglichkeiten sinnvollen politischen Handelns (dazu fast polemisch: Kulawik/Sauer 1996a: 19). Die aus der Analyse abgeleitete Strategieempfehlung, die Aufwertung frauentypischer Arbeit zu fordern, blieb in feministisch engagierten Kreisen stark umstritten. Wie Connell (1990: 515) herausarbeitet, bleibt es ein Verdienst dieses Ansatzes, die Verknüpfung von Familie und Wirtschaft als Dreh- und Angelpunkt der Unterdrückung von Frauen beschrieben zu haben.

Systemtheoretische Ansätze lösten in den siebziger Jahren den ideell überfrachteten Staatsbegriff ab, er wurde gleichzeitig entschlackt und erweitert. Einerseits konnten die „älteren Grundbegriffe Staat und Macht" „ihres ontologischen Substanzcharakters" entkleidet werden (Beyme 1986: 162), andererseits hatte die Einführung des Begriffs des „politischen Systems" den Vorteil, von der sehr engen Regierungslehre, die als schlichte Institutionenkunde daherkam, Abschied zu nehmen.

Mit der Modellvorstellung vom „politischen System" wird das politische System als eines unter anderen gesellschaftlichen Systemen verstanden. Statt Fragen nach Wesen, Geist und Typisierung des Staates stehen im systemtheoretischen Ansatz Fragen nach Funktionen, Zusammenspiel, Steuerungsfähigkeit und Selbsterhaltung im Vordergrund. Die Systemtheorie verfolgt die Aufgabe, die Eigenlogik unterschiedlicher Systeme und die funktionale und auch dysfunktionale Differenzierung in Subsysteme zu diagnostizieren.

Die Politikwissenschaft orientierte sich dabei am Begriff des „politischen Systems", wie von den amerikanischen Wissenschaftlern David Easton, Talcott Parsons und Gabriel A. Almond entwickelt. In dieser Tradition wurde zur Erfassung politischer Prozesse ein kybernetisches Modell zugrunde gelegt. Die politischen Institutionen selbst wurden als Blackbox betrachtet, die dadurch zu analysieren waren, dass nach Input und Output gefragt wurde. Obwohl dieses Modell damit auch von den konkreten Institutionen abstrahierte und sie in eine vielfältige Umgebung einbettete, waren es in der konkreten Anwendung dieses Modells doch wieder die staatlichen Kerninstitutionen, die zentral gesetzt wurden. Damit wiederholte die politikwissenschaftliche Systemforschung in vielen Fällen die traditionelle Konzentration auf die hohe Politik im öffentlichen Bereich und verlor die Beziehungen zum so genannten privaten Raum völlig aus dem Blick. Aus feministischer Perspektive war der Blick auf die Institutionen des öffentlichen Raums ungeeignet, Frauen oder Geschlechterrollen sichtbar zu machen.

Auch die soziologisch ausgerichtete Systemtheorie in Luhmann'scher Tradition wurde in der Politikwissenschaft aufgenommen, z.B. von Helmut Willke, jedoch kaum zum Ausgangspunkt feministischer Überlegungen gemacht. Ein Grund für die systemtheoretische Abstinenz feministischer Wissenschaftlerinnen mag darin liegen, dass die Systemtheorie im Allgemeinen eine Theorie der Beschreibung und Erklärung war. Ihre Vertreter hatten nie ein Interesse an konkreten gesellschaftlichen Veränderungen für sich beansprucht oder etwa politische Strategieempfehlungen formuliert. Wenn sich Änderungen zeigten, neue Differenzierungen ankündigten und alte auflösten, dann war die Systemtheorie zwar bereit zu erklären, welche Struktur ihren Anforderungen nicht mehr gerecht wurde bzw. welche Dysfunktionalität aufgehoben wird, ein normativer oder emanzipativer Anspruch jedoch war mit der Systemtheorie nur um den Preis theoretischer Widersprüchlichkeiten zu formulieren (Bohmann 1993: 11f.). Außerdem – so betont Beyme – findet sich in den gängigen Systemtheorien kein Platz für Akteure und Personen mit lebensweltlichen Erfahrungen (Beyme 1991: 253).

Als eine von wenigen hat sich Ursula Pasero[141] von feministischen Prämissen ausgehend mit der Systemtheorie beschäftigt. Dabei gelangt sie angesichts aktueller Erosionen im Geschlechterverhältnis zu einer positiv gewerteten Veränderungsbeschreibung im Sinne der Systemtheorie:

> „Folgt man einem systemtheoretischen Ansatz und dem damit einhergehenden Befund, dass die primäre Differenzierung der Gesellschaft eine funktionale ist, dann gibt es gute Gründe für die Annahme, dass die asymmetrischen Wirkungen zwischen den Geschlechtern schwächer werden und letztlich keinen Sinn mehr haben" (Pasero 1994: 274).

Offen bleibt dabei die Frage, für wen bzw. für welches System die hierarchische Geschlechtertrennung weiterhin funktional ist. Paseros Antwort ist – Luhmann (1988: 54) zitierend – vielleicht eher eine Hoffnung als ein Befund:

> „Die alten Repräsentationsmuster ... werden durch den sukzessiven Umbau der Gesellschaft in Richtung auf primär funktionale Differenzierung prekär und legitimierungsbedürftig. Es muss auf Repräsentationsasymmetrien verzichtet werden, denn es ,gibt, zumindest heute, in der Gesellschaft keine konkurrenzfreie Position für Repräsentation. Keines der Funktionssysteme kann sie in Anspruch nehmen; oder anders gesagt: jedes, soweit es um die eigene Funktion geht.' Der Habitus der Repräsentation durch Männer wird Selbstrepräsentation und ,pure Anmaßung' " (Pasero 1994: 285).

Pasero geht also davon aus, dass Selbstrepräsentation und Anmaßung der Männer dysfunktional sind und symmetrischen Repräsentationsmechanismen weichen müssen. Damit würde die Auflösung Ungleichheitsverhältnis zwischen den Geschlechtern eingeleitet.

Neoinstitutionalismus ist eine sehr grobe Etikettierung für eine Vielzahl von theoretischen Ansätzen, denen gemeinsam ist, dass sie eine institutiona-

---

141 Zu nennen ist außerdem Berghahn 1994.

listische Perspektive einnehmen im Sinne von „institutions matter". Für Neo-institutionalisten ist also nicht gleichgültig, in welchem institutionellen Arrangement politische Entscheidungen zustande kommen.

Der klassische Institutionalismus hat sich mit Formen und Kompetenzen staatlicher Institutionen beschäftigt und sich dabei häufig um vergleichende Klassifikationen bemüht, wie Zwei- versus Mehrparteiensystem, Präsidial-system versus parlamentarischem System, Zentralstaat versus föderalem Staat. Der neue Institutionalismus möchte über dieses unterkomplexe Ordnungsraster hinausgehen, indem nicht nur die wesentlichen Verfassungsinstanzen als Institutionen erfasst werden, sondern auch formale und informelle Regeln und Konventionen, die den politischen Entscheidungsprozess insofern beeinflussen, als sie Handlungen ermöglichen oder beschränken (Kaiser 1999: 191).

In Abgrenzung zu orthodox marxistischen Ansätzen heißt das, dass der Staat nicht nur als Ableitung des Wirtschaftssystems, sondern als aktiv gestaltende Kraft verstanden wird. Staat und Gesellschaft stehen nicht in einem starren über- bzw. untergeordneten Verhältnis, sondern interagieren in einem sich wandelnden Kräftefeld. Während systemtheoretische Ansätze staatliche Institutionen als Blackbox aus der Analyse ausgeschlossen haben, möchte der Neoinstitutionalismus gerade diese Institutionen in den Blick nehmen.

Mit „institutions matter" ist allerdings nur ein sehr allgemeiner Konsens skizziert, der ganz unterschiedlichen Theorieansätzen gemein ist. Das Spektrum reicht von Rational-Choice-basierten Ansätzen, für die Institutionen keinen zwingenden, sondern vielmehr einen Kooperationen erst ermöglichenden Handlungsrahmen darstellen, bis zu strukturalistisch-kulturalistischen Ansätzen, für die Institutionen weitgehend handlungsanleitende Funktionen haben. Die strukturalistisch-kulturalistische Richtung vertritt einen sehr weiten Institutionenbegriff, das heißt auch soziale Normen, Symbole, kognitive Muster und Moralvorstellungen werden erfasst. Hier wird an sozial-konstruktivistische Ansätze angeschlossen. (*Querverweis: Kap. 1.3.4*)

Damit steht die Möglichkeit offen, Geschlecht bzw. Zweigeschlechtlichkeit als Institution zu analysieren, die staatlich (mit-)organisiert ist, die aber auch den Rahmen für staatliches Handeln darstellt. Feministische TheoretikerInnen und geschlechtskategorial arbeitende PolitikwissenschaftlerInnen haben sich auf unterschiedlichste Weise an diese Aufgabe gemacht.

4.3.2 Geschlechtskategoriale Untersuchung des Staates

Es ist nicht möglich, bei den im Folgenden beschriebenen feministisch und geschlechtskategorial arbeitenden Entwürfen zur Staatsanalyse ein gemeinsames Staatsverständnis herauszuarbeiten. Alle aber knüpfen mindestens insofern an die neoinstitutionalistische Denkweise an, als sie dem Staat eine gewisse, von der Ökonomie unabhängige Eigenständigkeit im Sinne von

Gestaltungskraft und Eigendynamik zugestehen. Dabei können sich neomarxistisches Staatsverständnis und neoinstitutionelle Herangehensweise dahingehend annähern, dass der Staat zum Verständnis von Politik und Gesellschaft als Untersuchungsgegenstand unbedingt ernst genommen werden muss. Als markierender Unterschied zwischen beiden Richtungen bleibt die Bewertung der Verknüpfung von Wirtschaft und Staat. Die entsprechende Sichtweise hat selbstverständlich auch Folgen für die jeweiligen Fragestellungen. So erscheinen Fragen der sozialen Ungleichheit für NeomarxistInnen wesentlich bedeutender als für Vertreter neoinstitutioneller Ansätze. Da aber das Geschlechterverhältnis von vielen feministisch motivierten PolitikwissenschaftlerInnen (auch) als ein Verhältnis der sozialen Ungleichheit erfasst wird, ist es nicht überraschend, dass sich viele geschlechtskategorial arbeitende StaatstheoretikerInnen eher in der Nähe eines neomarxistischen Staatsverständnisses finden. Diejenigen ForscherInnen, die sich im Rahmen von Policy-Studien (s.u.) auf empirische Studien konzentrieren, sind hingegen eher einem neoinstitutionellen Staatsverständnis zuzuordnen.

Bob Jessop ist ein prominenter Vertreter der neomarxistischen Staatstheorie, der sich die Untersuchung der „geschlechtsspezifische[n] Natur der Transformation des Nationalstaates im Zeitalter der Globalisierung" vorgenommen hat (Jessop 1997: 262). Jessop versteht den Staat als eine Arena, in der unterschiedlichste Interessen und Apparate agieren. Dadurch gewinnt der Staat eine Eigenständigkeit gegenüber der Ökonomie und kann selbst gestaltend und rückkoppelnd wirken. Ein ähnliches Staatsverständnis findet sich auch bei Wendy Brown (s.u.) und Robert Connell. Stellvertretend sei Georgina Waylens Staatsdefinition zitiert.

> The state „is not a unitary structure but a differentiated set of institutions, agencies and discourses, and the product of a particular historical and political conjuncture. (...) If the state is not a homogeneous entity but a collection of institutions and contested power relations, it is far better to see it as a site of struggle, not lying outside of society and social process, but having on the one hand, a degree of autonomy from these which varies under particular circumstances, and on the other, being permeated by them" (Waylen 1998: 7).

Da der Staat als machtvolle, gestaltende, dabei weder geschlossene noch völlig unabhängige Institution angenommen wird, erscheint es feministisch motivierten Theoretikerinnen sinnvoll und nötig zu fragen: Ist Männlichkeit in die Staatlichkeit selbst, also in die Institutionen, in die Arbeitsweisen, in die personale Besetzung, in Symbolik und Selbstbeschreibung eingelassen? Und: Wie beeinflusst der Staat Geschlechtlichkeit und das Verhältnis der Geschlechter? Freilich wird Männlichkeit und Weiblichkeit dabei nicht als feststehende biologische Konstante verstanden, sondern als eine wandelbare Mischung von als männlich oder weiblich eingeschätzten Eigenschaften und Lebensweisen.

Daraus ergibt sich ein Zirkel der Fragestellung in der geschlechtskategorial arbeitenden Staatsanalyse:

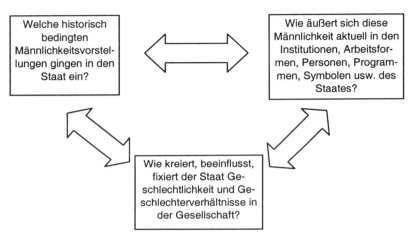

Im Folgenden werden unterschiedliche Vorschläge zur Untersuchung der Geschlechtlichkeit des Staates und des staatlichen Anteils an der Konstruktion der Geschlechter und der Zweigeschlechtlichkeit vorgestellt. Dabei wird auf den im deutschsprachigen Raum viel beachteten Ansatz der Wiener Politikwissenschaftlerin Eva Kreisky hier nicht näher eingegangen, da ihr Männerbundtheorem in einem eigenen Kapitel besprochen wird. (*Querverweis Kap. 3.3*) Stattdessen wird an dieser Stelle ein anderer Versuch skizziert, „den Mann im Staat zu finden" – wie Wendy Brown (1992) es in ihrem Aufsatztitel ausdrückt.

Außerdem werden in diesem Kapitel die ebenfalls vielfach aufgenommenen Begrifflichkeiten des australischen Soziologen Robert Connell kurz vorgestellt. Connell spricht von „gender regime", wenn er auf die Bürokratien und Institutionen des Staates blickt, und von „gender order", wenn es um staatliche Wirkmacht über den eigentlichen Staatsapparat hinaus und in die Gesellschaft hinein geht. Mit Gesetzen, Normen und Regeln fixiere und forciere jeder Staat ausgehend von bestimmten Geschlechterannahmen eine historisch veränderliche Geschlechterordnung oder „gender order" einer Gesellschaft. Die Frage, wie der Staat selbst zur Herstellung der Geschlechter und zur Aufrechterhaltung des Systems der Zweigeschlechtlichkeit beiträgt, ist in Connells Begriff des Gender Regimes bereits enthalten, kann aber in einzelnen Normsetzungsbereichen des Staates detailliert verfolgt werden. Zu den-

ken ist dabei beispielsweise an staatliche Arbeitsmarktpolitik oder an Steuerpolitik.

Schließlich sollen Beispiele von Policy-Untersuchungen genannt werden,
die auf einer mesoanalytischen Untersuchungsebene liegen. Es geht dabei um
Untersuchungen der aktiven Geschlechterpolitik des Staates durch Rechtsetzung und über wohlfahrtsstaatliche Maßnahmen. In neueren Policy-Ansätzen
liegt der Focus nicht nur auf den inhaltlichen Aussagen in einem einzelnen
Politikfeld, wie sie beispielsweise in Gesetzesentwürfen oder Kampagnen
gemacht werden, sondern auch auf den formellen und informellen Arbeitsformen (Ausschüsse, Rederechte, abendliche Bargespräche usw.). So kann
herausgefunden werden, wie über bestimmte Arbeitsformen die Mitglieder
eines Geschlechts ausgeschlossen werden und welche Geschlechterbilder bewusst oder unbewusst transportiert werden. Schließlich wird ganz knapp der
Ansatz der organisationstheoretischen Studien besprochen, der einen neueren
Trend zur Analyse staatlicher Institutionen und Maßnahmen darstellt.

4.3.3   Die Geschlechtlichkeit des Staates

Wendy Brown legte 1992 einen viel beachteten Aufsatz vor, in dem sie aufforderte, die Männlichkeit des Staates zu identifizieren und nach den Folgen
zu fragen. Brown nimmt einerseits die sichtbar zunehmenden Staatsaktivitä-
ten mit ihrem Einfluss auf individuelle Biographien zum Ausgangspunkt ihrer Überlegungen, andererseits stützt sie sich auch auf klassisches liberales
Staatsverständnis in der Tradition Max Webers. Sie gesteht dem Staat gleichermaßen strukturgebende wie aktive Handlungsfähigkeiten zu: [142]

> „[T]he State is at once an incoherent, multifaceted ensemble of power relations and an
> apparent vehicle if not agent of massive domination. The contemporary U.S. state is
> both modern and postmodern, highly concrete and an elaborate fiction; powerful and
> intangible, rigid and protean, potent and boundaryless; centralizing and decentered;
> without agency; eschewing personification, yet capable of tremendous economic, po-
> litical, and ecological effects. Despite the almost unavoidable tendency to speak of the
> state as an 'it', the domain we call the state is not a thing, system, or subject but a sig-
> nificantly unbounded terrain of powers and techniques, an ensemble of discourses,
> rules, and practices, cohabiting in limited, tension-ridden, often contradictory relation
> with one another" (Brown 1992: 12).

Browns Motivation ist die anhaltende sozialstaatliche Debatte zwischen Autonomen und Staatsfeministinnen. (*Querverweis: Kap. 1.1*) In ihrem Essay
möchte sie ergründen, inwiefern der Staat nach männlichen Prinzipien agiert
und ob dadurch feministisches Handeln in diesem Staat kontraproduktiv sein
könnte.

---

142 Sauer 1997a: 34 kommt hier zu einer anderen Einschätzung.

„[W]hat I want to pose centrally here is the question of whether the state is a specifically problematic instrument or arena of feminist political change. If the institutions, practices, and discourses of the state are as inextricably, however differently, bound up with the prerogatives of manhood in a male-dominant society, as they are with capital and class in a capitalist society and with supremacy in a racist society, what are the implications for feminist politics?" (Brown 1992: 8).

Dabei kann es für Brown nicht darum gehen, die Art der staatlichen Machtausübung ein für alle Mal zu bestimmen. Denn in dem polymorphen Gebilde „Staat" gibt es sehr unterschiedliche Machtverhältnisse. Der Staat äußert seine Macht gegenüber Frauen sehr unterschiedlich, je nachdem, ob er in Form des Pentagons oder als staatlicherseits privilegierter männlicher Erwerbstätiger auftritt (Brown 1992: 13). Daher hält es Brown weder für möglich noch für angebracht, ein allem unterliegendes gemeinsames Prinzip zu identifizieren (Brown 1992: 15). Entsprechend anspruchsvoll gestaltet sich der Versuch, eine feministische Theorie des Staates zu entfalten:

„Thus, a feminist theory of the state requires simultaneously articulating, deconstructing, and relating the multiple strands of power comprising both masculinity and the state. The fact that neither state power nor male dominance are unitary or systematic means that a feminist theory of the state will be less a linear argument than the mapping of an intricate grid of often conflicting strategies, technologies, and discourses of power" (Brown 1992: 14).

Brown kommt zu der Überzeugung, dass männliche Dominanz und Staatsgewalt homolog sind:

„Neither has a single source or terrain of power; for both, the power producing and controlling its subjects is unsystematic, multidimensional, generally 'unconscious', and without a center. Male power, like state power, is real but largely intangible except for the occasions when it is expressed as violence, physical coercion, or outright discrimination – all of which are important but not essential features of either kind of domination" (Brown 1992: 15).

Scheinbar im Gegensatz zu manchen Sozialstaatstheoretikerinnen, welche die Abhängigkeit vom Staat als Freiheitsgewinn gegenüber dem Zustand der Abhängigkeit vom (Ehe-)Mann einschätzen, sieht Brown männliche Dominanz und die Herstellung des weiblichen Subjekts als Pendants des Männlichen zunehmend im Staat konzentriert. Da aber dieser Staat selbst voller widersprüchlicher Konstellationen ist, erscheint es ihr in der Tat möglich, dieses Machtbündel zu erkennen und an vielen Stellen mit seiner Auflösung zu beginnen (Brown 1992: 31).

Brown stellt eine differenzierte Analogie zwischen Männlichkeit und Staat her. Allerdings setzt Brown dabei die Männlichkeit des Staates als gegeben voraus, bevor sie diese untersucht. Wie Männlichkeiten in die Staatsapparate und in staatliches Handeln einfließen, auf welchem Wege der Staat wiederum an der Formierung von Männlichkeit und Weiblichkeit teilhat, bleibt im Anschluss an Browns Essay noch eine unerledigte Forschungsaufgabe (vgl. auch Seemann 1996: 210). „Feministische Institutionenarchäologie", wie von Eva Kreisky (1995: 216) vorgeschlagen (*Querverweis: Kap. 3.3*), oder die von Robert Connell vorgegebenen Begrifflichkeiten „gender regime" und „gender order" können hier weiterhelfen.

4.3.4   Gender Regime und Gender Order

Einen anspruchsvollen Entwurf für eine geschlechtskategoriale Staatsanalyse hat der australische Soziologe Robert W. Connell 1990 vorgelegt. Anspruchsvoll bezieht sich in diesem Fall darauf, dass Connell sowohl – wie Kreisky es sagen würde – die in die staatlichen Apparate eingelassene Männlichkeit in Betracht zieht als auch die aktive Rolle des Staates bei der Herausbildung der sozialen Praxis der Geschlechter und der Zweigeschlechtlichkeit.

Zur Aufdeckung der Männlichkeit des Staates empfiehlt Connell, nicht nach einem „mythical moment of origin" des Staates zu suchen. Stattdessen sollte das historische Werden des Staates analysiert werden, der sich mit und in einem bestimmten Verhältnis der Geschlechter herausgebildet hat.

> „[W]e need to appraise the state ... as having a history shaped by a gender dynamic" (Connell 1990: 520).

Connell gelangt zu dem Befund, dass die hegemoniale Männlichkeit zur Zeit der Entstehung der modernen Staaten sich an Werten wie Rationalität, Berechenbarkeit und Ordnung orientiert habe und die Apparate der modernen Staatlichkeit die Materialisierung genau dieser Werte darstellen (Connell 1990: 521).

Um diese in staatlichen Apparaten, Handeln, Symbolik usw. verkörperte Geschlechtlichkeit zu benennen, führt Connell den Begriff „gender regime" ein.

> „Each empirical state has a definable 'gender regime' that is the precipitate of social struggles and is linked to – though not a simple reflection of – the wider gender order of the society" (Connell 1990: 523).

Das „gender regime" des Staates teilt Connell in drei Bereiche ein: (1) die Arbeitsteilung von Männern und Frauen im Staatsapparat und (2) die Machtverteilung und Wertehierarchien in den staatlichen Institutionen und (3) die emotionalen Beziehungen, womit Connell das System der Zuschreibung von Emotionalität zu und zwischen den Geschlechtern bezeichnet (Connell 1990: 523-526).

Aktiven Einfluss auf Geschlechterpraxen und Geschlechterverhältnisse sieht Connell dort, wo der Staat auf ihm äußerliche Institutionen zugreift und dort das Geschlechterverhältnis mitbestimmt, so z.B. auf dem Arbeitsmarkt, im Bildungssystem, über die Trennlinie öffentlich – privat hinweg (und gerade aufgrund dieser Trennlinie) in der Familie und ganz besonders in der Sexualität:

„The state has a capacity to regulate sexuality and has shown an active interest in doing so" (Connell 1990: 528).

Auf diese Weise trägt der Staat zur Herstellung, Beibehaltung oder auch Veränderung der in einer Gesellschaft herrschenden Geschlechterordnung bei.

„The state is indeed the main organizer of the power relations of gender" (Connell 1990: 520).

Liberale Zeitgenossen, die bei dieser Feststellung die dem bürgerlichen Staat auferlegte Zurückhaltung anführen, erinnert Connell an die vielgesichtigen Erscheinungsweisen dieser Regulierungspolitik:

„This activity includes family policy, population policy, labor force and labor market management, housing policy, regulation of sexual behavior and expression, provision of child care, mass education, taxation and income redistribution, the creation and use of military force – and that is not the whole of it" (Connell 1990: 531).

Der Staat ist nach der ersten Prüfung durch Connell durchaus als patriarchal zu bezeichnen, jedoch nicht grundsätzlich patriarchal oder männlich,

„[R]ather the state is historically patriarchal, patriarchal as a matter of concrete social practices. State structures in recent history institutionalize the European equation between authority and a dominating masculinity; they are effectively controlled by men; and they operate with a massive bias towards heterosexual men's interests" (Connell 1990: 535).

Politisch bedeutet dies für Connell, dass der bürgerliche Staat in seinem Kern geändert werden müsste:

„[I]t is clear that the masculinized 'core' of decision-making and enforcement would have to go, replaced by demilitarization and participatory democracy. ... However, these moves would be nugatory unless the cultural distinction that reproduces women's exclusion from state power, the distinction between public (masculinized) and private (feminized), were abolished. In one sense that seems to imply an end to the state as such, which is founded on such a distinction" (Connell 1990: 538).

Mit dieser Feststellung deutet Connell jedoch an, was er zuvor noch explizit verneint: Denn wenn die Auflösung der Patriarchatsachse – die Trennlinie zwischen Privatem und Öffentlichem – der Auflösung des Staates gleichkäme, dann erscheint der existierende Staat doch als ein grundsätzlich patriarchaler.

Unabhängig davon, ob hier zwischen Definition und Strategie ein fehlerhafter oder ein notwendiger Widerspruch steckt, lassen sich in der Anwendung der Untersuchungskategorien „gender regime" und „gender order" interessante und neue Staats- und Gesellschaftsbetrachtungen gewinnen.[143]

---

143 Sarah Ashwin führt dies überzeugend vor in einer Analyse der Regimeentwicklung in der Sowjetunion von der 1917er-Revolution bis zur Staatsauflösung (Ashwin 2000).

4.3.5 Staatliche Geschlechterpolitik

Das Autorinnenteam Charlton, Everett und Staudt entwickelte eine Einteilungsmöglichkeit staatlicher Politik (Policy), welche geeignet ist, die Sensibilität gegenüber einer in die Forschungsfrage schon eingebauten und gleichzeitig zu hinterfragenden Geschlechtlichkeit zu erhöhen.

Demnach gehören zur ersten Kategorie die Policies, die direkt auf Frauen zugeschnitten sind, diese also als Zielgruppe benennen und ansprechen. Darunter fallen Mutterschutzgesetze, Abtreibungsregelung, Frauenförderpläne u.a.. Waylen weist darauf hin, dass über diese Art von Policy die Herstellung und Regulierung des weiblichen (und männlichen) Körpers stattfindet:

> „one way to understand these policies is in terms of the role played by the state in constructing and regulating women's (and men's) bodies" (Waylen 1998: 8).

Die zweite Kategorie staatlicher Politik umfasst Maßnahmen, die auf die Beziehungen von Männern und Frauen zielen. Es geht hier also um Ehe- und Familienrecht, um Eigentum und Sexualität. Die Historikerin Ute Frevert (1995) zeigt mit ihren Betrachtungen zur Differenzausbildung in der Moderne, wie mit dem Eherecht der bürgerliche Status von Männern und Frauen zugeschnitten wurde.

Die dritte Kategorie von Policy schließlich tritt geschlechtsneutral auf. Es kann dabei um Staatsrecht, Krieg, internationalen Handel, Rohstoffausbeutung, um Telekommunikation, Landreform oder Umweltschutz gehen. In einer nach Geschlecht arbeitsteilig organisierten Gesellschaft haben all diese politischen Entscheidung unterschiedliche Auswirkungen auf Männer und Frauen.

Das Anliegen von Charlton et al. liegt darin zu zeigen, dass alle drei Arten von Policies von Geschlechtsvorstellungen geprägt sind und auf Geschlechterverhältnisse einwirken bzw. Männer und Frauen in unterschiedlicher Weise treffen. Die Einteilung dient also weniger analytischen Zwecken als vielmehr der Warnung, als Frauen-, Männer- oder Geschlechterpolitik nicht nur das aufzufassen, was als solches deklariert ist, sondern gerade auch scheinbar geschlechtsneutrale Maßnahmen der Analyse zu unterziehen. Feministische und geschlechtskategoriale Analyse würde sonst selbst der den Geschlechtern zugewiesenen Einteilung in öffentlich und privat aufsitzen und nur die Politik untersuchen, die den so genannten Privatbereich regelt – eine Engführung, die in den Sozialstaatsanalysen der 1980er-Jahre in der BRD zweifellos vorlag.

4.3.6 Geschlechterpolitik im Normsetzungsbereich Recht

In der nordamerikanischen Diskussion wurde der staatliche Einfluss auf die Geschlechterverhältnisse vor allem in der Rechtssprechung verfolgt. Darin kommt auch zum Ausdruck, dass die US-amerikanische Politik in einem stärkeren Maße verrechtlicht ist, als dies auf dem europäischen Kontinent der Fall ist (vgl. dazu auch Lorber 1994).

Die amerikanische Rechtsprofessorin Catherine MacKinnon stellt klar, welche Fragen eine feministische Staatsanalyse stellen müsste:

> „So what is the role of the state in sexual politics? Neither liberalism nor marxism grants women, as such, a specific relation to the state. Feminism has described some of the state's treatments of the gender difference but has not analyzed the state's role in gender hierarchy. What, in gender terms, are the state's norms of accountability, sources of power, real constituency? Is the state to some degree autonomous of the interest of men or an integral expression of them? Does the state embody and serve male interests in its form, dynamics, relation to society, and specific policies? Is the state constructed upon the subordination of women? If so, how does male power become state power? Can such a state be made to serve the interest of those upon whose powerlessness its power is erected? Would a different relation between state and society, (...), make a difference? If not, is masculinity inherent in the state form as such, or is some other form of state, or some other way of governing, distinguishable or imaginable?" (MacKinnon 1989: 161).

MacKinnon lehnt eine allem vorausgehende Geschlechterdifferenz ab. Zuerst komme das Machtverhältnis: Männer werden oben platziert und Frauen unten, und erst dann werde die Differenz als Erklärung und Legitimation konstruiert. Da die Menschen Gleichbehandlung nur für Gleiche fordern, entgeht ihnen die Ungerechtigkeit der Ungleichheitsbehandlung von Frauen und Männern, da diese ja gar nicht gleich seien. Differenzdenken und hierarchisches Herrschaftsverhältnis sind für MacKinnon unmittelbar verbunden.

In ihrer bekanntesten Monografie (1989) ging MacKinnon systematisch der Frage nach, ob durch staatliches Handeln Gerechtigkeit für Frauen hergestellt werden könne. Ihre theoretischen Überlegungen hat sie anhand der gesetzlichen Regelungen zu Vergewaltigung, Abtreibung und Pornografie illustriert. Sie resümiert mit einer äußerst skeptischen Einschätzung gegenüber staatlichem Handeln durch Rechtsetzung: Gerechtigkeit für die Geschlechter könne im gegebenen staatlichen Rahmen nicht erreicht werden. Staatliches Handeln – auch wenn es als frauenunterstützend daherkommt – sei immer an Erfahrungen und Verhaltensweisen der Männer orientiert und beruhe auf folgenreichem Differenzdenken. Wo es sich um Sonderregelungen für Frauen handelt, liege die Vorstellung zugrunde, dass Frauen anders als Männer seien. Wo es sich um allgemeingültige Gesetze handelt, liege der Gedanke zugrunde, dass Frauen den Männern gleich seien. Stets aber sei das Maß der Dinge der Mann.

Diese Einschätzung hat MacKinnon nicht davon abgehalten, in den USA mit Vehemenz für ein gesetzliches Verbot der Pornografie zu streiten und dem U.S. Supreme Court mit Erfolg ihre Definition von sexueller Belästigung („sexual harrassment") vorzulegen.

Kritikerinnen von MacKinnons Ausführungen stellen unter anderem die Frage, nach welchem Standard Ungerechtigkeit gemessen werden könne, wenn der Status der Männer keine Vergleichsgröße darstellen dürfte. Wenn mit der „männlichen" Gleichheit nichts zu gewinnen sei, stellt sich für die Philosophin Nagl-Docekal die Frage, welche Idee von Gleichheit MacKinnon anzubieten habe (vgl. Nagl-Docekal 1996: 15-20).

Neuerdings liegt auch eine politikwissenschaftliche Studie[144] zur geschlechtswirksamen Rechtsetzung in der Bundesrepublik vor. Gabriele Wilde (2001) hat dazu die Grundgesetzartikel bzw. Urteile des Bundesverfassungsgerichtes untersucht, die dezidiert auf das Geschlecht Bezug nehmen. Es handelt sich dabei um die Artikel 3 (zur Gleichberechtigung) und 6 (zu Ehe und Familie) des Grundgesetzes. Außerdem geht es im Zusammenhang mit den Urteilen des Bundesverfassungsgerichts zum Schwangerschaftsabbruch um die Grundgesetzartikel 1 und 2 zu Würde und Selbstbestimmung. Wilde kann aufzeigen, dass die im Bürgerlichen Gesetzbuch materialisierte Auslegung von Artikel 6 Frauen insoweit schützt, als sie Hausfrauen und Mütter sind (Wilde 2001: 146, 203), und dies um den Preis, in eine diskriminierende Privatheit abgeschoben zu werden (ebd.: 208). Das Bundesverfassungsgericht habe sich insbesondere mit den Urteilen zum Schwangerschaftsabbruch als „männliche" Institution (ebd.: 224) erwiesen, welche dem Menschenrecht des ungeborenen Lebens einen eindeutigen Vorrang vor dem Selbstbestimmungsrecht der Frau einräumt (ebd.: 182) und der schwangeren Frau – ohne den Artikel zur Gewissensfreiheit ausreichend abzuwägen (ebd.: 199) – eine Gebärpflicht auferlegt (ebd.: 201) und ungewöhnlicher Weise dieses Handlungs- und Rechtsgebot mit dem Strafrecht verbindet (ebd.: 191).

4.3.7   Geschlechtergerechtigkeit im Wohlfahrtsstaat[145]

Es ist kein Zufall, dass sozialstaatliches Handeln früh das Interesse feministischer Aktivistinnen und Wissenschaftlerinnen geweckt hat (im deutschsprachigen Raum Anfang der 1980er-Jahre), wurde doch in der Sozialpolitik das traditionelle Betätigungsfeld der Frauen (Familie, Kinder- und Altenbetreuung) gesehen. Frauen waren also die direkten oder indirekten Empfängerinnen vieler staatlicher Sozialleistungen und damit ausnahmsweise in einem Politikfeld ohne weiteres erkennbar.

Zu Beginn des 21. Jahrhunderts haben sich Frauen in den westlichen Industriestaaten zwar aus dem engen Korsett der unbezahlten Betreuungsarbeit gelöst, dennoch bleibt Sozialpolitik ein brennendes Thema der Geschlechtergerechtigkeit, was sich z.B. an den Zahlen des Statistischen Bundesamts zum Ge-

---

144 Genauer ist die Studie an der Schnittstelle von Politik-, Rechts- und Staatswissenschaft angesiedelt. Siehe Einordnung durch die Autorin: Wilde 2001: 24.

145 Gängige sozialpolitische Maßnahmen und Regelungen sind die Rentenversicherung, die Kranken- und Invaliditätsversicherung, die Arbeitslosenversicherung, Unfallversicherung und Familienleistungen (z.B. Kindergeld oder Kinderbetreuungseinrichtungen). Zum terminologischen Problem „Sozial-, Wohlfahrtsstaat" siehe Butterwege 1999: 11ff.

schlecht von Sozialhilfeempfängern ablesen lässt, deren größte Gruppen allein erziehende Frauen sind gefolgt von allein stehenden Frauen ohne Kinder (Töns 2000: 183). Dabei ist die These einer allgemeinen Feminisierung der Armut umstritten, allerdings herrscht Einigkeit darüber, dass Frauen in großer Zahl und aus anderen Gründen als Männer arm sind.[146] Auch besteht kein Zweifel darüber, dass nach wie vor das Gros der häuslichen und damit unbezahlten Betreuungs- und Pflegearbeit von Frauen geleistet wird. Feministische Sozialstaatsanalyse hat entsprechend wiederholt darauf hingewiesen, dass sozialstaatliche Maßnahmen im Zusammenhang mit anderen staatlichen Politikfeldern, vorrangig mit der Arbeitsmarktpolitik, betrachtet werden müssen.

Der Wohlfahrtsstaat wurde von Feministinnen stets unterschiedlich beurteilt: War er Befreiungsinstrument für die einen, galt er anderen als Unterdrückungsmechanismus. Der Staat könne z.B. durch Anerkennung von Erziehungszeiten bei der Rentenberechnung oder mit individuellem Grundeinkommen die Unabhängigkeit von Frauen vorantreiben – so die Argumentation der Befürworterinnen –, der Staat würde mit seiner Konzentration auf den (männlichen) Erwerbstätigen die Abhängigkeit der Frauen nur weiter zementieren – so die Skeptikerinnen.

Zunächst wurde der Sozialstaat in seiner Konzentration auf das Erwerbsleben beschrieben und kritisiert. In einem auf Erwerbstätige ausgerichteten Wohlfahrtssystem sind Rechtsansprüche auf Sozialleistungen an Lohnarbeit gekoppelt. Dies bedeutet umgekehrt, dass Haus- und Erziehungsarbeit – obwohl gesellschaftlich notwendige Arbeit – keine Entlohnung erfährt und infolgedessen nicht mit dem Recht auf Sozialleistungen verbunden ist. Nichterwerbstätige können demnach in der Regel geringfügige staatliche Leistungen nur erhalten, nachdem ihre Bedürftigkeit von staatlicher Seite festgestellt ist.[147] Aufgezeigt wurde außerdem, dass der Staat nicht in der Lage oder nicht willens ist, innerhalb der Lohnarbeit gleiche Bezahlung für Männer und Frauen durchzusetzen. Der Staat – so wurde nachgewiesen – privilegiert das Hausfrauenmodell durch seine Familien- und Steuerpolitik und beeinflusst dadurch unterschiedliche Karriere- und Lebensläufe von Frauen und Männern. Von dieser Analyse aus gesehen, wurde diagnostiziert, dass der (bundesrepublikanische) Staat die Benachteiligung von Frauen nicht aufhebe, sondern, im Gegenteil, aufrechterhalte.

Dennoch wurde durch Analysen des skandinavischen Sozialstaatsmodells die Hoffnung genährt, dass durch sozialdemokratisch reformerischen Staatsfeminismus eine postpatriarchale, frauenfreundliche Gesellschaft zu er-

---

146 Einen guten Überblick über feministische und nichtfeministische Armutsforschung und ihre definitorischen und methodischen Probleme geben Mädje und Neusüß 1996.
147 Angesichts der geschlechtlichen Verteilung von Erwerbsarbeit war die Folge, dass Männer als Arbeiter und Angestellte staatliche Leistungen beanspruchen konnten und Frauen nur als staatlich definierte Arme. Die Soziologen Leibfried und Tennstedt sprachen deshalb von einer Spaltung des sozialen Sicherungssystems in eine Arbeiter- und eine Armutspolitik (Leibfried/Tennstedt 1985: 17).

reichen sei. Tatsächlich stiegen in den nordischen Ländern die Erwerbszahlen von Frauen, nachdem eine Vielzahl von sozialstaatlichen Leistungen zur Verfügung gestellt wurden, flankiert vom Angebot an Teilzeitarbeitsplätzen im Dienstleistungssektor und Kinderbetreuungsangeboten (vgl. Hernes 1989 oder Dahlerup 1987). Doch dieser Erfolg wurde auch nüchtern bilanziert: Sozialstaatliches Handeln könne zwar zugunsten von Frauen das Familienpatriarchat schwächen, es stärke jedoch den staatlichen Patriarchen und halte damit Frauen in Abhängigkeit (Borchorst/Siim 1987, Langan/Ostner 1991a: 308). Gleichzeitig wurden darin auch Handlungsspielräume erkannt. Die Bewertung staatlichen sozialen Handelns fiel damit zweischneidig aus. Der Staat konnte Herrschaftsinstrument und Befreiungsarena zugleich sein (Gerhard 1988: 25).[148]

Katrin Töns macht einen Gruppierungsvorschlag zur Einteilung der sozialstaatlichen Diskussion. Sie unterscheidet zwischen Ausführungen, „die von dem Anspruch einer eigenständigen sozialen Sicherheit und sozialstaatlich vermittelten Risikovermeidung für Frauen getragen werden", und Überlegungen, „die Sozialpolitik als umfassendere Gestaltungsaufgabe im Hinblick auf die Herstellung der Chancengleichheit von Männern und Frauen verstehen" (Töns 2000: 183). Die Unterscheidung, die Töns hier vornimmt, könnte etwas vereinfacht als Linie zwischen Sozialpolitik als Frauenpolitik zum einen und Sozialpolitik als Geschlechterpolitik zum anderen verstanden werden. In den wissenschaftlichen Betrachtungen zeichnet sich die Tendenz ab, Sozialpolitik zunehmend als aktive Geschlechterpolitik des Staates zu verstehen und zu fragen, welches Geschlechterregime der sozialstaatlichen Ordnung zugrunde liegt und welche Geschlechterordnung durch diese erzeugt wird.[149] Dies wird auch im programmatischen Titel eines viel beachteten Aufsatzes von Julia O'Connor (1996) deutlich: „From Women in the Welfare State to Gendering Welfare State Regimes".

4.3.8 Typologisierungen von Wohlfahrtsstaaten

Feministische Theoretikerinnen haben sich zunächst gegebene Idealtypisierungen von Wohlfahrtsstaaten vorgenommen, um diese zu kritisieren und geschlechtskategorial weiterzuentwickeln (z.B. Langan/Ostner 1991a). Aus-

---

148 Diese unterschiedlichen wissenschaftlichen Ergebnisse hatten eine Parallele bei denen, die den „Marsch durch die Institutionen" für lohnenswert hielten – häufig, und gelegentlich in diffamierender Absicht, als Staatsfeministinnen bezeichnet –, und denen, die Wert darauf legten, sich außerhalb bestehender Strukturen für die Sache der Frauen zu engagieren – so genannte autonome Feministinnen.

149 Zum Teil geht diese Sichtweise auch in neuere Studien ein, die sich nicht explizit als feministisch verstehen, z.B. Schultheis 1999 oder Langer 2000. Dagegen wird z.B. in einem neu aufgelegten Standardwerk (Bäcker u.a. 2000) Geschlecht – und das heißt hier „Frauen" – weiterhin lediglich als Variable betrachtet.

gangspunkt vieler Diskussionen war die von Gøsta Esping-Andersen (1990) vorgestellte Typologie der Wohlfahrtsstaaten.[150] In Esping-Andersens Macht-ressourcen-Ansatz sind unterschiedliche Wohlfahrtsstaatstypen auf unter-schiedliche historische Konstellationen von gesellschaftlichen Kräften (ins-besondere Arbeiterbewegung) und ihre institutionelle Ausgestaltung zurück-zuführen. Die USA, Kanada und Australien fasst Esping-Andersen als „libe-rale" Wohlfahrtsstaaten zusammen, die zu einem hohen Grad auf Wohlfahrts-leistungen setzen, die über den freien Markt vermittelt werden.[151] In den „konservativen" Wohlfahrtsstaaten wie Deutschland, Österreich, Frankreich und Italien hingegen wird die aktive Rolle des Staates betont, allerdings in starker Abhängigkeit von Klasse und Status bzw. Einkommen – es handelt sich um lohnarbeitszentrierte Wohlfahrt. Der in Norwegen und Schweden vorherrschende sozialdemokratische Wohlfahrtstypus bietet Leistungen, die ohne Vermittlung über Markt oder Familie direkt an Individuen gehen.

An dieser und anderen Modellbildungen und ihren Schlüssen wurde kri-tisiert, dass Geschlecht hier nur als zufällige Variable mitgedacht werde bzw. vorschnelle egalisierende Effekte nahe gelegt würden. Zum Beispiel tendiert Stephan Leibfried (1990 u. 1990a) dazu, dem skandinavischen Modell, das er „modern" nennt, die Fähigkeit zur Gleichstellung zu unterstellen, und über-sieht dabei, dass die sozialpolitischen Maßnahmen zu einer deutlichen Segre-gation auf dem Arbeitsmarkt führten (Langan/Ostner 1991a: 306f.). Einig-keit besteht indessen darüber, dass das so genannte liberale und konservative Modell die größten Nachteile für Frauen mit sich bringt,[152] weil hier gut bzw. ständig Verdienende unterstellt werden, die in der sozialen Realität bislang überwiegend als Männer vorkamen.

Einige Forscherinnen haben völlig neue Vergleichskriterien entwickelt und identifizieren damit andere Ländergruppen als Esping-Andersen oder Leibfried. Jane Lewis und Ilona Ostner (Lewis 1992) haben staatliche Wohl-fahrtstypen danach eingeteilt, ob sie stark, mäßig oder schwach am männli-chen Erwerbstätigen als Familienernährer orientiert sind oder vom Doppel-verdienermodell ausgehen. Diane Sainsbury (1996) stellt zwei Idealtypen ge-genüber: Das Wohlfahrtsstaatsmodell, das von einem vom Mann eingebrach-ten Familieneinkommen ausgeht, an einem Ende des Spektrums und die Ori-

---

150 Z.B. bei Ostner 1998 und von Wahl 2000, vgl. auch Töns 2000: 189ff. Langan und Ostner (1991a: 306) bezeichnen die von Stephan Leibfried vorgenommene Typenein-teilung als Weiterentwicklung der Typen von Esping-Andersen mit inkonsequentem Einbezug der Gender-Kategorie.

151 In einer viel diskutierten vergleichenden Studie kommt Skocpol 1992 zu dem Befund, dass im US-amerikanischen Kontext die bürgerliche Frauenbewegung weit stärker die Einrichtung sozialstaatlicher Maßnahmen beeinflussen konnte als z.B. in europäischen Staaten, da in den USA keine starken androzentristischen Verbände bestanden. Kri-tisch dazu: Kulawik 1996: 66f.

152 Für die USA siehe zum Beispiel Rosenberger 1993, für Österreich z.B. Hieden-Sommer 1993, für Deutschland: Gerlach 2000.

228

entierung am Individuum am anderen Ende.[153] Auch dann, wenn z.b. das Steuersystem als Vergleichsmaßstab gesetzt wird oder die Effekte von Elternzeit und öffentlicher Kinderbetreuung auf die Erwerbstätigkeit von Frauen in den Vordergrund gestellt werden,[154] ergeben sich andere Typen als die von Esping-Andersen und Leibfried entwickelten Ländergruppen. Schunter-Kleemann (1992) gelangt, indem sie die Beziehung zwischen den Sphären Staat, Familie und Ökonomie in den Blick nimmt, zur Unterscheidung von sechs Typen von Wohlfahrtsstaaten, denen sie europäische Staaten in folgender Weise zuordnet:

ehezentrierter Patriarchalismus	Deutschland, Luxemburg, Österreich, Niederlande, Schweiz
patriarchal mit Ansätzen zu egalitären Arbeits- und Sozialstrukturen	Dänemark, Finnland, Norwegen, Schweden
agrarisch-klerikale Strukturen im Übergang zu marktförmigem Patriarchalismus	Griechenland, Spanien, Irland
familienzentrierter Patriarchalismus	Belgien, Frankreich, Italien
marktförmiger Patriarchalismus	Portugal, Großbritannien
sozialistischer Patriarchalismus im Übergang zu marktförmigem Patriarchalismus	Polen, Ungarn, DDR/Osteutschland, nach der deutschen Einigung)

(nach Schunter-Kleemann 1992: 201)[155]

In der Bundesrepublik Deutschland diagnostiziert Ute Klammer eine Tendenz vom sozialstaatlichen Ernährermodell zum Erwerbstätigenmodell. In Letzterem wird davon ausgegangen, dass jeder erwachsene Mensch seine Versorgung über ein eigenes Einkommen gewährleisten kann. Auch wenn dies feministischen Forderungen nach einer Individualisierung sozialstaatlicher Leistungen entgegenkommt, ergeben sich daraus jedoch erhebliche Probleme für Personen, die im Privatraum Betreuungsarbeit leisten (Klammer 2001).[156]

Jane Lewis hat genau diese Personen im Auge, wenn sie die Analyse von „care regimes" vorschlägt. Der entscheidende Unterschied von Wohlfahrtsstaaten liegt für sie in der Art und Weise, wie ein Staat mit unbezahlter Arbeit umgeht und wie diese zwischen Männern und Frauen aufgeteilt ist (Lewis 1997).

---

153 Daraus leitet Sainsbury in einer späteren Veröffentlichung (1999a: 78) drei „gender policy regime"-Typen ab: Der (sozialdemokratische) Wohlfahrtsstaat spricht entweder den männlichen Erwerbstätigen an, oder beide Geschlechter, aber mit unterschiedlichen Rollen, oder das (ständig) verdienende Individuum.
154 Vgl. die verschiedenen Beiträge in Sainsbury 1999, insbesondere Sainsbury 1999b: 245f.
155 Schunter-Kleemanns (1992) Ergebnisse sind zusammengefasst in Schmid 2002: 316ff.
156 Zu neueren Entwicklungen im bundesdeutschen Sozialsystem siehe auch Ziegelmayer 2001.

Einteilung von Wohlfahrtsstaatstypen nach Kriterien, die auch das Geschlechterverhältnis und Ungleichheiten zwischen den Geschlechtern erfassen:

starke, mäßige oder schwache Orientierung der wohlfahrtsstaatlichen Leistungen am männlichen Erwerbtätigen-Modell oder Doppelverdiener-Modell	(Lewis/Ostner)
Orientierung der wohlfahrtsstaatlichen Leistungen am Familieneinkommen (über den Mann) versus Orientierung am Individuum	(Sainsbury)
Beziehung Staat-Familie-Ökonomie	(Schunter-Kleemann)
(staatlicher) Umgang mit unbezahlter Arbeit und Teilung der unbezahlten Arbeit zwischen den Geschlechtern	(Lewis)

4.3.9 Vergleich sozialstaatlicher Programme

Länder einem Wohlfahrtsstaatstypus zuzuordnen bedeutet stets, eine relativ grobe Klassifizierung vorzunehmen, bei der Details notwendiger Weise ausgeblendet werden müssen. Dagegen birgt der Vergleich sozialstaatlicher Einzelmaßnahmen die Gefahr, den staatlichen und gesellschaftlichen Rahmen, der durch weitere Politikfelder und Traditionen gegeben ist, zu vernachlässigen und damit die Wirkung einer einzelnen Maßnahme falsch einzuschätzen.

Eine Studie von Franz Schultheiß (1999) zeigt, dass ein Ländervergleich über die Effekte sozialstaatlicher Einzelprogramme dann zu sinnvollen Aussagen führen kann, wenn diese im Kontext weiterer Politikfelder und länderspezifischer Traditionen betrachtet werden. Schultheiß verglich das Programm „Mutter und Kind" in Baden-Württemberg mit dem ebenfalls dreijährigen Unterstützungsprogramm für Alleinerziehende in Frankreich „Allocation de Parents Isolés (API)". Damit wurden inhaltlich ähnliche Einzelmaßnahmen verglichen, die in unterschiedlichen Wohlfahrtsstaatstypen durchgeführt wurden. Entsprechend zeigten sich die über die Laufzeit hinausreichenden Effekte sehr unterschiedlich:

Während die Teilnehmerinnen am baden-württembergischen Programm die Maßnahme zumeist in voller Laufzeit in Anspruch nehmen, wird ihnen spätestens gegen Ende des Programms die andauernde Problematik ihrer Lage bewusst. Weder steht ein Anschlussprogramm zur Verfügung, noch bietet sich angesichts der weiter andauernden Betreuungsaufgaben eine Chance zur beruflichen Wiedereingliederung. Auf französischer Seite hingegen gingen die Teilnehmerinnen davon aus, sehr rasch ihren Beruf wieder aufzunehmen, was ihnen nach den Beobachtungen der Studie im Gegensatz zu den Alleinerziehenden in Baden-Württemberg auch überwiegend und oft deutlich vor Ablauf des Programms gelang. Im außerfamiliären Betreuungsangebot für Kinder sieht Schultheiß den zentralen interkulturellen Unterschied.

„Während sich die Perspektivenlosigkeit der befragten deutschen Klientinnen wohl hauptsächlich aus der doppelten Problematik von fehlenden öffentlichen Betreuungseinrichtungen (insbesondere solcher mit ganztägiger Öffnung) ... und mangelnder subjektiver wie auch kollektiver Akzeptanz, Selbstverständlichkeit und Habitualisierung der Parallelführung von weiblichen Familien- und Erwerbsbiographien erklären dürfte, verwiesen die französischen Pendants lakonisch auf die Existenz eines hierzulande unbekannten Typs von Bildungs- und Betreuungseinrichtungen hin, der bei unserem Nachbarn immerhin rund 80 % aller dreijährigen und 100 % aller vierjährigen Kinder meist ganztags aufnimmt und betreut" (Schultheis 1999: 276).

Eine solche Untersuchung verdeutlicht, dass es zu kurz greift, eine staatliche Maßnahme allein in ihren Inhalten zu bewerten. Für Katrin Töns ist außerdem durch verschiedene empirische Studien belegt, dass es nicht genügt, die Effekte sozialpolitischer Maßnahmen auf die explizite Zielgruppe zu analysieren. Sozialpolitische Institutionen müssten auch als Normierungsinstanz von Lebensläufen und Erwerbsbiographien in den Blick genommen werden (Töns 2000: 183).

Zwischen Typologisierung von Wohlfahrtsstaaten und dem Vergleich von Einzelmaßnahmen verspricht die Möglichkeit, größere Politikfelder in ihrem gesetzlich geregelten und kulturell bedingten Zuschnitt zu vergleichen, aussagekräftige Ergebnisse. Feministische Forschung weist hier vor allem auf das Zusammenspiel von Sozialpolitik und Arbeitsmarktpolitik.[157]

Mechthild Veil bewegt sich mit einer Studie zur Familien- und Rentenpolitik in Frankreich und Deutschland auf dieser mittleren Ebene. Mit ihrer Untersuchung will sie zeigen, dass ein berufsorientiertes Rentensystem (wie es in beiden Ländern vorliegt) nicht die Gruppe der Erziehenden (und damit nach wie vor überwiegend Frauen) benachteiligen muss, wenn eine aktivierende Sozialpolitik und eine berufsorientierte Familienpolitik betrieben wird. Um Genese und Wirkungen der Familien- und Rentenpolitik in beiden Ländern einschätzen und erklären zu können, betrachtet Veil sie vor dem Filter des zugrunde liegenden Gender-Regimes (Veil 2002).

4.3.10 Beispiele aus der Policy-Forschung[158]

Die theoretische Engführung, welche die früheren Analysen staatlicher Sozialpolitik kennzeichnete, wird in modernen Policy-Analysen überwunden.[159] An die Stelle der ausschließlichen Konzentration auf Programmatisches und

---

157 Siehe z.B. die Studie von Gornick und Jacobs 1998.
158 Die Policy-Forschung zeichnet sich durch eine Vielfalt von Methoden aus, auf die hier nicht erklärend eingegangen werden kann.
159 Typische Politikfeldanalysen hatten sich insbesondere mit Bildungs-, Gesundheits-, Wirtschafts-, Wohnungsbau-, Stadtplanungs- und Steuerpolitik und eben Sozialpolitik beschäftigt. Obwohl Gleichstellung mittlerweile ein sehr aktives Politikfeld mit institutionellen Materialisierungen ist, wurde es von der Mainstream-Politikfeldforschung völlig ignoriert und von der feministischen Forschung in theoretischer Hinsicht vernachlässigt (Wahl 2000: 240).

Inhaltliches wurden nun auch die beratenden und entscheidenden Institutionen und Aushandlungsprozesse in den Blick genommen. Dies bedeutet, dass auch der Wertekanon der Beteiligten und die Ressourcenverteilung berücksichtigt werden. Akteure werden zunehmend als widersprüchlich angenommen, und dieses Bild löst die Annahme eines kalkulierbaren, rational handelnden Akteurs ab (Héritier 1993: 11).

Mit diesen Weiterentwicklungen liegen mittlerweile anspruchsvolle konzeptionelle Entwürfe der Policy-Forschung vor, die teils aus theoretischen Vorgaben, teils aus empirischen Beobachtungen abgeleitet wurden.[160] Einige feministische Wissenschaftlerinnen empfahlen Mitte der neunziger Jahre, diese um die Politics- und Polity-Dimension erweitere Policy-Forschung für die Geschlechterforschung zu nutzen (Pappi/Ostner 1994: 138, Holland-Cunz 1996: 1997, Kulawik/Sauer 1996a: 28ff.).

In der Verbindung mit den neueren Policy-Analysen erfuhr die geschlechtskategoriale Forschung weitere Korrekturen. Sie löste sich von der Beschränkung auf die Analyse derjenigen politischen Maßnahmen, die explizit auf Frauen oder auf das heterosexuelle Eheverhältnis zielten. Das in der frühen Politikfeld-, meist Sozialstaatsforschung unterstellte Output-Modell wurde aufgegeben zugunsten der Analyse des vernetzten politischen Entscheidungsprozesses (Kulawik/Sauer 1996a: 26). Auch die Vorstellung eines einheitlichen politischen Schauplatzes wich zugunsten der Idee eines Sets von Akteuren. Das bislang auf staatliche Akteure begrenzte Blickfeld wurde um nichtstaatliche und private Akteure erweitert (Behning/Lepperdorf 1997: 57).

Eine in dieser Weise angelegte Forschung kann weiterhelfen, wo rein inhaltliche, institutionelle oder gesetzliche Betrachtungen keine Antworten liefern. Beispielsweise lässt sich in den westlichen Industriestaaten mittlerweile nicht mehr mit den gesetzlichen Bestimmungen erklären, warum Frauen in vielen Berufen oder auch in der Politik insgesamt nur unzureichend vertreten sind. Geschlechtskategoriale Policy-Forschung könnte geeignet sein, die „subtileren Marginalisierungsmechanismen" (Knapp 1992: 295) aufzuspüren.

Von der Politikwissenschaftlerin Helga Ostendorf liegt eine Studie im Rahmen der institutionenzentrierten Policy-Forschung vor. Politische Institutionen haben hier die Aufgabe, gesamtgesellschaftliche Regulierungs- und Orientierungsleistungen zu erbringen (Göhler 1994, hier nach Ostendorf 1999: 157). Es müsste, so Ostendorf, analysiert werden, welche Vertreter in politischen Institutionen präsent sind und welche nicht. So werden korporatistische Gremien von Vertretern der Arbeitnehmer, der Arbeitgeber und des Staates besetzt. Die Interessen von Nichterwerbstätigen (und damit immer noch von vielen Frauen) bleiben ausgeschlossen. Die Aufgabenstellung des Gremiums als auch die anvisierten Vereinbarungen zeigen den Stempel derer, die darin vertreten sind.

---

160 Zur schwierigen Einordnung des theoretischen Stellenwertes von Policy-Analysen siehe Behning/Lepperhoff 1997: 55f.

Jedoch ist nicht nur die interessengruppenspezifische Vertretung oder die personale Zusammensetzung entscheidend, sondern auch die Geschlechtervorstellung, die in Verhandlungsprozessen zugrunde liegt bzw. dominiert. So zeigt Ostendorf am Beispiel der Berufsberatung in Arbeitsämtern, dass die Beratungs„richtung" für junge Frauen und Männer ganz unterschiedlich ausfällt, je nach dem, ob der Berater oder die Beratungsstelle von der prinzipiellen Differenz oder der prinzipiellen Gleichheit der Geschlechter ausgeht (Ostendorf 1999: 165).[161]

Auch Annette Henninger verbindet in einer neueren Studie über Frauenförderung in der Arbeitsmarktpolitik mehrere Ansätzen aus der Policy-Forschung. Henninger geht von einem akteurszentrierten Institutionalismus aus und kombiniert dies mit dem Advocacy-Koalitionsansatz und der Wissenspolitologie.[162] Mit dieser Vorgehensweise kann Henninger feststellen, dass Frauenfördermaßnahmen in doppelter und eventuell behindernder Hinsicht ganz in „Frauenhand" sind. Zum einen sind im gegebenen Beobachtungsfeld – frauenfördernde Arbeitsmarktpolitik in Berlin – ausschließlich Frauen mit der Politikumsetzung beauftragt, zum anderen wenden sich diese Frauen in ihren Bemühungen um Koalitionsbildung ausschließlich an andere Frauen (Henninger 2000: 173). Damit aber werden die traditionellen Netzwerke und Zuständigkeiten umgangen. Es bleibt offen, ob die Akteurinnen annehmen, dass diese Machtzirkel ihrem Anliegen unzugänglich sind. Auch kann Henninger nicht der Frage nachgehen, ob eine Koalition mit diesen Machtzirkeln möglich und erfolgreich wäre. Festzustellen ist jedoch ein begrenztes Koalitionsverhalten der befragten Frauen, welches Henninger auf deren Geschlechterverständnis zurückführt. Die „Identitätslogik" von Frauenpolitik veranlasste die Befragten zu der eventuell prekären Annahme, dass andere Frauen ihre natürlichen und ausschließlichen Verbündeten seien.

4.3.11 Organisationstheoretische Studien

Organisationstheoretische Studien sind eine weitere, neuere Alternative zu Analysen, die den Staat als Gesamtkomplex in den Blick nehmen wollen. Ursprünglich in Soziologie und Psychologie entwickelt, wird diese Forschungsrichtung erst seit jüngerer Zeit auf politikwissenschaftliche Fragestellungen angewandt. Organisationstheorie fokussiert weniger auf Inhalte und Programme als auf die Organisation selbst. In der politikwissenschaftlichen Ausprägung heißt das, dass beispielsweise die staatsnahen Organe der Legislative (z.B. Parlamentsausschüsse), der Exekutive (öffentliche Verwaltung)

---

161 Ostendorf (1999) bedient sich dabei unter anderem des Advocay-Koalitions-Ansatzes von Paul A. Sabatier (1993), mit dem die fundamentalen normativen und ontologischen Axiome der am Politikprozess Beteiligten sichtbar gemacht werden können.
162 Der wissenspolitologische Ansatz der Policy-Forschung z.B. bei Nullmeier 1993.

wie die Organisationen der politischen Willensbildung mit und ohne Verfas-
sungsauftrag (Parteien, Verbände) untersucht werden.[163] Obwohl Disziplinge-
schichte und Gegenstand voneinander abweichen, zeigen sich Berührungspunkte zwischen organisationstheoretischen Studien und institutionen-
zentriertem Policy-Ansatz. Während Letzterer die Einbettung der politischen
Programmatik in die Institution, in deren personelle Zusammensetzung und
in deren Arbeitsprozesse betrachtet, fragen organisationstheoretische Ansätze
zunächst nach Machtprozessen und Entscheidungsstrukturen, also nach formellen und informellen Positionen, Lagerbildungen, Koalitionen usw.. In einem
zweiten Schritt kann daraus abgeleitet werden, wie Inhalte durch Personen vertreten werden und wie Fraktionen usw., sich durchsetzen oder untergehen.

Obwohl politikwissenschaftliche Organisationsstudien gerade den Machtverhältnissen unterschiedlicher Gruppen in Organisationen nachforschen,
werden Machtverhältnisse zwischen den Geschlechtern dabei selten in den
Blick genommen. Genauso wenig wird gefragt, ob bestimmte Strukturen der
Organisation bereits durch gegebene Geschlechterverhältnisse geprägt sind.
Diese Aufgaben stellen sich feministisch motivierte und geschlechtskategorial arbeitende Organisationsstudien, die in Nordamerika bereits länger betrieben werden als in Deutschland (z.B. Pringle 1989, Kanter 1993, Ferguson
1984; Überblick bei Calás/Smircich 1996).

Die Forschungsdesigns der Policy-Studien bzw. der Organisationsstudien
implizieren eine Absage an die monolithische Sichtweise auf den Staat als
patriarchale Blackbox. Der Staat wird als Arena von unterschiedlichen, sich
unter Umständen widersprechenden, formellen und informellen Aushand-
lungsprozessen angenommen. Er muss in seinen unterschiedlichen Macht-
formen – Diskurse, Informationen, ökonomische und symbolisch-kulturelle
Ressourcen, Institutionen – betrachtet werden (Kulawik/Sauer 1996a: 35)
bzw. in seinen in den jeweiligen Organisationen unterschiedlich ausfallenden
Entscheidungsmechanismen und Strukturen.

Derartige mehrdimensionale Studien auf Meso- (Policy-Studien) bzw.
Mikroebene könnten das sensible Instrumentarium liefern, um lang gestellte,
spannende Fragen zu klären: Aus welchem Stoff besteht die „gläserne Decke", die Frauen davon abhält, in die oberen Etagen der politischen und wirtschaftlichen Führung aufzusteigen? Warum werden Politikprogramme, die
breite Zustimmung finden, nicht durchgesetzt – wie eine öffentlich organisierte, bezahlbare Kinderbetreuung? Warum können an sich skandalöse Zustände, wie die Minderbezahlung von Frauen, weiter bestehen?

---

163 Eine neuere Einführung in politikwissenschaftliche Organisationsforschung (ohne ge-
    schlechtskategoriale Methodik): Bogumil/Schmid 2001.

4.3.12 Blinde Flecken geschlechtskategorialer Untersuchung

„Geschlechtsspezifische Untersuchungen von Sozialstaatspolitik sind zumeist normativ. Sie kritisieren die durch strukturelle Vorgaben von Sozialstaatspolitik gesetzte,
untergeordnete Stellung von Frauen in der jeweiligen Gesellschaft. So wurde beispielsweise herausgearbeitet, dass Frauen in der Bundesrepublik aufgrund fehlender
Kinderbetreuungseinrichtungen, geschlechtlich segregiertem Arbeitsmarkt, (indirekten Lohndiskriminierungen, Ehe- und Erwerbszentriertheit der sozialen Sicherungs-
systeme, Einkommensbesteuerung etc.) diskriminiert werden" (Behning 1999: 202).

Dabei wurden Analysen erstellt, die aufzeigten, dass auch dort, wo staatliche
Maßnahmen scheinbar zum Schutze von Frauen auftraten, Unterordnung und
Abhängigkeitsverhältnisse verstärkt wurden (u.a.: Kickbusch/Riedmüller
1984, Gerhard/Schwarzer/Slupik 1988).

Doch auch diese Forschung kann leicht in die Geschlechterfalle geraten,
z.B. indem sie traditionelle Zuständigkeiten und Geschlechtercharaktere übernimmt und bestätigt: Zur traditionellen Zuständigkeitsvermutung schreibt Ute
Behning:

„Mir scheint, dass viele Forschende dieser Tradition (Untersuchung der untergeordneten Stellung der Frauen durch sozialstaatliche Vorgaben, ...) verbunden bleiben, da
sonst Diskriminierung von Frauen aus dem Blick geraten könnten. Doch zumeist wird
dadurch innerhalb der bestehenden Strukturen argumentiert. Implizite Reproduktionen
des durch sozialstaatliche Politik (mit)geprägten Geschlechterverhältnisses und insbesondere deren Geschlechtszuschreibungen lassen sich kaum vermeiden. So gehen viele Frauen und im speziellen SozialstaatskritikerInnen z.B. implizit von der Annahme
aus, dass Frauen für Kinderbetreuung, Hausarbeit und die Pflege der älteren Generation zuständig sind. ...
Innerhalb der bestehenden Strukturen führen diese impliziten Wahrnehmungen letztlich zu einer indirekten Reproduktion der geschlechtszugeschriebenen Arbeitsteilung
und des hierarchisierenden Geschlechterverhältnisses" (Behning 1999: 202).

Auch Eva Mädje und Claudia Neusüß warnen:

„... in der feministischen Analyse drohen Frauen leicht, zu einer einheitlichen sozialen
Gruppe zu verschmelzen, wenn sie sozialpolitisch vorzugsweise als Mütter wahrgenommen werden" (Mädje/Neusüß 1996: 212).

Zwar ist staatliche Sozialpolitik zu einem Großteil als politischer Umgang
mit Gebärfähigkeit und persönlichen Betreuungsleistungen zu interpretieren
(Schunter-Kleemann 1993: 118), doch gerade hier sollte feministische Analyse auch dazu beitragen, notwendige Entkoppelungen zu leisten. Auch wenn
die Gebärfähigkeit – allen Fortschritten der Reproduktionstechnik zum Trotz
– bis auf weiteres an Frauen gebunden sein wird, gibt es keinen Grund, schon
gedanklich die Betreuung von Kindern und Pflegebedürftigen den Frauen zuzuschreiben.

Auch der in der Selbstkritik feministischer Theorie bereits bemängelte
Hang, Frauen als passive Opfer zu beschreiben, wiederholt sich in der kritischen Sozialstaatsanalyse. Katrin Töns schreibt dazu:

„In der öffentlichen Wahrnehmung wird der Sozialhilfeempfang oft als biographisches Scheitern wahrgenommen – als Endstation eines missglückten Lebens, in dem die betroffenen Frauen zur Passivität verdammt sind und sich entsprechend selbst aufgeben. Dass Frauen in bestimmten Lebenslagen die Sozialhilfe bewusst für sich nutzen können, zeigen empirische Untersuchungen zur Situation alleinerziehender Sozialhilfeempfängerinnen in Berlin (Mädje/Neusüß 1996a). In dieser Studie treten Sozialhilfeempfängerinnen als Akteurinnen in Erscheinung; die Befragungen ergaben, dass insbesondere eine Gruppe der Frauen die institutionellen Spielräume der Sozialhilfe als eine Art Grundsicherung nutzte, um von ihren Partnern finanziell unabhängig zu sein und Phasen der beruflichen Um- und Neuorientierung zu überbrücken. Indem diese Frauen dem Staat die Rolle des Ernährers sehr bewusst zuweisen, politisierten sie die Kinderfrage: Wer die Verantwortung auf sich nimmt, Kinder großzuziehen, der sollte nicht durch die finanzielle Abhängigkeit vom Lebenspartner und dem damit verbundenen Mangel an Sicherheit und Handlungsautonomie bestraft werden" (Töns 2000: 184).

Ein Weg aus solchen Geschlechterfallen weist die komparatistische Wohlfahrtsstaatenforschung und der Einbezug des Geschlechterverhältnisses. Beides kann die Engführung des Blickes auf die Frauen und auf individuelle Lebenslagen aufheben. Durch die Unterschiedlichkeit der Geschlechtszuschreibungen in unterschiedlichen Vergleichsstaaten (oder unterschiedlichen historischen Phasen) geraten deren historische Gewordenheiten oder soziale Konstruktion in den Blick (Behning 1999: 203). Kulawik (1996: 50) verspricht sich von der diskurstheoretischen Reformulierung der Sozialstaatsanalyse einen Ausweg aus der Gefahr, Männer(-Interessen) und Frauen(-Interessen) immer wieder zu substanziieren.

Geschlechtskategoriale Analyse sollte sich stets darum bemühen, nicht im Vergeschlechtlichungsprozess stehen zu bleiben, sondern im Blick auf notwendige politische Veränderungen auch Entgeschlechtlichung zu betreiben. Dazu ist es nötig, dass sich geschlechtskategorial arbeitende PolitikwissenschaftlerInnen Rechenschaft über den zugrunde gelegten Geschlechtsbegriff ablegen. Durch eine solche Offenlegung könnten ungerechtfertigte Zuschreibungen vermieden werden.

Auch die in den neunziger Jahren im deutschsprachigen Raum allmählich breit aufgenommene Männer- und Väterforschung kann hier ergänzend und korrigierend wirken. So geht Wiebke Kolbe (2000) der Frage nach, ob die Sozialpolitik Schwedens und Deutschlands Väter vernachlässigt hat. Solche vergleichend arbeitenden Analysen können dort neue Erklärungen hinzufügen, wo mit den auf Frauen bzw. Mütter zentrierten Perspektiven die unerwarteten Effekte sozialstaatlichen Handelns bislang nicht erklärt werden konnten. Allerdings sollte auch hier nicht nur die Ebene der politischen Inhalte (policies) betrachtet werden, sondern auch die Ebene der Adressaten. Zum Beispiel wird in einer Interview-Analyse von Behnke und Liebold (2000) deutlich, dass ältere und jüngere Manager für sich die Vereinbarkeit von beruflichem Erfolg und Familie lösen, ohne jemals staatliche Väterpolitik für sich in Betracht gezogen zu haben, indem sie mit unterschiedlichen Begründungen und – die Jüngeren –

mit modernisiertem Vokabular auf die traditionelle Arbeitsteilung innerhalb der Familie zurückgreifen.

4.3.13 Zusammenfassung

Nachdem der Staat von feministischer Forschung zunächst ignoriert wurde, zeigten sich dann in der Beschäftigung mit dem Staat zwei polare Tendenzen. Während marxistisch orientierte und radikale Wissenschaftlerinnen dazu neigten, den Staat unspezifisch als Unterdrücker und Ausbeuter zu verurteilen, betonten so genannte liberale Feministinnen die Möglichkeiten, Diskriminierungen und Nachteile der Frauen durch den Staat, also über Gesetze und Rechtsansprüche aufzuheben. Diese Möglichkeiten wurden *insbesondere im wohlfahrtsstaatlichen Handeln* analysiert. Dabei wurde festgestellt, dass der Staat tatsächlich die persönliche Abhängigkeit von Frauen verringern kann, aber über die Verteilung von wohlfahrtsstaatlichen Maßnahmen und steuerlichen Bestimmungen an der Bewahrung von traditionellen Geschlechterrollen (Mann als Familienernährer, Frau als Mutter) maßgeblich beteiligt ist. Feministische, geschlechtskategoriale Forschung hat deshalb neue Vorschläge zur *Typologisierung* der westlichen Wohlfahrtsstaaten vorgelegt.

Ausführlich untersucht wurde der Staat außerdem in seinem *rechtsstaatlichen Handeln*, dort auch in Verbindung mit der Frage, ob und inwieweit der Staat den Frauen historisch und aktuell eine den Männern gleichwertige *Staatsbürgerschaft* anbietet.

Der Staat wurde in der feministischen und geschlechtskategorialen Forschung der vergangenen Jahrzehnte aber nicht nur in den Folgen seines Handelns untersucht, sondern auch auf die in ihm *sedimentierte Geschlechtlichkeit* geprüft. Die Institutionen, Ausdrucks- und Arbeitsformen, personale Besetzung, Agenden usw. wurden danach befragt, ob sie als männlich geltende Eigenschaften repräsentieren bzw. nur von den Personen in Anspruch genommen werden können, die eine typisch männliche Lebensweise verfolgen.

In der Staatsforschung des Mainstreams, aber auch der geschlechtskategorial vorgehenden Forschung zeichnen sich folgende Tendenzen ab. Erstens bewegt sich der wissenschaftliche Blick auf den Staat vorwiegend auf einer „mittleren Betrachtungshöhe". Weder wird der Staat als Gesamtpatriarch oder Blackbox zusammengefasst, noch werden Einzelmaßnahmen als repräsentativ für staatliches Handeln aufgefasst. Entsprechend wird zweitens die *Verknüpfung von verschiedenen Politikfeldern* betont, z.B. können wohlfahrtsstaatliche Maßnahmen nicht für sich, sondern nur im Zusammenhang mit Arbeitsmarktpolitik und Steuerrecht bewertet werden. Drittens wird in modernen *Policy-Studien* oder auch *organisationstheoretisch* angereicherten Untersuchungen der Blick auf einen kontextgebundenen Ausschnitt des staatlichen Apparates und Handelns fokussiert, indem Machtkonstellation, Agenden, personelle Besetzung und Arbeitsformen je nach Wissenschaftstradition auf ihren Geschlechterkontext oder auf ihren Geschlechtertext analysiert werden.

Literaturtipp
Themenheft: Feminist Studies 24(1998)1;
Eine kritische Darstellung der Sozialstaatsdebatten, einschließlich neuerer Ansätze findet sich bei Kulawik 1996;
Kriterien zur Tauglichkeitsprüfung sozialpolitischer Maßnahmen sind entwickelt bei Fraser 2000 (Querverweis: Kap. 3.4);
Einzelstudien haben beispielsweise vorgelegt: Hieden-Sommer 1993, Daly 2000, Lewis (ed.) 2000, Leitner 1999;
eine ausführliche Darstellung zur staatstheoretischen Diskussion liegt von Sauer 2001 vor;
zum Geschlecht des Rechtsstaats: Wilde 2001;
zum organisationstheoretischen Ansatz: Wilz 2002, Riebe/Düringer/Leistner 2000.

Übung:
Nehmen Sie sich die Programme der relevanten Parteien zur letzten Bundestagswahl vor. Ordnen Sie die Programmteile nach den Kategorien von Charlton et al. (1998, introduction) für staatliche Geschlechterpolitik ein. Gibt es Programmbereiche, die nicht in die Einteilung passen? Begründen Sie Ihre Einteilung.

Übung:
Befragen Sie unterschiedliche Staatsverständnisse (z.B. neomarxistisch und neoinstitutionell) auf ihre Ergänzungsfähigkeit für geschlechtskategoriale Fragestellungen.

Übung:
Alle politischen Ämter stehen für Frauen offen, Frauen nehmen auf allen politischen Ebenen zunehmend aktiv an Politik teil, und Frauen stellen in den unteren Ebenen der staatlichen Verwaltung die eindeutige Mehrheit. Halten Sie angesichts dieses Befundes die Suche nach dem Mann oder dem Männlichem im Staat weiterhin für sinnvoll oder für historisch überholt?

4.4 Geschlechterforschung und Internationale Beziehungen (IB) [164]

Später als in anderen Feldern der Politikwissenschaft haben feministische Theoretikerinnen damit begonnen, die Internationalen Beziehungen (IB) als ein weit ausdifferenziertes Teilgebiet der Disziplin in ihren kritischen Blick zu nehmen.[165] Überlegungen, die diesen Umstand beschreiben und begründen,

---

164 Wie in Texten der Internationalen Beziehungen üblich, wird hier die politikwissenschaftliche Teildisziplin dadurch gekennzeichnet, dass Großbuchstaben verwendet werden, im Folgenden als IB abgekürzt.

165 Die Lehre von den internationalen Beziehungen und der internationalen Politik hat stärker als andere Teilgebiete eigene Theorieschulen entwickelt, sie wird dennoch in Deutschland als Teilgebiet der Politikwissenschaft verstanden. Konzeption und Um-

werden dieses Kapitel einleiten. Sodann werden wichtige Argumentationslinien der feministischen Kritik skizziert, die sich zunächst vor allem in der Auseinandersetzung mit der IB-Schule Realismus konturiert hat. Feministische Kritik hat sich auseinander gesetzt mit der IB-Ideengeschichte, mit der Unsichtbarkeit von Frauen in den Ausführungen des Mainstream, mit der begrenzten Themenauswahl und der verdeckten Geschlechtlichkeit von Kernbegriffen der IB-Forschung. An Beispielen wird verdeutlicht, was es bedeuten kann, IB-Forschung mit der Strukturkategorie Geschlecht zu betreiben. Schließlich werden gemeinsame Ausgangspunkte von nicht realistischen IB-Schulen und geschlechtskategorialem Ansatz genannt.

4.4.1 Distanzen zwischen feministischer Theorie und IB-Mainstream-Forschung

Ende der 1980-Jahre erschienen erste englischsprachige Publikationen, die den Beginn einer anhaltenden feministischen IB-Diskussion markieren, wie das Sonderheft der Londoner Zeitschrift „Millennium" im Jahre 1988. Die erste Monografie, die empirisch und theoretisch fundierte Einwände aus feministischer Perspektive gegen die herkömmliche Sichtweise der Disziplin vorbrachte, war Cynthia Enloes Buch „Does Khaki Become you? The Militarisation of Women's Lives" von 1988.

Im deutschsprachigen Raum hat die Zurückhaltung der feministischen Politikwissenschaft gegenüber den Internationalen Beziehungen bis Mitte der 90er-Jahre angehalten (Ruppert 2000: 25). Auszunehmen ist der Themenbereich Entwicklungspolitik sowie die Friedens- und Konfliktforschung. Feministische Kritik ist in diesen beiden Teilbereichen der IB schon seit Beginn der neunziger Jahre zu erkennen.[166] Beispielhaft kann hier ein Aufsatz der Friedens- und Konfliktforscherin Hanne-Margret Birckenbach von 1990 genannt werden, in dem Ansätze einer feministischen Entgegnung auf die herkömmliche Friedensforschung skizziert sind.[167] Eine von Tordis Batscheider 1993 verfasste Dissertationsschrift zu „Friedensforschung und Geschlechterverhältnis" wird an mehreren Stellen als hervorragend herausgestellt (z.B. Krell 1996).

---

fang des vorliegenden Buches erlauben es nicht, eine Einführung in die ausdifferenzierte Teildisziplin IB hier mitzuliefern.

166 Auch im Bereich Peace Research gibt es einen US-amerikanischen Vorsprung von einem halben Jahrzehnt: Von Betty Reardon erschien 1985 die Monographie „Sexism and the War System" (Reardon 1996/1985). Es folgten Publikationen von Elise Boulding, Riane Eisler, Birgit Brock-Utne, Leslie Cagan, Barbara Ehrenreich u.a..

167 1991 folgte von Birckenbach eine Kritik an den Paradigmen der internationalen Politik aus der Perspektive feministischer Friedensforschung, die in „Blätter für deutsche und internationale Politik" erschien.

In den 90-Jahren hat sich dann schnell eine ausdifferenzierte Kritik an den herkömmlichen Schulen der IB entwickelt. Feministische IB-Forschung konnte dabei auf die theoretischen Vorarbeiten zurückgreifen, die in anderen Fächern wie Soziologie oder allgemeiner Feministischer Theorie zu Bedeutung und Konstruktion von Geschlecht bereits vorlagen.

In der deutschsprachigen Forschung wurde es als Erfolg der feministisch orientierten und geschlechtskategorial arbeitenden Wissenschaftler und Wissenschaftlerinnen gewertet, dass in der „Zeitschrift für Internationale Beziehungen" 1996 ein Bericht über feministische IB-Literatur von Gert Krell erschien – auch wenn die ausgewählten Texte nur die nordamerikanische Diskussion spiegelten. Schon in der nächsten Ausgabe erfolgte eine Replik von Birgit Locher, die Krells Artikel würdigt und kritisiert (Locher 1996). Im folgenden Jahr erschien ein PVS-Sonderheft über *Geschlechterverhältnisse im Kontext politischer Transformation* (1997). Darin sind fünf Artikel der Geschlechterforschung und der internationalen Politik gewidmet (Sylvester/ Bleiker, Locher-Dodge, Jalušič, von Braunmühl, Ruppert). Zwei weitere Artikel (Jessop, Young) beschäftigen sich mit Globalisierungseffekten und könnten ebenfalls zum Bereich IB gezählt werden. Die Hoffnung, dass dieser Dialog zwischen feministischer Theorie und politikwissenschaftlichem Mainstream der Beginn einer vielstimmigen Diskussion werde, hat sich allerdings nicht erfüllt. In der *Zeitschrift für Internationale Beziehungen* ist bis einschließlich 2001 kein weiterer Artikel erschienen, der sich mit feministischer IB-Kritik auseinander setzt oder der solche betreibt.[168] Es scheint, dass feministische IB-Theoretikerinnen in der Bundesrepublik wieder unter sich diskutieren, zum Beispiel in der Zeitschrift *femina politica*, deren erste Ausgabe des Jahres 2000 feministischen Ansätzen in den Internationalen Beziehungen gewidmet ist.

Die IB-Forscherin Uta Ruppert (1998: 11) hat in gängigen Handbüchern nach feministischen Überlegungen gesucht:

„In dem von Wichard Woyke (1996) herausgegebenen, in mehreren Auflagen vorliegenden ‚Handwörterbuch Internationale Politik' findet sich in der Auflage von 1996 unter mehr als 500 Stichwörtern im Sachregister keines, das eindeutig auf eine nach Geschlecht differenzierte Problematik hinweist. Dafür gelingt es den meisten Autoren der Einzelbeiträge (35 Männer und zwei Frauen), selbst unter Stichpunkten wie Entwicklungspolitik/-hilfe, Migration/Weltflüchtlingsproblematik oder Welternährungsproblem nicht ein einziges Mal das Wort ‚Frau' zu benutzen. Nicht weniger geschlechtsblind gibt sich das in der renommierten Beck-Reihe ‚Lexikon der Politik' erschienene Lexikon ‚Internationale Beziehungen' von Andreas Boeckh (1994) (64 Au-

---

168 Ein Aufsatz von Jutta Joachim (2001) nimmt sich zwar eines einschlägigen Themenfeldes an, ist aber im Übrigen keine kritische Auseinandersetzung mit herkömmlicher IB-Forschung. Es handelt sich um eine anwendungsbezogene Studie, die am Beispiel des Themenfeldes ‚Gewalt gegen Frauen' Agenda-Setting, Framing-Prozesse u.a. in den Vereinten Nationen verfolgt. Dies könnte, wie die Autorin selbst einschätzt, auch für andere Politikfelder durchgespielt werden (Joachim 2001: 235).

toren und sieben Autorinnen). Darin gehört beispielsweise weder Vergewaltigung zu den ‚Problemdimensionen des internationalen Flüchtlingsproblems' (Matthies 1994: 152f.), noch die Analyse von sexistischer Gewalt zu den ‚Herausforderungen an die Friedens- und Konfliktforschung in den neunziger Jahren' (Jahn 1994: 161ff.) oder die Frauen- und Geschlechterpolitik zu den ‚Perspektiven der internationalen Entwicklungspolitik' (Nuscheler/Klingebiel 1994: 124ff.)" (Ruppert 1998: 11/12).

In der Fußnote erwähnt Ruppert das „Lexikon der Internationalen Politik" von Ulrich Albrecht und Helmut Volger (1997), das etliche geschlechtsbezogene Stichworte enthält und sich unter dem Stichwort „Außenpolitik" ausführlich dem feministischen Diskurs widmet.

Mittlerweile werden feministische IB-Ansätze in einigen einführenden Publikationen vorgestellt. Die Einführung in die IB von Ulrich Albrecht (1999) enthält ein Kapitel zur Geschlechterforschung. Im Literaturführer von Dirk Berg-Schlosser und Sven Quenter (1999) ist ein Teil des Kapitels „Politik und Geschlechterverhältnis" (von Alexandra Scheele) mit „Internationale Blickrichtungen" überschrieben. In diesem Textteil werden jedoch nur wenige Autorinnen erwähnt, die zur IB-Thematik arbeiten. Im Übrigen scheint es darum zu gehen, feministisch arbeitende Autorinnen außerhalb der Bundesrepublik Deutschland vorzustellen. Im Jahr 2000 erschienenen Lehrbuch[169] „Feministische Perspektiven der Politikwissenschaft" (Braun u.a. 2000) findet sich hingegen eine von Christiane Lemke verfasste, hilfreiche Hinführung zu vier Texten bzw. wieder abgedruckten Textauszügen der feministischen IB-Theorie (Lemke 2000: 315-331). Darunter weist der Text von Birgit Locher (2000: 332-367) ebenfalls einführenden Charakter auf. In ihrer monografischen Einführung in die IB stellt Christiane Lemke (2000a) „Feministische Analysen" als neue Theorierichtung vor. Eine Stärke dieses Buches ist es, solche neueren Überlegungen auch in thematisch quer liegende Kapitel, wie jenem über den „Machtbegriff in den internationalen Beziehungen", einfließen zu lassen. Gleiches gilt für die Einführung „Weltordnung und Weltbilder" von Gert Krell (2000). In einem eigenen Kapitel „Feminismus" beschreibt Krell zentrale Kategorien und Ansätze der feministischen Perspektive, gleichzeitig verweist er dort, wo thematische Bezüge vorliegen, auch in anderen Kapiteln auf die Einsichten der feministischen Theorie. So betont er bereits in den einleitenden Bemerkungen zu Definitionen von „Politik", dass die Trennung zwischen öffentlich und privat selbst eine politische ist. Er referiert die feministische Kritik bei der Besprechung der unterschiedlichen Ansätze der IB – wie Realismus, Liberalismus, Marxismus usw. Im 2001 von Ulrich Menzel verfassten Überblick über die „Lehre von den Internationalen Beziehungen" tauchen einige feministische Autorinnen im Literaturverzeich-

---

169 Die Bezeichnung „Lehrbuch" führt insofern in die Irre, als es sich um einen Band handelt, der im Stile amerikanischer Textbooks aufgebaut ist.

241

nis auf, die entsprechenden Positionen werden jedoch nirgendwo im Text wiedergegeben.[170]

Im deutschsprachigen Mainstream zeigt sich mittlerweile eine begrenzte Öffnung gegenüber feministischen Fragestellungen. Dennoch bleibt die Frage interessant, warum die Teildisziplin IB zunächst von feministischen Politikwissenschaftlerinnen ganz ignoriert wurde und warum geschlechtskategoriale Ansätze zumindest in der deutschsprachigen Forschungslandschaft weiterhin ein vom traditionellen Lehr- und Forschungsgebiet der IB weitgehend abgegrenztes Dasein fristen.[171]

In anderen Kapiteln dieses Buches wurde bereits darauf hingewiesen, dass die auffällige Resistenz der Politikwissenschaft gegenüber feministischen Ansätzen damit zu tun hat(te), dass sie ihren eigenen Gegenstand direkt an die Trennung in Privatbereich und Öffentlichkeit koppelte und auf diese Weise Frauen und weibliche Lebenswelten nicht in ihr Blickfeld nahm, gleichzeitig aber die eigenen Prämissen und Beobachtungen als geschlechtsneutral ausgab. (*Querverweis: Kap.* 2) Für das Teilgebiet Internationale Beziehungen gelten diese Resistenzfaktoren gleichermaßen. Hinzu kommen weitere Fokussierungen des wissenschaftlichen Blickes, welche die Schwierigkeit, die Relevanz des Geschlechts zu erkennen, noch vergrößern. Dazu gehört die Unterscheidung zwischen „high and low politics", zwischen Innen- und Außenpolitik, sowie die unterstellte große Distanz zwischen internationaler Politik und privaten Angelegenheiten. Da die meisten IB-Ansätze Individuen keine bedeutende Rolle in der internationalen Politik zuweisen und stattdessen abstrakte Strukturen und Prozesse beobachten, erschienen diese bei oberflächlicher Betrachtung geschlechtsneutral (Locher-Dodge 1997: 427).

Während die IB-Forschung stets in akademischen Zirkeln angesiedelt war und – insbesondere in den USA – auch in der Nähe und im Dienst der jeweiligen politischen Führung, hat sich feministische Theorie aus einer sozialen Bewegung heraus entwickelt. Susan Whitworth führt diesen Unterschied in der Entstehungsgeschichte an, um die Annäherungsschwierigkeiten zwischen feministischer Theorie und IB-Forschung zu begründen (Whitworth 1994a: 116). Ulrich Albrecht entdeckt – informiert von der Theoretikerin Christine Sylvester – in der Bewegungsgeschichte feministischer Theorie ein

---

170 Menzel (2001: 224) erwähnt Feminismus als einen von mehreren postpositivistischen Ansätzen.

171 Lemke (2000: 326) sieht hier einen Unterschied zur anglo-amerikanischen Diskussion, die *innerhalb* der Gesamtdisziplin geführt werde. Dazu zahlreiche Literaturhinweise von Sylvester (1996: 261f.). Albrecht (1999: 107) hebt auch die britische Situation hervor. Dort wird die Auseinandersetzung zwischen herkömmlichen Ansätzen der IB und feministischen Entwürfen in der renommierten Zeitschrift „Millennium" lebendig gehalten. „Millennium" gab 1988 ein erstes Themenheft zu „Women and International Relations" heraus. Darin findet sich auch eine ausführliche Zusammenstellung feministischer politikwissenschaftlicher Literatur des angelsächsischen Sprachraums.

ganz anderes Argument. Demnach kommen wesentliche Erneuerungen im wissenschaftlichen Denken nur zustande, wenn dieses Denken von einer starken politischen Bewegung getragen wird. Da sich der Feminismus als Bewegung jedoch erst sehr spät internationalisiert habe, sei der Einfluss auf die entsprechende Disziplin erst spät wirksam geworden (Albrecht 1999: 100).[172]

Auch die Schwerpunkte der feministischen Forschung trugen dazu bei, dass die Internationalen Beziehungen lange Zeit von feministischer Kritik nicht berührt wurden. In fast allen Schulen der IB kommt dem Staat eine zentrale Rolle zu. Gerade den Staat aber hat die feministische Forschung lange Zeit als Untersuchungsgegenstand gemieden. (*Querverweis: Kap. 4.3*) Feministische Kritik beschäftigte sich mit Diskriminierung, Unterdrückung und Machtverhältnissen, die im innenpolitischen, oft im so genannten Privatbereich zu finden waren. Die Fokusse von IB und feministischer Kritik wiesen also eine größtmögliche Distanz auf.

Jüngere Entwicklungen in der Disziplin IB und in der feministischen Forschung trugen dazu bei, dass sich diese Distanz allmählich verringerte und die Annahmen, Methoden und Ergebnisse der IB – wie im Folgenden noch beschrieben wird – zum Gegenstand feministisch-kritischer Betrachtung wurden.

4.4.2 Ausdifferenzierungen innerhalb der feministischen IB-Forschung

In der kurzen Zeitspanne der Frauen- und Geschlechterforschung in der IB lassen sich keine chronologischen Phasen ausmachen. Aber wie in der feministischen Auseinandersetzung mit der Politikwissenschaft insgesamt lassen sich unterschiedliche thematische Schwerpunkte und Ansätze nachweisen. Die Einteilung in liberale, radikalfeministische und kritische Positionen (wie bei Krell 1996 oder Locher 2000)[173] (*Querverweis: Kap. 1.2*) erscheint für die deutschsprachige Literatur unangebracht, da feministische IB-Überlegungen erst zu einem Zeitpunkt formuliert wurden, als die genannten Strömungen be-

---

172 Ein weiterer Grund könnte in der Kultur des Teilgebietes liegen. Lapid (1989: 249) zitiert M. Frost mit der Aussage: „For many years the international relations discipline has had the dubious honor of being among the least self-reflexive of the Western social sciences."

173 Da jede Art von Feminismus für sich beansprucht, kritisch zu sein, scheint mir insbesondere die Kategorie „Kritischer Feminismus" auf ganz unglückliche Weise aus dem Amerikanischen übernommen (vermutlich von Whitworth 1994). Gemeint ist die Forschung, die sich von der Frauenforschung wegbewegt hat und mit einem konstruktivistischen und relationalen Gender-Begriff arbeitet.

reits Kritik und Selbstkritik durchlaufen hatten und der kritische Umgang mit den Begriffen „Frau", „Mann" und „gender" bereits eingesetzt hatte.[174]

Dennoch sind auch unter den Autoren und Autorinnen der feministischen IB-Literatur unterschiedliche Annahmen über Differenz oder Gleichheit der Geschlechter vertreten. So beschreibt Whitworth das Handeln von Frauen im internationalen Kontext, um zu demonstrieren, dass Frauen anders seien als Männer und deshalb das Potenzial hätten, die internationalen Beziehungen zu verbessern (Krell 1996: 155). Auch wenn die Unterschiedlichkeit der Geschlechter weitgehend soziologisch und sozialisationstheoretisch begründet wird, finden sich gelegentlich auch biologische Begründungen und damit essentialistische Verständnisse von Geschlecht. Krell beschreibt dies in seinem Literaturüberblick für den Standpunkt von J. Ann Tickner (1992):

> „Sie geht davon aus, dass Frauen per se ihrer Programmatik von ‚multilevel und multidimensional security‘ verpflichtet sind, dass sie der männlichen *assertive power* die weibliche *shared power*, der männlichen Rationalität der Profitmaximierung eine kontextbezogene und persönliche Form der Rationalität entgegensetzen, dem separierten autonomen das verbundene interdependente Individuum; und sie glaubt, dass Frauen das größte Interesse daran hätten, die Ausbeutung der Natur zu beenden, weil sie selbst am meisten darunter litten und eine radikalökologische Position eher in Einklang mit den Erfahrungen von Frauen stehe" (Krell 1996: 155/156).[175]

Allerdings erscheint es nicht ganz gerechtfertigt, Tickner ohne weiteres als Differenztheoretikerin einzuordnen.[176] Sie erklärt wiederholt, dass sie die als typisch weiblich bekannten Eigenschaften, sogar die Idee „Frau", als Ergebnis einer soziokulturellen Geschichte versteht (z.B. Tickner 1992: 8,137,144).

---

174 Ruppert sieht ebenfalls Probleme mit den gängigen Einteilungen. Sie vermutet außerdem, dass „die feministische Strömungsdebatte, wie sie in den Internationalen Beziehungen geführt wird, ... mehr der feministischen Aufklärung der Malestream-community in den Internationalen Beziehungen als der innerfeministischen Verständigung" dient (Ruppert 1998: 44).

175 Lemke (2000a: 44, Fußnote) bescheinigt Tickner eine konstruktivistische Herangehensweise.

176 Tickner wird außerdem mehrfach als radikalfeministisch eingeordnet (so Krell 1996: 155 und Ruppert 1998: 43), allerdings mit sehr unterschiedlichen Begründungen. Nach Locher lassen sich Tickners Überlegungen deshalb als radikalfeministisch bezeichnen, weil sie für die Aufhebung der Trennung zwischen privat und öffentlich argumentiert, weil sie die kontrastive Markierung von „high" und „low politics" auflösen will und schließlich weil sie sich durch den Einzug weiblicher Perspektiven und Werte eine deutliche Verbesserung der internationalen Politik verspricht (vgl. Locher 2000: 340). Auch trifft auf Tickners Entwurf die häufig gegenüber radikalfeministischen Positionen formulierte Kritik zu, dass durch die einseitige Konzentration auf Frauen und Weibliches der relationale Aspekt der Geschlechterbeziehung vernachlässigt wird und das Geschlechterverhältnis damit ausgeblendet bleibt. Bei Tickner selbst ist keine Vorauswahl zugunsten radikalfeministischer Autorinnen zu erkennen: Sie bezieht sich auf die einstmals eindeutig radikale Patriarchatskritikerin Maria Mies genauso wie auf die liberal argumentierende Feministin Susan Moller Okin (Tickner 1992: 93 u. 94).

Die Annahme einer grundsätzlichen Andersartigkeit von Frauen, die sich z.b. in einer größeren Friedfertigkeit ausdrücke, wird von vielen Vertreterinnen der feministischen Debatte deutlich abgelehnt (z.B. Sylvester 1994: 181 oder Enloe 1989: 9). Einige Autorinnen bemühen sich gerade um die Beschreibung der Mittäterschaft der Frauen in der internationalen Politik, um die komplexe Verwobenheit von männlichem Tun und Männlichkeitsvorstellungen und weiblichem Tun und Weiblichkeitsvorstellungen erfassen zu können (z.B. Elshtain 1993: 142). *(Querverweis: Kap. 3.2)*

4.4.3 Feministische Kritik an der IB

Die folgende Auflistung kritischer Argumentationslinien orientiert sich in den meisten Punkten an der Auseinandersetzung mit der realistischen Schule der IB. Dieses selektive Vorgehen ist pragmatisch und didaktisch begründet. Denn, wie Albrecht (1999: 107) schreibt, war der Realismus das „leichteste Opfer" der feministischen Dekonstruktion. Die unterschiedlichen Vorgehensweisen und die feministische Kritik lassen sich in der Gegenüberstellung zur realistischen IB-Schule besonders prägnant zeigen (Locher-Dodge 1997: 431).[177]

Die Konzentration auf die Realismus-Kritik ist im Übrigen dadurch gerechtfertigt, dass Realismus und Neo-Realismus über viele Jahrzehnte eine unbestrittene Dominanz in der IB-Disziplin aufwiesen (Rittberger/Hummel 1990: 30ff.). Diese Dominanz ist auch in den nichtrealistischen Schulen bemerkbar, weil sie sich in Abgrenzung zum Realismus entwickelt haben (Meyers 1990: 56).

4.4.4 Die kritische Lektüre der Ideengeschichte der IB

Feministische Forscherinnen der IB haben den Textkorpus, der als Geschichte und Ideengeschichte der internationalen Beziehungen vorgestellt wird, einer kritischen Untersuchung unterzogen (ein frühes Beispiel: Brown, Sarah: 1988). Sie haben dabei bemängelt, dass die Geschichte der internationalen Beziehungen, wie sie in der IB präsentiert wird, auf selektiv ausgewählten Berichten beruhe und einen unkritischen Umgang mit historischem Material zeige. So sei Thukydides' Bericht vom Peloponnesischen Krieg eine historische Interpretation. Es sei falsch, diese zeitgenössische Erzählung als dauerhaft gültiges Modell für internationales Verhalten zu verstehen, was in der IB-Forschung immer wieder geschehe (Rodgers 2001: 3). Elshtain (1997: 80)

---

177 Krell bezeichnet den Realismus als „bête noire der feministischen IB-Kritik" (Krell 1996: 167). Er selbst sieht durchaus konstruktive Berührungspunkte (Krell 1996: 167ff.).

empfiehlt beispielsweise die alternative Interpretation von Daniel Garst (1989). Auch Machiavelli als Kriegstheoretiker könne in anderer Weise gelesen werden als in Abhandlungen über die Politische Ideengeschichte üblich (Elshtain 1997: 80f.).

Mehr als es lange Zeit deutlich war, orientiert sich auch die IB an den klassischen Texten der allgemeinen politischen Ideengeschichte (Teusch 1999: 403ff.). Entsprechend trifft die feministische Kritik an der Ideengeschichte der Politikwissenschaft auch die IB. Als Beispiel sei das dem Realismus zugrunde liegende Menschenbild genannt, das den Naturzustandsbeschreibungen von Thomas Hobbes (genauer: dem zweiten Naturzustand, Hansen 1993a: 69ff.) folgt, in dem weder Besitz noch Leben vor dem bösartigen Zugriff des Mitmenschen geschützt ist (Kleinschmidt 1999). (*Querverweis: Kap. 4.1*)

Der Realismus geht nicht nur von diesem negativen Menschenbild aus, sondern macht noch einen zweiten problematischen Schritt: Die Annahmen über die Eigenschaften des einzelnen Menschen werden auf das Verhalten einzelner Staaten übertragen.[178] Feministische Kritikerinnen – und nicht nur diese – halten diese Parallelisierung von menschlichem und staatlichem Verhalten für unzulässig. Zum einen werde zu Unrecht eine Einheitlichkeit des Staates unterstellt, zum anderen werde einmal mehr ein männliches Verhaltensmodell zu Grunde gelegt, das viele Lebenswirklichkeiten ausschließe (vgl. Tickner 1992: 45f. und 62ff.).

Dieses auf die Staaten übertragene Menschenbild hat direkte Konsequenzen für die in den Internationalen Beziehungen theoretisierten und in den internationalen Beziehungen verfolgten Sicherheitskonzepte. Ann Tickner dazu:

> „These gendered depictions of political man, the state, and the international system generate a national security discourse that privileges conflict and war and silences other ways of thinking about security (Tickner 1992: 51).

Tickner fordert, die damit verbundene Höherbewertung männlich konnotierter Eigenschaften aufzugeben, um zu einer alternativen Sicherheitskonzeption zu gelangen (Tickner 1992: 51).

Sandra Hedinger (2000) kommt das Verdienst zu, für den Bereich der Internationalen Beziehungen eine Erweiterung des klassischen Textkanons vorbereitet zu haben. In einem 2000 aus einer Dissertation hervorgegangenen Band stellt sie die Ansichten von sechs Theoretikerinnen zu Krieg und Frieden vor. Sie macht die Aussagen von Bertha von Suttner, Rosa Luxemburg, Hannah Arendt, Betty Reardon, Ann Tickner und Jean Bethke Elshtain vergleichbar, indem sie alle ausgewählten Text nach Menschenbild, Vorstellung vom Geschlechterverhältnis und den Vorschlägen zur Kriegsüberwindung befragt.

Tabellarisch zusammengefasst, lassen sich Hedingers Ergebnisse folgendermaßen darstellen:

---

178 Der Neo-Realist Kenneth N. Waltz schrieb in diesem Sinne: „States in the world are like individuals in the state of nature." (Waltz 1954 zitiert nach Locher-Dodge 1997: 431)

	von Suttner	Luxemburg	Arendt	Reardon	Tickner	Elshtain
Menschenbild	Entwicklung zum Besseren als Faktum, lernfähig	Entwicklung zum Besseren als Faktum, lernfähig	Entwicklung zum Besseren als Möglichkeit	Entwicklung zum Besseren als Möglichkeit	Entwicklung zum Besseren als Möglichkeit	Entwicklung zum Besseren als Möglichkeit
Staatsbild / Internationales System	Staaten sollen durch internationale Schiedsgerichte, Verhandlungen und Bündnisse erzogen werden. Wertigkeit des Staates nicht über der des Individuums	Staat als „Überbau" des kapitalistischen Wirtschaftssystems	[keine Aussage]	Staat als patriarchales System mit männlich geprägten Institutionen; Konkurrenzgesellschaft als „war system"	Kritik des Staatsbildes der realistischen IB-Schule	Staatliche Souveränität ist (historisch) an Kriegsfähigkeit gebunden.
Geschlechterverhältnis (Ist-Zustand)	anerzogene Polarisierung	Frauen als Privateigentum; Arbeit der Frauen bleibt unbeachtet und ohne Lohn	[wird nicht thematisiert, da politisch kein Unterschied zwischen den Geschlechtern]	Produkt von polarer Erziehung und mütterlicher Dominanz	Ergebnis der sozialen Rolle	Sozial u. politisch hergestellte Identitäten für Frauen und für Männer in Kriegs- und Friedenszeiten
Kriegsursache	Militarismus; Männlichkeitsbild	Kapitalismus; Rüstung im Dienste des Kapitalismus	Verkoppelung von Politik, Macht und Gewalt	Polarisierung der Geschlechterrollen; Verfestigung der negativen männlichen Eigenschaften in Institutionen; „war system" und Sexismus	Gängiges Sicherheitskonzept; männliche Dominanz auf allen Ebenen der Sicherheitspolitik	Auf die militärische Komponente des Nationalstaates zugeschnittene soziale Identitäten
Kriegsüberwindung	Erziehung, Bildung zum „Edelmenschen", Abrüstung	Überwindung des Kapitalismus durch proletarische Revolution	Abkoppelung von Politik und Gewalt; Politik als gemeinsamer Neubeginn; Beendigung der Gewaltspirale durch Vergebung	(Selbst-)Erziehung, Förderung der authentischen, humanen Züge mit dem Effekt eines „total change"; „war system" und Sexismus müssen gleichzeitig überwunden werden	Integration der feministischen Perspektive in die IB-Theorie	Geschlechter-unabhängige soziale Identität des „chastened patriot" [gezähmter, entmilitarisierter Patriot].
Analyseebene	gesellschaftliche Ebene des Erziehungs- und Bildungssystems	System- und Bewusstseinsebene	Macht- und Politikverständnis	individuelle Psyche und politisches System	IB-Theorie	Soziale Identitäten; Strukturen, die soziale Identitäten formen; IB-Theorie

Zum einen kann Hedinger damit zeigen, dass auch weibliche Autorinnen ausgefeilte Beiträge zur Theorie der internationalen Beziehungen geliefert haben. Zum Zweiten kommt sie zu dem beachtenswerten Befund, dass (mit der Ausnahme von Hannah Arendt) alle vorgestellten Theoretikerinnen einen Zusammenhang zwischen Geschlechterpolaritäten und Kriegsursachen sehen, freilich in unterschiedlicher Komplexität und nicht immer in direkter Kausalität;[179] Hedingers Ausarbeitung ist für feministische und geschlechtskategoriale IB-Theorie hochinteressant und liefert zugleich eine Handreichung, um den gängigen Textkorpus der IB-Theoriengeschichte zu ergänzen.

4.4.5 ,Read them in' – Frauen in den internationalen Beziehungen

Wie insgesamt in der Politikwissenschaft, ging es der feministischen Kritik auch in den IB zunächst darum, die aus dem Gegenstandsbereich des Fachs hinausdefinierten Frauen in den Wahrnehmungsbereich zurückzuholen. Cynthia Enloe legte das erste Aufsehen erregende Buch vor, das Frauen in den internationalen Beziehungen sichtbar machte. In ihrem Buch „Bananas, Beaches, and Bases" von 1989 zeigt Enloe auf,

> „wie die Männerwelt der ,großen Politik' abhängig ist von weiblicher Zuarbeit, wie der Mitarbeit der Diplomaten-Gattinnen in der ,stillen Diplomatie', der Arbeit von Landarbeiterinnnen auf den Bananen-Plantagen internationaler Konzerne und der Tätigkeit von Prostituierten in den Militärbasen. Dabei legt sie Wert auf einen Zugang, der sich von den herkömmlichen Theorien internationaler Beziehungen abhebt. Enloe fokussiert das gewöhnliche Leben der Frauen ,von unten', d.h. sie analysiert internationale Politik aus der Perspektive der trivialen Lebenssphären und der ,low politics'. Enloe nimmt damit eine Fokus-Verschiebung im Feld der internationalen Beziehungen vor, indem sie explizit vom Lebensalltag von Frauen ausgeht und dadurch die sich alltäglich reproduzierenden Geschlechterhierarchien aufzeigt, die sich direkt aus internationaler Politik ergeben" (Lemke 2000: 318f.).

Um den Blick auf Frauen als Akteurinnen der internationalen Politik bzw. als von internationaler Politik Betroffene zu öffnen, war es nötig, die in die herkömmliche IB eingebaute doppelte Wahrnehmungssperre aufzulösen, die Politik als öffentliche Angelegenheit sah (und damit den Privatraum aussparte) und die internationale Politik als high politics (also unter Ausschluss beispielweise von Sozialpolitik) definierte. Enloe weist dabei nicht nur die Anwesenheit von Frauen im Umfeld von männlichen Akteuren (Staatsmännern) oder männlichen Institutionen (Militär) nach. Enloe macht vielmehr deutlich, dass die Anwesenheit von Frauen und die Anwesenheit einer spezifischen Weiblichkeit systematischer Bestandteil der aktuellen und historischen internationalen Welt ist. Auch wenn sich empirisch einzelne Ausnahmen finden lassen, so scheint doch eine Militärbasis immer und als notwendiges Pendant

---

179 Buchbesprechung in Querelles.Net: http: //www.querelles-net.de/2001-5/text20.htm.

das Prostitutionsgewerbe nach sich zu ziehen. Der Staatsmann ist in Praxis und Theorie so konstruiert, dass seine Begleitung durch eine Gattin zwingend erscheint. Die theoretische Aussage zur Geschlechtlichkeit, die sich hinter diesen Beobachtungen verbirgt, ist, dass eine spezifische Art von Männlichkeit nicht alleine, sondern immer im Wechselspiel mit einer spezifischen Weiblichkeit auftritt. Es geht also einmal mehr um die Relationalität von Geschlechtlichkeit.

Enloe hat mit ihren Büchern einen umfassenden Beitrag zur Sichtbarmachung von Frauen in den internationalen Beziehungen geleistet. Da sie Geschlecht aber explizit als soziale Konstruktion versteht und nachdrücklich auf die wechselseitige Beziehung von männlicher und weiblicher Geschlechtskonstruktion abhebt, gehen ihre Schriften über den Theorierahmen von Frauenforschung hinaus und erfüllen die Kriterien der Geschlechterforschung.[180] Nicht alle Kolleginnen und Kollegen nehmen diese Komplexität in Enloes Schriften wahr. Catherine Sylvester (1996: 263) bezeichnet Enloes Arbeiten als „everyday feminist theorising". Sylvester begründet dies unter anderen damit, dass Enloe ohne theoretische Problematisierung von Frauen als Gruppe spricht. In der Tat lässt sich Enloe von dem Spannungsfeld zwischen „articulating women's voice and deconstructing gender" (Ferguson 1993: 322) nicht beirren. Ihre Schriften stehen nicht in einem chronologischen, aber in einem theoretischen Sinne vor der Phase des Gender-Skeptizismus. *(Querverweis: Kap. 1)*

Barbara Nelson und Najma Chowdhury haben eine anderen Form gewählt, die aktive Beteiligung und die passive Betroffenheit von Frauen in der internationalen Politik aufzuzeigen. Der von Nelson und Chowdhury 1994 herausgegebene Band bindet 43 Länderstudien zusammen. Frauen in den unterschiedlichsten politischen und sozialen Kontexten werden als aktiv Handelnde im internationalen Kontext beschrieben, indem die Autorinnen ihre Beobachtungen auch außerhalb der staatspolitischen Institutionen (Parlament, Regierung, Parteien usw.) anstellen.

Politische Aktivitäten von Frauen in den internationalen Beziehungen können auch in den üblicher Weise in den Blick genommenen Sphären aufgezeigt werden, so geschehen in einem Band von Francine D'Amico und Peter Beckmann (1994) über weibliche politische Führungsfiguren. Die Studien zeigen, dass Frauen in mächtigen Positionen kein mütterliches, fürsorgliches, kooperatives usw. Verhalten an den Tag legen, das sie von ihren männlichen Kollegen unterscheiden würde. Interpretiert wird dieser Befund freilich sehr unterschiedlich. Während die einen die Vermännlichung des weiblichen Verhaltens als Folge eines Anpassungszwanges an männliche Institutionen, Werte usw. sehen, werten andere diesen Befund als Beweis dafür, dass alle Per-

---

180 Damit ist auch klar, dass sich Enloe nicht damit bescheiden würde, Frauen gleichermaßen wie Männer in die hohe Politik einzubringen. – Sie ist also nicht ohne weiteres als liberale, feministische IB-Kritikerin einzuordnen (so bei Krell 1996: 153).

sonen unabhängig von dem ihnen zugewiesenen körperlichen Geschlecht alle erdenklichen Charaktere ausbilden können.

4.4.6 Die Erweiterung des Themenkatalogs: Das Private ist international

Das ‚read the women in' kann in der IB nur gelingen, wenn die Wahrnehmungssperre, die durch die Trennung von Öffentlichem und Privatem aufgebaut wurde, aufgehoben wird. Es ist ja gerade diese Trennung, mit der weibliche Lebenswelten und typisch weibliche Erfahrungen aus der Politik und aus der Politikwissenschaft ausgeschlossen wurden. Der auf männlich-militärische Bereiche konzentrierte Blick der realistischen Schule ignoriert zentrale Felder der internationalen Politik, wie Umweltprobleme, Migration, Armut, in denen Frauen direkt betroffen sind und als Akteurinnen erkennbar auftreten (vgl. Tickner 1992). Ann Tickner (1991: 31) konstatiert darüber hinaus, dass diese Trennlinie auch die folgenreiche Loslösung der IB von ethischen Grundsätzen bewirkte.

Mit der Aufhebung dieser Wahrnehmungssperre konnten völlig neue Themen für die IB entdeckt werden:

Sextourismus beispielsweise ist ganz offensichtlich ein internationales Phänomen. Da aber Sex als Privatsache definiert ist, blieb auch Sextourismus außerhalb des Blickfelds der IB-Forschung. Es blieb feministischer Forschung überlassen aufzuzeigen, welche geschlechtstypischen Abhängigkeitsverhältnisse hier zuungunsten von Frauen hergestellt werden, und zwar mit staatlicher Billigung. In einigen Ländern Südostasiens werben Staaten und private Unternehmen ganz offensiv mit der Erotik „ihrer" Frauen (vgl. Literaturangaben von Locher-Dodge 1997: 441). Während die Zielstaaten gerne die Deviseneinnahmen durch die Sexdienste von Frauen (und Kindern beiderlei Geschlechts) entgegennehmen, sehen die Heimatstaaten der Sextouristen kaum Möglichkeiten, gegen ihre Staatsangehörigen vorzugehen. Der radikale Slogan der deutschsprachigen Frauenbewegung der 1970er-Jahre „Der größte Zuhälter ist der Staat!" bekommt in diesem Lichte eine sehr konkrete und internationale Bedeutung.

Das klassische Feld der *Menschenrechte* wurde um eine frauenspezifische Themenpalette erweitert. So ist es auf feministisches Engagement zurückzuführen, dass sexuelle Folter und Verstümmelung, wie Klitorisbeschneidung, nun in der Rechtssprechung zumindest einiger Länder als Menschenrechtsverletzung und mithin als Asylgrund anerkannt wird. Außerdem gelang es, Erscheinungen wie Zwangssterilisationen, pränatale geschlechtliche Selektion, Mädchen- und Frauenhandel im internationalen Forum der UN zu diskutieren. Allerdings gibt es bei der Frage der Menschenrechte auch viel akademischen Streit darüber, was als kulturelle Eigenart zu akzeptieren sei und was unabhängig von kulturellen Traditionen eindeutig als Menschenrechtsverletzung zu werten sei. Dieser Streit wird unter den Stichworten Universalismus und Kulturrelativismus ausgetragen (Mlinar 1997, Bunting 1996, Gerhard u.a. 1990).

Auf Drängen feministischer Aktivistinnen und den Argumenten feministischer Theorie folgend, beschäftigte sich der Internationale Gerichtshof in Den Haag mit dem *Kriegsverbrechen Vergewaltigung* und hat bereits Urteile hierzu gesprochen. Das Engagement von Frauengruppen und von feministischen Theoretikerinnen hat außerdem dazu beigetragen, den Problemhorizont der IB-Forschung um *umwelt- und bevölkerungspolitische Fragen* zu erweitern (vgl. z.b. die in Klingebiel/ Randeria 1998 zusammengetragenen Themen).

Geschlechterforschung hat einen neuen Blick auf *internationale Organisationen* befördert. Wie auch der neoliberale Institutionalismus nahmen feministische Analysen nicht staatliche Organisationen – *NGOs* – und internationale Organisationen wie die UN und ihre Untereinheiten als Akteure des internationalen Systems in ihre Analysen auf. Im Unterschied zu den Studien im Rahmen des Institutionalismus nahmen sich feministische Studien der Themen an, die scheinbar nur Frauen betrafen. Dabei wurde deutlich, dass frauenspezifische Anliegen weit größere Chancen haben, auf die Agenda internationaler Organisationen zu kommen als auf die Agenda der einzelnen Nationalstaaten (Joachim 1997).[181] Beispielsweise wird die Forderung nach „reproductive rights" in den spezialisierten UN-Organisationen viel eher akzeptiert als in nationalen Parlamenten.[182]

Damit ist auch *internationale Frauenpolitik* zu einem Themenfeld geworden, das insbesondere feministische Autorinnen behandeln. Vom Mainstream wird die Thematik jedoch nicht aufgenommen, obwohl internationale Frauenpolitik mittlerweile zwei wichtige Kriterien des herkömmlichen Politikverständnisses in der IB durchaus erfüllt. Sie tritt international und öffentlich auf und wird auch von der internationalen Medienöffentlichkeit beachtet.

Uta Ruppert hat die zunehmende Internationalisierung und „Veröffentlichung" der Frauenpolitik in Phasen eingeteilt. Die Phase zwischen der ersten Weltfrauenkonferenz in Mexiko 1975 und der Folgekonferenz in Kopenhagen 1980 bezeichnet sie als die Zeit des „internationalen Schwesternstreits". Eine Phase der „streitbaren Solidarisierung" habe in Kopenhagen begonnen und bis zur Konferenz in Nairobi 1985 angehalten. Mit dem Umweltgipfel in Rio de Janeiro 1992, der Menschenrechtskonferenz in Wien 1993 und der Weltbevölkerungskonferenz in Kairo 1994 habe die internationale Frauenpolitik bei der vierten Weltfrauenkonferenz in Peking 1995 das Stadium der „komplexen Vernetzung und professionellen Einmischung" erreicht (Ruppert 1996).

---

181 Vgl. auch Piettila 1990.
182 Als Ausnahme muss hier Slowenien genannt werden, in dessen postkommunistischer Verfassung das Recht auf reproduktive Selbstbestimmung verankert ist (ausführlich: Jalušič 1996).

Diese internationale Verhandlungs- und Gesprächspraxis der frauenpolitisch Aktiven hat einerseits große öffentliche Beachtung erfahren, andererseits bleibt die Umsetzung der Konferenzergebnisse von den männerdominierten nationalen und internationalen Institutionen abhängig. Hier mag die Erklärung dafür liegen, warum die Präsenz und Professionalität der internationalen Frauenpolitik nicht die gleiche breite wissenschaftliche Beachtung erfährt, wie sie anderen Themen entgegengebracht wird, und auch der Großteil der internationalen Politik sich üblicherweise noch immer gegenüber Geschlechter- und Frauenfragen ignorant zeigt. So fragt Uta Ruppert (1998: 9):

> „[W]er hätte je davon gehört, dass beispielsweise für den Beitritt eines Landes zur Europäischen Union die Beschäftigungsrate von Frauen ein Kriterium gewesen wäre oder dass die Vergabe eines Kreditprogramms durch die Weltbank an den staatlichen Schutz von Frauen in der Familie gebunden worden wäre?"

Die Erfolglosigkeit internationaler Frauenpolitik auf nationaler Ebene und in einigen zentralen internationalen Organisation[183] könnte auch erklären, warum herkömmliche IB-Forschung die internationale Frauenpolitik als Politikfeld weiterhin ignoriert: Solange diese Politik nicht Eingang findet in weitere entscheidende internationale Institutionen (wie IMF und Weltbank) und in die verabschiedeten nationalen Regierungsprogramme, solange bleibt sie dem auf Institutionen fixierten Blick der IB-Forschung weitgehend verborgen.

Auch im Bereich der *Entwicklungspolitik* konnten die geschlechtsspezifischen Effekte von scheinbar geschlechtsneutraler Politik gezeigt werden. Mit der mittlerweile berühmten Studie von Ester Boserup (1970) wurde die Illusion zerstört, dass die gewünschten Effekte entwicklungspolitischer Maßnahmen den Zielgruppen unabhängig vom Geschlecht zugute kommen würden.

Nüket Kardam liefert Beispiele:

> „Under a World Bank project in the Bolivian Altiplano, where women have responsibility for lifestocks, training in lifestock care was nevertheless given to the men, who passed the information on to their wives with inevitable and costly omissions. When modern laundries were installed in connection with a World Bank project in Mexico, men were employed to operate the facilities, the women who had washed and ironed tourists' laundry by hand lost their income" (Kardam 1994: 143).

Solche kurzsichtigen, auf (westlichen) Geschlechtsstereotypen basierenden Entwicklungsprogramme tragen also dazu bei, Frauen aus ihren traditionellen Erwerbstätigkeiten zu verdrängen, und bieten keine Alternativen, weil sich die politischen Akteure dieses Effektes nicht bewusst sind oder ihn ignorieren.

Nach dem Bekanntwerden dieser negativen Bewertungen typischer Entwicklungsprogramme bemühten sich unterschiedliche Frauengruppen mit Erfolg darum, in der UN in den 70er-Jahren „*Women in Development*" (WID) zum tragenden Ansatz zu machen. Gesamtgesellschaftliche Strukturen, die

---

183 Zu einer Einschätzung von Erfolg und Misserfolg internationaler Frauenpolitik siehe Holthaus/Klingebiel 1998: 60f.

Geschlechterverhältnisse und der Einfluss internationaler Programme sollten von nun an zusammen in den Blick genommen werden. Diese gemeinsame Anstrengung internationaler Frauengruppen mündete in weiterer Kooperation, so dass nach der Einschätzung von Kardam zum Zeitpunkt der Frauenkonferenz von Nairobi 1985 die Entstehung einer internationalen Frauenbewegung nicht mehr zu übersehen war. Auf dieser Konferenz setzte sich die Einsicht durch, dass Entwicklung eine geschlechtersensible Angelegenheit ist (Kardam 1994: 144).

Marxistische Feministinnen haben am WID-Ansatz kritisiert, dass die internationale Arbeits- und Kapitalordnung übersehen werde, ohne deren Auflösung eine Verbesserung der Situation der Frauen nicht möglich sei. Andere wollten den WID-Ansatz ausbauen und von der Berücksichtigung und Einbindung der Frauen zur Kontrolle und Entscheidung von Frauen über ihre eigenen Entwicklungsmöglichkeiten gelangen. Für diese Strategie wurde der Begriff *Empowerment* gefunden (ausführlicher Kardam 1994: 147f.). Ursprünglich umfasste dieses Konzept mehrere Stufen:

> „a) die eigene Lage als Unrechtssituation zu erkennen, b) sich auf die eigenen Werte als Frau und vor allem auf die ganz spezifische (Lebens-)Kraft und Energie zu besinnen und c) die Isolation aufzugeben in Richtung kreativer Solidarität mit anderen Frauen, die gesellschaftsveränderndes Handeln erst möglich macht." (Hörnemann 1995: 29, zitiert nach Holthaus/Klingebiel 1998: 61)

Der Begriff Empowerment wurde rasch in UN-Dokumente und andere internationale Verlautbarungen aufgenommen. Wie Holtmann und Klingebiel (1998: 61) beobachten, fand dabei eine Verflachung des Konzepts statt.

Als zentrale Modernisierungsinstanz drängt die Weltbank mit so genannten Strukturanpassungsprogrammen zur Reduktion von Ausgaben im Sozialbereich. Auch hier stellt feministische Forschung geschlechtlich kodierte Wertungen und Effekte fest. Hinter der Programmatik, Sozialleistungen zu kürzen, stehe die Annahme, dass entsprechende Aufgaben wieder kostenfrei von Frauen erbracht werden. Ganz allgemein treffe die durch verfehlte Modernisierungspolitik einsetzende soziale Verschlechterung Frauen in besonderem Maße (Nelson/Chowdhury 1994: 5f.).

Innerhalb der spezialisierten Organisationen der Vereinten Nationen wurde WID zu *Gender Mainstreaming* weiterentwickelt, d.h. alle Maßnahmen in verschiedenen Ressorts sollen auf ihre möglichen Effekte auf Frauen und Männer hin eingeschätzt werden. Die Akteure auf den unterschiedlichen Ebenen des internationalen Systems sollen abgestimmt arbeiten und gemeinsam das allgemeine Entwicklungsziel mit dem Ziel der Geschlechtergerechtigkeit verbinden. (*Querverweis: Kap.5.3*)

Feministische Kritik konnte also am Beispiel der Entwicklungspolitik nachweisen, dass politische Programme zum einen mit traditionellen Annahmen über Geschlechterrollen arbeiten und dass zum anderen diese Programme durch ihren geschlechtsspezifischen Zuschnitt wieder selbst an der

Formierung von Geschlechterrollen beteiligt sind, häufig zum Nachteil der Frauen. Geschlechtskategoriale Ansätze, die auch die Geschlechtsrollenannahmen der Wissenschaft kritisch beleuchten, konnten erklären, warum manches scheinbar gut geplante Entwicklungshilfeprojekte zum Scheitern verurteilt war. Feministische Theorie hat auch im Bereich der Entwicklungspolitik darauf gedrängt, nicht nur die Situation der Frauen zu untersuchen, sondern eine Analyse der Geschlechterverhältnisse vorzunehmen.

Feministische Forschung hat auch die Erforschung von politisch-sozialen *Identitäten* in den internationalen Beziehungen vorangetrieben.[184] So zeigt beispielsweise Jean Bethke Elshtain (*Querverweis: Kap. 3.3*), dass staatliches Handeln im internationalen Raum erklärt werden kann durch die Geschichte einer Nation, die sich in dominanten Identitäten äußern. Diese mobilisierbaren sozialen Identitäten sind nach Geschlechtern aufgeteilt. Im Kriegsfall oder in der Vorbereitung auf einen Krieg kann beispielsweise das (männliche) Bild vom „Just Warrior" und das weibliche Bild von der „Spartian Mother" (die bereit ist, ihre Söhne im Krieg zu opfern) mobilisiert werden. Politische Eliten werden versuchen, derartige kulturell verankerte Bilder zu beleben oder zu verändern und auf ihrer Grundlage zu entscheiden. Elshtain schreibt:

> „I argue that rather than obedience or disobedience to an abstract set of stipulative requirements, in time of war what makes the difference in how a nation-state as a collective entity behaves is the structure of that nation's history and experience – its strategic culture. The latter is far more salient in assessing how decisionmakers act than are finely honed theoretical assumptions about international anarchy and the pursuit of self-interest narrowly defined" (Elshtain 1997: 83).

Die Beachtung der Wirkungsmacht dieser kulturellen Bilder und sozialen Identitäten bedeutet auch ein Überschreiten der Analyseebenen der IB. Dazu noch einmal Elshtain:

> „To speak of identities in a rich sociocultural sense is to transgress the classical ‚levels of analysis' or ‚three images model' deeded to us by Kenneth Waltz, among others. Readers are familiar with the model – the individual (especially psychological characteristics or presumably universal motivation), the state, and the anarchic international arena itself comprise three levels of explanation and causation. According to Waltz, the scholar must opt for one level in order to maintain coherence. Waltz, of course, opts for the level of structural determination, the third level. But consideration of politics and identity compels the scholar to move in and through all three levels of analysis as he or she examines the ways in which individual, group, and national identities are constituted. Presuppositions about gender figure at each point, moving in and through each category" (Elshtain 1997: 82f.).

Der Blick auf Identitäten ist ein zentraler Fokus der sich seit den neunziger Jahren herausbildenden konstruktivistischen Ansätze in der IB. Diese Ansätze wurden zunächst vielfach ohne Rückgriff auf geschlechtskategoriale Kon-

---

184 Vgl. z.B. Locher-Dodge 1999.

zepte entwickelt, jedoch liegt hier eine viel versprechende Möglichkeit der theoretischen Begegnung zwischen einer neueren Mainstream-Theorierichtung und feministischer Theorie.

4.4.7 Die Geschlechtlichkeit der Kernbegriffe: Engendering

Engendering steht als Schlagwort für die Vorgehensweise der Geschlechterforschung, dort geschlechtliche Zuweisungen aufzudecken, wo bislang Geschlecht(lichkeit) keine Rolle gespielt haben soll. Dabei geht es nicht nur darum, auf Frauen als bislang übersehene Akteurinnen hinzuweisen. Ebenso bedeutungsvoll und wissenschaftlich schwieriger ist es, die Geschlechtlichkeit, die in einem Begriff oder einem Modell steckt, nachzuweisen.

So gehen Vertreter der realistischen IB-Schule davon aus, dass, wenn sie beispielsweise von *Macht* sprechen, diesem Begriff ein von allen geteiltes neutrales Verständnis zugrunde liegt. Feministische Theoretikerinnen haben jedoch aufgezeigt, dass dieser und andere Kernbegriffe der IB in ihrem historischen Werden und ihrem aktuellen Gebrauch Männlichkeit inkorporieren (vgl. Locher-Dodge 1997: 432).

> „Deutliches Beispiel für jene männliche Aufgeladenheit ist sowohl die realistische Konzeption von Macht, die sich durch die männlich konnotierten Attribute von Dominanz, Kontrolle und Zwang auszeichnet, als auch die Betonung der Notwendigkeit der Autonomie ... Charakteristika, die mit Männlichkeit assoziiert sind, wie Stärke, Aggressivität und instrumentelle Rationalität, werden auf das Verhalten von Staaten projiziert, deren Erfolg als Akteure vom Besitz und von der Nutzung jener männlichen Eigenschaften abhängt" (Locher-Dodge 1997: 431, vgl. auch Tickner 1992: 34).

Mit der Männlichkeit des *Staates* und des Staatsbegriffes hat sich der feministische Diskurs spät, aber ausführlich beschäftigt. (*Querverweis: Kap. 4.3*) Der *Sicherheits*begriff der realistischen IB-Schule definiert auf staatlicher Ebene Sicherheit so, dass Gefahren für Frauen oder auch allgemeiner für einzelne Personen und Personengruppen im Binnenbereich des Staates oder im Binnenbereich der Familie nicht ins Gewicht fallen (vgl. Tickner 1992). Ann Tickner entwirft ein alternatives und feministisches Verständnis von Sicherheit. Sie betrachtet dazu zum einen von Frauen verfasste politische Statements zur Sicherheitsfrage, zum anderen geht sie von typischen Gefährdungssituationen von Frauen aus. Solche Gefährdungen bestehen z.B. – das zeigen US-amerikanische Statistiken, aber auch Erhebungen in Indien – innerhalb der Familie, wo Frauen und Mädchen von Ehemännern und Verwandten verletzt, vergewaltigt und getötet werden.

Damit gelangt Tickner zu einer von ihr als „typisch weiblich" bezeichneten Konzeption von nationaler, ökonomischer und ökologischer Sicherheit. Als „typisch weiblicher" Standpunkt wird dabei der einer sorgenden Mutter verstanden. Diesen Standpunkt versteht Tickner außerdem als feministisch.

Diese Konstruktion eines gemeinsamen weiblichen Standpunkts und die Gleichsetzung von Frau(en), Weiblichkeit und Feminismus war bereits strittig, als Tickners Buch erschien (1992) und ist in aktuellen Veröffentlichungen kaum noch anzutreffen.

Spike V. Peterson kritisiert die Kategorie „nationale Sicherheit", ohne auf gruppenspezifische Gemeinsamkeiten von Männern und Frauen zu rekurrieren. Vielmehr kritisiert sie die gruppenspezifischen und in diesem Fall geschlechtsspezifischen Annahmen des gängigen Sicherheitsbegriffs. Sie weist darauf hin, dass die nationale Sicherheit mit ihren gängigen Instrumenten genau die Gefährdungen hervorbringt, vor denen sie zu schützen vorgibt. Dieses Paradoxon komme auch dadurch zustande, dass der gängige Sicherheitsbegriff immer von einem dichotomen Verhältnis von männlichen Beschützern und weiblichen Schutzbedürftigen ausgehe. Ein gewandelter Sicherheitsbegriff müsse hingegen unterstellen, dass alle Menschen verwundbar sind (Peterson 1992: 51ff.).

Auch das *Militär* – nach realistischer Auffassung wichtigstes Instrument zur Wahrung der nationalen Sicherheit – wurde ausgiebig auf seine geschlechtlichen Implikationen untersucht. Die Diagnose, dass es sich um eine vergeschlechtlichte Einrichtung handelt, hat wenig Widerspruch ausgelöst angesichts der Tatsache, dass Frauen, seit es stehende Heere gibt, vom Stand des Soldaten ausgeschlossen waren mit der Begründung, nicht kampfestauglich zu sein.[185] Frauen – so ein anderes, häufig zu lesendes Argument – könnten deshalb nicht zum Militär zugelassen werden, weil die sexuellen Beziehungen zwischen Soldatinnen und Soldaten die Schlagkraft des Militärs schwächen würden. Unabhängig davon, wie dieser Zusammenhang konstruiert wird, belegt Carol Cohn, dass die militärische Sprache reich ist an sexuellen Bildern und dass die Vorstellung vom Militär als sexfreiem Raum nur ein weiterer Mythos ist (Cohn 1987).

Feministische Forschung hat darüber hinaus aufgezeigt, in welchem Ausmaß Männlichkeit in die Idee des Militärs und in seine Legitimation eingebaut ist. Auch hier ist der Gedanke der Relationalität wichtig. Die Konstruktion des Militärs als männlich-starker Beschützer ist auf die Gegenkonstruktion eines weiblich-schwachen Schutzobjektes angewiesen. Ruth Seifert hat dazu aufschlussreiche Interviews mit Soldaten der deutschen Bundeswehr geführt (Seifert 1993). Die Symbiose von Männlichkeit und Militär bleibt auch dann erhalten, wenn Frauen zum Militär zugelassen werden. Ann Tickner berichtet von einer internen Studie der United States Naval Acade-

---

185 Der renommierte Militärhistoriker Martin van Crefeld versucht, die These von der Schwächung des Militärs durch die Frauen historisch zu belegen. Er vermutet, dass die Eingliederung von Frauen ins Militär die Grausamkeit zukünftiger Kriege noch erhöhen werde. Er schließt seine Ausführungen mit der Hoffnung, dass die Frauen in Zukunft wieder vernünftig werden und – anstatt sich vergeblich um Kampfeskraft zu bemühen – wieder Schutz bei den Männern suchen (vgl. Crefeld 2001: 270/71).

my, die belegt, dass Frauen – 14 Jahre nach ihrer Zulassung zum Militär – als nicht dazugehörend empfunden werden (Tickner 1992: 44).[186] Auch das Beispiel des israelischen Militärs belegt die Beharrlichkeit, mit der das Männliche und das Militärische verwoben sind. Uta Klein (2001) zeigt, dass das Militär in Israel – trotz der auch für Frauen geltenden Wehrpflicht und der Existenz eines Frauenbataillons – eine Instanz ist, die sich weiterhin als männlich definiert, männliche Identität bestärkt und durch seine starke gesellschaftliche Stellung eine Frauen marginalisierende Wirkung in der Politik und der nationalen Identität entfaltet.[187] In einem Vergleich der Geschlechterverhältnisse im Militär der USA, der BRD und Russlands kommt Christine Eifler (2002) zu dem Ergebnis, dass durch den Eintritt der Frauen in das Militär das innerinstitutionelle „Doing Gender" sogar verstärkt wird.

4.4.8 Geschlecht als Strukturkategorie der internationalen Beziehungen

Die theoretischen Engführungen der Geschlechterforschung in der IB ähneln denen, die für feministische Theorie insgesamt bestehen. Wenn feministische IB von Frauenerfahrungen und Geschlechterverhältnissen im internationalen Maßstab sprechen möchte, ist die Gefahr der unzulässigen *Universalisierung* von Erfahrung und Lebenslagen von Frauen besonders groß (Rodgers 2001: 5). Da Frauen als Gruppe gesehen weltweit in vielen Belangen nachweislich im Nachteil sind (Nelson/Chowdhury 1994), besteht eine „Verlockung", Frauen sehr schnell ausschließlich und allgemein als Opfer darzustellen. Diese Tendenz zur *Viktimisierung* ist aber selbst zu einem Gutteil Abbild bestehender Geschlechtstypisierungen (Locher-Dodge 1997: 439). Schließlich besteht – insbesondere im Ansatz der Frauenforschung – die Gefahr, die wechselseitige Bezogenheit von Mann- und Frausein, eben das Geschlechter*verhältnis*, aus dem Auge zu verlieren und damit einer anderen Art von *Geschlechtsblindheit* zu verfallen.

Es geht also nicht darum, nun auf Frauen zu blicken oder eine zusätzliche Variable einzuführen, sondern darum, Geschlecht als Strukturkategorie zu berücksichtigen. Krell fasst zusammen, wie Sandra Whitworth dazu vorgeht:

> „Ins Zentrum ihres Ansatzes stellt sie den Begriff der *historical structure*, den sie von Robert Cox übernimmt und um die *gender*-Perspektive erweitert. *Historical Structures* bestehen danach aus materiellen Bedingungen wie Geschlecht, Hautfarbe, sexuelle Orientierung, Klassenzugehörigkeit, historische Situation, zur Verfügung stehende Ressourcen; aus Ideen, d.h. Normen, Standards der Interpretation, Politisierung von Geschlechtsunterschieden, Bedeutungen, symbolischen Repräsentationen; und aus Institutionen, die Machtbeziehungen reflektieren und vorherrschende Interpretationsmuster legitimieren, formen und verstärken" (Krell 1996: 159).

---

186 Für die USA vgl. weiter z.B. Barret 1996 und Cohn 1993.
187 Zu Israel siehe außerdem: Israel 2001.

Whitworth selbst definiert geschlechtersensible IB-Forschung folgendermaßen:

> „To create an account of international relations that is sensitive to gender, ... is to explore how knowledge about sexual difference is sustained, reproduced, and manipulated by international institutions. It means uncovering the ideas about sexual difference that inform different international activities and discovering the impact these ideas have on their practices. It also means looking to the material conditions in which those activities take place with attention to the ways in which those conditions facilitate or prohibit the adoption of some understandings over others. As such, it means assessing the extent to which international practices themselves contribute to the particular understanding we hold of gender at any given time or place" (Whitworth 1994a: 120).

Geschlechtskategoriale IB-Forschung kann also nicht dabei stehen bleiben, die An- oder Abwesenheit von Frauen als Akteurinnen oder Betroffene in internationalen Arenen zu belegen oder zu beklagen. Geschlecht als Strukturkategorie bedeutet, Geschlecht als Rahmen gebende Struktur der internationalen Beziehungen nachzuweisen, aber auch die strukturierende Kraft von Geschlechternormen auf Seiten der Akteure aufzudecken. Anders ausgedrückt, geschlechtskategorial arbeitende IB-Forschung zeigt auf, wie internationale Politik selbst durch die Geschlechterordnung konstituiert ist und wie andererseits Normen und Praktiken der Akteure und Institutionen der internationalen Beziehungen zur Erhaltung oder Wandlung einer (ungleichen) Ordnung der Geschlechter beitragen (Lemke 2000a: 57).

So verweist beispielsweise Rebecca Grant in einem Artikel von 1994 auf den Zusammenhang zwischen nationalen Geschlechterbildern und der außenpolitischen Haltung der USA. Grant nutzt dabei die Analyse von Betty Friedan, die 1963 unter dem Titel *The Feminine Mystique* die Hausfrauenideologie in den USA der 50er- und frühen 60er-Jahre beschrieben hat. Grant geht es darum zu zeigen, dass zwischen den unterschiedlichen sozialen Identitäten, die Frauen und Männern in einem bestimmten nationalen Kontext angeboten werden, und der außenpolitischen Strategie der politischen Eliten ein komplexer Zusammenhang besteht. Grant vermutet, dass

> „... the feminine mystique flourished in part because it filled a gap in what might be described as national identity. As the U.S. adapted to a more taxing international environment, the process required new confirmation of fundamental principles – the values that legitimize war and international violence – inherent in the political contract. At one level, the feminine mystique buttressed the image of masculinity and eased the remilitarization of American society in the early 1950s. To adapt to the demands of the cold war, U.S. society drew on and cultivated a heightened view of femininity. (...) My point is here that the changing direction of international policy had consequences for the status of gender relations (Grant 1994: 123 u.125).

4.4.9   Anknüpfungspunkte an nicht realistische IB-Schulen

Viele der feministischen Kritikpunkte an der IB scheinen durch die Ausbildung nicht realistischer IB-Schulen oder Teiltheorien entkräftet. Beispielsweise haben sich Integrationstheorien vom pessimistischen Staatenbild des Realismus entfernt. Ausgehend von den zunehmenden Austauschprozessen zwischen Staaten gehen Integrationisten davon aus, dass Kooperation und Integration zum Vorteil der Beteiligten nötig oder gar zwangsläufig sind. Interdependenztheoretiker haben Fragen von Macht und Abhängigkeit sehr viel differenzierter behandelt, als dies im Realismus geschehen ist. Sie haben außerdem erkannt, dass viele unterschiedliche Akteure (also nicht nur Staaten) im internationalen System auftreten und dass diese Akteure nicht nach einer festen Hierarchie geordnet sind. Im Forschungsansatz der ökonomischen Interdependenz wurde die Bedeutung wirtschaftlicher und sozialer Faktoren herausgestellt. In der Linkage-Theorie und den Domestic-Structure-Ansätzen wurde die Untrennbarkeit von Außen- und Innenpolitik theoretisiert. Entwicklungstheoretiker haben den herkömmlichen Begriff der Entwicklung als wirtschaftliches Wachstum kritisiert und um soziale und gesellschaftliche Dimensionen ergänzt. Mit dem Begriff der transnationalen Politik und dem Modell der Weltgesellschaft sollte das komplexe Beziehungsverhältnis zwischen gesellschaftlichen und staatlichen Akteuren innerhalb eines Staates, zwischen unterschiedlichen Politikfeldern und dem außenpolitischen Handeln erfasst werden. In der Regimeforschung wurde insbesondere in der deutschsprachigen Variante die Bedeutung von Normen in den internationalen Beziehungen mitberücksichtigt.

Ute Ruppert konstatiert allerdings, dass die feministische Kritik in den verschiedenen Varianten liberaler, rationalistisch-(neo-)funktionalistischer Sichtweisen noch unausgegoren sei oder noch gar nicht stattgefunden habe. Beispielsweise stehe die Auseinandersetzung mit der im deutschsprachigen Raum prominenten Regime-Forschung noch weitgehend aus (Ruppert 2000: 33, vgl. auch Krell 1996: 163). Dabei haben, wie Ruppert feststellt, feministische IB-Theorie und Regime-Analyse bei allen normativen Unterschieden auch bemerkenswerte Gemeinsamkeiten.

> „Beide sehen globale Politik als multizentrische, verhandlungsintensive Mehrebenenpolitik in einer denationalisierten Welt. Trotz der prekären funktionalistischen Sicht auf die eher als nebensächlich erachtete Rolle von nichtstaatlichen Akteuren, die sowohl Spaltungen unter den frauenpolitischen Akteurinnen als auch Ausschließungen bestimmter feministischer Themen wahrscheinlich werden lässt, sollten diese Anschlussstellen nicht einfach wissenschaftlich unbearbeitet bleiben" (Ruppert 2000: 33).[188]

Auch in sozialkonstruktivistischen Ansätzen der Internationalen Beziehungen werden Anschlussmöglichkeiten für feministische Theorie gesehen. Feministische Theoretikerinnen haben sozialkonstruktivistische Überlegungen geradezu vorweggenommen. Beispielsweise hat Ann Tickner in ihrer Realismus-Kritik immer wieder den Zusammenhang unterstrichen zwischen den Ideen

---

188 Zwingel (2001: 119) schlägt beispielsweise vor, Entstehungsgeschichte und Wirkung des Abkommens CEDAW (Convention on the Elimination of all Forms of Discrimination against Women) mithilfe der Regimetheorie zu analysieren.

der realistischen IB-Schule und der „realistischen", also macht- und militär-
orientierten internationalen Politik.

Im Rahmen kritischer Friedens- und Konfliktforschung hat feministische
Kritik zahlreiche Anknüpfungspunkte gefunden. Friedensforscher und Frie-
densforscherinnen waren nicht bereit, die Welt als hochgerüstetes System
voller Gewalt, Gefahren und Ungerechtigkeit zu akzeptieren. Dieser Zustand
müsse erklärt und verändert werden. Aufgabe der Friedens- und Konfliktforschung ist es demnach, erstens nach den Bedingungen zu forschen, die zur
friedlichen Lösung von militärischen Konflikten führen, und zweitens die
Bedingungen dauerhaften Friedens zu bestimmen. Friedens- und Konfliktforschung hatte dabei stets auch den Zusammenhang mit innerstaatlichem, gesellschaftlichem Frieden im Auge. Für feministische Ansätze äußerst interessant war die Erweiterung des Gewaltbegriffes auf die strukturelle Gewalt,
wie dies von der Friedensforschung – und hier in erster Linie von Johan Gal-
tung – vorgeführt wurde. Abhängig von der jeweiligen Auffassung von Geschlecht, bot die theoretische Erweiterung für einige ForscherInnen die Möglichkeit, das Ungleichheitsverhältnis zwischen Männern und Frauen zu erklären, für andere konnte mit dem Begriff der strukturellen Gewalt gar das Ge-
waltmoment entdeckt werden, das dem bipolaren Geschlechtssystem als sol-
chem zugrunde liegt (kritisch dazu: Wasmuth 1998: 60f.).

Im konstruktivistischen Ansatz der IB-Forschung werden Ideen, Normen
und Werte zur unabhängigen Variablen. Es war stets zentrales Anliegen der
geschlechtskategorialen Forschung, die strukturschaffende Wirkung von
Normen, insbesondere von unausgesprochenen, aber wirkungsvollen Geschlechternormen zu untersuchen.[189] V. Spike Peterson erklärt, was ein post-
strukturalistischer Ansatz in der IB bedeuten kann. In ihrem Aufsatz von
1992: „Security and Sovereign States: What is at Stake in Taking Feminism
Seriously?" ist die Kernfrage: Wie sehen die Identitäten aus, die unser Handeln bestimmen? Und: Wie kommen wir zu diesen Identitäten? Es geht ihr
außerdem darum, die gängigen Kategorien der IB wie Staat, Sicherheit usw.
als prozesshaft zu erkennen, also als Kategorien, die von Menschen gemacht
werden und veränderlich sind. Schließlich empfiehlt sie, die unser westliches
Denken bestimmenden Dichotomien aufzuheben. Privat und öffentlich, Reproduktion und Produktion, Beschützer und Beschützte als vergeschlechtlichte und hierarchische Gegensätze stellen für Peterson gedankliche Fest-
legungen dar, die unsere Analyse begrenzen. Nur in der Überwindung dieser Dichotomien hält sie qualitativ neue Erkenntnisse für möglich (Peterson
1992a: 50ff.).

---

189 Trotz dieser Anschlussmöglichkeiten befürchtet Uta Ruppert, dass in diesem Diskus-
    sionsstrang ein typisches Element feministischer Forschung verloren gehen könnte,
    nämlich der stete Blick auf die sozialen Verhältnisse (Ruppert 2000: 34).

Der Einfluss der postmodernen/poststrukturalistischen Strömung wird in den IB als postpositivistische Strömung oder auch als „Dritte Debatte"[190] bezeichnet. In der „Dritten Debatte" wird die Reflexion eigener Annahmen und Begriffe eingefordert. Damit scheint auch eine größere Offenheit für feministische Überlegungen einherzugehen. Sandra Whitworth hoffte 1994, dass die neue selbstkritische Phase der IB den Beginn einer fruchtbaren Verbindung mit feministischen Ansätzen markieren könnte:

> „Thus the 'next stage' of IR theory will not be one which is merely 'critical', but one which is both critical *and* feminist" (Whitworth 1994/1997: 56).

Obwohl sich zwischen jüngeren nicht realistischen IB-Schulen und feministischer Theorie einige Annäherungsmöglichkeiten zeigen, haben sich feministische Theoretikerinnen bislang noch nicht ausreichend mit diesen Ansätzen auseinander gesetzt. Whitworth ist der Frage der Kompatibilität des Gender-Ansatzes mit den Schulen der IB ausführlicher nachgegangen. Sie hat einen Katalog theoretischer Bedingungen aufgestellt, die zur Integration der Kategorie Gender gegeben sein müssen. Danach muss ein Ansatz auf Folgendes geprüft werden:

> „... whether it permits us to discuss the social construction of meaning, whether it permits us to discuss the historical variability, and whether it permits us to theorise power in ways that uncover the very masking of those power relations" (Whitworth 1989: 267).

Der unter feministischen TheoretikerInnen verbreitete mehrdimensionale Machtbegriff, ebenso wie die Einsicht in die soziale Konstruktion und historische Wandelbarkeit von Bedeutungszuschreibungen und Identitäten müssen nach Whitworth in einer Theorie Platz finden, um geschlechtskategoriale, feministische Forschung zu erlauben (vgl. Whitworth 1989: 266f.). Damit hat Whitworth auch eine Richtung gewiesen im allgemeinen feministischen Streit darüber, ob herkömmliche politikwissenschaftliche Ansätze weiterhin genutzt und feministisch reformiert werden können oder ob radikale Neukonzeptionen nötig sind.

Insgesamt gilt, dass feministische Theoretikerinnen die intensivere Auseinandersetzung mit den Ansätzen nicht realistischer IB-Schulen noch bevorsteht. In umgekehrter Richtung wird allerdings mangelndes Interesse, wenn nicht Ablehnung konstatiert. Die nicht realistischen Schulen, einschließlich der post-positivistischen Debatte, die in vielerlei Hinsicht den feministischen Positionen entgegenzukommen scheinen, haben laut Locher-Dodge (1997:

---

190 Zu einer kritischen Darstellung der wichtigsten Charakteristika der so genannten Dritten Debatte in der IB, über ihre Möglichkeiten und Grenzen, siehe Lapid 1989. Menzel (2001: 204 u. 224) hält es für angebrachter, von der Vierten Debatte zu sprechen. Für ihn ist der (Sozial-)Konstruktivismus eines von mehreren postpositivistischen Lagern.

434) noch keine Notiz von feministischen Überlegungen genommen mit dem von Krell konstatierten Effekt:

„... es bleibt dabei: die gender-Dimension spielt ... bislang so gut wie keine Rolle, ...“ (Krell 1996: 166)

4.4.10 Zusammenfassung

Jüngere Schulen der IB zeigen Anknüpfungspunkte für feministische Überlegungen. Anstatt von einem einheitlichen Akteur „Staat" gehen sie vom komplexen Zusammenspiel von Akteuren unterschiedlichsten Charakters aus. Die meisten IB-Theoretiker sehen die Möglichkeit, dass politische Initiativen auf allen gesellschaftlichen Ebenen internationale Auswirkungen zeigen können, ebenso wie politische Entscheidungen, die als internationale Politik deklariert sind, Effekte auf das Privatleben der Individuen innerhalb und außerhalb eines Staates haben können. Für feministische IB-Theoretikerinnen ist darüber hinaus die Aufhebung der konzeptionellen Trennung in Öffentliches und Privates eine zentrale theoretische Herausforderung.

Die Einführung der Kategorie Geschlecht und damit der Blick auf Geschlechterverhältnisse erfordert auch die Grenzüberschreitung zwischen Außen- und Innenpolitik, zwischen Gesellschaft und Staat. Erkenntnisse über die Wechselwirkung von Außen- und Innenpolitik liegen bereits seit längerem vor. Allerdings wurden sie nur selten umgesetzt und keinesfalls unter Einbezug des Geschlechterverhältnisses (Krell 1996: 165/166). Feministische Betrachtungen der IB denken nicht in Ebenen (individuell, innenpolitisch, international), sondern in komplexen Interdependenzen. Die feministische Perspektive erfordert auch den Einbezug von bisher ausgeschlossenen Bereichen, also dem so genannten Privaten, und marginalisierter Gruppen (Locher-Dodge 1997: 435). Für Ann Tickner ist diese Pluralisierung der Stimmen und Perspektiven auch ein Weg, Wissenschaft zu demokratisieren (Tickner 1992: 9).

Am theoretisch so schwer zu fassenden Phänomen der Globalisierung zeigt sich dieses Ineinandergreifen der Ebenen, die Aufhebung von Staatsgrenzen und das Obsoletwerden gängiger theoretischer Grenzziehungen. Dennoch bemängelt feministische Kritik, dass die Mainstream-Forschung auch bei dieser Thematik die bekannten blinden Flecken aufweist. (*Querverweis: Kap. 5.1*)

Der feministische Theorieanspruch spiegelt damit auch die zunehmende Komplexität internationaler Zusammenhänge wider. Viele soziale Prozesse oder Ereignisse, die bislang auf einen regionalen oder nationalstaatlichen Radius beschränkt waren, treten nun als internationale Phänomene auf. Dies stellt auch Disziplingrenzen in Frage, und mehr und mehr Disziplinen beschäftigen sich mit internationalen Angelegenheiten. Auch herkömmliche IB hat sich bemüht, aus diesem wachsenden Fundus zu schöpfen und die eigenen Fragestellungen auszuweiten. Die Geschlechterforschung – von Beginn an mit interdisziplinärem Selbstverständnis – hat den interdisziplinären Austausch auf ihre Weise beschleunigt (Rodgers 2001: 5).

Feministische IB-Forschung will Frauen in den internationalen Beziehungen kenntlich machen, will Geschlechterverhältnisse aufzeigen und die Bedeutungen von Männlichkeiten und Weiblichkeiten aufdecken. Dabei werden Wege gesucht, Ungleichheiten, Ungerechtigkeiten, Gewalt und Unterdrückung auf internationaler Ebene aufzuheben. Geschlechtskategorial zu forschen, heißt dabei, das Geschlecht zum einen als sozial konstruierte Kategorie in der IB-Analyse zu entdecken und zum anderen als wissenschaftstheoretische Kategorie in die IB-Theorie einzuführen.

Geschlecht als sozial konstruierte, wirkungsmächtige Kategorie aufzuzeigen, kann heißen:

- die vermeintliche Abwesenheit bzw. die unterstellte Inferiorität von Frauen in klassischen Texten sowie die darin übliche Gleichsetzung von Normalität und Männlichkeit aufzudecken;
- Rollen und Bilder von Frauen und Männern in Entwicklungsprozessen und Entwicklungsprojekten zu belegen;
- Rollen und Bilder von Frauen und Männern in nationalen Befreiungsbewegungen, in nationalistischen Bewegungen oder generell in politischen Transformationsprozessen darzustellen;
- Frauen- und Männerrollen bzw. das Geschlechterverhältnis in Kriegs- und Friedenszeiten (Frauen als Friedenssymbol, als Lebensschützerinnen usw., Männer als Krieger und Beschützer) zu analysieren;
- stereotyp vergeschlechtlichte Bilder und Annahmen in Strukturen, Personen und Aktionen in den internationalen Beziehungen zu analysieren.

Geschlecht als wissenschaftstheoretische Kategorie einzuführen, kann unter anderem bedeuten:

- stereotyp vergeschlechtlichte Bilder und Annahmen in herkömmlichen Konzepten von Staat und Souveränität und auch in der Definition des Gegenstandsbereiches der IB aufzudecken;
- den Standpunkt der/des Forschers/in zu reflektieren;
- die Konstruktivität und Macht von Ideen und Begriffen (Geschlecht, Mann, Frau, Sicherheit, Staatsmann, Militär, Macht u.v.a.) zu verstehen und ihre Konstruktionsweise aufzuzeigen.

Literaturtipp
Enloe 1989: Dieser Klassiker von Cynthia Enloe („Bananas, Beaches, and Bases") ist als Einstiegslektüre zu empfehlen. Die amerikanische Politikwissenschaftlerin verfügt über Sprachwitz und originelle Perspektiven. Ihre Beispiele und Schlüsse sind in sehr konkreter, leicht zugänglicher Sprache wiedergegeben. Obwohl sie, wie Krell (1996: 154) bemerkt, keine explizite Theoriediskussion führt, sind ihre theoretischen Annahmen leicht zu erschließen.

Peterson/Runyan 1993: Dieser Band ist zwar im Titel nicht als Einführung benannt, aber doch – in Sprache und Aufbau – als solche angelegt. Die beiden Autorinnen erklären zunächst den Begriff „gender" generell und in den IB im besonderen und gehen dann an Kernbegriffen der IB entlang: power, violence, labor, resources. Zunächst wird die Ungleichheit der Geschlechter am Anteil an politischer Macht, an Gewaltausübung und -erleidung, bei der Arbeitsteilung und der Güterverteilung datenreich belegt, um dann an diesen Beispielen zu illustrieren, wie die Anwendung der Kategorie „gender" zu neuen Sichtweisen führt.

J. Ann Tickner 1992: Die Autorin verfolgt die Absicht aufzuzeigen, wie tief die Denkweisen der IB von Maskulinität und Femininität geprägt sind (1992: 4/5). Sie liefert einen knappen Überblick über die IB-Schulen Idealismus, Realismus, Neorealismus, behavioristische Herausforderung, Interdependenz, Spieltheorie, marxistische Analysen, Worldorder-Modelle. Außerdem gibt sie einen Überblick über zeitgenössische feministische Theorien, liberale und marxistische Patriarchatsstudien, sozialistische Analysen und postmoderne Positionen. Das Buch schließt mit einem eigenen Entwurf einer feministischen Position zu nationaler, ökonomischer und ökologischer Sicherheit.

Christine Sylvester 2001: In diesem Buch werden Genese und aktueller Stand der feministischen Theorie in den IB dargestellt.

Einführungen

Ruppert (Hg.) 1998: Eine Aufsatzsammlung, die verständlich über mehrere Themenfelder der IB informiert. Die Herausgeberin hat zwei von ihr selbst verfasste, einführende Texte vorangestellt. Dabei geht der Aufsatz „Theorien Internationaler Beziehungen aus feministischer Perspektive" auf Theorieströmungen der herkömmlichen IB und des Feminismus ein.

Harders/Roß (Hg.) 2002: Auf eine Einführung von Harders folgen Aufsätze zu Konzeptionen von Krieg, Frieden und Geschlechterverhältnissen, Frauen und Männer als Opfer, TäterInnen und MittäterInnen und zu Geschlechterverhältnissen in Nach- und Vorkriegssituationen.

Übung:

Nehmen Sie sich das erste Kapitel von Cynthia Enloes „Bananas, Beaches, and Bases" vor. Welche IB-theoretischen Aussagen stecken in den von Enloe ausgewählten Beispielen und ihren Interpretationen?

5. Aktuelle politikwissenschaftliche Debatten

Das vorausgehende Kapitel war entlang bestehender politikwissenschaftlicher Felder strukturiert. Im Gegensatz dazua orientiert sich das folgende Kapitel an thematischer Aktualität. Mit „Globalisierung", „Body Politics" und „Gender Mainstreaming" sind Themen aufgegriffen, die sowohl für die Politik als auch für die Politikwissenschaft gegenwärtige Herausforderungen darstellen. An diesen Beispielen kann gezeigt werden, inwieweit geschlechtskategoriale und feministische Forschung die Chance nutzt, auf neue Thematiken nicht nur zu reagieren, sondern den wissenschaftilchen und politischen Diskurs mitzugestalten.

5.1 Neustrukturierung der Geschlechterverhältnisse durch Globalisierung?

Ein Aspekt von Geschlechterungleichheit äußert sich in der ökonomischen Situation der Geschlechter. Im Vergleich zu Männern zeigt sich – insbesondere weltweit betrachtet – eine krasse Benachteiligung der Frauen: schlechtere Jobs, geringere Löhne, weniger Besitz und Freizeit, mehr Arbeit und mehr Armut. Feministische Forschung akzeptiert diesen Zustand nicht als normal oder gar natürlich. Geschlechterforschung sucht nach Erklärungen für den wirtschaftlich-sozialen Effekt der Geschlechtertrennung. Dies geschieht zum Beispiel in der Arbeitsmarktforschung: Der Arbeitsmarkt bietet Männern und Frauen in allen auch nur ansatzweise industrialisierten Gesellschaften unterschiedliche Ausbildungswege, Berufe und Lohngruppen – deren Anerkennung und Bezahlung deutlich zum Nachteil der Frauen ausfällt. Ein solches nach Geschlecht eingeteiltes System hat sich freilich nicht im freien Spiel von Nachfrage und Angebot herauskristallisiert, sondern wurde erheblich von der Politik begleitet und mitgestaltet.

In den Analysen zur „Globalisierung" versuchen feministische und geschlechtskategoriale Forschungen, die soziale Ungleichheit im weltweiten wirtschaftlichen und politischen Zusammenhang zu erklären.

Dieses Kapitel wird am Beispiel „Globalisierung" Untersuchungsergebnisse und Thesen der geschlechtskategorialen und feministischen Forschung aus dem Bereich der internationalen politischen Ökonomie vorstellen. Kurz wird problematisiert, dass sich in der deutschsprachigen Forschung Politikwissenschaft und Wirtschaftswissenschaft noch nicht in angemessener Weise zur Analyse der Globalisierung zusammenfinden. Es wird unterstrichen, dass „Globalisierung" zum einen ein realer Prozess ist, der – zum anderen – von einem eigenen Diskurs begleitet wird. Obwohl Prozess und Diskurs verknüpft sind, sind beide in der Analyse immer wieder zu trennen. Aus gängigen Behauptungen des Globalisierungsdiskurses werden dann die Fragen abgeleitet, die sich in feministischen und geschlechtskategorialen Forschungen stellen. Mit kommentierten Textausschnitten werden einige Antwortversuche exemplarisch vorgestellt.

5.1.1 Internationale Politische Ökonomie

Obwohl Politikwissenschaft und Wirtschaftswissenschaft – wie feministische Kritik aufgezeigt hat – strukturelle Gemeinsamkeiten aufweisen, fällt den Vertretern der Disziplin die Zusammenarbeit nicht leicht. Dies liegt neben vielen anderen Gründen daran, dass die Gewichtung im Zusammenspiel von Politik und Wirtschaft einem Glaubensbekenntnis gleichkommt, das ideologische Grenzen zieht. Während sozialdemokratisch orientierte Analytiker davon ausgehen, dass die Politik der Wirtschaft den Rahmen setzen kann und soll, halten in marxistischer Tradition stehende Wissenschaftler – sehr grob gesprochen – die Politik für eine Funktion der Wirtschaft mit sehr beschränkter eigener Steuerungskraft. Im neoliberalen Denken schließlich wird der Grundgedanke der marxistischen Analyse in gewisser Weise zur Forderung: Politik soll sich gesellschaftlicher Steuerung weitgehend enthalten und lediglich dafür sorgen, dass der Markt uneingeschränkt funktionieren kann.

Während ein neoliberales Wirtschaftsverständnis Globalisierung als einen wirtschaftlichen Prozess versteht, der mit wirtschaftswissenschaftlichem Instrumentarium zu analysieren ist, blickt die Politikwissenschaft naturgemäß auch auf die Verflechtung mit politischen Prozessen. Dabei hat die wissenschaftliche Betrachtung der Globalisierungsprozesse mindestens insofern eine kritische Distanz zur neoliberalen Wirtschaftstheorie einzunehmen, als diese auch Teil eines Diskurses ist, der die Globalisierung rechtfertigt und vorantreibt. Politikwissenschaftliche Analyse muss also zwischen Prozessen und Diskursen unterscheiden, ohne den Zusammenhang zwischen beidem aus den Augen zu verlieren.

In der bundesrepublikanischen Forschungstradition konnte sich die Politische Wirtschaftslehre nicht als breit vertretene Teildisziplin etablieren (Hecker 1999: 195). Trotz einer Fülle von Literatur zu sozialen und politischen Auswirkungen der Globalisierung ist auch derzeit in der deutschsprachigen

Forschung keine Tendenz dazu zu erkennen, dass Wirtschafts- und Politikwissenschaft die globalisierte Wirtschaft und Politik gemeinsam erforschen
würden. Im Gegensatz dazu gibt es in Nordamerika die Spezialisierung „International Political Economy" (IPE).

IPE-ForscherInnen gehen von einem komplexen Zusammenhang von
Wirtschaft und Politik aus. Sie sehen hier ein Aushandlungsverhältnis vorliegen, dessen Neustrukturierung gerade Teil des Globalisierungsprozesses ist.
Die sich als kritische Wissenschaft verstehende IPE teilt einige Grundannahmen der feministischen Kritik an den Internationalen Beziehungen. Beide
betonen nicht nur die Verflechtung von Politik und Wirtschaft, sondern auch
die Untrennbarkeit von Außen- und Innenpolitik.[191]

Obwohl es bemerkenswerte Affinitäten zwischen der grundsätzlichen
Herangehensweise der IPE-Forschung und den feministischen Perspektiven
gibt, arbeitete auch IPE ohne geschlechtskategoriale Methodik (Whitworth
1994a: 118f.). Holland-Cunz bestätigt dies auch für kritische deutschsprachige Studien, wie die von Narr und Schubert von 1994 (vgl. Holland-Cunz
1997a: 86, siehe auch Kreisky/Sauer 1997a: 31). Auch die viel beachtete
Globalisierungsanalyse von Elmar Altvater und Birgit Mahnkopf ist keine
geschlechtskategoriale Studie. Sie widmet sich jedoch ausführlich den Wirkungen der informellen Ökonomie auf Frauen und auf Geschlechterhierar-
chien (vgl. Altvater/Mahnkopf 1996: 294-335; siehe auch Holland-Cunz
1997a: 86u.94). Eine der wenigen deutschsprachigen WissenschaftlerInnen,
die wirtschaftswissenschaftliche Kenntnisse mit feministischer Politikwissenschaft verbindet und derart ausgestattet an die Analyse der Globalisierung
geht, ist die Münsteraner Professorin Brigitte Young.[192]

5.1.2   Globalisierung – Prozess und Diskurs

Auch im noch jungen Diskurs über Ursachen und Effekte der Globalisierung
werden grundsätzliche Verhältnisse und Prozesse in den internationalen Beziehungen übersehen, weil im wissenschaftlichen und medialen Diskurs die
strukturbildende Kraft von Geschlecht in der Regel nicht in Rechnung gestellt wird.[193] Am Beispiel der wissenschaftlichen Analyse der Prozesse, die
aktuell unter den Begriff Globalisierung fallen, soll aufgezeigt werden, welche Erkenntnisse gewonnen werden können, wenn Geschlecht als strukturierende Kategorie einbezogen wird.[194]

---

191 Die Grundannahmen von IPE sind nachzulesen bei Underhill 1994.
192 Young war die einzige Wissenschaftler*in* in der Enquete-Kommission des Deutschen
     Bundestages „Globalisierung der Weltwirtschaft, Herausforderungen und Antworten".
193 Einen Überblick über aktuelle Mainstream-Literatur findet sich bei Menzel 2001:
     226ff, ein Ordnungsversuch bei Beisheim/Walter 1997.
194 Vgl. auch die Thesensammlung bei Kreisky/Sauer 1997a: 32.

Zunächst soll der Versuch einer konsensfähigen Auflistung derjenigen Prozesse erfolgen, die unter Globalisierung subsumiert werden. Die Rede von der Globalisierung bezieht sich auf unterschiedliche, aber zusammenhängende Prozesse, die übernational oder weltweit ablaufen. Zu diesen Prozessen zählen: [195]

- Als Teil und Voraussetzung von Globalisierung: Intensivierung und Beschleunigung von Informations-, Waren- und Finanztransfers durch neue Technologien insbesondere das Internet, was für einen Teil der Gesellschaften das Ende der örtlichen Gebundenheit bedeutet;
- voranschreitende weltweite Integration der Märkte für Güter und Dienstleistungen durch Abbau nationaler oder regionaler Handelshemmnisse;
- internationale Organisation von Produktionsprozessen durch transnationale Unternehmen;
- Integration der Arbeitsmärkte, in dem Sinne, dass Arbeitnehmer weltweit konkurrieren und Arbeitgeber weltweit auf Arbeitskräfte zurückgreifen können, in diesem Zusammenhang auch zunehmende Arbeits- und Wirtschaftsmigration;
- weitgehende Integration der ehemals nationalen Finanzmärkte;
- Entkoppelung von monetärer und realer Akkumulation, bzw. von Finanzmarkt und Warenmarkt; dadurch Herausbildung voneinander unabhängiger Geldgesellschaft und Arbeitsgesellschaft (vgl. Altvater/Mahnkopf 1996: 559-560);
- sozial-kulturelle Angleichungsprozesse durch Medien, Werbung, Produkte, Institutionen;
- Wahrnehmung von Problemkontexten in globalen Zusammenhängen (Klimawandel, Migration u.a.);
- wachsende Bedeutung internationaler politischer und wirtschaftlicher Steuerungsgremien (z.B. UNO, G8, IWF, Weltbank, ...);
- Primat des Marktes bzw. der Unternehmerperspektive über politischer Steuerung. Altvater und Mahnkopf (1996: 62) prägen dafür die Formel „maximal market and minimal state", während Jessop (1997: 273) von einer Gestalt- und Funktionsveränderung des Staates vom welfare state zum workfare state spricht;
- In diesem Zusammenhang Rücknahme von Arbeitnehmerrechten, Arbeitsschutzbestimmungen (Herausbildung von Zonen informeller Arbeit, Niedriglohnzonen), politisches Bemühen, so genannte Lohnnebenkosten zu senken. Privatisierung von bisher im Umlageverfahren geregelter

---

195 Diese Auflistung ist eine Hilfskonstruktion, die lediglich häufig genannte Phänomene der Globalisierung benennt, ohne den analytischen Anspruch einer Definition. Zum Beispiel wird bei dieser Auflistung bewusst darauf verzichtet, zwischen struktureller oder strategischer Dimension zu unterscheiden, was Jessop völlig zu Recht als eine Grundanforderung an eine brauchbare Definition für „Globalisierung" nennt (Jessop 1997: 278). Vgl. auch Lenz 2000: 16ff.

Kosten (Kranken-, Rentenversicherung), Rücknahme von wohlfahrts-staatlichen Leistungen.

Auf diese recht allgemeine Sammlung von Globalisierungsprozessen könnten sich vermutlich viele Globalisierungstheoretiker und -praktiker einigen. Allerdings ließe sich die Liste ausbauen, und die Bedeutung und Bewertung der einzelnen Prozesse könnte sehr unterschiedlich ausfallen, je nach grundsätzlicher Position derer, die Definitionen aufstellen.[196] Insbesondere gibt es Unterschiede bei der Bewertung einzelner Phänomene, aber auch bei der Bestimmung von Ursache und Wirkung. Grundsätzlich kann in einer sehr einfachen Einteilung zwischen Kritikern und Befürwortern unterschieden werden.

Die Befürworter der Globalisierung sind Anhänger der neoliberalen Wirtschaftstheorie, nach welcher der Markt alle Vorgänge selbst regelt, ein globaler Markt ungeheure ökonomischen Wachstumschancen bietet und damit letztlich den Gesamtwohlstand hebt. Entsprechend plädieren Neoliberale für die Aufhebung so genannter Handelshemmnisse.

Die Kritiker der Globalisierung weisen hingegen auf Gefahren hin, die ebenfalls im globalen Maßstab auftauchen. Dabei wird u.a. auf die Umweltbelastung durch ungehemmtes industrielles Wachstum und grenzenlose Mobilität verwiesen, auf Hunger, Armut und modernes Sklaventum in Regionen, die im Welthandel lediglich die Funktion haben, Arbeitskräfte oder Rohstoffe billig zu liefern. Sie weisen aber auch auf die klaffende Wohlstandsschere in den Industrieländern hin, die zu einer sich bereits abzeichnenden Aufkündigung des sozialen Konsenses führe. Politische Proteste, aber auch Konflikte zwischen Gruppen unterschiedlicher nationaler, ethnischer, religiöser oder sonstiger Identität wären die Folgen. Der Anpassungsdruck in Lebensstil und Kultur erzeuge fundamentalistisches Festhalten am Eigenen und Abwehr gegen alles Fremde. Globalisierung gefährde damit viele demokratische und soziale Errungenschaften des 20. Jahrhunderts. Um diesen Gefahren zu begegnen, müsse (demokratische) Politik ihre Steuerungsaufgabe (wieder) übernehmen und der Ökonomie, auch der internationalen, durch Regeln Grenzen setzen.

Diese Wahrnehmung lässt sich auch mit einer mittleren Positionen verbinden, nach der Globalisierung zwar unaufhaltsam und in Teilen wünschenswert sei, aber der politischen Steuerung bedürfe (z.B. Altvater/Mahnkopf 1996: 578).

Menzel (2001: 231f.) setzt davon die Gruppe der Skeptiker ab, die bezweifeln, dass Globalisierung tatsächlich im globalen Maßstab stattfinde.[197] Sie verweisen auf marginalisierte Weltregionen (damit ist meist fast der ge-

---

196 Klassifizierungsvorschläge prinzipieller Positionen sind bei Menzel 2001: 230ff und bei Marchand/Runyan 2000: 3-7 zu finden.
197 Ebenso Beisheim und Walter (1997: 158f.), sie nennen die Autoren Janice Thompson/Stephen Krasner, Klaus Armingeon und Paul Hirst/Graham Thomson. Lemke (2000a: 61) verweist auf eine Studie von Suzanne Berger und Ronald Dore.

samte afrikanische Kontinent gemeint), auf regionales Zusammenwachsen (wie z.B. in der EU) und auf Gegentendenzen.

Außerdem lässt sich unterscheiden zwischen denjenigen, die den Globalisierungsprozess vor allem an kulturellen und kommunikativen Prozessen festmachen, und denjenigen, die diese bestenfalls als Begleiterscheinung der ökonomischen Internationalisierung verstehen.

Wie in anderen Themenfeldern geht es auch bei der geschlechtskategorialen Analyse der Globalisierung bzw. bei der Analyse des begleitenden Diskurses zentral um die Aufdeckung der geschlechtsspezifischen Effekte, also um die Analyse von Neustrukturierungen der Geschlechterordnung und um geschlechtliche Zuschreibungen. Ein Schwerpunkt des gesamten kritischen Teils der Globalisierungsforschung zielt auch darauf, Globalisierung zu konkretisieren, also aktive Steuerungsinstanzen zu benennen. Um diese aktiven Elemente im Globalisierungsprozess herauszustellen, bevorzugen feministische Texte und IPE-Texte den Begriff „Global Restructuring" oder „Neustrukturierung" (z.B. Marchand 2000, Sauer 1999, Underhill 1994) anstelle von „Globalisierung".[198]

Politikwissenschaftliche Geschlechterforschung bemüht sich außerdem um die kritische Betrachtung des dominierenden wissenschaftlichen (und auch populären) Globalisierungs-Diskurses. Dabei geht es vor allem um die Aufdeckung so genannter Mythen (z.B. Marchand/Runyan 2000a: 7). Globalisierungsbefürworter und -kritiker bezichtigen sich gegenseitig der Mythenbildung (Young 1997: 138).

Mythen des Globalisierungsdiskurses:

Globalisierung sei zuallererst und vor allem ein wirtschaftlicher Prozess.

Globalisierung laufe nach den „natürlichen" Gesetzen des Marktes ab, in die weder eingegriffen werden kann noch soll. Es gebe keine Alternative.

Globalisierung sei ein universaler Prozess.

Globalisierung sei ortsungebunden.

Und: Globalisierung sei geschlechtsneutral.

Und – ein von feministischer Seite kreierter Mythos: Frauen seien nur Opfer der Globalisierung.

---

198 Beisheim/Walter (1997: 175) schlagen ebenfalls vor, den Begriff „Globalisierung" aufzugeben.

> **Entsprechend lauten die kritischen Fragen an Globalisierungspraxis und Globalisierungsdiskurs:**
>
> Was ist „natürlich" an der Globalisierung?
>
> Wer treibt Globalisierung voran? Wer wird benannt, wer nicht? Wo findet Globalisierung statt?
>
> Welche Institutionen werden ermächtigt, welche Institutionen werden entmachtet? Wer ist gegen Globalisierung bzw. für deren politische Steuerung aktiv, mit welchen Mitteln und welchen Argumenten?
>
> Wo findet Globalisierung nicht oder nur in (negativen) Teileffekten statt?
> Wie sind verschiedene Länder, Gruppen, Ethnien, Geschlechter betroffen?
>
> Wie werden neue Identitäten geschaffen, wer wird ausgeschlossen?
>
> Mit welchen vergeschlechtlichten Assoziationen wird symbolisiert, argumentiert und beschrieben? Auf welche bestehenden Geschlechterverhältnisse rekurriert Globalisierungspraxis und -rhetorik?
>
> Welche Umdeutungen des Privaten und des Öffentlichen werden deutlich?
> Welche neuen Geschlechtsbilder und Geschlechterordnungen werden erzeugt?

Eine Auswahl von Textauszügen aus feministischen und geschlechtskategorialen Analysen soll im Folgenden auf diese Fragen beispielhaft antworten.

5.1.3 Was ist „natürlich" an der Globalisierung?

Naturalisierung als Argumentationsformel ist Frauen- und GeschlechterforscherInnen wohl bekannt. Es lassen sich damit Argumente mit hoher Suggestionskraft formulieren. Wann immer die Zuständigkeiten und das Wesen der Frauen mit ihrer Natur oder natürlichen Bestimmung begründet wurden, hatte dies folgenreiche Effekte: Die Frau wurde auf eine beschränkte Wesensart und eine begrenzte Rolle festgelegt, und ihre Arbeit wurde abgewertet. In dieser „Naturlogik" muss Frauenarbeit deshalb nicht (oder nur gering) entlohnt werden, weil sie der „natürlichen" Bestimmung und Begabung der Frauen entspricht. Haus- und Erziehungsarbeit muss demnach nicht vergütet werden. In Heimarbeit, Pflege- und Sozialberufen und diversen Leichtlohngruppen kann die Arbeit von Frauen mit geringem Verdienst abgegolten werden.

Auch im neoliberalen Globalisierungsdiskurs tauchen der Topos „Natur" und „natürlich" in mehreren Erscheinungsformen auf. Einmal werden mit dem Verweis auf natürliche Fähigkeit und Bestimmung der Frauen schlechte Bezahlung und ungesicherte Beschäftigungsverhältnisse gerechtfertigt (s. u.), zum anderen dient die Rede von den natürlichen Marktkräften dazu, die Alternativlosigkeit zur globalen Weltmarktentwicklung darzustellen.

Im Globalisierungsdiskurs werden „künstliche" politische Regeln den „natürlichen" Marktgesetzen gegenübergestellt (Underhill 1994: 27). Einerseits wird argumentiert, dass der Markt sich nur dann voll und zum Wohle aller entfalten könne, wenn störende politische Regelungen (Steuern, Tarifbindungen, Arbeitsschutzbestimmungen usw.) wegfallen würden, andererseits insistiert der neoliberale Diskurs auch darauf, dass die Marktkräfte in ihrem natürlichen Spiel ohnehin nicht aufzuhalten seien. Weiterhin wird der Naturbegriff eingesetzt, um zu zeigen, dass der häufig als unmenschlich diffamierte Kapitalismus ganz der menschlichen „Natur" entspräche, die stets nach individuellem Vorteil strebe und sich in der Konkurrenz messen wolle.

Kritische Globalisierungstheoretiker versuchen aufzuzeigen, dass Globalisierung kein durch natürliche Gesetze sich entwickelnder Prozess ist, sondern politisch gewünscht und begleitet wurde, beispielsweise durch den bewussten Verzicht auf eine Kontrolle der Finanzmärkte.

Im Bretton-Wood-System war nach dem Zweiten Weltkrieg eine solche Kontrolle in politisch koordinierter Weise aufgebaut geworden. In den 1970er-Jahren jedoch erschien den politischen Eliten der USA dieses System als den eigenen Interessen nicht mehr angemessen. Mit einer neoliberalen Weltordnung würde sich die Hegemonie der USA am ehesten ausbauen lassen (Helleiner 1994: 167). Unterstützt und gedrängt von sozialen Kräften, die Helleiner als „neo-liberalen Block" aus privaten Finanzinteressen, konservativen Finanzbürokraten und multinationalen Industrien bezeichnet (Helleiner 1994: 167), verfolgten „US policy makers" im eigenen Land, in anderen Ländern und in internationalen Institutionen eine Politik der Deregulierung, Privatisierung und Globalisierung (Mies 2001a: 80). Die in einem unabhängigen, globalisierungskritischen Forschungsinstitut in Paris arbeitende Susan George spricht von einem „war of ideas", den Neoliberale mit viel Aufwand und Logistik gewonnen hätten:

> „The now-dominant economic doctrine, ... is not the result of spontaneous generation. It has, rather, been carefully established and nurtured over decades, through thought, action and propaganda; bought and paid for by a closely-knit fraternity (they mostly are men) who stand to gain from its rule" (George 1997).

5.1.4 Wer treibt Globalisierung voran, wo findet sie statt?

Globalisierung scheint geradezu dadurch definiert, dass sie keinen festen Ort braucht. Mit rasender Geschwindigkeit bewegen sich Informationen über Aktienwerte, Bilanzen, Entlassungen, Fusionsabsichten, politische Instabilitäten usw. um den Globus. Globalisierung erscheint wie eine auf Hochtechnologie basierende Wolke aus Information und Kommunikation, die ohne Bodenhaftung die Welt umspannt. Saskia Sassen, amerikanische Professorin für Stadtplanung und Internationale Beziehungen, erinnert mit ihren Studien daran, dass diese Wolke durchaus irdische Verankerung aufweist. Ein solch greifbarer Bereich ist das an Bedeutung und Umfang gewinnende internationale Recht. Ein weiterer konkreter Ort, der Menschen und Maschinen braucht, sind die „Global Cities". Saskia Sassen beobachtet in den Global Cities Globalisierungs„teilnehmer“ und Neustrukturierungsprozesse, die im üblichen Globalisierungsdiskurs nicht zur Kenntnis genommen werden: [199]

> „What are the strategic sites in today's leading processes of globalization? Among these, few are as important as global cities – strategic sites for the valorization of leading components of capital and for the coordination of global economic processes.
>
> (...) Massive trends toward the spatial dispersal of economic activities at the metropolitan, national, and global level represent only half of what is happening. Alongside the well-documented spatial dispersal of economic activities, new forms of territorial centralization of top-level management and control operations have appeared: national and global markets, as well as globally integrated operations, require central places where the work of globalization gets done. Further, information industries require a vast physical infrastructure containing strategic nodes with hyperconcentration of facilities. Finally, even the most advanced information industries have a production process.
>
> Once this production process is brought into the analysis, we see the secretaries are part of it, and so are the cleaners of the buildings where the professionals do their work. ... We recover the material conditions, productions sites, and place-boundedness that are also part of globalization and the information economy.
>
> (...) A detailed analysis of service-based urban economies shows that there is considerable articulation of firms, sectors, and workers who may appear as though they have little connection to an urban economy dominated by finance and specialized service, but in fact fulfill a series of functions that are an integral part of that economy. They do so however, under conditions of sharp, social, earnings, and, often, sex and racial/ethnic segmentation" (Sassen 1996: 4f.).

5.1.5 Welche Institutionen werden ermächtigt und welche entmachtet?

Restrukturierung bedeutet auch Machtverschiebungen zwischen bestehenden Institutionen und Neuentstehung von Institutionen. Einerseits verlieren nationale Parlamente an Bedeutung, da es immer mehr überregionale Regelungen gibt (Beispiel Europäische Union). Andererseits verlieren internationale politische Institutionen an Macht, wie z.B. die UN und ihre Unter- und Sonderinstitutionen, während demokratisch nicht legitimierte Wirtschaftsinstitutionen wie Weltbank und IMF immer mehr politischen Druck ausüben können. [200]

Die Liberalisierung der Finanzmärkte gab Banken und transnationalen Unternehmen die Möglichkeit, mit Kapitalflucht zu drohen und so effektiv Einfluss auf Regierungspolitik zu nehmen. Helleiner nennt dieses Phänomen „governance without government" (Helleiner 1994: 173).

Auch innerhalb der Institutionen eines Staates zeigen sich entsprechende Verschiebungen. Marchand und Runyan schreiben dazu:

---

199 Es entwickelte sich daraus ein ganzer Forschungszweig, siehe die Zeitschrift „ Peripherie", deren Nr. 81/82 vom Mai 2001 dem Global-Cities-Konzept gewidmet ist.

200 Zu Entwicklung und Politik der Welthandelsorganisation (WTO) aus frauenpolitischer Sicht siehe Schunter-Kleemann 2001.

„[I]t is important to recognize that the state is not a homogeneous entity. Within states (Central and East European, OECD as well as Southern), there are sectors that remain 'domesticated' even as other sectors are internationalized. For example ministries that focus on domestic health, education and social welfare are becoming increasingly disadvantaged or 'feminized' in relation to ministries of finance and economic affairs that are directly related to the global economy and, thus, invested with masculine authority. Such ministries are also displacing the power of elected officials as democratic processes are increasingly viewed as too cumbersome for the fast-track world of global economies" (Marchand/Runyan 2000a: 14).

„As the public arena itself is being redefined and subordinated to private capital, women are even further distanced from power even as they become workers and elected officials because the nature of work is being degraded and the powers of legislature are being diminished. The locus of power is shifting from the public world of politics to the privatizing, and thus, depoliticizing, world of economics" (Marchand/Runyan 2000a: 15).

5.1.6   Welche Umwertungen von privat und öffentlich finden statt?

Wie Marchand und Runyan im vorausgehenden Zitat feststellen, findet im Globalisierungsdiskurs eine Neudefinition des Verhältnisses von privat und öffentlich statt sowie eine Neubewertung beider Sphären, die mit femininen bzw. maskulinen Assoziationen verdeutlicht werden. Der Staat – so seine neoliberalen Kritiker – ist zu feminin: Zu fürsorglich ziehe er Faulenzer mit, gelähmt sei er durch demokratische Prozeduren, verschwenderisch durch aufwendige Sozialprogramme und aufgeblähte Verwaltungen. Die öffentliche Hand wird dabei geradezu zum Synonym für Ineffizienz und Phlegma. Also müsse der Staat entschlackt werden, von den Fürsorgeaufgaben Abstand nehmen und seine Entscheidungen schnell umsetzen können – eine Remaskulinisierung des Staates wird empfohlen (vgl. auch Watson 1993).

Der neoliberale Blick auf den Markt weist einen bemerkenswerten Umgang mit dem Bereich auf, der herkömmlicher Weise als Privatbereich definiert wurde. Das Private als Familienleben, als intime Beziehungen, als Reproduktionsbereich – als weiblicher Raum – wird nicht thematisiert, ist ausgeblendet. Im neoliberalen Globalisierungsdiskurs füllt der Markt den Privatraum vollständig aus. Dieser Privatraum Markt ist stark, rational und in seiner Aggressivität nicht aufzuhalten. Der Markt erscheint in vollständig maskuliner Form. Dazu noch einmal Marchand und Runyan:

„Neoliberal discourse, ..., constructs the market as the private sector in contradiction to the state as the public sector and either totally disregards the private realm of the household/family or lumps it into a very broad conception of (private) civil society that includes market actors and which is also counter-posed to the (public) state.
In neoliberal discourse on globalization, the state is typically 'feminized' in relation to the more robust market by being represented as a drag on the global economy that must be subordinated and minimized. As critics have noted, however, the state also paradoxically takes on a new role by becoming more akin to the private sector (and

thus remasculinized) as it is internationalized to assist global capital and as its coercive and surveillance capacities are being enhanced.
To make feminist sense of these conflicting engendering of the state, it is first necessary, to note that not all states have similar capacities to participate in the global economy. While OECD states are in a position to 'male-bond' with global capital and thus partially retain or recapture their masculine status, Southern (and other subordinated) astates are forced to accept a more feminized status" (Marchand/Runyan 2000a: 14).

Zusätzlich zu diesen Veränderungen, die zunächst auf der Ebene der Definition und Bewertung stattfinden, ändert sich auch das Arbeitsleben und Freizeitverhalten in einer Art, die erneut die herkömmliche Einteilungen in privat und öffentlich in Frage stellt. So haben philippinische Hausangestellte in Hongkong ihr Privatleben auf öffentliche Plätze verlegt (Youngs 2000). Dadurch, dass gut Verdienende Hausarbeit und Kinderfürsorge als (gering) bezahlte Dienstleistung einkaufen, werden die traditionellen Tätigkeiten und Werte des Privaten in ein öffentliches Verhältnis verwandelt (Young 2001: 87).

Hier findet also auf mehreren Ebenen eine bemerkenswerte Verschiebung der Definition des Privaten und Öffentlichen und der vergeschlechtlichten Assoziationen statt. Geschlechterstudien haben den engen Zusammenhang der Definition von öffentlich und privat einerseits und des Geschlechterverhältnisses andererseits ausführlich analysiert mit dem Ergebnis, dass eine Neudefinition von privat und öffentlich immer auch eine Neudefinition der Geschlechter und des Geschlechterverhältnisses bedeutet. Ein solches Aufbrechen des Geschlechterverhältnisses könnte auch Chancen bergen. Allerdings überwiegt bei den Beobachterinnen die Skepsis. Arbeit im familiär-privaten Bereich wird – immer noch überwiegend von Frauen – unsichtbar und unbezahlt im „Hintergrund" erledigt. Innerhalb staatlicher Instanzen gewonnene Verhandlungsräume für Frauenpolitik gehen im schlanken, sich von eigener gesellschaftspolitischer Gestaltung zurückziehenden Staat verloren (Sauer 1999: 3f.).

Die sozialistisch orientierte, amerikanische Feministin Zillah Eisenstein formuliert diese Skepsis in deutlichen Worten:

„The neoconservative agenda demands the elimination of public responsibility. Forget federal regulations on the workplace. Forget medicaid or medicare. Forget vaccinations for poor children. ... This privatization takes place on the top of the existing patriarchal and racist inequities that structure the public/private divides.
(...) Because privacy always exists in relation to publicness, and because they shift and conflict with each other simultaneously, the privatization of the public realm has created a crisis for both realms.
(...) Full publication of life leads to fascism or statist communism. But what does full privatization lead to? It leads to the depiction of 'the' public as the enemy – as the arena of special/divise interest that balkanize the country. The anti-tax, anti-government stance has displaced publicness and made the poor the enemy" (Eisenstein 1996a: 2f.).

5.1.7 Auf welche Weise wird die Geschlechterordnung restrukturiert?

Die These von der Restrukturierung der Geschlechterordnung bezieht sich u.a. auf die herrschenden Bilder bzw. Leitbilder von Männern und Frauen, mit denen die Geschlechter neu zueinander ins Verhältnis gesetzt werden.

Charlotte Hooper legt eine Analyse der Rekonfigurierung des Männer- und des Männlichkeitsbildes im Globalisierungsdiskurs vor (Hooper 2000). Hooper hat das Wochenmagazin „The Economist" untersucht. Sie bewertet sowohl die Aussagen in den Fachbeiträgen und Kolumnen als auch die Werbung, mit der Banken, Versicherungen und Unternehmensberater auf sich aufmerksam machen. Der „Economist" versteht sich selbst als Organ der Global Player und wendet sich an deren Führungskräfte. Die Zeitschrift ist

"in a prominent position to help to construct the dominant symbolic imagery of the new globalized political economy, including the gendered imagery of masculinity associated with the interlocking elites who form a global ruling class" (Hooper 2000: 61).

Hooper kann im „Economist" eine deutliche Verschiebung im Männlichkeitsbild verfolgen. Nach ihren Beobachtungen verschwindet zu Beginn der 1990-Jahre das Idealbild des patriarchalen, mit gehobener bürgerlicher Etikette auftretenden Unternehmerführers. Er wird abgelöst durch einen jüngeren Kollegen in sportlich-legerer Kleidung, dessen Insignien der Führung nun moderne Kommunikationsmittel sind. Auch der Kompetenzkatalog des modernen Businessmanns hat sich verändert: Asiatische Managementmethoden und so genannte weibliche „soft skills" wurden in das Bild des ehrgeizigen Einzelkämpfers integriert.

"Perhaps the most powerful construction of globalization in *The Economist* is through imagery which integrates science, technology, business, and images of globalization into a kind of entrepreneurial frontier masculinity, in which capitalism meets science fiction" (Hooper 2000: 67).

Dieser moderne Unternehmensführer setzt auf Zukunft statt auf Traditionen und auf weltumspannende Technologien anstelle von ortsgebundenen Fachleuten. Wie Hooper zusammenfasst, hat sich das Unternehmerbild zwar deutlich modernisiert, die diametrale Beschreibung von männlichen und weiblichen Welten bleibt davon jedoch unbeschadet:

„This imagery positions globalization firmly in the glamorous masculine conceptual space of the 'international', as far from the feminized world of domestic life as possible" (Hooper 2000: 68).

Globalisierung wird in der von Hooper analysierten Zeitschrift mit einer aggressiven, heterosexuellen Männlickeit verknüpft. Sie zitiert eine Ausgabe des „Economist" von 1994 mit eindeutigen sexuellen Metaphern. Der Artikel mit dem Titel „Ripe for Rape" wirbt für Investitionen in Myanmar:

„Asia's business men have had their eye's on Myanmar's rich resources for a while. Unlike most of its neighbors, it still has teak forests to be felled and its gem deposits are barely exploited. Its natural beauties ... make it potentially irresistible ... Businessmen are beginning to take the first steps towards exploiting this undeveloped land" (The Economist 15 January 1994: 65, zitiert nach Hooper 2000: 68).

„The reader is metaphorically invited to identify with the foreign (Western) businessmen hoping to rape this pubescent girl with her unexploited gems and irresistible natural beauties. This imagery draws directly on racist and sexist colonial discourse about White male exploration and adventure in 'virgin territories'" (Hooper 2000: 69).

Für Hooper signalisiert diese Sprache die stillschweigende Akzeptanz von internationalem Sextourismus (Hooper 2000: 69). In diesen Ausführungen ist der moderne, global agierende Businessman ein Eroberer, ein heterosexueller Mann, der sich Märkte und Frauen gleichermaßen unterwirft.

Während der globalisierungsfreundliche Diskurs ein oberflächlich erneuertes Männerbild zeigt, wird an den Produktionsstätten der globalisierten Ökonomie mit einem sehr traditionellen Frauenbild „gearbeitet". Die Journalistin Christa Wichterich stellt fest, dass das in Billiglohnländern herrschende Frauenbild zum Standortvorteil werden kann, weil damit weibliche Arbeitskraft als wichtigste, „natürliche" Ressource genutzt und angeboten werden kann. Dadurch sind an einzelnen Standorten internationaler Konzerne tatsächlich eine Vielzahl von Jobs entstanden, die gezielt mit Frauen besetzt wurden. Der Beschäftigungsanteil von Frauen lag in den Exportfabriken der jeweiligen Billiglohnländer bei 70 bis 90 Prozent (Wichterich 1998: 15). Was als Gewinn oder gar Bevorzugung von Frauen gewertet werden könnte, wird von kritischen BeobachterInnen als geplante Feminisierung von leichtindustriellen Bereichen beschrieben: Die Unternehmen suchen wenig organisierte, flexible, genügsame Frauen, die für wenig Geld in ungesicherten Beschäftigungsverhältnissen arbeiten. Dazu können sie sich Staaten aussuchen, die solche Arbeitsverhältnisse von ihrer Gesetzgebung her zulassen und deren Gesellschaft durch geeignete Geschlechtsstereotypen gekennzeichnet sind. Manche Staatsführungen scheuen sich nicht, offensiv damit zu werben, dass ihre Gesellschaft den gesuchten Frauentyp zu bieten habe (Locher-Dodge 1997: 440f.).

Wichterich beschreibt die Logik von Beschäftigungsfeminisierung:

„Ihre als Wirtschaftswunder gepriesenen hohen Wachstumsraten verdanken die ‚Tiger', die Schwellenländer Südostasiens, in erster Linie Millionen Frauen, die die Weltmarktbetriebe in ihren Sog zogen und wieder ausspuckten. Beschäftigungsform war eine schnelle Rotation der Arbeitskräfte: Junge Frauen mit Grundschulbildung wurden zu Spottlöhnen eingestellt und nach wenigen Jahren, meist nach der Heirat oder vor der Geburt des ersten Kindes, wieder abgestoßen" (Wichterich 1998: 16).

Wichterich beschreibt weiter, wie diese Beschäftigungsform und die gesellschaftlich gelebte Geschlechterhierarchie ineinander greifen.

„Keineswegs überall gilt, dass die Frauen über das Einkommen, das sie erwirtschaften, auch verfügen können. Industriearbeiterinnen in Honduras berichten, dass am Zahltag die Ehemänner vor den Toren der Fabrik warten und abkassieren. Einige Männer haben sogar aufgehört zu arbeiten, seit die Frauen Geld verdienen. (...) Lohnarbeit der Frauen außerhalb des Hauses führt jedoch mitnichten zu einer Veränderung der familialen Arbeitsteilung. Die Männer drücken sich vor der Hausarbeit, und die Frauen haben die Doppelbelastung. Jeden Abend surrt vor Fabriktoren und Werkstätten in Bangkok die Luft von den laufenden Motoren von Mopeds. Mit waghalsigen Überholmanövern vorbei an endlosen Auto- und Busschlangen bringen junge Männer ihre Frauen auf dem schnellsten Weg nach Hause, damit sie möglichst bald am Herd stehen, um ein köstliches Abendessen zuzubereiten. Verheiratete Näherinnen in Bangladesh sind froh, dass ihre Männer einen Teil der Haushaltsarbeit übernehmen. Doch die meisten müssen nach der zwölfstündigen Fabrikarbeit noch mindestens anderthalb Stunden Hausarbeit leisten und bekommen nicht einmal sechs Stunden Schlaf – erheblich weniger als ihre männliche Kollegen. Folge davon ist eine Dauerschwächung des Organismus. (...) Auch innerhalb der Fabrik wird die überkommene Rollenverteilung zwischen den Geschlechtern nicht aufgebrochen. Männer sind Vorarbeiter und bedienen die Maschinen, Frauen bewältigen fleißig und flink die arbeitsintensiven Produktionsschritte" (Wichterich 1998: 51f.).

Cynthia Enloe – wichtige Autorin der geschlechtskategorialen Forschung in den Internationalen Beziehungen (*Querverweis: Kap. 4.4*) – hat die hier anschaulich werdende Verflechtung von Innen- und Außenpolitik einerseits und das Zusammenspiel von materieller Lage und ideellen Annahmen andererseits am Beispiel des Sextourismus überzeugend illustriert.

"[T]o succeed, sex tourism requires, Third World women to be economically desperate enough to enter prostitution; having done so it is made difficult to leave. The other side of the equation requires men from affluent societies to imagine certain women, usually women of color, to be more available and submissive than the women in their own countries. Finally, the industry depends on an alliance between local governments in search of foreign currency and local and foreign businessmen willing to invest in sexualized travel" (Enloe 1989: 36f.).

Um diese „Arbeitsteilung" und Hierarchisierung zu erklären, ist es nicht ausreichend, nach materiellen Bedingungen, nach Kaufkraft, Angebot und Nachfrage zu fragen. Nach Sandra Whitworth wirken hier Vorstellungen und Ideologien, die von herkömmlicher Politik und Wirtschaftswissenschaft in der Regel übersehen werden (vgl. Whitworth 1994a: 125).

Dagegen glaubt Maria Mies nicht an die Macht von Vorstellungen, sondern spricht von der Struktur des Kapitalismus. Danach hat der Kapitalismus schon immer auf Arbeit und Produktion zurückgegriffen, für die nicht bezahlt wurde. In früheren Phasen stütze sich die kapitalistische Entwicklung dabei auf Rohstoffe und Menschenkraft aus den Kolonien, heute werde Arbeit insgesamt „hausfrauisiert".

Mies, die den Begriff zusammen mit Bielefelder Soziologie-Kolleginnen eingeführt hat, erklärt „Hausfrauisierung" folgendermaßen:

„Ich habe den Begriff der Hausfrauisierung 1978/79 im Zusammenhang meiner Forschung über Spitzenhäklerinnen in Narsapur, in Südindien, geprägt. Schottische Missionare hatten im 19. Jahrhundert die Spitzenindustrie in dieses Gebiet eingeführt und die landlosen Frauen gelehrt, in Heimarbeit Spitzen zu häkeln, die dann in Europa, USA und Australien verkauft wurden. (...) Die Ausbeutung dieser Frauen ... funktionierte, weil die Exporteure, die inzwischen Millionäre geworden waren, diese Frauen als Hausfrauen ansahen, die sowieso zu Hause säßen und ihre freie Zeit produktiv nützen könnten. Hausfrauisierung bedeutet also nicht nur kostenlose Reproduktion der Arbeitskraft durch private Hausarbeit, sondern auch die billigste Art der Produktionsarbeit in Form von Heimarbeit oder ähnlichen Arbeitsverhältnissen, speziell für Frauen" (Mies 2001: 167).

Gemeinsam ist den unterschiedlichen Analysen die Beobachtung, dass Globalisierungskonzepte auf bestehende Geschlechterordnungen aufbauen und sie in neuer Form zementieren. Die unmittelbar mit Geschlechterkonzeptionen zusammenhängende Umdefinition von öffentlich und privat wird ergänzt von modernisierten Formen der geschlechtlichen Arbeitsteilung, bei deren Herausbildung Geschlechterstereotypen, patriarchale Traditionen und marktwirtschaftliches Verwertungsdenken zusammenwirken.

5.1.8   Sind nur *Frauen Opfer der Globalisierung?*

Gibson-Graham (1996) bemerkt, dass auch die Sprache der Globalisierungskritiker in kritischem Lichte betrachtet werden müsse. Auch diese sei im sexualisierten Skript verfangen, nach dem es auf der einen Seite den Kapitalismus als Vergewaltiger der Welt und auf der anderen Seite Frauen und andere Unterdrückte als Opfer gibt. Eine derartige Konstellation zur Ausgangshypothese zu erheben,

„birgt aber die Gefahr, die vielfach kritisierte Viktimisierung von Frauen fortzusetzen und gleichsam zu globalisieren ..." (Kreisky/Sauer 1997a: 32).

Es ist nicht ausreichend von Feminisierung auf der einen und Maskulinisierung auf der anderen Seite zu sprechen. Robert Connell (1989) beschreibt in seinen Betrachtungen zur Globalisierung unterschiedliche Typen der Maskulinität, die durch zunehmende Feminisierung an sozialem und politischem Status verlieren können. Gerade im Globalisierungsdiskurs kann beobachtet werden, dass bestimmte Gruppen von Männern feminisiert werden, das heißt, vollständige Maskulinität wird ihnen abgesprochen, ihre Arbeit oder Lebensweise verweiblicht und in der Folge im Wert herabgesetzt (Connell 1999: 99ff.).

Auch wenig qualifizierte Männer arbeiten zunehmend in den neuen informellen Sektoren der globalisierten Wirtschaft. Der geringe Lohn und die Unsicherheit des Beschäftigungsverhältnisses ermöglichen es kaum, die Lebenshaltungskosten einer Person, geschweige denn einer Familie zu decken. Zusammen mit ihrer Kollegin Claudia von Werlhof hat Mies schon in den 80er-Jahren vorausgesagt, dass in Zukunft auch Männerarbeit „hausfrauisiert" (s.o.) werde (Mies 2001: 170). Was Mies hier als sich ausweitende Tendenz zur Hausfrauisierung bezeichnet, wird in den meisten Texten schlichter als Ausweitung des informellen Sektors beschrieben (dazu knapp: Young B. 2000: 398f, ausführlich: Mahnkopf 1997).

Die Geschlechterforschung findet also in der Betrachtung der internationalen Ökonomie die Bestätigung der Verschränkung von Class-Race-Gender-Kategorien. (*Querverweis: Kap. 1.3.10*) Die Verweiblichung oder Feminisierung von Gruppen bedeutet Herabsetzung und trifft auch Gruppen, die nach der Sex-Einteilung Männer sein müssten. Für Patriarchats- und KapitalismusforscherInnen wirft diese Beobachtung die Frage auf, ob weltweites kapitalistisches Wirtschaften stets unterbezahlte, halb versklavte ArbeiterInnen braucht, also immer „(Haus-)Frauen" im Mies'schen Sinne produzieren wird.

5.1.9   Sind Frauen nur Opfer *der Globalisierung?*

Auch Frauen sind Teil und ökonomische Gewinnerinnen der neuen Geldgesellschaft. Allerdings – und hier ist der durch den Class-Race-Gender-Ansatz geschärfte Blick gefragt – ist der Eintritt der weißen, gebildeten Mittelschichtsfrau in den New-Boys-Club begleitet von dem Aufkommen einer ethnisch, national oder rassisch gesonderten Dienstleistungsschicht. Migrantinnen aus Osteuropa, Lateinamerika und Afrika übernehmen für eine geringes Gehalt Hausarbeit und Kindererziehung der Gutverdienenden. Dadurch verstärkt Globalisierung die vorhandenen Ungleichheiten zwischen Frauen in einem Land (Lemke 2000: 324, ausführlicher: Mahnkopf 1997).

Frauen und Frauengruppen sind außerdem aktiv an der Gestaltung der Globalisierung beteiligt. Dies lässt sich beispielsweise an den großen UN-Konferenzen zeigen, die der UN-Dekade der Frauen 1976 – 1985 folgten. Frauen aller Weltregionen haben sich getroffen, diskutiert, Erklärungen vereinbart, haben auf die Gemeinsamkeiten ihrer Probleme verwiesen und eine internationale Vernetzungsstruktur aufgebaut. Mit der großen, weltweiten Beteiligung von Frauengruppen im Vorfeld, während und nach diesen Konferenzen sind Frauen *aktiver* Teil des Globalisierungsprozesses.

In ihren Deklarationen hingegen wird deutlich, dass diese Gruppen vor allem *reagieren* auf Effekte der Umstrukturierungsmaßnahmen, die sich an den Arbeitsplätzen, in den Familien und an der eigenen Gesundheit äußern. So konnte immerhin erreicht werden, dass der Zusammenhang von so genannten Strukturmaßnahmen mit Armut, Gesundheit, Ökologie und der Rolle der Frauen öffentlichkeitswirksam ausgewiesen wurde. Dabei ist das zögerliche Eindringen des Themas Ökonomie in die UN-Konferenzvorbereitungen Ausdruck der Tatsache, dass mittelständische, gut ausgebildete Frauen der nördlichen Industriestaaten den Organisationsprozess dominierten und andere Themen bevorzug(t)en als Frauen aus den südlichen Weltregionen (Stienstra 2000: 212 u. 216f.).

Obwohl die Analysen und Formulierungen der Frauen-Plattformen in die Abschlussdokumente der internationalen Konferenzen eingingen und auch vor nationalen Regierungen vorgetragen wurden, ist an ihrem Einfluss auf Regierungen und vor allem auf transnationale Konzerne und die großen internationalen Wirtschaftsorganisationen zu zweifeln. Deborah Stienstra schreibt dazu:

> "The IMF and the WTO have done little to incorporate gender in their mandates and work despite the coordinated efforts towards these ends within the United Nations (...). They have also worked through the United Nations to limit access for nongovernmental actors to their areas. In effect, since they are neither accountable to nor require approval from women's movements (...), they can side-step ...women's caucasus at present" (Stienstra 2000: 222f).

> "Accepting women's caucasus as legitimate and important actors in inter-governmental discussions is, however, a risky strategy for governments, international financial institutions, and TNC's, but may be even riskier for women's movements. While it allows women's groups to have a say and leads governments to make commitments, it does not require any action by governments. In fact, governments can begin to use the language of women's movements without implementing the significant actions that are attached to them" (Stienstra 2000: 223).

Der Blick auf die UN als ein Forum der internationalen Interessenartikulation zeigt zum einen die aktive Beteiligung von Frauen am Globalisierungsprozess, zum anderen aber auch ihren deutlich beschränkten Einfluss auf dessen Gestaltung. Auch gibt dieser Blick eine weitere Teilantwort auf die Frage, welche Institutionen entmachtet und welche ermächtigt werden. Schließlich wird an der Geschichte der Frauengruppen, die sich um Einfluss auf die UN-Institutionen bemühten, auch die Unterschiedlichkeit der Interessenlagen von Frauen deutlich.

Eine neuere Forschungsrichtung beschäftigt sich mit der Analyse der neuen politischen und wirtschaftlichen Institutionen, Verhandlungsforen und Regime im internationalen Raum. Global Governance[201] ist die Bezeichnung für die bisher nicht in diesem Ausmaß bekannte Steuerungsfähigkeit nicht staatlicher, internationaler Institutionen. Feministische Theoretikerinnen sind in diese Diskussion eingestiegen mit der Leitfrage, ob diese neuartigen Regelungsinstitutionen und -mechanismen Chancen bieten für mehr Frauenbeteiligung, für Frauenförderung oder geschlechtergerechte Politik (vgl. beispielsweise: Holland-Cunz/Ruppert 2000 und Ruppert 1998).[202]

Als aktive Globalisierungsgestalterinnen treten Frauen auch in der Protestbewegung auf, die in den deutschsprachigen Medien verkürzt als Globali-

---

201 Der Begriff geht zurück auf den Bericht der „UN-Commission on Global Governance" von 1995. Mittlerweile wurde „Global Governance" zu einem normativen idealistischen Konzept (Menzel 2001: 226) weiterentwickelt, aber auch in einem kritischen Verständnis weiter genutzt (in diesem Sinne z.B. bei Schunter-Kleemann 2001).
202 Knappe kritische Besprechung des Global-Governance-Konzepts bei Lenz 2001: 16-18, siehe außerdem Literaturüberblick bei Menzel 2001: 226-235.

sierungsgegnerschaft dargestellt wird. Tatsächlich ist diese Bewegung in vieler Hinsicht selbst global – in ihrer Vernetzungs- und Organisationsstruktur, in ihren Analysen und Zielen.[203] Deshalb ist die englische Bezeichnung „anticorporate movement" treffender. Diese Bewegung tritt nicht als feministische auf. Doch gehören zu der Vielzahl von Einzelgruppierungen auch feministisch orientierte, und viele frauenpolitische Initiativen protestieren speziell dagegen, wie Frauen in die Arbeitsverhältnisse der globalisierten Wirtschaft eingebunden sind (Schunter-Kleemann 2001: 92).

Auch lokale Basisgruppen bemühen sich darum, den Globalisierungseffekten nicht nur ausgesetzt zu sein, sondern diese auch zu gestalten. Bekannt wurde das Beispiel von Arbeiterinnen in Mexiko, die in so genannten Sweat Shops beschäftigt sind. Es handelt sich um Produktionsstätten der Bekleidungsindustrie, die an Arbeitsverhältnisse des 19. Jahrhunderts erinnern, aber Teil einer sehr modernen, internationalen Produktionskette sind. Der arbeitsintensive Produktionsabschnitt des Nähens wird ausgelagert an billige Produktionsorte. Näherinnen müssen in unerträglich engen, übersetzten und daher oft heißen Räumen (daher: Sweat Shops) Bekleidungsstücke herstellen. Diese Näherinnen haben entweder keine oder illegale Arbeitsverträge. In vielen Städten der USA, aber auch anderer Staaten sind diese Frauen illegale Einwanderinnen und können deshalb keinerlei Rechtsbeistand oder Schutz einklagen. Die Arbeitsräume werden oft abgeschlossen, damit die Frauen keine Pause machen und die Arbeit nicht verlassen können. Sie sind in jeder Hinsicht der Willkür der männlichen Aufseher und Chefs ausgesetzt (Mies 2001a: 121).[204]

In der Bekleidungsindustrie kulminieren mehrere Erscheinungsweisen der neoliberalen Globalisierung in einer geschlechtsspezifischen Form. Aufgrund des Prinzips „profit over people" (Noam Chomsky), aufgrund der Minderbewertung von weiblicher Arbeit, aufgrund der erwünschten Organisationsschwäche von Frauen, zumal illegaler Migrantinnen, werden Frauen zur billigen, völlig rechtlosen und verletzbaren Arbeitskraft (vgl. auch Wichterich 1998: 22-27).

Gegen diese Globalisierungserscheinungen organisierten sich die Näherinnen nach dem Erdbeben vom 19. September 1985 in Mexiko-Stadt, bei dem viele ihrer Kolleginnen zu Tode gekommen waren. Dass sich die Unternehmer nach dem Erdbeben zwar um die Rettung der Maschinen, nicht aber um Leben und Schicksal der Arbeiterinnen und ihrer Familien kümmerten, nahmen die Arbeiterinnen zum Anlass, eine eigene Gewerkschaft zu grün-

---

203 Vittorio Agnoletto vom Genoa Social Forum: „Die Globalisierung, der wir uns widersetzen, ist allein die des amerikanischen Neokolonialismus" (zitiert von Brigitte Werenburg in der taz vom 21.08.2001). Vgl. die ausführliche Darstellung von Mies 2001a.

204 Mehr dazu auf den Homepages deutscher NGOs und Kampagnen: http://www.saubere-Kleidung.de und http: //planet.gruene.at/planet6/seite3.shtml

den. Längerfristig ging es darum, gegen die unerträglichen Arbeitsbedingungen vorzugehen. Die Gewerkschafterinnen mussten dabei nicht nur mit dem Widerstand der Unternehmen rechnen, sie wurden auch von staatlicher Seite behindert und waren überdies den etablierten Gewerkschaften suspekt. Diese entzogen der Näherinnen-Gewerkschaft jede Unterstützung,

> „weil sie nicht nur die üblichen Arbeiterrechte auch für Frauen forderte, sondern die Arbeiterin als ganzen Menschen, als Erwerbsarbeiterin und Familienarbeiterin, als Mutter und Hausfrau ins Zentrum stellte" (Mies 2001a: 130).

Im Protokoll des Gewerkschaftsgründungskongresses wurde ausdrücklich festgestellt, dass es um den Kampf der Arbeiterinnen ginge, aber auch um spezifische Forderungen der Frauen:

> „das Recht auf freie Entscheidung über die Mutterschaft, die Einrichtung von Kindergärten, Kampf gegen die Gewalt gegenüber Frauen (am Arbeitsplatz und im gesellschaftlichen Zusammenhang) und der Kampf gegen die doppelte Ausbeutung ... der Frau" (Wiener 1988: 123).

Daran wird deutlich, wodurch sich diese Gewerkschaft von etablierten Gewerkschaften unterscheidet.

5.1.10 Zusammenfassung

Feministische Forschung und kritische Globalisierungsanalysen stellen heraus, dass die *Globalisierung kein „natürlicher" Prozess* ist, in dem sich die Kräfte des Marktes Bahn brechen, sondern ein politisch gewollter Prozess, der allerdings eine eigene Dynamik entwickelt.

Insbesondere durch Studien des Global-Cities-Ansatzes wurde deutlich, dass Globalisierung nicht nur in der virtuellen Welt der Aktien und des Internets abläuft, sondern *materielle und personelle Bodenhaftung* braucht, die von billigen Arbeitskräften in der Produktion (z.B. Textil- oder Hardware-Industrie) und in der Reproduktion (Dienstmädchen, Reinigungskräfte usw.) gewährleistet wird. Die billigsten der billigen Arbeitskräfte scheinen dabei Frauen zu sein.

Abhängig von herrschendem Frauenbild und Geschlechterverhältnis, von Bildung und ethnischer Zugehörigkeit können auch Frauen von den wirtschaftlichen Chancen der globalisierten Ökonomie profitieren. Diesen *Gewinnerinnen* werden die „privaten" Aufgaben in der Regel nicht von Männern abgenommen, sondern von sozial schwächeren Frauen, die meist nicht der lokal dominierenden Ethnie angehören.

Über lokale Basisgruppen, internationale Netzwerke und internationale NGOs konnten Frauengruppen Einfluss auf internationale Organisationen nehmen und so auch als *Gestalterinnen* des Globalisierungsprozesses auftreten. Entsprechend wird Global-Governance diskutiert als eine Chance für die aktive Rolle von Frauen im Globalisierungsdiskurs und -prozess. Allerdings zeigt die Analyse des Einflusses von Frauengruppen und feministischen Gruppen bei den Vereinten Nationen, dass Erfolge auf der Governance-Ebene zweischneidig sind. So sind die Bemühungen der Fraueninteressengruppen meist reaktiv und in den wirtschaftlichen Organisationen, die den Globalisierungsprozess vorantreiben, ist eine Berücksichtigung frauenspezifischer Interessen nicht zu erkennen.

Frauengruppen treten auch als engagierte *Gegenerinnen* der Globalisierungseffekte auf und konnten sich in Einzelfällen gegen die menschenverachtende Zustände an globalisierten Produktionsstandorten zur Wehr setzen. Doch auch die Existenz dauerhafter Organisationen, die für gerechte Bezahlung und faire Arbeitsbedingungen eintreten, ändern nichts an der extremen Asymmetrie zwischen Unternehmern und ArbeiterInnen und im weltwirtschaftlichen Gefüge; sie ändern nichts daran, dass die Handlungslogik des Marktes das dominierende Steuerungssystem ist, wie Altvater und Mahnkopf (1996) schreiben.[205]

Im Globalisierungsdiskurs wird der private *Markt zum maskulinen Raum,* der staatlich-öffentliche Bereich hingegen wird abgewertet, indem er feminisiert wird. Der privat-familiale Raum als Ort von Versorgung, Fürsorge, Erziehung, stabiler sozialer Beziehungen usw. fällt aus dem Diskurs heraus. Wie geschlechtskategoriale Analysen vielfach beobachtet haben, hängt die Umwertung von privat und öffentlich direkt mit einer Verschiebung der Männlichkeits- und Weiblichkeitsvorstellung zusammen.

Der Globalisierungsdiskurs hat das vorherrschende *Männlichkeitsbild* modernisiert, die polare Aufteilung in weiblich und männlich und die Höherbewertung des Männlichen bleibt jedoch unangetastet. Die Vorstellung von *Weiblichkeit* als Gefügigkeit, Anspruchslosigkeit, Unterwürfigkeit und Tüchtigkeit kommt der Nachfrage nach billiger Arbeitskraft sehr entgegen. Insbesondere in den Produktions- und Versorgungsstätten der globalen Ökonomie werden stereotype Vorstellungen von Weiblichkeit genutzt und reproduziert. Dabei entstehen im Diskurs wie in der sozialen Wirklichkeit eine Vielzahl von Männlichkeiten und Weiblichkeiten, die in sich hierarchisch geordnet sind.

All dies führt zu Verschiebungen in gewohnten Einteilungen: Einfache Polarisierungen sind im Globalisierungsprozess nicht zu erkennen. Denn in den Weltfinanzzentren der so genannten westlichen Welt sind Reinigungskräfte, Kuriere, Näherinnen, Haushaltshilfen in prekären Arbeitsverhältnissen als „working poors" in die „Global Cities" eingebunden. Im so genannten Süden profitieren politische und wirtschaftliche Eliten von den Finanztransfers der „Stabilisierungsprogramme" der großen internationalen Wirtschaftsinstitutionen. Männer werden in verweiblichte Rollen, sprich unterbezahlte, rechtlose Arbeitsverhältnisse gezwungen. Frauen finden Einlass in die männ-

---

205 Zu den Chancen frauenpolitischer Eingriffe siehe Schunter-Kleemann 2001: 103ff.

liche Geldgesellschaft als Managerinnen, Brokerinnen und Unternehmensberaterinnen.

Mit diesen und anderen Ergebnissen haben ForscherInnen mit feministischer Perspektive und geschlechtskategorialem Ansatz die Analysen des Globalisierungsdiskurses und des Globalisierungsprozesses um wesentliche Beobachtungen ergänzt. Selbstverständlich arbeiten diese WissenschaftlerInnen dabei von unterschiedlichen politischen Standpunkten aus und in grundsätzlich unterschiedlichen Wissenschaftstraditionen.

Literaturtipp
Lenz 2000

Übung:
In der Politik und in den Medien ist Globalisierung ein Schlagwort mit vielen Funktionen. Zum Beispiel soll Globalisierung Handlungszwang signalisieren („Wir müssen den Anforderungen der Globalisierung Folge leisten") oder den Sündenbock abgeben („Schuld ist die Globalisierung") oder die Lösung für vielerlei Probleme versprechen („In einer globalisierten Welt, geht es allen besser"). Achten Sie bei Ihrer Lektüre darauf, in welcher Funktion von Globalisierung gesprochen wird. Verlängern Sie die Liste der genannten Beispiele.

Übung:
Diskutieren Sie die Chancen einer Neugestaltung der Geschlechterverhältnisse durch die Globalisierung.

5.2 Body Politics

„Biologie ist die Fortsetzung der Politik mit anderen Mitteln." (Donna Haraway)

Body Politics? Sollen jetzt auch noch die Körper etwas mit Politik zu tun haben oder die Politik Einfluss auf die Körper nehmen? Haben nicht gerade auch feministische Theoretikerinnen verlangt, Frauen nicht auf ihren Körper, insbesondere ihren sexualisierten Körper zu beschränken, sondern sie als Personen, Individuen, Bürgerinnen usw. wahrzunehmen? Wollte nicht der Begriff „Gender" die feministische Diskussion von den Fesseln der Biologie befreien, damit Wissenschaftlerinnen beobachten können, wie in der Politik Männer und Frauen gemacht werden, wie Politik von Männlichkeiten und Weiblichkeiten ausgeht?

Alles richtig. Und doch gilt auch, dass jedes menschliche Leben mit körperlichen Grunderfahrungen verbunden ist und ohne Körperlichkeit keine Sozialität möglich ist. Körperlichkeit ist nicht aufhebbar, aber sehr variabel. Wie wir unsere Körper, unsere Körperlichkeit erfahren, ist abhängig von Alter, Lebensumständen, kulturellem Umfeld, historischer Epoche, vom Geschlecht und von politischen Vorgaben. Jedoch ist der Gleichheitsanspruch der politischen Grundrechte auf „der Geltungsgrundlage des körper- und geschlechtslosen Individuums" formuliert und führt dabei „zur faktischen Ungleichheit auf der sozialen und gesellschaftlichen Ebene" (Kerchner/Wilde 1999: 12). Auch nimmt Politik als institutionalisiertes System der Macht- und Werteverteilung Einfluss auf die körperlichen Erfahrungen und Möglichkeiten der Einzelnen. Schließlich stellen sich politische Machthaber immer wieder dar als Repräsentant des politischen „Volkskörpers".

Der französische Philosoph Michel Foucault (*Querverweis: Kap. 1.3.8*) hat den zurichtenden Zugriff von Medizin und Jurisdiktion auf den menschlichen Körper im geschichtlichen Wandel überzeugend beschrieben. Mit der Biotechnologie zeichnet sich für das 21. Jahrhundert eine neue Qualität von Formung, Zugriff und Eingriff auf menschliche Körper, Körperteile und Körpermaterial ab. Weibliche Körper sind mit Eizellen, befruchteten Eizellen, Uterus, Plazenta- und Nabelschnurmaterial von besonderem Interesse. Politisch ausgehandelte Gesetze werden regeln, wie dieser Zugriff auf menschliche Körper aussehen wird. Hinter den Gesetzen werden alte oder neue Menschenbilder offenbar, die Gesetze selbst und die dadurch möglichen Praktiken werden ihrerseits zu Redefinitionen des Menschen-, aber auch des Gesellschaftsbilds führen.

Body Politics[206] steht aus der Perspektive der Politikwissenschaft für die unterschiedlichen Zugriffe des Politischen auf konkrete und abstrakte Körper. Da das Thema als solches noch relativ jung ist und eine ausführliche politikwissenschaftliche Bearbeitung noch weitgehend aussteht, kann hier nur ein vorläufiges Spektrum möglicher politikwissenschaftlicher Themen aufgelistet werden:

- Körper als Metapher politischer Theorie und politischer Ikonographie
- Verleugnung der Geburt in der Politischen Theorie
- Staatlichkeit als institutionalisierte Männlichkeit
- Staatliche Kontrolle des Sexuallebens – Sitten- und Bevölkerungspolitik
- gesetzlich-kultureller Zwang zur Zweigeschlechtlichkeit
- Pornographie und Werbung
- Prostitution
- Body Politics als subversive Praxis
- politischer Diskurs über und gesetzliche Regelung von Reproduktions- und Gentechniken.

Im ersten Teil dieses Kapitels werden diese Schlagwörter sehr knapp skizziert, um aufzuzeigen, mit welchen politikwissenschaftlichen Fragen diese Themen verbunden sind. Der zweite Teil wird sich ausführlicher mit politikwissenschaftlichen Implikationen des politischen und wissenschaftlichen Diskurses über neue Reproduktionstechnologien und deren gesetzliche Regelung beschäftigen.

---

206 Begriffsbildend war der Band: Jacobus/Fox Keller/Shuttleworth 1990. Die Übersetzung ins Deutsche bietet sich nicht an, weil „Körperpolitik" die gemeinte Varianz nicht auszudrücken vermag; während der Plural „Körperpolitiken" sprachlich ungelenk wirkt.

5.2.1 Politikwissenschaftliche Körperthemen

Körper als Metapher politischer Theorie und politischer Ikonographie

Der „Staatskörper", der „Volkskörper" und die „Nation als Körper" sind gängige Metaphern der politischen Auseinandersetzung und mehr noch der politischen Ideengeschichte.

> „[M]it der ‚Verkörperung des Politischen' ist jener Konstruktionsprozess gemeint, bei dem politische Instanzen und Institutionen oder das Politische schlechthin mit den Eigenschaften des Körpers verglichen oder in eins gesetzt werden, um dadurch latente Vorstellungen und Werte, die dem Körper traditionell zugeschrieben werden, auf den politischen Bereich zu übertragen. Mit der politischen Körpersymbolik ist also die politische Ebene und subjektive Dimension des Politischen angesprochen, die durchaus zu den ergiebigen Feldern feministischer Politikwissenschaft gerechnet wird" (Kerchner 1999: 62).

Schon bei der Betrachtung klassischer Theoretiker der politischen Ideengeschichte (Aristoteles, Kant, Hobbes, Rousseau) kann die Politikwissenschaftlerin Brigitte Kerchner nachweisen, dass sich die Körpermetapher sehr variabel einsetzen lässt. Mal geht es um die Hervorhebung des Natürlichen und Organischen wie bei Aristoteles, der den Staat als einheitlichen Körper sieht, der ursprünglicher ist als seine Teile, die einzelnen Menschen. Mal geht es um die Veranschaulichung des Konstruierten, Mechanischen. Dies wird deutlich bei Rousseau, der den Staat als künstlichen Organismus beschreibt (Kerchner 1999: 66). Für weit bemerkenswerter hält Kerchner allerdings die von ihr konstatierten

> „inneren Zusammenhänge zwischen der ‚Verkörperung der Politik' einerseits und der ‚Entkörperung des Individuums' andererseits" (Kerchner 1999: 66),

und zwischen der Reduktion der Frauen auf Funktionen des Gebärens und der Kindererziehung und ihrem Ausschluss aus öffentlichen und politischen Rollen (Kerchner 1999: 66f.).

Die politische Metaphorik bedient sich nicht nur des Körpers, sondern auch seiner Teile und Funktionen. Von Gliedern, Adern, Sehnen usw. ist vielfach die Rede. Kerchner fällt auf, dass in der politischen Ideengeschichte

> „so ziemlich alle Körperorgane zum Einsatz kommen, um die Funktionsweise etwa von Staatskörpern zu beschreiben – mit Ausnahme der Geschlechtsorgane" (Kerchner 1999: 66).

Kerchner vermutet dahinter das Bemühen, den Staatsgründungsakt auf keinen Fall als Geburts- oder Zeugungsakt darzustellen, um das Politische von allen Assoziationen mit dem Weiblichen freizuhalten.

Interessanterweise wird die Geschlechterzuschreibung von Konkretem als weiblich und Abstraktem als männlich in der körperhaften Versinnbildlichung von Staatsgeschichte und Politik verkehrt: Die Statuen auf öffentlichen Plätzen stellen in aller Regel Männer dar, Fürsten und Feldherren, die tatsächlich gelebt haben und nach zeitgenössischer Auffassung Historisches geleistet haben. Tauchen stattdessen Frauen als Statuen auf, handelt es sich in aller Regel nicht um historische Gestalten, sondern um Allegorien. Die Frauen stehen für die Nation, wie die deutsche „Germania", für die Freiheit, wie die „Marianne" in Delacroix' berühmtestem Gemälde von der Julirevolution von 1830 oder die Freiheitsstatue am Hafen von New York. Frauengestalten symbolisieren emotionale Verbundenheit wie „Heimat" (vgl. Gedenkkomplex in Volgograd) oder „Trauer" wie zum Beispiel die „Mutter und Sohn"-Skulptur in der Neuen Wache in Berlin. So reproduzieren diese Figuren doch wieder eine sehr traditionelle Zuschreibung: Männer machen Geschichte und lenken die Geschicke des Staates. Frauen stehen hingegen für das Emotionale und Ideelle.

Verleugnung der Geburt in der politischen Theorie

Staatlichkeit oder das Politische zu verkörpern, ohne an das Weibliche zu erinnern, ist nur möglich, wenn – wie von Kerchner beschrieben – die Geschlechtsorgane als Metaphern des Körperlichen vermieden werden und an die Stelle von leiblichen Geburten Kopfgeburten gesetzt werden. Dies entspricht den Beobachtungen der politischen Theoretikerin Carole Pateman (*Querverweis: Kap. 3.1*). Die Erzählungen der politischen Ideengeschichte, die den Schritt der Menschen von einem ursprünglichen Naturzustand zu einer politischen Gesellschaft beschreiben (*Querverweis: Kap. 4.1*), stellen nach Pateman Versuche dar, eine männliche Kreativkraft zu beschreiben, die neue Formen des politischen Lebens gebären kann (Pateman 1988: 220). Die Philosophin Brigitte Rauschenbach vermutet, dass es eine tiefe Blessur bedeutet, „dass der Mensch, der ein Mann ist, von einem menschlichen Vermögen, über das kein Mann verfügt, abhängig ist" (Rauschenbach 1998: 225f.). Hier könnte – so Rauschenbach – der Grund für das männliche Streben verborgen sein, das Weibliche aus allem Politischen zu verbannen. Ähnlich argumentiert auch die US-amerikanische Philosophin Mary O'Brien (1983: 8 u.12), wenn sie die These aufstellt, dass in der weiblichen Fähigkeit zur Reproduktion der Grund dafür liegt, dass politische Philosophie stets der Legitimation männlicher Überlegenheit gedient hat.

Einzig Hannah Arendt, politische Philosophin des 20. Jahrhunderts, nimmt die Geburt – in der passiven Form des Geborenwerdens – als zentrale Metapher für das eigentlich Politische auf. Die Tatsache, dass immer wieder neue Menschen in die Welt kommen, steht für sie für die Möglichkeit neu zu beginnen. Natalität ist für Arendt damit eine der Grundvoraussetzungen des politischen Handelns.[207]

---

207 Die Möglichkeit des Neubeginns und damit der Politik ist dem Menschen nach Arendt außerdem durch die Fähigkeit zu vergeben gegeben (Arendt 1989: 231ff.). Politisches

„Was den Menschen zu einem politischen Wesen macht, ist seine Fähigkeit zu handeln; sie befähigt ihn, sich mit seinesgleichen zusammenzutun, gemeinsame Sache mit ihnen zu machen, sich Ziele zu setzen und Unternehmungen zuzuwenden, die ihm nie in den Sinn hätten kommen können, wäre ihm nicht diese Gabe zuteilgeworden: etwas Neues zu beginnen. Philosophisch gesprochen ist handeln die Antwort des Menschen auf das Geborenwerden als eine der Grundbedingungen seiner Existenz...“ (Arendt 1970: 81).

Die feministisch orientierte Politikwissenschaftlerin Kathrin Braun hingegen macht die Geburt zur Grundlage eines modernen und fundamentalen Rechts, des Menschenrechts. Die Geburt ist demnach ein notwendiges und „hinreichendes Kriterium für die Konstitution eines Menschenrechtssubjekts“ (Braun 2000a: 16). Interessanter Weise kann sie sich dabei auch auf klassische Autoren und Quellen beziehen, wie beispielsweise die französische Erklärung der Menschen- und Bürgerrechte von 1789 oder die Allgemeine Erklärung der Menschenrechte von 1948. Dort heißt es in Artikel 1: „Alle Menschen sind frei und gleich an Würde und Rechten geboren.“

Staatlichkeit als institutionalisierte Männlichkeit

Männlichkeit ist im Alltagsgebrauch und in der Unterhaltungsliteratur unserer Gesellschaft zentral mit Aggressivität verbunden. Ein Mann müsse sich wehren können und in der Lage sein, Frauen und Kinder zu verteidigen – so die klassische Konzeption. Männer – so lehrt uns die Biologie und das Alltagswissen – seien in stärkerem Maße mit Aggressionshormonen ausgestattet und damit auch mit einem höheren Gewaltpotenzial. Entsprechend wird Gewalt, die von Männern begangen wird, kulturell anders bewertet als Gewalt, die von Frauen ausgeht. Jean B. Elshtain (*Querverweis: Kap. 3.2*) kommt in ihren historischen Betrachtungen von kollektiven Gewaltausbrüchen zum Schluss, dass kollektiv begangene Gewalt von Frauen als hässlicher Ausnahmezustand gedeutet wird, der eben deshalb nicht in die Kulturgeschichte eingeht. Ganz anders als männliche kollektive Gewaltausbrüche, die in der Geschichtsschreibung revolutionäre Umbrüche markieren.

„Not all male mob action is culturally sanctioned, of course, … But collective male action can be moralized, can take *place* within the boundaries of the culturally sanctioned” (Elshtain 1995: 170).

Die Vorstellung vom männlichen Körper als Träger von Aggressionshormonen und Muskelkraft wird – das lässt sich ideengeschichtlich belegen – in die Vorstellung vom Staatskörper hineintransportiert. So wie Männern kulturell eine höhere Gewalttätigkeit zugestanden wird, so wird auch dem Staat das Gewaltmonopol und das Recht auf militärische Außenverteidigung als Notwendigkeit zugesprochen. Aktuell ließ sich dies in den Debatten der politischen Führungsschicht der BRD im Vorfeld der militärischen Beteiligung der

---

Handeln ist bei Arendt überdies an Pluralität gebunden, kann also nie von einem einzelnen Menschen ausgehen (ausführlich: Schües 1996).

Bundeswehr an den Kriegs- und Antiterror-Aktionen der USA im Jahre 2001 beobachten. Vertreter unterschiedlicher Parteien deuteten mehrfach an, dass Deutschland mit diesem Schritt zum gleichwertigen Partner auf dem Parkett der internationalen Staaten werde, mithin den letzten Schritt vom Juniorpartner zur vollen staatlichen Reife vollziehe.

Auch in aktuellen staatstheoretischen Debatten wird volle Staatlichkeit häufig mit Gewalt- und Wehrfähigkeit – institutionalisiert im Militär – verbunden. In der juristischen Debatte darüber, ob der Europäischen Union mittlerweile Staatscharakter zukomme, wird wiederholt das Argument angeführt, dass Staatlichkeit unter anderem deshalb nicht gegeben sei, weil die Europäische Union über kein eigenes Militär verfüge.[208]

Staatliche Kontrolle des Sexuallebens – Sitten- und Bevölkerungspolitik

Stets gab es religiöse und gesetzliche Bestimmungen zur Regelung und Kontrolle der weiblichen Sexualität und der menschlichen Fortpflanzung. Gründe und Argumente wandelten sich je nach historischer Epoche. Vor der medizinisch-biologischen „Entdeckung" des Embryos sollte das Verbot der Abtreibung „die Legitimität der Ehe und die soziale Ordnung regeln" (Duden 2001). Die Männern vorenthaltene Macht der Geburt, das (bis vor kurzem) einzig bei der Frau liegende Wissen über die Vaterschaft könnten, so vermuten Feministinnen, der Hintergrund dafür sein, dass vorrangig die weibliche Sexualität kontrolliert wurde.

Staatlicher Zugriff wurde konkret, wenn es darum ging, das Staatsvolk („den Volkskörper") zu erhalten oder zu vergrößern, indem Abtreibungen untersagt und Verhütungsmittel vorenthalten wurden. Freilich zeigte sich diese staatliche Zielsetzung mit großen Unterschieden in Ausmaß, Methode und Argumentation:

> „Ging es am Ende des 18. Jahrhunderts mit der Entwicklung von Demographie und Bevölkerungspolitik unter dem Absolutismus noch um die herrschaftliche Administration von Sex und Fruchtbarkeit, so zielten die Diskurse über Eugenik und Rassenpflege in der zweiten Hälfte des 19. Jahrhunderts bereits auf das Körperinnere. Auf dem Hintergrund von ausgebauten Techniken der Disziplinierung, Regulierung, Normierung und Hygiene verlängern sie die Mikrophysik der Macht in den Körper hinein und rechtfertigen eine Bewirtschaftung des Frauenkörpers und die Entsubjektivierung der Frau mit dem Hinweis auf die Interessen des gesellschaftlichen Ganzen" (Kontos 1996: 146).

Nationalsozialistische Rassenpolitik hat die Kontrolle von Körpern, Sexualität, Fruchtbarkeit, Geburt und Leben in einem bis dahin unbekannten Ausmaße radikalisiert, institutionalisiert und politisiert. Die „Gesundheit des deutschen Volkskörpers" sollte nach der Ideologie der Nationalsozialisten vor allem dadurch gewährleistet werden, dass „arische" Frauen viele Kinder

---

208 Als weitere fehlende Charakteristika von Staatlichkeit werden Steuerhoheit und durchgreifendes Recht in allen Rechtsbereichen angeführt.

zur Welt brachten. Während man das Gebären „arischer" Kinder zur politischen Ehrentat stilisierte, wurde die sexuelle Verbindung zwischen nicht jüdischen Deutschen und Juden zum Hochverrat erklärt (Kerchner 1999: 70). Diese radikalste Form der Biopolitik – so der italienische Philosoph Giorgio Agamben über den Nationalsozialismus (Agamben 1995) – erfasste die Körper auch in gewalttätiger Art: Menschen, die nach der nationalsozialistischen Ideologie nicht dem Volkskörper angehörten, wurden getötet oder durch medizinische Zwangseingriffe (Sterilisation) an der Fortpflanzung gehindert.

Auch liberale, demokratische Staaten verzichten in der Regel nicht vollständig auf die Verregelung von Sexualität und Körperlichkeit, auf Biopolitik im Agamben'schen Sinne. So galt in der Bundesrepublik jahrzehntelang das Verbot der Homosexualität. Bei Frauen zielte der staatliche Eingriff vor allem auf die Schwangerschaft. In der aktuellen Regelung wird dabei freilich nicht mehr auf einen Volkskörper rekurriert, sondern auf das Individuum, das Leben und den Lebensschutz.

> „Zwar wird nach wie vor an einem besonderen staatlichen Gewaltverhältnis gegenüber Frauen festgehalten, zwar werden sie nach wie vor über den § 218 StGB auf ihre Gebärleistung verpflichtet, aber diese sittliche Pflicht wird nicht mehr umstandslos auf das gesellschaftliche ‚Ganze' bezogen, sondern als Pflicht gegenüber dem ‚Leben' zugleich individualisiert und generalisiert" (Kontos 1996: 149f.).

Das Recht der Frau, unabhängig zu entscheiden, ob sie ein Kind austragen möchte oder nicht, war eine zentrale Forderung der neuen Frauenbewegung. Die Lockerung des Abtreibungsgesetzes, ist einer ihrer sichtbaren Erfolge. Allerdings ermöglicht der aktuelle Rechtsstand de facto diese Selbstbestimmung, de jure jedoch nicht. Auslegung und Anwendung der aktuellen rechtlichen Formel wird weiterhin abhängig sein von den herrschenden politischen Vorstellungen vom „Volkskörper" – heute würde man von der kulturellen Zusammensetzung der Bevölkerung sprechen –, von Einwanderungspolitik, von Rentenüberlegungen und vielem mehr. Beispielsweise wird in den Medien seit einigen Jahren wieder darauf aufmerksam gemacht, dass sich die deutsche Bevölkerung nicht in ausreichendem Maße vermehre. Frauen befänden sich im Gebärstreik. Aus dieser Beobachtung werden Schlüsse für unterschiedliche Politikfelder gezogen: Die Reproduktion der Bevölkerung müsse durch eine Erhöhung der Geburtenzahlen – so die einen – oder der Einwanderungszahlen – so die anderen – gewährleistet werden. Familien müssten mehr staatliche Unterstützung erfahren, ist in der gesamten Parteienlandschaft der Bundesrepublik Deutschland zu hören. Auch die rot-grüne Regierung verfolgt dabei den konservativen Weg der Kindergelderhöhung. Eine Politik der geschlechtergerechten Aufteilung von Betreuungsarbeit und ein erhöhtes Angebot an öffentlicher Betreuung wird bestenfalls in Wahlkampfzeiten propagiert.

Das Argument, dass die politische Kontrolle der Sexualität und Generativität von Frauen deren Schutz diene, war schon deshalb nie überzeugend, weil es lange Zeit an Gesetzen und öffentlich wirksamen Normen mangelte, welche die sexuelle Selbstbestimmung und körperliche Unversehrtheit von Frauen innerhalb von Familie und Ehe garantiert hätten (vgl. Kerchner 1997). Tatsächlich wurde sexuelle Belästigung und Vergewaltigung lange als Kavaliersdelikte eingeordnet; die Vergewaltigung in der Ehe war bis 1997 nicht straffähig. Auch die Wahl des Sexualpartners wurde staatlich reglementiert. Hier traf der kontrollierende Zugriff des Staates in erster Linie die Männer. Bis 1969 war Homosexualität in der Bundesrepublik Deutschland kriminalisiert,[209] seit 2000 gibt es eine „Homoehe", die nicht ganz den Status der „normalen" Ehe erhielt, aber doch einen beachtlichen Schritt zu Legalisierung und Anerkennung bedeutet.

Mit der Realisierung und Erforschung von Reproduktions- und Gentechniken zeichnen sich nun gegenwärtig Möglichkeiten ab, die alle bisherigen Zugriffe auf Leben und Reproduktion übertreffen könnten (Treusch-Dieter 1996: 183). Es wird sich noch herausstellen müssen, ob die politische Führungsebene hier genügend Entscheidungswillen zeigt, um zu steuern, wer in Zukunft in welchem Ausmaß Biopolitik betreiben darf.

Gesetzlich-kultureller Zwang zur Zweigeschlechtlichkeit

Während der gesetzliche Zwang zur heterosexuellen Beziehung oder Ehe abgeschafft ist (in Deutschland und einigen anderen europäischen Ländern), gilt weiterhin ein gesetzlich-kultureller Zwang zur Zweigeschlechtlichkeit. Menschen dürfen nicht als geschlechtlich Uneindeutige in die Gesellschaft eintreten. Auch wenn Neugeborene physisch, hormonell oder genetisch keinem Geschlecht eindeutig zuzuordnen sind, müssen Eltern z.B. in Deutschland eine Entscheidung fällen.[210] Die Wahl für das eine oder andere Geschlecht wird meist mit einer der Eindeutigkeit dienenden Operation unterstrichen und bedeutet für die Betroffenen eine folgenschwere Entscheidung, die zu Beginn ihres Lebens über sie getroffen wird.[211] Über die individuellen Folgen dieses Zwangs zur eindeutigen Geschlechtlichkeit – Frau oder Mann – wird erst in jüngerer Zeit diskutiert.[212]

---

209 In Österreich gilt ein entsprechendes Gesetz bis heute (2001).

210 Lorber/Farwell (1991: 7) weisen darauf hin, dass neuere biologische und endokrinologische Forschung hier viel weniger von einer eindeutigen Zweiteilung ausgeht als Alltagspraxis und gesetzliche Regelung.

211 Zur Willkür der medizinischen Entscheidung und zu den operativen Eingriffen s. Heldmann 1998: 57ff.

212 Z.B. war in der Wochenzeitung „Die Zeit" in der Ausgabe 40/2000 von Martin Spiewak („Der Zwang der Geschlechter") über die Folgen operativer Vereindeutigung zu lesen; auch das GEO-WISSEN Nr. 26/2000 nimmt das Thema auf. Vgl. außerdem Heldmann1998.

Pornografische Darstellungen von Frauen oder auch Frauen sexualisierende Werbung war lange Zeit eine Zielscheibe feministischer Kritik. Frauen werden dabei als verfügbar Objekte für die sexuellen Begierden der Männer dargestellt, häufig gekoppelt mit männlicher Dominanz und Gewaltausübung. Der Staat – so die feministische Forderung – müsse diese Art der Darstellung, die in Werbung und Pornoindustrie einen beachtlichen Umsatzfaktor darstellt, verbieten, da sie die Würde der Person verletze und signalisiere, dass sich Männer Frauen jederzeit unterwerfen könnten, mithin die Alltagsgewalt gegenüber Frauen fördere. Dabei handelt es sich um eine klassische Stoßrichtung der feministischen Bewegung. In jüngerer Zeit werden auch von Feministinnen hierzu sehr kontroverse Positionen vertreten. Beispielsweise setzen sich insbesondere Vertreterinnen der Queer-Theorie und Queer-Bewegung dafür ein, dass alle sexuellen Ausdrucksformen möglich und zulässig sind. (*Querverweis: Kapitel 1.3.9*)

Prostitution

In Kontinuität zur alten Frauenbewegung haben große Teile der neuen Frauenbewegung die Prostitution als Bastion der Männerherrschaft abgelehnt und dabei die Prostituierten vor allem als Opfer des kapitalistisch-patriarchalen Systems gesehen. Andere feministische Stimmen widersprechen dieser Auffassung und vermuten in der Prostitution ein emanzipatorisches Potenzial, da Huren sich für ihre sexuellen Dienste bezahlen lassen und diese nicht unentgeltlich zu Verfügung stellen wie z.B. Ehefrauen. Wieder andere streben zwar die Abschaffung der Prostitution an, plädieren aber dafür, dass Prostituierte bis zur Erreichung dieses langfristigen Zieles ihren Job rechtlich geregelt und mit Selbstbewusstsein ausüben können sollten. Ungeteilt war die Kritik am Staat, der das Gewerbe im illegitimen Rahmen zuließ und damit die Prostituierten in einen rechtsfreien Raum ohne Ansprüche auf Bezahlung, Sozialversorgung und Anerkennung verwies. Gleichzeitig scheute sich der Staat nicht, Steuern auf die Einkünfte der Prostituierten zu erheben. Diese Doppelmoral wurde in der neuen Frauenbewegung in die Formel gefasst: „Der größte Zuhälter ist der Staat!"
    Seit dem 1. Januar 2002 liegt jedoch ein „Prostitutionsgesetz" vor, das die Prostitution aus dem Status der Sittenwidrigkeit herausnimmt und die Rechte der Prostituierten stärkt. Das Gesetz ermöglicht die Vertragsfähigkeit der Prostituierten und gibt ihr Anspruch auf Kranken- und Sozialversicherung. Entsprechend begrüßen Betroffene und PolitikerInnen das Gesetz als Schritt in die richtige Richtung. Kritisch wird vermerkt, dass das Gesetz möglicherweise nur die Situation derer verbessert, die in den besser bezahlten Sektoren dieses Gewerbes tätig sind. Migrantinnen, die in Deutschland zirka die Hälfte aller Prostituierten stellen, könnten von dem Gesetz nicht profitie-

ren. Veronica Munk, Deutschland-Koordinatorin des EU-weiten Beratungs-
projektes Tampep (Transnational Aids/STD Prevention Among Migrant Pro-
stitutes in Europe) sieht hier den nächsten dringlichen Handlungsbedarf (vgl.
„die tageszeitung" vom 20.10.2001).[213] (*Querverweis: zu Prostitution als Thema der Internationalen Beziehungen siehe Kapitel 4.4*)

Body Politics als subversive Praxis

Body Politics umfasst nicht nur staatliche, juristische, medizinische usw.
Kontrollgriffe auf die Körper, sondern steht auch für die politische Praxis zur
Selbstbestimmung und Selbstermächtigung. In den siebziger und achtziger
Jahren haben sich Frauen vielfach in Selbsterfahrungsgruppen zusammenge-
funden, um sich auszutauschen über Lust- und Leidenserfahrungen in der Sexualität, in der Schwangerschaft, während medizinischer Behandlung oder im
öffentlichen Raum.

Neben dem Ziel festzustellen, dass es sich nicht um individuelle Probleme handelt, ging es um eine kollektive Neu-Aneignung von Körperlichkeit.
Frauen sollte es möglich sein, mit ihrem Körper frei von anerzogenem
Schamgefühl und aufgezwungenen Bekleidungsvorschriften zu leben. Mit
Frauengesundheitszentren, und dem Versuch alternative Krankenversiche-
rungen aufzubauen, strebten Frauengruppen nach Unabhängigkeit von den
als patriarchal und männlich erkannten Apparaten der Krankenversicherung
und der Schulmedizin. Die Popularität dieser sozialen Bewegung war abzule-
sen an der Verbreitung des Buches „Our Bodies – Ourselves" vom Bostoner
Women's Health Collective, das weltweit in hohen Zahlen verkauft wurde
und bis heute (2002) in Neuauflagen erscheint.

In den 90er-Jahren forderte Judith Butler (*Querverweis: Kap. 3.5*) dazu
auf zu zeigen, dass Weiblichkeit und Männlichkeit keine am Körper ablesba-
ren Normalitäten, sondern bereits Imitate von politisch und sozial konstruierten Modellen sind. Ihr explizit politisch und subversiv zu verstehender Pra-
xisvorschlag zielte darauf, das Modellhafte, das Imitierende herauszustellen,
indem Geschlechtsnormen überschritten, gewechselt und übertrieben werden
(vgl. Butler 1991: 203f.).

5.2.2 Reproduktions- und Gentechnik als politikwissenschaftlicher Gegenstand

Mit Reproduktions- und Gentechnik sind hier vor allem In-Vitro-Fertilisation
(IVF), pränatale (vor der Geburt) und präimplementale (vor der Einpflan-

---

213 Schweden schlug 1999 einen ganz anderen Weg ein, nämlich den der völligen Illega-
lisierung des „Sexverkaufs". Über erste Erfahrungen berichtet Reinhardt Wolff in der
„taz" vom 4.1.02.

zung) Diagnostik (PND, PID) gemeint, sowie Möglichkeiten der Genanalyse und -manipulation und Möglichkeiten der medizinischen und biotechnologischen Nutzung von Stammzellen.[214] Diese

„Reproduktionstechnologien zielen auf eine technische Steuerung der Fortpflanzung und den kybernetischen Ersatz von Reproduktionsfunktionen" (Hofmann 1999a: 17).

Moderne Reproduktionstechnologien machen sich also daran, die letzte Bastion der Zweigeschlechtlichkeit aufzulösen. Während so dauerhafte Institutionen wie die heterosexuelle Ehe oder das Chef-Sekretärinnen-Verhältnis zumindest ihren Monopolanspruch deutlich verlieren, so schien doch weiterhin zur menschlichen Arterhaltung die sexuelle Begegnung von mindestens zwei Menschen zweierlei Geschlechts vonnöten. Da bislang zur Zeugung eines neuen Menschen Eizelle und Samenzelle zusammentreffen mussten, bedurfte es bisher der Begegnung eines Menschen, der Samenzellenträger ist, und eines Menschen, der Eizellenträger ist – laut älteren Taschenlexikonausgaben das Kriterium zur Festlegung von männlichem und weiblichem Geschlecht.[215] Künstliche Befruchtung erschien in ihren Anfangsjahren lediglich als medizinische Hilfestellung für dieses heterosexuelle Zusammentreffen. Heute jedoch zeigt sich, dass In-vitro-Fertilisation ein Weg ist, Zeugungen außerhalb des weiblichen Körpers vorzunehmen. Durch Ektogenese[216] würden Schwangerschaften ohne Frauenkörper denkbar. Die Technik des Klonens eröffnet Möglichkeiten, Menschen auch ohne eine zweigeschlechtliche Fortpflanzung zu replizieren. Die Auflösung dieser bisher als unhintergehbar geltenden Tatsache der zweigeschlechtlichen Fortpflanzung deutet auf gesellschaftliche Veränderungen ungeheuren Ausmaßes hin. Im Programmtext der Ars Elektronica zum Symposium „NEXT SEX – Sex im Zeitalter seiner reproduktionstechnischen Überflüssigkeit" vom September 2000 sind die möglichen Entwicklungen angedeutet:

„Die technologisch-medizinischen Möglichkeiten der Human-Reproduktion werden fraglos die bisher gewohnten und gelebten Muster von Sex, Liebe, Beziehungen und Familie verändern. Vor dem Hintergrund reproduktionstechnologischer Entwicklungen wird die Definition der Geschlechter, ihre Rollen- und Machtverteilung neu zu bestimmen sein.
Kann die Reproduktionstechnologie ein Ausweg aus der männlichen Codierung des weiblichen Körpers sein, oder ist genau das Gegenteil der Fall? Wird der weibliche Körper in neue Definitions-, Funktions- und Verwertungszusammenhänge eingebunden, die wiederum patriarchalischen Mustern dienen – oder bricht eine neue Epoche der weiblichen Selbstbestimmung an? Forschungen konkurrieren um das weibliche

---

214 Zur Erklärung einzelner Fachtermini siehe Internetadressen am Ende dieses Kapitels.
215 Z.B. lautet der Eintrag zu „Geschlecht" in „Meyers Großes Taschenbuchlexikon" (Mannheim usw.: BI-Taschenbuch Verlag, in der aktualisierten Auflage von 1990): „Sind Lebewesen angelegt, Spermien zu erzeugen, so spricht man vom männl. G. (...). Ist es ihre Aufgabe, Eizellen hervorzubringen, sind sie weibl. G."
216 Entwicklung des Embryos in einer künstlichen Gebärmutter.

Monopol im Vermögen der Reproduktion. Ist dies als Befreiung der Frau oder als Machtverlust zu deuten? ...

Bedeuten die zukünftigen Reproduktionstechnologien das Ende patriarchalischer Weltentwürfe und den Anbruch einer neuen androgynen Ära, in der Machtverteilungen tatsächlich nicht mehr entlang der Geschlechtergrenzen vorgenommen werden? ... Wie wird angesichts sich zuspitzender Konflikte zwischen konservativen Familienwerten und Frauenrechten politisch agiert?"

Die Liste der anstehenden Fragen lässt sich verlängern. Aus politikwissenschaftlicher Perspektive interessiert beispielsweise Folgendes: Welche politisch-wirtschaftliche Macht wird in Zukunft denen zukommen, die über Techniken des Lebens und der Lebensselektion verfügen? Welches Menschenbild wird sich angesichts dieser Möglichkeiten durchsetzen? Welche Gesellschafts- und Herrschaftsentwürfe werden sich herausbilden, wenn Techniken zur Lebensherstellung und zur Lebensselektion zur Verfügung stehen? Inwieweit greift staatliche Politik ein und steuert diese Prozesse? Welche Haltung und welche Aktionen sind in zivilgesellschaftlichen Gruppen zu erkennen?

An derartigen Fragen wird deutlich, dass die Diskussion um Für und Wider, um Erlaubtes und Verbotenes in der Reproduktionstechnologie, um modernisierte Geschlechts- und Personendefinitionen genuine Themen der politikwissenschaftlichen Geschlechterforschung darstellen. Der politikwissenschaftliche Gegenstand lässt sich auch an den politischen Instanzen ablesen, die aktiv an diesen Neudefinitionen beteiligt sind: Da ist zuerst der Gesetzgeber zu nennen, der aufgerufen ist, gesetzliche Regelungen zu formulieren. Dann waren im Jahre 2001 allein auf Bundesebene zwei einschlägige Kommissionen mit der Thematik beauftragt: die Enquete-Kommission des Bundestages und der vom Bundeskanzler initiierte Nationale Ethikrat. Die politische Auseinandersetzung zeigt sich außerdem in der Lobbyarbeit von Forschungsinstituten und einschlägigen Unternehmen und in kritischen, warnenden Aufrufen von zivilgesellschaftlichen Organisationen, die einen kirchlichen, feministischen oder humanistischen Hintergrund haben.

Dennoch hat sich die Politikwissenschaft anders als andere Disziplinen bisher zurückgehalten, diese Debatte zu kommentieren.[217] Dabei könnte hier durchaus ein bewährtes Instrumentarium zum Einsatz kommen: der institutionelle Ansatz[218], die Analyse von Machtverhältnissen, die Klärung der Interessenkonstellation, Fragen der demokratischen Legitimation und Partizipation. Die Politikwissenschaftlerin Kathrin Braun stellt Überlegungen an, um die Abstinenz ihrer Disziplin zu erklären. Einen Grund vermutet sie in der selbst auferlegten Geschichtsvergessenheit der Politikwissenschaft; ein ande-

---

217 Braun listet als sehr aktive Disziplinen auf: Philosophie, Rechtswissenschaft, Anthropologie, Kulturwissenschaft, Soziologie und Geschichte (Braun 2002).
218 Abels (2002) weist hier auf das Zusammenspiel von nationalen und supranationalen Regelungen hin. Sie vermutet, dass die Kompetenz der EU in der Biopolitik in Zukunft zunehmen wird.

rer könne in der vorherrschenden Prämisse liegen, ethische Fragen, der Körper und die Wissenschaft seien unpolitische Themenfelder. Zudem wurde die Thematik von Feministinnen politisiert. Nicht zuletzt könnte sich hier auch die für bundesdeutsche Politikwissenschaft typische Angst ausdrücken, sich zu nahe an praktisch-inhaltlicher Politik zu bewegen (Braun 2002). Braun weist zu Recht darauf hin, dass einige dieser Schwierigkeiten für feministische Politikwissenschaft nicht gelten. Doch auch feministische Theorie geht nicht gut vorbereitet in diese Debatte.

5.2.3 *Feministische Positionen zu Körper und Körpertechnologien*

Die feministische Praxis der Neuen Frauenbewegung war von Beginn an skeptisch gegenüber technologisch-medizinischen Eingriffen und Vorschriften und begleitete entsprechend auch die neueren Reproduktionstechnologien mit scharfer Kritik.[219] Feministische akademische Theorie hingegen tat sich schwer damit, Position zu beziehen gegenüber diesen neuen technologischen Entwicklungen und ihren gesellschaftlichen Folgen. Der Grund war, dass feministische Theorie den Status des Körperlichen entweder ausblendete oder höchst kontroverse Auffassungen vertrat.

Die Ausblendung des Körperlichen war beispielsweise ein Charakteristikum des Begriffs „Gender", der die Geschlechterforschung eine Zeit lang dominierte.

> "While the sex/gender distinction was essential to feminist scholarship, it had some disadvantages as well. One disadvantage was that the body remained an undertheorized backdrop. Feminist theory concentrated on the cultural meaning attached to the body or the social consequences of gender rather than on how individuals interacted with and through their bodies" (Davis 1997: 8).

In längerer historischer Perspektive zeigt sich auch ein äußerst vielfältiges Bild vom Umgang mit dem Körper, das nicht zu einer breit geteilten theoretischen Basis führen konnte. So forderte der humanistische Feminismus von Simone de Beauvoir dazu auf, alles Körperliche zu überwinden. Die radikale Kapitalismus- und Patriarchatskritikerin Shulamith Firestone sah bereits in den 70er-Jahren des 20. Jahrhunderts die Lösung nur in der Befreiung der

> „Befreiung der Frauen von der Tyrannei der Fortpflanzung durch jedes nur mögliche Mittel" (Firestone 1976: 225).

Vermutlich hätte Firestone in die aktuellen medizin- und biotechnischen Möglichkeiten die größten Hoffnungen gesetzt. Auch die feministische Wissenschaftskritikerin Donna Haraway erinnert nachdrücklich daran, dass durch die technisch nun mögliche Auflösung von Grenzziehungen zwischen Mann und Frau, Tier und Mensch, Mensch und Natur das Ende der damit einherge-

---

219 Wie z.B. von Bradish 1989 dokumentiert.

henden Hierarchien möglich sei, wenn diese Entwicklungen durch die richtigen politischen Rahmenbedingungen begleitet würden.[220] Vor allem in der Auflösung der herkömmlichen Grenzziehung zwischen Natur und Kultur und zwischen Mensch und Maschine sieht Haraway das offensiv zu nutzende Potenzial, althergebrachte, Männer und Frauen festlegende Bipolaritäten aufzuheben:

> „Vielleicht besteht die entscheidende Herausforderung von Gentechnologie und der damit verbundenen Reproduktionstechnologien darin, dass sie unser Vertrauen in die Naturhaftigkeit unserer Körper, unsere Vorstellung davon, wo unsere Körper enden, die Umwelt oder andere Menschen beginnen, erschüttern. Die Unterscheidungen zwischen natürlich und künstlich erhalten in den modernen Naturwissenschaften eine vollkommen neue Struktur, und diese Verschiebungen werden sich in den Bereichen Geschlecht und Reproduktion grundlegend auf unsere Vorstellungswelten, auf unser Leben auswirken" (Haraway 1995a: 174).

Ökofeministinnen, wie Maria Mies und Gena Corea, sind der Auffassung, dass sich neue Herrschafts- und Kontrollsysteme herausbilden, die der Gesellschaft mehr Ausbeutung, neue Hierarchien und Ausgrenzung bringen. Die Ausbeutung der Frauen habe sich nun auch auf das Körperinnere verlagert. Mies ist zu einer Kosten-Nutzen-Abwägung nicht bereit, sondern unterstreicht die politisch-sozialen Folgen für gesamtgesellschaftliche und auch internationalen Verhältnisse:

> „Wir können nicht länger sagen, dass Fortpflanzungstechnik und Gentechnik als solche gut sind, dass nur ihre Anwendung problematisch sei. Wir müssen sowohl die dieser Technologie zugrundeliegenden Prinzipien als auch ihre Methode kritisieren. (...) Beide beruhen auf der Ausbeutung und Unterdrückung der Natur, der Frauen und anderer Völker (d.h. Kolonien...). In diesem Sinne können wir von einer, den neuen Fortpflanzungstechnologien inhärenten, sexistischen, rassistischen und letztlich faschistischen Tendenz sprechen" (Mies 1992: 54).

Mit Blick auf das individuelle Körpererleben vertritt die Historikerin Barbara Duden die These, dass die neuen Reproduktionstechnologien einen weiteren Schritt in der langen Geschichte der Kolonialisierung und Entfremdung des Körpers der Frauen bedeuten. Zum Beispiel würde den Frauen die eigene sinnliche Orientierung während einer Schwangerschaft genommen durch die Konstruktion eines für sich seienden Embryos und durch verunsichernde Untersuchungen und Risikoeinschätzungen (Duden 2001).

Der von feministischen Theoretikerinnen breit rezipierte französische Philosoph Michel Foucault wiederum hat ausführlich dargelegt, dass Körper kein natürlich Gegebenes, Substanzielles sind. Stattdessen beschreibt er, wie Körper in einem diffusen Geflecht der Macht markiert, dressiert und zugerichtet werden. Mit dem Begriff der Biomacht bündelt er zwei Ebenen: die Disziplinierung und Herausbildung des individuellen Körpers zum einen und die Regulierung des Gattungskörpers, der Bevölkerung zum anderen. Schar-

---

220 Einige Gedanken Haraways sind zusammengefasst in Hofmann 1999: 126-40.

nier zwischen beidem sei die Sexualität, die deshalb eine zentrale Zielscheibe der Macht darstelle (Foucault 1976 u.1977, hier nach Hofmann 1999: 172). Während also die klassische westliche Ideengeschichte den Körper ganz aus der Konzeption des Politischen heraushält, stellt Foucault ihn ins Zentrum von politischem Interesse und Einflussnahme.

Damit war ein interessantes theoretisches Gerüst geliefert, um auch von feministischer Seite den Körper als substanzielle Gegebenheit vollständig in Frage zu stellen. In der Tradition Foucaults wurde nachgezeichnet, wie Körperlichkeit in einem Netz von Macht, Wissen und Diskurs konstruiert wird (vgl. Krasman 1999). In der postmodernen Tradition stehend, setzt Judith Butler (*Querverweis: Kap. 3.5*) den Körper zwar als zentrales Motiv,[221] bewegt sich dabei aber auf der Ebene des Begriffs und grenzt sich von einer materialen Vorstellung des Körpers ab. Hofmann vertritt die These, dass die herausragende Rolle des „Körpers" in Butlers Schriften sich gerade aus der Negation desselben ergab (Hofmann 1999a: 25). Diese Ausblendung des Körperlichen und die Konzentration auf sprachliche Akte wird in der innerfeministischen Diskussion deutlich kritisiert, da der Körper als Existenzbedingung und Erfahrungsraum wahrgenommen werden müsse, auch um die politischen Zumutungen an den Körper beschreiben zu können (vgl. Themenheft der *Feministischen Studien*, Heft 2, 1993).[222]

Maihofer macht sich Gedanken über die zeitliche Parallele von feministischer Körperdiskussion und den Fortschritten der Reproduktionstechnologie:

> „[I]nnerhalb des Feminismus [beginnt] eine breite Debatte über die soziale Konstruiertheit des geschlechtlichen Körpers und die Idee einer geschlechtslosen Gesellschaft genau in dem historischen Moment (...), in dem aufgrund der Fortschritte in den Reproduktionstechnologien eine Abkoppelung der ‚Reproduktion' der Gattung von der Gebärfähigkeit der Frau technisch zumindest als Möglichkeit aufscheint und sich damit die Differenz geschlechtlicher Körper bezogen auf die Reproduktion zukünftig möglicherweise auf das Spenden von Samen und Eiern beschränken wird" (Maihofer 1995: 13).

Maihofer sieht in dieser Parallelität sogar die Gefahr, dass feministische Theorie ungewollt zur ideologischen Wegbereiterin dieser technologischen Entwicklung werden könnte.

Die Soziologin Beate Kreis weist seit Jahren auf einen Ausweg aus der Körperlosigkeit der feministischen Theoriedebatte hin: Mit dem Habituskonzept von Pierre Bourdieu liege ein theoretisches Gerüst vor, das es erlaubt, Gesellschaftsanalysen zu betreiben und gleichzeitig den Einzelnen in seiner sozialen Praxis wahrzunehmen (Kreis 1993 u. 2001). Gesellschaftliche Strukturen drücken nach Bourdieu der Körperlichkeit des Individuums ihren Stempel auf, z.B. in Haltungen, Stimme, Geschmack usw.. In der sozialen

---

221 Bublitz (2002: 11) spricht von der „paradigmatischen Bedeutung des physischen Körpers im Denken Butlers".
222 Vgl. dazu das Themenheft der „Feministischen Studien" 2/1993.

Praxis des Einzelnen (Habitus) drücken sich gesellschaftliche Strukturen aus (Bourdieu 1997).

> „Die Identität eines Menschen als Frau oder Mann lässt sich nach diesem Konzept auch als Geschlechtshabitus auffassen, geschlechtsgebundenes Verhalten erscheint damit als Resultat soziokultureller Prozesse. Kulturelle Vorstellungen von Frauen und Männern, vor allem aber von Geschlechterdifferenzen prägen dabei nicht nur die Denkschemata der Individuen. Sie werden auch in ihren Körper eingeschrieben, sie bestimmen die subjektiven Ausdrucksmöglichkeiten, Wahrnehmungen und Sichtweisen bis hin zu Gefühlen und Geschmacksurteilen" Althoff/Bereswill/Riegraf 2001: 244).

Die theoretischen Potenziale dieses Ansatzes werden jedoch von deutschsprachigen feministisch motivierten Theoretikerinnen nur vereinzelt genutzt (Kreis 2001: 318)

So ist der Körper in der feministischen Wissenschaftsdiskussion eine theoretische Leerstelle, was sich in der Auseinandersetzung mit den Forschungsvorhaben und der Forschungspraxis der Reproduktionsmedizin als ein erhebliches Manko erweist. Denn Medizin und Biotechnik sind dabei, das postmoderne Postulat vom biologischen Körper als „artefaktem Konstrukt" (Hofmann 1999a: 17) technisch zu vollziehen. Feministische und geschlechtskategoriale Theorie steht damit vor anspruchsvollen Aufgaben. Einige Stränge der Diskussion sollen im Folgenden entlang der Themen dargestellt werden, die zugleich die politikwissenschaftliche Dimension der Debatte verdeutlichen.

5.2.4 Politisch-gesellschaftliche Diskurse über Gen- und Reproduktionstechniken

Auch bei der Debatte um Reproduktions- und Gentechnik besteht eine vorrangige Aufgabe der kritischen feministischen Wissenschaft darin, die laufenden Diskurse in der Wissenschaft selbst, in Expertendarstellungen, in juristischen Texten und politischen Stellungnahmen zu analysieren und zu hinterfragen.

Dies machten sich bereits Kritikerinnen internationaler Bevölkerungspolitik zur Aufgabe, als in den siebziger Jahren die forcierte Verbreitung von anti-natalistischen Methoden (Pille, (Zwang-)Sterilisationen u.a.) unter Frauen in den Entwicklungsländern als Maßnahme gegen die Armut gerechtfertigt wurde.

Die neuen oder zukünftigen Technologien haben nun auch einen breiten Diskurs zu Reproduktion und Technologiepolitik in den Industriestaaten ausgelöst. Die Soziologin Elisabeth Beck-Gernsheim sieht hier dringenden Analysebedarf. In einer Untersuchung kann sie nachweisen, dass im Pro-Reproduktionstechnologie-Diskurs bewusst mit gesellschaftlich anerkannten Werten argumentiert wird, um gesellschaftliche Akzeptanz und politische

Unterstützung zu gewinnen. Erfüllung von Kinderwünschen, Hungerbekämpfung, Umweltschutz, Wissenszuwachs und Kostendämpfung tauchen als Argumente immer wieder auf und verdecken andere Motive, wie Profitstreben oder Eitelkeit der Forschenden (Hofmann 1999: 34).[223]

In einer jüngeren Analyse entdeckt Beck-Gernsheim (2001) ein typisches Argumentationsmuster. Der Einstieg erfolge gewöhnlich mit den Topoi der Bedrohungsrhetorik: Die Natur macht schreckliche Fehler und birgt die unglaublichsten Gefahren, sie kann alle jederzeit übel treffen. Doch – und hier beginnt die Rettungsrhetorik – Gegenwehr und Schutz ist möglich. Nach Beck-Gernsheim Analyse erfordert die Rettungsrhetorik einiges an sprachlicher Leistung oder auch Fehlleistung. So zitiert Beck-Gernsheim den Humangenetiker Werner Schmid, der von der „Prävention" des Down-Syndroms spricht. Damit sind allerdings

„nicht Vorsorgemaßnahmen gemeint, die dem zukünftigen Auftreten der Behinderung entgegenwirken wollen, vielmehr geht es um Schwangerschaftsabbruch im Fall des bereits heranwachsenden Fötus, der diese Behinderung hat" (Beck-Gernsheim 2001: 27).

Auch in der von Beck-Gernsheim erkannten dritten rhetorischen Formel lässt sich Interessantes entdecken: „Verantwortung" ist das Schlüsselwort, das hier auf mehreren Ebenen und zum Teil in neuen Bedeutungen auftaucht.

„Da ist (...) zum einen die Verantwortung gegenüber der Gesellschaft. Dann die Verantwortung gegenüber der Familie, gegenüber dem Mann und den bereits geborenen Kindern ... Nicht zu vergessen auch die Verantwortung gegenüber dem noch ungeborenen Kind; kann man ihm das Schicksal der Behinderung aufbürden, eine Existenz zwischen Mitleid, Ablehnung, Abhängigkeit? Sind wir nicht gerade aus Fürsorge dem Kind gegenüber ... zur verantwortlichen Entscheidung aufgerufen?" (Beck-Gernsheim 2001: 31f.)

Beck-Gernsheim deutet es hier ironisch an: Verantwortung zu übernehmen heißt in diesem Diskurs, kein behindertes Kind zur Welt zu bringen. Und falls dies doch geschieht, taucht der Begriff Verantwortung wieder auf: Behinderung muss dann in „individueller Verantwortung" und nicht in sozialer Solidarität gemeistert werden.

In den Jahren 2001/2 war im politischen Diskurs der Befürworter einer unbeschränkten Genforschung das Argument der Heilungschancen am häufigsten im Einsatz. Bundeskanzler Schröder führte während der Bundestagsdebatte am 31. Mai 2001 die Formel einer „Ethik des Heilens" ein und parier-

---

223 Hofmann gibt hier Aussagen eines unveröffentlichten Manuskripts von Beck-Gernsheim wieder: (o.J.): *Normative Ziele, vielschichtige Motive und konkurrierende Klienteninteressen. Ein Beitrag zur Technikforschung am Beispiel der Fortpflanzungs- und Gentechnologie.* Hofmann (1999: 42-48) listet selbst eine Reihe typischer Argumentationsfiguren auf.

te damit auch die „Berliner Rede" des Bundespräsidenten Rau[224], der warnende Töne angeschlagen hatte. Wolfgang Clement – damals noch nordrhein-westfälischer Ministerpräsident – wurde in einer Art „Gentechnik-Kampagne" im Sommer 2001 nicht müde, auf die Heilungschancen zu verweisen. Forschungs- und Wettbewerbsvorteile und die Schaffung von Arbeitsplätze wurden von befürwortenden Politikern als weiterer Pluspunkt der Gentechnik angeführt.

Giselind Berg verweist auf den Wandel der Begrifflichkeiten, der zu beobachten sei, wenn bestimmte Fachausdrücke die Öffentlichkeit zu stark alarmierten. So ist „Klonen" nach ihrer Einschätzung mittlerweile in der deutschen Öffentlichkeit eher ein Schreckbegriff, mit dem nur noch schwerlich geworben werden kann. In der Forschung werde deshalb bevorzugt von „Zellkerntransfer" gesprochen. Der Herstellungsvorgang von Menschen-doubletten werde in diesem Begriff auf einen folgenlosen, rein technischen Vorgang reduziert (Berg 2001).[225]

5.2.5 Die öffentliche Frau

Die Trennung eines öffentlichen und eines privaten Bereiches galt und gilt als konstitutives Element herkömmlicher politikwissenschaftlicher Gegenstandsdefinition. Feministische Kritik hat in vielerlei Bereichen (Ideengeschichte, Gewalt in der Ehe u.a.) darauf aufmerksam gemacht, dass diese Trennung von einer geschlechtlichen Zuordnung überlagert ist, die traditionell die Frauen ins Private – das Nichtpolitische – verwies und den Männern die Regelung des öffentlichen Raumes überlies (*Querverweis: Kap. 2*). Da lässt es aufhorchen, wenn die Körperhistorikerin Barbara Duden (1991) vom „Frauenleib als öffentlichem Ort" spricht. Auch Heidi Hofmann kommt in ihren Betrachtungen zu Diskursen über die neuen Reproduktionstechnologien zu dem Schluss, dass

> „durch Medikalisierung und Technisierung Sexualität und Fortpflanzung geradezu dem dem Privaten zugeteilten Bereich des ‚Natürlichen' entrissen" werde" (Hofmann 1999: 218).

---

224 Berliner Rede vom 18. Mai 2001, abgedruckt in Graumann 2001: 14-30, auch auf der Homepage des Bundespräsidenten nachzulesen.
225 Giselind Berg: Paper zum Workshop: „Biowissenschaft als Arena der Geschlechterpolitik", 2./3. November 2001, Universität Hamburg. Bergs Beitrag ist veröffentlicht in: Kuhlmann/Kollek 2002. Opladen. Der Begriff „Klonen" hat aber auch durch Differenzierung Entschärfung erfahren, da zwischen reproduktivem und therapeutischem Klonen zu unterscheiden ist. Umfangreiche empirische Erhebungen zur Einstellung zur Gentechnik hat das Institut für Technikfolgenabschätzung in Stuttgart vorgenommen: http: //www.ta-akademie.de/deutsch/Aktuelles/klonen/ gen-tech.pdf.

Was bedeutet es, wenn Sexualität, Fortpflanzung, der Leib und insbesondere der weibliche Leib nicht mehr als der Natur und dem Privaten zugehörig gelten, sondern als technisch machbar und als öffentlich verhandelbar diskutiert werden?

Zunächst ist festzuhalten, dass gerade feministische Analysen immer wieder darauf hingewiesen haben, dass Sexualität und Fortpflanzung zwar als Privatsache definiert waren, diese aber insbesondere für Frauen mit (Ohn-) Macht und rigiden Vorschriften verbunden waren. Politische Nichteinmischung hatte dafür gesorgt, dass Frauen den ungleichen Machtverhältnissen zwischen den Geschlechtern ausgesetzt waren. Ein Beispiel war die Vergewaltigung durch den Ehemann, für die bis 1997 keine strafrechtliche Verfolgung vorgesehen war. Politische Einmischung hatte dafür gesorgt, dass Abtreibung verboten oder streng reglementiert war, und hatte homosexuelle Beziehungen lange Zeit als illegal oder unerwünscht erklärt. Wenn mit den neuen Reproduktionstechnologien der Sexualitäts- und Fortpflanzungsbereich ins Öffentliche verschoben wird, so handelt es sich also vor allem um einen Wandel im Diskurs, der allerdings auch substanzielle Veränderungen mit sich bringt.

Die „Veröffentlichung" von Sexualität und Fortpflanzung bedeutet, dass die politische Gestaltung bzw. Gestaltbarkeit dieses Gesellschaftsbereiches nunmehr offensichtlich wird. Durch die neuen Reproduktionstechnologien wird Fortpflanzung nun explizit als öffentlich zu regelnde Angelegenheit präsentiert. Gleichzeitig wird aus dem nicht bezahlten, nicht marktfähigen Bereich der Reproduktion ein markttüchtiger Bereich, in dem Leistungen der technischen Reproduktion teuer bezahlt werden (Hofmann 1999: 223). Der Staat kann hier Regeln setzen, um zu steuern, wie weit diese Vermarktung geht. Wie schon angedeutet, wird dies in einzelnen Staaten sehr unterschiedlich gehandhabt. Beispielsweise gibt es in den USA nahezu keine nationalen Regulierungen; in unterschiedlichem Maße werden Einschränkungen oder Auflagen auf der Ebene der Bundesstaaten vorgegeben. In Deutschland verbietet das Embryonenschutzgesetz von 1991 die Leihmutterschaft, die verbrauchende und fremdnützige Forschung an Embryonen und die Eizellspende. In den Richtlinien der Bundesärztekammer und des Ausschusses Ärzte/Krankenkassen ist festgelegt, dass die künstliche Befruchtung nur verheirateten Paaren angeboten werden soll. In Deutschland gelten also (noch) nicht die Regeln des freien Marktes, da die einschlägigen Techniken und Therapien in das spezifische bundesdeutsche Gesundheitssystem eingebunden sind.[226] Gesetzliche Regelungen schränken die Angebotspalette ein und standesrechtliche Auflagen begrenzen den Kreis der „Kundschaft". Nur in Einzelbereichen, wie der Gendiagnostik, ist ein veritabler Dienstleistungs-

---

226 Die Krankenkassen erstatten die Kosten für IVF und Hormonbehandlungen. Die Angebot wird nicht über kaufkräftige Nachfrage geregelt, sondern über medizinische Indikation.

markt entstanden. Eine Dienstleistung, die deutsche Paare im Ausland nachfragen, ist die hierzulande noch verbotene Präimplantationsdiagnostik. International ist überdies ein Rohstoffmarkt entstanden, der entweder die Unterschiede in den nationalen Bestimmungen nutzt, in gesetzlichen Grauzonen oder illegal arbeitet. Das Handelsgut dieses Rohstoffmarktes sind Eizellen, Sperma, Embryonen und mietbare Gebärmütter.[227] Während die Spermaspende keinen technischen Eingriff in den Körper des Mannes erfordert, ist die Nutzung der Rohstoffe des weiblichen Körpers mit invasiven Techniken verbunden (vgl. auch Schneider 1994).

Richardt warnt davor, hier einen Markt entstehen zu lassen, der scheinbar nur über Angebot und Nachfrage reguliert wird.

> "... using these technologies is not as straight forward as buying the 'normal' goods and services of the market place. The social and political implications of these technologies extend beyond the private realm and must be discussed in the public sphere" (Richardt 1996: 3).

In der rechtlichen Regelung zur Nutzung von Körperrohstoffen laufen unterschiedliche Intentionen zusammen: In der Tradition des römischen Rechtsverständnisses werden Mensch und Körper als Einheit betrachtet. Niemand kann demzufolge zum Eigentümer seines Körpers werden. Der Mensch darf also nicht seinen Körper oder Teile seines Körpers marktwirtschaftlich verwerten. Die rechtliche Betrachtung des Körpers ist Teil des Persönlichkeitsrechts und nicht etwa des Sachenrechts. Allerdings: Abgetrennte Körperteile werden im Rahmen des Sachenrechts behandelt. Aus dieser unterschiedlichen Zuteilung ergibt sich folgende bemerkenswerte Situation. Menschen können als Rohstofflieferanten in den marktwirtschaftlichen Körperverwertungsprozess eingeschlossen werden, nicht aber selbst als Verwerter bzw. Verkäufer auftreten. Frauen, denen das besondere Interesse dieses Wirtschafts- und Forschungszweiges gilt, dürfen also beispielsweise Eizellen spenden. Den Gewinn aus dem Handel mit diesem Material oder seinen weiteren Verwertungsprodukten dürfen nur Dritte annehmen. Was also von der rechtlichen Idee her als Schutz der Person gedacht war, äußert sich heute derart, dass die Individuen, die den interessanten Rohstoff liefern, selbst nicht am Profit teilhaben können. Der Schutz der einzelnen Person besteht faktisch nur noch darin, dass ein „informed consent" gefordert wird, das heißt, der Mensch, der einen Rohstoff liefern kann, muss ausreichend informiert werden und dann auf der Grundlage dieser Information dem Eingriff bzw. der Nutzung zustimmen.[228]

---

227 Vergleiche z.B. Angebot und Preisliste einer Infertilitätsklinik in der Ukraine: http://www.isidaivf.com.ua/eizellspende.htm.

228 Diesen juristischen Hintergrund erläuterte Ingrid Schneider in einer Präsentation auf dem Workshop: „Biowissenschaft als Arena der Geschlechterpolitik", 2./3. November 2001, Universität Hamburg.

5.2.6 Die Gesellschaft – Ansammlung von Individuen oder Beziehungsgeflecht?

Eines der wesentlichen Argumente feministischer Kritik an den Herrschaftsentwürfen der klassischen politischen Ideengeschichte ist die Prämisse der Autonomie der Individuen. In den ideengeschichtlichen Entwürfen wird ein männliches Idealbild kopiert, das nur selten der Wirklichkeit gerecht wird und mannigfaltige Abhängigkeits- und Fürsorgebeziehungen übersieht bzw. nicht würdigt. (*Querverweis: Kap. 4.1*)

Praktiker und Nutzer der Reproduktionstechnik sind nun in der Tat ganz konkret mit der Auflösung bzw. mit der Entwertung herkömmlicher Beziehungen beschäftigt. Während bislang unterstellt wurde, dass in einer Schwangerschaft eine intime soziale und körperliche Beziehung zwischen Mutter und Kind entsteht, wird genau diese Beziehung für den Vorgang der Leihmutterschaft ignoriert. Vertraglich wird geregelt, dass die austragende Frau lediglich ihren Uterus zur Verfügung stellt und der Anspruch auf Elternschaft bei den Spendern der Keimzellen verbleibt. Dies wurde im Fall „Baby M." auch juristisch bestätigt, als 1987 eine Leihmutter in den USA nicht bereit war, das Kind, das sie geboren hatte, an die Auftraggeber abzugeben. Am Beispiel Leihmutterschaft kann außerdem gezeigt werden, dass diese Art der Reproduktion der Eltern-Kind-Beziehung eindeutig den Charakter einer Käufer-Ware-Beziehung gibt. Dies zeigte sich spektakulär am Fall „Malahoff".[229] Das US-amerikanische Ehepaar Malahoff hatte mit einer verheirateten Frau einen Leihmuttervertrag abgeschlossen. Die Leihmutter sollte 10.000 US-Dollar erhalten für das Austragen des Kindes und hatte außerdem einige Bestimmungen in ihrer privaten Lebensführung zu beachten. Bis zur Geburt ging alles planmäßig. Dann stellte sich heraus, dass das Kind mit einer erheblichen Gehirnschädigung geboren war. Die Malahoffs lehnten dieses Kind ab, weil „die Ware" fehlerhaft war. Die Leihmutter war ebenfalls nicht bereit, das Kind zu behalten.

Krankheit wird durch die Versprechungen der Gentechnologie als ein individuelles, rein technologisch zu bewältigendes Problem dargestellt, das außerhalb aller sozialen Beziehungen gelöst werden kann. So bemerkt Barbara Duden ironisch, dass Kranke bald nicht mehr umsorgt und gepflegt werden, sondern ein neues Gen oder ein nachgewachsenes Organ erhalten (Duden 2001). Außerdem suggeriert der pro-gentechnische Diskurs eine schöne neue Welt ohne Kranke und Behinderte (Beck-Gernsheim 2001: 28ff.).

Wer in Zeiten der Reproduktions- und Gentechnik für eine gerechte Gesellschaft eintritt, steht vor der Grundsatzfrage, ob Gerechtigkeit am autonomen Individuum bemessen wird oder an den Beziehung zwischen den Mitgliedern einer Gesellschaft oder gar der Menschheit. Feministische Theorie

---

229 Dazu ausführlich http: //www.murdoch.edu.au/elaw/issues/v3n1/stuhmck1.html

hat den ersten Ansatz in vielfältiger Weise kritisiert. Zum Beispiel kommt die US-amerikanische Politikwissenschaftlerin Susan Moller Okin (2000) zu dem Ergebnis, dass die viel diskutierten Gerechtigkeitstheorien John Rawls' und Robert Nozicks deshalb unzureichend sind, weil sie das besondere Beziehungsgeflecht, in dem sich Frauen befinden, nicht beachten. Feministinnen haben angesichts der Möglichkeiten der Reproduktionstechnik erneut gefordert, über das Individuum hinaus zu denken, gar eine globale Perspektive einzunehmen. So zum Beispiel die amerikanische Befreiungstheologin Margaret A. Farley:

> "Underlying all these considerations is the need to measure in vitro fertilization according to norms of justice. If justice in its deepest sense can be understood as treating persons in truthful accordance with their concrete reality, then all the issues of embodiment, nondiscrimination, agency, responsibility, inclusive care, are issues of justice. They are not focused only on individuals, but on human community. They converge in the fundamental question: How do we reproduce ourselves as human persons? They press us to new theories of justice which extend a requirement for just parenting in relation to all human children. They include, too, questions of the meaning and the value of in vitro fertilization in a world threatened by overpopulation, in countries where not every existing child is yet cared for, in communities where grave needs of children require the resources of science and technology. Questions of macroallocation of scare goods and services may finally be unresolvable, but they cannot be ignored. At the very least, in this instance, they preclude justifications of in vitro fertilization on the basis of any absolute right to procreate." (Farley 1985, hier zitiert nach Hofmann 1999: 57)

5.2.7 Rechte für die Frau oder für den Embryo?

Menschenwürde war und ist eine zentrale Kategorie in der Diskussion um die Gen- und Reproduktionstechnologien (Hofmann 1999: 131, Braun 2000a). Gleichzeitig ist die Wahrung der Menschenwürde zentrales Bestimmungsziel eines demokratischen Staates. Im ersten Artikel des Grundgesetzes der Bundesrepublik Deutschland verankert, drückt sich die Hochrangigkeit dieses Wertes aus: „Die Würde des Menschen ist unantastbar. Sie zu achten und zu schützen ist Verpflichtung aller staatlichen Gewalt".

An den Regelungen zum Schwangerschaftsabbruch und am Beispiel des Embryonenschutzgesetzes soll im Folgenden gezeigt werden, wie sich der Staat der Aufgabe stellt, die Wahrung der Menschenrechte sicherzustellen.

Die §§ 218 und 218a des Strafgesetzbuches regeln die Möglichkeiten des Schwangerschaftsabbruchs. Demnach ist ein Schwangerschaftsabbruch dann straffrei, wenn die Schwangere sich einer geeigneten Beratung unterzogen hat und die Empfängnis nicht länger als zwölf Wochen zurückliegt. Dieses als Fristenregelung bekannte Gesetz schafft eine Konkurrenzsituation zwischen der Menschenwürde der Frau und dem Recht auf Leben und körperliche Unversehrtheit des Kindes. Nach dem Urteil des Bundesverfassungsgerichts vom 23. Mai 1993

„ist der Staat verpflichtet, einen Schwangerschaftsabbruch grundsätzlich als Unrecht zu behandeln. Für die Frau besteht eine Rechtspflicht zum Austragen des Kindes. Das in dem Beratungsmodell zum Ausdruck kommende neue Schutzkonzept ungeborenen Lebens, also die ,Fristenregelung mit Beratungspflicht', hat das Gericht grundsätzlich für verfassungsrechtlich zulässig erachtet. Das Karlsruher Gericht begründet seine Entscheidung damit, dass die durch die Verfassung in Artikel 4 Abs. 1 GG geschützte Gewissensfreiheit der schwangeren Frau hinter der Menschenwürde (Art. 1 Abs. 1GG) und dem Recht des ungeborenen Kindes auf Leben und körperliche Unversehrtheit (Art. 2 Abs. 2 GG) zurücktreten müsse. Nur wenn eine Indikationslage festgestellt werde, sei eine Abtreibung nicht nur nicht strafbar, sondern rechtmäßig. Ein Schwangerschaftsabbruch, der mit schlechten wirtschaftlichen Verhältnissen begründet werde, entfällt. Das Bundesverfassungsgericht hält einen Abbruch nur dann für gerechtfertigt, wenn Lebensgefahr für die Mutter bestehe oder das Kind schwere Gesundheitsschäden habe. Das heißt, die frühere Notlagenindikation wird nicht mehr anerkannt, nur die medizinische oder embryopathische Indikation erhalten Gültigkeit" (Hofmann 1999: 176).

Bemerkenswert ist, dass die schützenswerte Menschenwürde ausdrücklich dem Embryo zugesprochen wird.[230] Für Gerburg Treusch-Dieter (1996) markiert diese juristische Neuorientierung die „Vertauschung von prä- und postnatalem Leben". Das Bundesverfassungsgericht schließe sich einem naturwissenschaftlichen geprägten Lebensbegriffs an und würde auf dieser Grundlage den Schutz des ungeborenen Lebens einklagen. Der in der Begründung des Gerichts angeführte Schutz der Menschenwürde sei – so Treusch-Dieter – eine „Genomwürde". Waren vor dieser Entscheidung unter dem Stichwort „soziale Indikation" noch „postnatale" Lebensverhältnisse in die Argumentation miteinbezogen worden, werde jetzt der pränatale Zustand bewertet: Die Beschaffenheit des Genoms entscheide über Recht- oder Unrechtmäßigkeit der Abtreibung.

Das Selbstbestimmungsrecht der Frau über ihren Körper und über ihre Lebensführung treten in dieser gesetzlichen Bestimmung eindeutig in den Hintergrund.[231] Währenddessen wird der schwangeren Frau an immer mehr Zeitpunkten der Schwangerschaft zugestanden oder zugemutet, aufgrund medizinischer Daten, die oft lediglich Wahrscheinlichkeiten ausdrücken, die genetische Güte ihrer Frucht einzuschätzen und die Schwangerschaft entsprechend fortzuführen oder abzubrechen.

Aus feministischer Sicht kann nicht akzeptiert werden, dass die Rechte der Frau sich denen des in ihr heranwachsenden Embryos unterordnen müssen. So räumt Braun der Menschenwürde der schwangeren Frau oberste Prio-

---

230 Wilde (2001: 179ff.) zeichnet nach, dass im ersten BVerfGE-Urteil zum Schwangerschaftsabbruch (1975) der Embryo als schützenswertes Rechtsgut definiert wurde und ihm im zweiten Urteil von 1993 eine eigenständige Menschenwürde zugestanden wurde.

231 Wilde (2001: 199) weist außerdem darauf hin, dass die grundgesetzliche Norm der Gewissensfreiheit in der juristischen Argumentation nicht angemessen Raum eingeräumt wurde.

rität ein. Deren Recht, selbst über ein Austragen der Schwangerschaft zu entscheiden, müsse gewahrt sein. Gleichzeitig müsse daraus nicht gefolgert werden, dass eine schwangere Frau völlige Verfügungsrechte über ihren Embryo habe. Auch bedeute dies nicht, alle Embryonen, die beispielsweise außerhalb eines Frauenkörpers entstehen oder existieren, dem Zugriff durch wissenschaftliche Experimente oder materieller Ausbeutung auszusetzen. Wenn die Sondersituation Schwangerschaft in Rechnung gestellt wird, können die Selbstbestimmung über die Schwangerschaft und die Menschenwürde eines extra-uteralen Embryos nebeneinander bestehen (Braun 2000a: 15 u. 285).

5.2.8 Das Embryonenschutzgesetz

Aus dem Urteil des Bundesverfassungsgerichts von 1993 im Zusammenhang mit der Regelung des Schwangerschaftsabbruchs geht hervor, dass dem Embryo Menschenwürde zusteht, und zwar ab dem Beginn der Schwangerschaft, der juristisch auf die Nidation (Einnistung, 7–14 Tage nach der Befruchtung) festgelegt wurde. Das bundesdeutsche Embryonenschutzgesetz[232] (EschG) geht hier noch weiter und umfasst auch den In-vitro-Embryo ab dem Zeitpunkt der Kernverschmelzung. Mit diesem Gesetz wurden im Vergleich zu anderen nationalen Regelungen deutliche Restriktionen für die Forschung festgelegt. Forschungen am Embryo sind verboten, ebenso wie die vorsätzliche Zeugung von Embryonen zu Forschungszwecken und zur Geschlechtsbestimmung. Das Gesetz untersagt außerdem die Leihmutterschaft.

(Nicht nur) von feministischer Seite wurde das Gesetz zur Zeit seines Inkrafttretens kritisiert, weil es Frauen zum „fötalen Umfeld" degradiere. Heute allerdings setzen sich die früheren GegnerInnen des Gesetzes für seinen Bestand ein, weil die darin enthaltenen Beschränkungen angesichts aktueller Forschungsvorhaben erhaltenswert erscheinen.

Den Praktikern der Stammzellenforschung jedoch erscheint das Embryonenschutzgesetz als ein Hindernis, das ihre Forschung erschwert und sie im internationalen Vergleich benachteiligt. Die Politik reagierte im Jahr 2000 mit der Einrichtung einer Bundestags-Enquetekommission,[233] die Meinungen und Expertisen über die zukünftigen Möglichkeiten der biotechnologischen und medizinischen Forschung, Diagnostik und Therapie einzuholen hatte. Damit stand die Frage auf der politischen Tagesordnung, ob das Embryonenschutzgesetz erhaltenswert ist oder der weiteren biologisch-medizinischen

---

232 Das EschG trat zum 1.1.1991 in Kraft (Gesetzesbeschluss des Deutschen Bundestags). Drucksache 745/90 vom 26.10.90). Was die gesetzgeberische Rahmensetzung für Reproduktions- und Gentechnologien betrifft, ist zunächst bemerkenswert, dass diese dem technisch Vollzogenen deutlich hinterherhinkt. Schon bis zum Jahre 1984 waren in der Bundesrepublik Deutschland zirka 600 Kinder aus der Retorte geboren (Beck 1986: 335).
233 Siehe http: //www.bundestag.de/gremien/medi/index.html

Forschung zu enge Grenzen setzt. Bemerkenswerter Weise wurde im Jahre 2001 auf Initiative von Bundeskanzler Schröder zusätzlich ein „Nationaler Ethikrat" mit ähnlichem Auftrag einberufen. Die beiden Gremien gelangten zu unterschiedlichen Schlüssen. Während die Enquetekommission die verbrauchende Embryonenforschung nicht für verantwortbar hält, empfiehlt der Rat mehrheitlich die zeitlich begrenzte und mit Auflagen versehene Zulassung der Forschung an embryonalen Stammzelllinien aus dem Ausland. Der Bundestag hat dann im April 2002 einem Gesetzes zugestimmt, das mit hohen Auflagen die Forschung an vor Januar 2002 hergestellten, aus dem Ausland importierten Stammzelllinien erlaubt, die Produktion neuer embryonaler Stammzelllinien zu Forschungszwecken jedoch untersagt. Ingrid Schneider – Politikwissenschaftlerin und selbst Mitglied der Enquetekommission – stellt fest, dass damit ein Kompromiss durchgesetzt wurde in einer Wertefrage, die eigentlich keinen Kompromiss erlaube. Die ganze Diskussion in Politik und Medien sei dadurch gekennzeichnet gewesen, dass frauenpolitische Argumentationen nur vereinzelt auftauchen, eine embryonenzentrierte Diskussion hingegen die Regel war (Schneider 2002a und 2002).

5.2.9 Menschenrechtskonvention des Europarats zur Biomedizin

Vom Europarat wurde der Entwurf für eine europäische Bioethik-Konvention[234] vorgelegt, der 1994 bei seinem ersten Bekanntwerden größte Bedenken auslöste. Während die einen eine solche Konvention als Festlegung von Mindeststandards für die einschlägige Forschung auf europäischer Ebene begrüßen, fürchten die anderen die Verletzung von Menschenrechten und Menschenwürde durch die Aufwertung von Forschungsfreiheit. Ebenfalls wurde befürchtet, dass im Falle der Verabschiedung einer solchen Bioethik-Konvention die Schutzstandards des deutschen Embryonenschutzgesetzes aufgehoben würden (Hofmann 1999: 39).

Ein Punkt, der gerade in Deutschland heftige Proteste auslöste, betraf die Forschung an „Einwilligungsunfähigen". Die ersten Entwürfe zur Konvention sahen vor, dass an Personen, die selbst weder ablehnen noch zustimmen können, unter bestimmten Umständen (hoher Nutzen und geringes Risiko, Bedarf an regenierbarem Gewebe eines nahen Verwandten) Forschung betrieben werden könne. In Deutschland besteht nach den rassistischen und menschenverachtenden Experimenten der Nationalsozialisten größte Vorsicht gegenüber derartigen Formulierungen.[235] Mit dem Zivilpakt der Vereinten Nati-

---

234 Seit dem 6. Juni 1996 ist der Name geändert in „Menschenrechtsübereinkommen zur Biomedizin".

235 Im Nürnberger Kodex – einem Dokument des Nürnberger Gerichtshofes – wurden Experimente an Menschen, die nicht frei zustimmen können, ausdrücklich ausgeschlossen.

onen vom Dezember 1966 liegt außerdem ein internationales Rechtsinstrument vor, das jedes medizinische oder wissenschaftliche Experiment am Menschen ohne dessen freiwillige Zustimmung untersagt (Artikel 7).

Ein zweiter großer Kritikpunkt zielte darauf, dass in den Entwürfen (wie auch im mittlerweile verabschiedeten Text) unbestimmt bleibt, wem die schützenswerte Menschenwürde zugesprochen wird. Die Festlegung auf „alle Menschen" oder „jedermann" löst nicht die dahinter liegende ethische Kontroverse auf. Es bleibt also der jeweiligen nationalstaatlichen Regelung überlassen auszulegen, ob die Menschenwürde einem Embryo, oder einem Koma-Patienten oder einem aufgrund geistiger Behinderung nicht einwilligungsfähigen Menschen zukommt oder nicht (Emmrich 1997). Eine aktuelle philosophische Strömung, die beispielsweise durch den australischen Bioethiker Peter Singer vertreten wird, postuliert nämlich, dass nicht automatisch jedem lebenden Menschen auch die Menschenwürde zukomme. Singer und andere Utilitaristen arbeiten mit dem „Personenbegriff", dem gemäß ein Mensch dann zur Person wird, wenn er über Bewusstseinsleistungen verfügt, selbstbestimmt agiert und eine zukunftsorientierte Lebensplanung verfolgt. Wer in diesem Sinne keine Person ist, der könne auch keinen Schutz der Menschenwürde für sich beanspruchen, Damit wird ein Interpretationsraum eröffnet, in dem einzelnen Menschen oder Menschengruppen die Menschenwürde und damit der Rechtsschutz abgesprochen werden kann.

Kathrin Braun hat Entstehungsgeschichte und Wortlaut der Bioethik-Konvention detailliert analysiert und kommt zu dem Ergebnis, dass die ungenauen Aussagen der Konvention die angedeutete utilitaristische Interpretation ermöglichen (Braun 2000a: 219f.). Braun resümiert,

> „dass die Konvention angesichts ihrer forschungsfreundlichen und in bezug auf den Menschenrechtsschutz völlig unzureichenden materialen Regelungen sowie ihrer mangelnden Durchsetzbarkeit eher eine ideologische Funktion erfüllt. Sie erzeugt den Schein, dass Entwicklungen, die von vielen als bedrohlich, gesellschaftlich unbeherrschbar und moralisch unzulässig empfunden werden, nun der Regelung unterworfen wären und die Ängste der Bevölkerung somit gegenstandslos geworden seien. ... Was dieses Instrument sichern kann, ist vielleicht eine bessere Akzeptanz für die Biomedizin und eine verbesserte Rechtssicherheit für ihre Forschung, ... Was dagegen nicht gesichert wird, ist die Würde des Menschen" (Braun 2000a: 247f.).

Die Kritikerin Erika Feyerabend spricht der Bioethik überhaupt ab, Ethik im herkömmlichen Sinne zu betreiben. Denn Ethik beziehe sich

> „im philosophischen Sinne immer auf den Menschen als soziales Wesen. Bioethik orientiere sich dagegen an einem Lebensbegriff, der abstrakt und rein biologisch verstanden werde, d.h. am Menschen als biologische Materie" (vgl. Hofmann 1999: 203).

Damit wäre das bioethische Verständnis völlig anders als das Verständnis vom Menschen, auf dem grundlegende Institutionen unserer politischen Verfassung, zum Beispiel das Grundgesetz, beruhen. Entsprechend hat die SPD-Fraktion des baden-württembergischen Landtags 1991 einen Antrag zur Prü-

310

fung der Unvereinbarkeit von Grundgesetz und Bioethik-Konvention gestellt (Hofmann 1999: 203).

Eine weitere internationale Erklärung wurde im Herbst 1997 von der UNESCO vorgelegt. Die „Universal Declaration on the Human Genome and Human Rights" hat die Öffentlichkeit weit weniger erschreckt als die Bioethik-Konvention des Europarats. Die Bemühungen der UNESCO gingen zunächst dahin, die Nutzung des menschlichen Genoms über ein internationales Regime zu regeln. Diese Absicht hat sich im Laufe des Diskussionsprozesses weitgehend verloren, ist aber in der abschließenden Version noch zu spüren. Kathrin Braun, die auch dieses Dokument analysiert hat, kommt zu dem Ergebnis, dass die Abschlussdeklaration zwar nicht mehr grundsätzlich die Menschenrechte angreift, was im Entwurfstadium noch der Fall war, dass aber das zustande gekommene Flickwerk nicht geeignet ist, die Menschenrechte zu schützen (Braun 2000a: 281).

Die Schwierigkeit, den Menschenrechtsstatus auf rein individualistischer Basis zu sehen, wird ganz deutlich am Verhältnis zwischen Embryo und schwangerer Frau. Neue Visualisierungstechniken haben überhaupt erst dazu beigetragen, hier zwei Wesen zu erkennen und beiden einen individuellen Status zuzuschreiben (Duden 2001). Die konflikthafte, konkurrierende Konstellation kommt nur dann zustande, wenn der Embryo von der schwangeren Frau abstrahiert wird, wenn also die für den Embryo existentielle Verbindung ignoriert wird (Hofmann 1999: 72). Eine individualistische Gerechtigkeitsvorstellung verstrickt sich hier in Widersprüchen.

Braun argumentiert, dass der Rekurs auf das Menschenrecht den Differenzierungs- und Diskriminierungstendenzen des gegenwärtigen Reproduktionsdiskurses entgegenwirken kann. Dazu ist es allerdings unerlässlich, die Menschenrechte als universales Konzept zu verstehen. In einem solchen Menschenrechtsverständnis ist es nicht möglich, bestimmte Menschen(-gruppen) auszuschließen, wie dies in der Personendefinition der Bioethik geschieht.

„Werden die Menschenrechte ... auf die Kategorie der Menschheit rückbezogen, so ist es möglich, sowohl gentechnologische Praktiken wie Klonen oder Keimbahnmanipulationen als Verletzung der Menschenwürde zu kritisieren als auch gleichzeitig am Selbstbestimmungsrecht der schwangeren Frau festzuhalten" (Braun 2000a: 11f.).

5.1.10 Zusammenfassung

Deutschsprachige feministische Theorie und Geschlechterforschung hat sich jahrelang mit der vermeintlichen Lösung der Sex-Gender-Trennung arrangiert und konnte es sich dadurch erlauben, den Körper auszublenden. (Querverweis: Kap. 1.1.5) Die de-konstruktivistische Perspektive auf den Körper, von Michel Foucault initiiert, hat daran wenig geändert, weil sie von der Geschlechterforschung vor allem in dem rein auf Sprache konzentrierten Entwurf von Judith Butler (*Querverweis: Kap. 3.5*) und anderen aufgegriffen wurde.

Feministische und geschlechtskategoriale Forschung hat im theoretischen Zugriff auf das Körperliche noch einigen Nachholbedarf, damit sie kritisch kommentieren kann, wie derzeit über Körper und Körpermaterial verhandelt wird. In der laufenden Diskussion über Gen- und Reproduktionstechniken spricht feministische Kritik von Frauenkörpern in einem materialen Sinne und sie verweist auf soziale Zusammenhänge und Folgen. Kritisiert wird längst nicht mehr nur die Enteignung der Gebärfähigkeit, sondern auch der Zugriff auf den Embryo und seine genetische Ausstattung mit den Möglichkeiten der negativen und positiven Selektion. Vor der Ausgrenzungslogik gegenüber Menschen mit Behinderungen und Krankheiten wird gewarnt; die Neudefinition von verantwortlicher Mutterschaft wird kritisch kommentiert. Schließlich geht es Feministinnen darum zu zeigen, wie es durch die Verwendung von Embryonen und Eizellen zu drittnützigen Zwecken zu einer Einstufung von Frauenkörpern als Rohstoff kommen kann.

In der Logik von Diskussion und Praxis der Reproduktionstechnologien taucht ein Argumentationsstrang auf, der Feministinnen und mit der Kategorie Geschlecht arbeitenden ForscherInnen wohl vertraut ist. Demnach müsse Arbeit, die natürlichen Fähigkeiten entspricht, nicht bezahlt werden. Ebenso stünde Natur – und damit der Körper – kostenlos zur Ausbeutung bereit. (*Querverweis: Kap. 5.2*) Dies erinnert an eine altvertraute feministische Debatte, die bereits in den 1970er-Jahren aufzeigte, dass Frauen als Billigstressource fungieren, weil die von Frauen verrichtete Hausarbeit, Pflegearbeit und ihre Sexdienste kostenlos in Anspruch genommen wurden. In der aktuellen Reproduktions- und Gendebatte wird davon ausgegangen, dass vor allem Frauen nun auch ihre Körper bzw. Körperteile kostenfrei zur Verfügung stellen. Ingrid Schneider sieht hier eine neue Sozialpflichtigkeit der Reproduktion entstehen. Frauen würden in die Pflicht gegenüber Kranken und Alten gesetzt, Teile ihres Körpers (Eizellen) zu medizintechnologischen Forschungszwecken zur Verfügung zustellen (Schneider 2002).

Solange das Gebären von Leben „nur" einer natürlichen Fähigkeit entsprach, wurde diese weder in besonderem Maße anerkannt, noch vergütet, noch bedeutete es Machtgewinn für die Gebärenden. Nun aber, da Mediziner und Biotechniker sich daran machen, mit hohem Aufwand an Technik und Wissen die Reproduktion der „Finsternis des Reproduktionsorgans" zu entziehen und da „einzugreifen, wo ursprünglich nur die Natur arbeitet" (Kurt Semm),[236] zeichnet sich ab, dass diese Fähigkeiten Patente, Geld und Anerkennung einbringen werden.

Feministische Politikwissenschaft hätte zu analysieren, wie und zu wessen Gunsten der Wandel von der „natürlichen" Fähigkeit, neues Leben zu gebären, zur technischen Fertigkeit, Leben zu reproduzieren, von einem Aner-

---

236 Kieler Reproduktionspionier, zitiert nach Schneider 2000: 9.

kennungsschub begleitet wird. Geschlechtskategorial wäre zu erfassen, ob ein solcher Anerkennungsschub geschlechtlich überlagert ist, z.B. nach dem bekannten Muster: Frau-Natur-kostenlos versus Mann-Technik-teuer.

Feministische Ethik hat diejenigen Argumente der Philosophie und der politischen Ideengeschichte seziert und kritisiert, mit denen Frauen jahrhundertelang die politische Mitbestimmung und die persönliche Selbstbestimmung verweigert wurde, und ist entsprechend alarmiert, wenn im aktuellen bioethischen Diskurs bestimmten Gruppen die Menschenwürde abgesprochen wird. Feministische Politikwissenschaft könnte diese Sensibilität und die geschlechtskategoriale Methodik einbringen, um auf die gesellschaftlichen Folgen bestimmter Argumentationen, Definitionen, Normen usw. hinzuweisen.

Feministisch motivierte und geschlechtskategorial arbeitende Politikwissenschaft hat in der Analyse von Reproduktionsdiskurs und -praxis aufzuzeigen, wo verschleiernd formuliert wird, wo unbegründet Hoffnungen geweckt werden, wo nur die Nutzen-, nicht aber die Kostenseite gezeigt wird, wie beispielsweise bei den fast ausschließlich an Frauen durchgeführten Infertilitätsbehandlungen. Es gilt zu analysieren, warum und mit welchen Folgen Frauen(-Körper) in der Argumentation ausgeblendet werden und welche moralischen, ökonomischen und politischen Abwägungen zu einem weitgehend embryonenzentrierten Diskurs geführt haben. Es ist eine Aufgabe der politikwissenschaftlichen Geschlechterforschung zu analysieren, warum, mit welchen Mechanismen und Folgen Frauenkörper zum öffentlichen Ort und zum Gegenstand marktförmiger Tauschverhältnisse werden. Die alte Aufgabe, auf die Fehler und Folgen einer individualistisch gedachten Gesellschaft hinzuweisen, steht durch neue Technologien und Vermarktungsmöglichkeiten vor einer neuen Herausforderung. Damit ist feministische Politikwissenschaft auch dringlich gefragt, bestehende gesetzliche Regelungen in ihren gesellschaftlichen Auswirkungen zu prüfen und Vorschläge für zukünftigen Regelungsbedarf zu formulieren.

Literaturtipp
Der feministische Diskurs über Reproduktionstechnologien ist zusammengefasst in Hofmann 1999. Die neuere nordamerikanische feministische Diskussion findet sich in Morgan 1999. Gewichtige bundesdeutsche Positionen aller Couleur sind versammelt in: Geyer 2001 und Graumann 2001, Bundesministerium für Gesundheit 2001. Zur Frage der Menschenwürde: Braun 2000a. Von Planert 2000 liegt eine theoretisch fundierte historische Betrachtung vor (zirka 1890 bis Weimarer Republik), die überraschende Kontinuitäten und Parallelen der Argumentation nachweist. Die Zeitschrift „beiträge zur feministischen theorie und praxis" hat 2002 ein Themenheft zu „Stammzellen, Stammhalter, Stammaktien" herausgegeben (25. Jg., Heft 60).

Internetseiten
Forum feministisch orientierter Sozial- und Naturwissenschaftlerinnen und Praktikerinnen: http: //www.reprokult.de
Embryonenschutzgesetz: http: //bundesrecht.juris.de/bundesrecht/eschg/index.html

Haltung der Bundesjustizministerin:
http: //www.bmj.bund.de/frames/ger/service/pressemitteilungen/10000229/index.html?
sid=529b86aa9ae9c78cb20a60cb79032e79&offset=73 Interview mit der Frankfurter Allgemeinen Sonntagszeitung, 4. Februar 2001
Dossier zur Gentechnologie bei telepolis:
http: //www.heise.de/tp/deutsch/special/leb/default.html
und bei der DFG:
http: //www.dfg.de/aktuell/das_neueste/wissenschaftsgespraech_hintergrund.html

Übung:
In welchen Dimensionen tauchen Körper und Körperlichkeit in Politik und Politikwissenschaft auf?
Diskutieren Sie, ob Politik(-Wissenschaft) von der Körperlichkeit z.B. der BürgerInnen prinzipiell absehen soll und kann.
Schildern Sie, in welcher Weise Frauen und Männer von den Möglichkeiten der neuen Reproduktionstechnologien unterschiedlich betroffen sind.
Wie kommt es zur Konkurrenzsituation zwischen Schwangerer und Embryo? Von welchem Verhältnis zwischen Schwangerer und Embryo sollte die Politik Ihrer Meinung nach ausgehen?
Welche Grenzverschiebungen bei der Bedeutung von Menschenwürde sehen Sie in der politisch-gesellschaftlichen Diskussion um die Reproduktionsforschung? Denken Sie dabei u.a. auch an die Definition von Lebensanfang und -ende, an die Definition von gesund und krank und an den gesellschaftlichen Umgang mit Abweichungen.

5.3 Gender Mainstreaming

In den 1970er- und 80er-Jahren forderten die Aktivistinnen der Neuen Frauenbewegung *Frauenpolitik*. In autonomen Gruppen, auf kommunaler Ebene, in den Länderparlamenten und auf Bundesebene sollte mit gezielter Förderung die Lage der Frauen verbessert werden, insbesondere in den Politikfeldern, in denen scheinbar nur Frauen betroffen waren oder am stärksten diskriminiert wurden. Später wurde zunehmend von *Gleichstellungspolitik* gesprochen. Damit war die Situation der Männer als Vergleichsgröße und als Maßstab eingeführt. Theoretisch war es nun auch denkbar, Maßnahmen zu ergreifen, die bei den Männern ansetzten. Zum Beispiel, wenn es darum ging, diese zu mehr Engagement in Hausarbeit und Kindererziehung zu bewegen. Mittlerweile ist seit den 90er-Jahren überall von *Gender Mainstreaming* die Rede: in offiziellen politischen Dokumenten, in Selbstdarstellungen privater Unternehmen und in den Leitbildern kommunaler Verwaltungen. Besonders offensiv wird Gender Mainstreaming von der Europäischen Union vertreten. In Artikel 2 und 3 des Amsterdamer Vertrages (1997) ist festgelegt, dass mit Gender Mainstreaming ein Rahmen geschaffen werden soll, in dem die Gleichstellung von Männern und Frauen zu einer besonderen Aufgabe der Gemeinschaft erklärt und als horizontales Ziel festgeschrieben wird, das alle Gemeinschaftsaufgaben berührt.

Die Bestimmungen dieses Grundlagenvertrages müssen von den EU-Mitgliedsstaaten in Gesetze umgesetzt werden. Die EU hat sich außerdem in vielen ihrer Institutionen und Maßnahmen zu Gender Mainstreaming bekannt und macht die Vergabe von Geldern in vielen Fällen von der Integration von Gender Mainstreaming in das jeweilige Projektvorhaben abhängig.

Gender Mainstreaming hat als Begriff gerade auch in Deutschland eine beachtliche Karriere erlebt.[237] Deshalb mag es erstaunen, dass über die engere Definition von Gender Mainstreaming noch kein Konsens erreicht wurde. Auch die vorläufigen Bewertungen von Gender Mainstreaming gehen weit auseinander. In ihnen spiegeln sich die unterschiedlichen Auffassungen, nach denen Gender Mainstreaming eine sinnvolle Weiterentwicklung der Gleichstellungspolitik darstellt oder Gleichstellungspolitik lediglich ergänzt oder nur ein schillerndes Modewort ist, das jeder Institution erlaubt, Flagge zu zeigen, ohne zu handeln.

5.3.1 Definition von Gender Mainstreaming

Die Europäische Kommission – selbst Promotor des Gender-Mainstreaming-Ansatzes – hat im Jahre 1996 eine Definition vorgelegt, an der sich seither viele AutorInnen und Institutionen orientieren:

> „Da es darum geht, eine dauerhafte Weiterentwicklung der Elternrollen, der Familienstrukturen, der institutionellen Praxis, der Formen der Arbeitsorganisation und der Zeiteinteilung usw. zu fördern, betrifft die Chancengleichheit nicht allein die Frauen, die Entfaltung ihrer Persönlichkeit und ihre Selbstständigkeit, sondern auch die Männer und die Gesellschaft insgesamt, für die sie ein Fortschrittsfaktor (...) für Demokratie und Pluralismus sein kann. (...) Hierbei geht es darum, die Bemühungen um das Vorantreiben der Chancengleichheit nicht auf die Durchführung von Sondermaßnahmen für Frauen zu beschränken, sondern zur Verwirklichung der Gleichberechtigung ausdrücklich sämtliche allgemeinen politischen Konzepte und Maßnahmen einzuspannen, indem etwaige Auswirkungen auf die Situation der Frauen bzw. der Männer bereits in der Konzeptionsphase aktiv und erkennbar integriert werden" (zitiert nach Schmidt 2001: 46).

Damit wurde der in der Phase der Gleichstellungspolitik schon erhobene, aber selten umgesetzte Anspruch noch einmal bekräftigt, dass die einschlägigen Maßnahmen nicht nur an Frauen gerichtet sein sollten. Außerdem sollte fortan der Tatsache Rechnung getragen werden, dass geschlechtsspezifische Folgen nicht nur dort zu verzeichnen sind, wo von Frauen (und/oder Männern)

---

237 Die Regierung der Bundesrepublik Deutschland hat am 23. Juni 1999 per Kabinettsbeschluss Gender Mainstreaming (GM) als Leitprinzip eingeführt. Am 26. Juli 1999 wurde GM in der „Gemeinsamen Geschäftsordnung der Bundesministerien" gesetzlich verankert. Seit Mai 2000 arbeitet eine interministerielle Arbeitsgruppe an der Implementierung von Gender Mainstreaming in allen Ressorts.

explizit die Rede ist, sondern bei allen Aktivitäten und Entscheidungen in allen gesellschaftlichen Institutionen.

Darüber hinaus formuliert Gender Mainstreaming die Einsicht, dass eine Geschlechterpolitik, die in einem Ressort unabhängig von anderen Politikfeldern betrieben wird, wenig Erfolgsaussichten hat. Stattdessen sollen Synergieeffekte der Maßnahem unterschiedlicher Ressorts vorausbedacht werden. Das Mehrebenen- und das Mehrressortsprinzip kommt in einer Definition des ExpertInnenrats des Europarats zum Ausdruck:

> „Gender Mainstreaming besteht in der (Re)Organisation, Verbesserung, Entwicklung und Evaluierung der Entscheidungsprozesse mit dem Ziel, dass die an politischer Gestaltung beteiligten Akteure und Akteurinnen den Blickwinkel der Gleichstellung zwischen Frauen und Männern in allen Bereichen und auf allen Ebenen einnehmen" (zitiert nach Schmidt 2001: 46).

Nach dieser Definition sollte Gleichstellung ein Projekt sein, das alle angeht: vom Sachbearbeiter bis zur Direktorin, das Finanzressort genauso wie den Behindertenbeauftragten. Der damit skizzierte hohe Anspruch hat nur dann eine Chance auf Verwirklichung, wenn die Gender-Mainstreaming-Strategie aus mehreren Bausteinen zusammengesetzt ist: Zielbeschreibung, Verteilung von Verantwortung und Kontrollaufgaben, Datenerhebung, Gender Budgets, Gender-Kompetenz, Monitoring und Evaluation.[238]

Zielbeschreibung

Die Zielbeschreibung kann ihren Anfang darin nehmen, dass sich eine Organisation ein Leitbild gibt, in dem Gender Mainstreaming als Zielsetzung verankert ist. Dieses Leitbild gilt ausdrücklich für alle Einheiten einer Organisation auf allen Ebenen, einschließlich der Leitungsebene. Der Leitbildsetzung sollte im Idealfall ein sehr breiter Diskussionsprozess vorausgehen, so dass die im Leitbild formulierten Ziele niemandem nur vorgesetzt werden.

Verteilung von Verantwortung und Kontrollaufgaben

Auch das Leitbild kann eine Absichtserklärung bleiben, wenn nicht weitere Instrumente in Kraft treten. In jeder Einheit der Institution oder des Unternehmens sollten Beauftragte für die einzelnen im Leitbild festgehaltenen Ziele bestimmt werden. Diese Beauftragten sollten regelmäßig Berichte vorlegen, in denen die Fortschritte oder Blockaden in der Zielverfolgung dargestellt sind.

---

238 Je nach Literatur oder praktischem Programm variiert diese Liste von nötigen Bestandteilen leicht.

Geschlechtssensible Erhebungen

Um Handlungsbedarf überhaupt konkret benennen und Fortschritte messen zu können, muss immer wieder die Ausgangslage festgestellt werden. Das heißt, geschlechtssensible Erhebungen müssen erstellt werden. Wie viele Personen männlichen und weiblichen Geschlechts arbeiten überhaupt in einer Organisation, wie sind die Geschlechter auf den Hierarchieebenen verteilt, wie bei den Teilzeitstellen, wie in den internen und externen Weiterbildungsmaßnahmen? Auf der Grundlage solcher Erhebungen können positive Veränderungen oder auch Rückschritte festgestellt werden. Nur so können realistische Zielsetzungen für eine mittelfristige Zeitspanne vereinbart werden.

Folgeabschätzung von Entscheidungen

Spezifisches Instrument des Gender Mainstreaming ist die Folgeabschätzung. Jede anvisierte Maßnahme soll in ihren möglichen Folgen für die Geschlechterverhältnisse abgeschätzt werden. Wenn also beispielsweise Ressorts zusammengelegt werden oder bestimmte Hierarchie- und Organisationsebenen wegfallen sollen, verlieren dann vorwiegend Männer oder Frauen ihren Job? Bedeutet die Umstrukturierung erleichterte oder erschwerte Bedingungen für die Aufstiegschancen von Frauen im Vergleich zu denen von Männern? Diese Fragen werden beispielsweise unter dem Titel Gleichstellungsprüfung oder Gleichstellungsverträglichkeitsprüfung beantwortet. Voraussetzung dafür sind wiederum umfassende Gleichstellungsstatistiken.

Gender Budgets

Auch Entscheidungen im Rahmen des Finanzhaushalts soll die Folgeabschätzung vorausgehen. Denn abgesehen davon, dass (fast) jede Maßnahme Geld kostet, ist auch fast jeder Haushalt begrenzt. Das heißt, mit der Freigabe von Mitteln für ein Ressort oder eine Maßnahme, wird möglicherweise ein anderes Ressort blockiert oder eine Maßnahme verhindert. Steuern wirken nicht für alle Besteuerten gleich. Ob mehr Geld in die öffentlichen Kinderbetreuungseinrichtungen oder in den kommunalen Straßenbau fließt, hat angesichts noch sehr ungleicher Arbeitsteilung bei der Kinderbetreuung und angesichts geschlechtsspezifischer Verfügung und Nutzung von Privatfahrzeugen ungleiche Auswirkungen auf die Geschlechter.

Gender-Kompetenz als Begleitmaßnahme

Effektivität der genannten Elemente des Gender Mainstreaming kann nur gewährleistet sein, wenn die Beteiligten über Gender-Kompetenzen verfügen. In Gender-Kompetenz-Schulungen soll daher die Erkenntnis vermittelt werden, dass Frau-Sein und Mann-Sein keine essenziellen Größen sind, sondern gesellschaftlichen Konstruktionen folgen und damit – und dies ist ganz wichtiger Teil der Botschaft – veränderlich sind. Einstellungen wie: „Als Frau kann sie diese Führungsaufgabe doch gar nicht übernehmen" oder: „In diesen technischen Dingen sind Männer einfach besser" oder „Als Frau sage ich in dieser Runde besser gar nichts" sollen damit in Frage gestellt und aufgebrochen werden. Es geht also darum, die Wahrnehmung von KollegInnen, Vorgesetzten und Untergebenen von beengenden Geschlechterstereotypen zu befreien und dadurch auch die eigenen geschlechtsspezifischen Handlungsweisen zu erkennen und ggf. verändern zu können. Schließlich müssen in Gender-Kompetenz-Seminaren Informationen über Lebenswirklichkeiten von Männern und Frauen vermittelt werden. Nur nach einer solchen Sensibilisierung werden Veränderungen von Mitarbeitern und Mitarbeiterinnen unterstützt, und nur auf der Basis derartiger Informationen können Folgeabschätzungen von den Zuständigen überhaupt geleistet werden.[239]

Monitoring und Evaluation

Gender Mainstreaming bedeutet also im Idealfall eine Vielzahl von zum Teil parallelen Schritten und eine Vielzahl von Akteuren. Da ist es notwendig, dem Gender-Mainstreaming-Prozess Monitore zur Seite zu stellen, also ExpertInnen, die den Prozess begleiten, auf Vernetzungsmöglichkeiten und -notwendigkeiten hinweisen, Schulungsbedarf erkennen und immer wieder Selbstreflexionsprozesse initiieren.

Schließlich müssen Evaluationen durchgeführt werden, um zu prüfen, ob die neuen Strukturen funktionieren und die Maßnahmen greifen. So muss z.B. kontrolliert werden, ob die Beauftragen ihre Kontroll- und Berichtspflicht wahrnehmen. Werden die Folgeabschätzungen in klarer Verantwortung und mit transparenten Ergebnissen durchgeführt? Findet insgesamt eine Veränderung in Richtung Gleichstellung statt?

5.3.2 *Kritische Bewertungen des Gender-Mainstreaming-Konzepts*

Die kritischen Bewertungen des Gender-Mainstreaming-Konzept beziehen sich zum Teil auf den theoretischen Ansatz, mehr noch aber auf die bisher erfolgte Umsetzung.

Während beispielsweise Stiegler dem Gender-Mainstreaming-Konzept generell die Ziele Geschlechterdemokratie und Chancengleichheit unterstellt

---

239 In der neuen EU-Gleichbehandlungsrichtlinie, die bis 2003 in bundesdeutsches Recht übertragen werden muss, ist bereits angeordnet, dass jedes Land „Gender-Institute" einrichten muss.

(Stiegler 2000: 11),[240] gelangen andere angesichts der Vielfalt der als Gender Mainstreaming bezeichneten Aktivitäten zu der Einschätzung, dass Gender Mainstreaming nach den bisher gängigen Definitionen und Programmen ein willkürlicher, inhaltsleerer Instrumentenkatalog ohne klare Zielsetzung sei. Ohne eine klare Zielsetzung könne Gender Mainstreaming für alles oder nichts taugen bzw. missbraucht werden (Dunst 2002: 36).

Weiter wird kritisch festgestellt, dass die Inhaltslosigkeit Hand in Hand geht mit Geschichtsvergessenheit. Dass der Begriff zunächst von zumeist entwicklungspolitisch engagierten Frauengruppen eingebracht wurde, ist völlig in den Hintergrund geraten. Entsprechend taucht auch der Begriff „feministisch" in Gender-Mainstreaming-Programmen nicht auf (Weinbach 2001: 3).

Damit im Zusammenhang steht die unterschiedliche Bewertung der Einbindung der Leitungsebene. Während die einen die zentrale Rolle der Führungskräfte einer Organisation als Stärke des Konzepts hervorheben, bemängeln die anderen gerade die Tatsache, dass die Gender-Mainstreaming-Maßnahmen den Basisgruppen aus der Hand genommen wurden und nun meist als „top-down"-Prozess durchgeführt werden. Das Gender-Mainstreaming-Konzept dient damit vor allem den Ideen und Bedürfnissen des Managements und kann von diesen sowohl gesteuert als auch blockiert werden (Weinbach 2001: 6).

Wie an einigen Begrifflichkeiten zur Beschreibung von Gender Mainstreaming deutlich wird, traten an die Stelle einer feministisch-entwicklungspolitischen Debatte organisationstheoretische Überlegungen (Dienst 2002: 36, Döge 2001). Aus der Privatwirtschaft bekannte Strategien wie Managing Diversity und Qualitätsmanagment haben hier Einfluss genommen. Entsprechend wird auch für Gender Mainstreaming mit ökonomischen Vorteilen geworben. Das Image eines Unternehmens könne verbessert und die Nutzung der personalen Ressourcen erhöht werden (Schmidt 2001: 52). Hier setzen weitere Argumente von Skeptikern und Skeptikerinnen ein. Sie befürchten, dass nach dem Ende der Modewelle kein Anreiz mehr für Unternehmen und öffentliche Einrichtungen besteht, ihr Image mit Gender Mainstreaming zu verbessern. Auch wird eingewandt, dass es durchaus fraglich ist, ob Gleichstellung zur besseren Ressourcennutzung und damit zur Profitsteigerung führe. Die Verknüpfung von Profitsteigerung und Gender Mainstreaming könne insofern gefährlich sein, als das eigentliche Ziel dann sein müsse, alle in gleich hohem und stets zu steigernden Maße in ihrer Wirtschaftskraft auszunutzen. Die Idee einer fürsorglichen Gesellschaft mit Menschen – Frauen und Männern –, die in vielseitigen Pflege- und Betreuungsbeziehungen eingebunden sind, hat in einem solchen Konzept keinen Platz.

---

240 Dabei ist zu bedenken, dass auch diese beiden Begriffe ohne konsensfähige Definition sind und rein formal verstanden werden können.

Schließlich befürchten viele, dass Gender Mainstreaming das Ende von Gleichstellungsmaßnahmen für Frauen bedeutet. Die zu den Urhebern des Gender Mainstreaming zählenden Einrichtungen, wie die EU-Kommission, haben explizit davor gewarnt, Frauenförderpolitik zugunsten von Gender Mainstreaming aufzugeben. Es lassen sich aber bereits praktische Beispiele nennen, wo einschlägige Maßnahmen, Budgets, Stellen und ganze Ministerien aufgegeben wurden, mit der Begründung, dass Frauenpolitik fortan im Gender-Mainstreaming-Prozess weiterentwickelt werde (Beispiele bei Schmidt 2001: 50, Weinbach 2001: Fußnote 8, Stiegler 2000: 26). In der Tat ist es der theoretische Anspruch von Gender Mainstreaming, bessere Entfaltungsmöglichkeiten für gleichstellungspolitische Maßnahmen zu bieten. Die bisherigen Erfahrungen scheinen aber eher darauf hinzudeuten, dass gleichstellungspolitische Maßnahmen durch die ökonomischen Begrifflichkeiten und durch den Aktionismus der modernen Gender-Mainstreaming-Konzepts verdrängt werden.

Schließlich kann eine theoretische Stärke des Konzepts leicht zur praktischen Schwäche werden. Die Tatsache, dass Gender Mainstreaming erklärtermaßen viele Beteiligte auf vielen Ebenen und in vielen Ressorts braucht, erleichtert es den Einzelnen, sich aus der Verantwortung zu ziehen und auf den Handlungsbedarf anderer zu verweisen. Dienst vertritt hier eine andere Einschätzung und verspricht sich von der Beteiligung vieler mehr Transparenz (vgl. Dienst 2000: 40).

Auch der Gebrauch des Begriffes „Gender" im Gender-Mainstreaming-Konzept wird sehr uneinheitlich wahrgenommen. Stiegler sieht einige vorteilhafte Folgen: Die Philosophie des Gender Mainstreaming würde das Ende alter Zuschreibungen bedeuten. Die Annahme, dass Frauen mit den herrschenden Werten Probleme hätten, würde abgelöst durch die Infragestellung dieser Werte. So genannte Probleme von Frauen würden als gesellschaftlich hergestellte Problemlagen begriffen. Ebenso würde erkannt, dass so genannte Fraueninteressen bestenfalls aus gesellschaftlich bedingt ähnlichen Lebenslagen entstünden (Stiegler 2000: 3 u. 10). Gerade in einer solchen Herangehensweise sieht Weinbach dagegen das Problem. Dem Gender-Begriff würde in Gender-Mainstreaming-Programmen ein Bedeutungskonsens unterstellt, der weder wissenschaftlich noch politisch besteht (vgl. Weinbach 2001: 3).

Für die Bewertung des Gender-Mainstreaming-Konzepts ist es unerlässlich, zwischen theoretischem Konzept, programmatischer Deklaration und konkreter Maßnahme zu unterscheiden. Die politikwissenschaftliche Analyse von Gender Mainstreaming darf nicht bei der Bewertung von Definitionen und Programminhalten stehen bleiben, sondern muss kontextbezogene Fallanalyse leisten: Wo ersetzt Gender Mainstreaming andere Programme mit welchen Folgen? Von wem und für wen wird Gender Mainstreaming betrieben? Welche Folgen haben Programme, die sich als Gender Mainstreaming begreifen? Inwiefern werden Gender-Mainstreaming-Programme dem unterstellten Ziel der Gleichstellung gerecht? Auch vergleichende Fragestellungen zur Genese von Begriff und Strategie könnten interessante Ergebnisse hervorbringen: Wie erklärt sich der (rhetorische) Siegeszug von Gender Mainstreaming als Konzept oder Schlagwort in staatlichen und interstaatlichen Institutionen? Warum konnte sich der aus dem angelsächsischen Sprachraum kommende Begriff in den USA kaum durchsetzen?

5.3.3 *Praktische Erfahrungen mit Gender Mainstreaming*

Wissenschaftliche Untersuchungen zur Umsetzung von Gender-Mainstreaming-Maßnahmen liegen bisher nicht vor (vgl. aber Bothfeld u.a. 2002). Auch die EU, die das Gender Mainstreaming als Leitlinie ins Programm ihrer Institutionen geschrieben hat und die bei der Mittelvergabe nach außen (insbesondere über die Strukturfonds) Gender Mainstreaming zur Bedingung macht, hat noch keine wissenschaftliche Evaluation initiiert. Da die Evaluation laut Definition notwendiger Bestandteil von Gender Mainstreaming ist, bedeutet dies, dass die Gender-Mainstreaming-Maßnahmen bislang noch nicht vollständig umgesetzt wurden. Selbsteinschätzungen der EU ergeben ein verhalten pessimistisches Bild. Aus den diplomatischen Formulierungen ist herauszulesen, dass auch die EU über die deklamatorische Ebene kaum hinausgekommen ist und selbst in ihren eigenen Reihen wenig erreicht hat (Dienst 2002: 42/43, Hoecker 2000: 36/37).

Ein breiter Konsens zeigt sich jedoch in der Bewertung der Rolle der EU gegenüber den Mitgliedsstaaten. Da EU-Richtlinien und Empfehlungen einen hohen Gleichstellungsstandard verfolgen würden, seien schon viele Mitgliedsstaaten dazu verpflichtet worden, den Stand der Gleichstellung zu verbessern und Gender-Mainstreaming-Maßnahmen durchzuführen. Dabei sind gerade auch an die Bundesrepublik Deutschland konkrete Forderungen gestellt worden.[241] Doch auch die positive Rolle, die der EU in der Gleichstellungspolitik zugesprochen wird, bleibt nicht ohne Gegenmeinung. So bewertet Weinbach den Effekt auf die EU-Mitgliedsstaaten durchaus skeptisch:

> „,Gender Mainstreaing' zerfällt ... bei genauerem Hinsehen wieder in interessengeleitete Einzelmaßnahmen. Diese orientieren sich offenbar vorrangig an wirtschaftlichen Effizienzkriterien und sozialer Befriedung" (Weinbach 2001: 3).

Auch die Regierung der Bundesrepublik Deutschland folgt – so ein Kabinettsbeschluss vom Juni 1999 – dem Leitprinzip des Gender Mainstreaming. Jedoch ist in den einzelnen Politikfeldern davon nichts zu sehen. Beispielsweise wurde vor und nach der Bundestagswahl 2002 das sogenannte Hartz-Papier als Reformkonzept zum Umbau des Arbeitsmarktes vorgestellt – eine

---

241 Ein jüngeres, durchaus umstrittenes Beispiel ist die Entscheidung des Europäischen Gerichtshofs vom 11. Januar 2000, nach dem die Bundeswehr auch für Frauen den Dienst an der Waffe zulassen muss.

gute Gelegenheit für die Bundesregierung, das Gender-Mainstreaming-Leit-
prinzip umzusetzen. Jedoch, spielte Gender Mainstreaming offensichtlich
weder im Entstehungsprozess des Hartz-Papiers noch in seinen inhaltlichen
Aussagen eine Rolle. In der Zusammensetzung der Hartz-Kommission wurden gleichstellungspolitische Forderungen nicht annähernd umgesetzt (unter
15 Kommissionsmitgliedern war eine Frau). Frauendiskriminierende Empfehlungen, wie ein Familienväterprivileg bei der Arbeitsvermittlung, wurden
erst in der letzten Fassung des Papiers sprachlich korrigiert. Mit der Konzentration auf den Niedriglohnsektor (dessen Hauptbeschäftigte Frauen sind) tragen die Vorschläge des Hartz-Papiers dazu bei, dass die Geringschätzung
weiblich konnotierter Tätigkeiten weiter getragen wird (ausführlich: Kurz-
Scherf 2002).

Bislang steht der Beleg aus, dass Gender Mainstreaming umgesetzt wird
und mithin über Gender Mainstreaming Gleichstellung erreicht werden kann.
Trotz theoretischer Stärken des Gender-Mainstreaming-Konzepts überwiegt
momentan der Eindruck, dass Gender Mainstreaming eine Deklarationsflos-
kel darstellt, mit der öffentliche und private Institutionen einen Reputations-
gewinn erzielen können, ohne für die Gleichstellung tätig zu werden.

Literaturtipp
Zeitschrift für Frauenforschung und Geschlechterstudien 20(2002)3 mit dem Themen-
schwerpunkt: „Hochschul- und Wissenschaftsentwicklung durch Gender Mainstreaming"

Übung:
Folgende Fragen können Sie zum Ausgangspunkt Ihrer Diskussion machen:
Erscheint Ihnen Gender Mainstreaming als eine sinnvolle Weiterentwicklung von auf
Einzelmaßnahmen beruhender Gleichstellungspolitik?
Gewichten Sie die Implementierungsschritte des Gender-Mainstreaming-Prozesses.
Sehen Sie Überflüssiges oder Unvollständigkeiten?
Teilen Sie die Skepsis gegenüber dem Gender-Mainstreaming-Konzept? Wenn ja,
schließen Sie sich den hier angeführten Gründen an (an unsichere Profiterhöhungen
gekoppelt, „top-down"-Prozess, Deckmantel zur Abschaffung von Frauen- und Gleichstellungspolitik, diffuse Verantwortungsstrukturen) oder haben Sie andere Argumente?
Bringen Sie in Erfahrung, ob in Ihrer Kommune, Ihrer Universität, einem Unternehmen
in Ihrer Umgebung ein Gender-Mainstreaming-Prozess initiiert wurde. Mit welchen Bestandteilen ist dieser Prozess verknüpft, welche Erfahrungen wurden gemacht?
Besprechen Sie die Internet-Seite des Bundesministeriums für Familie, Senioren, Frau-
en und Jugend zu Gender Mainstreaming: http: //www.gender-mainstreaming.net

Literatur

Abels, Gabriele 2002: Beitrag zum Workshop: Biopolitik auf der Tagung des Arbeitskreises „Geschlecht und Politik" der DVPW, 19.-21.4.2002 (unveröffentlichtes Manuskript).

Abels, Gabriele 1993: Zur Bedeutung des female-stream für die Methodendiskussion in den Sozialwissenschaften. In: *Soziologie* 22(1993)1: 6-17.

Abels, Gabriele 1997: Hat der Experte ein Geschlecht? In: *femina politica* 6(1997)1: 79-95.

Agamben, Giorgio 1995: *Homer sacer*. Turin.

Akaskhe-Böhme, Farideh (Hg.) 1995: *Von der Auffälligkeit des Leibes*. Frankfurt a.M.

Albrecht, Ulrich 1999: *Internationale Politik. Einführung in das System internationaler Herrschaft*. 5. Auflage, München.

Albrecht, Ulrich/Helmut Volger (Hg.) 1997: *Lexikon der Internationalen Politik*. München, Wien.

Alemann, Ulrich von/Wolfgang Tönnesmann 1995: Grundriss: Methoden in der Politikwissenschaft. In: Dies. (Hg.) 1995: *Politikwissenschaftliche Methoden. Grundriss für Studium und Forschung*. Opladen, 17-138.

Althoff, Martina/Mechthild Bereswill/Birgit Riegraf 2001: *Feministische Methodologien und Methoden*. Opladen.

Altvater, Elmar/Birgit Mahnkopf 1996: *Grenzen der Globalisierung: Ökonomie, Ökologie und Politik in der Weltgesellschaft*. Münster.

Andersen, Kristi 1999: The Gender Gap and the Experiences with the Welfare State. In: *Political Science and Politics* 32(1999)1: 17-19.

Anderson, Benedict 1988: *Die Erfindung der Nation. Zur Karriere eines folgenreichen Konzepts*. Frankfurt a.M., New York.

Angerer, Marie-Luise 1995: *The body of gender: Körper, Geschlechter, Identitäten*. Wien.

Angerer, Marie-Luise 1994: It's so queer! Verschiebungen in der Differenzdebatte im Rahmen einer feministisch-postmodernen Liaison. In: *Österreichische Zeitschrift für Politikwissenschaft* 23(1994)2: 194-203.

Agonita, Rosemary 1977: *History of Ideas on Women. A Source Book*. New York: Perigee.

Appelt, Erna 1999: *Geschlecht – Staatsbürgerschaft – Nation. Politische Konstruktionen des Geschlechterverhältnisses in Europa*. Oldenburg.

Appelt, Erna 1994: Bürgerrechte – Feministische Revisionen eines politischen Projektes. In: Appelt/Neyer 1994: 97-117.

Appelt, Erna/Gerda Neyer (Hg.) 1994: *Feministische Politikwissenschaft*. Wien.

Arendt, Hannah 1989: *Vita Activa oder vom tätigen Leben*. München, Zürich.

Arendt, Hannah 1974: *Über die Revolution*. München, Zürich.

Arendt, Hannah 1970: *Macht und Gewalt*. München.

Aretxaga, Begona 1997: *Shattering Silence. Women, Nationalism, and Political Subjectivity in Northern Ireland*. Princeton, N. J.: Princeton UP.

Aries, Elisabeth 1996: *Men and Women in Interaction: Reconsidering the Differences*. New York: Oxford UP.

Armbruster, L. Christof (Hg.) 1995: *Neue Horizonte: Sozialwissenschaftliche Forschung über Geschlechter und Geschlechterverhältnisse*. Opladen.

Ashwin, Sarah 2000: Introduction: Gender, State and Society in Soviet and post-Soviet Russia. In: Sarah Ashwin (ed.) 2000: *Gender, State and Society in Soviet and post-Soviet Russia*. London: Routledge, 1-29.

Auth, Diana 2002: *Wandel im Schneckentempo. Arbeitszeitpolitik und Geschlechtergleichheit im deutschen Wohlfahrtsstaat*. Opladen.

Bäcker, Gerhard u.a. 2000: *Sozialpolitik und soziale Lage in Deutschland*. (Band 1 u.2), 3. Auflage, Opladen.

Baer, Susanne/Sabine Berghahn 1996: Auf dem Weg zu einer feministischen Rechtskultur? Deutsche und US-amerikanische Ansätze. In: Kulawik/Sauer 1996: 223-280.

Beasley, Chris 1999: *What is Feminism. An Introduction to Feminist Theory*. London: Sage.

Bachrach, Peter /Morton S. Baratz 1977: *Macht und Armut. Eine theoretisch-empirische Untersuchung*. Frankfurt.

Barret, Frank J. 1996: The Organizational Construction of Hegemonic Masculinity. The Case of the US Navy. In: *Gender, Work and Organization* 3(1996)3: 129-142.

Barrett, Michèle/Anne Phillips (eds.) 1992: *Destabilizing Theory. Contemporary Feminist Debates*. Stanford: Stanford UP.

Batscheider, Tordis 1992: Friedensforschung – eine männliche Wissenschaft? Feministische Kritik an Institutionen, Inhalten und Methodologie der kritischen Friedensforschung. In: Mathias Jopp (Hg.) 1992: *Dimensionen des Friedens – Theorie, Praxis und Selbstverständnis der Friedensforschung*. Baden-Baden.

Bauhardt, Christine/Angelika von Wahl (Hg.) 1999: *Gender and Politics. Geschlecht in der feministischen Politikwissenschaft*. Opladen.

Beauvoir, Simone de 1992: *Das andere Geschlecht: Sitte und Sexus der Frau*. Reinbek.

Beck, Rose-Marie/Eva Borst (Hg.) 1999: Ununterbrochen. Frauenbewegung am Ende des 20. Jahrhunderts. Themenheft der *Beiträge zur feministischen Theorie und Praxis* 22(1999)53.

Beck, Ulrich 1986: *Die Risikogesellschaft. Auf dem Weg in eine andere Moderne*. Frankfurt.

Beck-Gernsheim, Elisabeth 2001: Die soziale Konstruktion des Risikos – das Beispiel der Pränataldiagnostik. In: Geyer 2001: 21-40.

Beck-Gernsheim, Elisabeth/Ilona Ostner 1978: Frauen verändern – Berufe nicht? Ein theoretischer Ansatz zur Poblematik von „Frau und Beruf". In: *Soziale Welt*, Band 29, 257-287.

Becker-Schmidt, Regina 2001: Was mit Macht getrennt wird, gehört gesellschaftlich zusammen. Zur Dialektik von Umverteilung und Anerkennung in Phänomenen sozialer Ungleichstellung. In: Knapp/Wetterer 2001: 91-131.

Becker-Schmidt, Regina 1999: „Frauen-, Geschlechter- und Geschlechterverhältnisforschung in Naturwissenschaften, Technik und Medizin. Vortrag anlässlich des wissenschaftlichen Kolloquiums des NFFG „Geschlechterverhältnisse – Naturverhältnisse" am 17. September 1999 an der Universität Hannover (Vortragsmanuskript im Internet: www.nffg.de (8.1.2001).

Becker-Schmidt, Regina 1996: Computer sapiens. Problemaufriß und sechs feministische Thesen zum Verhältnis von Wissenschaft, Technik und gesellschaftlicher Entwicklung. In: Elvira Scheich (Hg.)1996: *Vermittelte Weiblichkeit*. Hamburg.

Becker-Schmidt, Regina 1995: *Das Geschlechterverhältnis als Gegenstand der Sozialwissenschaften*. Frankfurt a.M.

Becker-Schmidt, Regina 1993: Geschlechterdifferenz – Geschlechterverhältnis: soziale Dimensionen des Begriffs ‚Geschlecht'. In: *Zeitschrift für Frauenforschung* 1&2: 37-46.

Becker-Schmidt, Regina/Gudrun-Axeli Knapp 2000: *Feministische Theorien zur Einführung*. Hamburg.

Beckmann, Peter R./Francine D'Amico (eds.) 1994: *Women, Gender and World Politics. Perspectives, Policies, and Prospects*. Westport: Bergin & Garvey.

Behning, Ute 1999: Zur Rekonstruktion von „Geschlecht" durch politikwissenschaftliche Analysen. Erläuterungen am Beispiel von Sozialstaatspolitikforschung. In: Bauhardt/von Wahl 1999: 199-213.

Behning, Ute/Julia Lepperhoff 1997: Policy-Forschung revisted. Zum theoretischen, methodischen und methodologischen Gehalt von Policy-Analysen. In: *femina politica*, 6(1997)1: 52-60.

Behnke, Cornelia/Renate Liebold 2000: Zwischen Fraglosigkeit und Gleichheitsrhetorik. Familie und Partnerschaft aus der Sicht beruflich erfolgreicher Männer. In: *Feministische Studien* 18(2000)2: 64-77.

Beer, Ursula 1991(1990): *Geschlecht, Struktur, Geschichte. Soziale Konstituierung des Geschlechterverhältnisses*. 2. Auflage, Frankfurt a.M., New York.

Beer, Ursula (Hg.) 1987: *Klasse Geschlecht. Feministische Gesellschaftsanalyse und Wissenschaftskritik*. Bielefeld.

Beisheim, Marianne/Gregor Walter 1997: „Globalisierung" – Kinderkrankheiten eines Konzeptes. In: *Zeitschrift für Internationale Beziehungen*. 4 (1997)1: 153-180.

Bem, Sandra L. 1993: *The Lenses of Gender. Transforming the Debate on Sexual Inequality*. New Haven, London: Yale UP.

Benderly, Jill 1997: Rape, Feminism, and Nationalism in the War in Yugoslav Successor States. In: Lois A. West (ed.): *Feminist Nationalism*. London, New York: Routledge, 59-74.

Benhabib, Seyla 1997: Von der Politik der Identität zum sozialen Feminismus. In: Kreisky/Sauer 1997: 50-65.

Benhabib, Seyla 1997a: Das demokratische Projekt im Zeitalter der Globalisierung. In: Julian Nida-Rümelin/Wolfgang Thierse (Hg.): *Philosophie und Politik*. Essen.

Benhabib, Seyla 1995: *Selbst im Kontext. Kommunikative Ethik im Spannungsfeld von Feminismus, Kommunitarismus und Postmoderne*. Frankfurt a.M.

Benhabib, Seyla 1995a: Feminismus und Postmoderne. Ein prekäres Bündnis. In: Benhabib/Butler/Cornell/ Fraser 1995: 9-30.

Benhabib, Seyla/Judith Butler/Drucilla Cornell/Nancy Fraser 1995 (1993): *Der Streit um Differenz: Feminismus und Postmoderne in der Gegenwart*. Frankfurt a.M.

Benhabib, Seyla/Linda Nicholson 1987: Politische Philosophie und die Frauenfrage: In: I-ring Fetscher/ Herfried Münkler (Hg.): *Pipers Handbuch der politischen Ideen*, Bd. 5. München, Zürich, 513-562.

Benn, Stanley I./Gerald F. Gaus 1983: The Public and the Private: Concepts and Action. In: Benn/Gaus (eds.): *Public and Private in Social Life*. London: Croom Helm, 3-27.

Bennholdt-Thomsen, Veronika/Maria Mies/Claudia von Werlhof 1988 (1983): *Frauen – die letzte Kolonie. Zur Hausfrauisierung der Arbeit*. Reinbek.

Bennholdt-Thomsen, Veronika 1985: Zivilisation, moderner Staat und Gewalt. Eine feministische Kritik an Norbert Elias' Zivilisationstheorie. In: *Beiträge zur feministischen Theorie und Praxis* 13(1985)1: 23-35.

Berg-Schlosser, Dirk/Sven Quenter (Hg.) 1999: *Literaturführer Politikwissenschaft*. Stuttgart.

Berghahn, Sabine 1997: Die Verrechtlichung des Privaten – allgemeines Verhängnis oder Chance für bessere Geschlechterverhältnisse? In: Kerchner/Wilde 1997: 189-222.

Berghahn, Sabine 1994: Verwaltung, Gleichheit, Gerechtigkeit. Der feministische und der systemtheoretische Blick – unvereinbar? In: Klaus Dammann/Dieter Grunow/Klaus P. Japp (Hg.): *Neuere systemtheoretische Zugriffe auf ein altes Thema*. Opladen.

Bertram, Barbara 1993: Zur Entwicklung der Geschlechterverhältnisse in den neuen Bundesländern. In: *Aus Politik und Zeitgeschichte*, B6/93, 27-38.

Beyme, Klaus von 1991: *Theorien der Politik im 20. Jahrhundert. Von der Moderne zur Postmoderne.* Frankfurt a.M.

Beyme, Klaus von 1986 (1972): *Die politischen Theorien der Gegenwart.* München.

Biester, Elke 1992: Die Politikwissenschaftlerinnen organisieren sich. In: *Feministische Studien* 10(1992)1: 151-153.

Biester, Elke/Brigitte Geißel/Sabine Lang/Birgit Sauer/Petra Schäfter/Brigitte Young (Hg.) 1991: *Staat aus feministischer Sicht. Dokumentation des Workshops der Ad-hoc-Gruppe „Politik und Geschlecht" in der Deutschen Vereinigung für Politische Wissenschaft (DVPW)* anläßlich des 18. Wissenschaftlichen Kongresses der DVPW, Oktober 1991.

Biester, Elke/Barbara Holland-Cunz/Mechthild Jansen u.a. (Hg.) 1994: *Das unsichtbare Geschlecht der Europa. Der europäische Einigungsprozeß aus feministischer Sicht.* Frankfurt a.M.

Biester, Elke/Barbara Holland-Cunz/Eva Maleck-Lewy/Anja Ruf/Birgit Sauer (Hg.) 1994: *Gleichstellungspolitik – Totem und Tabus. Eine feministische Revision.* Frankfurt a.M.

Biester, Elke/Barbara Holland-Cunz/Birgit Sauer (Hg.) 1994: *Demokratie oder Androkratie? Theorie und Praxis demokratischer Herrschaft in der feministischen Diskussion.* Frankfurt a.M., New York.

Bilden, Helga 1991: Geschlechtsspezifische Sozialisation. In: Hurrelmann, Klaus /Dieter Ulrich (Hg.): *Handbuch der Sozialisationsforschung.* Weinheim, Basel, 279-301

Birckenbach, Hanne-Margret 1991: Paradigmen der internationalen Politik. Eine Kritik aus der Perspektive feministischer Friedensforschung. In: *Blätter für deutsche und internationale Politik* 36(1991)8: 959-970.

Birckenbach, Hanne-Margret 1990*: Friedensforschung und ihre feministischen Ansätze: Möglichkeiten der Integration.* AFB-Texte. Bonn.

Blättel-Mink, Birgit/Anina Mischau/Caroline Kramer 1998: Politische Partizipation von Frauen – Nullsummenspiel im Modernisierungsprozeß? Ergebnisse einer politischen Studie in Baden-Württemberg. In: *Politische Vierteljahresschrift*, 39. Jg., 775-796.

Blättler, Sidona 2000: Nation und Geschlecht im philosophischen Diskurs der politischen Moderne. In: *Feministische Studien* 18(2000)2: 109-118.

Blüher, Hans 1916: *Der bürgerliche und der geistige Antifeminismus.* Berlin.

Blüher, Hans 1921: *Die Rolle der Erotik in der männlichen Gesellschaft. Eine Theorie der menschlichen Staatsbildung nach Wesen und Wert.* 2 Bände, Jena.

Bock, Gisela/Margarete Zimmermann (Hg.) 1997: *Die europäische Querelle des Femmes: Geschlechterdebatten seit dem 15. Jahrhundert.* Stuttgart.

Boeckh, Andreas (Hg.) 1994: *Internationale Beziehungen, Lexikon der Politik.* Bd.6, hg. von Dieter Nohlen. München.

Böhnisch, Lothar/Reinhard Winter 1993: *Männliche Sozialisation. Bewältigungsprobleme männlicher Geschlechtsidentität im Lebenslauf.* Weinheim.

Bogdal, Klaus Michael 1998: Männerbilder. ‚Geschlecht' als Kategorie der Literaturwissenschaft? In: Heinz/Kuster 1998: 189-218.

Bogumil, Jörg/Josef Schmid 2001*: Politik in Organisationen. Organisationstheoretische Ansätze und praxisbezogene Anwendungsbeispiele.* Opladen.

Bohmann, Gerda 1993: Paradigmata im Verständnis des Wohlfahrtsstaates. Zum Wiederaufleben der Staatstheorie in den Sozialwissenschaften. In: *Österreichische Zeitschrift für Politikwissenschaft* 22(1993)3: 5-21.

Bonnicksen, Andrea L. 1989: In Vitro Fertilization. Building Policy from Laboratories to Legislatures. New York: Columbia University Press.

Borchorst, Anette/Birte Sim 1987: Women and the Advanced Welfare State – a New Kind of Patriarchial Power? In: Sassoon 1987: 128-157.

Bordo, Susan 1993: *Unbearable Weight. Feminism, Western Culture and the Body*. Berkerly: University of California Press.

Bordo, Susan 1992: Postmodern Subjects, Postmodern Bodies. Review Essay on Jane Flax, bell hooks and Judith Butler. In: *Feminist Studies* 18(1992)1: 149-157.

Bosetzky, Horst 1992: *Die öffentliche Verwaltung als Männerbund und Formen dessen ständiger Reproduktion*. Ms. Frankfurt a.M.

Boserup, Ester 1970: *Women's Role in Economic Development*. London.

Bosse, Hans/Vera King (Hg.) 2000: *Männlichkeitsentwürfe. Wandlungen und Widerstände im Geschlechtsverhältnis*. Frankfurt a.M., New York.

Bothfeld, Silke/Sigrid Gronbach/Barbara Riedmüller (Hg.) 2002: *Gender Mainstreaming – eine Innovation in der Gleichstellungspolitik. Zwischenberichte aus der Praxis*. Frankfurt a.M., New York.

Bourdieu, Pierre 1997: Die männliche Herrschaft. In: Dölling/Kreis 1997: 153-217.

Bourque, Susan/Jean Grossholtz: Politics as Unnatural Practice: Political Science Looks at Female Participation: In: Phillips 1998: 23-43.

Bowker, Lee H. (ed.) 1998: *Masculinities and Violence*. London, New Delhi: Thousand Oaks.

Bradish, Paula u.a. (Hg.) 1989: *Frauen gegen Gen- und Reproduktionstechnologien*. Beiträge vom 2. Bundesweiten Kongreß Frankfurt, 28.-30.10.1988, München.

Braun, Christina von/Inge Stephan (Hg.) 2000: *Gender Studies. Eine Einführung*. Stuttgart, Weimar.

Braun, Helga/Dörthe Jung (Hg.) 1997: *Globale Gerechtigkeit? Feministische Debatte zur Krise des Sozialstaates*. Hamburg.

Braun, Kathrin 2002: Beitrag zum Workshop: Biopolitik auf der Tagung des Arbeitskreises „Geschlecht und Politik" der DVPW, 19.-21.4.2002 (unveröffentlichtes Manuskript).

Braun, Kathrin 2000: Politische Theorie und Politische Philosophie. In: Braun/Fuchs u.a. 2000: 1-19.

Braun, Kathrin 2000a: *Menschenwürde und Biomedizin. Zum philosophischen Diskurs der Bioethik*. Frankfurt a.M.

Braun, Kathrin 2000b: Einleitung zu Politische Theorie und Philosophie. In: Braun/Fuchs u.a. 2000: 1-19.

Braun, Kathrin/Anne Diekmann 1994: Individuelle und generative Reproduktion in den politischen Philosophien von Hobbes, Locke und Kant. In: Biester/Holland-Cunz/Sauer 1994: 157-187.

Braun, Kathrin/Gesine Fuchs/Christiane Lemke/Katrin Töns (Hg.) 2000: *Feministische Perspektiven der Politikwissenschaft*. München, Wien.

Bremme, Gabriele 1956: *Die politische Rolle der Frau in Deutschland*. Göttingen.

Brodocz, André/Gary S. Schaal (Hg.) 1999: *Politische Theorien der Gegenwart. Eine Einführung*. Opladen.

Brown, Sarah 1988: Feminism, International Theory and International Relations of Gender Inequality. In: *Millennium* 17(1988)3: 461-475.

Brown, Wendy 1995*: States of Injury. Power and Freedom In Late Modernity*. Princeton NJ: Princeton UP.

Brown, Wendy 1992: Finding the Man in the State. In*: Feminist Studies* 18(1992)1: 7-34.

Brown, Wendy 1988: *Manhood and Politics. A Feminist Reading in Political Theory*. Totowa: N.J.: Rowman and Littlefield.

Brownmiller, Susan 1975: *Against our Will: Men, Women and Rape*. New York: Bantham.

Brück, Brigitte u.a. 1992: *Feministische Soziologie. Eine Einführung*. Frankfurt a.M., New York.

Brückner, Margit 1998: Wenn Forschende und Beforschte ein Geschlecht haben: epistomologische, theoretische und methodologische Überlegungen. In: *Sozialwissenschaftliche Literatur Rundschau*, H.36/1998, 55-39.

Brückner, Margit 1985: Weibliche Verstrickungen und Liebesbeziehungen – am Beispiel misshandelter Frauen. In: Sektion Frauenforschung der Sozialwissenschaften in der DGS (Hg.), Frankfurt a.M., 90-103.

Brühl, Tanja/Tobias Debiel/Brigitte Hamm/Hartwig Hummel (Hg.) 2001: *Die Privatisierung der Weltpolitik*. Bonn.

Brunet, Odette/Irène Lézine 1966: *I primi anni del bambino*. Rom.

Bryson, Valerie 2000: 'Patriarchy': a Concept Too Useful to Lose. In: *Contemporary Politics* 6/2000.

Bublitz, Hannelore 2002: *Judith Butler zur Einführung*. Hamburg.

Bublitz, Hannelore (Hg.) 1998: *Das Geschlecht der Moderne. Genealogie und Archäologie der Geschlechterdifferenz*. Oldenburg.

Bublitz, Hannelore 1992: Geschlecht. In: Hermann Korte/Bernhard Schäfer (Hg.): *Einführung in die Hauptbegriffe der Soziologie*. Opladen.

Budde, Gunilla-Friedericke (Hg.) 1997: *Frauen arbeiten*. Göttingen.

Bührmann, Andrea/Angelika Diezinger/Sigrid Metz-Göckel 2000: *Arbeit, Sozialisation, Sexualität: Zentrale Felder der Frauen- und Geschlechterforschung. Lehrbuch zur sozialwissenschaftlichen Frauen- und Geschlechterforschung*, Band 1, Opladen.

Bührmann, Andrea 1995: *Das authentische Geschlecht: die Sexualitätsdebatte der neuen Frauenbewegung und die Foucaultsche Machtanalyse*. Münster.

Bundesministerium für Familie, Senioren, Frauen und Soziales (BMFSFJ) 2002: Grundlagenpapier zu Gender-Mainstreaming: www.bmfsfj.de/Anlage2939/Grundlagenpapier zu GenderMainstreaming.pdf (21.08.2002).

Bundesministerium für Gesundheit (BMG) (Hg.) 2001: *Fortpflanzungsmedizin in Deutschland*. Schriftenreihe des Bundesministeriums für Gesundheit, Band 132, Baden-Baden.

Bunting, Annie 1996: Zur kulturellen Verschiedenartigkeit von Frauen in internationalen Menschenrechtsstrategien von Feministinnen. In: Lenz/Germer 1996: 130-152.

Butler, Judith 1998: *Haß spricht. Zur Politik des Performativen*. Berlin.

Butler, Judith 1997: *Körper von Gewicht*. Frankfurt a.M.

Butler, Judith 1996: Imitation und die Aufsässigkeit der Geschlechtsidentität. In: Hark, Sabine (Hg.): *Grenzen lesbischer Identitäten*. Berlin, 15-37.

Butler, Judith 1995: Kontingente Grundlagen. Der Feminismus und die Frage der „Postmoderne". In: Benhabib u.a. 1995: 31-58.

Butler, Judith 1993: *Bodies that Matter: on the Discursive Limits of Sex*. New York et al.: Routledge.

Butler, Judith 1991: *Das Unbehagen der Geschlechter*. Frankfurt a.M.

Butler, Judith/Joan W. Scott (eds.) 1992: *Feminists Theorize the Political*. New York, London: Routledge.

Butterwege, Christoph 1999: Wohlfahrtsstaat im Wandel. 2. Auflage. Opladen.

Calás, Marta/Linda Smircich 1996: From the 'Women's' Point of View: Feminist Approaches to Organizational Studies. In: Stewart R. Clegg/Cynthia Hardy/Walter R. Nord (eds.) *Handbook of Organization Studies*. London u.a.: Sage.

Card, Claudia (ed.) 1991: *Feminist Ethics*. Kansas: Kansas UP.

Card, Claudia 1990: Judith Butler. Gender Trouble: Feminism and the Subversion of Identity. In: *Canadian Philosophical Review* 10, 127-130.

Cavarero, Adriana 1990: Die Perspektive der Geschlechterdifferenz. In: Ute Gerhard u.a. 1990: 95-111.

Charles, Nicki 1993: *Gender Divisions and Social Change*. Herfordshire: Harvester Wheatsheaf.

Charlton, Sue Ellen/J.Everett J./K. Staudt (eds) 1989: *Women, the State and Development*. Albany, NY: State University Pr.

Cheauré, Elisabeth 1991: Feminismus á la russe. Gesellschaftskrise und Geschlechterdiskurs. In: Elisabeth Cheauré (Hg.): *Kultur und Krise. Rußland 1987-1997*. Berlin.

Chodorow, Nancy 1986: *Das Erbe der Mütter: Psychoanalyse und Soziologie der Geschlechter*. 2. Auflage, München.

Chodorow, Nancy 1994: *Feminities, masculinities, sexualities: Freud and beyond*. Lexington, KY: University Press of Kentucky.

Chowdhry, Geeta 1994: Women and the International Political Economy. In: D'Amico/Beckman 1994: 155-171.

Cohn, Carol 1993: Wars, Wimps and Women: Talking Gender and Thinking War. In: Miriam Cooke and Angela Woolacott (eds.): *Gendering War Talk*. Princeton, 227-247.

Cohn, Carol 1987: Sex and Death in the Rational World of Defense Intellectuals. In: *Signs* 12(1987)4: 687-718.

Collin, Françoise 1992: *Les sexes des sciences: les femmes en plus*. Paris: Edition Autrement.

Collins, Patricia Hill 1991: *Black Feminist Thought: Knowledge, Consciousness, and the Politics of Empowerment*. New York: Routledge.

Connell, Robert W. 2000: Die Wissenschaft von der Männlichkeit. In: Bosse/King 2000: 17-28.

Connell, Robert W. 1999: *Der gemachte Mann. Konstruktion und Krise von Männlichkeiten*. Opladen.

Connell, Robert W. 1998: Männer in der Welt: Männlichkeiten und Globalisierung. In: *Widersprüche*, Heft 67, März 1989: 91-107.

Connell, Robert W. 1990: The State, Gender, and Sexual Politics: Theory and appraisal. In: *Theory and Society* 19/1990: 507-544.

Connell, Robert W. 1987: *Gender and Power. Society, the Person and Sexual Politics*. Oxford: Oxford UP.

Contor, Dorothy W./Toni Bernay/Jean Stoess (eds.) 1992: *Women in Power. The Secrets of Leadership*. Boston, New York, London: Houghton Mifflin Company.

Conboy, Kati/Nadja Medina/Sarah Stanbury (eds.) 1997: *Writing on the Body*. New York: Columbia UP.

Cooke, Miriam/Angela Woollacott (eds.) 1993: *Gendering War Talk*, Princeton, N.J.

Coole, Diana 1993: *Women in Political Theory. From Ancient Misogyny to Contemporary Feminism*. New York: Harvester Wheatsheaf.

Cornell, Drucilla 1995: *The Imaginary Domain: Abortion, Pornography & Sexual Harassment*. New York: Routledge.

Cornell, Drucilla 1997: *Die Versuchung der Pornographie*. Frankfurt a.M.

Corrin, Chris (ed.) 1997: *Women in a Violent World: Feminist Analyses and Resistance across Europe*. Edinburgh: Edinburgh UP.

Crefeld, Martin van 2001: *Frauen und Krieg*. München.

Cyba, Eva 2000: *Geschlecht und soziale Ungleichheit. Konstellationen der Frauenbenachteiligung*. Opladen.

Dackweiler, Regina-Maria 2002: Karriere-Konkurrenz-Kollaps: Wirklichkeitskonstruktionen von personalverantwortlichen Männern zu Gleichstellungsinitiativen. In: Sieglinde Rosenberger/Christine Goldmann (Hg.): *Karrieren. Frauen. Konkurrenz*. Innsbruck, Wien, München.

Dackweiler, Regina-Maria 2002a: *Wohlfahrtsstaatliche Geschlechterpolitik in Österreich. Prekäres Zugleich – Monothematische Vereinseitigung*. Opladen.

Dahl, Robert A. 1991: *Modern Political Analysis*. 5th edition, Englewood Cliffs, NJ: Prentice Hall.

Dahlerup, Drude 1987: Confusing Concepts – Confusing Reality: a Theoretical Discussion of the Patriarchal State. In: Sassoon 1987: 93-127.

Daly, Kathleen 1993: Class-Race-Gender: Sloganeering in Search of Meaning. In: *Social Justice* 20(1993)1-2: 56-71.

Daly, Mary 2000: *The Gender Division of Welfare*. Cambridge: Cambridge UP.

D'Amico, Francine/Peter R. Beckmann (eds.) 1994: *Women, Gender, and World Politics: Perspectives, Policies and Prospects*. Westport (Conn.): Bergin and Garvey.

D'Amico, Francine/Laurie Weinstein (eds.) 1999: *Gender Camouflage. Women in the U.S. Military*. New York, London.

Dausien, Bettina 1996: *Biographie und Geschlecht: zur biographischen Konstruktion sozialer Wirklichkeit in Frauenlebensgeschichten*. Bremen.

Davis, Kathy (ed.) 1997: *Embodied Practicies: Feminist Perspectives on the Body*. London: Sage.

Davis, Nathalie Z. 1975/1976: Women's History in Transition: the European Case. In: *Feminist Studies* 3(1976)3/4: 83-103.

Degethoff de Campos, Heidi 2000: "Gender Mainstreaming" an Hochschulen. In: *femina politica* 9(2000)2: 117-119.

Delphy, Christine 1993: Rethinking Sex and Gender. In: *Women's Studies International Forum*. 16(1993)1: 1-9.

Dienst, Claudia: Gender Mainstreaming – Das bessere Rezept für Chancengleichheit. In: Ulrike Allrogen/Tanja Berger/Birgit Erbe (Hg.) 2002: *Was bringt Europa den Frauen? Feministische Beiträge zu Chancen und Defiziten der EU*. Argument Sonderband Neue Folge AS 289. Hamburg, 31-50.

Dietz, Mary G. 1998: Context is All: Feminism and Theories of Citizenship. In: Phillips (ed.) 1998: 377-400.

Dietzen, Agnes 1993: *Soziales Geschlecht: soziale, kulturelle und symbolische Dimension des Gender-Konzepts*. Opladen.

Dodds, Dinah 1998: Five Years after Unification. East German Women in Transition. In: *Women's Studies International Forum*, 21(1998)2: 175-182.

Döge, Peter 2001: *Gender Mainstreaming als Modernisierung von Organisationen. Ein Leitfaden für Frauen und Männer*. Berlin.

Döge, Peter 2000: Geschlechterdemokratie als Männlichkeitskritik. In: *Aus Politik und Zeitgeschichte* B31-32/2000: 18-23.

Döge, Peter 2000a: Männlichkeit und Politik. In: *Feministische Studien* 18(2000)2: 87-97.

Dölling, Irene/Beate Kreis (Hg.) 1997: *Ein alltägliches Spiel. Geschlechterkonstruktion in der sozialen Praxis*. Frankfurt a.M.

Douglas, Mary 1991: *Wie Institutionen denken*. Frankfurt a.M.

Duden, Barbara 2001: Frauen ohne gute Hoffnung. In: *Die Zeit* vom 26. Juli 2001 (Interview).

Duden, Barbara 1993: Die Frau ohne Unterleib. Zu Judith Butlers Entkörperung. In: *Feministische Studien* 11 (1993)2: 24-33.

Duden, Barbara 1991: *Der Frauenleib als öffentlicher Ort: vom Missbrauch des Begriffs Leben*. Hamburg, Zürich.

Durham, Martin 1998: *Women and Fascism*. London, New York.

Ebbecke-Nohlen, Andrea/Dieter Nohlen 1994: "Feministische Ansätze" In: Dieter Nohlen (Hg.): *Lexikon der Politik*. München: Beck, Bd.2: *Politikwissenschaftliche Methoden* (hg. von Jürgen Kriz, Dieter Nohlen, Rainer Olaf Schultze), 130-137.

Eifler, Christine 2002: Soldatin – ein neuer Job für Frauen? Geschlechterkonstruktionen im Vergleich USA, BRD und Russland. In: Harders/Roß 2002: 163-172.

Eifler, Christine/Ruth Seifert (Hg.) 1999: *Soziale Konstruktionen – Militär und Geschlechterverhältnis*. Münster.

Eisenstein, Zillah 1996: Equalizing Privacy and Specifying Equality. In: Hirschmann/Di Stefano 1996: 181-192.

Eisenstein, Zillah 1996a: Stop Stomping on the Rest of Us. Retrieving Publicness from the Privatization of the Globe. In: *Indiana Journal of Global Studies*, Vol.4, No.1 Fall, 59-79 (Internetfassung vom 06.08.01, http://www.law.indiana.edu/glsj/vol4/no1/ eispgp.html).

Elshtain, Jean Bethke 2000: Comment on Morris's "Privacy, Privation, Perversity: Towards New Representations of the Personal". In: *Signs* 25(2000)2: 360-367.

Elshtain, Jean Bethke 1998 (1982): Antigone's Daughter. In: Phillips 1998: 363-377.

Elshtain, Jean Bethke (with Fred Dallmayr et al.) 1998a: *New Wine and Old Bottles. International Politics and Ethical Discourse.* Notre Dame, Ind: University of Notre Dame Press.

Elshtain, Jean Bethke 1997: Feminist Inquiry and International Relations. In: Michael W. Doyle/G. John Ikenberry (eds.): *New Thinking in International Relation Theory.* Boulder, CO: Westview Press, 77-90.

Elshtain, Jean Bethke 1996: Rethinking Sovereignty. In: Francis A. Beer, Robert Hariman (eds.): *Post-Realism – the Rhetorical Turn in International Relations.* East Lansing: Michigan State UP, 171-191.

Elshtain, Jean Bethke 1995 (1987): *Women and War.* New York: Basic Books.

Elshtain, Jean Bethke 1994: Thinking about Women and International Violence. In: Beckman/D'Amico 1994: 109-118

Elshtain, Jean Bethke 1988: The Problem with Peace. In: *Millennium* 17(1988)3, 441-449.

Elshtain, Jean Bethke 1981: *Public Man, Private Woman. Woman in Social and Political Thought.* Oxford: Princeton UP.

Emmrich, Michael 1997: Der allmähliche Abschied vom Nürnberger Kodex. In: *Frankfurter Rundschau*, 15.11.1997.

Engelfried, Constance 1997: *Männlichkeiten. Die Öffnungen des feministischen Blicks auf den Mann.* Weinheim.

Engler, Wolfgang 1994: Was ist privat, politisch, öffentlich? In: *Leviathan* 22(1994)4: 470-497.

Enloe, Cynthia 2000: *Maneuvers. The International Politics of Militarizing Women's Live.* Berkerly: University of California Press.

Enloe, Cynthia 1993: *The Morning After. Sexual Politics at the End of the Cold War.* Berkerly: University of California Press.

Enloe, Cynthia 1989: *Bananas, Beaches, and Bases: Making Feminist Sense of International Politics.* London: Pandora.

Enloe, Cynthia 1988: *Does Khaki Become You? The Militarisation of Women's Lives.* London: Pandora.

Erbe, Birgit 2002: Anpassung oder Emanzipation der Frauen? Die Gleichstellungspolitik der Europäischen Union. In: Ulrike Allrogen/Tanja Berger/Birgit Erbe (Hg.) 2002: *Was bringt Europa den Frauen? Feministische Beiträge zu Chancen und Defiziten der EU.* Argument Sonderband Neue Folge AS 289. Hamburg, 11-30.

Erbrecht, Angelika 1997: Moralität und Leidenschaft. Geschlechterpolitik und Triebstrukturierung in anthropologischen Texten der deutschen Aufklärung. In: Kerchner/Wilde 1997: 135-154.

Erdheim, Mario 1991: „Heiße" Gesellschaften und „kaltes" Militär. In: *Kursbuch* 67(März 1982): 59-70.

Erdheim, Mario 1991: Revolution, Totem und Tabu. Vom Verenden der Revolution im Wiederholungszwang. In: *Ethnopsychoanalyse* 2, Herrschaft, Anpassung, Widerstand. Frankfurt a.M., 153-166.

Esping-Andersen, Gøsta 1990: *The Three Worlds of Welfare Capitalism.* Princeton NJ, Princeton UP.

Evans, Eva 1995: *Feminist Theory Today. An Introduction to Second Wave Feminism.* London: Sage.

Fausto-Sterling, Anne 2000: *Sexing the Body: Gender Politics and the Construction of Sexuality.* New York: Basic Books.

Faulstich-Wieland, Hannelore 2000: Sozialisation von Mädchen und Jungen – Zum Stand der Theorie. In: *DISKURS* Studien zu Kindheit, Jugend, Familie und Gesellschaft 2/2000: 8-14.

Feder, Ellen K. (ed.) 1997: *Derrida and Feminism: Recasting the Question of Women.* New York: Routledge.

Ferguson, Kathy 1993: *The Man Question: Visions of Subjectivity in Feminist Theory.* Berkeley: University of California Press.

Ferguson, Kathy 1984: *The Feminist Case against Bureaucracy.* Philadelphia: Temple University Press.

Feste, Karen A. 1994: Behavioral Theories. The Science of International Politics and Women. In: Beckman/D'Amico 1994: 41-54.

Fetscher, Iring 1987(1985): Artikelbeitrag zum Stichwort ‚Gleichheit' in: *Pipers Wörterbuch zur Politik,* Hg. Von Dieter Nohlen und Rainer-Olaf Schultze. München, Zürich.

Firestone, Shulamith 1976: *Frauenbefreiung und sexuelle Revolution.* Frankfurt a.M.

Fischer, Ute Luise (Hg.) 1996: *Kategorie: Geschlecht?: empirische Analysen und feministische Theorien.* Opladen.

Flax, Jane 1990: *Psychoanalysis. Feminism and Postmodernism in the Contemporary West.* Berkeley.

Flax, Jane 1990a: *Thinking Fragments: Psychoanalysis, Feminism and Postmodernism in Contemporary West.* Berkeley: University of California Press.

Foucault, Michel 1977: *Überwachen und Strafen: Die Geburt des Gefängnisses.* Frankfurt a.M.

Foucault, Michel 1976: *Mikrophysik der Macht: Über Strafjustiz, Psychiatrie und Medizin.* Berlin.

Fraisse, Geneviève 1990: Zwiefacher Verstand und die eine Natur. Grundlagen der Geschlechterdifferenz. In: *Die Philosophin* 2/1990: 7-16.

Frankfurter Frauenschule (Hg.) 2000: *Die Frage der Sexuierung.* Beiträge von Barbara Rendtorff und Barbara Köster. Königstein/Ts.

Fraser, Nancy 2001: *Die halbierte Gerechtigkeit.* Frankfurt a.M.

Fraser, Nancy 2000: Die Gleichheit der Geschlechter und das Wohlfahrtssystem: Ein postindustrielles Gedankenexperiment. In: Braun/Fuchs u.a. 2000: 195-215.

Fraser, Nancy 1998: From Redistribution to Recognition? Dilemmas of Justice in a "Post-Socialist" Age. In: Phillips 1998: 430-460.

Fraser, Nancy 1996: Equality, Difference and Radical Democracy. The United States Feminist Debates Revisted. In: David Trend (ed.): *Radical Democracy. Identity, Citizenship, and the State,* New York, London: Routledge, 197-208.

Fraser, Nancy 1995: Falsche Gegensätze. In: Benhabib/Butler/Cornell/Fraser 1995: 59-79.

Fraser, Nancy 1994: *Widerspenstige Praktiken. Macht. Diskurs, Geschlecht.* Frankfurt a.M.

Fraser, Nancy 1994b: Sex, Lügen und die Öffentlichkeit: Überlegungen zur Bestätigung des Bundesrichters Clarence Thomas. In: Institut für Sozialforschung Frankfurt (Hg.): *Geschlechterverhältnisse und Politik.* Frankfurt a.M., 19-42.

Fraser, Nancy 1994a: Reinventing the Welfare State. In: *Boston Review,* 19(1994)1, elektronische Version: http: //bostonreview.mit.edu/BR19.1/fraser.html (03.09.01).

Fraser, Nancy/Sandra Bartky (eds.) 1992: *Revaluing French Feminism: Critical Essays on Difference, Agency, and Culture.* Indiana UP.

Frauen- und Geschlechterforschung: Standortbestimmung und Perspektive; Dokumentation der Frauenstudien an der Carl-von-Ossietzky-Universität. Oldenburg von 17.-21. Juni 1996.

Frazer, Elisabeth 1998: Feminist Political Theory. In: Stevi Jackson/Jacki Jones (eds.): *Contemporary Feminist Theories.* Edinburgh: Edinburgh UP, 50-61.

Frazer, Elisabeth/Nicola Lacey 1993: *The Politics of Community. A Feminist Critique of the Liberal-Communitarian Debate.* Toronto: University of Toronto Press.

French, Marilyn 1992: *The War Against Women.* New York: Ballantin.

Frevert, Ute 1995: *„Mann und Weib und Weib und Mann". Geschlechterdifferenzen in der Moderne.* München.

Friedan, Betty 1963: *The Feminine Mystique.* New York: Norton.

Frohnhaus, Gabriele 1994: *Feminismus und Mutterschaft. Eine Analyse theoretischer Konzepte der Mütterbewegung in Deutschland.* Weinheim.

Garst, Daniel 1989: Thucydides and Neorealism. In: *International Studies Quarterly* 1989/33,3-27.

Gellner, Ernest 1999: *Nationalismus, Kultur und Macht.* Berlin.

George, Susan 1997: Winning the War of Ideas. In: *Dissent,* Summer 1997, Internetfassung vom 12.09.01: http: //www.tni.org/george/articles/dissent.htm

Gerhard, Ute 1999: *Atempause. Feminismus als demokratisches Projekt.* Frankfurt a.M.

Gerhard, Ute 1996a: Feministische Sozialpolitik in vergleichender Perspektive. In: *Feministische Studien* 15(1996)2: 6-17.

Gerhard, Ute 1994: Frauenforschung und Frauenbewegung. Skizze ihrer theoretischer Diskurse. In: *Sozialwissenschaftliche Frauenforschung in der Bundesrepublik Deutschland.* Hg.: Deutsche Forschungsgemeinschaft, Berlin, 12-28.

Gerhard, Ute 1990: *Unerhört. Die Geschichte der deutschen Frauenbewegung.* Frankfurt a.M.

Gerhard, Ute/Mechthild Jansen/Andrea Maihofer/Pia Schmid/Irmgard Schultz (Hg.) 1990: *Differenz und Gleichheit. Menschenrechte haben (k)ein Geschlecht.* Frankfurt a.M.

Gerhard, Ute 1988: Sozialstaat auf Kosten der Frauen? In: Gerhard/Schwarzer/Slupik (1988): 11-37.

Gerhard, Ute/Alice Schwarzer/Vera Slupik (Hg.)1988: *Auf Kosten der Frauen. Frauenrechte im Sozialstaat.* Weinheim, Basel.

Gerlach, Irene 2000: Generationengerechtigkeit im politischen Prozeß? Familienpolitik und die Frage des staatlichen Rückzugs. In: Gerlach/Nitschke 2000: 125-142.

Gerlach, Irene/Nitschke, Peter (Hg.) 2000*: Metamorphosen des Leviathan? Staatsaufgaben im Umbruch.* Opladen.

Geyer, Christian (Hg.) 2001: *Biopolitik – Die Positionen.* Frankfurt a.M.

Gibson-Graham J.K. 1996: *The End of Capitalism (as we know it): A Feminist Critique of Political Economy.* Cambridge, UK: Blackwell.

Gienen, Sedef 1998: Das Soziale des Geschlechts. Frauenforschung und Ethnizität. In: *Das Argument*: 40(1998)1-2: 187-202.

Gildemeister, Regine 2001: Soziologie der Geschlechterverhältnisse. Zwischen politischer Inanspruchnahme und handlungsentlastender Forschung. Unveröffentlichtes Manuskript zum Vortrag in der Studium-Generale-Reihe der Universität Tübingen, 24.01.2001.

Gildemeister, Regine 2001a: Soziale Konstruktion von Geschlecht: Fallen, Missverständnisse und Erträge einer Debatte. In: Rademacher/Wiechens 2001: 65-90.

Gildemeister, Regine 2000: Geschlechterforschung (gender studies). In: Uwe Flick/Ernst v. Kardoff/Ines Steinke (Hg.): *Qualitative Forschung. Ein Handbuch.* Hamburg, 213-223.

Gildemeister, Regine 1992: Die soziale Konstruktion von Geschlechtlichkeit. In: Ostner/Lichtblau 1992: 220-237.

Gildemeister, Regine/Angelika Wetterer 1992: Wie Geschlechter gemacht werden. Die soziale Konstruktion der Zweigeschlechtlichkeit und ihre Reifizierung in der Frauenforschung. In: Knapp/Wetterer 1992: 201-254.

Gilligan, Carol 1988 (1982): *Die andere Stimme. Lebenskonflikte und Moral der Frau.* München, Zürich.

Glenn, Evelyn Nakano 2000: Creating a Caring Society. In: *Contemporary Sociology,* 29(2000)1: 84-94.

Göhler, Gerhard 1994: Politische Institutionen und ihr Kontext. Begriffliche und konzeptionelle Überlegungen zur Theorie politischer Institutionen. In: Ders. (Hg.): *Die Eigenart der Institutionen*. Baden-Baden, 19-44.

Gornick, Janet/Jerry Jacobs 1998: Gender, the Welfare State, and Public Employment: a Comparative Study of Seven Industrialized Countries. In: *American Sociological Review* Vol. 63, October: 688-710.

Gottschalch, Wilfried 1997: *Männlichkeit und Gewalt: eine psychoanalytische und historisch-soziologische Reise in die Abgründe der Männlichkeit*. Weinheim.

Gottstein, Margit 1998: Wie Frauen zu Flüchtlingen werden. In: *Das Argument* 40(1998)1-2: 217-231.

Grant, Rebecca 1994: The Cold War and the Feminine Mystique. In: Beckman/D'Amico 1994: 119-129.

Grant, Rebecca 1991: The Sources of Gender Bias in International Relation Theory. In: Grant/Newland 1991: 8-26.

Grant, Rebecca/Kathlin Newland (eds.) 1991: *Gender and International Relations*. Bloomington: Indiana UP.

Graumann, Sigrid 2001: *Die Genkontroverse. Grundpositionen*. Mit der Rede von Johannes Rau. Freiburg i.Br.

Green, Sarah F. 1997: *Urban Amazons: Lesbian Feminism and beyond in the Gender, Sexuality, and Identity Battles of London*. Basingstoke: Macmillan.

Greschner, Donna 1989: Feminist Concerns with the New Communitarians. We Don't Need Another Hero. In: Hutchinson, Allan/ Leslie Green (eds) 1989: *Law and the Community: The End of Individualism?* Toronto, 275-290.

Greven, Michael Th./Rainer Schmalz-Bruns 1999 (Hg.): *Politische Theorie heute*. Baden-Baden

Greven, Michael Th. 1994: Die Allgegenwart des Politischen. In: Leggewie, Claus (Hg.): *Wozu Politikwissenschaft? Über das Neue in der Politik?* Darmstadt, 285-296.

Grosz Elizabeth 1995: *Space, Time, and Perversion: Essays on the Politics of Bodies*. New York: Routledge.

Haase, Andreas u.a. 1996 (Hg.): *Auf und Nieder: Aspekte männlicher Sexualität und Gesundheit*. Tübingen.

Haase-Dubosc, Danielle 1999: Sexual Difference and Politics in France Today. In: *Feminist Studies* 25(1999)1: 183-210.

Haavio-Mannila, Elina et al. 1985: *Unfinished Democracy: Women in Nordic Politics*. Pergamon.

Habermas, Jürgen 1990 (1962): *Strukturwandel der Öffentlichkeit*. Frankfurt a.M.

Hänsch, Ulrike 1999: Subjektive Dimensionen im feministischen Streit um Geschlecht und Dekonstruktion. In: Bauhardt/von Wahl 1999: 47-62.

Hagemann-White, Carol 1993: Die Konstrukteure des Geschlechts auf frischer Tat ertappt? Methodische Konsequenzen einer theoretischen Einsicht. In: *Feministische Studien* 11(1993)2: 68-79.

Hagemann-White, Carol 1992: Simone de Beauvoir und der existentialistische Feminismus. In: Knapp/Wetterer 1992: 21-64.

Hagemann-White, Carol 1984: *Sozialisation: männlich – weiblich?* Opladen.

Hagemann, Karen 1998: Venus und Mars. Reflexionen zu einer Geschlechtergeschichte von Militär und Krieg. In: Hagemann/Pröve 1998: 13-48.

Hagemann, Karen/Rolf Pröve (Hg.) 1998: *Landsknechte, Soldatenfrauen und Nationalkriege. Militär, Krieg und Geschlecht im historischen Wandel*. Frankfurt a.M.

Haller, Birgitt 1993: Zwischen Paternalismus und „Gleichmacherei" – Frauennachtarbeit im europäischen Vergleich. In: *Österreichische Zeitschrift für Politikwissenschaft* 22(1993)3: 277-290.

Halliday, Fred 1991: Hidden from International Relations: Women and the International Arena. In: Grant/Newland 1991: 158-169.

Hansen, Brigitte 1994: Egalität und Androzentrismus. Zur Kritik der politischen Anthropologie von Hobbes und Locke. In: Biester/Holland-Cunz/Sauer 1994: 131-156.

Hansen, Brigitte 1993: Zur feministischen Kritik der politischen Theorie von John Locke. In: *Österreichische Zeitschrift der Politikwissenschaft* 22(1993)3: 477-486.

Hansen, Brigitte 1993a: Geschlechterverhältnis und politische Philosophie des 17. Jahrhunderts. Zum feministischen Diskurs über die politische Theorie Thomas Hobbes. In: *Feministische Studien* 11(1993)1: 65-80.

Haraway, Donna 1995: *Die Neuerfindung der Natur. Primaten, Cyborgs und Frauen.* Frankfurt, New York.

Haraway, Donna 1995a: *Monströse Versprechen. Coyote-Geschichte zu Feminismus und Technowissenschaft.* Hamburg, 165-184.

Harders Cilja/Bettina Roß (Hg.) 2002: *Geschlechterverhältnisse in Krieg und Frieden.* Opladen.

Harders Cilja/Bettina Roß 2002a: Geschlechterverhältnisse in Krieg und Frieden. In: Harders/Roß 2002: 9-27.

Harding, Sandra 1991: *Feministische Wissenschaftstheorie. Zum Verhältnis von Wissenschaft und sozialem Geschlecht.* Hamburg.

Hark, Sabine 2001: *Dis/kontinuitäten: Feministische Theorie.* Opladen.

Hark, Sabine 1999: *deviante Subjekte – Die paradoxe Politik der Identität.* Neuauflage, Opladen.

Hark, Sabine 1998: Parodistischer Ernst und politisches Spiel. Zur Politik in der GeschlechterParodie. In: Antje Hornscheidt/Gabriele Jähnert/Annette Schlichter (Hg.): *Kritische Differenzen – Geteilte Perspektiven. Zum Verhältnis von Feminismus und Postmoderne.* Wiesbaden.

Harrington, Mona 1992: What Exactly is Wrong with the Liberal State as an Agent of Change? In: Peterson 1992: 65-82.

Harten, Hans-Christian 1995: *Sexualität, Missbrauch, Gewalt: das Geschlechterverhältnis und die Sexualisierung von Aggressionen.* Opladen.

Hartmann, Jürgen 1997: *Wozu politische Theorie? Eine kritische Einführung für Studierende und Lehrende der Politikwissenschaft.* Opladen.

Hartsock, Nancy 1990: Political Science as Malestream Discourse. Can this Discipline be Saved? In: *Österreichische Zeitschrift für Politikwissenschaft* 19(1990)2: 151-159.

Hartsock, Nancy 1990a: Foucault on Power: a Theory for Women? In: Linda Nicholson (ed.): *Feminism/Postmodernism.* London: Routledge

Haug, Frigga/Kornelia Hauser 1992: Marxistische Theorien und feministischer Standpunkt. In: Knapp/Wetterer 1992: 115.

Hausen, Karin 1993 (Hg.): *Geschlechterhierarchie und Arbeitsteilung. Zur Geschichte ungleicher Erwerbschancen von Männern und Frauen.* Göttingen.

Hausen, Karin 1990: Überlegungen zum geschlechtsspezifischen Strukturwandel der Öffentlichkeit. In: Gerhard u.a. 1990: 268-282.

Hausen, Karin/Heike Wunder 1992: *Frauengeschichte – Geschlechtergeschichte.* Frankfurt a.M.

Hauser-Schäublin, Brigitta (Hg.) 1998: *Differenz und Geschlecht: neue Ansätze der ethnologischen Forschung.* Berlin.

Hearn, Jeff 1998: Theorizing Men and Men's Theorizing: Varieties of Discoursive Practices in Men's Theorizing of men. In: *Theory and Society* 27(1998)6: 781-816.

Hecker, Wolfgang 1999: Politik und Wirtschaft. In: Berg-Schlosser/Quenter 1999: 193-216.

Hedinger, Sandra 2000: *Frauen über Krieg und Frieden.* Frankfurt a.M.

Heintz, Bettina 1993: Die Auflösung der Geschlechterdifferenz. Entwicklungstendenzen in der Theorie der Geschlechter. In: Elisabeth Bühler u.a. (Hg.) 1993: *Ortssuche. Zur Geographie der Geschlechterdifferenz*. Zürich, Dortmund, 17-48.

Heinz, Marion 1997: Das metatheoretische Fundament der Geschlechterordnung in den Staatsidealen von Platon und Aristoteles. In: Materialienband zur Ausstellung des Rautenstrauch-Joest-Museum für Völkerkunde: *„Sie und Er. Frauenmacht und Männerherrschaft im Kulturvergleich"* 25.11.-8.3.1997, Köln, Hg.: Gisela Völger, 99-108.

Heinz, Marion/Friederike Kuster (Hg.) 1998: *Geschlechtertheorie – Geschlechterforschung: ein interdisziplinäres Kolloquium*. Bielefeld.

Heldmann, Anja 1998: Jenseits von Frau und Mann. In: Brigitta Hauser-Schäublin/Birgitt Röttger-Rössler (Hg.): *Differenz und Geschlecht. Neue Ansätze der ethnologischen Forschung*. Berlin, 54-77.

Helleiner, Eric 1994: From Bretton Woods to Global Finance. In: Stubbs/Underhill 1994: 163-176.

Henninger, Annette 2000: *Frauenförderung in der Arbeitsmarktpolitik. Feministische Rückzugsgefechte oder Zukunftskonzept?* Opladen.

Héritier, Adrienne 1993: Einleitung. Policy-Analyse: Elemente der Kritik und Perspektiven der Neuorientierung. In: *Politische Vierteljahresschrift*, Sonderheft 24, Hg.: Adrienne Héritier, 9-36.

Hernes, Helga Maria 1989: *Wohlfahrtsstaat und Frauenmacht. Essays über die Feminisierung des Staates*. Baden-Baden.

Hess, Beth B./Myra Marx Ferree (eds.) 1987: *Analyzing Gender. A Handbook of Social Science Research*. Newbury Park, London, New Delhi: Sage.

Hey, A.K./Patrick J. Haneg (eds.) 1995: *Foreign Policy Analysis: Continuity and Change in Its Second Generation*. Englewood Cliffs, New York: Prentice-Hall.

Hieden-Sommer, Helga 1993: Männer Leistung – Frauen Liebe. Gespaltene Gesellschaft, gespaltenes Menschenbild; gespaltene Frauen. Anmerkungen zu Neuordnung und Aufrechterhaltung der geschlechtshierarchischen Arbeitsteilung als Voraussetzung und Ergebnis der demokratischen Wettbewerbsgesellschaft durch aktuelle Maßnahmen der Familien- und Sozialpolitik. In: *Österreichische Zeitschrift für Politikwissenschaft* 22(1993)3: 327-341.

Hirschauer, Stefan 1996: Wie sind Frauen, wie sind Männer? Zweigeschlechtlichkeit als Wissenssystem. In: Christine Eifert/Angelika Epple/Martina Kessel u.a. (Hg.) 1996: *Was sind Frauen? Was sind Männer? Geschlechterkonstruktionen im historischen Wandel*. Frankfurt a.M., 240-256.

Hirschauer, Stefan 1993: Dekonstruktion und Rekonstruktion. Plädoyer für die Erforschung des Bekannten. In: *Feministische Studien* 11(1993)2: 55-67.

Hirschmann, Nancy J./Christine Di Stefano 1996 (eds.): *Revisioning the Political. Feminist Reconstructions of Traditional Concepts in Western Political Theory*. Boulder, CO.

Hoecker, Beate, 2000: Geschlechterdemokratie im europäischen Kontext. Die Konzepte der Europäischen Union zur Förderung der politischen Beteiligung von Frauen. In: *Aus Politik und Zeitgeschichte*, B 31-32/20000, 30-38.

Hoecker, Beate (Hg.) 1998: *Handbuch politische Partizipation von Frauen in Europa*. Opladen.

Hoecker, Beate 1998a: *Frauen, Männer und die Politik. Lern- und Arbeitsbuch*. Bonn

Hoecker, Beate 1996: Politische Partizipation von Frauen im vereinigten Deutschland. In: *Aus Politik und Zeitgeschichte* B21-22/96, 17. Mai 1996, 15-21.

Hoecker, Beate 1995: *Politische Partizipation von Frauen: Kontinuität und Wandel des Geschlechterverhältnisses in der Politik. Ein einführendes Studienbuch*. Opladen.

Hof, Renate 1995: *Die Grammatik der Geschlechter. Gender als Analysekategorie der Literaturwissenschaft*. Frankfurt a.M., New York.

Hof, Renate/Hadmod Bußmann u.a. (Hg.) 1995: *Genus, Zur Geschlechterdifferenz in den Kulturwissenschaften.* Stuttgart.

Hoffmann, Berno 1997: *Das sozialisierte Geschlecht. Zur Theorie der Geschlechtersozialisation.* Opladen.

Hofmann, Heide 1999: *Die feministischen Diskurse über Reproduktionstechnologien. Positionen und Kontroversen in der BRD und den USA.* Frankfurt a.M., New York.

Hofmann, Heidi 1999a: Der Körper in der philosophischen, genethischen und feministischen Diskussion. In: *femina politica* 8(1999)2: 17-32.

Holland-Cunz; Barbara 2003: *Die alte neue Frauenfrage.* Frankfurt a.M.

Holland-Cunz; Barbara 1999: Naturverhältnisse in der Diskussion: Die Kontroverse um „sex" and Gender" in der feministischen Theorie. In: Bauhardt/von Wahl 1999: 15-28.

Holland-Cunz, Barbara 1999a: Die Vergeschlechtlichung des Politischen. Etappen, Dimensionen und Perspektiven einer Theorieinnovation. In: Greven/Schmalz-Bruns 1999: 121-145.

Holland-Cunz, Barbara 1998: *Feministische Demokratietheorie. Eine Skizze.* Opladen.

Holland-Cunz, Barbara 1997: Sieben Thesen zu einer feministischen Theorie der Demokratie. Vortragspapier für den DVPW-Kongreß in Bamberg, Oktober 1997: „Demokratie – eine Kultur des Westens?"

Holland-Cunz, Barbara 1997a: Die Wiederentdeckung der Herrschaft. In: Kreisky/Sauer 1997: 83-97.

Holland-Cunz, Barbara 1997b: Die Einsamkeit der Staatsgründer. Individualität, Sozialität, Familie und Staat in der klassischen politischen Theorie. In: Kerchner/Wilde 1997: 55-68.

Holland-Cunz, Barbara 1996: Komplexe Netze, konfliktreiche Prozesse: Gleichstellungspolitik aus policy-analytischer Sicht. In: Kulawik/Sauer 1996: 158-174.

Holland-Cunz, Barbara 1996a: Feminismus: politische Kritik patriarchaler Herrschaft. In: Neumann 1996: 357-388.

Holland-Cunz, Barbara 1990: Perspektiven der Ent-Institutionalisierung. Überlegungen zur feministischen Praxis. In: Gerhard u.a.1990: 304-310.

Holland-Cunz, Barbara/Gabriele Wilde 1998: Staatsform Demokratie – Demokratieform Staat (Einleitung zum Schwerpunkt: „Staats- und Demokratietheorien") In: *femina politica* 7(1998)1: 9-15.

Holland-Cunz, Barbara/Uta Ruppert 2000: *Frauenpolitische Chancen globaler Politik: Verhandlungserfahrungen im internationalen Kontext.* Opladen.

Hollstein, Walter 1996: Ende der Frauenpolitik? Zur unvollendeten Emanzipation von Männern und Frauen. In: *Aus Politik und Zeitgeschichte* B42/96, 11. Oktober 1996, 41-46.

Holthaus, Ines/Ruth Klingebiel 1998: Vereinte Nationen – Sprungbrett oder Stolperstein auf dem langen Marsch zur Durchsetzung von Frauenrechten? In: Klingebiel/Randeria 1998: 34-65.

Holtmann, Eberhard 2000: *Politik-Lexikon.* München, Wien.

Honegger, Claudia/Theresa Wobbe 1998: *Frauen in der Soziologie.* München.

Honegger, Claudia 1991: *Die Ordnung der Geschlechter.* Frankfurt a.M.

Honneth, Axel 1993: Posttraditionale Gemeinschaften. In: Micha Brumlik/Hauke Brunkhorst (1993) Hg.: *Gemeinschaft und Gerechtigkeit.* Frankfurt a.M., 260-270.

hooks, bell 1994: Feminismus – eine transformative Politik. In: Nancy Kaiser (Hg.): *SELBST BEWUSST. Frauen in den USA,* Leipzig, 323-337.

Hooper, Charlotte 2000: Masculinities in Transition. The Case of Globalization. In: Marchand/Runyan 2000: 59-73.

Hornscheidt, Antje 1998: *Kritische Differenzen – geteilte Perspektiven: zum Verhältnis von Feminismus und Postmoderne.* Opladen.

Horster, Detlef (Hg.) 1998: *Weibliche Moral – ein Mythos.* Frankfurt a.M.

Horster, Detlef 1998a: Der Streit um die »weibliche Moral« und die Entwicklung einer differenzierten Moralauffassung. In: Horster 1998: 7-30.

Hovestadt, Gertrud 1996: „Schade, dass so wenig Frauen da sind": Normalitätskonstruktionen der Geschlechter in männerdominierter Bildungsarbeit. Münster.

Huggins, J. 1994: A Contemporary View of Aboriginal Women's Relationship to White Women's Movement. In: N. Grieve/A. Burns: Australien Women: Contemporary Feminist Thoughts. Melbourne: Oxford UP.

Humm, Margaret 1990: The Dictionary of Feminist Theory. 2nd edition, Ohio: Ohio State UP.

Institut für Sozialforschung Hg. 1994: Geschlechterverhältnisse und Politik. Frankfurt a.M.

Irigaray, Luce 1979: Das Geschlecht, das nicht eins ist. Berlin.

Irigaray, Luce 1990: Über die Notwendigkeit geschlechtsdifferenzierter Rechte. In: Gerhard u.a. 1990: 338-350.

Irigaray, Luce 1990a: Je, tu, nous, Pour une culture de la différence. Paris: Grasset.

Israel, Dafna N.2001: Paradoxes of Women's Service in the Israel Defense Forces. In: D. Maman/E. Ben-Ari/Z. Rosenhek 2001: Military, State, and Society in Israel. New Brunswick/London: Transaction Publishers 2001, 203-238.

Jagose, Annemarie 2001: Queer Theory. Eine Einführung. Berlin.

Jacobus, Mary/Evelyn Fox Keller/Sally Shuttleworth (eds.) 1990: Body/Politics. Women and the Discourses of Science. New York: Routledge

Jalušič, Vlasta 1996: Schwierigkeiten mit der Demokratie. Das unabhängige Slowenien und die Frauen. In: Kreisky 1996: 23-51.

Jansen, Mechthild M. (Hg.) 1995: Frauen in der Defensive?: zur backlash-Debatte in Deutschland. Münster.

Jessop, Bob 1997: Nationalstaat, Globalisierung, Gender. In: Kreisky/Sauer 1997: 262-292.

Jessop, Bob 1990: Putting States in their Places: State System and State Theory. In: A. Leftwich (ed.): New Developments in Political Science. London: Edward Elgar, 61-76.

Joachim, Jutta 2001: NGO's, die Vereinten Nationen und Gewalt gegen Frauen. In: Zeitschrift für Internationale Beziehungen 8(2001)2: 209-235.

Joachim, Jutta 1997: Wie NROs die UNO beeinflussen: Die internationale Chancenstruktur beim Thema Gewalt gegen Frauen in der UNO. In: Jahrbuch Frieden 1997, hg. Von H-M. Birckenbach/U. Jäger/Ch. Wellmann, München, 98-111.

Jolly, M. 1991: The Politics of Difference: Feminism, Colonialism and Decolonisation in Vauatu. In: G. Bottomley et al. (eds): Intersexions: Gender/Class/Culture/Ethnicity. Sydney: Allen & Unwin.

Jónasdóttir, Anna G. 1991: Love Power and Political Interests. Towards a Theory of Patriarchy in Contemporary Western Societies. Örebro Studies 7, Kumla: Kommanditbolaget Kumla Tryckeri.

Jónasdóttir, Anna G. 1988: Sex/Gender, Power and Politics. Towards a Theory of the Foundations of Male Authority in the Formally Equal Society. In: Acta Sociologia 31(1988)2: 157-174.

Jones, Kathleen 1989: Der Tanz um den Lindenbaum. Eine feministische Kritik der traditionellen politischen Wissenschaft. In: Schaeffer-Hegel/Watson-Franke 1989: 100-116.

Jung, Dörthe 1997: Frauenpolitische Politikberatung: Feministische Think Tanks in den Vereinigten Staaten. In: femina politica 6(1997)2: 45-57.

Kahlert, Heike 2000: (Aus-)Bildung durch Wissenschaft: Frauen- und Geschlechterstudien als Beiträge zur Hochschulreform. In: Zeitschrift für Frauenforschung & Geschlechterstudien 18(2000)1+2: 5-21.

Kahlert, Heike 1995: Demokratisierung des Gesellschafts- und Geschlechtervertrags. Noch einmal: Differenz und Gleichheit. In: Zeitschrift für Frauenforschung 13(1995)4: 5-17.

Kahlert, Heike/Claudia Lenz (Hg.) 2001: *Die Neubestimmung des Politischen. Denkbewegungen im Dialog mit Hannah Arendt.* Königstein/Ts.

Kahn, Kim Fridkin 1996: *The Political Consequences of Being a Woman – How Stereotypes Influence the Conduct and Consequences of Political Campaigns.* New York: Columbia UP.

Kaiser, André 1999: Die politische Theorie des Neo-Institutionalismus: James March und Johan Olsen. In: Brodocz/Schaal 1999: 189-211.

Kandel, Liliane 2000: Sur la différence des sexes, et celles des féminismes. In : *Les Temps Modernes* 55(2000)Juin-Juillet-Août, 283-305.

Kanter, Rosabeth Moss 1993 (1977): *Men and Women of the Corporation.* New York: Basic Books.

Kardam, Nüket 1994: Women and Development. In: Beckman/D'Amico 1994: 141-53.

Kauermann-Walter, Jacqueline/Maria Anna Kreienbaum 1989: Der soziopsychologische Bildungszirkel. Ein pragmatisches Modell zur Erklärung der Benachteiligung von Mädchen und Frauen im Bildungswesen. In: Kreienbaum, Maria (Hg.) 1989: *FrauenBildenMacht. Dokumentation des 7. Fachkongresses FRAUEN UND SCHULE.* Dortmund, 29-47.

Kauffman, Linda S.(ed.) (o.J.): *American Feminist Thought at Century's End: a Reader.* Cambridge, Mass.: Blackwell.

Kaufman, Michael (ed.) 1987: *Beyond Patriarchy: Essays by Men on Pleasure, Power, and Change.* Toronto, New York.

Kaufman, Michael 1996: Die Konstruktion von Männlichkeit und die Triade männlicher Gewalt. In: *BauSteineMänner* 1996: Kritische Männerforschung. Berlin, 138-171.

Kaufman, Michael 1993: *Cracking the Armour: Power, Pain and the Lives of Men.* Toronto.

Kelly, Joan 1984: *Women, History & Theory. The Essays of Joan Kelly.* Chicago, London: University of Chicago Press.

Kenngott, Eva-Maria 1999: Rezension zu „Feministische Demokratietheorie" von Barbara Holland-Cunz. In: *femina politica* 8(1999)1: 142-143.

Kerchner, Brigitte 1997: Rückzug als Verweigerung – Historische Perspektiven auf Sexualität und Staat. In: Kerchner/Wilde 1997: 157-188.

Kerchner, Brigitte 1999: Der Körper als Metapher. In: *femina politica* 8(1999)2: 61-79.

Kerchner, Brigitte, Gabriele Wilde 1999: Die Politisierung des Körpers – Eine Einleitung. In: *femina politica* 8(1999)2: 9-17.

Kerchner, Brigitte/Gabriele Wilde (Hg.) 1997: *Staat und Privatheit. Aktuelle Studien zu einem schwierigen Verhältnis.* Opladen.

Kersten, Joachim/Steinert, Heinz 1996: *Starke Typen: Iron Mike, Dirty Harry, Crocodile Dundee und der Alltag von Männlichkeit.* Baden-Baden.

Kessler, Suzanne/Wendy McKenna 1978: *Gender. An Ethnomethodological Approach.* New York et al.

Keohane, Robert O. 1991: International Relations Theory: Contributions of a Feminist Standpoint. In: Grant/Newland 1991: 41-50.

Kickbusch, Ilona/Barbara Riedmüller 1984: Theoretische Perspektiven einer Sozialpolitikanalyse. In: Dies., Hg.: *Die armen Frauen. Frauen und Sozialpolitik.* Frankfurt a.M., 7-14.

Kimmel, Michael S. 1994: Masculinity and Homophobia: Fear, Shame, and Silence in the Construction of Gender Identity. In: Brod, Harry/Kaufmann, Michael eds.: *Theorizing Masculinities.* Thousand Oaks.

King, Deborah 1988: Multiple Jeopardy, Multiple Consciousness: the Context of a Black Feminist Ideology. In: *Signs* 14(1988)1: 42-72.

Klammer, Ute 2001: Vom „Ernährermodell" zum „Erwerbstätigenmodell". Zum gesellschaftlichen und sozialpolitischen Umgang mit Fürsorgearbeit in Europa. In: Katrin Kraus/Thomas Geisen (Hg.) 2001: *Sozialstaat in Europa. Geschichte, Entwicklung, Perspektiven.* Wiesbaden, 273-84.

Klein, Gabriele/Annette Treibel (Hg.) 1993: *Begehren und Entbehren: Bochumer Beiträge zur Geschlechterforschung.* Pfaffenweiler.

Klein, Gabriele/Katharina Liebsch (Hg.) 1997: *Zivilisierung des weiblichen Ich.* Frankfurt a.M.

Klein, Uta 2001: *Militär und Geschlecht in Israel.* Frankfurt a.M., New York.

Kleinschmidt, Harald 1999: Die Ungesicherten Quellen des Realismus. In: *Zeitschrift für Internationale Beziehungen* 6(1999)1: 129-46.

Klingebiel, Ruth/Shalini Randeria (Hg.) 1998: *Globalisierung aus Frauensicht. Bilanzen und Visionen.* Bonn.

Klinger, Cornelia 1999: „Für den Staat ist das Weib die Nacht." Die Ordnung der Geschlechter und ihr Verhältnis zur Politik. In: *Zeitschrift für Frauenforschung,* Sonderheft 2/1999, 13-41.

Klinger, Cornelia 1994: Zwischen allen Stühlen. Die politische Theoriediskussion der Gegenwart in einer theoretischen Perspektive. In: Appelt/Neyer 1994: 119-143.

Knapp, Gudrun-Axeli 2001: Dezentriert und viel riskiert: Anmerkungen zur These vom Bedeutungsverlust der Kategorie Geschlecht. In: Knapp/Wetterer 2001: 15-62.

Knapp, Gudrun-Axeli (Hg.) 1998: *Feminismus zwischen kritischer Theorie und Postmoderne.* Frankfurt a.M.

Knapp, Gudrun-Axeli 1998a: Postmoderne Theorie oder Theorie der Postmoderne? Anmerkungen aus feministischer Sicht. In: Knapp 1998: 25-83.

Knapp, Gudrun-Axeli 1998b: Einleitung. In: Knapp 1998: 7-24.

Knapp, Gudrun-Axeli 1992: Macht und Geschlecht. Neuere Entwicklungen in der feministischen Macht- und Herrschaftsdiskussion. In: Knapp/Wetterer 1992: 287-325.

Knapp, Gudrun-Axeli 1991: Neuere Entwicklungen in der feministischen Macht- und Herrschaftsdiskussion. In: Biester/Geißel u.a. 1991: 19-36.

Knapp, Gudrun-Axeli 1987: Arbeitsteilung und Sozialisation: Konstellationen von Arbeitsvermögen und Arbeitskraft im Lebenszusammenhang von Frauen. In: Beer 1991: 236-273.

Knapp, Gudrun-Axeli/Angelika Wetterer (Hg.) 2001: *Soziale Verortung der Geschlechter. Gesellschaftstheorie und feministische Kritik.* Münster.

Knapp, Gudrun-Axeli/Angelika Wetterer 2001a: Einleitung zu „Soziale Verortung der Geschlechter" in: Knapp/Wetterer 2001: 7-13.

Knapp, Gudrun-Axeli/Angelika Wetterer (Hg.) 1992: *Traditionen Brüche. Entwicklungen feministischer Theorie.* Freiburg.

Knaup, Bettina 1998: Die Geschlechterparadoxie des Staates. Überlegungen zur feministischen Staatsanalyse. In: Heinz/Kuster 1998: 117-138.

Kolbe, Wiebke 2000: Vernachlässigte Väter? Vaterschaft in der Sozial- und Familienpolitik Schwedens und der Bundesrepublik Deutschland seit der Nachkriegszeit. In: *Feministische Studien* 18(2000)2: 49-63.

Kontos, Silvia 1996: Körperpolitik – eine feministische Perspektive. In: Kulawik/Sauer 1996: 137-157.

Kopp-Degethoff, Heidi 1990: "Big Mother is Watching you". Überlegungen zum Verhältnis von Macht und Mütterlichkeit. In: Schaeffer-Hegel 1990: 187-203.

Koppetsch Cornelia/Günter Burkart 1999: *Die Illusion der Emanzipation. Zur Wirksamkeit latenter Geschlechtsnormen im Milieuvergleich.* Konstanz.

Kramer, Helgard (Hg.) 1992: Zweierlei Welten?: feministische Wissenschaftlerinnen im Dialog mit der männlichen Wissenschaft. Interdisziplinäre Forschungsgruppe Frauenforschung (IFF) Frankfurt/M.

340

Krasmann, Susanne 1999: Körper hervorbringen. Zur konstitutiven Funktion von Diskursen bei Foucault. In: *femina politica* 8(1999)2: 32-41.

Kraus, Katrin/Thomas Geisen (Hg.) 2001: *Sozialstaat in Europa. Geschichte, Entwicklung, Perspektiven*. Wiesbaden.

Krause, Ellen 2001: The State is a Man Who Protects the Nation – Gender Relations and the Concept of State and Nation in Eastern and Central Europa. In: Gabriele Jähnert u.a. (Hg.) 2001: *Gender in Transition in Eastern and Central Europe Proceedings*. Berlin.

Krause, Ellen 1999: Feminist Theory Critique of Communitarianism. In: Alexander Koryushin/Gerd Meyer (eds): *Commnitarianism, Liberalism, and the Quest for Democracy in Post-Communist Societies*. St. Petersburg University Press, 58-68.

Krause, Ellen 1998: Women Politics in Germany: Successes and Blockades. Vortrag auf der Konferenz: Gender Studies – State of the Art in Eastern Europe. Warschau, 9.-12. Nov. 1998, (Unveröffentlichtes Manuskript).

Kreile, Renate 1997: *Politische Herrschaft, Geschlechterpolitik und Frauenmacht im vorderen Orient*. Pfaffenweiler.

Kreis, Beate 2001: Die feministische Debatte und die Soziologie Pierre Bourdieus: Eine Wahlverwandtschaft. In: Knapp/Wetterer 2001: 317-338.

Kreis, Beate 1993: Geschlechterverhältnis und symbolische Gewalt: In: Gunter Gebauer/Christoph Wulf (Hg.) *Praxis und Ästhetik. Neue Perspektiven im Denken Pierre Bourdieus*. Frankfurt a.M., 208-250.

Kreisky, Eva (Hg.) 1998: *Geschlechterverhältnisse im Kontext politischer Transformation*. Opladen.

Kreisky, Eva 1997: Diskreter Maskulinismus. Über geschlechtsneutralen Schein politischer Idole, politischer Ideale und politischer Institutionen. In: Kreisky/Sauer 1997: 161-213.

Kreisky, Eva (Hg.) 1996: *Vom patriarchalen Staatssozialismus zur patriarchalen Demokratie*. Wien.

Kreisky, Eva 1995: Der Staat ohne Geschlecht? Ansätze feministischer Staatskritik und feministischer Staatserklärung. In: Kreisky/Sauer 1995: 203-226.

Kreisky, Eva 1994: Aspekte der Dialektik von Politik und Geschlecht. Plädoyer gegen „geschlechtshalbierte Wahrheiten und Blickrichtungen" in der Politikwissenschaft. In: Appelt/Neyer 1994: 13-35.

Kreisky, Eva 1994a: Das ewig Männerbündische? Zur Standardform von Staat und Politik. In: Claus Leggewie (Hg.): *Wozu Politikwissenschaft? Über das Neue in der Politik*. Darmstadt, 191-210.

Kreisky, Eva 1993: Der Staat ohne Geschlecht? Ansätze einer feministischen Staatskritik und feministischer Staatserklärung. In: *Österreichische Zeitschrift für Politikwissenschaft* 22(1993)1: 23-36.

Kreisky, Eva 1992: Das ewig Männerbündische? Zur Staatsform von Staat und Politik. In: *Freimaurer. Solange die Welt besteht*. Wien, 31-40.

Kreisky, Eva 1991: Der Staat als Männerbund. Der Versuch einer feministischen Staatssicht. In: Biester/Geißel u.a. 1991: 53-62.

Kreisky, Eva/Birgit Sauer (Hg.) 1998: *Geschlecht und Eigensinn. Feministische Recherchen in der Politikwissenschaft*. Wien u.a.

Kreisky, Eva/Birgit Sauer (Hg.) 1998a: Anti-Politikwissenschaft? Auf der Suche nach dem Geschlecht von Politik. In: Kreisky/Sauer 1998: 7-23.

Kreisky, Eva/Birgit Sauer (Hg.) 1997: Geschlechterverhältnisse im Kontext politischer Transformation. *Politischer Vierteljahresschrift* Sonderheft 28, Opladen/Wiesbaden.

Kreisky, Eva/Birgit Sauer 1997a: Geschlechterverhältnisse im Kontext politischer Transformation. In: Dies. 1997: 9-49.

Kreisky, Eva/Birgit Sauer (Hg.) 1997b: *Das geheime Glossar der Politikwissenschaft. Geschlechtskritische Inspektionen der Kategorien einer Disziplin.* Frankfurt a.M.

Kreisky, Eva/Birgit Sauer (Hg.) 1995: *Feministische Standpunkte in der Politikwissenschaft. Eine Einführung.* Frankfurt a.M., New York.

Kreisky, Eva/Birgit Sauer/Christine Bauhardt (Hg.) 1997: *Politik der Geschlechterverhältnisse.* Frankfurt a.M.

Krell, Gert 2000: *Weltbilder und Weltordnung. Einführung in die internationalen Beziehungen.* Baden-Baden.

Krell, Gert 1996: Feminismus und internationale Beziehungen. Zwischen Dekonstruktion und Essentialismus. In: *Zeitschrift für Internationale Beziehungen,* 3(1996)1: 149-181.

Krell, Gertraude (Hg.) 1998: *Chancengleichheit durch Personalpolitik – Gleichstellung von Frauen und Männern in Unternehmungen und Verwaltungen.* 2. Auflage, Wiesbaden.

Krüger, Helga 2001: Gesellschaftsanalyse: der Institutionenansatz in der Geschlechterforschung. In: Knapp/Wetterer 2001: 63-90.

Küchler, Petra 1997: *Zur Konstruktion von Weiblichkeit: Erklärungsansätze zur Geschlechterdifferenz im Licht der Auseinandersetzung um die Kategorie Geschlecht.* Pfaffenweiler.

Kühne, Thomas (Hg.) 1996: *Männergeschichte – Geschlechtergeschichte: Männlichkeit im Wandel der Moderne.* Frankfurt a.M., New York.

Kürti, Laszlo 1993: The Wingless Eros of Socialism: Nationalism and Sexuality in Hungary. In: De Soto, Hermine G./David G. Anderson (eds.): *The Curtain Rises. Rethinking Culture, Ideology , and the State in Eastern Europe.* New Jersey: Humanities Press.

Kuhlmann,Ellen/Regine Kollek (Hg.) 2002: *Konfigurationen des Menschen. Biowissenschaften als Arena der Geschlechterpolitik.* Opladen.

Kulawik, Teresa 1999: *Wohlfahrtsstaat und Mutterschaft. Schweden und Deutschland 1870-1912.* Frankfurt a.M., New York.

Kulawik, Teresa 1996: Modern bis maternalistisch: Theorien des Wohlfahrtsstaates. In: Kulawik/Sauer 1996: 47-81.

Kulawik, Teresa 1994: Wie solidarisch ist der sozialdemokratische Universalismus? Wohlfahrtsstaatstheorie und soziale Staatsbürgerschaft in Schweden. In: Biester/Holland-Cunz/Jansen 1994: 62-84.

Kulawik, Teresa/Birgit Sauer (Hg.) 1996: *Der halbierte Staat. Grundlagen feministischen Politikwissenschaft.* Frankfurt a.M., New York.

Kulawik, Teresa/Birgit Sauer 1996a: Staatstätigkeit und Geschlechterverhältnisse. Eine Einführung. In: Kulawik/Sauer 1996: 9-44.

Kurz-Scherf, Ingrid (2002): Hartz und die Frauen, oder: Auf dem Weg in die autoritäre Gesellschaft. In: *femina politica* 11(2002)2: 87-90.

Kuster, Friederike 1998: Luce Irigaray: Ethik der sexuellen Differenz. Feministische Philosophie jenseits der Dekonstruktion und diesseits der Utopie. In: Heinz/Kuster 1998: 41-52.

Kymlicka, Will 1996 (1990): *Politische Philosophie heute. Eine Einführung.* Frankfurt a.M.

Lachenmann, Gudrun 1995: *Internationale Frauenpolitik im Kontext von Globalisierung und aktuellen Transformationsprozessen.* Working Paper 229, Forschungsschwerpunkt Entwicklungssoziologie Bielefeld.

Landes, Joan B. (ed.) 1998: *Feminism. The Public & the Private.* Oxford, New York: Oxford UP.

Landweer, Hilge 1990: Sexualität als Ort der Wahrheit. Heterosexuelle Sexualität und Normalitätszwang. In: Interdisziplinäre Frauenforschungsgruppe Frauenforschung (IFF) (Hg.), Frankfurt a.M.,New York, 83-100.

Landweer, Hilge 1994: Generativität und Geschlecht. Ein blinder Fleck in der sex/gender-Debatte. In: Wobbe/Lindemann 1994: 147-176.

Landweer, Hilge 1993: Kritik und Verteidigung der Kategorie Geschlecht. Wahrnehmungs- und symboltheoretische Überlegungen zur sex/gender-Unterscheidung. In: *Feministische Studien* 11(1993)2: 34-43.

Lang, Sabine 2001: Reprivatisierungen im neoliberalen Geschlechterregime. In: *femina politica* 10(2001)2: 91-104.

Lang, Sabine 1998: Gender Studies and Political Science. Vortrag auf der Konferenz: Gender Studies. Perspectives of a Young Discipline in Eastern and Central Europe. Warschau, 9.-12. Nov. 1998, (unveröffentlichtes Manuskript).

Lang, Sabine 1997: „Öffentlichkeit" in der Systemtheorie und in Rational Choice-Ansätzen. Überlegungen zur theoretischen Privatisierung des Politischen. In: Kerchner/Wilde 1997: 105-133.

Lang, Sabine 1997a: Geschlossene Öffentlichkeit. Paradoxien der Politikwissenschaft bei der Konstruktion des öffentlichen Raumes. In: Kreisky/Sauer 1997b: 46-69.

Lang, Sabine 1995: Öffentlichkeit und Geschlechterverhältnis. Überlegungen zu einer Politologie der öffentlichen Sphäre. In: Kreisky/Sauer 1995: 83-121.

Lang, Sabine 1994: Politische Öffentlichkeit und Demokratie. Überlegungen zur Verschränkung von Androzentrismus und öffentlicher Teilhabe. In: Biester/Holland-Cunz/Sauer 1994: 201-226.

Lang, Sabine/Birgit Sauer (Hg.) 1997: *Wissenschaft als Arbeit – Arbeit als Wissenschaftlerin*. Frankfurt a.M., New York.

Langan, Mary/Ilona Ostner 1991: *Geschlechterpolitik im Wohlfahrtsstaat: Aspekte im internationalen Vergleich*. Baden-Baden.

Langan, Mary/Ilona Ostner 1991a: Geschlechterpolitik im Wohlfahrtsstaat: Aspekte im internationalen Vergleich. In: *Kritische Justiz,* 24. Jg., 1991: 302-317.

Langer, Rose 2000: Der Sozialstaat auf dem Prüfstand: Der deutsche Sozialstaat im europäischen Vergleich. In: Gerlach/Nitschke 2000: 143-157.

Lapid, Josef 1989: The Third Debate: On the Prospects of International Theory in a Post-Positiv Era. In: *International Studies Quarterly* Vol. 33/1989: 235-54.

Leggewie, Claus (Hg.) 1994: *Wozu Politikwissenschaft. Über das Neue in der Politik*. Darmstadt.

Leibfried, Stephan 1990: Income Transfers and Poverty in EC-Perspective. On Europe's Slipping into Anglo-American Welfare Models. Paper Presented at the EC-Seminar "Poverty, Marginalisation and Social Exclusion in the Europe of the 90s' (Alghero, Italy, April 1990), 23-25.

Leibfried, Stephan 1990a: Sozialstaat Europa? Integrationsperspektiven europäischer Armutsregimes. In: *Nachrichtendienst des Deutschen Vereins für öffentliche und private Fürsorge* (NDV), Heft 70, No.9, September 1990, 296-305.

Leibfried, Stephan/Florian Tennstedt 1985: Die Spaltung des Sozialstaats und die Politik der Armut in: Dies. (Hg.) 1985: *Politik der Armut und die Spaltung des Sozialstaats*. Frankfurt a.M., 13-37.

Leitner, Sigrid 1999: *Frauen und Männer im Wohlfahrtsstaat. Zur strukturellen Umsetzung von Geschlechterkonstruktionen in sozialen Sicherungssystemen*. Frankfurt a.M., New York.

Lemke, Christiane 2000: Internationale Beziehungen aus der Sicht der Frauen- und Geschlechterforschung.. In: Braun u.a. 2000: 315-331.

Lemke, Christiane 2000a: *Internationale Beziehungen*. München, Wien.

Lemke, Christiane/Katrin Töns 1998: Feministische Demokratietheorie und der Streit um Differenz. In: Knapp 1998: 216-241.

Lemke, Christian/Virginia Penrose/Uta Ruppert (Hg.) 1996: *Frauenbewegung und Frauenpolitik in Osteuropa*. Frankfurt a.M., New York.

Lenz, Carsten/Nicole Ruchlak 2001: *Kleines Politik-Lexikon*. München, Wien.

Lenz, Ilse 2000: Globalisierung, Geschlecht, Gestaltung? In: Ilse Lenz/Hildegard Nickel/Birgit Riegraf (Hg.) 2000: *Geschlecht – Arbeit – Zukunft*. Münster, 16-48.

Lenz, Ilse 1992: Geschlechterordnung oder Geschlechteraufbruch in der postindustriellen Veränderung? Zur Kritik der Zweigeschlechtlichkeit in der Frauenforschung. In: Christiane Kulke/Elvira Scheich (Hg.) 1992: *Zwielicht der Vernunft. Die Dialektik der Aufklärung aus der Sicht von Frauen*. Pfaffenweiler, 107-118.

Lenz, Ilse/Andrea Germer (Hg.) 1996: *Wechselnde Blicke*. Opladen.

Lenz, Hans-Joachim 1999: *Männliche Opfererfahrungen. Problemlagen und Hilfeansätze in der Männerforschung*. Weinheim.

Lewis, Jane (ed.) 2000: *Gender, Social Care, and the Welfare State Restructuring in Europe*. Aldershot et al.: Ashgate.

Lewis, Jane 1997: Gender and Welfare Regimes: Further Thoughts. In: *Social Politics. International Studies in Gender, State and Society* 4(1997)2: 160-77.

Lewis, Jane 1992: Gender and the Development of Welfare Regimes. In: *Journal of European Social Policy*, 2(1992)3: 159-173.

Libreria delle donne di Milano 1991(1987): *Wie weibliche Freiheit entsteht. Eine neue politische Praxis*. Berlin.

Light, Margot/Fred Halliday 1994: Gender and International Relations. In: A.J.R. Groom/Margot Light (eds): *Contemporary International Relations: a Guide to Theory*. London: Pinter, 45-55.

Lin Chang, Mariko 1999: The Evolution of the Sex Segregation Regimes. In: *American Journal of Sociology* 105(2000)6: 1658-1701.

Lindemann, Gesa 1993: Wider der Verdrängung des Leibes aus der Geschlechtskonstruktion. In: *Feministische Studien* 11(1993)2: 44-54.

Lindemann, Gesa 1993a: *Das paradoxe Geschlecht: Transsexualität im Spannungsfeld von Körper, Leib und Gefühl*. Frankfurt a.M.

Lindemann, Gesa/Theresa Wobbe (Hg.) 1994: *Denkachsen. Zur theoretischen und institutionellen Rede vom Geschlecht*. Frankfurt a.M.

Lipp, Carola 1986: *Schimpfende Weiber und patriotische Jungfrauen. Frauen im Vormärz und in der Revolution 1848/49*. Bühl-Moos.

Lister, Ruth 1997: *Citizenship: Feminist Perspektives*. Houndsmill, London: MacMillan.

Lloyd, Genevieve 1984: *The Reason of Man. 'Male' and 'Female' in Western Philosophy*. London: Methuen.

Locher, Birgit 2000: Internationale Beziehungen aus der Geschlechterperspektive. In: Braun u.a. 2000: 332-367.

Locher, Birgit 1996: Feminismus ist mehr als „political correctness". Anmerkungen und Ergänzungen zu Gert Krells Literaturübersicht. In: *Zeitschrift für Internationale Beziehungen* 3(1986)2: 381-397.

Locher-Dodge, Birgit 1999: "Identität" in den Internationalen Beziehungen. Von geschlechtersensiblen Kritiken zur Rekonzeptualisierung. In: *Österreichische Zeitschrift für Politikwissenschaft* 28(1999)3: 296-284.

Locher-Dodge, Birgit 1997: Internationale Politik – geschlechtsneutrale Paradigmen? In: Kreisky/Sauer 1997: 425-449.

Lorber, Judith 1998: Kontinuitäten, Diskontinuitäten und Konvergenzen in neueren und feministischen Theorien und feministischer Politik. In: *Feministische Studien* 16(1998)1, 39-53.

Lorber, Judith 1997: *The Variety of Feminism and their Contribution to Gender Equality*. Oldenburg.

Lorber, Judith 1994: *Paradoxes of Gender*. New Haven, London.

Lorber, Judith (1991): Dismantling Noah's Ark. In: Lorber/Farrell 1991: 355-369.

Lorber, Judith/Susan A. Farell (eds) 1991: *The Social Construction of Gender*. London, New Delhi: Sage.

Lorentzen, Lois Ann/Jennifer Turpin (eds.) 1998: *The Women and War Reader*. New York: UP.

Lorey, Isabell 1993: Der Körper als Text und das aktuelle Selbst: Butler und Foucault. In: *Feministische Studien* 11(1993)2: 10-23.

Lovendski, Joni 1986: *Women and European Politics: Contemporary Feminism and Public Policy*. Hemel Hempstead: Wheatsheaf.

Luhmann, Niklas 1988: Frauen, Männer und George Spencer Brown. In: *Zeitschrift für Soziologie* 17(1988)1: 47-71.

Lutz, Helma/Christine Huth-Hildebrandt 1998: Geschlecht im Migrationsdiskurs. In: *Das Argument* 40. Jg., 1-2/1998: 159-173.

Macha, Hildegard 1998: Frauen und Macht – die anderer Stimme in der Wissenschaft. In: *Aus Politik und Zeitgeschichte* B22-23/98: 12-21.

MacKinnon, Catherine 1998: Difference and Dominance: On Sex Discrimination. In: Phillips 1998: 295-413.

MacKinnon, Catherine 1994: Gleichheit der Geschlechter: über Differenz und Dominanz. In: Appelt/Neyer 1994: 37-72.

MacKinnon, Catherine 1989: *Toward a Feminst Theory of the State*. Cambridge, Mass., London: Harvard UP.

MacKinnon, Catherine 1983: Feminism, Marxism, Method, and the State: Towards Feminist Jurisprudence. In: *Signs* 8(1983)4: 635-658.

Mädje, Eva/Claudia Neusüß 1996: Frauen in der Sozialpolitik- und Armutsforschung. In: Kulawik/Sauer 1996: 206-22.

Mädje, Eva/Claudia Neusüß 1996a: *Frauen im Sozialstaat. Zur Lebenssituation alleinerziehender Sozialhilfeempfängerinnen*. Frankfurt a.M.

Mahnkopf, Birgit 1997: Die "Feminisierung der Beschäftigung" – in Europa und Anderswo. In: *Weibblick*, H.718, 22-31.

Maier, Friederike 2000: Wirtschaftswissenschaft. In: Braun/Stephan 2000: 142-54.

Maier, Friederike 1994: Das Wirtschaftssubjekt hat (k)ein Geschlecht! Oder: Bemerkungen zum gesicherten Wissen der Ökonomen zur Geschlechterfrage. In: Regenhard/ Maier/Carl 1994: 15-39.

Maihofer, Andrea 1994: Gleichberechtigung in der Differenz oder Gleichheit und Differenz. Zur Kritik des herrschenden Gleichheitsverständnisses. In: Jürgen Gebhardt/Rainer Schmalz-Bruns (Hg.): *Demokratie, Verfassung und Nation*. Baden-Baden.

Maihofer, Andrea 1995: *Geschlecht als Existenzweise*. Frankfurt a.M.

Mansbridge, Jane 1998: Feminism and Democracy. In: Phillips 1998: 142-160.

Martin, J. 1991: Multiculturalism and Feminism. In: G. Bottomley et al. (eds): *Intersexions: Gender/Class/Culture/Ethnicity*. Sydney: Allen & Unwin.

Marchand, Marianne H. 2000: Gendered Representations of the 'Global'; Reading/Writing Globalization. In: R. Stubbs/G.Underhill 2000:

Marchand, Marianne H./Anne Sisson Runyan (eds.) 2000: *Gender and Global Restructuring. Sightings, Sites and Resistance*. London, New York: Routledge.

Marchand, Marianne H./Anne Sisson Runyan 2000a: Introduction. Feminist Sightings of Global Restructuring: Conceptualizations and Reconceptualizations. In: Marchand/ Runyan 2000: 1-22.

Maynard, Mary/June Purvis (eds.) 1995: *(Hetero)sexual Politics*. London: Taylor & Francis.

Mcdowell, Linda/Rosemary Pringle (eds) 1992: *Defining Women. Social Institutions and Gender Divisions*. Cambridge: Polity Press.

McIntosh, Mary 1978: The State and the Oppression of Women. In: A. Kuhn/A.-M. Wolpe (eds.) *Feminism and Materialism. London:* Macmillan

Meijer, Irene Costera/Baukje Prins 1998: How Bodies Come to Matter: An Introduction with Judith Butler. In: *Signs* 23(1998)2: 275-286.

Menzel, Ulrich 2001: *Zwischen Idealismus und Realismus. Die Lehre von den Internationalen Beziehungen.* Frankfurt a.M.

Metz-Göckel, Sigrid 1987: Die zwei (un)geliebten Schwestern. Zum Verhältnis von Frauenbewegung und Frauenforschung im Diskurs der neuen sozialen Bewegung. In: Beer 1987: 28-66.

Metzler Lexikon der Literatur- und Kulturtheorie 1998, hg. von Ansgar Nünning. Stuttgart, Wiesmar.

Meuser, Michael 1998: Geschlecht und Männlichkeit. Soziologische Theorie und kulturelle Deutungsmuster. Opladen.

Meuser, Michael/Ulrike Nagel 1994: ExpertInnenwissen und Experteninterview. In: Roland Hitzler (Hg.) 1994: Expertenwissen. Opladen, 180-192.

Meuser, Michael/Ulrike Nagel 1991: ExpertInneninterviews: In: Garz, Detlef/Klaus Greimer (Hg.) 1991: Qualitativ-empirische Sozialforschung. Opladen, 441-471.

Mexnaric, Silvia 1994: Gender as an Ethno-Marker: Rape, War, and Identity Politics in the Former Yugoslavia. In: Valentina Moghadam (ed.): *Identity Politics and Women.* Boulder: West View Press, 76-97.

Meyer, Birgit 1996: Amerika, hast Du es besser? Zur politischen Partizipation von Frauen in den USA. In: *Aus Politik und Zeitgeschichte.* B21-22/96, 17. Mai 1996, 35-45.

Meyer, Birgit 1992: Die „unpolitische" Frau. Politische Partizipation von Frauen oder: Haben Frauen ein anderes Verständnis von Politik? In: *Aus Politik und Zeitgeschichte* B25-26/92, 3-18.

Meyer, Birgit 1986: Als wäre es auch unserer Ort – Zur Situation von Frauen an der Hochschule. In: Schlüter/Kuhn (Hg.) 1986: 91-112.

Meyer, Thomas 2000: *Was ist Politik?.* Opladen.

Meyers, Reinhard 1990: Metatheoretische und Methodologische Betrachtungen zur Theorie der internationalen Beziehungen. In: *Politische Vierteljahresschrift* Sonderheft 21/1990, Hg.: Volker Rittberger, 48-68.

Mies, Maria 2001: Hausfrauisierung, Globalisierung, Subsistenzwirtschaft. In: Knapp/Wetterer 2001: 157-187.

Mies, Maria 2001a: *Globalisierung von unten. Der Kampf gegen die Herrschaft der Konzerne.* Hamburg.

Mies, Maria 1984: Methodische Postulate zur Frauenforschung – dargestellt am Beispiel der Gewalt gegen Frauen. In: *Beiträge zur feministischen Theorie und Praxis* 7(1984)11: 7-25.

Mies, Maria/Vandana Shiva 1993: *Ecofeminism.* New Delhi: Kali for Women.

Mies, Maria 1992: *Wider die Industrialisierung des Lebens.* Pfaffenweiler.

Mill, John Stuart/Harriet Taylor Mill/Helen Taylor 1976: *Die Hoerigkeit der Frau und andere Schriften zur Frauenemanzipation.* Frankfurt a.M.

Millet, Kate 1969: *Sexualität und Herrschaft. Die Tyrannei des Mannes in unserer Gesellschaft.* Reinbek.

Minnich, Elisabeth K. 1994(1990): *Von der halben zur ganzen Wahrheit. Einführung in feministisches Denken.* Frankfurt, New York.

Mische, Ann 1993: Post-Communism's "Lost Treasure": Subjectivity and Gender in a Shifting Public Sphere. In: *Praxis International* 13(1993)3 (October): 242-267.

Mitscherlich, Margarete 1985: *Die friedfertige Frau. Eine psychoanalytische Untersuchung zur Aggression der Geschlechter.* Frankfurt a.M.

Mitscherlich, Margarete 1990: *Die Zukunft ist weiblich.* München.

Mlinar, Angelika 1997: *Frauenrechte als Menschenrechte.* Frankfurt a.M.

Molineux, Maxime 1991: Marxism, Feminism, and the Desire of the Soviet Model. In: Grant/Newland 1991: 51-63.

Mondt, Gabriele 2001: Staat, Nation und Geschlecht. Überlegungen zum Zusammenhang von Sicherheitspolitik und Geschlechterpolitik in der Neuen Weltordnung. In: Rademacher/Wiechens 2001: 111-28.

Morgan, Lynn M. (ed.) 1999: *Fetal subjects, feminist positions.* Philadelphia: University of Pennsylvania Press.

Morris, Debra 2000: Privacy, Privation, Perversity: Toward New Representations of the Personal. In: *Signs* 25(2000)2: 323-59.

Moser, Roswitha 1994: Gleichheit(en) und Differenz(en). Zum Verhältnis neokonservativer Politikmodelle und feministischer Theorien der Geschlechterdifferenz. In: *Österreichische Zeitschrift für Politikwissenschaft* 23(1994)2: 141-9.

Mostov, Julie 1999: Women and the Radical Right: Ethnocracy and Body Politics. In: Sabrina Ramet (ed.): *The Radical Right in Central and Eastern Europe since 1989.* Pennsylvania: Pennsylvania State UP, 49-63.

Mouffe, Chantal 1992: Feminism, Citizenship and Radical Democratic Politics. In: Butler/Scott 1992: 369-84.

Murphy, Craig N. 1996: Seeing Women, Recognizing Gender, Recasting International Relations. In: *International Organization* 50(1996)3: 513-38.

Nagl-Docekal, Herta 2000: *Feministische Philosophie. Ergebnisse, Probleme, Perspektiven.* Frankfurt a.M.

Nagl-Docekal, Herta 1998: Nach der Gleichstellung. Fragen der Gerechtigkeit in der heutigen feministischen Theorie. In: Heinz/Kuster 1998: 105-115.

Nagl-Docekal, Herta 1996: Gleichbehandlung und Anerkennung von Differenz: Kontroversielle Themen feministischer politischer Philosophie. In: Nagl-Docekal/Pauer-Studer 1996: 9-53.

Nagl-Docekal, Herta 1994: Geschichtsphilosophie als Theorie der Geschlechterdifferenz – Das Beispiel Rousseaus. In: *Deutsche Zeitschrift für Philosophie* 42(1994)4: 571-590.

Nagl-Docekal, Herta/Herlinde Pauer-Studer (Hg.) 1996: *Politische Theorie. Differenz und Lebensqualität.* Frankfurt a.M.

Nagl-Docekal, Herta/Herlinde Pauer-Studer (Hg.) 1993: *Jenseits der Geschlechtermoral. Beiträge zur feministischen Ethik.* Frankfurt a.M.

Narr, Wolf-Dieter/Alexander Schubert 1994: *Weltökonomie: Die Misere der Politik.* Frankfurt a.M.

Nelson, Barbara J./Najma Chowdhury (Hg.) 1994: *Women and Politics Wordwide.* Yale UP.

Neumann, Franz (Hg.) 1996: *Handbuch Politik. Theorien und Ideologien.* Opladen.

Neusüß, Christel 1985: *Die Kopfgeburten der Arbeiterbewegung oder: Die Genossin Luxemburg bringt alles durcheinander.* Hamburg.

Newland, Kathleen 1988: From Transnational Relationships to International Relations: Women in Development and the International Decade for Women. In: *Millennium* 17(1988)3: 507-16.

Neyer, Mary K./Elisabeth Prügl (eds.) 1999: *Gender Politics in Global Governance.* Boulder, New York: Langham.

Nicholson, Linda/Steven Seidman (eds.) 1996: *Social Postmoderism: Beyond Identity Politics.* Cambridge: Cambridge UP.

Niekant, Renate 1999: Zur Krise der Kategorien „Frauen" und „Geschlecht". In: Bauhardt/von Wahl 1999: 29-45.

Niesner, Elvira u.a. 1997: *Ein Traum vom besseren Leben.* Opladen.

Nohlen, Dieter (Hg.) 2001: *Kleines Lexikon der Politik.* München.

Norris, Pippa 1991: Gender Differences in Political Participation in Britain. Traditional, Radical and Revisionist Models. In: *Government and Opposition* 26(1991)1: 56-74.

Norris, Pippa 1985: Women's Legislative Participation in Western Europe. In: Sylvia Bashevkin (ed.) 1985: *Women and Politics in Western Europe.* Frank Cass.

Nullmeier, Franz 1993: Wissen und Policy-Forschung. Wissenspolitologie und rhetorisch-dialektisches Handlungsmodell. In: Adrienne Héritier (Hg.) 1993: Policy-Analyse. Kritik und Neuorientierung. In: *Politische Vierteljahresschrift*, Sonderheft 24. Opladen, 175-196.
Nunner-Winkler, Gertrud 1994: Zur Definition von Frauenforschung. In: *Sozialwissenschaftliche Frauenforschung in der Bundesrepublik Deutschland* (1994), Hg.: Deutsche Forschungsgemeinschaft, Berlin, 29-42.
Nunner-Winkler, Gertrud 1994a: Wissenschaftsimmanente Überlegungen. In: *Sozialwissenschaftliche Frauenforschung in der Bundesrepublik Deutschland* (1994), Hg.: Deutsche Forschungsgemeinschaft, Berlin, 43-47.
Nunner-Winkler, Gertrud 1994b: Der Mythos von den zwei Moralen. In: *Deutsche Zeitschrift für Philosophie* 42(1994)2: 237-255.
Nussbaum, Martha C. 1999: *Gerechtigkeit oder das gute Leben*. Frankfurt a.M.
Nussbaum, Martha C. 1993: Menschliches Tun und soziale Gerechtigkeit. Zur Verteidigung des aristotelischen Essentialismus. In: Micha Brumlik/Hauke Brunkhorst (1993) Hg.: *Gemeinschaft und Gerechtigkeit*. Frankfurt a.M., 323-361.
O'Connor, Julia 1996: From Women in the Welfare State to Gendering Welfare State Regimes. In: *Current Sociology* 44(1996)2: 1-125.
Oakley, Anne 1998: Science, Gender, and Women's Liberation: an Argument against Postmodernism. In: *Women's Studies International Forum* 21(1998)2: 133-146.
Obrien, Mary 1983: *The Politics of Reproduction*. London: Routledge & Kegan Paul.
Offenbartl, Susanne 1995: *Keine Moderne ohne Patriarchat?: Das Geschlechterverhältnis als handlungsanleitende Denkstruktur der Moderne, ein politikwissenschaftliches Modell*. Opladen.
Okin, Susan Moller 2000: Gerechtigkeit und die soziale Institutionalisierung des Geschlechtsunterschieds. In: Braun u.a. 2000: 50-83.
Okin, Susan Moller 1998: Gender, the Public, and the Private. In: Phillips 1998: 116-141.
Okin, Susan Moller 1989: *Justice, Gender, and the Family*. Princeton: Basic Books.
Orland, Barbara/Elvira Schaich (Hg.) 1995: *Feministische Beiträge zur Geschichte und Theorie der Naturwissenschaften*. Frankfurt a.M.
Ostendorf, Helga 2000: Rezension zu: Annette Henninger 2000: Frauenförderung in der Arbeitsmarktpolitik. Opladen. In: *Zeitschrift für Frauenforschung und Geschlechterstudien* 18(2000)1+2: 161-165.
Ostendorf, Helga 1999: Die Konstruktion des Weiblichen durch politisch-administrative Institutionen. In: Bauhardt/von Wahl 1999: 149-170.
Ostner, Ilona 1998: "Quadraturen im Wohlfahrtsdreieck. Die USA, Schweden und die Bundesrepublik im Vergleich. In: Dies. /Stephan Lessenich (Hg.) 1998: *Welten des Wohlfahrtskapitalismus. Der Sozialstaat in vergleichender Perspektive*. Frankfurt a.M., 225-254.
Ostner, Ilona 1989: Lexikon-Beitrag zum Stichwort: Frauenforschung. In: *Wörterbuch der Soziologie*, hg. von G. Endruweit und G. Trommsdorf, Stuttgart.
Ostner, Ilona/Jane Lewis 1998: Geschlechterpolitik zwischen europäischer und nationalstaatlicher Regelung. In: Stephan Leibfried/Paul Pierson (Hg.) 1998: *Standort Europa. Europäische Sozialpolitik*. Frankfurt a.M., 196-240.
Ostner, Ilona/Klaus Lichtblau (Hg.) 1992: *Feministische Vernunftkritik. Ansätze und Traditionen*. Frankfurt a. M., New York.
Ott, Cornelia 1998: *Die Spur der Lüste: Sexualität, Geschlecht und Macht*. Opladen.
Pappi, Franz Urban/Ilona Ostner 1994: Policy-Forschung zur Frauen- und Geschlechterpolitik. In: Deutsche Forschungsgemeinschaft (Hg-): *Sozialwissenschaftliche Frauenforschung in der Bundesrepublik Deutschland*. Hg: Senatskommission für Frauenforschung. Berlin, 136-144.
Pateman, Carole 2000: Der brüderliche Gesellschaftsvertrag. In: Braun/Fuchs u.a. 2000: 20-49.

Pateman, Carole 1996: Feminismus und Ehevertrag. In: Nagl-Docekal/Pauer-Studer 1996: 174-222.

Pateman, Carole 1994: Der Geschlechtervertrag. In: Appelt/Neyer 1994: 73-96.

Pateman, Carole 1993: Feminist Critiques of the Public/Private Dichtomy. S.I.Benn/G.F. Gaus (eds.) 1993: *Public and Privat in Social Life*. London: Croom Helm.

Pateman, Carole 1992: Gleichheit, Differenz, Unterordnung. Die Mutterschaftspolitik und die Frauen in ihrer Rolle als Staatsbürgrinnen. In: *Feministische Studien* 10(1992)1: 54-69.

Pateman, Carole 1989: *The Disorder of Women. Democracy, Feminism and Political Theory*. Cambridge: Polity Press.

Pateman, Carole 1988: *The Sexual Contract*. Cambridge: Polity Press.

Pasero, Ursula 1994: Geschlechterforschung revisted: konstruktivistische und systemtheoretische Perspektiven. In: Wobbe/Lindemann 1994: 264-296.

Paß-Weingartz, Dorothea/Gisela Erler (Hg.) 1989: *Mütter an die Macht. Die neue Frauen-Bewegung*. Reinbek.

Pauer-Studer, Herlinde 1998: "Vereinbarung unter freien und gleichen Bürgern"? Das zwiespältige Verhältnis von Vertragstheorie und Feminismus. In: Horster 1998: 189-229.

Pauer-Studer, Herlinde 1996: Geschlechtergerechtigkeit: Gleichheit und Lebensqualität. In: Nagl-Docekal/Pauer-Studer 1996: 54-95.

Pease, Bob 2000: *Postmodern Masculinity Politics*. London: Sage.

Peterson, V. Spike 1996: The Politics of Identification in the Context of Globalization. In: *Women's Studies International Forum* 19(1996)1/2: 5-15.

Peterson,V. Spike 1995: The Politics of Identity and Gendered Nationalism. In: Laura Neack/ Jeanné A.K. Hey/ Patrick J. Haney (eds.) 1995: *Foreign Policy Analysis. Continuity and Change in Its Second Generation*. Engelwood Cliffs, N.J.: Prentice Hall, 167-86.

Peterson, V. Spike (ed.) 1992: *Gendered States. Feminist (Re)Visions of International Relations Theory*. Boulder, CO: Lynne Rienner.

Peterson, V. Spike 1992a : Security and Souvereign States : What Is at Stake in Taking Feminism Seriously? In: Peterson 1992: 31-64.

Peterson V. Spike/Anne Sisson Runyan 1993: *Global Gender Issues*. Boulder: Westview.

Pettman, Jan Jindy 1996: *Worlding Women. A Feminist International Politics Reader*. London, New York: Routledge.

Penrose, Virginia/Clarissa Rudolph (Hg.) 1996: *Zwischen Machtkritik und Machtgewinn. Feministische Konzepte und politische Realität*. Frankfurt a.M.

Phillips, Anne (ed.) 1998: *Feminism & Politics*. Oxford UP.

Phillips, Anne 1998a: Democracy and Representation: Or, Why Should it Matter Who our Representatives Are? In: Phillips 1998: 224-240.

Phillips, Anne 1995: *Geschlecht und Demokratie*. Hamburg.

Phillips, Anne 1995b: *The Politics of Presence*. Oxford: Clarendon.

Phillips, Anne 1992: Universal Pretensions in Political Thought. In: Barret/Phillips 1992: 10-30.

Phillips, Anne 1991: *Engendering Democracy*, Cambridge UK: Polity.

Picq, Françoise 1997 : « Un homme sur deux est une femmes : les féministes entre égalité et parité. (1970-1996) » In : *Les Temps Modernes* 52(1997)avril-mai, 219-237.

Piettila, Hilkka 1990: *Making Women Matter: The Role of the United Nations*. London.

Pieper, Annemarie 1998: *Gibt es eine feministische Ethik?* München.

Planert, Ute 2000: Der dreifache Körper des Volkes: Sexualität, Biopolitik und die Wissenschaft vom Leben. In: *Geschichte und Gesellschaft* 26(2000)4: 539-576.

Pohl, Rolf 1991: Männlichkeit, Destruktivität und Kriegsbereitschaft. In: Klaus Christoph (Hg.): *Der Golfkrieg – zur Logik der Destruktion*. Frankfurt a.M., 157-177.

Poulantzas, Nicos 1974: *Politische Macht und gesellschaftliche Klassen.* Frankfurt a.M.

Pringle, Rosemary 1989: *Secretaries Talk.* London, Sydney: Verso.

Pühl, Katharina (Red.) 1994: *Geschlechterverhältnisse und Politik.* Frankfurt a.M.

Rademacher, Claudia/Peter Wiechens (Hg.) 2001: *Geschlecht – Ethnizität – Klasse. Zur sozialen Konstruktion von Hierarchie und Differenz.* Opladen.

Ramazanoglu, Caroline (ed.) 1993: *Up Against Foucault: Explorations of Some Tensions between Foucault and Feminism.* London, New York: Routledge.

Ramazanoglu, Caroline 1986: Ethnocentrism and Socialist-Feminist Theory: a Response to Barrett and McIntosh. In: *Feminist Review,* no.22, Spring.

Ramazanoglu, Caroline/Janet Holland (eds.) *Feminist Methodology.* London: Sage.

Randall, Vicky/Georgina Waylen (eds.) 1998: *Gender, Politics and the State.* London, New York: Routledge.

Randall, Vicky 1998: Gender and Power. Women Engage the State. In: Randall/Waylen 1998: 185-205.

Rauschenbach, Brigitte 2000: *Der Traum und sein Schatten. Frühfeministin und geistige Verbündete Montaignes. Marie de Gournay und ihre Zeit.* Königstein/Ts.

Rauschenbach, Brigitte 1998: *Politische Philosophie und Geschlechterordnung. Eine Einführung.* Frankfurt a.M.

Rawls, John 1979: *Eine Theorie der Gerechtigkeit.* Frankfurt a.M.

Reardon, Betty A. 1996 (1985): *Sexism and the War System.* New York: Syracruse UP.

Rebentisch, Juliane 1997: Performativität, Politik, Bedeutuung. Judith Butler revisted. In: *Texte zur Kunst* 27(1997)7: 61-70.

Regenhard, Ulla/Friederike Maier/Andrea-Hilla Carl (Hg.) 1994: *Ökonomische Theorien und Geschlechterverhältnis – Der männliche Blick der Wirtschaftswissenschaft* (fhuforschung 23/24) Berlin.

Regenhard, Ulla/Angela Fiedler 1994: Frauenlöhne – Resultat rationalen Optimierungsverhaltens. Zur humankapitalistischen Erklärung der Minderentlohnung von Frauenerwerbsarbeit. In: Regenhard/Maier/Carl 1994: 41-65.

Reese-Schäfer, Walter 2000: *Politische Theorie heute: neuere Tendenzen und Entwicklungen.* München

Reese-Schäfer, Walter 1999: Kommentar zum Beitrag von Barbara Holland-Cunz. In: Michael Th. Greven/ Rainer Schmalz-Bruns (Hg.) 1999: *Politische Theorie heute.* Baden-Baden, 164-169.

Reese-Schäfer, Walter 1997: *Grenzgötter der Moral.* Frankfurt a.M.

Rhode-Dachser, Christa 1990: Weiblichkeitsparadigmen in der Psychoanalyse. In: *Psyche. Zeitschrift für Psychoanalyse und ihre Anwendungen* 45(1990)1: 30-52.

Rhode-Dachser, Christa (Hg.) 1995: *Über Liebe und Krieg: psychoanalytische Zeitdiagnosen.* Göttingen.

Rich, Adrienne 1980: Cumpolsury Heterosexuality and Lesbian Existence. In: *Signs* 5(1980)4

Richardt, Nicole 1996: Feminist discussion in IVF in the USA. In: *Biomedical Ethics* 1(1996)2, Internetversion: http: //www.izew.uni-tuebingen.de/bme/96010204.htm vom 07.11.2001.

Riebe, Helga/Sigrid Düringer/Herta Leistner (Hg.) 2000: *Perspektiven für Frauen in Organisationen. Neue Organisations- und Managementkonzepte kritisch hinterfragt.* Münster.

Rittberger, Volker/ Hartwig Hummel 1990: Die Disziplin "Internationale Beziehungen" im deutschsprachigen Raum auf der Suche nach ihrer Identität: Entwicklung und Perspektiven. In: *Politische Vierteljahresschrift* Sonderheft 21/1990, Hg.: Volker Rittberger, 17-47.

Ritter, Gretchen/Nicole Mellow 2000: The State of Gender Studies in Political Science. In: *The Annals of the American Academy of Political and Social Science,* Vol. 571, September 2000, 121-134.

Rodgers, Jayne 2001: *Gender & Feminism in International Relations*, e-paper 9 at the Center for Interdisciplinary Gender Studies, University of Leeds: http: //leeds.ac.uk/ gender-studies/epapers/rodgers.htm (11.04.2001)

Rodgers, Jayne 1998: Bosnia, Gender & the Ethics of Intervention in Civil Wars' In: *Civil Wars* 1(1998)1: 103-116.

Rödig, Andrea 1992: Geschlecht als Kategorie – Überlegungen zum philosophisch-feministischen Diskurs. In: *Feministische Studien* 10(1992)1: 105-113.

Rössler, Beate 1995: Feministische Theorien der Politik. In: *Politische Vierteljahresschrift* Sonderheft 26/1995: Politische Theorien in der Ära der Transformation, hg. von Klaus von Beyme und Claus Offe, 267-291.

Rössler, Beate 1992: Der ungleiche Wert der Freiheit. Aspekte feministischer Kritik am Liberalismus und Kommunitarismus. In: *Analyse & Kritik* Heft 1, 86-113.

Rohrmann, Tim/Peter Thoma 1997: *Jungen in Kindertagesstätten*. Fachhochschule Braunschweig, Wolfenbüttel.

Rosaldo, Michell Z. 1974: Women, Culture and Society: A Theoretical Overview. In: Michelle Z. Rosaldo/ Louise Lamphere (eds.): *Women, Culture and Society*. Stanford: Stanford UP.

Rosenberger, Sieglinde Katharina 1997: Privatheit und Politik. In: Kreisky/Sauer 1997: 120-136.

Rosenberger, Sieglinde Katharina 1993: Welfare, Workfare, Bridefare ... Zur Wohlfahrtspolitik und ihrer feministischen Kritik in den USA. In: *Österreichische Zeitschrift für Politikwissenschaft* 22(1993)3: 313-326.

Roß, Bettina 1998: *Politische Utopien von Frauen: von Christine de Pizan bis Karin Boye*. Dortmund.

Rossanda, Rossana 1990: *Differenz und Gleichheit. Menschenrechte haben (k)ein Geschlecht*. In: Gerhard 1990 u.a., 13-28.

Roth, Silke 1991: Geschlechtsrollen im Funktionalisierungsprozeß von Politik. Dialogtagung zum Geschlechtsverhältnis im deutsch-deutschen Einigungsprozeß. In: *Feministische Studien* 9(1991)2: 145-8.

Rudolph, Hedwig/Martina Padmanabhan 2001: Der soziale Ort für Frauen in der Branche Unternehmensberatung aus Sicht der Berufsverbände. In: *Zeitschrift für Frauenforschung und Geschlechterstudien* 19(2001)1+2: 201-216.

Rumpf, Mechthild 1995: Staatsgewalt, Nationalismus und Krieg. In: Kreisky/Sauer 1995: 223-254.

Ruppert, Uta 2000: Material, relational, global. Feministische Theorie und Praxis internationaler Politik. In: *femina politica* 9(2000)1: 25-37.

Ruppert, Uta (Hg.) 1998: *Lokal bewegen – global verhandeln. Internationale Politik und Geschlecht*. Frankfurt a.M.

Ruppert, Uta 1996: Vielfalt statt Visionen? Internationale Frauenpolitik auf dem Weg ins 21. Jahrhundert. In: Kerstin Lanje (Hg.): *Frauenwelten, Weltfrauen, Weltfrauenkonferenzen*. Hamburg, 40-43.

Sabatier, Paul A. 1993: Advocacy-Koalitionen, Policy-Wandel und Policy-Lernen: Eine Alternative zur Phasenheuristik. In: *Politische Vierteljahresschrift*, Sonderheft 24, Hg: Héritier, 116-148.

Sainsbury, Diane (ed.) 1999: *Gender and Welfare State Regimes*. Oxford: Oxford UP.

Sainsbury, Diane 1999a: Gender and Social-Democratic Welfare States. In: Sainsbury 1999: 75-114.

Sainsbury, Diane 1999b: Gender, Policy Regimes, and Politics. In: Sainsbury 1999: 245-275.

Sainsbury, Diane 1996: *Gender, Equality and Welfare States*. Cambridge: Cambridge UP.

Sapiro, Virginia 1998: Feminist Studies and Political Science – and Vica Versa. In: Phillips 1998: 67-92

Sapiro, Virginia 1992: *A Vindication of Political Virtue: the Political Theory of Mary Wollstonecraft*. Chicago: Chicago UP.

Sassen, Saksia 1996: Toward a Feminist Analytics of Global Economy. In: *Indiana Journal of Global Studies* vol 4, no.1, Internetfassung vom 06.08.2001: http://www.law.indiana.edu/glsj/vol4/no1/sasgpg.html

Sassoon, Ann Showstack (ed.) 1987: *Women and the State. The Shifting Boundaries of Public and Private*. London: Unwin Hyman.

Sauer, Birgit 2001: *Die Asche des Souveräns. Staat und Demokratie in der Geschlechterdebatte*. Frankfurt a.M., New York.

Sauer, Birgit 1999: Die Neustrukturierung der Geschlechterverhältnisse im entgrenzten Markt (vorläufige Fassung) In: *Politik und Gesellschaft Online*. International Politics and Society 2/1999, Internetfassung vom 07.06.01 http: //www.fes.de/ipg/ipg2_99/artsauer.html

Sauer, Birgit 1998: Entstaatlichung des Staates im Zeitalter der Globalisierung? Unzeitgemäßes Plädoyer für ein anti-patriarchales Staatskonzept. In: *femina politica* 7(1998)1: 26-34.

Sauer, Birgit 1997: Krise des Wohlfahrtsstaats. Eine Männerinstitution unter Globalisierungsdruck? In: Braun/Jung 1997: 113-147.

Sauer, Birgit 1997a: „Die Magd der Industriegesellschaft" Anmerkungen zur Geschlechtsblindheit von Staatstheorien. In: Kerchner/Wilde 1997: 29-53.

Sauer, Birgit 1994: Was heißt und zu welchem Zwecke partizipieren wir? Kritische Anmerkungen zur Partizipationsforschung. In: Biester/Holland-Cunz/Sauer 1994: 99-

Schadffer-Hegel, Barbara (Hg.) 1990: *Vater Staat und seine Frauen*. Bd.1, Pfaffenweiler.

Schaeffer-Hegel, Barbara/Andrea Leist 1996: Sozialer Wandel und Geschlecht: Für eine Neubestimmung des Privaten. In: *Aus Politik und Zeitgeschichte* B42/96, 11. Oktober 1996, 31-40.

Schaeffer-Hegel, Barbara/Barbara Watson-Franke (Hg.) 1989: *Männer Mythos Wissenschaft. Grundlagentexte zur feministischen Wissenschaftskritik*. Pfaffenweiler.

Scheele, Alexandra 1996: Von Männern für Männer – Patriarchale Hegemonialkonstellationen in der Politikwissenschaft. In: *Das Argument* 38(1996)2: 275-282.

Scheele, Alexandra 1999a: 50 Jahre Bundesrepublik Deutschland – ein feministischer Rückblick. In: *femina politica* 8(1999)1: 9-35.

Scheele, Alexandra 1999: Politik und Geschlechterverhältnis. In: Berg-Schlosser/Quenter 1999: 217-45.

Scheu, Ursula 1977: *Wir werden nicht als Mädchen geboren, wir werden dazu gemacht*. Frankfurt a.M.

Schiebinger, Londa (ed.) 2000: *Feminism & the Body*. Oxford: Oxford UP.

Schlüter, Anne 1986: „Wenn zwei das Gleiche tun, ist das noch lange nicht dasselbe" – Diskriminierungen von Frauen in der Wissenschaft. In: Schlüter/Kuhn (Hg.) 1986: 10-33.

Schlüter, Anne/Annette Kuhn (Hg.) 1986: *Lila Schwarzbuch. Zur Diskriminierung von Frauen in der Wissenschaft*. Düsseldorf.

Schmersahl, Katrin 1998: *Medizin und Geschlecht. Zur Konstruktion der Kategorie Geschlecht im medizinischen Diskurs des 19. Jahrhunderts*. Opladen.

Schmid, Josef 2002: *Wohlfahrtsstaaten im Vergleich. Soziale Sicherung in Europa: Organisation, Finanzierung, Leistungen und Probleme*. 2. Auflage, Opladen.

Schmidt, Manfred G. 1989: Politikwissenschaftliche Analyse der Ökonomik. In: Ulrich Albrecht/Elmar Altvater/Ekkehart Krippendorf (Hg,): *Was heißt und zu welchem Zwecke betreiben wir Politikwissenschaft? Kritik und Selbstkritik aus dem Otto-Suhr-Institut*. Opladen, 98-111.

Schmidt, Manfred G. 1992: Lexikonbeitrag zu „Frauen". In: Lexikon der Politik, Bd. 3: *Die westlichen Länder*. Hg.: Manfred G. Schmidt. München, 111-114.

Schmidt, Verena 2001: Gender Mainstreaming als Leitbild für Geschlechtergerechtigkeit und Organisationsstrukturen. In: *Zeitschrift für Frauenforschung & Geschlechterstudien* 19(2001)1+2: 45-62.

Schneider, Ingrid 2002: Gesellschaftspolitische Regulierung von Fortpflanzungstechnologien und Embryonenforschung. In: Ulrike Bergermann (Hg.) 2002: *Techniken der Reproduktion. Medien, Leben, Diskurse.* Königstein/Ts.

Schneider, Ingrid 2002a: Frauenpolitik in der aktuellen biomedizinischen Diskussion in Deutschland. Vortrag beim Workshop: Biopolitik: Policy-Prozesse und Partizipation" auf der Tagung „Bilanz und Perspektiven feministischer Politikwissenschaft" des AK Politik und Geschlecht in der DVPW, 19.-21.April 2002, Hamburg.

Schneider, Ingrid 2002b: Körper und Eigentum – Grenzverhandlungen zwischen Personen, Sachen und Subjekten. In: Kuhlmann/Kollek 2002: 41-59.

Schneider, Ingrid 2000: Gestern war heute noch morgen. Verheißungen von Reprogenetik und Embryonenforschung. In: Informationsdienst für gesundheitliche Aufklärung H.1/2, 2000: 28-35, hier zitiert nach der elektronischen Version: http: //green-the-future.de/sites/Schneider.html , Internetfassung vom 08.10.01

Schneider, Ingrid 1994: Neue Leibeigenschaften: wie Frauenkörper zur Plantage und die Leibesfrucht zum „nachwachsenden Rohstoff" wird. In: *Beiträge zur feministischen Theorie und Praxis* Heft 37/1994: 127-144.

Schöler-Macher, Bärbel 1994: *Die Fremdheit der Politik. Erfahrungen von Frauen in Parteien und Parlamenten.* Weinheim.

Schües, Christina 1996: „... daß überhaupt Menschen geboren werden und mit ihnen der Neuanfang." Zum Handlungs- und Politikbegriff bei Hannah Arendt. In: *Inter homines esse – Unter Menschen weilen. Hannah Arendt zu den Bedingungen des politischen Handelns.* Ev. Akademie 3/1996, S. 5-14.

Schunter-Kleemann, Susanne 2001: Die Welthandelsorganisation zu Beginn des Millenniums – Reform der Aufgaben und die Chancen der frauenpolitischen Intervention. In: *Zeitschrift für Frauenforschung & Geschlechterstudien* 19(2001)1+2: 92-107.

Schunter-Kleemann, Susanne 2001: Thesen für das Streitgespräch: Gender Mainstreaming – Abschaffung oder Aufwertung von Frauenpolitik. Berlin: www.bdwi.de/forum/fw2-01-6.htm (Internetfassung vom 01.08.2002).

Schunter-Kleemann, Susanne 1999: „Mainstreaming" – die Geschlechterfrage und die Reform der europäischen Strukturpolitik. In: *Zeitschrift für Frauenforschung* 16(1998)3: 22-33.

Schunter-Kleemann, Susanne 1993: Feministische Anmerkungen zur Theorie des Wohlfahrtsstaates. In: Lynn Blattmann u.a. (Hg*.): Feministische Perspektiven in der Wissenschaft.* Zürich, 113-124.

Schunter-Kleemann, Susanne 1992: Wohlfahrtsstaat und Patriarchat – Ein Vergleich europäischer Länder. In: Dies. (Hg.): *Herrenhaus Europa – Geschlechterverhältnisse im Wohlfahrtsstaat.* Berlin, 141-327.

Schultheis, Franz 1999: *Familien und Politik: Formen wohlfahrtsstaatlicher Regulierung von Familie im deutsch-französischen Gesellschaftsvergleich.* Konstanz.

Schultz, Irmgard 1985: Überlegungen zu einer feministischen Staatstheorie anhand von Jean Bodin (1529-1569) Erster humanistisch-universalistischer Staatstheoretiker der Neuzeit und erster staatsanwaltlich plädierender Hexenverfolger und seine Schrift „Über den Staat" (1576). In: *Beiträge zur feministischen Theorie und Praxis* 13(1985)1: 9-22.

Schwan, Gesine 1997: Entgrenzung des Politischen? Die liberale Demokratietheorie und – praxis muß feministisch erweitert werden. In: Kreisky/Sauer 1997: 69-82.

Schwickert, Eva Maria 1994: Carol Gilligans Moralkritik zwischen Universalismus und Kontextualismus. In: *Deutsche Zeitschrift für Philosophie* 42(1994)2: 255-274.

Schwinger, Elke 2000: „Politisches Handeln“: ein Beruf? Eine Frage des Geschlechts oder eine Frage spezifischer Handlungskompetenz? In: *Zeitschrift für Frauenforschung & Geschlechterstudien* 18(2000)1+2: 81-100.

Scott, Joan W. 2001: Millennial Fantasies. The Future of "Gender" in the 21st Century. In: Claudia Honegger/ Caroline Arni (Hg.): *Gender – die Tücken einer Kategorie*. Zürich, 19-37.

Scott, Joan W. 1988: Gender. A Useful Category of Historical Analysis. In: Joan Scott: *Gender and the Politics of History*. New York: Columbia UP, 28-50.

Seemann, Birgit 1998: „Feminism has no theory of the state“? Perspektiven feministisch-politikwissenschaftlicher Staatsforschung in der BRD. In: *femina politica* 7(1998)1: 15-25.

Seemann, Birgit 1996: *Feministische Staatstheorie. Der Staat in der deutschen Frauen- und Patriarchatsforschung*. Opladen.

Seifert, Ruth 1993: *Individualisierungsprozesse und die soziale Konstruktion des Soldaten: eine theoretische und empirische Studie zur soldatischen Subjektivität und zu ihren Wechselwirkungen mit der Gesellschaft*. München.

Seifert, Ruth 1993a: Die Frau als Soldatin – Ein neues geschlechtspolitisches Terrain. In: *DISKURS Studien zu Kindheit, Jugend, Familie und Gesellschaft* 2/2000: 21-29.

Shanley, Mary Lyndon/Carole Pateman (eds) 1991: *Feminist Interpretations and Political Theory*. Oxford: Basil Blackwell.

Shils, Edward 1995: Nation, Nationality, Nationalism and Civil Society. In: *Nations and Nationalism* 1(1995)1: 93-118.

Sichtermann, Barbara 1994: Politikwissenschaft ist immer noch ein Männerfach – warum? In: Leggewie 1994: 270-275.

Sienstra, Deborah 2000: Dancing resistance from Rio to Beijing. In: Marchand/Runyan 2000: 209-224.

Skocpol, Theda 1992: *Protecting Soldiers and Mothers. The Political Origins of Social Policy in the United States*. Cambridge Mass.

Smith, Steve/Ken Booth/Marysia Zalewski (eds.) 1996: *InternationalTheory: Position and beyond*. Cambridge UP.

Sombart, Nicolaus 1988: Männerbund und politische Kultur in Deutschland. In: J.H.Knoll/J.H.Schoeps (Hg.): *Typisch deutsch: Die deutsche Jugendbewegung*. Opladen, 155-176.

Sombart, Nicolaus 1991: *Die deutschen Männer und ihre Feinde. Carl Schmitt – ein deutsches Schicksal zwischen Männerbund und Matriarchatsmythos*. Wien.

Spivak, Gayatri 1987: *In Other Words: Essays in Cultural Politics*. Methuen.

Squires, Judith 1999: *Gender in Political Theory*. Cambridge: Polity Press.

Stiefel, Elisabeth 1998: Über den Zwiespalt zwischen globaler Ökonomie und der simplen Sorge für das Leben. (Vorläufige Fassung) In: *Politik und Gesellschaft Online. International Politics and Society* 3/1998 http: //www.fes.de/ipg/ipg3_98/artstiefel.html (02.08.2001)

Stiegler, Barbara 2000: Wie Gender in den Mainstream kommt. Konzepte, Argumente und Praxisbeispiele zur EU-Strategie des Gender Mainstreaming. Hg.: Friedrich-Ebert-Stiftung, Abt. Arbeit und Sozialpolitik, Bonn. http: //library.fes.de/fulltext/asfo/00802 toc. htm (15.08.2002)

Steans, Jill 1998: *Gender and International Relations. An Introduction*, New Brunswick, N.J.

Stephan, Inge 2000: Gender, Geschlecht und Theorie. In: Braun/Stephan 2000: 58-96.

Sternberger, Dolf 1983: Das Wort „Politik“ und der Begriff des Politischen. In: *Politische Vierteljahresschrift* 24(1983)1: 6-14.

Stienstra, Deborah 2000: Dancing Resistence from Rio to Beijing. Transnational Women's Organizing and United Nations Conferences. In: Marchand/Runyan 2000: 209-224.

Strange, Susan 1988: *States and Markets. An Introduction to International Political Economy.* London: Pinter.

Strange, Susan 1996: *The Retreat of the State. The Diffusion of Power in the World Economy.* Cambridge: Cambridge UP.

Stubbs, Richard/Geoffrey R. D. Underhill (eds.) 1994: *Political Economy and the Changing Global Order.* Houndsmills, London: Macmillan

Sylvester, Christine 2001: *Feminist International Relations.* Cambridge: Cambridge UP.

Sylvester, Christine 1998: Homeless in International Relations? Women's Place in Canonical Texts and Feminist Reimaginings. In: Phillips 1998: 44-66.

Sylvester Christine 1996: The Contributions of Feminist Theory to International Relations. In: Smith/Booth/Zalewski 1996, 254-78.

Sylvester, Christine 1994: *Feminist Theory and International Relations in Postmodern Era.* Cambridge: Cambridge UP.

Tatur, Melanie 1991: Warum gibt es keine Frauenbewegung in Polen?: Paradigmen von Systemkrise und gesellschaftlicher Bewegung; Geschlechterverhältnis in Polen. In: *Feministische Studien* 9(1991)1: 96-107.

Tetreault, Mary Ann 1992: Women and Revolution: A Framework for Analysis. In: Peterson 1992: 99-122.

Teusch, Ulrich 1999: Zwischen Globalisierung und Fragmentierung. Theoriedebatten in den „Internationalen Beziehungen". In: *Neue Politische Literatur* 44(1999)3: 402-425.

Thompson, Denise 2001: *Radical Feminism Today.* London: Sage.

Thürmer-Rohr, Christina 1999: Pluralität als Herausforderung. Kommentar in: *die tageszeitung* (taz) vom 8.3.1999.

Thürmer-Rohr, Christina 1984: Der Chor der Opfer ist verstummt. In: *Beiträge zur feministischen Theorie und Praxis* 7(1984)11: 71-84.

Thürmer-Rohr, Christina 1987: *Vagabundinnen: feministische Essays.* Berlin.

Tickner, J. Ann 1999: Why Women Can't Run the World. In: *International Studies Review* 1(1999)3: 3-11.

Tickner; J. Ann 1991: Hans Morgenthau's Principles of Political Realism: A Feminist Reformulation. In: Grant/Newland 1991: 27-40.

Tickner, J. Ann 1992: *Gender in International Relations.* New York: Columbia UP.

Töns, Katrin 2000: Feministische Perspektiven in der Sozialpolitikforschung. In: Braun 2000: 182-194.

Tong, Rosemarie 1992: *Feminist Thought. A Comprehensive Introduction.* London: Routledge.

Tillner, Christiane (Hg.) 1994: *Frauen – Rechtsextremismus, Rassismus, Gewalt: feministische Beiträge.* Münster.

Treibel, Annette 1997 (1993): *Einführung in soziologische Theorien der Gegenwart.* 4. Auflage. Opladen.

Treusch-Dieter, Gerburg 1996: Die Abtreibung der Schwangeren oder das entopferte Opfer. In Elisabeth Mixa u.a. (Hg.) 1996: *Körper-Geschlecht-Geschichte. Historische und aktuelle Debatten in der Medizin.* Innsbruck.

Tronto, Joan 2000: Demokratie als fürsorgliche Praxis. In: *Feministische Studien*, 18. Jg., Extraheft: „Fürsorge – Anerkennung – Arbeit", 25-42.

Underhill, Geoffrey R.D. 1994: Conceptualizing the Changing Global Order. In: Stubbs/Underhill 1994: 17-44.

Unger, Rhoda/Mary Crawford 1996: Women and Gender: a Feminist Psychology. 2nd ed., New York, London: McGraw-Hill.

Vasquez, John A. 1995: The Post-Postitivist Debate: Reconstructing Scientific Enquire and International Relations Theory After Enlightment's Fall. In: Booth, Ken/Steve Smith 1995: *International Relations Theory Today.* Cambridge: Polity Press, 217-240.

Veil, Mechthild 2002: *Alterssicherung von Frauen in Deutschland und Frankreich.* Berlin.

Vetter, Detlef 1996: Wie kann man nur mit solchen Männern arbeiten ... zur therapeutischen Arbeit mit sexuell gewalttätigen Männern. In: Haase u.a. 1996.

Völger, Gisela/Karin von Welck (Hg.) 1990: *Männerbande. Männerbünde. Zur Rolle des Mannes im Kulturvergleich.* 2 Bände, Köln.

Voet, Rian 1998: *Feminism and Citizenship.* London: Sage.

Wagner, Hedwig 1998: *Theoretische Verkörperungen. Judith Butlers feministische Subversion der Theorie.* Frankfurt a.M.

Wahl, Angelika von 2000: Gleichstellungsregime. In: Braun/Fuchs u.a. 2000: 236-253.

Walby, Sylvia 1997: *Gender Transformations.* New York: Routledge.

Walter, Willi 2000: Gender, Geschlecht und Männerforschung. In: Braun/Stephan 2000: 97-115.

Wartenpfuhl, Birgit 2000: *Dekonstruktion von Geschlechtsidentität – Transversale Differenzen. Eine theoretisch-systematische Grundlegung.* Opladen.

Wartenpfuhl, Birgit 1999: Dekonstruktive Bestimmungen von Geschlecht – Identität – Differenz jenseits metaphysischer Gewissheiten. Herausforderungen für feministischen Politik und Wissenschaft. In: Bauhardt/von Wahl 1999: 65-82.

Wasmuth, Ulrike 1998: Die Einführung der Kategorie Geschlecht oder: Wie männlich ist die Friedensforschung. In: Ruppert 1998: 56-73.

Watson Sophie/Lesley Doyal (eds.) 1999: *Engendering Social Policy.* Buckingham Philadelphia: Open UP.

Watson, Peggy 1993: The Rise of Masculinism in Eastern Europe. In: *New Left Review* 198, March/April 1993, 71-82.

Waylen, Georgina 1998: Gender, Feminism and the State: an Overview. In: Randall/Waylen 1998: 1-17.

Weber, Max 1971: Politik als Beruf. Vortrag, Oktober 1991. In: *Gesammelte politische Schriften*, hrsg. von Johannes Winckelmann, 3. Auflage, Tübingen.

Weber, Ulla/Marion Esch/Barbara Schaeffer-Hegel 1998: Politikerin als Beruf. In: *Aus Politik und Zeitgeschichte* B22-23, 22. Mai 1998: 3-11.

Weedon, Chris 1990: *Wissen und Erfahrung. Feministische Praxis und poststrukturalistische Theorie.* Zürich.

Weinbach, Cristine 1998: Radikaldemokratie statt Feminismus! Judith Butlers Kritik der feministischen Definitionsmacht. In: Heinz/Kuster 1998: 53-61.

Weinbach, Cristine 1999: Die politische Theorie des Feminismus: Judith Butler. In: Brodocz/Schaal 1999: 287-309.

Weinbach, Heike 2001: Über die Kunst, Begriffe zu fluten. Die Karriere des Konzepts „Gender Mainstreaming" http: //www.bdwi.de/forum/fw2-01-6.htm (Internetausdruck vom 07.06.2002)

West, Lois A. (ed.) 1997: *Feminist Nationalism.* London: Routledge.

West, Candace/Don H. Zimmermann 1987: Doing Gender. In: *Gender and Society* 1(1987)2: 125-151.

Westle, Bettina 2001: Gender-Asymmetrien zwischen politischem Interesse, subjektiver politischer Kompetenz und politischer Partizipation? In: *femina politica* 10(2001)1: 15-29.

Westle, Bettina 2001a: Politische Partizipation und Geschlecht. In: Achim Koch/Martina Wasmer/Peter Schmidt (Hg.) *Politische Partizipation in der Bundesrepublik Deutschland.* Opladen, 131-168.

Wetterer, Angelika 1992: *Profession und Geschlecht. Über die Marginalität von Frauen in hochqualifizierten Berufen.* Frankfurt a.M., New York.

Whitworth, Sandra 1997: *Feminism and International Relations. Towards a Political Economy of Gender in Interstate and Non-Governmental Institutions.* Basingstoke, London: Macmillan.

Whitworth, Sandra 1994: Feminist Theories: From Women to Gender and World Politics. In: Beckman/D'Amico 1994: 75-88.

Whitworth, Sandra 1994a: Gender and International Political Economy. In: Stubbs/Underhill 1994: 116-129.

Whitworth, Sandra 1989: Gender in the Inter-Paradigm Debate. In: *Millennium* 18(1989)2: 265-72.

Wichterich, Christa 1994 (Hg.) *Menschen nach Maß. Bevölkerungspolitik in Nord und Süd.* Göttingen.

Wichterich, Christa 1998: *Die globalisierte Frau.* Reinbek.

Widdig, Bernd 1992: *Männerbünde und Massen. Zur Krise männlicher Identität in der Literatur der Moderne.* Opladen.

Wieland, Karin 1998: *Worte und Blut.* Frankfurt a.M.

Wiener, Antje 1996: StaatsbürgerInnenschaft im Kontext: Staatsangehörigkeit und Zugehörigkeit. In: Kulawik/Sauer 1996: 105-133.

Wiener, Antje 1988: Gewerkschaftliche Organisation im Bereich der mexikanischen Bekleidungsindustrie. In: *Peripherie* Nr. 30/31 (1988): 118-131.

Wilde, Gabriele 2001: *Das Geschlecht des Rechtsstaats.* Frankfurt a.M., New York.

Wilde, Gabriele 1997: Staatsbürgerstatus und die Privatheit der Frauen. Zum partizipatorischen Demokratiemodell von Carole Pateman. In: Kerchner/Wilde 1997: 69-106.

Wilz, Sylvia Marlene 2002: *Organisation und Geschlecht. Strukturelle Bindungen und kontingente Kopplungen.* Opladen.

Winterhagen-Schmid, Luise (Hg.) 1988: *Konstruktionen des Weiblichen. Ein Reader.* Weinheim.

Whitworth, Sandra 1994a: Theory as Exclusion: Gender and International Political Economy. In: Stubbs/Underhill 1994: 116-129.

Wobbe, Theresa/Lindemann, Gesa (Hg.) 1994: *Denkachsen. zur theoretischen und institutionellen Rede vom Geschlecht.* Frankfurt a.M.

Wolby, Sylvia 1997: *Gender Transformations.* London: Routledge.

Woodward, Kath (ed.) 2000: *Questioning Identity: Gender, Class, Nation. An Introduction to the Social Sciences: Understanding Social Change.* London: Routledge.

Woyke, Wichard (Hg.) 1996: *Handwörterbuch Internationale Politik.* 6. Auflage, Opladen.

Wunder, Heike/Gisela Engel 1998: *Geschlechterperspektiven. Forschungen zur frühen Neuzeit.* Königstein/Ts.

Yeatman, Ann 1995: Interlocking Oppressions. In: B.Caine/ R. Pringle (eds.): *Transitions: New Australian Feminisms.* Sydney: Allen & Unwin.

Young, Brigitte 2001: Genderdemokratische Governance der Finanzpolitik in der Europäischen Währungsunion. In: *Zeitschrift für Frauenforschung & Geschlechterstudien* 19(2001)1+2: 79-91.

Young, Brigitte 2000: Genderregime und Staat in der globalen Netzwerk-Ökonomie. In: Braun u.a. 2000: 388-413.

Young, Brigitte 1998: Genderregime und Staat in der globalen Netzwerk-Ökonomie. In: *PROKLA* 111 (Globalisierung und Gender): 175-199

Young, Brigitte 1997: Politik und Ökonomie im Kontext von Globalisierung. In: Kreisky/Sauer 1997: 137-151.

Young, Iris Marion (Interview with) 1998: Digging into the Meaning of Democracy. In: *femina politica* 7(1998)1: 66-71.

Young, Iris Marion 1998: Polity and Group Difference: A Critique of the Ideal of Universal Citizenship. In: Phillips 1998: 401-429.

Young, Iris Marion 1996: Fünf Formen der Unterdrückung: In: Nagl-Docekal/Pauer-Studer 1996: 99-199.

Young, Iris Marion 1993: Das politische Gemeinwesen und die Gruppendifferenz. Eine Kritik am Ideal des universalen Staatsbürgerstatus. In: Nagl-Docekal/Pauer-Studer 1993: 267-304.

Young, Iris Marion 1990: *Justice and the Politics of Difference*. Princeton: Princeton UP.

Youngs, Gillian 2000: Braking Patriarchial Bonds. Demythologizing the Public/Private. In: Marchand/Runyan 2000: 44-58.

Zalewski, Marysia/Jane Parpart (eds.) 1998: *The "Man"Question in International Relations*. Boulder, CO, Oxford.

Zarkov, Dubravka 1995: Gender, Orientalism and the History of Ethnic Hatred in the Former Yugoslavia. In: H. Lutz, A. Phoenix and N.Yuval-Davis, (eds.): *Crossfires. Nationalism, Racism and Gender in Europe*. London: Plöuto Press, 105-121.

Zarkov, Dubravka 1997: War Rapes in Bosnia: On Masculinity, Feminity and Power of the Rape Victim Identity. In: *Tijdschrift voor Criminologie* 39(1997)2: 140-151.

Zdunnek, Gabriele 1995: Feminismus mit Methode – Ein erster Überblick. In: *Peripherie* 15 Jg., H.57/58, 23-37.

Zdunnek, Gabriele 1997: Geschlechterverhältnisse in ethnischen Konflikten und Bürgerkriegen. In: *Peripherie* 17. Jg. H.68, 24-39.

Ziegelmayer, Veronika 2001: Sozialstaat in Deutschland: Ein Systemwechsel? In: Katrin Kraus /Thomas Geisen (Hg.) 2001: *Sozialstaat in Europa. Geschichte, Entwicklung, Perspektiven*. Wiesbaden, 63-88.

Zinterer, Tanja 2001: Lexikonbeitrag zum Stichwort „Feminismus". In: Dieter Nohlen (Hg.) 2001: *Kleines Lexikon der Politik*. München.

Zwingel, Susanne 2001: Nur Gruppenbild mit Dame? Fraueninterventionen in den Internationalen Beziehungen. In: *Zeitschrift für Frauenforschung und Geschlechterstudien* 19(2001)1+2: 108-126.

Internetadressen in Deutschland, Österreich und in der Schweiz (Franziska Müller)

Die in diesem Kapitel vorgestellten Einrichtungen der Frauen- und Geschlechterforschung, Frauennetzwerke und Datenbanken repräsentieren wesentliche Aspekte aus der Praxis politikwissenschaftlicher Geschlechterforschung und bieten damit sinnvolle Einstiegspunkte ins World Wide Web. Im Bereich der Frauen- und Geschlechterforschung bzw. Gender Studies sind in den letzten Jahren an vielen Universitäten neue Studiengänge konzipiert worden, wobei inhaltliche Ausrichtung, (inter-)disziplinäre Vernetzung und Abschlussmöglichkeiten stark variieren. Die nachfolgende Tabelle vermittelt einen detaillierten Überblick über die derzeit bestehenden Studienmöglichkeiten im deutschsprachigen Raum.

Studienmöglichkeiten Geschlechterforschung/Gender Studies in Deutschland

Uni	Magistra-HF	Magistra-NF	Studien-begleitend	Aufbau-studien-gang	inhaltliche Schwerpunkte des Studienganges	Graduiertenkolleg	Forschungs-zentrum
Berlin FU http://www.fu-berlin.de/zefrauen/							X
Berlin HU http://www2.hu-berlin.de/genderstudies/ http://www2.hu-berlin.de/zif/index.htm	X	X			interdisziplinär: sozialwiss. Schwerpunkt wählbar, allgemein aber eher geistes-/kulturwiss. bzw. natur-/technikwiss. Ausrichtung		X
Bielefeld http://www.uni-bielefeld.de/IFF/index.html						Geschlechterdemokratie und Organisationsreform im globalen Kontext	X
Bochum http://www.ruhr-uni-bochum.de/femsoz/						zusammen mit Uni Bielefeld	
Bremen http://www.zfs.uni-bremen.de/				geplant			X
Darmstadt TU+FH http://www.total-e-quality-scien-ce.de/frauenforschungszentrum_darmst.html							X
Essen http://www.uni-essen.de/geschlechterforschung/						Zivilisation und Geschlecht	X
Fernuni Hagen www.vings.de	X (Master)		X		sozialwiss./politikwiss. Schwerpunkt		

Uni	Magistra-HF	Magistra-NF	Studien-begleitend	Aufbau-studien-gang	inhaltliche Schwerpunkte des Studienganges	Graduiertenkolleg	Forschungs-zentrum
Flensburg http://www.uni-flensburg.de/zgf/							X
Frankfurt http://www.uni-frankfurt.de/cgc/cgc-studienprogramm.html			4-semes-trig Zertifi-kat		sozialwiss./politikwiss. Schwerpunkt	Öffentlichkeiten und Geschlechter-verhältnisse	X
Freiburg http://www.zag.uni-freiburg.de/		X		geplant	geistes-/kulturwiss. Schwerpunkt	geplant	X
Göttingen http://www.uni-goettingen.de/ZSb/N_ZSb/Seiten/studiengaenge/grundstaendig/Geschlechterforschung.htm		X			politikwiss. Schwerpunkt wählbar. Sozial-/kulturwissenschaftlich orientiert		
Greifswald http://www.uni-greifswald.de/~izfg/						Krankheit und Ge-schlecht	X
Hamburg http://www.frauenforschung-hamburg.de/	geplant		geplant	geplant			X
Hannover http://www.gps.uni-hannover.de/gender			4-semes-trig Zertifi-kat		sozialwiss./politikwiss. Schwerpunkt		
Hildesheim http://zif.uni-hildesheim.de/							X
Kassel http://www.uni-kassel.de/iag-fg						zus. mit Frankfurt	X

Uni	Magistra-HF	Magistra-NF	Studien-begleitend	Aufbau-studiengang	inhaltliche Schwerpunkte des Studienganges	Graduiertenkolleg	Forschungs-zentrum
FH Kiel http://www.frauenforschung.fh-kiel.de/							X
Leipzig http://www.uni-leipzig.de/~frages/							X
Marburg http://www.uni-marburg.de/genderzukunft/							X
Oldenburg http://www.uni-oldenburg.de/zsb/interess/ studgang/faecher/frauen.html http://www.uni-oldenburg.de/ztg/		X		Zertifikat, Promotion	politikwiss. Schwerpunkt wählbar; allgemein eher an Soziologie, Erziehungswissenschaft und Cultural Studies orientiert.		X
Trier http://www.uni-trier.de/zig/kiig.htm#Beginn			Zertifikat		interdisziplinär: literaturwiss./erziehungswiss. orientiert	Identität und Differenz	geplant

Studienmöglichkeiten in Österreich

Uni	Schwerpunktfach	Aufbaustudiengang	Inhaltliche Schwerpunkte des Studiengangs	Forschungs-zentrum
Graz http://www.kfunigraz.ac.at/kffwww/	X		interdisziplinär: Technikforschung als politikwissenschaft-licher/ sozialwissenschaftlicher Schwerpunkt wählbar	X
Innsbruck http://ffem.uibk.ac.at/ http://ffem.uibk.ac.at/wahlfach.html	X		kulturwissenschaftlich/ethnologisch/ sozialwissenschaftlich orientiert	X
Klagenfurt http://www.uni-klu.ac.at/uniklu/index.jsp	X		soziologisch/kulturwissenschaftlich orientiert	
Linz http://www.ifs.uni-linz.ac.at/ female/vorlesung/gesamt.html#2				X
Salzburg http://www.gendup.sbg.ac.at/	X		interdisziplinär: politikwissenschaftlich/ kulturwissenschaftlich/ erziehungswissenschaftlich orientiert	X
Wien http://www.univie.ac.at/gender/ http://www.univie.ac.at/gender-kolleg/		X		X

Studienmöglichkeiten in der Schweiz

Uni	Studiengang	Aufbaustudiengang	Graduiertenkolleg	Forschungs-zentrum
Bern http://www.izfg.unibe.ch/ http://www.zuv.unibas.ch/nachwuchs/uni-bern-freiburg.htm			Geschlechterkulturen im Wandel	X
Basel http://www.zuv.unibas.ch/nachwuchs/uni-basel.htm			Wissenschaft-Geschlecht-Symbolische Ordnung	X
Genf http://www.unige.ch/etudes-genre/ http://www.zuv.unibas.ch/nachwuchs/uni-genf.htm		Zertifikat	Genre, regulation sociale et mondialisation	
Zürich http://www.genderstudies.unizh.ch/ http://www.zuv.unibas.ch/nachwuchs/uni-zuerich.htm	geplant		Wissensgesellschaft und Geschlechterbeziehungen	X

Lehr- und Forschungseinrichtungen zur Frauen- und Geschlechterforschung/Gender Studies Center:

Zentraleinrichtung zur Förderung von Frauen und Geschlechterforschung

http: //www.fu-berlin.de/zefrauen

Dieses Forschungszentrum strebt an, die Institutionalisierung der Geschlechterforschung an der FU Berlin voranzutreiben, und die Aktivitäten an einzelnen Instituten und Fachbereichen zu koordinieren. Außerdem finden hier Studierende und WissenschaftlerInnen bei geschlechtsbezogenen Fragestellungen und Forschungsvorhaben Unterstützung.

Ressourcen:

- Rhoda-Erdmann-Programm, ein Qualifizierungsprogramm für Nachwuchswissenschaftlerinnen
- Dokumentation von Abschlussarbeiten aus der Geschlechterforschung an der FU Berlin
- Datenbanken: Habilitierte Frauen in Deutschland seit 1970/ Frauenforschungsprofessuren. Diese Verzeichnisse sind in Deutschland einzigartig und liefern eine sehr informative statistische Aufbereitung zu den Fachrichtungen sowie zur Geschichte und Akzeptanz von Frauen(forschungs)professuren.
- Herausgeberin der Schriftenreihe „Edition Ergebnisse der Frauenforschung", des „Jahrbuchs der Frauenforschung" und der Rezensionsschrift Querelles (*http: //www.querelles-net.de*).

Zentrum für interdisziplinäre Frauenforschung an der Humboldt-Universität zu Berlin (ZIF)

http: //www2.hu-berlin.de/zif/zifset.htm

Das ZIF unterstützt die Entwicklung der Geschlechterforschung an der Humboldt-Universität. Arbeits- und Forschungsfelder des ZIF umfassen sowohl praxisbezogene Ansätze (Planung und Evaluation von Gender Trainings, Gender in der Arbeits- und Organisationssoziologie) als auch theoretische Zugänge (Debatte über politische und kulturelle Aspekte der Bio- und Reproduktionstechnologie, Geschlechterverhältnisse und Politische Theorie). Auf Fragen der Geschlechterforschung bezogene Forschungsprojekte und Publikationen werden vom ZIF gefördert.

Ressourcen:

– Dokumentationsstelle, die ca. 5000 Titel an feministischer Forschungsliteratur, grauer Literatur und Publikationen der HU zu geschlechtsspezifischen Themen umfasst. Recherche ist auch im Netz über die Datenbank „Greta" möglich.

Querschnittgruppe „Geschlecht, Arbeit, Organisation" am Wissenschaftszentrum Berlin

http: //www.wz-berlin.de/ag/gao/

Seit 1999 besteht die GAO als interdisziplinäres Diskussionsforum am Wissenschaftszentrum Berlin, einem unabhängigen Institut für Grundlagenforschung in den Sozialwissenschaften. Schwerpunkte des WZB liegen bei Arbeitsmarktpolitik, Technikforschung, Sozialem und Industriellem Wandel. Geschlechterforschung ist bislang kein eigenständiges Arbeitsgebiet am WZB – Ziel der GAO ist es, einzelne Forschungsgebiete im Rahmen dieser Analysekategorie zu vernetzen. Projekte der GAO befassen sich vor allem mit Geschlechterverhältnissen in der Arbeits- und Organisationssoziologie und Geschlechterdemokratie. Den Anstoß zur Gründung der Querschnittsgruppe gab das Projekt „Karrieren und Barrieren in der Wissenschaft".

Zentrum für Interdisziplinäre Frauen- und Geschlechterforschung an der TU Berlin

http: //www.tu-berlin.de/zifg/

Das Interesse des ZIFG liegt darin, Theorien und Methoden der Geschlechterforschung zu dokumentieren und weiterzuvermitteln. Ein Blick auf die wissenschaftlichen Schwerpunkte zeigt eine deutlich historische Orientierung mit derzeit zwei Forschungsfeldern: „Kulturgeschichte der Geschlechterverhältnisse" und „Wissenschaftsforschung als Geschlechterforschung".

Ressourcen:

– Literaturdatenbank: Unter http: //www.kgw.tu-berlin.de/zifg/zentrum/ literatur.html kann der Bestand der TU-Bibliothek nach genderrelevanter Literatur durchsucht werden
– Austausch auf dem Gebiet historisch orientierter Geschlechterforschung im Rahmen von ERASMUS mit Instituten in Neapel, Paris und Wien.

Cornelia-Goethe-Zentrum für Frauenstudien und die Erforschung der Geschlechterverhältnisse

http: //www.uni-frankfurt.de/cgc/

Das Cornelia-Goethe-Zentrum ist interdisziplinär in Forschung und Lehre engagiert. Aktuelle Forschungsprojekte im sozialwissenschaftlichen Bereich befassen sich mit Gleichstellungspolitik, Geschlechterverhältnissen in der Wissenschaft sowie Wissenschaftskritik. Bemerkenswert ist die Verknüpfung von Internationalen Beziehungen mit Geschlechterforschung. Das CGC ist Teil des internationalen Netzwerks AOIFE und beteiligt sich an der Entwicklung eines europäischen Lehrbuchs zur Frauen- und Geschlechterforschung

Ressourcen:

-   viersemestriges Studienprogramm Frauenstudien/GenderStudies
-   Graduiertenkolleg
-   Kooperation mit internationalen Netzwerken, wie z.B. AOIFE und dem Projekt ATHENA (s.u.)
-   Organisation von Konferenzen und Workshops.

Hariett Taylor Mill Institut an der FH für Wirtschaft in Berlin

http: //harriet-taylor-mill.de/

Das Hariett Taylor Mill Institut wurde im Februar 2001 gegründet und ist das einzige Institut im deutschsprachigen Raum, das speziell im wirtschaftswissenschaftlichen Bereich Geschlechterforschung betreibt. Ziele des Instituts sind die Förderung und interdisziplinäre Vernetzung von Wissenschaftlerinnen.

Der Forschungsschwerpunkt Ökonomie und Geschlechterverhältnisse bildet einen generellen Rahmen für einzelne Forschungsfelder, die sich mit der beruflichen Situation von Frauen, mit der Rolle von Frauen als Existenzgründerinnen und Unternehmerinnen und mit sozialwissenschaftlicher Technikforschung befassen.

Ressourcen:

-   Seminare, Ringvorlesungen und Konferenzen, wie z.B. die Tagung „Haushaltsarbeit als Erwerbsarbeit" im November 2001
-   Organisation und Koordination des Studienschwerpunkts Ökonomie und Geschlecht an der FHW.

*Hochschulübergreifende Koordinationsstelle Frauenstudien-
Frauenforschung*

http: //www.frauenforschung-hamburg.de

Dieses Frauenforschungszentrum leistet insbesondere, was den Berufsein-
stieg als (Politik-)wissenschaftlerIn angeht, gute Dienste: Das CareerNet, ein
Förderungsprogramm für Nachwuchswissenschaftlerinnen, umfasst Seminare
zu Netzwerkarbeit, Karriereplanung und Coaching. Vor allem für Studienan-
fängerInnen interessant sind die Arbeits- und Studienseminare der Reihe
„Praxis und Perspektiven". Dieser berufspraktische Schwerpunkt wird unterstützt durch das Weiterbildungsprogramm „Frauenstudien" und durch eine
eigene Bibliothek.

Feministisches Institut in der Heinrich-Böll-Stiftung

http: //www.glow-boell.de/home/content/d/about_us/FI_deutsch/

Das Feministische Institut unterstützt Frauen darin, politische Präsenz zu zeigen und Geschlechterfragen in der politischen Öffentlichkeit auf die Tagesordnung zu setzen. Als Einrichtung der Heinrich-Böll-Stiftung versteht sich
GLOW auch als Schnittstelle für Politikberatung auf der Basis bündnisgrüner
Politik. Zu den Schwerpunktthemen des Institutes gehören die Analyse von
Machtstrategien und Handlungskonzepten in politischen Entscheidungspro-
zessen sowie Forschung zu neuen sozialen Bewegungen, vor allem zur internationalen Frauenbewegung.

Projekte des feministischen Institutes thematisieren Fragen der Entwicklungspolitik aus der Geschlechterperspektive – z.B. im Rahmen einer Analyse der UN-Konferenzen in den 90er Jahren hinsichtlich ihrer frauenpolitischen Auswirkungen. Ein besonders eindrucksvolles und umfangreiches Projekt ist das Global Center of Women's Studies and Politics (GLOW). (s.u.)

Das Feministische Institut vergibt jährlich 5 Stipendien für das Gunda-
Werner-Promotionskolleg. (http: //www.glow-boell.de/home/content/d/ about_
us/ FI_deutsch/Promotionskolleg/Welcome/render_top)

Gender Research Group an der Universität Kiel

http: //www.uni-kiel.de/zif/germanp.htm

Die Gender Research Group konzipiert und bearbeitet interdisziplinäre und
innovative Projekte, wobei internationale wissenschaftliche Kooperation eine
wichtige Rolle einnimmt. Geforscht wird auf den Feldern Unternehmenskul-
tur und Geschlecht, Wissenschaftstheorie aus der Genderperspektive, Feministische Sprachkritik. Abstracts laufender und abgeschlossener Projekte werden auf der Website präsentiert. Alle zwei Jahre veranstaltet die Gender Re-

search Group eine Konferenz; die letzte stand unter dem Motto „Gender –
from costs to benefits". Publikationen erscheinen in der Schriftenreihe „Frau-
en – Männer – Geschlechterverhältnisse".

Zentrum für feministische Studien an der Universität Bremen

http: //www.zfs.uni-bremen.de

Das ZfS ist Schnittstelle für feministische Forschung an der Uni Bremen. Er-
klärtes Ziel des ZfS ist es, die „androzentrische Ausrichtung aller Fachrichtungen durch feministische Forschung und Lehre zu revidieren". Eine bewusst interdisziplinäre Ausrichtung zeigt sich in den zwei Forschungsschwer-
punkten des ZfS: der absichtsvollen Kooperation zwischen Natur-/Technik-
wissenschaften und Kultur-/Gesellschaftswissenschaften. Deutlich wird dies
an Forschungsprojekten, die innerhalb des Rahmenkomplexes Geschlechterverhältnisse und Modernisierung oder der Forscherinnengruppe „Konstruktionen von Körper und Geschlecht. Leitbilder, Selbstbilder, Optionen" bearbeitet werden. Bislang einzigartig im deutschsprachigen Raum ist die Beschäftigung mit Queer Studies und sexuellen Politiken.

Das ZfS organisierte zusammen mit weiteren norddeutschen Universitäten die internationale Frauenuniversität ifu, die unter dem Motto „Technik
und Kultur" im Sommer 2000 als Teilprojekt der EXPO stattfand. Eine Do-
kumentationsreihe dazu ist in Planung.

Zentrum für Gender Studies und feministische Zukunftsforschung

http: //www.uni-marburg.de/genderzukunft/

Dieses neu gegründete Geschlechterforschungszentrum bearbeitet transdis-
ziplinäre Forschungsfelder, denen gemeinsam ist, dass durch die Konzentration auf Zukunftsfragen sowohl faktische als auch mögliche zukünftige gesellschaftliche Entwicklungen in den Mittelpunkt der Analyse rücken.

Politikwissenschaftlich orientierte Projekte im Arbeitsbereich „Gesell-
schaftlich-kulturelle Transformation" befassten sich beispielsweise mit der
politischen Funktion lateinamerikanischer Frauenbewegung und mit feministischer Arbeitsforschung.

Ressourcen:

– Eine Schriftenreihe des Instituts erscheint seit Januar 2003
– Das Institut stellt Unterrichtsmaterialien zu Themen der Geschlechterforschung, etwa zu frauenspezifischen Auswirkungen von Globalisierung
  zusammen.

*Projektzentren Geschlechterforschung und Frauenförderung an der
Universität Wien*

http: //www.univie.ac.at/gender/
http: //www.univie.ac.at/frauenfoerderung/index2.html

Diese beiden Projektzentren sind eng miteinander verknüpft und engagieren
sich arbeitsteilig in Frauenforschung und beruflicher Frauenförderung

Das Projektzentrum Geschlechterforschung an der Uni Wien bietet Wissenschaftlerinnen und Studentinnen Organisationsberatung an und unterstützt
Projekte der Frauenforschung an der Uni Wien.

Eine ausführliche Linksammlung und das Vorlesungsverzeichnis „Frau-
enforscherin"

(http: //kovo.frauenweb.at/) laden zum Studieren und Recherchieren ein.

Das Projektzentrum Frauenförderung an der Uni Wien ist Ideengeberin
eines ambitionierten Mentoring-Projektes, das Nachwuchswissenschaftlerinnen den Zugang zu Förderbeziehungen, formellen und informellen Netzwerken eröffnen soll. Das Curriculum „Karriereplanung für Wissenschaftlerinnen" richtet sich an Post-docs und Doktorandinnen.

gendup – Zentrum für Frauen- und Geschlechterforschung

http: //www.gendup.sbg.ac.at/

Gendup wurde im November 2001 eröffnet und ist an die Universität Salzburg angeschlossen. Ziele liegen darin, Frauen- und Geschlechterforschung
in den einzelnen wissenschaftlichen Disziplinen zu fördern und einzelne Projekte zu koordinieren; praktisch kommt dies im neu eingerichteten Studien-
schwerpunkt „Gender Studies" zum Ausdruck. Gendup legt Wert darauf, den
wissenschaftlichen Nachwuchs zu fördern, um mit Hilfe von Workshops und
Beratungen zu Themen wie Stipendien, Publikationsmöglichkeiten oder For-
schungsfinanzierung die berufliche Position von Frauen in der Wissenschaft
zu stärken. Geplant ist außerdem, eine Datenbank zur Frauen- und Geschlechterforschung an der Universität Salzburg zu erstellen.

Rosa-Luxemburg-Institut

http: //kaneda.iguw.tuwien.ac.at/~rli/welcome.html

Das Rosa-Luxemburg-Institut wurde1990 als außeruniversitäre Forschungs-
einrichtung gegründet, mit dem Ziel, feministische Theorieentwicklung und
praxisorientierte Forschungsprojekte zusammenzubringen. Der Anspruch,
Frauen in männerdominierten Berufsfeldern besser miteinander zu vernetzen,
zeigt sich in den Schwerpunkten Technikforschung und Frauenbildung. Forschungsergebnisse und Dokumentationen werden im RLI-Verlag publiziert.

Bemerkenswert sind die thematischen Linksammlungen des RLI, die sehr ausführlich, wenn auch bisweilen hinter Hyperlinks versteckt, über Frauen- und Technikforschung im europäischen Raum informieren.

Kompetenzzentrum Gender Studies Zürich

http: //www.genderstudies.unizh.ch/

Das Kompetenzzentrum Gender Studies strebt an, Lehr- und Forschungskapazitäten für Geschlechterforschung aufzubauen und interdisziplinäre Zusammenarbeit zu fördern. Ein wesentliches Ziel des KGS ist es, Wissenstransfer zwischen Wissenschaft, Gesellschaft und politischen Institutionen zu unterstützen und die Bedeutung von Gender Studies sichtbar zu machen. Ein breit angelegtes Forschungsprojekt „Gender – Performance and Interpretation" ist derzeit in Planung (*http: //www.genderstudies.unizh.ch/forschung.htm*). Zurzeit wird ein interdisziplinärer Nebenfach-Studiengang Gender Studies vorbereitet.

Ressourcen:

Herausgabe der Zeitschrift „universelle – Beiträge zur Gleichstellung".

Interdisziplinäres Zentrum für Frauen- und Geschlechterforschung an der Universität Bern

http: //www.izfg.unibe.ch

Das IZFG fördert Gender Studies in Forschung und Lehre und koordiniert insbesondere den Studiengang GenderStudies an der Uni Bern. Schwerpunkte liegen darauf, auch außeruniversitäre Geschlechterforschung einzubeziehen und frankophone Geschlechterforschung stärker berücksichtigen. Ein aktuelles Forschungsprojekt des IZFG ist „Gender Campus Switzerland" – ein Informationsportal für die Bereiche Gender Studies und Gleichstellung im Bildungsbereich, das auch für Telelearning bereit stehen soll. Mit dem Gender Preis der Universität Bern zeichnet das IZFG Arbeiten von Nachwuchswissenschaftlerinnen aus.

Frauennetzwerke

Kontakte knüpfen, berufliches Knowhow vertiefen und die Gleichstellung von Frauen vorantreiben sind grundlegende Ziele von Frauennetzwerken. Darüber hinaus verfolgen die hier vorgestellten Netzwerke deutlich unterschiedliche Zielsetzungen. Dies entspricht den sehr vielfältigen Beschäftigungsmöglichkeiten für Politikwissenschaftlerinnen. Netzwerke tragen den häufig fragmentierten Arbeitsverhältnissen Rechnung, und können gerade an den Schnittstellen zwischen Wissenschaft, Selbstständigkeit und Wirtschaft hilfreich sein.

Die Arbeitsweise der Netzwerke ist unterschiedlich: Einige, wie der AK Politik und Geschlecht, WISE oder die Frauenakademie sind als Vereine organisiert, in denen Interessierte selbst aktiv werden können. Andere – z.B. das CEWS oder AOIFE dienen als Anlaufstelle für Institutionen auf dem Gebieten der Frauenforschung und des Gender Mainstreaming, beraten aber auch einzelne Wissenschaftlerinnen.

CEWS – Kompetenzzentrum Frauen in Wissenschaft und Forschung

http: //www.cews.uni-bonn.de

Das 2000 eröffnete CEWS fungiert bundesweit als Koordinierungs- und Beratungsstelle für Institutionen, die auf dem Gebiet der Gleichstellung in der „scientific community" aktiv sind; richtet sich aber auch direkt an einzelne Wissenschaftlerinnen.

Das CEWS ist in fünf Arbeitsbereiche untergliedert – Hochschulen, Forschungseinrichtungen, Wissenschaftlerinnendatenbank fem-consult, Geschlechterforschung und Internationale Kooperation. Arbeit und Angebote in diesen Bereichen zielen darauf ab, Nachwuchswissenschaftlerinnen Qualifikationen für den Einstieg in eine wissenschaftliche Laufbahn zu vermitteln – z.B. in Form von Workshops über Drittmitteleinwerbung bei der EU, hochschuldidaktischen Seminaren oder durch Beratung zu Gleichstellungsmaßnahmen.

Derzeit baut das CEWS zwei Datenbanken zu "Frauen in Wissenschaft und Forschung" und eine Institutionendatenbank zur Frauen- und Geschlechterforschung auf. Ein weiteres spannendes Projekt ist die Entwicklung einer Forschungsideenbörse.

Sehr zu empfehlen ist das Informationsangebot des CEWS: Newsletter und Terminkalender geben einen qualifizierten Überblick über Kongresse und Seminare in Europa und vermitteln aktuelle Informationen aus Hochschul- und Gleichstellungspolitik und Geschlechterforschung.

Netzwerk Frauenforschung NRW

http: //www.netzwerk-frauenforschung.de

Das Netzwerk Frauenforschung NRW wurde bereits 1986 auf Initiative einer engagierten Wissenschaftsministerin gegründet und gilt seitdem als Vorzeigeprojekt für ähnliche Pläne in anderen Bundesländern. Ziele des interdisziplinären Netzwerks liegen darin, die Institutionalisierung der Frauenforschung voranzutreiben, internationale Kooperationen aufzubauen und den akademischen

Nachwuchs zu fördern. Um gerade dem letzten Ziel mehr Nachdruck zu verleihen, existiert inzwischen auch ein Netzwerk des akademischen Mittelbaus, das Seminare und ein Promovierendenkolloquium anbietet.

Erfolge der Netzwerkarbeit lassen sich an den zahlreichen in Kooperation entstandenen Projekten ablesen – etwa der Marie-Jahoda-Gastprofessur für internationale Frauenforschung, dem Graduiertenkolleg „Geschlechterverhältnis und sozialer Wandel" oder der Mitorganisation der internationalen Frauenuniversität ifu.

„Geschlecht und Gesellschaft", eine Buchreihe zur sozial- und kulturwissenschaftlichen Geschlechterforschung wird vom Netzwerk Frauenforschung herausgegeben.

AK Politik und Geschlecht

http: //www.vip-wissenschaftsberatung.de/AK/AK_website.html

Netzwerk politikwissenschaftlich arbeitender Frauen

http: //www.sozialwiss.uni-hamburg.de/Frauen/Netzwerk/polnetz.htm

Der AK Politik und Geschlecht ist ein Arbeitskreis innerhalb des Dachverbandes „Deutsche Vereinigung für Politikwissenschaft." Hintergrund der Gründung war die Männerdominanz sowohl in der Politik als auch in der Politikwissenschaft. Als Gegengewicht dazu strebt der AK an, eine Vernetzung zwischen politikwissenschaftlich und politisch arbeitenden Frauen in Wissenschaft, politischen Verbänden, Institutionen und Projekten aufzubauen. Dies äußert sich in den Zielen, die Präsenz von Frauen in der DVPW zu erhöhen, den Status von Frauen in der Politikwissenschaft an den Hochschulen und Forschungseinrichtungen in der BRD zu verbessern, die Diskussion um feministische Politikwissenschaft voranzutreiben, und politologisch arbeitende Frauen, insbesondere den wissenschaftlichen Nachwuchs, zu unterstützen. Ein- bis zweimal im Jahr veranstaltet der AK Politik und Geschlecht Konferenzen, die sich mit Themen wie etwa „Die politische Steuerung des Geschlechterregimes" oder „Geschlecht als Kategorie in der Politikwissenschaft" befassen.

Die erste deutschsprachige Zeitschrift für feministische Politikwissenschaft, die „femina politica", wird seit 1997 von der Berliner Regionalgruppe herausgegeben. Zurzeit entsteht in diesem Rahmen eine Online-Datenbank von Politikwissenschaftlerinnen, die an Geschlechterthemen arbeiten. Auch der AK Politik und Geschlecht hat eine Plattform für Publikationen – die Buchreihe „Politik und Geschlecht" des vorliegenden Buches.

efas – economics, feminism and science
Netzwerk von Wirtschaftswissenschaftlerinnen an der FH für Technik und
Wirtschaft, Berlin

http: //www.fhtw-berlin.de/efas/

efas setzt der Geschlechtsblindheit in den Wirtschaftswissenschaften ein Ende: Das 2000 gegründete Netzwerk von Wirtschaftswissenschaftlerinnen un-
terzieht gängige Wirtschaftstheorien einer kritischen Analyse aus der Geschlechterperspektive und zeigt, wie sich geschlechtsspezifische Lehrinhalte
auch hier in Forschung und Lehre integrieren lassen. Beabsichtigt ist außerdem, in Fragen des Gender Mainstreaming Politikberatung zu leisten.

In praktischer Hinsicht möchte efas Wirtschaftswissenschaftlerinnen för-
dern und miteinander vernetzen – etwa durch Promotionsbetreuung, Referent-
Innenvermittlung, jährliche Tagungen und Workshops. Dazu ist auch der
Aufbau einer Expertinnendatenbank geplant.

Frauenakademie München

http: //www.frauenakademie.de

Die prekäre Situation der Frauenforschung in Bayern führte 1984 zur Gründung der Frauenakademie München. Im Mittelpunkt standen und stehen die
Ziele, berufliche Gleichstellung von Frauen durch Qualifizierungsmöglich-
keiten zu unterstützen und Frauenforschungsprojekte zu initiieren.

Zahlreiche erfolgreiche Projekte zeigen seitdem, dass die Frauenakademie
für die Qualifizierung von Wissenschaftlerinnen wichtige Beiträge leisten kann:
Das Expertinnenberatungsnetz hilft dabei, die Weichen für eine wissenschaftliche Laufbahn zu stellen; eine Doktorandinnengruppe gibt die Möglichkeit,
Mitstreiterinnen zu finden. Das Projekt „Vorsorgendes Wirtschaften" erarbeitet
Eckpunkte frauenspezifischer Ökonomie: im Projekt „Feministische Einmischung" wurde ein Unterstützungsnetzwerk für berufstätige Frauen erstellt.

Europäische Akademie für Frauen in Politik und Wirtschaft

http: //www.eaf-berlin.de

Die EAF fördert die Gleichstellung von Frauen in politischen und wirtschaftlichen Führungspositionen und den internationalen Austausch zwischen
Frauen aus Politik, Wirtschaft und Gesellschaft. Sie versteht sich zum einen
als Bildungszentrum für weiblichen Führungsnachwuchs und bot in diesem
Rahmen das Mentoringprogramm „Preparing to lead" an. Zum anderen berät
die EAF Unternehmen und Verbände in Fragen des Gender Mainstreaming
und führt Forschungsprojekte, die sich mit Fragen beruflicher Gleichstellung
befassen, durch.

Verein feministische Wissenschaft

http: //www.femwiss.ch

Der Verein Feministische Wissenschaft ist ein schweizerisches Netzwerk, das sich mit der Diskussion und Erarbeitung feministischer Forschungsansätze befasst. Ein zweiter Schwerpunkt liegt bei der persönlichen Vernetzung und gegenseitigen Unterstützung von Frauen im wissenschaftlichen Bereich.

Femwiss setzt sich für Gleichstellungsmaßnahmen an Universitäten ein und betreibt Lobbyarbeit bei Schweizer Forschungseinrichtungen und dem Schweizer Nationalfonds. Die nächste jährliche Femwiss-Konferenz steht unter dem Motto „Hochschulreform – Macht –Geschlecht" und betrachtet Wissenschaftspolitik aus feministischer Perspektive. Auch femwiss erstellt derzeit eine Expertinnendatenbank, die bald online zur Verfügung stehen wird.

WISE – Women's International Studies Europe

http: //www.uia.ac.be/women/wise/index.html
http: //www.rz.uni-frankfurt.de/~levin/

WISE ist eine NGO, die auf europäischer Ebene Interessen der Geschlechterforschung vertritt. Ihre Lobbyarbeit zielt darauf ab, das europäische Angebot an Forschung und Lehre in Geschlechterforschung auszuweiten.

Praktische Vernetzung wird durch Austauschprogramme zwischen StudentInnen oder Lehrenden gefördert. Neben der verbandlichen Arbeit ermöglicht WISE die Mitarbeit und internationale Kooperation in kleinen thematischen Netzwerken, den „divisions": Themen sind beispielsweise „Women, Science and Technology", „Refugee and Immigration Politics in Europe", „Women's Work, Resources and State Policies".

Eine Einführung in „Fundraising für Gender Studies in Europa" steht auf der Website zur Verfügung. 1996 evaluierte WISE Studienmöglichkeiten für Frauen- und Geschlechterforschung in Europa; der Report findet sich unter *http: //www.uia.ac.be/women/wise/report96.html* .

WISE gibt die Zeitschrift European Journal of Women's Studies heraus.

AOIFE (Association of Institutions in Feminist Education and Research in Europe)

http: //www.tema.liu.se/aoife/

ATHENA (Advanced Thematic Network in Activities in Women's Studies in Europe)

http: //www.let.uu.nl/womens_studies/athena/

Im Dachverband AOIFE sind Institutionen der Geschlechterforschung aus ganz Europa zusammengeschlossen. Als institutionelle Plattform der Geschlechterforschung verbindet AOIFE Bildungs-, Forschungs- und Dokumentationszentren miteinander und vermittelt deren Interessen innerhalb der EU. AOIFE ist als Dachverband strukturiert – dies bedeutet, dass Einzelpersonen nicht Mitglied werden können, wohl aber Institutionen der Frauen- und Geschlechterforschung.

Im Rahmen von ATHENA, dem größten Projekt AOIFEs sind etwa 70 Hochschulen und Forschungszentren zusammengeschlossen. Dabei handelt es sich um ein so genanntes Thematisches Netzwerk im Rahmen des EU-Programms Socrates, dessen Forschungsinteresse der Lehre in der europäischen Frauen- und Geschlechterforschung gilt. Im europäischen Kontext werden dabei Lehrinhalte und Studienziele, sowie der Einsatz neuer Informationstechnologien untersucht. Ziel dabei ist, Frauen- und Geschlechterforschung auf internationaler Ebene zu vergleichen und neue Lehr- und Lernmethoden zu entwickeln. Die Ergebnisse sollen in einer Querschnittstudie veröffentlicht werden; außerdem ist ein Lehrbuch für europäische Gender Studies geplant.

Datenbanken

GenderInn Datenbank

http: //www.uni-koeln.de/phil-fak/englisch/datenbank/

GenderInn ist auf Recherchen zu feministischer Theorie und Literaturwissenschaft spezialisiert; aber auch sozialwissenschaftliche Texte sind in der Datenbank erfasst. Literaturlisten zu einzelnen Disziplinen der Frauen- und Geschlechterforschung ergänzen das Rechercheangebot. Die Datenbank ist sehr bedienungsfreundlich; ihr Suchindex orientiert sich an feministischer Forschung.

Ariadne – Datenbank – frauenspezifische Bestände der österreichischen Nationalbibliothek

http: //www.onb.ac.at/ben/ariadfr.htm

ARIADNE verzeichnet unselbständige frauenspezifische Literatur – d.h. Aufsätze, Kapitel aus Monografien, Artikel aus Zeitschriften und Jahrbüchern. Eine Besonderheit ist der große Bestand an grauer Literatur, also außerhalb des Verlagswesens erscheinender Publikationen, wie etwa Broschüren, Flugblätter, Dossiers von Körperschaften und Behörden. Damit ermöglicht die Ariadne-Datenbank eine Recherche über Literaturbereiche, die Datenbanken oft nur unzureichend erschließen. Auf die 33000 Datensätzen kann über einen feministisch orientierten Thesaurus zugegriffen werden.

Archiv der deutschen Frauenbewegung

http: //www.uni-kassel.de/frau-bib/datenbank.htm

Das Archiv der deutschen Frauenbewegung in Kassel sammelt Literatur und Materialien zur Geschichte der deutschen Frauenbewegung zwischen 1800 und 1967, wobei Frauenleben und Frauenalltag neben der wissenschaftlichen Rezeption auch durch Bilder, graue Literatur und Belletristik dokumentiert werden. Die Medien sind größtenteils deutschsprachig. Bislang sind nur Buch- und Zeitschriftenbestand des Archivs online zugänglich. Einzeltreffer einer Recherche ermöglichen auch einen Blick ins Inhaltsverzeichnis eines Buches.

KVINNSAM

http: //www.libris.kb.se/english/special.database.DAKS.html

Die schwedische Literaturdatenbank KVINNSAM ist Teil der schwedischen Nationalbibliothek. Sie umfasst etwa 90.000 Titel zu schwedischer und internationaler Frauen-, Männer- und Geschlechterforschung. In der Datenbank können sowohl Bücher als auch Aufsätze, Konferenzpapiere und Forschungsberichte gesucht werden. Die meisten Titel sind auf Englisch, manchmal auch in Deutsch vorhanden. KVINNSAM ist sehr bedienungsfreundlich, verfügt über ein umfangreiches Schlagwortregister und eignet sich wegen des großen Datenbestandes ausgezeichnet zur Recherche.

International Information Centre and Archives for the Women's Movement

http: //www.iiav.nl/eng/index.html

Frauenarchiv und Informationszentrum in Amsterdam. Hier findet sich eine Vielzahl von Datenbanken mit unterschiedlichen Funktionen. Alle sind sehr gut durchdacht und bieten einen guten Ausgangspunkt für internationale Recherchen:

- Forschungsdatenbank: Überblick über laufende Projekte der Frauenforschung mit Kontaktmöglichkeiten. Ergebnisse werden als Abstracts ausgegeben.
- Datenbank „mapping the world". Stellt universitäre, politische oder soziale Frauenzentren aus aller Welt vor. Eine gute Möglichkeit, um Kontakte zu knüpfen; für Deutschland allerdings ist die Auswahl relativ willkürlich.

- Literaturdatenbank: Recherche zu englischen, niederländischen und deutschen Büchern und Zeitschriften; zu jedem Treffer wird ein Abstract angeboten
- Suchmaschine über Websites zu frauenpolitischen Themen

Women & Science – Statistics and Indicators

http: //europa.eu.int/comm/research/science-society/women/wssi/index_en. html

Im Rahmen eines Forschungsprojektes erhoben das Meinungsforschungsinstitut Eurostat und die Helsinki Group on Women and Science statistische Daten zur Situation von Frauen in der Wissenschaft und zur Gleichstellungspolitik in den EU-Mitgliedsstaaten, die auf dieser Webseite in Diagrammen grafisch aufbereitet sind.

Ersichtlich ist der Anteil von Wissenschaftlerinnen in Regierungsorganisationen sowie im universitären Bereich; ergänzt durch Daten zur horizontalen und vertikalen Segregation – d.h. zur Repräsentation von Frauen in unterschiedlichen Wissenschaftszweigen bzw. Hierarchieebenen – und zum geschlechtsspezifisch unterschiedlichen Erfolg im Einwerben von Drittmitteln. Für eigene statistische Untersuchungen stehen außerdem auch die gesamten Rohdaten zur Verfügung.

Europäische Datenbank Frauen in Führungspositionen

http: //www.db-decision.de/

Das Frauencomputerzentrum Berlin stellt in Kooperation mit einem internationalen Forscherinnenteam auf dieser Website Daten zur Repräsentanz von Frauen in Politik und Wirtschaft bereit. Während die eigentliche Datenbank Abfragen zur Beteiligung von Frauen in den EU-Staaten ermöglicht, bieten weitere Datenblätter einen aufschlussreichen Einblick in europäische Gleichstellungspolitik, beispielsweise durch Länderberichte mit statistischen Daten zur Gleichstellung von Frauen (hinsichtlich Bildungsstand, Führungspositionen, Gender-Mainstreaming-Aktivitäten, Repräsentanz in EU-Institutionen, Finanzwelt und Telekommunikationsindustrie). Interviews mit europäischen Politikerinnen liefern darüber hinaus qualitative Aussagen.

Expertinnen-Datenbank der femina politica

http: //www.femina-politica.de/poldat_db/index.html

Noch im Aufbau begriffen ist die Expertinnen-Datenbank bei femina politica. Hier können Arbeits- und Forschungsschwerpunkte von Politikwissenschaftlerinnen aus dem deutschsprachigen Raum abgefragt werden. Bislang ist die Zahl der Einträge noch gering, doch schon jetzt bietet das Projekt wertvolle

Möglichkeiten, um etwa für Projekte oder Konferenzen Kontakt zu Wissenschaftlerinnen zu knüpfen.

DIGMA Database of Instruments for gender Mainstreaming

http: //www.destin.be/cgi-bin/amit/cgint.exe/661
440?1&tmpl=top&GLB_BASE=digm

DIGMA ist eine sehr spezielle Datenbank, die in der nach Instrumenten des Gender Mainstreaming recherchiert werden kann. Um Gender-Mainstreaming-Prozesse zu initiieren oder zu analysieren, kommen beispielsweise Fragebögen, Handbücher, CD-ROMs und didaktische Module in Frage. Im Einzelnen wird nach einzelnen Politikfeldern und Stadien des Mainstreaming-Prozesses unterschieden. Die Ergebnisse werden als Abstracts mit Literaturangabe oder Link ausgegeben. DIGMA entstand im Rahmen des Projektes Amazone (*http: //www.amazone.be*), einem belgischen Kompetenzzentrum zur Förderung der Chancengleichheit.

GLOW – Global Center of Women's Studies and Politics

http: //www.glow-boell.de/home/content/d/about_us/Welcome/render_top

Das GLOW ist ein virtuelles Zentrum für Frauenstudien und Frauenpolitik. Das Ziel, Frauen weltweit zu vernetzen und in ihrem „Empowerment" zu unterstützen, wird in einigen sehr empfehlenswerten Angeboten in die Tat umgesetzt: GLOW bietet eine umfangreiche Linksammlung, die einen differenzierten Überblick über Studienmöglichkeiten, Frauennetzwerke und Forschungseinrichtungen im europäischen und angloamerikanischen Raum gibt.

LitDok – Literaturdokumentation "Frauen im Arbeitsfeld Wissenschaft und Forschung"

http: //www.kfunigraz.ac.at/kffwww/katalog.html

LitDok entwickelte sich aus einer Bibliographie zu „Forschungslücken", die es in der frauenpolitischen Arbeit des österreichischen Wissenschaftsministeriums zu überbrücken galt. Erfasst sind Dokumente zur Arbeits- und Lebenssituation von Frauen, die in Wissenschaft und Forschung tätig sind; Schwerpunktthemen sind dabei Gleichstellungspolitik, Forschungs- und Hochschulpolitik sowie Frauenforschung. Möglich ist eine spezifische Suche nach unterschiedlichen Dokumenttypen, z.B. nach CD-ROMs, Datenbanken oder Forschungsberichten.

Inter-Parliamentary Union – Women in Politics

http: //www.ipu.org/bdf-e/BDFsearch.asp

Die IPU, eine internationale Organisation, die die Parlamente einzelner Nationalstaaten miteinander vernetzt, stellt mit „Women in Politics" eine Datenbank zur Verfügung, deren Ziel es ist, die politische Partizipation von Frauen abzubilden. In der Datenbank wird neben Büchern und Zeitschriften auch graue Literatur erfasst. Suchergebnisse sind ausführlich und werden teilweise durch Abstracts ergänzt.

Der Bestand der Datenbank ist relativ gering – trotzdem kann sie sich für Recherchen zu politischen Rahmenprogrammen und zur Implementation von Geschlechterpolitiken als zweckmäßig erweisen.

Danksagung

Für Zuspruch, Korrekturen und Anregungen danke ich Martin Beck, Elke Begander, Dirk Beuchle, Jasmin Fallahi, Nancy Fraser, Regine Gildemeister, Daniela Grimm, Annette Henninger, Ute Hörrmann, Anette Hübsch, Hans Krause, Heike Krause, Peter Karl Krause, Claudia Leinauer, Friederike Maier, Peter Mayer, Franziska Müller, Renate Niekant, Jaqueline O'Reilly, Andrea Pabst, Silke Ruoff, Birgit Sauer, Josef Schmid, Ingrid Schneider, Tanja Seider, Gabi Stöcker, Brigitte Young,